UTB
FÜR WISSEN
SCHAFT

UTB 2077

Eine Arbeitsgemeinschaft der Verlage

Beltz Verlag Weinheim und Basel
Böhlau Verlag Köln · Weimar · Wien
Wilhelm Fink Verlag München
A. Francke Verlag Tübingen und Basel
Paul Haupt Verlag Bern · Stuttgart · Wien
Verlag Leske + Budrich GmbH Opladen
Lucius & Lucius Verlagsgesellschaft Stuttgart
Mohr Siebeck Tübingen
C. F. Müller Heidelberg
Quelle & Meyer Verlag Wiesbaden
Ernst Reinhardt Verlag München und Basel
Ferdinand Schöningh Verlag Paderborn · München · Wien · Zürich
Eugen Ulmer Verlag Stuttgart
Vandenhoeck & Ruprecht in Göttingen und Zürich
WUV Wien

Grundwissen der Ökonomik

Betriebswirtschaftslehre

Herausgegeben von

F. X. Bea, Tübingen
E. Dichtl, Mannheim
M. Schweitzer, Tübingen

Franz Xaver Bea / Elisabeth Göbel

Organisation

Theorie und Gestaltung

2., neu bearbeitete Auflage

mit 67 Abbildungen und
zahlreichen Übersichten

Lucius & Lucius · Stuttgart

Adresse der Autoren:

Prof. Dr. Franz Xaver Bea
Lehrstuhl für Betriebswirtschaftslehre,
insbesondere Planung und Organisation
Universität Tübingen
Sigwartstraße 18
72076 Tübingen

Privatdozentin Dr. Elisabeth Göbel
Hofberg 10
54296 Trier

1. Auflage 1999
ND 2000

Die Deutsche Bibliothek – CIP-Einheitsaufnahme

Bea, Franz Xaver:
Organisation / Franz Xaver Bea; Elisabeth Göbel. –
Stuttgart : Lucius und Lucius, 2002
(UTB für Wissenschaft : Uni-Taschenbücher ; 2077)
(Grundwissen der Ökonomik : Betriebswirtschaftslehre)
ISBN 3-8252-2077-X (UTB)
ISBN 3-8282-0202-0 (Lucius und Lucius)
NE: Göbel Elisabeth; UTB für Wissenschaft / Uni-Taschenbücher

Gerokstraße 51 · D-70184 Stuttgart
www.luciusverlag.com

Satz und Grafiken: Sibylle Egger, Stuttgart
Druck und Einband: Clausen & Bosse, Leck
Printed in Germany

UTB-Bestellnummer: ISBN 2077

Vorwort der Herausgeber

Für die Studierenden im Anfänger- wie im Fortgeschrittenenstadium ist es erfahrungsgemäß eine große Hilfe, wenn ihnen ein Teilgebiet eines Faches in einer knappen, systematisch aufbereiteten und leicht fasslichen Form dargeboten wird. Gleichzeitig müssen sie die Gewissheit haben, dass die wichtigsten Inhalte in einer Weise abgedeckt sind, die den jeweiligen Prüfungserfordernissen Rechnung trägt.

Diesem Ziel dienen die Uni-Taschenbücher (UTB), die wir in der Reihe „Grundwissen der Ökonomik: Betriebswirtschaftslehre" bei der „Lucius & Lucius" Verlagsgesellschaft mbH, Stuttgart herausgeben. Die Themen der einzelnen Bände sind so gewählt, dass davon der gesamte Wissensbereich der modernen Betriebswirtschaftslehre erfasst wird.

Als Autoren konnten Hochschullehrer gewonnen werden, die dank der Verschiedenheit von Alter, Herkunft und Wissenschaftsauffassung die Gewähr dafür bieten, dass der Charakter der Reihe von keiner bestimmten Schulrichtung geprägt, sondern ein getreues Abbild der Wissenschaftsvielfalt in der Betriebswirtschaftslehre geboten wird.

Eine Besonderheit der Reihe besteht im Übrigen darin, dass Bände, bei denen es sich vom Gegenstand her anbietet, durch Arbeitsbücher ergänzt werden. Diese Studienhilfen dienen vor allem der Vertiefung theoretischer Erörterungen, der Einübung von Wissen und der Anwendung des Erlernten auf praktische Fälle. Außerdem sind sie ein nützliches Instrument für eine wirksame Lernkontrolle. Mit diesem Konzept ist zugleich die Chance verbunden, die Tätigkeit von Dozenten didaktisch zu unterstützen und sie von Arbeiten zu befreien, deren Erledigung zwangsläufig zu Lasten vordringlicher Aufgaben ginge.

Abschließend sei noch darauf hingewiesen, dass Teil der Reihe eine „Allgemeine Betriebswirtschaftslehre" in drei Bänden ist, die, von einem Expertenteam verfasst, die Klammer um die einzelnen Titel bildet. Die positive Aufnahme, die diese am Markt gefunden hat, führte bereits nach kurzer Zeit zu zahlreichen Neuauflagen. Gelegenheiten, die von Autoren und Herausgebern immer wieder für Erweiterungen und Verbesserungen genutzt werden.

Tübingen, Januar 2002

F. X. Bea
M. Schweitzer

Einführung

1 Zielgruppe und Aufbau

Dieses Buch wendet sich an **drei Zielgruppen:**

(1) **Studenten,** die sich mit dem Thema „Organisation" insgesamt oder mit einzelnen Aspekten, wie etwa den Organisationsmodellen, beschäftigen wollen.
(2) **Praktiker,** die eine Aktualisierung ihres Wissensstandes zur Organisation anstreben.
(3) **Forscher,** die Anregungen von der hier vertretenen Konzeption, insbesondere der Verbindung von Theorie und Gestaltung der Organisation, erhalten möchten.

Das Lehrbuch besteht aus **vier Teilen:**

(1) Im ersten Teil werden die **Grundlagen** gelegt. Auf eine Erörterung der Organisationsbegriffe folgt eine Darstellung der Aufgaben und Ziele der Organisation.
(2) Teil zwei ist der **Organisationstheorie** gewidmet. Nach einer Beschreibung von Aufgaben und Methoden der Organisationstheorie erfolgt eine gründliche Erörterung der organisationstheoretischen Ansätze. Diese Ausführlichkeit ist deswegen erforderlich, weil keiner der Ansätze für sich in Anspruch nehmen kann, der einzig richtige zu sein, vielmehr sind alle Ansätze für bestimmte Gestaltungsfragen nützlich.
(3) Im dritten Teil wird die **Organisationsgestaltung** dargestellt. Sie baut auf der Organisationstheorie auf. Erörtert werden insbesondere die Aufbauorganisation, die Ablauforganisation, traditionelle Organisationsmodelle und neue Organisationsmodelle wie die Prozessorganisation, Teammodelle, Selbstorganisation, Kooperationsmodelle und die lernende Organisation.
(4) Teil vier beschäftigt sich mit dem **Wandel von Organisationen**. Er ist die Folge von Änderungen in den Bedingungen für die Organisation.

Der integrative Charakter der Konzeption dieses Lehrbuches wird durch die folgende Abbildung zum Ausdruck gebracht. Sie führt als „Logo" durch das Buch und leitet die jeweiligen Teile ein.

Am Ende des Buches werden die zentralen Aspekte nochmals kurz zusammengefasst und ein Ausblick auf mögliche zukünftige Entwicklungen im Bereich der Organisation gewagt.

2 Empfehlung für die Benutzung

Das Lehrbuch stellt eine geschlossene Konzeption dar. Trotz der Geschlossenheit ist es für den Leser ohne weiteres möglich, einzelne Teile, beispielsweise die Modelle der Organisation oder den Wandel von Organisationen, separat und isoliert zu bearbeiten.

Um das Lernen mit diesem Buch interessanter und effizienter zu gestalten, möchten wir dem Leser folgende Anregungen und Hinweise geben:

(1) Die einzelnen **Teile** weisen die folgende **identische Struktur** auf:

- **Einführung** durch ein „Logo“.
- **Hauptteil** mit optischer Hervorhebung von Definitionen und Kernaussagen. Praxisbeispiele.
- **Schluss** mit
  - Fragen zur Wiederholung, die anhand der Abschnittsangaben eine Überprüfung des Wissens ermöglichen,
  - Fragen zur Vertiefung, die dem interessierten Leser weitere Zusammenhänge und offene Probleme erschließen und
  - Literaturempfehlungen, welche die wichtigste Literatur zum intensiven Studium sachlich geordnet umfassen.

(2) **Lernen Sie nicht auswendig**, sondern versuchen Sie zu **verstehen.** Die Fragen zur Wiederholung und zur Vertiefung sowie die Beispiele aus der Unternehmenspraxis sollen dieses Verstehen unterstützen und erleichtern.

(3) Wenngleich wir versucht haben, weitgehend „gesichertes Wissen“ zu vermitteln, so seien Sie doch stets um eine **kritische Reflexion** der Inhalte bemüht. Nehmen Sie dazu auch die Literaturempfehlungen jeweils am Ende der Teile wahr.

3 Veränderungen gegenüber der 1. Auflage

Die Neuauflage haben wir genutzt, um das Lehrbuch auf den neuesten Stand des Wissens zu bringen. Neben einer Aktualisierung von Zahlen und Fakten haben wir vor allem aktuelle Diskussionen aufgegriffen und verarbeitet. Zu nennen sind u.a. folgende Themen: Balanced Scorecard, Wissensmanagement, Virtuelle Organisationen, Motivation der Organisationsmitglieder, Netzwerkorganisation.

4 Die Verfasser

Das Buch wurde von uns in mehrjähriger Teamarbeit geschrieben. Wenngleich zunächst Schwerpunkte bei der Bearbeitung der einzelnen Teile gesetzt wurden, so ist das Endprodukt letztlich doch ein Gemeinschaftswerk geworden.

Die vorliegende Arbeit basiert auf Erfahrung, die in einer langen Reihe von Lehrveranstaltungen mit Studenten und Seminaren mit Praktikern gesammelt worden ist. Wichtige Erkenntnisse lieferte uns auch eine Vielzahl von theoretisch wie empirisch ausgerichteten Diplomarbeiten und Dissertationen, die wir im Laufe der letzten Jahre betreut haben. Schließlich baut dieses Lehrbuch auf der inzwischen reichhaltigen Literatur zur Organisation und angrenzenden Gebieten auf. Insofern ist es notwendig, den Kreis der Verfasser weiter zu ziehen und ihnen allen zu danken.

Herzlichen Dank sprechen wir auch Frau Heide-Lore Schnitzler und Frau Sibylle Egger für ihren großen Einsatz und ihre Sorgfalt beim Schreiben des Manuskripts aus, ebenso Frau stud. rer. pol Sabine Hesselmann für die Durchsicht aus studentischer Perspektive. Danken möchten wir auch dem Verleger, Herrn Dr. von Lucius, für die stets kooperative Zuammenarbeit.

Wir hoffen, dass es uns gelungen ist, ein den Anforderungen der einzelnen Zielgruppen genügendes Buch zu verfassen. Für Hinweise und Verbesserungsvorschläge jeglicher Art bedanken wir uns im Voraus.

Adresse:
Lehrstuhl für Betriebswirtschaftslehre, insbesondere Planung und Organisation, Universität Tübingen, Sigwartstr. 18, 72076 Tübingen, Tel.: 07071/297-5256, Fax: 07071/551994, e-mail: franz-xaver.bea@uni-tuebingen.de

***Franz Xaver Bea** (geb. 1937): Inhaber des Lehrstuhl für Betriebswirtschaftslehre, insbes. Planung und Organisation, an der Universität Tübingen. Forschungsschwerpunkte: Strategisches Management, Organisation.*

***Elisabeth Göbel** (geb. 1956): Privatdozentin an der Universität Trier. Forschungsschwerpunkte: Organisation, Strategisches Management, Wirtschaftsethik, Neue Institutionenökonomik.*

Inhaltsübersicht

Inhaltsverzeichnis

Teil 1: Grundlagen

Kapitel 1
Begriff der Organisation

Wer ein Lehrbuch zur Organisation aufschlägt, erwartet als Erstes eine klare Definition des Untersuchungsgegenstandes. Die Frage „Was ist Organisation" lässt sich aber weder einfach noch erschöpfend beantworten. Von verschiedenen Wissenschaftlern, die sich mit dem Phänomen „Organisation" beschäftigt haben, werden immer wieder neue Aspekte gewählt, um das Wesen der Organisation zu beschreiben. Es gibt also nicht **den** Begriff der Organisation, sondern unterschiedliche Begriffe, welche sich grob in drei **Kategorien** untergliedern lassen:

- den tätigkeitsorientierten,
- den instrumentellen und
- den institutionellen Organisationsbegriff.

1 Tätigkeitsorientierter Organisationsbegriff

Organisation als Tätigkeit meint „zielorientiertes Strukturieren von Ganzheiten" durch bestimmte Personen. Diese „Organisatoren" geben für die Organisationsmitglieder eine verbindliche Ordnung vor, welche sie zuvor in einem rationalen Denkprozess zielorientiert entworfen haben. Es wird beispielsweise verbindlich festgelegt, wer, wann und wo eine bestimmte Aufgabe erledigen soll. Die Organisationsmitglieder übernehmen diese Vorgaben – das ist die Annahme – richtig und vollständig; sie lassen sich also (fremd-)organisieren.

Auf Schwächen dieser Prämisse wurde schon früh hingewiesen. So ergaben etwa die „Hawthorne-Studien" (1924–1932; vgl. S. 65 ff.), dass die Organisationsmitglieder die vorgegebenen formalen Regeln unterlaufen und sie durch eigene Regeln ersetzen bzw. ergänzen. Die dadurch entstehende informale Organisation ändert bzw. ergänzt die formale Ordnung. Die in einem Unternehmen entstehende Ordnung kann also nicht problemlos als eine von Organisatoren in einem rationalen Prozess entworfene „Blaupause“ identifiziert werden. Damit die Anordnungen auch tatsächlich befolgt werden, müssen den Organisationsmitgliedern daher nicht nur Aufgaben zugeteilt, sie müssen auch motiviert werden, diese Aufgaben zu erfüllen.

Der tätigkeitsorientierte Organisationsbegriff definiert daher heute Organisation ganz allgemein als „Prozess der Entstehung von Ordnung“. Die Ordnungsentstehung umfasst neben der traditionellen Fremdorganisation auch die Selbstorganisation durch die Organisationsmitglieder (autonome Selbstorganisation) und die Selbstorganisation i.S. einer selbsttätigen Ordnungsentstehung (autogene Selbstorganisation). Ein solches, an der Entstehung und dem Wandel von Ordnung orientiertes Organisationsverständnis ist z.Zt. deshalb sehr aktuell, weil zum einen fundamentale Reorganisationen für notwendig gehalten werden, zum anderen aber das Problembewusstsein für die Schwierigkeiten eines „geplanten organisatorischen Wandels“ gewachsen ist.

Tätigkeitsorientierter Organisationsbegriff: Organisation ist eine Tätigkeit bzw. ein Prozess, durch welche(n) Ordnung entsteht.

2 Instrumenteller Organisationsbegriff

Das Ergebnis des Organisierens ist die Organisation in Form einer Struktur, einer Ordnung, über die ein Unternehmen verfügt. Auf der Basis des traditionellen Modells der Fremdorganisation ist diese Organisation ein bewusst und rational geschaffenes Instrument zur Erreichung der Unternehmensziele. Die Unternehmung **hat** eine Organisation i.S. eines dauerhaften Regelsystems, welches u.a. die Aufgabenteilung (Spezialisierung), die Abstimmung zwischen den Teilaufgaben (Koordination), die Übertragung von Entscheidungsbefugnissen (Delegation) und die Über- und Unterordnung (Hierarchie) verbindlich festlegt. Man sagt etwa, Hewlett Packard hat eine divisionale Organisation.

Der instrumentelle Organisationsbegriff enthält implizit die Prämissen, dass bekannt ist, welche Ziele die Unternehmung verfolgt und welche Organisation ein probates Mittel (Instrument) zur Erreichung dieser Ziele ist. Häufig wird im zugrundeliegenden Menschenbild auch noch unterstellt, dass die Organisationsmitglieder ebenfalls das Unternehmensziel (uneigennützig) verfolgen und den vorgegebenen Regeln problemlos Folge leisten. Die Problematik dieser Prämissen wird später noch thematisiert (vgl. S. 9 f.).

Instrumenteller Organisationsbegriff: Organisation ist das dauerhafte Regelsystem, das ein Unternehmen hat und welches zielorientiert als Führungsinstrument eingesetzt wird.

3 Institutioneller Organisationsbegriff

Die Organisation kann schließlich auch als eine Art von Institution verstanden werden. Nach dieser Sichtweise **ist** die Unternehmung eine Organisation (also eine spezielle Institution).

Institutioneller Organisationsbegriff: Eine Organisation ist eine bestimmte Art von Institution.

Zunächst ist der Begriff der Institution zu klären. *North* ([Institutionen] 4) fasst den Begriff sehr weit: „Unter Institution verstehen wir jegliche Art von Beschränkungen, die Menschen zur Gestaltung menschlicher Interaktion ersinnen." Im Allgemeinen werden Institutionen genauer bestimmt als „Normenbündel" oder „Regelsysteme", deren Verbindlichkeit sozial anerkannt ist und die eine gewisse Stabilität aufweisen: Eine Institution kann als ein System formgebundener (formaler) und formungebundener (informeller) Regeln einschließlich der Vorkehrungen zu deren Durchsetzung verstanden werden (*Richter/Furubotn* [Institutionenökonomik] 7).

Eine Institution bringt Ordnung in die alltägliche Tätigkeit. Sie lenkt das individuelle Verhalten, indem sie vorschreibt, welche Handlungen geboten, erlaubt oder unerlaubt sind. Institutionen begegnen uns im Alltag auf Schritt und Tritt. Ehe, Familie, Vertrag, Rechtsprechung, Gottesdienst, Universitäten, Markt, Unternehmen, all das sind Institutionen.

Was aber macht eine Institution zur „Organisation"? Sie muss folgende **Merkmale** aufweisen:

(1) Nach *North* ([Institutionen] 5) gehören zu einer Organisation die daran beteiligten **Personen** und ihre **Spielregeln.** Die Spielregeln für sich genommen bilden nach *North* bereits eine Institution.

(2) Damit man die beteiligten Personen klar identifizieren kann, braucht eine Organisation (stabile) **Grenzen.** Man muss zwischen Organisation und Umwelt, zwischen Mitgliedern und Nicht-Mitgliedern unterscheiden können (vgl. *Schreyögg* [Organisation] 10).

(3) Die Mitglieder einer Organisation verbindet ein **gemeinsamer Zweck**, die Erreichung eines Ziels: „Organisationen werden so angelegt, dass sie i.S. der Ziele ihrer Gründer wirken." (*North* [Institutionen] 87). Wie *Schreyögg* ([Organisation] 9) zu Recht bemerkt, ist damit nicht gesagt, dass Unternehmen nur einen einzigen Zweck verfolgen oder dass die Organisationsmitglieder nicht auch eigenen Zwecken nachgehen, die nicht notwendig kompatibel mit den Organisationszielen sind. Die Ausrichtung der Mitglieder auf ein gemeinsames Ziel ist eher eine Organisationsaufgabe als ein Organisationsmerkmal.

(4) Organisationen werden **„vorsätzlich geschaffen"** (*North* [Institutionen] 5). „Eine Ordnung, die erzielt wird, indem die Teile nach einem vorgefassten Plan in Beziehung zueinander gebracht werden, nennen wir im sozialen Gebiet eine *Organisation*" (*Hayek* [Recht] 34). Viele Institutionen sind dagegen „mit der Zeit einfach von selbst" entstanden (*North* [Institutionen] 4).

4 Synthese

Die Erörterung der drei Organisationsbegriffe hat gezeigt, dass jeder Begriff Definitionsmerkmale enthält, die zutreffend sind. Wir verbinden daher diese Merkmale zu einem neuen Begriff:

Organisation ist eine Institution, in der eine Gruppe von Personen (die Organisationsmitglieder) ein Regelsystem geschaffen hat, um gemeinsame Ziele zu verfolgen, in welcher Ordnung aber auch von selbst entstehen kann.

Eine Unternehmung weist alle diese Merkmale auf und **ist** daher eine Organisation. Insofern ist der institutionelle Organisationsbegriff in dieser Definition enthalten.

Die Unternehmung **hat** zugleich eine Organisation i.S. eines zielorientiert geschaffenen, auf Dauer angelegten **Regelsystems** (Struktur). Dieses instrumentelle Organisationsverständnis steht bei der betriebswirtschaftlichen Organisationslehre heute noch zu Recht (und daher auch in diesem Lehrbuch) im Vordergrund. Die betriebswirtschaftliche Organisationsforschung sucht letztlich nach empfehlenswerten bzw. effektiven praxisorientierten Organisationsmodellen. Dabei hat sie zu berücksichtigen, dass die Unternehmung als Institution aus Einzelpersonen besteht, den „Spielern" wie *North* sagt, die die „Spielregeln" auslegen und anwenden müssen. Darum ist es auch nicht damit getan, Aufgaben zuzuteilen. Man muss sich auch Gedanken darüber machen, wie man die Organisationsmitglieder zur Aufgabenerfüllung motivieren kann.

Das auf Dauer angelegte Regelsystem ist **durch** Organisation entstanden (tätigkeitsorientierter Organisationsbegriff). Meist ohne dass dies explizit ausgeführt wird, steht in der betriebswirtschaftlichen Organisationslehre die Vorstellung im Vordergrund, dass eine bestimmte Person, der Organisator, in einem rationalen Entscheidungsprozess die optimale Struktur für das Unternehmen schafft (= Organisation im tätigkeitsorientierten Sinne). Neben der dadurch entstehenden geplanten, formgebundenen, fremdorganisierten Ordnung existiert aber in der Institution Unternehmung auch eine von den Organisationsmitgliedern geschaffene oder selbsttätig entstandene, formungebundene Ordnung (autonome und autogene Selbstorganisation).

Fragen zur Wiederholung

1. Was versteht man unter Organisation im tätigkeitsorientierten Sinne? (1)
2. Welche impliziten Prämissen enthält der instrumentelle Organisationsbegriff? (2)
3. Anhand welcher Kriterien wird die Organisation als eine besondere Form der Institution gekennzeichnet? (3)
4. Definieren Sie den Begriff der Organisation. (4)

Fragen zur Vertiefung

1. Überlegen Sie, wie in einem Unternehmen Ordnung durch Selbstorganisation entstehen könnte und was das für die Fremdorganisation bedeutet.
2. Warum können die impliziten Prämissen des instrumentellen Organisationsverständnisses als problematisch angesehen werden?
3. Ist die Abgrenzung zwischen Institution und Organisation mit Hilfe der vier genannten Merkmale eindeutig zu treffen?

Literaturempfehlungen

Zum Begriff der Organisation:

Schanz, G: Organisation, in: Frese, E. (Hrsg.): Handwörterbuch der Organisation, 3. A., Stuttgart 1992, Sp. 1459–1471.

Schreyögg, G.: Organisation, Grundlagen moderner Organisationsgestaltung, 3. A., Wiesbaden 1999.

Schulte-Zurhausen, M.: Organisation, 2. A., München 1999.

Speziell zum institutionellen Organisationsbegriff:

Gukenbiehl, H. L.: Institution und Organisation, in: *Korte, H., Schäfers, B.* (Hrsg.): Einführung in die Hauptbegriffe der Soziologie, 5. A., Opladen 2000, S. 141–157.

North, D. C: Institutionen, institutioneller Wandel und Wirtschaftsleistung, Tübingen 1992.

Kapitel 2

Aufgaben der Organisation

Wenn nach den Aufgaben der Organisation gefragt wird, kann man das auf verschiedene Weise auffassen: Wird Organisation als zielorientierte Tätigkeit angesehen, dann ist der Aufgabenbereich des „Organisators" gemeint. **Was ist zu tun, wenn man organisiert?** Liegt ein instrumentelles Organisationsverständnis zugrunde, dann fragt man sich, wie die Organisationsstruktur beschaffen sein sollte, d.h. welche Aufgaben sie erfüllen sollte. **Auf welches Ziel hin wird organisiert?**

Der Begriff „Aufgabe" wird durch diese unterschiedlichen Auffassungen unscharf und teilweise deckungsgleich mit dem Begriff „Ziel". Es ist die Aufgabe und das Ziel der Organisation – ganz allgemein gesprochen –, ein Instrument zur effektiven Erreichung der Unternehmensziele zu sein und den Erfolg der Unternehmung nachhaltig zu sichern. Trotz dieser Unschärfe in der Begriffsabgrenzung wollen wir im Folgenden Aufgaben und Ziele der Organisation unterscheiden. In diesem Kapitel soll zunächst der Aufgabenbereich der organisatorischen Gestaltung abgesteckt werden, d.h. es steht die Organisation als zielorientierte Tätigkeit im Vordergrund. Dabei unterscheiden wir zwei unterschiedliche Auffassungen von den Aufgaben des Organisators:

- Organisation als Strukturtechnik
- Organisation als Managementaufgabe

1 Organisation als Strukturtechnik

Die Ansichten darüber, was zum **Aufgabenbereich eines Organisators** gehört, gehen auseinander. Hier soll zunächst ein enges Verständnis von den organisatorischen Gestaltungsaufgaben vorgestellt werden, wie es dem betriebswirtschaftlich-pragmatischen oder strukturtechnischen Ansatz entspricht. Dieses

Organisationsverständnis hat eine lange Tradition in der deutschen betriebswirtschaftlichen Organisationslehre. Danach muss ein Unternehmen seine Organisation so gestalten, dass die Sachaufgabe möglichst wirtschaftlich erfüllt wird. Welche Maßnahmen im Einzelnen zu ergreifen sind, hat *Kosiol* im Rahmen seines strukturtechnischen Ansatzes dargelegt (vgl. S. 73 ff.). Es gilt, die Gesamtaufgabe in Teilaufgaben und Arbeitsvorgänge zu zerlegen (Aufgabenanalyse), die so gewonnenen Elemente nach bestimmten Merkmalen zusammenzufassen (Aufgabensynthese) und so versachlichte Aufgabenkomplexe (Stellen) zu bilden, die dann Aufgabenträgern übertragen werden (Aufgabenverteilung). Das Verteilungssystem muss durch ein Leitungssystem ergänzt werden, damit die Teilaufgaben koordiniert werden können. **Aufgabenbildung, Aufgabenverteilung** und **Koordination** sind die zentralen Organisationsaufgaben im „Aufgabenerfüllungssystem" Unternehmung.

Ergebnis des planvollen Organisierens ist eine gefügehafte Ordnung oder **Struktur**, die sich grafisch in einem Bauplan (Organigramm) darstellen lässt. Diese Struktur ist endgültig oder doch zumindest auf längere Sicht stabil. Die Struktur ist kein Selbstzweck, sondern Instrument zur Erfüllung der Unternehmensaufgabe. Sie soll zweckmäßig im Hinblick auf die Erfüllung des Sachziels sein, d.h. im Optimalfall technische Perfektion mit einem Minimum an Güterverbrauch verbinden.

Organisation ist nach diesem Verständnis „Strukturtechnik". Der Organisator soll die feststehende Sachaufgabe optimal zerlegen und verteilen, wobei er sich um die Menschen in der Unternehmung keine Gedanken machen muss. Alle soziologischen und psychologischen Überlegungen werden aus dem Gegenstandsbereich der Strukturtechnik ausgeklammert. Die Organisationsmitglieder kommen nur als abstrakte Aufgabenträger vor.

2 Organisation als Managementaufgabe

Heute werden die Aufgaben der Organisation i. Allg. sehr viel weiter abgesteckt. Das strukturtechnische Verständnis behält zwar grundsätzlich seine Gültigkeit für die betriebswirtschaftliche Organisationslehre, wird aber um weitere Aufgaben ergänzt.

Weit reichende Folgen für das Verständnis von den Aufgaben der Organisation hat eine veränderte Auffassung von der **Rolle der Organisationsmitglieder.**

Wenn diese nicht mehr – wie beim strukturtechnischen Verständnis – als abstrakte Aufgabenträger modelliert werden, sondern als Personen mit eigenen Interessen, Gefühlen und Wahrnehmungen, dann muss die Strukturtechnik in verschiedener Hinsicht ergänzt werden. Während im strukturtechnischen Modell das vom Unternehmer für die Organisation festgelegte Ziel von den Aufgabenträgern problemlos akzeptiert und umgesetzt wird, gehen realistischere Modelle von **Konflikten** zwischen den Organisationszielen und den Zielen der Organisationsmitglieder aus. Dies wird schon von *Taylor* (1856–1915; vgl. S. 59 f.) angesprochen, der von einem natürlichen Hang der Organisationsmitglieder zur Drückebergerei ausgeht, was den Interessen der Unternehmenseigner zuwiderläuft. Die Agency-Theorie (vgl. S. 134 ff.) stellt solche Interessenkonflikte sogar in den Mittelpunkt ihrer Betrachtung. Über die technisch perfekte Strukturierung alleine ist eine effiziente Aufgabenerfüllung nicht mehr gewährleistet. Die Organisationsmitglieder sind zu **motivieren**, zu **steuern** und zu **disziplinieren**, damit sie die Organisationsziele verfolgen. Eine effiziente Organisationsgestaltung ist also nur gewährleistet, wenn neben dem Sachbezug der **Verhaltensbezug** berücksichtigt wird. „The study of organization is not about how berries are arranged on a tree of authority but about how people are coordinated and motivated to get things done." (*Milgrom/Roberts* [Organization] 16).

Nach dem strukturtechnischen Verständnis steht das Ziel der Unternehmung vor aller Organisation fest. Der gesamte Zielbildungsprozess findet vor dem Organisationsprozess statt. Hebt man diese starke Vereinfachung auf, dann werden auch die organisatorischen Voraussetzungen des Zielbildungsprozesses zum Thema. Es ist bspw. festzulegen, wer in welcher Weise an der Zielbildung beteiligt werden soll (Unternehmensverfassung, Führungsorganisation). Mit der Organisation findet immer auch eine **Verteilung von Macht** statt, die legitimiert und gesichert werden muss. Als problematisch gilt z.B., dass in einer Aktiengesellschaft nicht die Aktionäre als Eigentümer die Geschäfte führen und die Ziele vorgeben, sondern angestellte Manager.

Mit dem Ziel liegen nach dem strukturtechnischen Verständnis zugleich auch die **Grenzen der Unternehmung** fest. Eine gegebene Aufgabe soll mit den gegebenen Ressourcen **in** der Unternehmung optimal erreicht werden (**Binnenorientierung**). Das Verhältnis von Organisation und Umwelt ist geklärt, bevor organisiert wird. In anderen organisationstheoretischen Ansätzen wird die Grenzziehung nicht so problemlos gesehen. Im **Transaktionskosten-Ansatz** (vgl. S. 128 ff.) wird bspw. thematisiert, dass auch zu überlegen ist, welche Teilaufgaben im Unternehmen abgewickelt und welche dem Markt überlassen werden. Die Arbeitsteilung und Koordination zwischen dem Unternehmen und anderen Institutionen sind zu organisieren (**Außenorientierung**).

Im strukturtechnischen Ansatz wird nur die rationale Fremdorganisation thematisiert. Wenn die menschliche Seite der Organisation beachtet wird, kommen auch jene Regelsysteme in den Blick, die neben der formalen Struktur Ordnung schaffen, sie ergänzen, aber auch außer Kraft setzen. Die Ordnung im Unternehmen ist nicht identisch mit dem Bauplan. Der rationale Prozess der Fremdorganisation wird ergänzt und verfremdet von **selbstorganisierenden Prozessen**. Diese Prozesse sind zu beachten und – soweit möglich – zielorientiert zu **kanalisieren**.

Nach dem strukturtechnischen Verständnis ist es die Aufgabe des Organisators, eine endgültige Struktur zu schaffen. Dies ist aber nur dann sinnvoll, wenn auch die Aufgabe der Unternehmung für dauerhaft stabil gehalten wird, was wiederum eine Stabilität des Umsystems voraussetzt. Wird die Umwelt als dynamisch aufgefasst, was der heutigen Situation entspricht, dann ändert sich auch die Leistungsaufgabe der Unternehmung immer wieder. Für die Unternehmung bedeutet dies, dass sie „organisatorischen Wandel" zulassen soll. Es wird zur Aufgabe des Organisators, die **Entwicklungsfähigkeit der Unternehmung zu sichern** und den Prozess organisatorischen Wandels zu gestalten.

Trotz dieser umfangreichen Erweiterungen behält die Strukturtechnik und mit ihr die systematische Vorgehensweise (Analyse, Synthese und Verteilung von Aufgaben) für die betriebswirtschaftliche Organisationslehre grundsätzlich ihre Gültigkeit. Die Organisation soll so gestaltet werden, dass sie zur effizienten Zielerreichung der Unternehmung beiträgt. Sie stellt einen wichtigen strategischen Erfolgsfaktor dar.

Was heute jedoch anders eingeschätzt wird, sind Umfang und Komplexität dieses zielorientierten (Fremd-)Organisationsprozesses. Die Organisationsaufgabe setzt bereits bei der Bestimmung der Grenzen und der Führungsorganisation der Unternehmung ein und sie hört mit der Erstellung des „Bauplanes" nicht auf. Die Beachtung der „menschlichen Seite" erfordert über die reine Strukturtechnik hinaus die Berücksichtigung individueller Interessen und selbstorganisierender Prozesse. Organisation trägt zur Gestaltung, Lenkung und Entwicklung sozialer Systeme bei und ist damit eine Managementaufgabe.

Wir fassen zusammen:

Allgemeine Aufgabe der Organisation:

Sicherung des nachhaltigen Erfolgs der Unternehmung.

Spezielle Aufgaben der Organisation:

- Bildung, Verteilung und Koordination von Sachaufgaben,
- Steuerung, Disziplinierung und Motivation der Organisationsmitglieder,
- Verteilung, Legitimation und Sicherung von Macht,
- Bestimmung der Grenzen der Unternehmung,
- Kanalisierung der Selbstorganisation,
- Sicherung der Entwicklungsfähigkeit der Unternehmung.

Fragen zur Wiederholung

1. Charakterisieren Sie das strukturtechnische Verständnis der Organisationsaufgaben. (1)
2. Welche Aufgaben hat eine Organisation zu erfüllen, wenn die Organisationsmitglieder als Individuen mit eigenen Interessen verstanden werden? (2)
3. Was kann man unter der Aufgabe verstehen, die Grenzen der Unternehmung zu bestimmen? (2)
4. Ist die Organisation als Strukturtechnik heute überflüssig? (2)

Fragen zur Vertiefung

1. Ist es sinnvoll, bei der Organisation die menschlichen Eigenschaften außer Acht zu lassen?
2. Warum werden Aufgaben wie „Sicherung der Entwicklungsfähigkeit der Unternehmung" und „Bestimmung der Grenzen der Unternehmung" neuerdings so stark thematisiert, während sie früher nur eine geringe Rolle spielten?
3. Die Organisation soll die Mitarbeiter u. a. motivieren. Welche Probleme hat man vermutlich bei der Wahrnehmung dieser Aufgabe?
4. Überlegen Sie, was man unter einer „Kanalisierung" der selbstorganisierenden Prozesse verstehen könnte.

Literaturempfehlungen

Krüger, W.: Organisation der Unternehmung, 3. A., Stuttgart, Berlin, Köln 1994.

Schanz, G.: Organisation, in: *Frese, E.* (Hrsg.): Handwörterbuch der Organisation, 3. A., Stuttgart 1992, Sp. 1459–1471.

Kapitel 3
Ziele der Organisation

1 Problematik der Zielbestimmung

Ziele stellen Aussagen über erwünschte Zustände dar. Stehen Alternativen der Organisationsgestaltung zur Verfügung, werden Ziele benötigt, um eine Bewertung vornehmen und damit eine Entscheidung treffen zu können.

Das grundsätzliche Ziel des Organisierens besteht darin, eine effektive Organisation zu etablieren. Statt von Effektivität spricht man häufig auch von Effizienz. Im Zusammenhang mit der Bewertung von Organisationen wird dem Effektivitätsbegriff aber i. Allg. der Vorzug gegeben (vgl. *Bünting* [Effektivität]; *Scholz* [Effektivität]). Effizienz i.S. einer guten Ressourcennutzung gilt dann als Unterkriterium der Effektivität.

Als effektiv gilt eine Organisation ganz allgemein gesprochen dann, wenn sie die oben angeführten Aufgaben „gut" löst. Für die konkrete Bewertung und Gestaltung alternativer Organisationsmöglichkeiten ist mit dieser Zielbestimmung allerdings noch wenig gewonnen. Die Ziele müssen präzisiert werden.

Effektivität zu präzisieren, ist allerdings gar nicht so einfach. Umstritten ist sowohl, auf welches Oberziel hin die Effektivität der Organisationsstruktur bewertet werden soll, als auch wer dieses Ziel festlegt. *Bünting* ([Effektivität] 78ff.) unterscheidet bspw. drei Ansätze der Zielbestimmung. In den **zielorientierten Ansätzen** dominiert die Sichtweise, dass die Unternehmung ein oberstes Ziel hat, welches vom Eigentümer oder der dominanten Koalition festgelegt wird, wobei i.d.R. Ziele wie Gewinnmaximierung, Verbesserung der Rentabilität oder Unternehmenswertsteigerung im Vordergrund stehen. Die Organisation hat zur Erfüllung dieser Ziele beizutragen. Bei den **systemorientierten Ansätzen** ist die langfristige Überlebensfähigkeit des Systems „Organisation" das Oberziel. Im **Stakeholder-Ansatz** geht es darum, einen Fortschritt in der Befriedigung der Interessen jener Personen und Gruppen zu erzielen, die Ansprüche gegenüber der Unternehmung haben. Eine Mitwirkung der Stakeholder an der Zielbildung wird befürwortet.

Diese drei Ansätze liefern partiell kompatible Ergebnisse der Zielbestimmung. Das langfristige Überleben der Unternehmung in einer Wettbewerbswirtschaft hängt davon ab, dass sie Gewinn erzielt, was wiederum nur möglich ist, wenn zumindest die Interessen der zentralen Stakeholder (Kunden, Lieferanten, Kapitalgeber, Arbeitnehmer) ausreichend befriedigt werden. Je nach Ansatz könnte die Bewertung der gleichen organisatorischen Maßnahme aber auch unterschiedlich ausfallen. Wenn durch Business Reengineering die Produktivität der Mitarbeiter um Quantensprünge verbessert wird, dann ist dies aus Sicht der Unternehmenseigentümer sicher höchst erfreulich. Aus Sicht der entlassenen Mitarbeiter und der Gesellschaft, die die Arbeitslosen auffangen muss, sind die Folgen der Reorganisation dagegen negativ.

In der betriebswirtschaftlichen Organisationslehre geht man i. Allg. von einem **zielorientierten Ansatz** aus, der auch den folgenden Ausführungen zugrunde liegt. Vereinfachend kann man sagen, dass eine Organisationsstruktur dann effektiver ist als eine andere, wenn sie mehr zur Erreichung der **Formalziele** (z.B. Gewinn, Rentabilität) der Unternehmung beiträgt.

Der Zielbeitrag einer Organisationsstruktur – etwa zur Steigerung des Gewinns – lässt sich allerdings nicht pauschal feststellen. Das Unterfangen, alternative Organisationsstrukturen hinsichtlich ihrer Gewinnkonsequenzen zu bewerten, gleicht dem Versuch, die Auswirkungen eines Regenschauers in Minnesota auf die Niagarafälle zu ermitteln (vgl. *Frese* [Grundlagen] 254). Man braucht daher unterhalb globaler Ziele wie „Gewinn" genauere Zielkriterien oder Zielindikatoren. Diese Effektivitätskriterien müssen in einem Ziel-Mittel-Verhältnis zum Oberziel stehen und eindeutig dem Subsystem „Organisation" zugeordnet werden können.

2 Effektivitätskriterien

Es gibt eine Fülle von Katalogen mit unterschiedlichen Effektivitätskriterien (vgl. z.B. *Scholz* [Effektivität] 539 ff.). In Anlehnung an *Bünting* ([Effektivität]) zeichnet sich eine effektive Organisation durch folgende **Merkmale** aus:

- **Reduktion von Komplexität:** Die Organisation absorbiert die Komplexität der Umwelt, indem sie bewusst eine begrenzte Anzahl von Beziehungen mit der Umwelt institutionalisiert. Die unternehmensinterne Komplexität wird durch stabile Verhaltenserwartungen reduziert. Aufgaben, Kompetenzen und Verantwortung sind klar geregelt.
- **Hohe Qualität der Entscheidungen:** Die Organisation sorgt dafür, dass Entscheidungen von jenen Stellen getroffen werden, die die größte Entscheidungskompetenz besitzen und dass die Entscheidungen am Unternehmensziel ausgerichtet werden.
- **Effiziente Ressourcennutzung:** Die Organisation leistet Beiträge zu einer institutionellen Absicherung der bedarfsgerechten Bereitstellung des Inputs und schafft Voraussetzungen für die effiziente Nutzung der Ressourcen. Konkret äußert sich die effiziente Ressourcennutzung in Zeit- und Kostenersparnissen sowie kostenneutralen Qualitätsverbesserungen.
- **Ausnutzung von Synergie:** Die Organisation berücksichtigt die Möglichkeit, durch die gemeinsame Nutzung von Produktionsfaktoren positive Verbundeffekte zu realisieren.
- **Motivierte und zufriedene Mitarbeiter:** Die Organisation erfüllt die Bedürfnisse der Mitarbeiter nach Kontakt, Sicherheit, Autonomie und Transparenz. Leistungen können exakt zugerechnet und daher gerecht honoriert werden. Die Aufgaben entsprechen der Leistungsfähigkeit der Mitarbeiter und stimulieren den Leistungswillen.
- **Niedriges Konfliktpotenzial::** Die Organisation senkt das Konfliktpotenzial durch klare Kompetenzabgrenzung, autonome Verantwortungsbereiche sowie die Bereitstellung von Überschussressourcen (organizational slack) und stellt Regeln für den Umgang mit Konflikten auf.
- **Gelungene Koordination:** Die Organisation senkt den Koordinationsbedarf und optimiert die Schnittstellen zwischen den Organisationseinheiten, die auf Zusammenarbeit angewiesen sind.
- **Gute Informationsversorgung:** Die Organisation schafft günstige Voraussetzungen dafür, dass der Informationsbedarf einzelner Subsysteme festgestellt werden kann. Sie sorgt für Zugriffsmöglichkeiten auf Informationen und fördert die Kommunikation zwischen den Mitarbeitern.
- **Innovations- und Lernfähigkeit:** Die Organisation fördert die Kreativität der Mitarbeiter und erlaubt „Unternehmertum im Unternehmen". Das Wissen der Mitarbeiter wird zur stetigen Verbesserung der Wissensbasis eingesetzt.

Die Mitarbeiter können voneinander und von den Marktpartnern lernen. Variationen bisheriger Regelungen sind erlaubt.

- **Flexibilität:** Die Organisation kann sich veränderten Umweltlagen durch die Aktivierung ruhender Potenziale anpassen.
- **Marktnähe:** Die Organisation ist nicht binnen-, sondern marktorientiert. In marktnahen Subsystemen sind alle Funktionen gebündelt, um schnell und autonom auf Marktänderungen reagieren zu können.

Die **Anwendung** der genannten Effektivitätskriterien, etwa zur Bewertung eines bestimmten Organisationsmodells, gestaltet sich schwierig, und zwar aus folgenden Gründen:

- Die **Anforderungen widersprechen sich** teilweise. Überschussressourcen erhöhen die Flexibilität und senken das Konfliktpotenzial, verschlechtern aber die Effizienz. Durch autonome Subsysteme sinkt der Koordinationsbedarf, Synergiepotenziale gehen aber evtl. verloren. Stabile Verhaltenserwartungen reduzieren Komplexität, senken aber auch die Lernfähigkeit.

- Genaue **Ursache-Wirkungs-Beziehungen sind unbekannt.** Welche Wirkungen einzelnen organisatorischen Merkmalen im Hinblick auf die Unternehmenszielerreichung zugesprochen werden können, ist letztlich nicht sicher, weil die Wirkungen vielstufig sind und auch das menschliche Verhalten zu berücksichtigen ist. Die **Balanced Scorecard** (vgl. *Kaplan/Norton* [Scorecard]) geht etwa von folgenden Zusammenhängen aus: Die Basis jeden Erfolges ist die Zufriedenheit und Motivation der Mitarbeiter, wodurch zugleich die Innovations- und Lernfähigkeit der Unternehmung gesteigert wird (Perspektive „Lernen & Entwicklung"). Dies ermöglicht wiederum den effektiven Vollzug interner Prozesse (Perspektive „Interne Geschäftsprozesse"). Der effektive Vollzug interner Prozesse bildet sodann die Grundlage für eine erhöhte Kundenzufriedenheit (Kundenperspektive) und letztlich für die Erreichung der Formalziele (finanzielle Perspektive). Um die Gewinnwirkung einer organisatorischen Maßnahme abschätzen zu können, müsste man also wissen: Wie die Strukturmaßnahme sich auf die Zufriedenheit und das Verhalten der Organisationsmitglieder auswirkt, wie sich das Mitarbeiterverhalten im Vollzug der internen Prozesse niederschlägt, welche Bedeutung die veränderten Prozesse für die Kundenzufriedenheit haben und wie dies letztlich im Gewinn zum Ausdruck kommt. Für solche komplexen Ursache-Wirkungs-Ketten fehlt eine gesicherte Theorie.

- Die **Wichtigkeit einzelner Subziele ändert sich** mit der Situation, in welcher sich die konkrete Unternehmung befindet. In sehr dynamischen Märkten bspw. spielen Flexibilität und Innovations- und Lernfähigkeit eine weitaus größere Rolle als in stabilen Märkten, bei einer Strategie der Kostenführerschaft ist z.B. das Kriterium der effizienten Ressourcennutzung besonders wichtig, bei der Differenzierungsstrategie dagegen das Kriterium der Marktnähe.

Ein vollständiges, operationales System voneinander unabhängiger Zielkriterien zur Bewertung von Organisationsmodellen ist bisher nicht gelungen. Die Beurteilung der Effektivität alternativer Organisationsmöglichkeiten kann lediglich mehr oder weniger fundiert auf der Erarbeitung von Vor- und Nachteilen bestimmter Lösungen beruhen. Die Basis für eine solche Bewertung muss die **Organisationstheorie** liefern. Mit ihr werden wir uns im Folgenden beschäftigen.

Fragen zur Wiederholung

1. Welche Ziele stehen beim zielorientierten, beim systemorientierten und beim Stakeholder-Ansatz jeweils im Vordergrund? (1)
2. Wie verhalten sich die drei Zielansätze zueinander? (1)
3. Welche Effektivitätskriterien können zur Beurteilung einer Organisation herangezogen werden? (2)
4. Warum gestaltet sich die Bewertung eines Strukturmodells trotz solcher Kriterienkataloge schwierig? (2)

Fragen zur Vertiefung

1. Überlegen Sie, welche Auswirkungen auf die Bewertung eines Organisationsmodells unterschiedliche Zielausrichtungen haben könnten.

2. Effektivität wird häufig damit umschrieben, die „richtigen Dinge zu tun“, während Effizienz bedeutet, die „Dinge richtig zu tun“. Was halten Sie von dieser Unterscheidung?

3. In den letzten Jahren ist der „Shareholder Value“, also der Wert, den ein Unternehmen für die Eigentümer (gemeint sind i.d.R. Aktionäre) erwirtschaftet, für viele Unternehmen zum dominanten Ziel geworden. Welche Probleme ergeben sich bei dem Versuch, das Wertsteigerungspotenzial einer Organisationsstruktur zu beurteilen?

4. In welchem Verhältnis stehen der Shareholder-Ansatz und der Stakeholder-Ansatz zueinander?

5. Überlegen Sie, zwischen welchen Zielkriterien eher konfliktäre und zwischen welchen eher komplementäre Beziehungen bestehen könnten.

6. Überlegen Sie, welche Zielkriterien wohl heute als besonders wichtig gelten und finden Sie Gründe für ihr Urteil.

Literaturempfehlungen

Bünting, H.F.: Organisatorische Effektivität von Unternehmungen, Ein zielorientierter Ansatz, Wiesbaden 1995.

Frese, E.: Grundlagen der Organisation, Konzept – Prinzipien – Strukturen, 8. A., Wiesbaden 2000.

Grabatin, G.: Effizienz von Organisationen, Berlin, New York 1981.

Scholz, C.: Effektivität und Effizienz, organisatorische, in: *Frese, E.* (Hrsg.): Handwörterbuch der Organisation, 3. A., Stuttgart 1992, Sp. 533–552.

Teil 2: Organisationstheorie

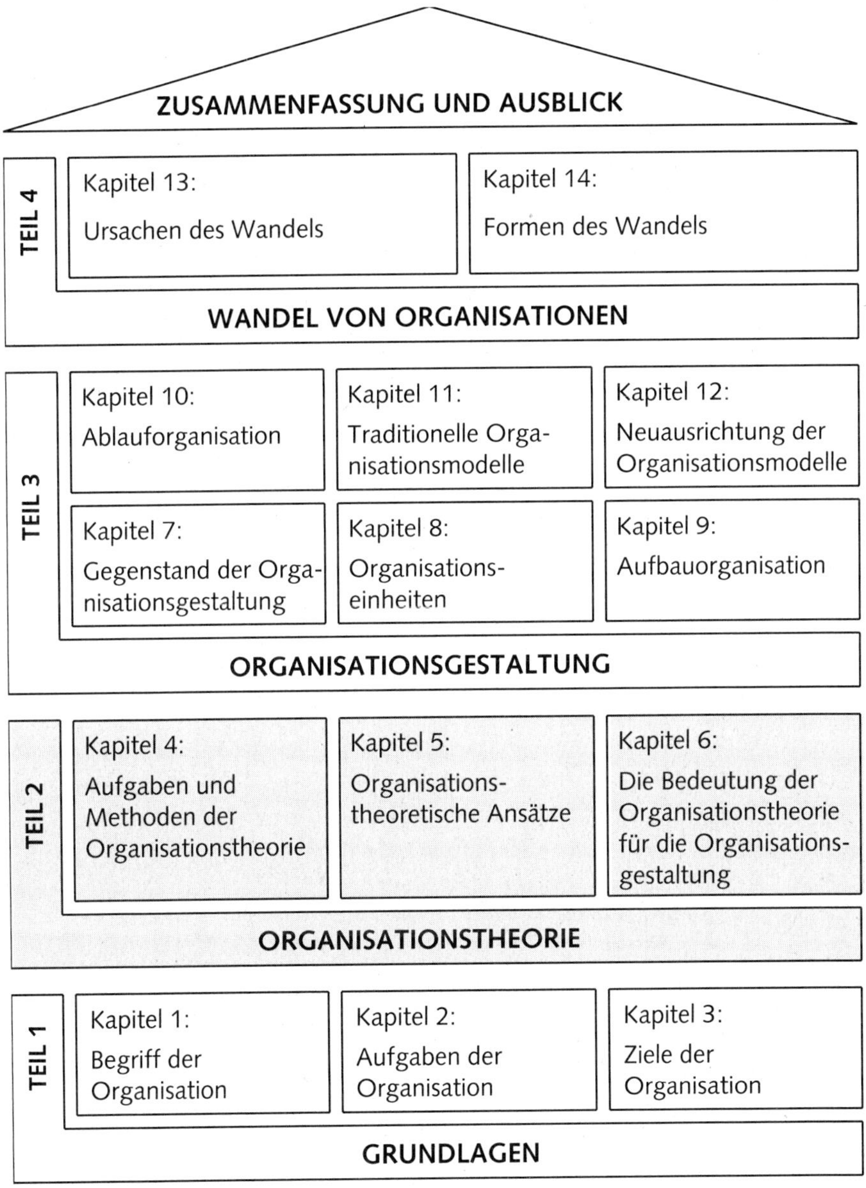

Kapitel 4
Aufgaben und Methoden der Organisationstheorie

1 Aufgaben der Organisationstheorie

Eine Organisationstheorie hat die Aufgabe, ein Aussagensystem für die zielgerichtete Gestaltung der Unternehmensstruktur bereitzustellen. Mit dieser Feststellung ist ein Wissenschaftsverständnis angesprochen, das für die Betriebswirtschaftslehre typisch ist. Danach verfolgt die Wissenschaft drei aufeinander aufbauende **Ziele**:

- das deskriptive Wissenschaftsziel,
- das theoretische Wissenschaftsziel und
- das pragmatische Wissenschaftsziel.

Mit dem **deskriptiven** Wissenschaftsziel ist gemeint, dass der Forscher versuchen sollte, das „Wesen" des Untersuchungsgegenstandes präzise zu erfassen und zu beschreiben. Wie die vorangehenden Ausführungen zum Organisationsbegriff zeigen, können bereits in dieser ersten Stufe der Theoriebildung kontroverse Meinungen auftreten. Das **theoretische** Wissenschaftsziel besteht in einer empirisch fundierten Ermittlung und Beschreibung von Ursache-Wirkungs-Beziehungen, die raum-zeitlich unbeschränkt gelten und von der Realität noch nicht widerlegt wurden. Auf diesen Erklärungen kann dann die Gestaltung aufbauen, indem die Ursache-Wirkungs-Zusammenhänge in Ziel-Mittel-Relationen transformiert werden. Damit ist das **pragmatische** Wissenschaftsziel erreicht (vgl. *Chmielewicz* [Theoriebildung] 448).

Beispiel: Wenn aufgrund empirischer Untersuchungen festgestellt wurde, dass die Einrichtung von Profit Centern die Bereitschaft zur Übernahme von Verantwortung erhöht, so kann aus der Ursache „Profit Center" ein Instrument zur Steigerung der Verantwortungsbereitschaft gemacht werden.

Aus der Sicht eines rationalen Organisationsgestalters interessieren besonders zwei Arten von **Erklärungen:**

(1) Zunächst muss ein Gestalter die **Wirkungen von Strukturierungsmaßnahmen** kennen. Er sollte wissen, ob einzelne organisatorische Maßnahmen bestimmte Wirkungen hervorrufen. Wenn er bspw. wüsste, dass die Teamstruktur die Zufriedenheit der Mitarbeiter fördert und diese Zufriedenheit eine Leistungssteigerung und damit eine Gewinnsteigerung nach sich zieht, könnte er Teams mit dem Ziel der Gewinnsteigerung planvoll einsetzen.

(2) Weiterhin sollte der Organisationsgestalter wissen, **wie Ordnung im Unternehmen entsteht** und sich wandelt. Wenn die Theorie die Entstehung von Ordnung nicht nur durch zielorientierte Fremdorganisation, sondern auch durch selbstorganisierende Prozesse erklärt, dann kann auch diese Erkenntnis in der zielorientierten Strukturierung pragmatisch verwendet werden. Der Organisator kann realistischer einschätzen, wo die Grenzen der Machbarkeit liegen und außerdem versuchen, die Prozesse der Selbstorganisation zu kanalisieren.

Wie aber gelangt man zu wissenschaftlichen Aussagen? Mit dieser Frage beschäftigt sich die Methodologie.

2 Methoden der Organisationstheorie

2.1 Arten von Methoden

Methodenprobleme gehören zu den Grundsatzfragen jeder Disziplin. Ihre Erörterung erfolgt im Rahmen der Methodologie, einem Teilgebiet der Wissenschaftstheorie. Die Methodologie soll vor allem Antworten auf die Fragen geben, welche wissenschaftlichen Methoden es gibt und welche Methoden für eine Disziplin besonders fruchtbar und damit zweckmäßig erscheinen.

Wissenschaftliche Methoden sind systematische Verfahren der Erkenntnisgewinnung.

Der Erkenntnisgewinn erfolgt insofern systematisch, als die Methode bestimmte definierte Verfahrensregeln vorgibt, wie man sich den Erkenntnisobjekten zuwenden sollte, um zu solchen Ergebnissen zu gelangen, die als „wissenschaftlich" akzeptiert werden. Die Methoden sind also normative Standardisierungen wissenschaftlichen Handelns.

Die Anwendung einer Methode bringt **Vorteile** mit sich:

- Eine Methode enthält **„vorgedachte Rationalität"**. Nicht jeder Forscher muss sich erneut mit den Grundsatzfragen seiner Disziplin beschäftigen. Er kann vielmehr auf das in der Methode gelagerte Wissen anderer zugreifen.
- Ein systematisches Vorgehen macht den Vorgang des Erkenntnisgewinns **transparent** und für andere **nachvollziehbar**.
- Ist die Vorgehensweise transparent, kann man die Erkenntnisse auch **kontrollieren** und eine Manipulation leichter ausschließen. Eine andere Person könnte bspw. den gleichen Gegenstand mit der gleichen Methode untersuchen und müsste dann auch zum gleichen Ergebnis kommen.

In den Anfängen der Organisationslehre ging man davon aus, dass eine bestimmte Disziplin sich durch die Anwendung einer ganz bestimmten Methode auszeichnet (Methodenmonismus). Heute ist allgemeiner Konsens, dass auch innerhalb ein und derselben wissenschaftlichen Disziplin verschiedene Methoden eingesetzt werden können (Methodenpluralismus).

Folgende **Arten von Methoden** werden näher erläutert:

- Phänomenologie,
- Hermeneutik,
- Dialektik,
- Induktion,
- analytisch-deduktive Methode und
- hypothetisch-deduktive Methode.

(1) **Phänomenologie** (vgl. *Seiffert* [Wissenschaftstheorie 2] 41 ff.)

„Phänomenologisch" nennt man eine Methode, welche die Lebenswelt des Menschen unmittelbar durch **ganzheitliche Interpretation** alltäglicher Situationen versteht. Der Forscher erfasst das Wesen seines Erkenntnisobjektes „intuitiv". Er beruft sich auf seine eigene Lebenswelt und seine persönlichen Erfahrungen und teilt seine Erkenntnisse durch anschauliche Schilderungen der Außenwelt mit. Eine intersubjektive Überprüfung solcher Erkenntnisse kann in dem Sinne erfolgen, als ein erfahrener und sachkundiger Leser der Schilderungen sein Urteil darüber abgeben kann, ob „das Wesen" des Erkenntnisobjektes gut getroffen ist. Der eigentliche Vorgang des Erkenntnisgewinns lässt sich allerdings von einem Außenstehenden nicht nachvollziehen.

Es gibt Erkenntnisgegenstände, die sich nur auf diese Art und Weise richtig erfassen lassen. **Beispiel:** Jeder, der in einem Unternehmen arbeitet, kann sich etwas unter dem sog. Betriebsklima vorstellen. Es gibt dieses „Phänomen" offensichtlich und es wirkt sich auf betriebswirtschaftlich relevante Größen wie die Arbeitsleistung aus. Was „Betriebsklima" bedeutet, kann erkannt und beschrieben werden, auch wenn sich nicht alle Fakten erschöpfend und präzise nennen und messen lassen, die zu diesem Phänomen beitragen.

(2) **Hermeneutik** (vgl. *Seiffert* [Wissenschaftstheorie 2] 104 ff.)

Die Hermeneutik (griech. hermeneuein = erklären, auslegen, darstellen, übersetzen) ist ursprünglich die **Kunstlehre des Verstehens** von (historischen) Texten. Im weiteren Sinne befasst sich die Hermeneutik mit der Interpretation von „Lebensäußerungen" des Menschen (Texte, Kunstwerke, Handlungen, geschichtliche Ereignisse). Der Hermeneutiker will den Sinn dieser Lebensäußerungen verstehen.

Die Hermeneutik hat ein zentrales Erkenntnisproblem aufgedeckt, welches als **„hermeneutischer Zirkel"** bezeichnet wird. **Beispiel:** Bei der Übersetzung eines Textes aus einer fremden Sprache tritt der Zirkel etwa in der Form auf, dass man oft den Gesamtzusammenhang bzw. den Sinn eines Satzes oder Abschnittes bereits kennen muss, um ein Wort richtig übersetzen zu können. Andererseits ergibt sich der Gesamtzusammenhang erst dann, wenn die Einzelworte richtig übersetzt werden. **Ein weiteres Beispiel:** Wenn ein Wissenschaftler verstehen will, welche Bedeutung archäologische Funde haben, muss er bereits wissen, in welche Epoche sie einzuordnen sind und wie die Menschen in dieser Zeit gelebt haben. Auf der anderen Seite erfährt er durch den Einzelfund wiederum mehr und möglicherweise Neues über die Lebensweise der Menschen in dieser Epoche.

Wenn wir etwas verstehen wollen, brauchen wir oft schon ein gewisses „Vorverständnis". Je mehr man von einem Erkenntnisobjekt schon weiß, desto leichter fällt es, weitere Wahrnehmungen richtig in den Sinnzusammenhang einzuordnen. Insofern erfordert das Verstehen komplexer Sinnzusammenhänge häufig ein längeres Sich-Einarbeiten, ein Sich-Hineinfinden in den interessierenden Bereich (vgl. *Seiffert* [Wissenschaftstheorie 2] 136). Die Erkenntnis ist das Ergebnis eines längeren Lernprozesses, in welchem verschiedene Wahrnehmungen zu einem konsistenten, sinnvoll erscheinenden Gesamtbild zusammengefügt werden. **Beispiel:** Wenn wir beobachten, dass es in einem Unternehmen bestimmte Rituale gibt, wie regelmäßige Ansprachen des Chefs, gemeinsame Frühstückspausen, Betriebsausflüge, Weihnachtsfeiern, dann können wir darin den Sinn erkennen, den Organisationsmitgliedern ein Zusammengehörigkeitsgefühl zu vermitteln, eine familiäre Atmosphäre zu schaffen.

Obwohl der Forscher bei der Interpretation etwas schafft, was über die Einzelfakten hinausgeht, und insofern etwas Subjektives hinzufügt, darf man die Hermeneutik nicht als „geistreiches Hineinlegen beliebiger Deutungen" verstehen. Andere Personen können durchaus nachvollziehen, welche Fakten der Auslegung zugrunde gelegt wurden und können die Deutung mehr oder weniger einleuchtend finden. Vor allem wenn das Ausgangsmaterial dürftig ist, kann es aber auch zu sehr kontroversen Auslegungen kommen, bei denen letztlich nicht entschieden werden kann, wer „Recht hat".

(3) **Dialektik** (vgl. *Seiffert* [Wissenschaftstheorie 2] 273 ff.)

Dialektik kann man definieren als „Kunst, einen Dialog zu führen". Kennzeichnend ist das Vorgehen nach einem bestimmten Argumentationsschema, dem sog. **Dreischritt-Prinzip:** Einer These (Behauptung, Begriff, Hypothese) wird die Antithese (Negation) gegenübergestellt und in der Synthese wird der Widerspruch aufgelöst. Durch die Überwindung des Widerspruchs entsteht eine neue Erkenntnis, die über die These und die Antithese hinausführt. Die Synthese kann erneut zum ersten Schritt in einer dialektischen Triade werden, sodass ein weiterer Erkenntnisgewinn möglich wird.

Die Methode kann konkret i.S. eines Dialogs zwischen zwei Gesprächspartnern verstanden werden, die im Verlaufe ihrer Diskussion einen Erkenntnisgewinn erzielen. Jede Person kann aber auch für sich alleine dialektisch denken. Ein **Beispiel** für diese Methode liefert die Diskussion über das richtige „Menschenbild" in der Betriebswirtschaftslehre. Der These, der Mensch sei vollkommen rational, wurde die Antithese entgegengesetzt, der Mensch sei überhaupt nicht rational, um schließlich zur Synthese der „begrenzten Rationalität" zu finden, die heute weitgehend akzeptiert ist.

Ein Außenstehender kann den Prozess der Erkenntnisgewinnung nachvollziehen, indem er die Argumente und die Gegenargumente anhört und dann selber gegeneinander abwägt. Er kann, muss aber nicht zum selben Ergebnis kommen wie die Diskussionsteilnehmer.

(4) **Induktion** (vgl. *Wild* [Methodenprobleme] 2666 f.)

Die Induktion oder induktive Methode wurde früher als das charakteristische Verfahren der Erkenntnisgewinnung durch **empirische Forschung** verstanden. Man glaubte, von Beobachtungen und Experimenten zu Verallgemeinerungen und zur Erkenntnis von Gesetzmäßigkeiten zu kommen. Der induktive Schluss führt vom Besonderen zum Allgemeinen, vom Einzelfall zur Gesetzmäßigkeit. Die Induktion führt über die Prämissen hinaus. Man spricht daher auch vom „Erweiterungsschluss". **Beispiel:** Aus der Beobachtung, dass viele Produkte nach einer gewissen Zeit den Markt verlassen, wird die Produktlebenszyklus-Kurve abgeleitet.

In dieser Erweiterung liegt aber auch das Problem der Induktion. Man kann vermuten, dass ein Zusammenhang, der häufig beobachtet wurde, immer und überall gilt, man kann es aber letztlich nicht beweisen, weil sich eben nicht alle Einzelfälle beobachten lassen. Aufgrund dieses „klassischen Induktionsproblems" wird die Induktion heute nur als Methode akzeptiert, um zu Hypothesen zu kommen. Sie wird in den sog. „Entdeckungszusammenhang" verwiesen.

(5) **Analytisch-deduktive Methode** (vgl. *Wild* [Methodenprobleme] 2660 ff.)

Die Deduktion ist eine **Grundform logischen Schließens.** Sie besteht darin, dass vom Allgemeinen auf das Besondere geschlossen wird. Aus Sätzen mit einem höheren Informationsgehalt leitet man logisch implizite Sätze mit einem niedrigeren Informationsgehalt ab.

Bei der analytisch-deduktiven Methode, auch **Modellanalyse** genannt, werden bestimmte Ausgangsbedingungen (Prämissen) als wahr vorausgesetzt. Dann wird untersucht, was bei Geltung der Prämissen logisch daraus folgen würde (logische Möglichkeitsanalyse). Das Problem dieser Methode besteht darin, dass man keinerlei Erkenntnisse gewinnt, die nicht bereits in den Prämissen enthalten wären. Sind die Prämissen realitätsfern, dann liefern auch die logischen Schlussfolgerungen keine Erkenntnisse über die Realität. **Beispiel:** Wird vorausgesetzt, dass die Leistung eines Arbeitnehmers eine exakt zu bestimmende Funktion seines Einkommens ist, dann kann logisch das optimale Einkommen bestimmt werden. Ob das errechnete Einkommen in der Realität zu der gewünschten Leistung führt, ist damit aber noch lange nicht sicher, weil tatsächlich noch viele andere Faktoren auf die Leistung des Arbeitnehmers Einfluss nehmen. Die Modellanalyse wird aus diesem Grund teilweise heftig kritisiert (vgl. *Albert* [Modell-Platonismus]). Ein Vorteil der analytisch-deduktiven Methode liegt darin, dass man auf diesem Wege logisch geschlossene, präzise, oft sogar mathematisch formal darstellbare Satzsysteme erhält. Die logische Richtigkeit der Aussagen kann zweifelsfrei geprüft werden.

Wenn Modelle empirische Erkenntnisse und Erklärungen liefern sollen, ist eine Umformulierung der Annahmen in empirisch gehaltvolle Hypothesen und deren Prüfung an der Realität nötig. Es muss der Übergang zur hypothetisch-deduktiven Methode vollzogen werden.

(6) Hypothetisch-deduktive Methode

Als hypothetisch-deduktiv wird jenes Forschungsverfahren bezeichnet, welches von *Karl R. Popper* (1902–1994) für die Erfahrungswissenschaften zur Aufstellung und Begründung von Theorien postuliert wird. Die Methode ist der Kern des von *Popper* begründeten **„kritischen Rationalismus"**. Zum kritischen Rationalismus vgl. bspw. *Meyer* [Methodologie]. Auf die Diskussion wirtschaftswissenschaftlicher Methoden übte *Poppers* Werk einen besonders starken und nachhaltigen Einfluss aus (vgl. *Kretschmann* [Diffusion] 1). Wegen dieser besonderen Bedeutung wird die hypothetisch-deduktive Methode im Folgenden ausführlich dargestellt.

2.2 Hypothetisch-deduktive Methode

Nach der hypothetisch-deduktiven Methode hat der Forscher – stark vereinfacht – folgende **Einzelschritte** zu vollziehen (vgl. *Wild* [Theorienbildung] 3894 ff.):

(1) Zunächst werden vorläufig unbegründete, empirisch gehaltvolle **Hypothesen** theoretischen Charakters aufgestellt. Dies geschieht, indem Beobachtungen objektiver Daten verallgemeinert werden. Dieser Schritt entspricht der Induktion (vom Einzelnen zum Allgemeinen).

(2) Aus der Hypothese werden **singuläre Folgerungen** (Prognosen eines Sachverhalts) abgeleitet. Dieser Schritt ist eine Deduktion (vom Allgemeinen zum Einzelnen).

Die singulären Folgerungen werden sodann mit der Realität konfrontiert, also empirisch überprüft, z.B. durch Beobachtung und Experimente. Fällt die Hypothesenprüfung positiv aus, gilt die Hypothese als **vorläufig bestätigt**. Man sagt auch, sie wurde nicht falsifiziert (widerlegt). Nach *Popper* können Hypothesen zwar endgültig falsifiziert, aber nie endgültig verifiziert (bestätigt) werden, denn es ist nie auszuschließen, dass eines Tages doch noch eine Beobachtung gemacht wird, die der singulären Folgerung widerspricht. Das bestmögliche Ergebnis der Wissenschaft ist eine empirisch gut bewährte Hypothese, welche trotz zahlreicher und kritischer Überprüfungen noch nie falsifiziert wurde (vgl. Abb. 4-1).

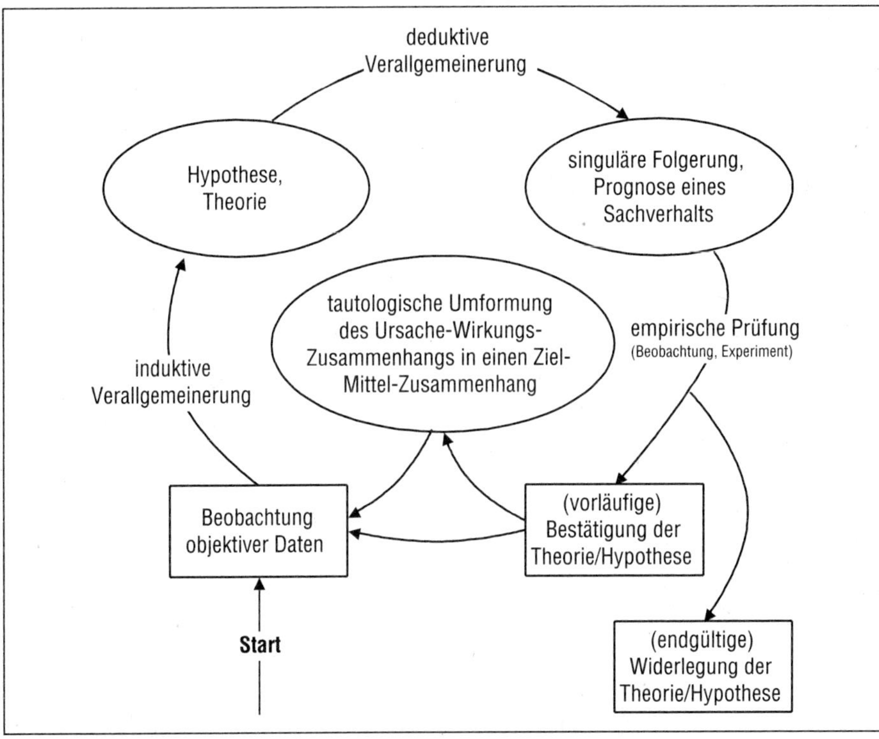

Abb. 4-1: Hypothetisch-deduktive Methode der Theoriebildung

Ein **Beispiel** soll die Vorgehensweise verdeutlichen. Es wurde den Aussagen des sog. situativen Ansatzes der Organisationstheorie entnommen, da dieser Ansatz dem hypothetisch-deduktiven Modell am deutlichsten folgt (vgl. S. 94 f.). Beispiel: Der Historiker A. *Chandler* (vgl. [Strategy]) machte die Beobachtung, dass mehrere große amerikanische Unternehmen die Spartenorganisation (divisionalisierte Struktur) einführten, nachdem sie zuvor das Produktionsprogramm erweitert hatten (Diversifikation). Daraus leitete er induktiv die Hypothese ab: „Structure follows strategy". Aus dieser Hypothese ist deduktiv die Prognose zu gewinnen, dass jedes Unternehmen, welches sein Produktionsprogramm erweitert, in der Folge auch die Struktur ändert und unterschiedliche organisatorische Einheiten (Sparten oder Divisionen) für die unterschiedlichen Produkte einrichtet. Kann die Hypothese vorläufig bestätigt werden, ist die nun gut bewährte theoretische Aussage pragmatisch zu der Gestaltungsempfehlung umzuinterpretieren, dass man bei diversifiziertem Produktionsprogramm eine divisionale Struktur wählen **sollte**, weil man sich von ihr eine Effizienzsteigerung verspricht.

Chandlers These wurde vielfach empirisch überprüft (vgl. *Kieser/Kubicek* [Organisation] 240 ff.), allerdings mit widersprüchlichen Ergebnissen. Bei vielen Untersuchungen konnte die These bestätigt werden. Im strengen Sinne muss sie aber als falsifiziert gelten, denn es wurden sowohl Unternehmen gefunden, die trotz eines diversifizierten Produktionsprogrammes eine funktionale Struktur beibehielten, als auch solche, die divisionalisierten, obwohl ihr Produktionsprogramm nicht als diversifiziert eingestuft wurde.

Was für *Chandlers* These gilt, kann verallgemeinert werden. Werden die strengen Maßstäben der hypothetisch-deduktiven Methode angelegt, dann gibt es nach allgemeiner Einschätzung bisher überhaupt **keine empirisch gehaltvollen, gut bewährten Gesetzesaussagen** im Rahmen der Organisationstheorie. Allenfalls verfügt man über raum-zeitlich begrenzte Quasitheorien, Trendaussagen, Erklärungsskizzen und gewisse regelmäßige „Muster".

Das im Prinzip einleuchtende Vorgehensmodell der hypothetisch-deduktiven Methode ist offensichtlich nicht ohne weiteres auf die **Organisationstheorie** zu übertragen. Die Probleme, die bei dieser Übertragung entstehen, sollen bei der Beschreibung der Einzelschritte im Folgenden näher betrachtet werden.

2.3 Schritte der Theoriebildung

2.3.1 Hypothesenbildung

Nach der idealtypischen Vorgehensweise der Theoriebildung, wie sie in Abb. 4-1 zum Ausdruck kommt, bilden „objektive Daten", die beobachtet wurden, den Ausgangspunkt für die Hypothesen. Diese Daten sind aber nicht einfach voraussetzungslos gegeben, sondern werden vom Forscher unter Verwendung gewisser Basisannahmen wahrgenommen. Ein Soziologe „sieht" eine Unternehmung anders als ein Ingenieur oder ein Betriebswirt. Vor der Beobachtung muss schon eine gewisse Theorie vorhanden sein, um überhaupt sinnvoll und zielorientiert beobachten zu können. „Es gibt keine theorielose Beobachtung" sagt auch *Popper* ([Erkenntnis] 72). Damit ist die Objektivität der Daten von vornherein in Frage gestellt. Daten werden immer unter einer bestimmten Sichtweise, einem **Ansatz**, erhoben. Mit dem Ansatz schafft der Forscher – häufig unbewusst – eine Reihe von **Voraussetzungen:**

(1) Mit dem **Organisationsbegriff** legt er den ihn interessierenden Wirklichkeitsausschnitt und die Richtung der Forschung fest. Wird bspw. Organisation als Instrument aufgefasst, also der instrumentelle Organisationsbegriff gewählt, dann muss die Wirkung bestimmter organisatorischer Maßnahmen auf ein zuvor festgelegtes Ziel untersucht werden.

(2) Wie *Morgan* ([Images]) herausgearbeitet hat, benutzt jeder Forscher eine bestimmte forschungsleitende **Metapher**, d.h. er hat ein bestimmtes Bild von seinem Untersuchungsgegenstand und dessen Bestandteilen und Funktionsweisen. Dieses Bild ist z.B. davon geprägt, welche Vorbildung der Forscher hat und auch in welcher Gesellschaft und Zeit er lebt. Für einen Ingenieur etwa ist die Unternehmung zu vergleichen mit einer Maschine, in welcher die Individuen wie Rädchen im Getriebe funktionieren. Nach dieser Sichtweise gibt es eine optimale Struktur, die nach einem exakten Bauplan entworfen wird und dann zuverlässig effizientes Verhalten produziert. Andere Metaphern vergleichen das Unternehmen mit einem Organismus, einem Gehirn, einer politischen Arena oder einem Herrschaftsinstrument.

(3) Eine weitere wichtige Basisannahme betrifft das **Menschenbild** (vgl. *Matthiesen* [Kritik]). Wenn die Struktur das menschliche Verhalten zielorientiert regulieren soll, muss man sich Gedanken über die Natur des Menschen machen. Ob man die Menschen für vollkommen oder begrenzt rational hält, für ehrlich oder opportunistisch, für arbeitswillig oder faul, hat entscheidenden Einfluss auf die Bildung von Hypothesen zum Struktur-Verhaltens-Zusammenhang. Das Problem der Bestimmung von Verhaltensannahmen kann man nur dann umgehen, wenn die Menschen schon im ersten Schritt, bei der Begriffsbildung, aus dem Gegenstandsbereich der Organisationstheorie hinausdefiniert werden. Im strukturtechnischen Ansatz von *Kosiol* etwa kommen Menschen nur als abstrakte Aufgabenträger vor: „Die soziologisch-psychologischen Probleme werden in ihrer Bedeu-

tung nicht übersehen, wohl aber ausgeklammert." (*Kosiol* [Organisation] 22).

(4) Schließlich hat jeder Forscher eine bestimmte Vorstellung davon, was **Wissenschaft** ist und wie ein Wissenschaftler vorzugehen hat. Von *Burrell* und *Morgan* ([Paradigms]) werden vereinfachend **zwei Grundpositionen** in diesen Fragen unterschieden, nämlich die objektivistische und die subjektivistische Position.

Die **objektivistische Position** geht von der Annahme aus, dass es eine objektive Realität „da draußen" gibt, die richtig und intersubjektiv prüfbar erfasst und abgebildet werden kann. Es können gesetzmäßige Ursache-Wirkungs-Beziehungen gefunden werden, nicht nur in der Natur, sondern auch in der sozialen Welt. Der Mensch ist vergleichbar einer „Trivialen Maschine" (vgl. *Foerster* [Prinzipien] 245 ff.), d.h. er reagiert vorhersehbar und gesetzmäßig auf bestimmte Anreize, die ihn quasi determinieren. Aufgabe der Forschung ist es, Gesetzeshypothesen aufzustellen und durch großzahlige empirische Untersuchungen zu überprüfen.

Die **subjektivistische Position** betont die subjektive Interpretation oder Konstruktion der jeweils nur individuell gültigen Realität (Konstruktivismus). Menschen sind „nicht-triviale Maschinen" (vgl. *Foerster* [Prinzipien] 247 ff.), deren wandelbare innere Zustandsfunktion das Verhalten unvorhersehbar macht. Darum hat es auch keinen Zweck, im sozialen Bereich nach gesetzmäßigen Zusammenhängen zu suchen. Man kann immer nur in Einzelfällen verstehend nachvollziehen, was warum geschehen ist. Aufgabe des Forschers ist es, sich in die Lage der betroffenen Menschen einzufühlen und ihr Verhalten zu verstehen. Eine Verallgemeinerung der Befunde ist eigentlich nicht zulässig.

Wie diese Ausführungen zeigen, fallen schon bei den ersten Schritten der Theoriebildung viele Vorentscheidungen. Wer Organisationsmerkmale quantitativ misst und diese Daten zu einer Gesetzeshypothese verdichtet, vertritt offenbar eine eher objektivistische Position. Welche Daten überhaupt interessieren und zu welchen Hypothesen man gelangt, hängt vom Ansatz des Forschers ab.

2.3.2 Deduktion

Der nächste Schritt in der Theoriebildung ist die Ableitung singulärer Folgerungen aus einer nomologischen Hypothese (Gesetzeshypothese), also die Deduktion. Man schließt logisch von einem Satz mit höherem Informationsgehalt (der Hypothese) auf einen Satz mit niedrigerem Informationsgehalt. Aus einer Hypothese wird eine Aussage über einen singulären Sachverhalt prognostiziert. Ist die Hypothese wahr, muss es auch die singuläre Folgerung sein. Nach dem hypothetisch-deduktiven Modell, wie es in Abb. 4-1 dargestellt wird, ist die Deduktion nur ein logisch notwendiger, unproblematischer Schritt, um die Hypothese empirisch prüfen zu können. Diese Hypothesenprüfung bildet den Kern der Theoriebildung.

2.3.3 Hypothesenprüfung

Hat man aus der allgemeinen Hypothese die singuläre Prognose abgeleitet, muss noch überprüft werden, ob diese Prognose zutrifft. Auch dieser Schritt der Theoriebildung ist weitaus problematischer, als es zunächst den Anschein hat (vgl. *Müller-Böling* [Organisationsforschung]).

Der zu untersuchende Wirklichkeitsausschnitt muss zunächst in einer empirisch messbaren Form abgebildet, d.h. operationalisiert werden. Die **Operationalisierung** muss den Ansprüchen der Validität (= Gültigkeit) und der Reliabilität (= Zuverlässigkeit) genügen. **Validität** meint, ob das gemessene Kriterium das eigentlich interessierende Phänomen auch gültig abbildet. Nehmen wir z.B. die Hypothese, dass die Einführung von Gruppenarbeit die Zufriedenheit erhöht. Kann dann bspw. aus den Kriterien „Krankenstand" und „Fluktuationsrate" gültig auf die Zufriedenheit der Mitarbeiter geschlossen werden? Bei mehrfacher Messung sollten sich außerdem zuverlässig immer die gleichen Ergebnisse einstellen (**Reliabilität**). Das Kriterium der Fluktuationsrate ist vermutlich reliabel, d.h. wenn die Messung von jemand anders wiederholt würde, käme er zum gleichen Ergebnis. Weniger zuverlässig, aber wahrscheinlich valider, wäre dagegen eine Befragung der Mitarbeiter zu ihrem Zufriedenheitsgrad.

Wenn das Problem der Operationalisierung gelöst ist, muss der Forscher überlegen, **wie viele Unternehmen** er wann und wie untersuchen will. Sollen möglichst viele und unterschiedliche Unternehmen zu einem Zeitpunkt mit Hilfe eines Fragebogens untersucht werden (breit angelegte **Querschnittsanalyse**)? Oder ist es sinnvoller, in einem einzelnen Unternehmen mehrere Monate lang den Arbeitsalltag zu beobachten und sich immer wieder zwanglos mit den Mitarbeitern zu unterhalten (tief angelegte **Längsschnittsanalyse**)?

Hat man sich für eine Untersuchungsmethode entschieden und die Daten erhoben, müssen sie im nächsten Schritt ausgewertet und interpretiert werden. Zur

Überprüfung von Zusammenhängen zwischen zwei Größen bietet sich etwa eine **Korrelationsanalyse** an. Wird ein statistischer Zusammenhang nachgewiesen, ist dieser noch zu interpretieren. Wird etwa ein positiver Zusammenhang zwischen der Einführung von Gruppenarbeit und der Zufriedenheit der Mitarbeiter gemessen, wird dies kausal interpretiert: Gruppenarbeit als Ursache ruft Zufriedenheit als Wirkung hervor. In vielen Fällen ist aber die kausale Schlussfolgerung aus dem statistischen Befund keineswegs zwingend. Der von *Chandler* festgestellte Zusammenhang zwischen Strategie und Struktur („structure follows strategy") wurde bspw. von anderen Forschern gerade entgegengesetzt interpretiert („strategy follows structure"). Möglicherweise entsteht eine starke Korrelation zwischen zwei Größen auch nur deshalb, weil sie gemeinsam von einer dritten Größe abhängen. Ein positiver Zusammenhang zwischen dem Formalisierungsgrad einer Unternehmung und dem Gewinn kann etwa darauf beruhen, dass die steigende Unternehmensgröße sowohl die Ursache für die zunehmende Formalisierung darstellt als auch für den Gewinnzuwachs. Zwischen Formalisierung und Gewinn besteht also nur scheinbar ein positiver Zusammenhang. Vielleicht ist der direkte Zusammenhang zwischen Formalisierung und Gewinn sogar negativ, was aber durch die positiven Effekte des Unternehmenswachstums überkompensiert wird. Bei der Interpretation der Befunde muss man die Fakten in einen Sinnzusammenhang stellen, d.h. die hermeneutische Methode fließt in die hypothetisch-deduktive Methode ein.

Die Hypothesenprüfung birgt so viele Probleme in sich, dass die empirische Bestätigung einer Hypothese nicht ohne weiteres als Beweis für die Gültigkeit genommen werden kann. Aber auch eine endgültige **Falsifikation** ist nicht möglich, denn es kann immer argumentiert werden, dass die Art der Überprüfung fehlerhaft war. Bestenfalls erhält man Tendenzaussagen (je..., desto...), die in vielen Fällen (wenn auch nicht in allen) bestätigt werden konnten. Nicht zu vernachlässigen ist bei der Hypothesenprüfung sicherlich auch, dass die Forscher entgegen *Poppers* Idealvorstellung nicht das Interesse haben, ihre Hypothese zu verwerfen und sie so streng wie möglich zu prüfen. Es liegt menschlich näher, dass i.d.R. nach bestätigenden Informationen gesucht wird. Dabei muss keine betrügerische Absicht unterstellt werden. Vielmehr kann das Untersuchungsdesign unbewusst in einer Art und Weise konstruiert werden, welche die These des Forschers stützt.

2.4 Anwendung der Theorie

Letztlich soll die Theorie den Unterbau für die Gestaltung liefern. Idealtypisch wird die überprüfte Ursache-Wirkungs-Beziehung tautologisch umgeformt in eine **Ziel-Mittel-Beziehung.** Aus *Chandlers* These „structure follows strategy" wird bspw. geschlossen, dass man die Struktur der Strategie anpassen sollte, präziser: dass eine divisionalisierte Struktur bei einem diversifizierten Produktionsprogramm zur Erfolgssteigerung beiträgt. In dieser Argumentation sind allerdings wieder eine ganze Reihe von (fragwürdigen) **Voraussetzungen** enthalten:

(1) Die tautologische Umformung von Ursache-Wirkungs-Zusammenhängen in Ziel-Mittel-Zusammenhänge ist nur dann zulässig, wenn die **Ursache die Wirkung kausal-genetisch hervorruft.** Wenn Penicillin (Ursache) Bakterien abtötet (Wirkung), dann kann ich also Penicillin (Mittel) einsetzen, um bakterielle Infektionen zu bekämpfen (Ziel). Der Zusammenhang von Strategie und Struktur ist nicht von dieser Art, denn die Strategie „produziert" die Struktur nicht. Vielmehr sind es die Organisationsgestalter, die eine Restrukturierung in die Wege leiten. Dabei gehen sie vermutlich von der Plausibilitätsüberlegung aus, dass es bei sehr unterschiedlichen Produkten und Märkten sinnvoll ist, wenn sich bestimmte organisatorische Einheiten darauf spezialisieren. Sie verfügen ihrerseits über eine „implizite Theorie", die etwa lauten könnte: Koordination im Unternehmen ist umso schwieriger, je heterogener die abzustimmenden Einheiten sind. Oder: Jeder Mensch kann nur begrenzt Informationen verarbeiten und sollte sich darum besser auf Teilbereiche spezialisieren. Oder: Bei marktorientierten Organisationseinheiten lässt sich deren Anteil am Gesamterfolg der Unternehmung leichter feststellen.

(2) Eine pragmatische Nutzung der theoretischen Aussagen ist im Grunde nur dann sinnvoll, wenn auch ein **systematischer Zusammenhang mit der interessierenden Zielgröße theoretisch nachgewiesen** wurde. Das eigentlich interessierende Ziel ist in unserem Beispiel nicht die divisionale Struktur, sondern der Unternehmenserfolg, etwa ein hoher Gewinn oder die Steigerung des Shareholder Value. Nur wenn Unternehmen, die bei diversifiziertem Produktionsprogramm eine divisionalisierte Struktur eingeführt haben, regelmäßig erfolgreicher sind als solche, die trotz Strategieänderung eine funktionale Struktur beibehielten, kann die Strukturänderung empfohlen werden. Die bloße Beobachtung, dass die meisten Organisationsge-

stalter eine bestimmte Strukturform bei einer bestimmten Strategie bevorzugen, kann nur dann zu einer Gestaltungsempfehlung führen, wenn man zugleich unterstellt, dass die Organisationsgestalter rational gehandelt haben. Man vollzieht ihre Plausibilitätsüberlegungen verstehend nach und hält es ebenfalls für einleuchtend, dass die neue Struktur zur neuen Strategie besser passt. Die eigentliche Begründung für die Gestaltungsempfehlung liegt in diesen Überlegungen und nicht in der empirisch nachgewiesenen Regelmäßigkeit.

(3) Eine schlichte tautologische Umformung des theoretischen Zusammenhanges in einen technologischen Zusammenhang ist selbst dann nicht sinnvoll, wenn Unternehmen, die ihre Struktur der Strategie angepasst haben, häufig erfolgreicher sind als solche, die diese Anpassung nicht vorgenommen haben. Denn der Unternehmenserfolg hat immer **viele Ursachen** gleichzeitig. Wettbewerbsfähige Produkte, attraktive Märkte, gute Konjunktur, moderne Technologie, moderater Wettbewerb, engagierte Mitarbeiter, all das und mehr trägt zum Erfolg bei. Es ist daher sehr schwierig, den Anteil, den die Struktur am Erfolg oder Misserfolg einer Unternehmung hat, aus diesem **Ursachenbündel zu isolieren.** Eine Strukturänderung alleine kann keinen Erfolg garantieren. Die Ursache-Wirkungs-Kette ist weitaus komplexer und ungewisser, als der simplifizierende Befund vom Strategie-Struktur-Zusammenhang zunächst vermuten lässt. Entsprechend problematisch ist auch die pragmatische Verwendung der Theorie.

2.5 Ansätze

Die Organisationstheorie stellt sich heute nicht als homogene Disziplin dar. Es gibt unterschiedliche Auffassungen vom Erkenntnisgegenstand und den anzuwendenden Methoden. Statt einer Theorie gibt es viele **unterschiedliche theoretische Ansätze.**

Die Fülle der Ansätze kann damit erklärt werden, dass die Komplexität des Forschungsgegenstandes sehr viele **Freiheiten** eröffnet (vgl. auch *Göbel* [Organisationstheorie]). Man kann

- sich dem Forschungsgegenstand „Organisation" von unterschiedlichen **Disziplinen** her nähern (bspw. Betriebswirtschaftslehre, Volkswirtschaftslehre, Soziologie, Psychologie),

- unterschiedliche **Organisationsbegriffe** in den Vordergrund stellen (bspw. Organisation als Instrument, Organisation als Institution),
- sich von unterschiedlichen **Metaphern** leiten lassen (bspw. Organisation als Maschine, Organisation als Organismus),
- unterschiedliche **Aspekte** der Organisation betrachten (bspw. die Art der Arbeitsteilung, das Entscheidungsverhalten der Organisationsmitglieder, die Grenzziehung zwischen Organisation und Umwelt),
- unterschiedliche **Untersuchungsmethoden** verwenden (bspw. großzahlige empirische Erhebung quantitativer Merkmale mit statistischer Auswertung oder langfristiges Miterleben und Beobachten des Mitarbeiterverhaltens und Erstellen eines Erfahrungsberichts),
- von unterschiedlichen **Menschenbildern** ausgehen (bspw. der Mensch ist faul, der Mensch will seine Potentiale entfalten) und
- unterschiedliche Vorstellungen von der gezielten **Gestaltbarkeit der Organisation** entwickeln.

In der Fülle der Ansätze präsentiert sich zugleich die Reichhaltigkeit des Erkenntnisgegenstandes „Organisation“. Dass sich so viele verschiedene Forscher mit je unterschiedlichen Ansätzen mit der Organisation beschäftigt haben, zeigt, wie ergiebig, spannend und dynamisch das Forschungsfeld ist. **Jeder Ansatz** trägt seinen Teil dazu bei, den Forschungsgegenstand „Organisation“ besser zu verstehen und zu erklären und damit auch besser gestalten zu können. Weil die organisationstheoretischen Ansätze das Fundament für eine zielgerichtete Gestaltung der Organisation bilden, werden sie im folgenden Kapitel ausführlich dargestellt.

Um das Verständnis der einzelnen Ansätze zu erleichtern und die Vergleichbarkeit zu verbessern, wird die Darstellung jedes einzelnen Ansatzes eingeleitet mit einer knappen Charakterisierung jeweils nach demselben Schema. Eine zusammenfassende Gegenüberstellung findet sich dann noch auf S. 201–203.

Fragen zur Wiederholung

1. Beschreiben Sie die drei Ziele der Wissenschaft und ihren Zusammenhang. (1)
2. Welche Vorteile bringt ein methodisches Vorgehen bei der Entwicklung einer Theorie mit sich? (2.1)
3. Was versteht man unter dem „hermeneutischen Zirkel"? (2.1)
4. Unterscheiden Sie Induktion und Deduktion. (2.1)
5. Welche Einzelschritte hat ein Forscher im Rahmen der hypothetisch-deduktiven Methode zu vollziehen? (2.2)
6. Was versteht man unter einer forschungsleitenden Metapher? (2.3.1)
7. Welche Einzelaufgaben umfasst die Hypothesenprüfung? (2.3.3)
8. Unter welchen Bedingungen ist eine Umformung von empirisch nachgewiesenen Regelmäßigkeiten in eine Gestaltungsempfehlung sinnvoll? (2.4)
9. Warum gibt es in der Organisationstheorie so viele unterschiedliche Ansätze? (2.5)

Fragen zur Vertiefung

1. Obwohl der Methodenpluralismus auch innerhalb der Organisationsforschung grundsätzlich akzeptiert ist, beziehen sich nur wenige Forscher explizit auf Methoden wie Phänomenologie, Hermeneutik und Dialektik. Woran könnte das liegen?
2. In der Betriebswirtschaftslehre wird häufig modellanalytisch gearbeitet. Überlegen Sie, was für und was gegen diese Methode spricht.
3. Überlegen Sie, welche Eigenschaften des Menschen für die Organisationslehre besonders wichtig sein könnten und wie man zu einem bestimmten Menschenbild kommt.
4. Stellen Sie sich vor, Sie sollten im Rahmen einer Diplomarbeit die Hypothese „Gruppenarbeit verbessert die Zufriedenheit der Mitarbeiter" empirisch prüfen. Wie könnten Sie grundsätzlich vorgehen?
5. Warum kann man von Korrelationen nicht unbedingt auf Kausalitäten schließen?

Literaturempfehlungen

Für einen allgemeinen Überblick über die wissenschaftlichen Methoden:

Seiffert, H.: Einführung in die Wissenschaftstheorie 1, 12. A., München 1996.

Seiffert, H.: Einführung in die Wissenschaftstheorie 2, 10. A., München 1996.

Speziell zu den Problemen der Organisationsforschung:

Kieser, A.: Kritik der Organisation oder Organisation der Kritik? Wissenschaftstheoretische Bemerkungen zum kritischen Umgang mit Organisationstheorien, in: *Kieser, A.* (Hrsg.): Organisationstheorien, 3. A., Stuttgart, Berlin, Köln 1999, S. 1–37.

Müller-Böling, D.: Organisationsforschung, Methodik der empirischen, in: *Frese, E.* (Hrsg.): Handwörterbuch der Organisation, 3. A., Stuttgart 1992, Sp. 1491–1505.

Kapitel 5
Organisationstheoretische Ansätze

1 Systematik

Die Fülle der organisationstheoretischen Ansätze zwingt zu einer Auswahl. Diese Auswahl kann nur nach Zweckmäßigkeitsüberlegungen erfolgen, weil es kein zwingendes Auswahlkriterium gibt. Folgende Überlegungen spielen eine Rolle:

- Es sollten die **wichtigsten** Ansätze vorgestellt werden, also jene, die als „Klassiker" des Faches gelten.
- Das **breite Spektrum** unterschiedlicher Basisannahmen und Methoden sollte sichtbar werden.
- Es sollten die theoretischen Grundlagen erarbeitet werden, auf welche die **Organisationsgestaltung** Bezug nimmt.

Die Reihenfolge der dargestellten Ansätze entspricht in etwa der **chronologischen Entwicklung.** Dieses Kriterium ist allerdings nicht streng durchzuhalten, da häufiger unterschiedliche Ansätze ungefähr zur gleichen Zeit entwickelt wurden. Es gibt auch nicht immer eine zentrale Veröffentlichung eines bestimmten Forschers, deren Erscheinungsjahr quasi als „Geburtsstunde" eines Ansatzes bezeichnet werden könnte.

Die chronologische Reihenfolge legt es nahe, alte und moderne Ansätze zu unterscheiden. Dies soll hier jedoch nicht geschehen, weil damit ein systematischer Fortschritt hin zu immer moderneren und somit „besseren" Ansätzen suggeriert würde, der so nicht stattgefunden hat. Die „modernen" Ansätze haben die „alten" nicht abgelöst, sondern das komplexe Gesamtbild der Organisation weiter bereichert. **Alle Ansätze** haben in bestimmten Teilaspekten ihre Aktualität bewahrt.

Folgende **Ansätze** werden näher beschrieben:

- Bürokratieansatz,
- tayloristischer Ansatz,
- Human-Relations-Ansatz,
- strukturtechnischer Ansatz,
- situativer Ansatz,
- entscheidungstheoretischer Ansatz,
- institutionenökonomischer Ansatz,
- evolutionstheoretischer Ansatz,
- interpretativer Ansatz und
- Selbstorganisationsansatz.

Bei allen Ansätzen sollen – nach Möglichkeit – geklärt werden:

- **Vertreter** des Ansatzes und wichtige **Quellen** für organisationstheoretische Aussagen,
- **Organisationsbegriff** in institutioneller, instrumenteller und tätigkeitsorientierter Hinsicht,
- **Metapher** (= bildliche Übertragung, besonders eines konkreten Begriffs auf einen abstrakten Begriff, z.B. die Organisation als Maschine),
- zentrale **Aussagen** des Ansatzes,
- dem Ansatz zugrundeliegendes **Menschenbild,**
- **Methoden** der Erkenntnisgewinnung und
- die aktuelle **Bedeutung** des Ansatzes.

Da die Forscher selbst zu diesen Aspekten nicht immer ausdrücklich Stellung beziehen, sind z.T. Interpretationen nötig. Insbesondere die philosophisch-anthropologischen Grundüberzeugungen der Wissenschaftler, die implizit in die Theorie einfließen, lassen sich nur spekulativ aus den Texten erschließen (vgl. *Hesch* [Menschenbild] 41 f.). Die Darstellung der Ansätze ist also nicht völlig „objektiv".

2 Der Bürokratieansatz

Vertreter	Quellen	Metapher
Max Weber (1864–1920)	Hauptwerk: *Max Weber*: Wirtschaft und Gesellschaft, 1921, also postum erschienen	Organisation kann verstanden werden als Maschine, Apparat, Herrschaftsinstrument.

	Organisationsbegriff	
institutionell	**instrumentell**	**tätigkeitsorientiert**
Die Organisation „Unternehmung" ist eine Form legitimer Herrschaft.	Die Organisation, die eine Unternehmung hat, soll Herrschaft sichern und legitimieren.	Ordnung in der Unternehmung entsteht durch rationale Satzung.

Menschenbild	Bevorzugte Methoden	Aktuelle Bedeutung
Der Mensch handelt zweckrational, wertrational, gefühlsmäßig und gewohnheitsmäßig.	Bildung von Idealtypen; erklärendes Verstehen: induktives, hypothetisch-deduktives und hermeneutisches Vorgehen werden gemischt.	• Sicherung von Herrschaft (Führung) • Bildung von Idealtypen • Merkmale zur Beschreibung einer Struktur • Strukturtyp „Bürokratie"

2.1 Vertreter und wichtige Quellen

Als Begründer des Bürokratieansatzes gilt *Max Weber* (1864–1920). Obwohl *Max Weber* in Jura promoviert wurde und sich auch dort habilitierte und anschließend an verschiedenen Universitäten Nationalökonomie lehrte, wird er heute i.d.R. als Soziologe verstanden. Er gilt als Mitbegründer der modernen **Soziologie.** Soziologie ist ein Kunstwort, das aus dem lateinischen Teil „socius" (adj.: gemeinsam, verbunden, oder subst.: Gefährte, Teilnehmer) und dem griechischen Teil „logos" (= Wort, Begriff) zusammengesetzt ist. Vereinfachend kann Soziologie übersetzt werden als „Wissenschaft vom Zusammenleben der Menschen" (vgl. *Gukenbiehl* [Soziologie] 12). *Max Weber* selbst definiert Soziologie folgendermaßen: „Soziologie soll heißen eine Wissenschaft, welche soziales Handeln deutend verstehen und dadurch in seinem Ablauf und seinen Wirkungen ursächlich erklären will. ... Soziales Handeln aber soll ein solches Handeln heißen, welches seinem von dem oder den Handelnden gemeinten Sinn nach auf das Verhalten anderer bezogen und darin in seinem Ablauf orientiert ist." (*Weber* [Wirtschaft] 1). Da in jeder Organisation Menschen zusammenleben und sozial handeln, haben die Erkenntnisse der Soziologie für die Organisationsgestaltung Relevanz.

Für organisationstheoretische Aussagen stellt das postum (1921) herausgegebene Hauptwerk *Max Webers* mit dem Titel „Wirtschaft und Gesellschaft" die zentrale Quelle dar. Das Thema „Bürokratie" wird vor allem in den Kapiteln „Typen der Herrschaft" und „Soziologie der Herrschaft" behandelt. Von Interesse sind aber auch die Ausführungen zu den „soziologischen Grundbegriffen".

2.2 Organisationsbegriff und Metapher

Organisation ist für *Max Weber* ein **Herrschaftsinstrument**. „Herrschaft" oder auch „Autorität" wird genauer bestimmt als die Chance, für Befehle bei einer angebbaren Gruppe von Menschen Gehorsam zu finden. Ein bestimmtes Maß an Bereitschaft zum Gehorchen bei den Beherrschten gehört zu jedem echten Herrschaftsverhältnis (*Weber* [Wirtschaft] 122). Besonders sicher ist der Fortbestand der Herrschaft daher, wenn der Herrschaftsanspruch als legitim, d.h. als rechtens und begründet anerkannt wird. Nach der Art dieses Legitimitätsanspruchs unterscheidet *Weber* **drei Formen legitimer Herrschaft:**

- die legale Herrschaft kraft Satzung (Bürokratie),
- die traditionale Herrschaft und
- die charismatische Herrschaft.

Bürokratische Organisation ist also für *Weber* ein Instrument, um einer Herrschaft Geltung zu verschaffen. „Geltung" meint, dass die rational gesetzten Regeln der Bürokratie „Fügsamkeit finden" ([Wirtschaft] 549) und dies nicht nur aus dumpfer Gewohnheit oder aus rationalem Kalkül, sondern auch aus einer gewissen inneren Überzeugung von der Angemessenheit des Herrschaftsverhältnisses.

Nach *Morgan* ([Images] 273 ff.) ist dieses Verständnis der Organisation als „instrument of domination" die forschungsleitende Metapher von *Max Weber*. Wenn *Weber* die Effizienz der Bürokratie lobt , dann verwendet er daneben auch das Bild von der Organisation als Maschine: „Ein vollentwickelter bürokratischer Mechanismus verhält sich zu diesen (anderen Formen der Herrschaft; die Verf.) genau wie eine Maschine zu den nicht mechanischen Arten der Gütererzeugung" ([Wirtschaft] 561). Die Bürokratie ist daher anderen Herrschaftsformen „technisch" überlegen. Sie ist ein **rational gestalteter Apparat.**

2.3 Zentrale Aussagen

Da *Max Weber* Bürokratie als eine von drei Formen legitimer Herrschaft thematisiert, seien zunächst die beiden anderen Herrschaftsformen kurz skizziert.

(1) Die Legitimitätsgeltung **traditionaler Herrschaft** beruht „auf dem Alltagsglauben an die Heiligkeit von jeher geltender Traditionen und die Legitimität der durch sie zur Autorität Berufenen" (*Weber* [Wirtschaft] 124). Es wird ein **Herr-Diener-Verhältnis** begründet.

(2) **Charismatische Herrschaft** beruht „auf der außeralltäglichen Hingabe an die Heiligkeit oder die Heldenkraft oder die Vorbildlichkeit einer Person und der durch sie offenbarten oder geschaffenen Ordnungen" (*Weber* [Wirtschaft] 124). Es wird ein **Führer-Anhänger-Verhältnis** begründet.

(3) Diese beiden alten Herrschaftstypen wurden vom „modernen" Herrschaftstyp der **Bürokratie** abgelöst. Die Legitimitätsgeltung der Bürokratie beruht „auf dem Glauben an die Legalität gesetzter Ordnung und des Anweisungsrechts der durch sie zur Ausübung der Herrschaft Berufenen" (*Weber* [Wirtschaft] 124). Es wird ein **Vorgesetzter-Untergebener-Verhältnis** begründet.

Eine **Bürokratie** weist folgende **Merkmale** auf (vgl. *Weber* [Wirtschaft] 125 ff., 551 ff.):

Sie ist durch die zweckrationale Setzung einer Vielzahl abstrakter Regeln entstanden, die zusammen eine **unpersönliche Ordnung** bilden. Dieser unpersönlichen Ordnung sind sowohl die Vorgesetzten als auch die Untergebenen unterworfen. Alle Amtsgeschäfte werden strikt regelgebunden abgewickelt. Jedes

Organisationsmitglied hat genau abgegrenzte Kompetenzen, d.h. bestimmte Aufgaben, Pflichten und Rechte. Eine Amtshierarchie (**Instanzenzug**) legt den vertikalen Dienstweg fest. Anweisungen verlaufen von oben nach unten, Beschwerden von unten nach oben. Die Kommunikation wird zum größten Teil schriftlich fixiert (**Aktenmäßigkeit**). Das Personal ist fachlich spezialisiert und geschult, ist hauptberuflich tätig, wird kraft freier Auslese angestellt und erhält ein vertraglich vereinbartes festes Gehalt. Ein Aufstieg in der Hierarchie ist möglich entlang einer genau definierten Laufbahn. Die Beförderung kann von der Leistung abhängig gemacht werden (die der jeweilige Vorgesetzte beurteilt), aber auch vom „Amtsalter" abhängen. Die Ausübung des Berufes erfolgt völlig getrennt vom Privatbereich in speziellen Büroräumen, die mit den benötigten Sachmitteln ausgestattet sind. Der Untergebene unterliegt einer strengen Disziplin und Kontrolle. Er soll sein Amt „sine ira et studio, ohne Hass und Leidenschaft" (*Weber* [Wirtschaft] 129) lediglich pflichtgemäß erfüllen. Seine eigenen Ansichten über den Wert oder Unwert eines Befehles spielen keine Rolle.

Im Vergleich mit den älteren Herrschaftsformen, also der feudalistischen und ständischen Ordnung, hat die Bürokratie in erster Linie **Vorteile**. *Weber* preist die Präzision, Eindeutigkeit, Kontinuität, Schnelligkeit, Aktenkundigkeit, Sachlichkeit, Berechenbarkeit, Straffheit und Verlässlichkeit der Bürokratie. Sie ist die „rein technisch zum Höchstmaß der Leistung vervollkommenbare, ...formal rationalste Form der Herrschaftsausübung" ([Wirtschaft] 128). Diese sehr positive Bewertung ist verständlich vor dem Hintergrund der alternativen Herrschaftsformen. Wenn die Alternative darin besteht, dass bspw. ein charismatischer Führer kraft Eigenwillens Regeln erlässt oder widerruft, Anhänger ohne Rücksicht auf deren fachliche Qualifikation mit Aufgaben betraut, Kompetenzen beliebig erweitert oder beschneidet, dann bedeutet dies für alle Beherrschten einen hohen Grad an Unsicherheit. Der „Herr" im traditionalen Sinne kann nicht ganz so willkürlich agieren, da er ja die Traditionen zu beachten hat. Aber auch er entscheidet vergleichsweise beliebig, lässt Gnade walten oder auch nicht, überträgt seinen persönlichen Günstlingen Ämter und Rechte und verteilt Mittel nach freiem Ermessen. Wenn Herrschaft dagegen durch eigens dafür fachlich geschultes Personal, nach rational gesetzten Regeln, zuverlässig und diszipliniert ausgeübt wird, dann kann dies in der Tat als Fortschritt, als Rationalisierung und Modernisierung, angesehen werden.

Als **Vorteile** der Bürokratie können im Einzelnen angeführt werden (in Klammern werden die Seiten aus „Wirtschaft und Gesellschaft" genannt):

- Das geschulte, nach Qualifikation ausgewählte und hauptberuflich tätige Personal verfügt nicht nur von Anfang an über Fachwissen, sondern erwirbt im Laufe der Tätigkeit **spezifisches Dienstwissen** (129).
- In den Büros können **spezielle Sachmittel** zum Einsatz kommen, die die Effizienz der Arbeit steigern (566).
- Die streng regelorientierte Amtsführung **schützt** alle davon Betroffenen **vor Willkürakten.** Der Vorgesetzte darf z.B. die Kompetenzen eines Untergebenen nicht einfach an sich ziehen. Und jeder in gleicher Lage befindliche Interessent wird ohne Ansehen der Person formal gleich behandelt (129, 551).
- Die bürokratische Organisation führt zu einem Höchstmaß an **zuverlässiger Ordnung,** d.h. das Verhalten ist regelmäßig und vorhersehbar (562).
- Die bürokratische Herrschaft ist außerordentlich **stabil** (834).

Wegen dieser Vorteile meint *Weber*: „Der Bürokratisierung gehört die Zukunft" (834). Es sollte aber nicht unterschlagen werden, dass *Weber* auch negative Effekte und **Gefahren der Bürokratie** sieht:

- Bürokratie kann zum **„Gehäuse der Hörigkeit"** werden, in welches sich die Menschen ohnmächtig fügen müssen (835).
- Gerade die Effizienz des „Apparates" lässt die Frage virulent werden, in wessen Händen er sich befindet. Die Unpersönlichkeit der Ordnung und das Prinzip des formalen Gehorsams lassen den **Apparat** in den Händen eines jeden Herrschers tadellos funktionieren, „der sich der Herrschaft über ihn einmal zu bemächtigen gewusst hat" (570).
- Eine **Kontrolle** der Bürokratie ist **schwierig,** weil der Fachmann dem Nicht-Fachmann stets an Wissen überlegen ist. „Diese Überlegenheit des berufsmäßig Wissenden sucht jede Bürokratie noch durch das Mittel der Geheimhaltung ihrer Kenntnisse und Absichten zu steigern. ... Die Bürokratie verbirgt ihr Wissen und Tun vor der Kritik, soweit sie irgend kann" (572).
- Selbständige Entschlüsse, eigene Ideen und Eigenverantwortung sind dem Typus des „Bürokraten" fremd. Er muss sein Pflichtgefühl stets über seine Eigenwilligkeit stellen und **funktionieren.** Zumindest an der Spitze des bürokratischen Apparates müssen daher „Führer" (Unternehmer oder Politiker) stehen, die eigenverantwortlich neue Ideen durchsetzen (836 f.).
- Die Arbeit wird **ohne gefühlsmäßige Beteiligung,** ohne „Liebe und Enthusiasmus" ausgeübt (129).

- Die rein **formale, sachlich kühle Gleichbehandlung** aller Fälle stößt mit den am konkreten Fall und der konkreten Person orientierten Postulaten unvermeidlich zusammen (565).

Da heute bei der Bewertung der Bürokratie i.d.R. nicht mehr der Vergleich mit den anderen Herrschaftsformen gesucht wird, weil eine rein traditionale oder charismatische Herrschaft gar nicht mehr zur Debatte steht, rücken die Nachteile der Bürokratie automatisch in den Vordergrund. „Bürokratie" ist so im Laufe der Zeit zunehmend zum Schmähwort geworden.

2.4 Menschenbild

Weil *Weber* die Metapher der „Maschine" verwendet, liegt es nahe zu glauben, dass er den Menschen als „Rädchen im Getriebe" versteht, der einfach mechanisch funktioniert. Da ihn als Soziologe menschliches Handeln besonders interessiert, begnügt er sich aber nicht mit dieser stark vereinfachenden Verhaltensannahme. Er sucht vielmehr nach Gründen dafür, dass Menschen ihr Handeln an einer legitimen Ordnung orientieren. Folgende **Gründe für die Akzeptanz von Herrschaft** werden von ihm genannt:

Das menschliche Handeln ist **interessengeleitet**. Normalerweise, so *Weber*, orientieren Menschen ihre Handlungen an der Deckung eigener ideeller oder materieller Interessen. In einer modernen Wirtschaft gilt das Hauptinteresse im Normalfall der Erzielung von Einkommen (vgl. *Weber* [Wirtschaft] 119 f.).

(1) Menschen handeln i.d.R. **zweckrational,** d.h. sie stellen vor dem Handeln Ziel-Mittel-Überlegungen an ([Wirtschaft] 9 f., 13). Der Gehorsam des Einzelnen in der Bürokratie kann somit sehr einfach damit begründet werden, dass die regelgerechte Amtsführung (als Mittel) das Einkommen (Ziel) sichert. Neben der Sicherung eines standesgemäßen Arbeitseinkommens können als weitere materielle Ziele eine ausreichende Altersversorgung und die Karriere vermutet werden. Als nicht-materielles Ziel kommt die „soziale Schätzung" hinzu, die dem Inhaber einer bestimmten Stelle entgegengebracht wird ([Wirtschaft] 555 f.).

(2) Menschen handeln auch „**wertrational**", d.h. sie glauben an den „Eigenwert eines bestimmten Sichverhaltens rein als solchem und unabhängig vom Erfolg" ([Wirtschaft] 12). Ein Beamter lässt sich bspw. von der „Kulturwertidee" leiten, dass er dem Staat zu dienen habe (553). Diese innere Überzeugung von der Pflicht zum Gehorsam entsteht aus der Aner-

kennung der Legitimität der Ordnung. Ist die Ordnung als legitim akzeptiert, ist Gehorsam aus Sicht der Untergebenen Pflicht und Gebot.

(4) Menschliches Handeln ist immer auch **affektisch**, d.h. durch Gefühle bestimmt ([Wirtschaft] 12). Wenn Untergebene die Anweisungen der Vorgesetzten bereitwillig ausführen und viel leisten, dann kann das auch durch eine affektive Arbeitswilligkeit begründet werden. Solche Freude an der Arbeit ist insbesondere dann zu erwarten, wenn der „individuelle Leistungserfolg dem Arbeitenden sichtbar vor Augen liegt" ([Wirtschaft] 87).

(5) Schließlich ist das Handeln des Menschen auch **traditions- und gewohnheitsbestimmt** ([Wirtschaft] 12). Traditionales Handeln reicht vom unbewussten „dumpfen" gewohnheitsmäßigen Reagieren bis hin zum bewussten Anerkennen der Geltung der Tradition, was dem wertrationalen Handeln sehr ähnlich ist. Traditionales Handeln wirkt selbstverstärkend: Je länger die gewohnten Normen und Reglements befolgt werden, desto mehr wird das gehorsame Sichfügen zur festen inneren Einstellung ([Wirtschaft] 570).

Das menschliche Handeln ist sehr selten nur in die eine oder andere Richtung orientiert; normal ist vielmehr die gleichzeitige Geltung verschiedener Motive. Die aufgezählten Handlungsorientierungen sind zudem „in gar keiner Weise erschöpfende Klassifikationen der Arten der Orientierung des Handelns" ([Wirtschaft] 13). *Webers* Menschenbild ist also sehr komplex.

2.5 Methoden

(1) Bildung von Idealtypen

Weber geht davon aus, dass die Realität durch den Forscher nicht einfach objektiv „registriert" wird. „Zu glauben: die historische Gesamtrealität lasse sich ... einfangen, liegt hier so fern wie möglich" ([Wirtschaft] 124). Stattdessen bildet der Wissenschaftler abstrakte Begriffe und Idealtypen, die in der reinen, idealen Form in der Realität nicht vorkommen. Diese Vorgehensweise hat eine terminologische, klassifikatorische und heuristische Funktion. Nehmen wir den Idealtyp „Bürokratie". Der Typus „Bürokratie" kann anhand bestimmter Merkmale eindeutig beschrieben werden (terminologische Funktion). Er bietet damit ein Modell, mit dem reale Organisationen verglichen werden, die dann als mehr oder weniger bürokratisch eingeordnet werden können (klassifikatorische Funktion). Die fehlende Übereinstimmung von Modell und Realität kann außerdem zum Anlass genommen werden, den Idealtyp zu ändern oder durch weitere Überlegungen zu ergänzen (heuristische Funktion). Die Bildung bestimmter Typen ist nicht zwingend. Sie enthalten immer ein gewisses Maß an „Setzung" durch den Forscher. Die Wirklichkeitsferne der Idealtypen ist stets im Auge zu behalten. Sie sind nicht „wahr", sondern höchstens zweckmäßig.

(2) Erklären und Verstehen

Als seine wissenschaftliche Aufgabe sieht es *Weber* an, soziales Handeln zu verstehen und dadurch ursächlich zu erklären. Hier ist speziell von Interesse, warum Menschen ihr Handeln an der unpersönlichen Ordnung der Bürokratie orientieren. Entsprechend *Webers* Menschenbild ist das erste Motiv in zweckrationalen Überlegungen zu suchen. Wenn wir das Handlungsziel einer Person zu kennen glauben und nach unserer Erfahrung die beobachtete Handlung ein Mittel im Hinblick auf die Erreichung dieses Zieles ist, dann können wir uns die Handlung aus dem Sinnzusammenhang „erklären" ([Wirtschaft] 4). Im gleichen Zusammenhang spricht *Weber* auch vom rationalen oder motivationsmäßigen Verstehen.

Dieses erklärende Verstehen steht bei *Weber* im Vordergrund. Idealtypisch wird jedes Handeln zunächst als rein zweckrational konstruiert und festgestellt, „wie das Handeln bei Kenntnis aller Umstände und aller Absichten der Mitbeteiligten und bei Setzung zweckrationaler, an der uns gültig scheinenden Erfahrung orientierter, Wahl der Mittel verlaufen wäre" ([Wirtschaft] 2 f.). Solche idealtypischen Konstruktionen sind z.B. die von der reinen Wirtschaftstheorie aufgestellten Begriffe und „Gesetze". „Sie stellen dar, wie ein bestimmt geartetes, menschliches Handeln verlaufen würde, wenn es streng zweckrational, durch Irrtum und Affekte ungestört, und wenn es ferner ganz eindeutig nur an einem Zweck (Wirtschaft) orientiert wäre" ([Wirtschaft] 4).

Falls tatsächliches Handeln auf diese Weise nicht vollständig erklärt werden kann, müssen weitere Handlungsmotive in Betracht gezogen werden, wie etwa die wertrationalen, emotionalen oder traditionalen Motive. Solche Gründe für spezifische Handlungen können wir auch verstehen. Weil wir aus unserem eigenen Erleben oder durch das Vorbild anderer wissen, dass Handeln auch an Ideen, Gefühlen und Traditionen orientiert ist, können wir auch so motiviertes Handeln einfühlend und nacherlebend in einen Sinnzusammenhang stellen.

(3) Regeln und Gesetze

Der soziologische Forscher ist nicht in erster Linie daran interessiert, in Einzelfällen alle Handlungsursachen eines speziellen Individuums zu verstehen, sondern er sucht nach Gesetzen oder zumindest gewissen Regelmäßigkeiten für das soziale Handeln. Eine rational evidente Deutung menschlichen Handelns bei gegebenen Bedingungen und unter der idealtypischen Voraussetzung eines zweckrationalen Handelns wird verallgemeinert. Ein als sinnvoll gedeutetes Handeln einer Person (z.B. den bürokratischen Regeln Folge zu leisten, um das Einkommen zu sichern), wird auch für andere Personen und die Zukunft erwartet. Damit ist eine Hypothese aufgestellt worden, die empirisch geprüft werden sollte. Zur Bestätigung der Hypothese reicht es nach *Weber* aus, wenn der unterstellte Zusammenhang „in irgendeiner Annäherung“ beobachtet werden kann ([Wirtschaft] 6). Beides zusammen, die sinnvolle Deutung des Handelns und die Bestätigung der These durch die Erfahrung, etabliert „soziologische **Regeln**“ und „**Gesetze**“ ([Wirtschaft] 6, 9). Solche „Gesetze“ sind „durch Beobachtung erhärtete typische Chancen eines bei Vorliegen gewisser Tatbestände zu gewärtigenden Ablaufes von sozialem Handeln, welche aus typischen Motiven und typisch gemeintem Sinn der Handelnden verständlich sind“ ([Wirtschaft] 9). Eine statistische Regelmäßigkeit alleine ist noch keine Erklärung; vielmehr muss bei einer Erklärung diese Regelmäßigkeit immer auch sinnhaft verständlich sein. Bei bloßer rationaler Evidenz ohne Erfahrungsprobe kann andererseits auch nicht von einem Gesetz gesprochen werden.

In den Grundzügen entspricht *Webers* Vorgehen zum Finden von „Gesetzen“ durchaus dem hypothetisch-deduktiven Modell (vgl. Abb. 4-1). Für gewisse Beobachtungen wird eine sinnvoll erscheinende Deutung entwickelt, die dann an der Erfahrung überprüft wird. *Weber* entwickelt aber bei der Anwendung dieser Methode auf den sozialen Bereich ein großes Problembewusstsein. Die Realität wird auf der Grundlage idealtypischer Begriffe erfasst, die Hypothesenbildung erfolgt unter der idealtypischen Annahme der Zweckrationalität und ein strenger, immer und überall geltender Ursache-Wirkungs-Zusammenhang wird erst gar nicht erwartet. Das Ziel ist relativ bescheiden: Leidlich eindeutige Begriffe (vgl. [Wirtschaft] 124), durchschnittliche, annähernde, typischerweise auftretende Regelmäßigkeiten (vgl. [Wirtschaft] 5 ff.), mehr sollte man realistischerweise nicht erwarten.

2.6 Aktuelle Bedeutung

Warum beschäftigt man sich heute überhaupt noch mit *Max Weber*? Sind seine organisationstheoretischen Überlegungen nicht völlig veraltet und längst von „modernen" Ansätzen abgelöst worden? Dass diese Frage verneint werden muss, und wie *Webers* Aussagen auch heute noch fortwirken, soll im Folgenden gezeigt werden.

(1) Herrschaft und Führung

Weber sieht Organisation als Herrschaftsinstrument. Ihn interessiert, wie eine legitime Ordnung beschaffen sein muss, damit sie stabil bleibt und die Untergebenen ihr „gehorchen wollen". Worte wie „Herrschaft", „Befehl" und „Gehorsam" haben heute einen schlechten Klang und passen nicht mehr in eine moderne Unternehmung. *Webers* Beispiele für Herrschaftsverhältnisse umfassen aber auch die Situtlon eines Arbeitnehmers, der den Anweisungen des Arbeitgebers bzw. Vorgesetzten und den unpersönlichen Arbeitsordnungen Folge leisten soll ([Wirtschaft] 123). Zu erreichen, dass Mitarbeiter in einer Unternehmung so handeln, wie sie nach der Vorstellung der Leitenden handeln sollen, ist auch im modernen Management ein zentrales Anliegen geblieben. Führung, verstanden als zielbezogene Verhaltensbeeinflussung, Handlungssteuerung, Motivation oder auch „Fremd-Willensdurchsetzung" (vgl. *Neuberger* [Führen] 5) greift das Herrschaftsproblem wieder auf. **Organisation wird vom Herrschaftsinstrument zum Führungsinstrument.** Wenn heute von Führung statt von Herrschaft gesprochen wird, dann ist damit natürlich mehr verbunden als ein bloßer Wechsel der Begriffe. Ein „blinder" Gehorsam ohne Rücksicht auf eigene Ansichten wird von den Untergebenen nicht mehr erwartet. Man versucht vielmehr, ihnen Anreize zu geben, sich „im Sinne der Organisation einzusetzen" (*Laux/Liermann* [Grundlagen] 483). *Webers* Ausführungen zu der Frage, warum eine Ordnung akzeptiert wird, können diese moderne Anreizdiskussion durchaus bereichern. Er benennt nicht nur das materielle Eigeninteresse als Motiv, an dem eine Führung ansetzen kann, sondern erkennt auch bspw. die Freude an der Arbeit, die gefühlsmäßige Bindung an Personen und die innere Verpflichtung gegenüber bestimmten Wertideen als Handlungsmotive. Die aktuelle Wiederbelebung des Konzeptes der „charismatischen Führung" und der Führung durch gemeinsame Werte (Unternehmenskultur) zeigt die unverminderte Brauchbarkeit von *Webers* Ausführungen.

(2) Methoden

Die Bildung von **Idealtypen** als Möglichkeit, Eindeutigkeit und Ordnung in die komplexe Realität zu bringen und damit über den individuellen Einzelfall hinaus zu generalisierenden Aussagen zu kommen (vgl. *Weber* [Wirtschaft] 9 f.), wird von der modernen Organisationstheorie, insbesondere von *Mintzberg* ([Structuring]) wieder aufgegriffen. Jede Organisation besteht nach *Mintzberg* aus fünf typischen Elementen, fünf typischen Koordinationsmechanismen und fünf typischen Funktionsabläufen, die zu fünf grundlegenden Konfigurationstypen verdichtet werden (vgl. S. 274 ff.). Die (Maschinen-)**Bürokratie** ist einer dieser fünf Typen. Dass damit von der Realität abstrahiert wird, zeigt sich schon darin, dass in späteren Konzeptionen sieben statt fünf Konfigurationstypen unterschieden werden (vgl. *Mintzberg* [Power]). Aber wie schon *Weber* konstatiert, ist die Typenbildung nie „wahr“, sondern höchstens „zweckmäßig“. Mit den typologischen Aussagen betritt man einen gangbaren Mittelweg zwischen wenig nützlichen singulären und kaum zu findenden generellen Aussagen. Es kann zumindest eine Theorie mittlerer Reichweite aufgestellt werden (vgl. *Bea/Haas* [Management] 35).

Dass im sozialen Kontext das Erklären immer eine sinnvolle Deutung beinhalten muss und es nicht mit der Aufdeckung einer bloß statistischen Regelmäßigkeit getan ist, hat ebenfalls als methodisches Postulat weiterhin Gültigkeit. Die Kritik am sog. situativen Ansatz (vgl. S. 91 f.) greift genau diese Forderung wieder auf. Das Verstehen, die deutende Erklärung, geht über die bloße Erfassung und Beobachtung von Daten hinaus. Neuerdings werden diese Überlegungen vom sog. interpretativen Ansatz (vgl. S. 162 ff.) der Organisationstheorie zentral thematisiert.

(3) Merkmale zur Beschreibung einer Struktur

Die empirische Organisationsforschung hat das Problem zu lösen, wie die Merkmale festzulegen sind, anhand derer die untersuchte Organisation beschrieben werden soll. *Webers* Beschreibung der Bürokratie hat großen Einfluss auf die Auswahl dieser Merkmale gehabt (vgl. *Kieser* [Ansatz] 172 f.). „Spezialisierung“, „Über- und Unterordnung in der Hierarchie“, „Formalisierung durch Regeln“, „Aktenmäßigkeit“, „Dienstweg“ sind Merkmale, die auch heute noch zur Beschreibung einer Organisation herangezogen werden. Das Modell von *Weber* behält seine heuristische Kraft bis heute, wenn bspw. festgestellt wird, dass moderne Organisationen „unbürokratisch“ sind.

(4) Der Strukturtyp „Bürokratie“

Als effizienten und empfehlenswerten Organisationstyp sieht man die Bürokratie heute nicht mehr an, insbesondere nicht in privatwirtschaftlichen Unternehmen. Statt blindem Gehorsam wird von den Mitarbeitern erwartet, dass sie mitdenken und mitentscheiden. Die formale Gleichbehandlung aller Interessenten ist der individuellen Kundenorientierung gewichen. Große Stabilität gilt als kontraproduktive Starrheit. An Stelle von Regeltreue sind Innovation, Kreativität und Schnelligkeit gefragt. Leistungsorientierte Bezahlung und Beförderung sowie interessante Arbeit sollen Begeisterung und Engagement der Mitarbeiter dort wecken, wo die Bürokratie nur auf die mechanische Pflichterfüllung setzt. Als Strukturtyp kann die Bürokratie zu Recht als **veraltet** angesehen werden. Als Modell, an dem zu messen ist, wie bürokratisch ein Unternehmen ist, hat sie aber noch nicht ausgedient.

3 Der tayloristische Ansatz

Vertreter	Quellen	Metapher
F. W. Taylor (1856–1915) *H. Fayol* (1841-1925)	Hauptwerke: *F. W. Taylor*: Shop Management, 1903; derselbe: The Principles of Scientific Management, 1911	Organisation wird verstanden als Maschine.

Organisationsbegriff		
institutionell	**instrumentell**	**tätigkeitsorientiert**
Die Organisation „Unternehmung" ist ein Aufgabenerfüllungssystem.	Die Organisation, die eine Unternehmung hat, soll für eine effiziente (ressourcensparende) Aufgabenerfüllung sorgen.	Ordnung in der Unternehmung entsteht durch wissenschaftlich fundierte Konstruktion.

Menschenbild	Bevorzugte Methoden	Aktuelle Bedeutung
Der Mensch (Arbeiter) ist leistungsunwillig und egoistisch. Er ist nur über Geld zu motivieren.	Induktion, empirische Forschung durch systematische Beobachtung, Experiment	• Optimierung von Arbeitsvorgängen • Fließbandproduktion • Eignungsdiagnostik bei Mitarbeitern • Verlagerung von „Kopfarbeit" auf spezielle Stellen (Stäbe)

3.1 Vertreter und wichtige Quellen

Der tayloristische Ansatz wurde nach seinem Begründer, dem Amerikaner *Frederick Winslow Taylor* (1856–1915) benannt. *Taylor* hat zunächst eine Lehre als Maschinenbauer absolviert, später im Selbststudium ein Ingenieursdiplom erworben und lange Jahre als Ingenieur und Unternehmensberater vor allem in der Stahlbranche (Bethlehem Steel Company) gearbeitet. Er gilt als Vater der wissenschaftlichen Betriebsführung („Father of Scientific Management" steht sogar auf seinem Grabstein). Seine Zeitgenossen beschreiben ihn als arbeitsbesessen, leistungsorientiert und äußerst diszipliniert. *Taylors* Wirken fällt in eine Zeit, in der die Industrie einen gewaltigen Aufschwung nahm. Die enorme Güternachfrage heizte die Produktion an. Gleichzeitig herrschte ein akuter Mangel an gut geschulten, tüchtigen Arbeitern.

Die wichtigsten Veröffentlichungen von *Taylor* sind „Shop Management" (1903) und „The Principles of Scientific Management" (1911). Beide Bücher wurden immer wieder neu aufgelegt und auch ins Deutsche übersetzt (vgl. [Betriebsleitung] und [Grundsätze]).

Als Vertreter des Scientific Management wird häufig auch der Franzose *Henri Fayol* (1841-1925) genannt (vgl. *Urwick/Brech* [Scientific] 39ff.). Auch er war Ingenieur und gewann seine Erkenntnisse aus der Praxis als langjähriger Topmanager eines großen Konzerns. Im Gegensatz zu *Taylor* beschäftigte er sich jedoch nicht mit dem effizienten Vollzug von Arbeitsprozessen auf der untersten Hierarchieebene. Ihn interessierte vor allem die wissenschaftliche Fundierung seiner eigenen Arbeit, also der Unternehmensführung. Sein zentrales Werk heißt „Administration industrielle et générale" und ist im Jahr 1915 zum ersten Mal erschienen. Darin behandelt er verschiedene Aufgabenbereiche der Unternehmensführung, wie Planung, Leitung, Kontrolle und Organisation. Seine Prinzipien für eine gute Organisation (unter anderem Spezialisierung, Autorität und Gehorsam, Instanzenzug, Zentralisierung, Einheit der Auftragserteilung) erinnern stark an den Strukturtyp der Bürokratie. Da die Bürokratie schon ausführlich behandelt wurde, sollen die Aussagen *Fayols* hier nicht weiter vertieft werden. Eine nach *Fayols* Prinzipien gestaltete, bürokratische Verwaltung wird teilweise als ideale Ergänzung einer tayloristischen Arbeitsorganisation angesehen (vgl. *Urwick/Brech* [Scientitific] 39).

3.2 Organisationsbegriff und Metapher

Taylor spricht im Allgemeinen nicht von Organisation, sondern von systematischer oder wissenschaftlicher Betriebsführung (**scientific management**). Die wissenschaftliche Betriebsführung geht über das hinaus, was man traditionell zum Bereich der Organisation zählt. Die systematische Auslese guter Arbeiter und die Gestaltung der Entlohnungssysteme gehören bspw. ebenso zu *Taylors* „System" wie die starke Spezialisierung und die ausgeprägte Formalisierung. Die wissenschaftliche Betriebsführung hat instrumentellen Charakter. Ziel ist es, „gleichzeitig die größte Prosperität des Arbeitgebers und des Arbeitnehmers herbeizuführen und so beider Interessen zu vereinen" ([Grundsätze] 7). Dies soll möglich werden, indem alle Ressourcen möglichst ökonomisch genutzt werden. Die allgemeine Steigerung der Leistungsfähigkeit durch ein wissenschaftlich fundiertes Organisieren bringt mehr Gewinn durch billigere Produkte, eine bessere Güterversorgung für alle und gleichzeitig höhere Löhne für die Arbeiter (vgl. [Grundsätze] 10 f.). Die Institution „Organisation" wird von ihm als **Aufgabenerfüllungssystem** verstanden, in welchem eine planvoll konstruierte, technisch durchdachte Ordnung für hohe Effizienz sorgen sollte.

Als Ingenieur hatte *Taylor* die forschungsleitende Vorstellung, die Organisation lasse sich wie eine **Maschine** präzise und optimal konstruieren. Dies kommt darin zum Ausdruck, dass er immer wieder vom „Mechanismus" seines neuen Systems spricht. Das System soll sich durch Effizienz und „Vollkommenheit" auszeichnen. Das Maschinendenken spiegelt sich auch in seiner Absicht, die Arbeitsleistung der Arbeiter in PS zu messen (vgl. [Grundsätze] 61). Die Erforschung der Motive der Menschen kann nach seiner Vorstellung im Prinzip genauso erfolgen, wie man auch ein optimales Werkzeug erforscht (vgl. [Grundsätze] 126 ff.).

3.3 Zentrale Aussagen

Vordergründig ist das zentrale Ziel für *Taylor* die Steigerung der nationalen Leistungsfähigkeit und die beste Ausnutzung aller Ressourcen (vgl. [Grundsätze] 1). Im Hintergrund steht aber ein grundsätzlicheres Ziel bzw. eine „Philosophie". Die letzten Ziele sind wachsender Wohlstand und dessen gerechte Verteilung auf die Arbeitgeber, die Arbeitnehmer und das „Volk" ([Grundsätze] 149 f.), die Erziehung und Schulung der Arbeiter, sodass sie geschickte und fleißige, „wertvolle" Menschen ([Grundsätze] 77) werden, sowie die harmonische, reibungslose und „innige" Zusammenarbeit von Arbeitgebern und Arbeitnehmern im gemeinsamen Interesse ([Grundsätze] 144, 155). Ein bloßes Antreiben zu härterer Arbeit ohne gerechten Lohnausgleich hält er für verwerflich ([Grundsätze] 144).

In der handwerklich geprägten Ausgangssituation, wie *Taylor* sie erlebte, war man von diesen Zielen weit entfernt. *Taylor* machte dafür drei zentrale **Probleme** verantwortlich (in Klammer werden die Seiten aus „Die [Grundsätze]der wissenschaftlichen Betriebsführung" genannt):

- Verschwendung von Ressourcen, insbesondere Arbeitskraft, durch unökonomische Verausgabung (4, 14);
- bewusste Leistungszurückhaltung (Drückebergerei, Faulheit) durch die Arbeiter (12, 18);

- tiefes Misstrauen und Kampfstimmung zwischen Arbeitgebern und Arbeitnehmern (29).

Eine tiefergehende Problemanalyse lässt die **Gründe** für diese Probleme im „alten System" vermuten. Im Einzelnen **moniert** *Taylor* an diesem **alten System:**

- Die Arbeiter wählen selbst die Art ihrer Tätigkeit und Ausbildung (38).
- Die Arbeiter haben das Wissen, wie man eine Arbeit am besten und praktischsten ausführt, im Kopf (38).
- Die Arbeit wird nach mündlich überlieferten Faustregeln verrichtet und nicht nach einer allgemein als mustergültig anerkannten Methode (33).
- Die Arbeiter sind aufgrund ihres Wissens die wahren „Herren der Werkstatt" (52). Sie bestimmen, wie viel und wie sie arbeiten, leisten alle „Kopfarbeit" selbst und tragen die Verantwortung (39 f., 65).
- Gruppenarbeit ist die gängige Arbeitsform (vgl. [Betriebsleitung] 14).
- Die Initiative der Arbeiter soll durch ein „Locksystem" gesteigert werden. Durch Belohnungen sollen die Arbeiter veranlasst werden, ihr Wissen und Können ganz in den Dienst des Arbeitgebers zu stellen (34 ff.).

Da nach Meinung *Taylors* dieses alte System zu den genannten Problemen geführt hat, soll es durch das neue, tayloristische System abgelöst werden. Die **Merkmale des neuen Systems** sind:

- Die Arbeiter werden nach wissenschaftlichen Methoden für eine ganz bestimmte Arbeit ausgewählt (38, 93).
- Jeder ist auf eine Tätigkeit **spezialisiert** (41, 152). Die traditionellen Aufgaben eines Meisters werden auf acht Funktionsmeister verteilt (Vorrichtungsmeister, Geschwindigkeitsmeister, Prüfmeister, Instandhaltungsmeister, Arbeitsverteiler, Unterweisungsbeamter, Zeit- und Kostenbeamter und Aufsichtsbeamter) (vgl. [Betriebsleitung] 48 f). *Taylor* gilt als Erfinder des **„Funktionsmeisterprinzips"**, also einer Spezialisierung in den Leitungsfunktionen. Damit verbunden ist das Mehrliniensystem (vgl. S. 260 f.).
- Alle Kenntnisse der Arbeiter werden „aus den Köpfen geholt", systematisch zusammengetragen, klassifiziert und ausgewertet (38).
- Aus diesem gesammelten Wissen werden Gesetze und Formeln für die mustergültige Methode der Arbeitsverrichtung gewonnen, die die Faustregeln ersetzen.
- Jede Arbeit ist bis ins Detail nach der mustergültigen Methode durchzuführen; diese Methode ist systematisch einzuüben (41).

- Die tägliche Arbeitsleistung wird aufs Genaueste festgelegt. Dieses „Pensum“ ist bemessen nach der Tagesleistung einer erstklassigen Arbeitskraft, welche durch sorgfältige Studien herausgefunden wird (45).
- Bei Erledigung des Pensums wird eine Prämie gezahlt. Dieser Bonus sollte 30 bis 100 % des normalen Lohnes betragen (41). Bei Minderleistung sind Strafen wie Lohnabzug oder Aussperrung als Disziplinierungsmittel zulässig (vgl. [Betriebsleitung] 116).
- Der Lohn sollte sich, wann immer möglich, an der Einzelleistung eines Arbeiters orientieren (76). Er sollte in kurzen zeitlichen Abständen, am besten täglich, ausgezahlt werden. Eine Gewinnbeteiligung ist dagegen als Anreiz unwirksam (99 f.).
- Kopf- und Handarbeit sollten vollständig getrennt werden. Jegliche Leitungs- und Überlegungsarbeit sollten in einem Arbeitsbüro vereinigt werden. Die Leitung hat die volle Verantwortung für die Arbeitsausführung (38, 40, 47; [Betriebsleitung] 58).
- Der Betrieb ist stark formalisiert. Es werden Bücher, Statistiken, Formulare, Dokumentationen und Listen verwendet. Fast die gesamte Kommunikation erfolgt schriftlich (vgl. [Betriebsleitung] 59 ff., 77).
- Es gibt eine ausgefeilte Kontrolle. Zum Beispiel werden Arbeiterinnen, die die Qualität von Stahlkugeln für Kugellager zu prüfen haben, ihrerseits von „Nachprüferinnen“ kontrolliert und diese wiederum von einem „Generalinspektor“ ([Grundsätze] 95).

Taylor ist von den positiven Effekten seines neuen Systems zutiefst überzeugt: „Die allgemeine Annahme von Arbeits- und Betriebsmethoden und überhaupt das Denken auf wissenschaftlicher Grundlage (**scientific management**) würde künftig sofort die Produktivität der meisten Menschen, die materiell, schöpferisch tätig sind, verdoppeln. Man denke nur, was dies für das ganze Land bedeutet! Man denke an den Zuwachs, der dadurch sowohl an unsern täglichen Lebensbedürfnissen wie an Luxusgegenständen vorhanden sein würde. Man denke, welche Möglichkeiten sich damit eröffnen, die Arbeitsstunden, falls es wünschenswert erscheinen sollte, zu verkürzen, welche Zunahme an Gelegenheiten zur Erhöhung von Bildung und Kultur und zur Erholung damit geschaffen würde. Aber während aus dieser erhöhten Produktion die ganze Welt Nutzen zieht, werden Fabrikant und Arbeiter sich weit mehr für den Gewinn interessieren, der ihnen und ihrer unmittelbaren Umgebung zuteil wird“ ([Grundsätze] 154).

3.4 Menschenbild

Das Menschenbild *Taylors* ist sehr **pessimistisch.** Er hält vor allem die Arbeiter für faule Drückeberger und Bummelanten, die alle Tricks anwenden, um so wenig wie möglich zu arbeiten (vgl. [Grundsätze] 12). Bei Gruppenarbeit werden auch die Fleißigeren schnell auf das Niveau der Faulpelze hinabgezogen ([Betriebsleitung] 8 f.). Die Arbeiter lügen und täuschen und halten ihr Wissen bewusst zurück, damit ihre wahren Leistungsmöglichkeiten auf keinen Fall bekannt werden (vgl. [Grundsätze] 21; [Betriebsleitung] 10). Wollen Kollegen schneller arbeiten, werden sie massiv unter Druck gesetzt. Auch bewusste Sabotage ist ein beliebtes Mittel, um die Leistung auf einem niedrigen Niveau zu halten (vgl. [Grundsätze] 52 f.).

Die Arbeiter werden von *Taylor* als ungebildet, dickfellig und grobschrötig beschrieben. Sie werden mit Tieren verglichen – intelligenter Gorilla, Lastpferd, Stier – und ihre Leistung wird in Pferdestärken gemessen (vgl. [Grundsätze] 60 f., 64). Auch als „große Kinder" ([Grundsätze] 129) werden sie bezeichnet, die ein scharf umgrenztes Pensum brauchen und belehrt und erzogen werden müssen. Lohn und Strafe sind die adäquaten Erziehungsmittel; milde Behandlung wird von ihnen als Furcht und Schwäche ausgelegt (vgl. [Betriebsleitung] 115). Eine Motivation der Arbeiter ist vor allem durch Geld möglich (Bonus oder Geldstrafe). Der Lohn sollte direkt und fühlbar mit der Leistung verbunden sein, weil sonst immer die Bequemlichkeit siegt. Die Entlohnung darf aber auch nicht zu hoch sein, weil dies zu Faulheit, Verschwendung und Vergnügungssucht führt (vgl. [Grundsätze] 77 f.).

Der **ideale Mensch** ist für *Taylor* nüchtern, sparsam und fleißig, gebildet, aufrichtig, höflich und strebsam. *Taylor* betont zwar, dass es solche „wertvollen" Mitglieder der Gesellschaft mit gutem Charakter auch unter der arbeitenden Bevölkerung gibt; es ist aber deutlich zu merken, dass er die genannten guten Eigenschaften vor allem der „leitenden Klasse" ([Betriebsleitung] 112) zutraut. Vor allem die intelligenten, theoretisch gebildeten Ingenieure sind anscheinend in *Taylors* Augen zugleich motiviert und fleißig und stehen selbstverständlich auf der Seite der Arbeitgeber. Die leitenden Personen sind die Lehrer, die wohlwollenden, väterlichen Freunde, aber auch die mächtigen Autoritäten, die den Auftrag haben, die Arbeiter anzuweisen und sie in jeder Hinsicht fachlich und moralisch zu erziehen.

Es gibt demnach **zwei Klassen von Menschen**, wodurch zugleich auch die Hierarchie begründet ist. Manche sind aufgrund ihrer angeborenen Intelligenz, ihres Fleißes und ihrer theoretischen Bildung zum Leiten berufen, andere dagegen aufgrund ihrer körperlichen Kraft zum Schleppen von Roheisen (vgl. [Grundsätze] 122). Und für jeden ist es eine Wohltat, von den Tätigkeiten befreit zu werden, für die er nicht taugt, und tun zu dürfen, wofür er veranlagt ist (vgl. [Grundsätze] 7, 67).

3.5 Methoden

Taylor nimmt für sich in Anspruch, die Betriebsführung als „wirkliche Wissenschaft" zu etablieren, basierend auf klar definierten Gesetzen, Regeln und Grundsätzen (vgl. [Grundsätze] 5). Eine Methode zum Auffinden solcher Gesetze sieht er in der **systematischen Sammlung, Sichtung und Aufbereitung des schon vorhandenen Wissens**, welches nur aus den Köpfen geholt und zu Formeln und Regeln verdichtet werden muss (vgl. [Grundsätze] 38). Da die Arbeiter solches Wissen nicht gerne preisgeben, es möglicherweise auch gar nicht artikulieren können, weil sie selbst es „fast unbewusst erlernt" haben ([Grundsätze] 33), sind gründliche, **systematische Beobachtungen** nötig. Verschiedene Arbeiter werden bei bestimmten Tätigkeiten beobachtet. Die Gesamttätigkeit (bspw. Roheisen verladen oder Steine aufmauern) wird in elementare Einzeloperationen zerlegt. Die Zeitdauer jeder Einzeloperation wird mit der Stoppuhr gemessen. Aus hunderten solcher Beobachtungen, deren Ergebnisse in Formularen festgehalten werden, ergibt sich, wie viel Zeit jeder Arbeiter für jede Einzeloperation braucht. Die schnellste Art und Weise, eine Einzeloperation durchzuführen, wird dann zur Norm erhoben. Jeder Arbeiter muss in Zukunft mit den „besten Bewegungen" die Gesamttätigkeit in der minimalen Zeit durchführen (vgl. [Grundsätze] 125 f.; [Betriebsleitung] 91 ff.).

Neben der systematischen Beobachtung war das **Experiment** eine bevorzugte Methode *Taylors*. Beim Experiment werden bestimmte Parameter kontrolliert geändert, um die Folgen festzustellen. *Taylor* hat bspw. experimentell untersucht, mit welcher Schaufellast eine optimale Tagesleistung erbracht wird, wie sich die Gruppengröße auf die Leistung auswirkt, welche Prämienhöhe optimal ist und wie Ruhepausen über den Tag verteilt sein sollten. Er hielt es im Prinzip auch für möglich, die Motivation der Menschen experimentell in gleicher Weise zu erforschen wie die optimale Beschaffenheit eines Werkzeuges (vgl. [Grundsätze] 128). Um die optimale Methode des Schneidens von Stahl herauszufinden, wurden über 26 Jahre hinweg ca. 50.000 Versuche angestellt (vgl. [Grundsätze] 111 ff.)!

Wie *Taylor* selbst feststellt, sind seine wissenschaftlichen Ergebnisse auf die optimale Durchführung operativer Tätigkeiten beschränkt. Er betreibt eine „Wissenschaft des Roheisenverladens", des „Schaufelns" oder des „Mauerns" ([Grundsätze] 51, 68, 82 f.). Aber selbst diese Gesetze (etwa dass ein Arbeiter 43 % des Tages unter Last sein kann ohne zu ermüden, wenn die Last genau 40 kg beträgt; vgl. [Grundsätze] 61) können nicht ohne weiteres verallgemeinert werden, weil die Experimente mit ausgesucht guten Arbeitern durchgeführt wurden, die sich der Beobachtung bewusst waren und hohe Prämien für gute Leistungen erhielten.

Die Empfehlungen für die Organisationsgestaltung, wie etwa die starke Arbeitsteilung und Formalisierung, die Trennung von Hand- und Kopfarbeit und das Mehrlinienprinzip, sind nicht in gleicher Weise wissenschaftlich geprüft. Seine **Organisationsprinzipien** erscheinen *Taylor* „selbstverständlich"; er ist tief und fest von ihrer Gültigkeit überzeugt (vgl. [Grundsätze] 8, 11, 30, 150). Die unbestreitbaren und z.T. wirklich verblüffenden Effizienzsteigerungen durch das „scientific management" scheinen ihm allerdings Recht zu geben. Beispielsweise konnten bei der Prüfung von Stahlkugeln aufgrund von *Taylors* System nach einiger Zeit 35 Arbeiterinnen das Pensum von zuvor 120 Arbeiterinnen erledigen, bei besserer Qualität, verkürzter Arbeitszeit und mehr Urlaub (vgl. [Grundsätze] 100 f.). Da immer mehrere Parameter gleichzeitig geändert wurden (Arbeitsteilung, Arbeitsweise, Entlohnungssystem, Auswahl und Schulung der Mitarbeiter, Arbeitszeit und Pausenregelung, verwendete Werkzeuge usw.), ist es allerdings äußerst schwierig, den Anteil einzelner Maßnahmen an der Effizienzsteigerung zu isolieren. Außerdem verbesserten sich zu *Taylors* Lebzeiten auch die äußeren Bedingungen für die Unternehmen, z.B. aufgrund des technischen Fortschritts und wachsender Märkte. Empirisch gehaltvolle, pragmatisch nutzbare, gut bewährte Gesetze des Organisierens hat auch das scientific management nicht gefunden.

3.6 Aktuelle Bedeutung

(1) Methoden

Taylors Methode der detaillierten Zeit- und Bewegungsstudien wurde in Deutschland seit 1924 vom Reichsausschuss für Arbeitszeitermittlung (REFA; 1951 neu konstituiert als Verband für Arbeitsstudien und Betriebsorganisation) weiter ausgebaut. Das **REFA-Verfahren** der individuellen Zeitaufnahme ist im

Prinzip nicht anders aufgebaut als *Taylors* Studien (vgl. *Schweitzer* [Fertigungswirtschaft] 685 f.). Ziel dieser Studien ist in erster Linie die Optimierung der Ablauforganisation in der industriellen Fertigung.

Taylor hat ebenfalls den Grundstein gelegt für die wissenschaftliche Eignungsdiagnostik. Seinem Credo entsprechend, dass jeder zu einer bestimmten Aufgabe besonders begabt ist, während er für andere Aufgaben nicht taugt, versuchte er, die persönlichen Fähigkeiten der Menschen zu messen (vgl. [Grundsätze] 93 f.). Dieser Grundgedanke ist bis heute aktuell geblieben, auch wenn die ausgeklügelten **Assessment Center** zur Auswahl der besten Kandidaten ansonsten nur noch wenig gemein haben mit den einfachen Reaktionstests *Taylors*.

(2) Der tayloristische Organisationstyp

Taylors Vorstellungen sind in der Organisationspraxis z.T. auf große Resonanz gestoßen. Die Vorstellung, dass sich die Arbeiter auf wenige Handgriffe spezialisieren, die sie dann in optimaler Weise in der vorgegebenen Zeit ausführen, wobei sich alle Einzeltätigkeiten zu einer ununterbrochenen Kette zusammenfügen sollen (vgl. [Grundsätze] 87), gipfelte in der **Fließbandproduktion mit festen Taktzeiten**, die nach der REFA-Methode ermittelt wurden. Die Trennung von Hand- und Kopfarbeit wirkt nach in der Einrichtung von sog. **Stabsabteilungen**, welche die ausführenden Tätigkeiten denkend vorbereiten sollen. Auch das Bedürfnis, Daten in Büchern, Statistiken und Formularen zu sammeln und die ausführend Tätigen eng zu kontrollieren, kann als Ausfluss tayloristischen Denkens angesehen werden. Lediglich das Funktionsmeister- oder Mehrlinienprinzip konnte sich nie ganz durchsetzen.

Die situativen Bedingungen haben sich seit *Taylors* Zeiten massiv verändert und mit ihnen auch die Bewertungen des tayloristischen Organisationstyps. Heute dient der Taylorismus vor allem als Modell, um aufzuzeigen, wie man **nicht** organisieren sollte (vgl. *Alioth* [Selbststeuerungskonzepte] 1896). Statt strikter Arbeitsteilung wird empfohlen, die Arbeit anzureichern und größere, mehrere Teilaufgaben integrierende Aufgabenpakete zu schnüren, die dann auf Gruppen übertragen werden. Die Arbeitnehmer sollen selbst denken, selbst Verantwortung übernehmen und sich selbst steuern und kontrollieren. Die Vorgabe im Detail soll überflüssig werden, weil die Arbeitnehmer ihr Wissen und Können nutzen. Die Motivation – von *Taylor* „Locksystem" genannt – wird wieder wichtig, wenn nicht jeder Handgriff vorgeschrieben und kontrolliert werden kann. Interessanterweise kommt also in vielen Punkten das von *Taylor* als „alt“ verworfene System wieder zu neuen Ehren.

4 Der Human-Relations-Ansatz

Vertreter	Quellen	Metapher
F. J. Roethlisberger *W. J. Dickson* *E. Mayo*	Hawthorne-Studien 1924–1932 *F. J.Roethlisberger und W .J. Dickson*: Management and the Worker, 1. A., 1939, 14. A., 1966	Die Organisation wird als Organismus verstanden.

Organisationsbegriff		
institutionell	**instrumentell**	**tätigkeitsorientiert**
Die Organisation „Unternehmung“ ist ein soziales, humanes und formales, zielorientiertes System.	Die Organisation, die eine Unternehmung hat, soll ökonomische Effizienz und Mitarbeiterzufriedenheit bewirken.	Ordnung in der Unternehmung entsteht durch rationale Fremdorganisation und informale Organisation.

Menschenbild	Bevorzugte Methoden	Aktuelle Bedeutung
Der Mensch ist ein soziales Wesen mit individuellen Werten, Gefühlen und Erfahrungen. Sein Verhalten hängt von vielen Einflüssen gleichzeitig ab.	Induktives und hypothetisch-deduktives Vorgehen; empirische Forschung durch: Experiment, Beobachtung, Tiefeninterviews	• Informale Organisation • Zusammenhang von Arbeitszufriedenheit und Leistung • Soziotechnischer Strukturtyp

4.1 Vertreter und wichtige Quellen

Der Human-Relations-Ansatz ist aufs Engste verbunden mit verschiedenen mehrjährigen empirischen Untersuchungen in den Hawthorne-Werken der Western Electric Company (Chicago). Diese sog. **Hawthorne-Studien** wurden in den Jahren 1924 bis 1932 von *F. J. Roethlisberger*, einem Professor der Harvard Graduate School of Business Administration, und *W. J. Dickson*, einem führenden Mitarbeiter der Western Electric Company, geleitet. Unterstützend mitgewirkt haben außerdem – neben vielen anderen – die Harvard-Professoren *Elton Mayo* und *T. N. Whitehead*. Die Hawthorne-Studien haben in verschiedenen Veröffentlichungen ihren Niederschlag gefunden: *Elton Mayo*, The Human Problems of an Industrial Civilization, 1933; *North Whitehead*, The Industrial Worker, 1938; *F. J. Roethlisberger* und *W. J. Dickson*, [Management] and the Worker, 1939. Im Folgenden wird die Veröffentlichung von *Roethlisberger/Dickson* (14. Auflage von 1966) als Quelle herangezogen, weil in diesem Buch die Hawthorne-Studien vollständig und detailliert beschrieben werden.

4.2 Organisationsbegriff und Metapher

Organisation wird von *Roethlisberger/Dickson* zunächst verstanden als **soziales System** (vgl. [Management] 551 ff.). In der sozialen Organisation geht es darum, dass die Menschen täglich miteinander interagieren und dabei bestimmte Formen und Muster von Beziehungen ausbilden. „These patterns of relations, together with the objects which symbolize them, constitute the social organization of the industrial enterprise“ (554).

Zugleich ist die Organisation ein **humanes System** (vgl. [Management] 553 f., 566). Damit ist gemeint, dass sich jede Organisation aus Individuen zusammensetzt, die jeweils einen ganz persönlichen Background mitbringen: „In the human organization we find a number of individuals working together toward a common end: The collective purpose of the total organization.“

Die Organisation ist schließlich auch ein **formales System** von Regeln und Vorschriften, die auf eine Regulierung der humanen, sozialen und technischen Beziehungen in einem Unternehmen ausgerichtet sind. Zusammenfassend verstehen *Roethlisberger/Dickson* „Organisation“ als eine Institution, in der Menschen nach bestimmten Regeln auf ein gemeinsames Ziel hin interagieren.

Mit ihrer Unterscheidung von **formaler und informaler** Organisation vertreten sie zugleich auch einen tätigkeitsorientierten Organisationsbegriff. Die formale Organisation wird bewusst und planvoll mit dem Ziel höchster ökonomischer Effizienz gestaltet. Die im Unternehmen geltende Ordnung ist aber nur „in part formally organized“ ([Management] 558). „Too often it is assumed that the organization of a company corresponds to a blue print plan or organization chart. Actually, it never does.“ ([Management] 559). Neben der formalen Organisation findet immer auch eine informale Organisation durch die Organisationsmitglieder statt. Diese kann die formale Organisation stören, aber auch sinnvoll ergänzen (vgl. [Management] 559).

Nach der instrumentellen Sichtweise hat die Organisation **zwei Hauptfunktionen**, nämlich

- die **ökonomisch effiziente** und technisch optimale Produktion sicherzustellen (Sachziel) und
- die **Zufriedenheit** der Organisationsmitglieder zu bewirken.

Beide Ziele sind komplementär in dem Sinne, dass die Zufriedenheit und die daraus folgende Motivation der Mitarbeiter auch das Effizienzziel befördern (vgl. *Roethlisberger/Dickson* [Management] 569).

Alle drei Organisationsbegriffe werden in der Weise kombiniert, dass die Aufgabe des Managers in der Schaffung einer effizienten Organisation unter Beachtung der Tatsache gesehen wird, dass die Individuen auch selbst eine informale Ordnung schaffen. Für *Morgan* verbindet sich der Human-Relations-Ansatz mit der Metapher des **Organismus.** Er begründet dies damit, dass die Bedürfnisbefriedigung in diesem Ansatz thematisiert wird: „A new theory of organization began to emerge, built on the idea that individuals and groups, like biological organisms, operate most effectively only when their needs are satisfied." (*Morgan* [Images] 41). Bei *Roethlisberger/Dickson* wird das Bild des Organismusses nicht verwendet.

4.3 Zentrale Aussagen

Die Hawthorne-Studien umfassen mehrere **Untersuchungsreihen** mit jeweils unterschiedlichem Design:

(1) Die beiden ersten Untersuchungsreihen, die **Beleuchtungsexperimente** (1924–1927) und die Experimente in der **Relay-Assembly-Group** (1927–1932), waren ganz traditionell darauf ausgerichtet, die Wirkung der Arbeitsbedingungen (z.B. Beleuchtung) auf die Leistung der Arbeiter (z.B. Produktivität) herauszufinden. Schon die Beleuchtungsexperimente brachten allerdings die Erkenntnis, dass ein monokausaler Zusammenhang zwischen einzelnen Arbeitsbedingungen und der Arbeitsleistung nicht hergestellt werden kann. So stieg die Leistung der untersuchten Gruppe nicht nur bei besserer, sondern auch bei schlechterer Beleuchtung an, und die Leistung in einer Kontrollgruppe, in der die äußeren Arbeitsbedingun-

gen unverändert blieben, verbesserte sich ebenfalls. Noch interessanter war, dass die Arbeitsleistung stieg oder sank, wenn nur behauptet wurde, die Arbeitsbedingungen hätten sich verändert, obwohl dies objektiv gar nicht der Fall war. Hier deutete sich bereits an, wie komplex die Ursache-Wirkungs-Beziehungen im sozialen Bereich sind. Das Bewusstsein, beobachtet zu werden, das Gefühl zu einer ausgesuchten Gruppe zu gehören, die psychologisch verzerrte Wahrnehmung der Umwelt, das Bedürfnis, sozial erwünschtes Verhalten zu zeigen, all das und vieles mehr wirkte sich auf die Leistung aus.

(2) Die zweite Untersuchungsreihe wurde schon unter der Prämisse durchgeführt, dass immer **mehrere Faktoren** gleichzeitig auf die Leistung einwirken. Arbeitszeit, Pausenregelung, Berechnung des Lohns, Führungsstil, Schwierigkeitsgrad der Aufgabe, soziale Vergünstigungen wie freies Essen, mit all diesen Bedingungen wurde experimentiert. Das Problem war, die festgestellte Leistungssteigerung von 30 % kausal den einzelnen Bedingungen zuzuordnen. Als Ergebnis weiterer Experimente, bei denen jeweils versucht wurde, nur eine Bedingung gezielt zu verändern, wurde vor allem festgestellt: „...that many significant variations either in the level of output or in the rate of improvement could not be related to physical working conditions alone“ (*Roethlisberger /Dickson* [Management] 161). Die Leistung hängt nämlich immer auch vom persönlichen Hintergrund der Individuen ab, von ihren Beziehungen untereinander, von ihrem Verhältnis zu den Vorgesetzten und ihrer inneren Einstellung zur Arbeit und zum Unternehmen.

(3) Letzteres, also die mentale Einstellung (mental attitude) oder Arbeitsmoral (morale), wurde für so wichtig für die Leistung angesehen, dass ein weiteres großes Untersuchungsprogramm gestartet wurde mit dem Ziel, die **Ursachen für eine bessere Arbeitsmoral** herauszufinden. Man ging davon aus, dass die Einstellung von der Zufriedenheit abhängt und befragte von 1928–1931 ca. 20.000 Arbeiter nach ihren Vorlieben und Abneigungen für bzw. gegen Arbeitsbedingungen, die Arbeit selbst und die Führung. Tendenziell wurden folgende **Zusammenhänge** ermittelt (vgl. [Management] 321 ff.):

- Stark repetitive Arbeit führt leichter zu Unzufriedenheit.
- Der Führungsstil spielt eine wichtige Rolle für die Zufriedenheit.
- Gute persönliche Beziehungen zu den Kollegen steigern die Zufriedenheit.

Daneben wurden viele weitere Bedingungen für die Zufriedenheit/Unzufriedenheit ermittelt, bis hin zur familiären Situation, zu persönlichen Vorurteilen und psychischen Defekten. Die Ursachen wirken immer gemeinsam. Als Fazit ist daraus zu schließen, dass es zu simpel und zu mechanistisch gedacht ist, nach den objektiven Faktoren zu suchen, die zuverlässig Zufriedenheit und Leistungsbereitschaft hervorrufen.

(4) Von 1931–1932 wurde schließlich noch eine Untersuchungsreihe in der sog. **Bank-Wiring-Group** durchgeführt (vgl. [Management] 379 ff.). Das Untersuchungsziel war, die sozialen Beziehungen zwischen den Mitarbeitern herausfinden. Aus dieser Untersuchungsreihe sind die Aussagen zur **informalen Organisation** gewonnen worden. Beobachtet wurde vor allem die Ausbildung informaler Normen zur Leistungszurückhaltung, was ja auch schon von *Taylor* thematisiert wurde. Weitere informale Normen besagten, dass man sich in einer Gruppe gegenseitig hilft und dass man gegenüber den Vorgesetzten zusammenhält. Auch die formale Hierarchie wurde informal abgeändert. Formal Vorgesetzten wurde z.T. der Gehorsam einfach verweigert, andererseits genossen manche Arbeiter eine privilegierte Stellung in der Gruppe und wurden als Führer akzeptiert, obwohl sie keinerlei offizielle Autorität hatten.

Eine wesentliche **Schlussfolgerung** aus den Studien ist für *Roethlisberger/ Dickson*, dass es neben der „technischen" Organisation auch eine **„humane" Organisation** gibt. Die reale Organisation entspricht nie dem „blue print plan". Eine Organisation, die nur der formalen Logik folgt, löst sich von der Wirklichkeit und wird damit letztlich auch ineffizient. Vor allem die Bereitschaft zur aktiven Mitarbeit hängt sehr stark von der informalen Organisation ab, von den sozialen Konventionen, Regeln, Traditionen, Routinen und Beziehungen, die die Mitarbeiter selbst ausbilden (vgl. [Management] 568).

Das Management hat bei der technischen Organisation die menschliche Seite zu berücksichtigen. Drei **Hauptprobleme** machen *Roethlisberger/Dickson* dabei aus ([Management] 578 ff.):

- **Strukturänderung:** Jede Modifizierung der technischen und formalen Organisation führt auch zu Abwandlungen der sozialen Struktur, was zu großen Widerständen bei den Betroffenen und zu unvorhergesehenen Folgen führen kann.
- **Kontrolle und Kommunikation:** Die Kommunikation ist immer von Vorur-

teilen, Gefühlen, Spezialistendenken und dem rationalen Kalkül der Eigeninteressen gefiltert. Eine Fremdkontrolle ist daher sehr schwierig.

- **Anpassung der Individuen an die Struktur:** Jedes Individuum muss sich in der Struktur zurechtfinden und seinen Platz bewerten. Dabei können Fehlinterpretationen auftreten, die in der Folge zu Unzufriedenheit und zu Fehlverhalten führen.

Diese Probleme stellen an eine gezielte Strukturierung wesentlich größere Anforderungen, als es bspw. im tayloristischen Ansatz unterstellt wird. **Das Management muss kontinuierlich lernen**, wie die Organisation wirklich funktioniert (vgl. *Roethlisberger/Dickson* [Management] 604).

4.4 Menschenbild

Im Verlaufe der Hawthorne-Studien wurde für die Forscher immer deutlicher, dass das Bild vom „economic man" (*Roethlisberger/Dickson* [Management] 569), den man nur über die materiellen Anreize motivieren kann, viel zu simpel ist: „None of the results, however, gave the slightest substantiation to the theory that the worker is primarily motivated by economic interests" ([Management] 575 f.). Die Zufriedenheit und Kooperationsbereitschaft hängen von vielen Dingen gleichzeitig ab: den äußeren Arbeitsbedingungen, dem Spezialisierungsgrad, der Entlohnung, der Arbeitszeit- und Pausenregelung, den formalen Regeln, dem Führungsstil, den Kollegen, dem sozialen Status in der Gruppe usw. Dabei rufen nie bestimmte Fakten zuverlässig und logisch ein ganz bestimmtes Verhalten hervor, weil auch immer die individuellen Interpretationen, Gefühle und Werte eine Rolle spielen (vgl. [Management] 557).

Das Menschenbild des Human-Relations-Ansatzes ist das des **„complex man"**. Jedes Individuum bringt nicht nur eine persönliche physische Konstitution mit, sondern auch eine Sozialisationsgeschichte in einer bestimmten Kultur und Familie, bestimmte Werte, Gefühle, Vorurteile, Erfahrungen, Kenntnisse, Fertigkeiten usw. Das Individuum trifft in der Organisation auf Kollegen, Vorgesetzte und Untergebene, auf eine formale Struktur, technische Gegebenheiten und eine gewachsene soziale Organisation. Es muss sich in dieser Umgebung orientieren und Beziehungen zu den anderen Individuen aufbauen. Die vorhandene Struktur und Kultur sind ein Rahmen, in den sich der Einzelne einfügt. Ähnlich einem „stranger in the city" ([Management] 586) möchte er sich richtig orientieren, vor allem in seiner Arbeitsgruppe. Die formalen und informalen Regeln, die er vorfindet, sind aber kein Diktat. Jeder Einzelne passt sich der Organisation nicht nur an, sondern verändert sie zugleich.

4.5 Methoden

In den Hawthorne-Studien kamen die Methoden der Beobachtung, des Experiments und der persönlichen Befragung zur Anwendung.

Die **Experimente** wurden mit kleinen Gruppen durchgeführt, die in einem Testraum unter kontrollierten Bedingungen arbeiteten (Relay-Assembly-Group). Es wurde versucht, isoliert einzelne Parameter zu ändern (Entlohnungssystem, Pausenregelung, Arbeitszeitverkürzung, Arbeitsmethoden usw.), um die Wirkungen zu messen. Als Effekte interessierten nicht nur die Outputmengenänderungen, sondern auch die Auswirkungen auf die körperliche Gesundheit und die Zufriedenheit der Arbeitnehmer. Dazu wurden medizinische Untersuchungen und persönliche **Befragungen** durchgeführt. Die auch nur annähernde Einhaltung der Ceteris-paribus-Bedingung, also dass alle Bedingungen gleich gehalten werden und nur ein Parameter gezielt geändert wird, war allerdings nie erfüllt. Über die mehrjährige Untersuchungsperiode hinweg wurde der Testraum gewechselt und besser ausgestattet, technologische Neuerungen wurden eingeführt, schließlich wurde auch die Zusammensetzung der Gruppe geändert. Gegenüber den normalen Arbeitnehmern genossen die Testpersonen einige Vorteile. Sie durften sich freier bewegen und unterhalten, bekamen kostenloses Essen, durften jederzeit offen ihre Meinung äußern und erhielten überhaupt deutlich mehr Beachtung. Wie die Leiter der Hawthorne-Studien selbst einräumen,

- war es völlig unmöglich, alle Bedingungen konstant zu halten, um den Effekt eines isolierten Parameters zu messen (vgl. *Roethlisberger/Dickson* [Management] 183);
- konnten durch Befragungen keine Fakten erhoben werden, sondern nur persönliche Interpretationen (vgl. [Management] 572);
- änderte jedes Experiment und jede Untersuchung die untersuchte Realität radikal: „The investigators had not been studying an ordinary shop situation but a socially contrived situation of their own making." ([Management] 183).

Diese Erkenntnisse führten zu einer Änderung der Methoden. **Unstrukturierte Tiefeninterviews**, bei denen der Interviewer sich bewusst zurückzunehmen hatte, sollten die wahren Gründe zu Tage bringen für die Zufriedenheit oder Unzufriedenheit und die Leistungsbereitschaft der Mitarbeiter (vgl. [Management] 270 ff.). Über 20.000 Mitarbeiter der Hawthorne-Werke wurden in einem mehrjährigen Prozess interviewt.

Eine weitere Methode bestand darin, möglichst unparteiisch und ohne Eingriffe die Arbeitssituation einer Gruppe über längere Zeit zu **beobachten** und alles Beobachtete zu protokollieren (vgl. [Management] 379 ff.; Bank-Wiring-Group). Die Ergebnisse waren umfangreich und detailliert bis hin zu Charakterstudien einzelner Mitarbeiter. Simple Ursache-Wirkungs-Zusammenhänge ließen sich allerdings umso weniger finden, je genauer und umfangreicher die Untersuchungen waren. Wissenschaftliche Methoden „borrowed mainly from physics or chemistry“ sind für die Organisationsforschung ungeeignet, folgert *Elton Mayo* (vgl. *Roethlisberger/Dickson* [Management] XI).

Die Ergebnisse der Hawthorne-Experimente wurden später von anderen Wissenschaftlern wiederholt unter die Lupe genommen und teilweise ganz anders interpretiert. Den Hawthorne-Forschern wurde ideologische Befangenheit vorgeworfen, welche zu einer (unbewussten) Verfälschung der Daten geführt hätte. Allerdings sind auch die Ergebnisse dieser Kritiker wieder umstritten. Was diese Auseinandersetzung deutlich zeigt ist, dass auch Daten und statistische Analysen keine eindeutigen Ergebnisse liefern, da das Erkenntnisinteresse des Forschers die Datensammlung und -auswertung unweigerlich beeinflusst (vgl. *Kieser* [Human Relations] 113 ff).

4.6 Aktuelle Bedeutung

(1) Informale Organisation

In den Hawthorne-Studien wurde die Bedeutung der informalen Organisation erkannt. Als informale Organisation gelten die persönlichen Beziehungen zwischen den Organisationsmitgliedern sowie ihre Überzeugungen und Normen, die von der formalen Organisation gar nicht oder anders repräsentiert werden. Dass die Organisationsmitglieder selbst Normen der Verhaltenssteuerung ausbilden, war keine neue Erkenntnis. Die informale Norm der Leistungszurückhaltung beschrieb und beklagte bereits *Taylor*. Im Human-Relations-Ansatz wurden aber weitere informale Erscheinungen wahrgenommen, wie informale Normen der Zusammenarbeit, informale Gruppen und informale Führer. Außerdem wurden auch die positiven Effekte der informalen Organisation erkannt: „Informal organization exists in every plant, and can be said to be a necessary prerequisite for effective collaboration. Much collaboration exists at an informal level, and it sometimes facilitates the functioning of the formal organization." (*Roethlisberger/Dickson* [Management] 559).

Anders als bei *Taylor* wird auch die Möglichkeit eingeschätzt, unerwünschte informale Phänomene zu unterbinden. Dies kann nicht „ingenieurhaft" geschehen, sondern erfordert ein tief gehendes Verständnis der jeweils konkreten menschlichen Situationen (vgl. [Management] 590).

Informale Erscheinungen in der Organisation wurden vor allem in den sechziger Jahren eingehend untersucht und bewertet (vgl. z.B. *Grün* [Informale Erscheinungen]; *Irle* [Systeme]). In der aktuellsten Auflage des Handwörterbuchs der Organisation (1992) fehlt dagegen das Stichwort „informale Organisation". Es wäre aber falsch daraus zu schließen, die informale Organisation sei mittlerweile bedeutungslos. Wie der Managementbestseller von *Peter Scott-Morgan* (vgl. [Spielregeln]) über die **heimlichen Spielregeln** in Unternehmen zeigt, sind informale Phänomene in der Organisation ein hochaktuelles Thema; nur die Begriffe wurden geändert.

(2) Arbeitszufriedenheit und Effizienz

Im Human-Relations-Ansatz wurden dem Management zwei Hauptaufgaben zugeordnet (vgl. *Roethlisberger/Dickson* [Management] 569): Es muss für eine Erreichung des ökonomischen Ziels der Unternehmung sorgen und ein soziales Gleichgewicht anstreben, sodass die Individuen in der Organisation zufrieden sind. Die Zufriedenheit ist aber **kein Selbstzweck**, sondern steht auch wieder im Dienste des ökonomischen Ziels. Es interessiert letztlich, wie man die latente Energie der Mitarbeiter und ihre Fähigkeit zur produktiven Mitarbeit aktiviert (vgl. [Management] 185). Als wichtigste Bedingung für die bereitwillige Kooperation wurde die Einstellung (attitude) bzw. Arbeitsmoral (morale) herausgestellt; diese hängt wiederum ganz allgemein gesprochen von der Zufriedenheit (likes and dislikes; vgl. [Management] 191) mit der Arbeitssituation ab. Wenn sich bspw. herausstellt, dass weniger Spezialisierung, mehr Möglichkeiten zu persönlichem Kontakt, mehr Mitspracherecht, ein kooperativer Führungsstil usw. die Zufriedenheit und damit auch die Leistungsbereitschaft erhöhen, dann werden diese Maßnahmen zur Verbesserung der Mitarbeitersituation eingeführt.

Diese Denkweise ist nach wie vor aktuell. „Motivation" und „Zufriedenheit" sind Effizienzkriterien der Führung (vgl. *Witte* [Effizienz] 266) und der Organisation (vgl. *Scholz* [Effektivität] 540). Kritik an dieser Denkweise kann in zwei Richtungen zielen: Ideologisch wird kritisiert, die Gefühle und Einstellungen der Mitarbeiter würden in ausbeuterischer Absicht instrumentalisiert; die „Humanisierung" der Arbeit sei nur vorgeschoben, um den wirtschaftlichen Interessen zu dienen (vgl. *Kieser* [Human-Relations] 101 ff.). Methodisch kann kritisiert werden, dass weder stringente Ursache-Wirkungs-Zusammenhänge zwischen bestimmten Arbeitsbedingungen und der Zufriedenheit gefunden wurden, noch zwischen Zufriedenheit und Arbeitsleistung. Die populäre und einleuchtende Hypothese, dass eine starke Arbeitsteilung mit ständiger Wiederholung der gleichen Handgriffe zu Langeweile und Unzufriedenheit führe, konnte bspw. nicht eindeutig bestätigt werden: „Yet there was little evidence, ..., that monotony in any simple sense could characterize their responses to the work." (*Roethlisberger/Dickson* [Management] 573). Der Human-Relations-Ansatz hat jedenfalls einen wichtigen Anstoß geliefert, sich im Rahmen der Betriebswirtschaftslehre stärker mit Motivationsfragen zu beschäftigen.

(3) Soziotechnischer Strukturtyp

Die Hawthorne-Studien erlauben kaum Schlussfolgerungen für eine effiziente Gestaltung der Organisationsstruktur. Ergiebiger sind in dieser Hinsicht die Untersuchungen des „Tavistock Institute for Human Relations", welches 1946 zum Zwecke der Beratung der Industrie auf der Grundlage psychologischer und soziologischer Erkenntnisse in London gegründet wurde (vgl. *Sydow* [Organisationsgestaltung] 14). Auf der Basis empirischer Studien im englischen Kohlebergbau (vgl. *Trist/Bamforth* [Consequences]) und in verschiedenen Industriebetrieben Norwegens (vgl. *Emery/Thorsrud* [Demokratie]) wurde versucht, eine „soziotechnisch" optimale Organisation zu entwerfen. Das Verständnis der Unternehmung als technisches und zugleich soziales System (= soziotechnisches System) schließt unmittelbar an die Befunde von *Roethlisberger* und *Dickson* an. Konkrete Gestaltungsvorschläge für die Arbeitsorganisation zielen vor allem auf die Einrichtung **„teilautonomer Gruppen"** ab, die möglichst selbstbestimmt einen größeren zusammenhängenden Aufgabenbereich bewältigen sollen. Innerhalb der Gruppe sollen die Aufgaben wechseln, sodass jeder mehrfach qualifiziert ist. Es wird eine intrinsische Motivation über die Gestaltung der Aufgabe selbst angestrebt. Außerdem erhofft man sich eine gute Kooperation innerhalb der Gruppe und ein wechselseitiges Lernen. Für *Alioth*

([Selbststeuerungskonzepte] 1896) ist der soziotechnische Strukturtyp das idealtypische Gegenmodell zum tayloristisch-bürokratischen Strukturtyp. Die ursprünglich eher unter dem Banner der Humanisierung entwickelten Gestaltungsempfehlungen werden heute aus wirtschaftlichen Gründen, speziell der Qualitätsverbesserung, der Produktivitätssteigerung, der erhöhten Flexibilität und der Kostensenkung propagiert (vgl. *Sydow* [Organisationsgestaltung] 35).

Die motivationsorientierte Neugestaltung organisatorischer Strukturen soll zu einer besseren Ausnutzung der Humanressourcen führen. Vorausgesetzt wird dabei, dass Menschen nach persönlicher Entfaltung, Verantwortung, interessanten Aufgaben und Mitentscheidungsrechten streben (vgl. *Schreyögg* [Organisation] 52ff.).

5 Der strukturtechnische Ansatz

Vertreter	**Quellen**	**Metapher**
F. Nordsieck *E. Kosiol* (1899–1990)	*F. Nordsieck*: Grundlagen der Organisa tionslehre, 1934 *E. Kosiol*: Grundlagen und Methoden der Organisationsforschung, 1959 derselbe: Organisation der Unternehmung, 1962	Die Organisation entsteht wie ein Gebäude nach einem Bauplan.

Organisationsbegriff		
institutionell	**instrumentell**	**tätigkeitsorientiert**
Die Organisation „Unternehmung“ ist ein Aufgabenerfüllungssystem.	Die Organisation, die eine Unternehmung hat, soll für eine effiziente (formalzielförderliche) Aufgabenerfüllung sorgen.	Ordnung in der Unternehmung entsteht durch rationale Strukturierung in drei Schritten: Analyse, Synthese und Verteilung von Aufgaben.

Menschenbild	**Bevorzugte Methoden**	**Aktuelle Bedeutung**
Der Mensch interessiert nur als abstrakter Aufgabenträger.	Analytisch-deduktive Gedankenkonstruktion, empirisch-induktiv: strukturierte Interviews	• Fachterminologie • Strukturtechnische Vorgehensweise: Analyse, Synthese, Verteilung von Aufgaben

5.1 Vertreter und wichtige Quellen

Der strukturtechnische Ansatz wird im Folgenden in erster Linie in Anlehnung an *Erich Kosiol* (1899–1990) dargestellt. *Kosiols* Ansatz wird häufig zu den sog. betriebswirtschaftlich-pragmatischen Ansätzen gerechnet (vgl. *Grochla* [Organisationstheorie] 1799 ff.). Als **betriebswirtschaftlich-pragmatisch** gilt dieser Ansatz deswegen, weil die zweckrationale Aufgabenerfüllung des Unternehmens als Ziel der Organisation im Vordergrund steht. Es erscheint allerdings etwas unglücklich, einen bestimmten Ansatz als „betriebswirtschaftlich-pragmatisch" zu kennzeichnen, da doch die effiziente Organisationsgestaltung letztlich das Ziel aller hier dargestellten Ansätze ist. Es wird darum im Folgenden vom strukturtechnischen Ansatz gesprochen.

Zusammen mit *Kosiol* werden häufig noch *Fritz Nordsieck* und *Hans Ulrich* als Vertreter dieses Ansatzes genannt. *Kosiol* hat – auch über seine Schüler (u. a. *Knut Bleicher, Erwin Grochla, Marcell Schweitzer, Jürgen Wild*) – einen starken Einfluss auf die deutsche betriebswirtschaftliche Organisationslehre ausgeübt. Wichtige Veröffentlichungen sind: *Nordsieck, F.*, Grundlagen der Organisationslehre, 1934; *Ulrich, H.*, Betriebswirtschaftliche Organisationslehre, 1949; *Kosiol, E.*, Grundlagen und Methoden der Organisationsforschung, 1959; *Kosiol, E.*, Organisation der Unternehmung, 1962, 2. A. 1976.

5.2 Organisationsbegriff und Metapher

Kosiol vertritt in erster Linie einen **tätigkeitsorientierten Organisationsbegriff.** Organisieren ist nach ihm technisches, ordnendes und zweckgerichtetes Handeln. Er definiert: Organisieren ist eine „bestimmte Verfahrenstechnik im Sinne einer integrativen Strukturtechnik" (*Kosiol* [Aktionszentrum] 55).

Das Ergebnis dieser Tätigkeit ist die Organisation als eine auf längere Sicht stabile Ordnung (Struktur) zur Erfüllung von Aufgaben. „Struktur" meint generelle und dauerhafte Regeln, die an die Stelle individueller Disposition und Improvisation treten. Die Organisation i.S. eines Sozialgebildes interessiert *Kosiol* nicht. Er betrachtet die Unternehmung nur als **Aufgabenerfüllungssystem.**

Die Struktur ist zweckmäßig einzurichten. Im Unternehmen bedeutet dies konkret, dass die Unternehmensaufgabe mit Hilfe der Struktur technisch effizient (mit geringstem Mitteleinsatz) und ökonomisch ergiebig (mit höchster Rentabilität) gelöst werden soll. Die Struktur hat damit eindeutig **instrumentalen Cha-**

rakter. Das Unternehmen **hat** eine Organisation, die durch planmäßiges Strukturieren aufgebaut worden ist.

Bildlich vergleicht *Kosiol* die Organisationsstruktur mit der Ordnung, welche „in Organismen aufgrund von Naturgesetzen vorliegt" ([Organisation] 19). Die wesentliche Gemeinsamkeit sieht er darin, dass eine „Ganzheit" (der Organismus, das Unternehmen) in Untereinheiten zergliedert werden kann, die in wechselseitiger Abhängigkeit voneinander integrativ zusammenwirken. Beim Unternehmen wird diese Struktur aber – anders als beim Organismus – durch Menschen bewusst und planvoll geschaffen. Obwohl *Kosiol* die Metapher des Organismus verwendet und den Vergleich der Organisation mit einer Maschine ablehnt (vgl. [Organisation] 21), ist nicht zu übersehen, dass sein Organisationsverständnis weit stärker von der Technik als von der Biologie geprägt ist. Die gefügehafte Ordnung soll aufgrund eines **„Bauplanes"**, durch „Strukturtechnik", nach der „Idee der technischen Perfektion" hergestellt werden. Er steht damit dem Organisationsverständnis von *Taylor* nahe.

5.3 Zentrale Aussagen

Ein zentrales Anliegen ist für *Kosiol* die Entwicklung einer **Strukturtechnik**, also einer Verfahrensweise zur strukturierenden Gestaltung der Unternehmung. Wie schafft der Organisator am besten die zweckgerichteten, dauerhaften Regeln und Einrichtungen in der Unternehmung? Als Antwort auf diese Frage schlägt er ein Vorgehen in **drei Schritten** vor:

(1) **Analyse:** Die Sachaufgabe der Unternehmung ist in Teilaufgaben zu zerlegen.

(2) **Synthese:** Die Teilaufgaben werden zu Stellen zusammengefasst.

(3) **Verteilung:** Die Stellenaufgaben werden bestimmten Personen als Aufgabenträgern übertragen.

Zu diesen drei Schritten im Einzelnen:

(1) Aufgabenanalyse

Die Aufgabenanalyse als erster Schritt beginnt bei der Sachaufgabe der Unternehmung, welche für den Organisator ein Datum darstellt. Diese Sachaufgabe kann nach sechs unterschiedlichen Merkmalen in **Teilaufgaben zerlegt** werden:

1. Analyse nach der **Verrichtung**: Einkauf, Produktion, Lagerung, ...

2. Analyse nach dem **Objekt:** Arbeiten an bestimmten Produkten, für bestimmte Kunden, ...
3. Analyse nach dem **Rang:** Entscheidungs- und Ausführungsaufgaben
4. Analyse nach der **Phase:** Planungs-, Realisations- und Kontrollaufgaben
5. Analyse nach der **Zweckbeziehung:** primäre und sekundäre Aufgaben
6. Analyse nach den **Sachmitteln:** Arbeiten mit bestimmten Maschinen, Werkzeugen, ...

In großen Unternehmen kann eine sehr tief gehende Analyse unter Verwendung mehrerer Analysemerkmale sinnvoll sein und bspw. die Teilaufgabe der Absatzplanung für eine bestimmte Kundengruppe gebildet werden. Die praktische Grenze der Aufgabenanalyse sieht *Kosiol* dort, wo eine Teilaufgabe sinnvollerweise nicht mehr auf verschiedene Aufgabenträger verteilt werden kann, wobei allerdings die Synthese gedanklich vorweggenommen werden muss. Die Teilaufgaben der untersten Ebene – die sog. Elementaraufgaben – werden weiter zerlegt in Arbeitsgänge und Gangelemente. Hierbei wird aber nicht mehr von der Aufgabenanalyse gesprochen, sondern von der Arbeitsanalyse. In der Arbeitsanalyse wird die Zerlegung der Aufgaben bis in die einzelnen Handgriffe, ja bis zu einzelnen Griffelementen vorgetrieben. Durch die Analyse soll das Gefüge der Einzelaufgaben restlos und detailliert aufgehellt werden.

(2) Aufgabensynthese

Im zweiten Schritt folgt die Zusammenfassung der Teilaufgaben zu Aufgabenbündeln. Die Synthese führt zu sog. **Stellen**; das sind versachlichte Aufgabenkomplexe, die im Hinblick auf einen gedachten Aufgabenträger vereinigt werden. Mit der Bildung von Stellen entsteht das **Verteilungssystem** der Unternehmung. So grenzt man bspw. die Stelle eines Vertriebsleiters oder einer Produktmanagerin oder eines Lagerarbeiters ab. Die exakten Teilaufgaben und die Anforderungen an den Stelleninhaber können in einer Stellenbeschreibung niedergelegt werden. Die Synthese der Aufgaben kann nach den gleichen Merkmalen erfolgen wie die Analyse. Die Stelle des Vertriebsleiters entsteht bspw. dadurch, dass die Teilaufgaben nach dem Rang (Entscheidung), nach der Phase (Planung und Kontrolle) und nach der Verrichtung (Vertrieb) zusammengefasst werden. Die Produktmanagerin hat alle Entscheidungs-, Planungs- und Kontrollaufgaben im Hinblick auf ein bestimmtes Objekt (Produkt) zu erfüllen. Der Lagerarbeiter bekommt die Ausführungs- bzw. Realisationsaufgaben (Rang, Phase) im Hinblick auf die Verrichtung „Lagern" zugewiesen. Mit der Stellengliederung entsteht zum einen eine rein sachliche Aufgabenteilung oder Spezialisierung. Je kleiner das Unternehmen ist, desto mehr unterschiedliche Teilaufgaben werden zu einer Stelle zusammengefasst, d.h. desto geringer ist die Spezialisierung und umgekehrt.

Zum anderen bildet sich bei der Synthese zugleich das **Leitungssystem**. Dadurch dass bestimmten Stellen die Entscheidungskompetenz zugeordnet wird, während anderen die Ausführung obliegt, entsteht ein System von über-, unter- und nebengeordneten Stellen. Stellen mit einer Leitungsfunktion werden als **Instanz** bezeichnet. Im Falle des sog. Einliniensystems erhält jeder Untergebene nur von einer Instanz Weisungen. Hat ein Untergebener von verschiedenen Vorgesetzten Weisungen entgegenzunehmen, spricht man vom Mehrliniensystem. Eine Zusammenfassung mehrerer Stellen unter einheitlicher Leitung nennt man eine **Abteilung**. Mehrere Abteilungen können wiederum zu größeren organisatorischen Einheiten unter einheitlicher Leitung zusammengefasst werden. Den Instanzen können Leitungshilfsstellen, sog. **Stäbe**, zugeordnet werden.

(3) Aufgabenverteilung

Im dritten Schritt, der Aufgabenverteilung, sind die geeigneten Personen für die Stellen zu finden. Die Stelle als versachlichter Aufgabenkomplex ist gewöhnlich unabhängig von bestimmten Personen gebildet worden, sodass der Aufgabenträger jederzeit ausgewechselt werden kann. Die tatsächliche Verteilung der Stellenaufgaben auf konkrete Personen ist nicht mehr Sache des Organisators, weshalb die Stellenbesetzung bei *Kosiol* auch nur sehr kurz behandelt wird (vgl. [Organisation] 95 ff.).

Das aus der Analyse und Synthese hervorgegangene Verteilungs-, Leitungs- und Stabssystem ergeben gemeinsam das **Gliederungssystem** der Unternehmung. Damit ist die auf längere Sicht stabile Struktur, die eine Unternehmung hat, im Wesentlichen festgelegt. Sie kann optisch in einem Bauplan – dem Organigramm – dargestellt und durch verschiedene Merkmale gekennzeichnet werden. Nach der Art der Spezialisierung unterscheidet man bspw. verrichtungs- oder objektzentralisierte Organisationen. Das Leitungssystem kann durch seine Breite (Zahl der direkten Untergebenen einer Instanz) und seine Tiefe (Zahl der Leitungsstufen) beschrieben werden. Der Bauplan veranschaulicht vor allem die Art der Arbeitsteilung. Die Koordination zwischen den Stellen und Abteilungen wird nur indirekt zum Ausdruck gebracht. Zum Ersten legt die Art der Synthese den Koordinationsbedarf fest. Sind die Abteilungen bspw. auf unterschiedliche Verrichtungen spezialisiert, müssen diese Verrichtungen über Abteilungsgrenzen hinweg im Hinblick auf die Produkte und Kunden koordiniert werden. Zum Zweiten wird über die Linie zwischen den Vorgesetzten und den Untergebenen zum Ausdruck gebracht, dass die Instanz die untergeordneten Stellen durch persönliche Weisung koordinieren kann. Diese Weisungslinien sind damit zugleich Teil des **Kommunikationssystems.** Die vielfältigen, zwischen den Stellen tatsächlich existierenden Kommunikations- und Kooperationsbeziehungen (auch Verkehrssystem genannt) lassen sich aus dem Organigramm aber nicht ersehen. Nach Ansicht *Kosiols* sollte die Kommunikation formal geregelt werden, egal ob es sich um Anweisungen, Mitteilungen, Vorschläge, Rückfragen, Beschwerden oder andere Inhalte handelt. Dass neben der offiziell geregelten Kommunikation auch eine informale Kommunikation stattfindet, wird festgestellt, aber nicht weiter vertieft (vgl. [Organisation] 149). Als Sonderfall des Kommunikationssystems stellt *Kosiol* die Kollegien vor. Ein Kollegium ist eine Personenmehrheit, die sich zusammenfindet, um gemeinsam eine Sonderaufgabe zu bearbeiten.

Mit dem Gliederungssystem und dem Kommunikationssystem ist das Gesamtsystem der **Aufbauorganisation** beschrieben. Von der Aufbauorganisation wird die **Ablauforganisation** unterschieden. Diese Unterscheidung von „Beziehungslehre" (Aufbauorganisation) und „Ablauflehre" (Ablauforganisation) wurde bereits von *Nordsieck* ([Grundlagen]) getroffen. Mit der Aufbauorganisation wird die stabile, unveränderliche Struktur festgelegt. In dieser Struktur laufen dann raum-zeitlich fortschreitende Prozesse ab. Beispiel: Eingekauftes Material muss in die Produktionshalle gebracht werden, dort sind verschiedene Bearbeitungsprozesse durchzuführen, das fertige Produkt ist zu lagern und zu versenden usw. Diese Prozesse raum-zeitlich zu strukturieren, ist Aufgabe der Ablauforganisation. Detailliert beschäftigt sich *Kosiol* nur mit der Ablauforganisation einzelner Arbeitsprozesse in der Fertigung. Reihenfolge, Dauer und Menge der sog. Arbeitsgänge und Gangelemente werden festgelegt. Bei der Festlegung der Arbeitsmenge (Pensum) wird von einem gedachten Arbeitssubjekt mit normalem Leistungsvermögen ausgegangen. Ziel ist die Optimierung der Durchlaufzeit.

5.4 Menschenbild

Der reale Mensch mit seinen Gefühlen, Bedürfnissen, Schwächen usw. wird im strukturtechnischen Ansatz bewusst ausgeklammert. An seine Stelle tritt der

„Aufgabenträger", ein gedachtes Subjekt ohne irgendwelche menschlichen Eigenschaften. Dieses gedachte Subjekt erfüllt die ihm zugewiesenen Aufgaben wie ein Rädchen im Getriebe. Dass die wirklichen Menschen diesem Bild nicht entsprechen, wird nicht übersehen. Wie *Kosiol* feststellt, ist es weder realistisch noch ethisch vertretbar, Menschen als reine Produktionsmittel zu verstehen (vgl. [Organisation] 26). Die menschliche Seite des Aufgabenträgers zu ignorieren, ist für ihn lediglich eine nützliche Fiktion, um die strukturtechnische Problematik klarer herausarbeiten zu können. An verschiedenen Stellen wird jedoch klar, dass eine völlige Ignoranz der menschlichen Eigenschaften in der Strukturtechnik nicht durchzuhalten ist. Wie *Kosiol* selbst feststellt, kann sich eine ausgeprägte Arbeitsteilung negativ auf den menschlichen Sinngehalt der Arbeitstätigkeit, auf Arbeitsfreude und Arbeitsinteresse auswirken, was bei der Stellenbildung zu berücksichtigen ist. An anderer Stelle weist er darauf hin, dass die Regelungen des Kommunikationssystems auch davon abhängen, für wie zuverlässig und ehrlich man die Beteiligten hält. Schließlich hält er es für sinnvoll, Kollegien zu bilden, auch wenn die Aufgabe der Unternehmung dies nicht erfordert, lediglich um der „Verbesserung der menschlichen Beziehungen" ([Organisation] 161) willen. So kommt er letztlich zu dem Schluss, „dass von einem guten Organisator in einem sehr weiten Umfange technisches und menschliches Verständnis... verlangt werden" ([Organisation] 239).

5.5 Methoden

Im strukturtechnischen Ansatz nach *Kosiol* wird in erster Linie die **analytisch-deduktive Forschungsmethode** angewandt (vgl. [Organisation] Vorwort). Sie wird auch mit den Begriffen der „isolierenden Abstraktion" und der „idealtypischen Betrachtungsweise" umschrieben. Es geht um die Möglichkeiten der Strukturierung an sich, nicht um den Aufbau oder Ablauf in einem konkreten Unternehmen. Auf der Basis von „Gedankenkonstruktionen" wird ein geschlossenes Begriffsgebäude errichtet. Das Ziel ist jedoch nicht nur die Entwicklung einer verbindlichen Fachterminologie (z.B. Stelle, Instanz, Kollegium), auch die Ableitung von Gestaltungsempfehlungen für die Praxis wird intendiert. Eindeutig empfohlen wird die Vorgehensweise des Organisierens in den drei Schritten der Analyse, Synthese und Verteilung unter Verwendung der Merkmale „Verrichtung", „Objekt", „Rang", „Phase", „Zweck" und „Sachmittel". Diese Vorgehensweise wird als „notwendig", „folgerichtig" und „zweckmäßig" angesehen. Eine bestimmte Struktur oder ein bestimmter Ablauf werden dagegen nicht empfohlen. Es werden vielmehr systematisch alle Möglichkeiten aufgezeigt, wie organisiert werden kann; bspw. objekt- oder verrichtungszentriert, nach dem Einlinien- oder Mehrlinienprinzip, mit Singular- oder Pluralinstanzen. Auch werden Vor- und Nachteile erörtert. Damit steht dem Organisator sozusagen ein Baukasten zur Verfügung, aus dem er die passenden Strukturteile für die konkrete Unternehmung auszuwählen hat.

Neben der analytisch-deduktiven Methode wird im strukturtechnischen Ansatz auch die **empirisch-induktive Forschungsmethode** angewandt. Aus detaillierten empirischen Felduntersuchungen sollen induktiv Regeln und Gesetzmäßigkeiten abgeleitet werden. Die empirischen Studien gehen der abstrakt-deduktiven Analyse voraus, indem sie die realistische Grundlage für die abstrahierenden Modelle und Prämissen liefern. Andererseits folgen sie der abstrakt-deduktiven Methode in Form einer empirischen Überprüfung der logischen Gedankenkonstruktionen. Als Erhebungstechnik wurde von *Kosiol* und seinen Schülern vor allem die Befragung angewandt. Diese sollte durch einen Erhebungsleitfaden zwar strukturiert sein, aber doch eher einem offenen Gespräch gleichen. Eine bestimmte Fragestellung wurde in durchschnittlich 20 bis 30 Unternehmungen verschiedener Branchen untersucht, wobei pro Unternehmen etwa zwei Wochen Untersuchungszeit veranschlagt wurden. Als Ergebnis konnte zunächst einmal festgestellt werden, was an organisatorischen Gestaltungsformen in der Realität vorkommt und welche Lösungen typisch sind (sog. typisierende Deskription). Schlussfolgerungen über kausale Zusammenhänge, bspw. zwischen bestimmten Strukturformen und der Effizienz, erfordern nach *Kosiol* jedoch Interpretationen des Forschers, die über die reinen Faktenfeststellungen deutlich hinausgehen (sog. interpretierende Synthese). Bestenfalls könne man generalisierende Hypothesen derart aufstellen, dass bei bestimmten Randbedingungen bestimmte Organisationsstrukturen ökonomisch besonders effizient sind. Einen Beweis für die reale Geltung solcher Hypothesen hält *Kosiol* für schlechthin unmöglich (vgl. [Organisationsforschung] 149).

5.6 Aktuelle Bedeutung

(1) Betriebswirtschaftliche Organisationslehre

Der strukturtechnische Ansatz hat weitgehend die **Fachterminologie** der deutschen betriebswirtschaftlichen Organisationslehre geprägt. Stelle, Abteilung, Instanz, Stab, Kollegium, diese und weitere Begriffe dienen auch heute noch zur

Kennzeichnung der Aufbauorganisation einer Unternehmung. Auch die **strukturtechnische Vorgehensweise**, d.h. die Zerlegung der Gesamtaufgabe nach unterschiedlichen Merkmalen in Teilaufgaben und ihre Zusammenfassung zu Aufgabenbündeln, die dann auf Aktionseinheiten übertragen werden, erscheint weiterhin zweckmäßig. Schließlich ist auch das **instrumentale Organisationsverständnis** in der Betriebswirtschaftslehre nach wie vor dominant: Die Organisation soll im Hinblick auf das Unternehmensziel zweckmäßig sein. Die betriebswirtschaftliche Organisationslehre, wie sie sich heute darstellt, erschöpft sich allerdings nicht in der Strukturtechnik. Vielmehr müssen die Aussagen der anderen Ansätze, bspw. zur Akzeptanz von Herrschaft oder zu den zwischenmenschlichen Beziehungen in Arbeitsgruppen, ergänzend hinzutreten, wenn sich ein vollständiges Bild der Unternehmensorganisation ergeben soll.

(2) Weiterentwicklungen

Auch wenn der strukturtechnische Ansatz in vieler Hinsicht nach wie vor zentral für die betriebswirtschaftliche Organisationslehre ist, so haben sich doch auch einige deutliche **Akzentverschiebungen** ergeben. So stehen für *Kosiol* die Unternehmensaufgaben vor aller Organisation fest, ebenso wie die Grenzen der Unternehmung. Andere organisationstheoretische Ansätze, vor allem der **Transaktionskosten-Ansatz**, gehen aber davon aus, dass bereits die **Arbeitsteilung zwischen den Unternehmen** eine organisatorische Frage ist. Heute wird in den Unternehmen immer wieder überlegt, welche Produkte und Leistungen überhaupt intern erstellt werden sollen und was vom Markt zu beziehen ist. Zwischen Selbsterstellung und Fremdbezug liegt die Form der zwischenbetrieblichen Kooperation, die sich immer mehr ausbreitet. Unternehmensaufgaben und Unternehmensgrenzen sind heute nicht mehr so stabil wie vor 30 Jahren und müssen in die Organisationsüberlegungen verstärkt einbezogen werden.

Im strukturtechnischen Ansatz wird die Stabilität der Struktur betont. Die Organisation soll endgültig oder doch auf längere Sicht fest und unveränderlich sein. Organisatorischer Wandel, organisationales Lernen und Reorganisation spielen als Themen keine Rolle, wenn man von der Idee ausgeht, dass sich die langfristig stabile Unternehmensaufgabe ein für alle Mal technisch perfekt organisieren lässt. Angesichts der turbulenten Umweltveränderungen, denen die meisten Unternehmen heute ausgesetzt sind und die auch Strukturanpassungen erforderlich machen, ist die **Veränderung der Struktur** ein weiteres Thema geworden.

Für *Kosiol* ist die Ablauforganisation der Aufbauorganisation nachgeordnet (vgl. [Organisation] 186). Zunächst wird das Gliederungssystem mit den verschiedenen Stellen geschaffen. Innerhalb dieser Stellen kommt es zu Arbeitsprozessen, die raum-zeitlich zu strukturieren sind. Wenn bspw. ein Arbeitsgang in der Montage von zwei Halbfertigerzeugnissen zu einem Endprodukt besteht, dann wird durch die Ablauforganisation bestimmt, in welcher Reihenfolge und welcher Zeit welche Handgriffe durchzuführen sind. Diese sehr technische und detaillierte Betrachtung der Abläufe erinnert stark an *Taylors* Untersuchungen bspw. zur Optimierung des Roheisenverladens. Unter dem Begriff der **Prozessorganisation** erlebt die Untersuchung der Abläufe in Unternehmen z. Z. eine Wiederbelebung. Allerdings werden die Prozesse sehr viel umfassender abgegrenzt. Geht man bspw. von einem Prozess „Neuproduktplanung" aus, dann ist auch dieser Prozess zur Minimierung der Entwicklungszeit raum-zeitlich zu strukturieren. Die Reihenfolge und Zeitdauer der einzelnen Schritte sind festzulegen und die beteiligten Akteure werden evtl. in räumliche Nähe zueinander gebracht, damit die Kooperation leichter gelingt. Dabei ist die Ablaufanalyse der Aufbauorganisation aber nicht mehr nachgelagert. Vielmehr sollen nach heutigem Verständnis die Überlegungen zu den Abläufen aufbauorganisatorisch berücksichtigt werden und bspw. zu anderen Aufgabenbündeln oder zur Einrichtung neuer Stellen und Kollegien führen.

Schließlich wird angezweifelt, ob die von den menschlichen Eigenschaften abstrahierende Sichtweise des „Aufgabenträgers" tatsächlich nützlich ist. Dass die **Bedürfnisse, Einstellungen, Interessen** und **Erwartungen** der „Organisierten" einen entscheidenden Einfluss auf das Verhalten in den Organisationen und damit letztlich auch auf die Effizienz der Struktur haben, wird nicht nur von den älteren (vgl. z.B. *Taylor*), sondern gerade auch von den neueren Ansätzen betont. Ohne Einbeziehung des **Verhaltens der Organisationsmitglieder** kann man – dies ist heute unbestritten – nicht zu einer überzeugenden Organisationstheorie gelangen.

6 Der situative Ansatz

Vertreter	Quellen	Metapher
T. Burns und *G. M. Stalker* *P. R. Lawrence* und *J. W. Lorsch* *Joan Woodward* *A. D. Chandler* Astongruppe u.a.	*T. Burns* und *G. M. Stalker*: The Management of Innovation, 1961 *P. R. Lawrence* und *J. W. Lorsch*: Organization and Environment, 1967 *A. D. Chandler*: Strategy and Structure, 1962 *A. Kieser* und *H. Kubicek*: Organisation, 3. A., 1992 *G. Schreyögg*: Umwelt, Technologie und Organisationsstruktur, 1978	Die Organisation wird als Organismus, aber auch als Maschine verstanden.

Organisationsbegriff		
institutionell	**instrumentell**	**tätigkeitsorientiert**
Die Organisation „Unternehmung" ist ein soziales und formales, zielorientiertes, offenes System.	Die Organisation, die eine Unternehmung hat, soll das Verhalten der Organisationsmitglieder zielorientiert steuern.	Ordnung in der Unternehmung entsteht durch die rationale Wahl einer situativ passenden Konfiguration.

Menschenbild	Bevorzugte Methoden	Aktuelle Bedeutung
Der Mensch ist umweltoffen und lernfähig. Das Verhalten wird von der Struktur (entscheidend) beeinflusst.	Induktives und hypothetisch-deduktives Vorgehen; vergleichende empirische Organisationsforschung durch: strukturierte Befragungen, Dokumentenanalyse, Korrelationsanalyse, Typenbildung	• Idee der Abstimmung von Organisation und externen und internen Situationsfaktoren (Fit-Hypothese) • Bildung von Konfigurationstypen

6.1 Vertreter und wichtige Quellen

Der situative Ansatz zielt darauf ab, durch empirische Forschung Unterschiede zwischen den Organisationsstrukturen verschiedener Unternehmen durch Unterschiede in deren Kontext (Situation) zu erklären. Es interessiert also, ob bestimmte Situationsmerkmale und bestimmte Strukturmerkmale „kontingent" sind, d.h. regelmäßig zusammen auftreten. Daher wird auch vom **Kontingenzansatz** gesprochen. Weiter gehend wird aus solchen Befunden dann gefolgert, dass bestimmte Strukturen zu bestimmten Situationen „passen" und dass dieser „Fit" die Effizienz der Unternehmung sicherstellt. Diese Denkweise wurde in den sechziger Jahren im angelsächsischen Raum entwickelt und konnte in den siebziger Jahren auch in der deutschsprachigen Organisationsforschung zunehmend Fuß fassen.

Die Forschungslandschaft des situativen Ansatzes ist so breit gefächert, dass man besser von situativen Ansätzen sprechen sollte. Daher ist es auch schwierig, einzelne Personen als Vertreter auszuwählen. Einige **empirische Studien** werden aber immer wieder als wegweisend angeführt, so die Studie von *Burns* und *Stalker* (The Management of Innovation, 1961), die den Zusammenhang von Umwelt und Struktur erforscht haben. Renommiert und theoretisch ausgefeilt ist auch die Studie von *Lawrence* und *Lorsch* zum gleichen Zusammenhang (Organization and Environment, 1967). Den Einfluss der Technologie, insbesondere der Fertigungstechnologie, auf die Struktur untersuchte *Woodward* (Industrial Organization, Theory and Practice, 1965). Wie die Größe der Unternehmung die Struktur beeinflusst, wurde u.a. von *Blau* und *Schoenherr* untersucht (The Structure of Organizations, 1971). *Chandler* beschäftigte sich mit dem Zusammenhang von Strategie und Struktur (Strategy and Structure, 1962). Bekannt geworden ist auch eine Forschergruppe, die sich an der Universität Aston, Birmingham, um *Derek S. Pugh* bildete. Die Arbeiten dieser Gruppe sind in vier Sammelbänden mit dem Titel „The Aston Programme I – IV" zusammengefasst worden (vgl. *Pugh* und *Hickson* [Aston Programme I] 1976; *Pugh* und *Hinings* [Aston Programme II] 1976; *Pugh* und *Payne* [Aston Programme III] 1977; *Hickson* und *McMillan* [Aston Programme IV] 1981). Die Bedeutung der **Astongruppe** liegt vor allem darin, dass sie den Einfluss mehrerer Kontextfaktoren gleichzeitig berücksichtigt, z.B. Größe der Unternehmung, Beschaffenheit des Leistungsprogramms, Fertigungstechnologie, Informationstechnologie. Auch wurde das Verhalten der Organisationsmitglieder explizit in die Untersuchung mit einbezogen.

Die Fülle der Forschungsergebnisse zum situativen Ansatz lässt es sinnvoll erscheinen, für die folgenden Ausführungen auf Sekundärquellen zurückzugreifen, in welchen bereits eine Aufarbeitung und Verdichtung der wichtigsten Ergebnisse stattgefunden hat. Im Folgenden werden vor allem das Lehrbuch von *Kieser* und *Kubicek* (Organisation, 3. A., 1992) sowie die Dissertation von

Schreyögg (Umwelt, Technologie und Organisationsstruktur, 1978) herangezogen.

6.2 Organisationsbegriff und Metapher

Wie *Schreyögg* ([Umwelt] 14) konstatiert, findet im situativen Ansatz „ausnahmslos der institutionelle Organisationsbegriff“ Verwendung. Organisationen werden als soziale Gebilde verstanden, die dauerhaft ein Ziel verfolgen und eine formale Struktur aufweisen, mit deren Hilfe die Aktivitäten der Mitglieder auf ein Ziel ausgerichtet werden sollen (vgl. *Kieser/Kubicek* [Organisation] 4).

In den empirischen Untersuchungen zum situativen Ansatz steht aber ganz eindeutig die formale Struktur, also die Organisation, die eine Unternehmung **hat**, im Vordergrund. Strukturen sollen beschrieben, verglichen, situativ erklärt und empfohlen werden. Das instrumentelle Organisationsverständnis besteht also zumindest gleichberechtigt neben dem institutionellen, wenn es nicht sogar überwiegt. Insofern lässt sich der situative Ansatz auch ohne weiteres als Ergänzung des strukturtechnischen Ansatzes begreifen. Wenn *Kosiol* i.S. einer Möglichkeitsanalyse aufzeigt, welche Strukturierungsalternativen dem Organisator zur Verfügung stehen (bspw. Verrichtungs- oder Objektzentralisation), dann schließt sich als logische Frage an, unter welchen Umständen welche Strukturalternative gewählt werden sollte. Genau diese Frage versucht der situative Ansatz zu beantworten: „The major difference of this newer approach from earlier organizational theories lies in the acknowledgment that the process of designing organization involves the selection of a configuration that will best suit that particular situation which prevails“ (*Child* [Choice] 237).

Das Organisieren als Tätigkeit wird im situativen Ansatz in der Weise verstanden, dass ein rationaler Organisationsgestalter die zur Zielerreichung der Unternehmung am besten geeignete Strukturalternative auswählen möchte (vgl. *Kieser/Kubicek* [Organisation] 59 f.). Der tätigkeitsorientierte Organisationsbegriff spielt aber keine große Rolle im situativen Ansatz.

Die Organisation im institutionellen Sinne wird im situativen Ansatz auch als **offenes System** beschrieben. Es ist vor allem der Gedanke der Umweltoffenheit, der nach *Morgan* (vgl. [Images] 45) einen Unterschied zu älteren organisationstheoretischen Ansätzen markiert. Die Organisation ist in einen Kontext nicht nur eingebettet, sondern muss sich auch immer wieder den Anforderungen aus diesem Kontext anpassen: „Organizations are open systems that need careful management to satisfy and balance internal needs and to adapt to environmental circumstances“ (*Morgan* [Images] 48). Als offene Systeme, die sich an ihre Umwelt anpassen müssen um zu überleben, sind sie wiederum mit **Organismen** vergleichbar (vgl. *Morgan* [Images] 49). Die biologische Analogie bleibt aber im situativen Ansatz tatsächlich sehr dürftig. Es wird bspw. i.d.R. **nicht thematisiert:**

- die Interaktion von System und Umwelt,
- die Selbstorganisation und Entwicklungsfähigkeit des Systems,
- die Komplexität des Systems.

Stattdessen findet man viele Vorstellungen wieder, die *Morgan* dem klassischen **„mechanistischen“** Organisationsverständnis zuordnet. Auch im situativen Ansatz ist bspw. intendiert, die Unternehmung rational und zielgerichtet „as efficient ... as possible“ (*Morgan* [Images] 29) zu strukturieren. Es wird lediglich zusätzlich beachtet, dass bei unterschiedlichen Randbedingungen unterschiedliche Strukturen effizient sind.

6.3 Zentrale Aussagen

Als die entscheidende neue Erkenntnis des situativen Ansatzes wird i.d.R. angeführt, dass es den **„one best way of organizing“ nicht gibt.** Stattdessen muss die Gestaltung der Struktur im Zusammenhang mit den jeweils vorherrschenden Situationsbedingungen und deren Erfordernissen gesehen werden (vgl. *Schreyögg* [Umwelt] 3).

Nun kann den älteren Ansätzen der Organisationstheorie nicht vorgeworfen werden, sie hätten überhaupt nicht zur Kenntnis genommen, dass in verschiedenen Situationen verschiedene Maßnahmen angebracht sind. Nach *Taylor* sollte sich etwa die Zahl der „Unproduktiven“ nach der Eigenart der Erzeugnisse und nach der Größe der Unternehmung richten (vgl. [Betriebsleitung] 52, 58). Allerdings erfolgen die situativen Anpassungen „unter Beibehaltung der ... als richtig erkannten Grundsätze“ (*Taylor* [Betriebsleitung] 59). Das heißt, gewisse fundamentale Prinzipien, wie die Pensumidee, die Trennung von Kopf- und Handarbeit oder das Mehrlinienprinzip, sollten auf jeden Fall beibehalten werden.

Im strukturtechnischen Ansatz wurde dagegen bereits angenommen, dass die Organisatoren grundsätzlich alternative Strukturierungsoptionen haben. Sie können bspw. zwischen Ein- und Mehrlinienorganisation wählen, wobei Randbedingungen bei der Wahl zu berücksichtigen sind (vgl. *Kosiol* [Organisation] 93).

Was also ist neu am situativen Ansatz?

(1) Der situative Ansatz rückt die Unterschiede zwischen den Strukturen verschiedener Unternehmen bewusst in den Vordergrund der Betrachtung (**deskriptives Ziel**).

(2) Es wird versucht, diese Unterschiede systematisch auf Unterschiede in gewissen Kontextfaktoren (Situation) zurückzuführen (**theoretisches Ziel**).

(3) Man will herausfinden, welche Struktur in welcher Situation empfehlenswert ist (**pragmatisches Ziel**).

(4) Als Methodik wird die vergleichende **empirische Organisationsforschung** angewandt.

Zu den ersten drei Punkten im Einzelnen:

(1) Deskriptives Ziel

Ausgangspunkt für die Untersuchung von Unterschieden zwischen den Organisationsstrukturen war in vielen Fällen *Max Webers* Bürokratietyp. Wie beobachtet wurde, können Unternehmen tatsächlich mehr oder weniger bürokratisch sein. Der Bürokratietyp konnte offensichtlich nicht als der einzig rationale Strukturtyp angesehen werden. Im einfachsten Fall wurden die Unterschiede zwischen den real existierenden Strukturformen in der Weise dargestellt, dass dem Idealtyp „Bürokratie“ (auch mechanistisches System genannt) der Typ des unbürokratischen organischen Systems entgegengesetzt wurde (vgl. *Burns/Stalker* [Innovation]).

Eine solche **typologische Vorgehensweise** war vielen Forschern aber nicht präzise genug. Sie gingen davon aus, dass die realen Strukturen der Unternehmen im Prinzip alle nur denkbaren Formen zwischen bürokratisch (mechanistisch) und unbürokratisch (organisch) annehmen können. Methodisch drückt sich diese Annahme so aus, dass die Merkmale zur Charakterisierung einer bürokratischen Struktur (z.B. funktionelle Arbeitsteilung, Hierarchie, System formaler Regeln, Unpersönlichkeit) als voneinander unabhängige Variablen angesehen werden. In einer bestimmten Unternehmung kann jedes Merkmal eine beliebige (messbare) Ausprägung annehmen, unabhängig von der Ausprägung der anderen Merkmale, sodass eine hohe Anzahl von Kombinationen unterschiedlicher Merkmalsausprägungen denkbar ist (vgl. beispielhaft *Hall* [Strukturen] und *Pugh/Hickson* [Strukturen]). Diese Vorgehensweise kann als typisch für den situativen Ansatz angesehen werden (vgl. *Kieser/Kubicek* [Organisation] 53 f.).

Sozusagen ein „Nebenprodukt" der Bemühungen, Unterschiede zwischen real existierenden Strukturen zu beschreiben, ist die **Operationalisierung der Struktur**. Wenn man messen will, wie ähnlich oder unähnlich die Strukturen verschiedener Unternehmen sind, muss genau festgelegt werden, anhand welcher Merkmale Strukturen zu kennzeichnen sind und welche Ausprägungen diese Merkmale annehmen können. In diesem Lehrbuch verwenden wir zur Charakterisierung der Aufbauorganisation eines Unternehmens die Strukturdimensionen Spezialisierung, Delegation, Koordination und Konfiguration (vgl. S. 248 ff.). Es sei aber ausdrücklich darauf hingewiesen, dass dies nur **eine** Möglichkeit ist, Organisationsstrukturen zu beschreiben.

(2) Theoretisches Ziel

Die Unterschiede in den Strukturen verschiedener Unternehmen sollen situativ erklärt werden. Bevor die These eines Zusammenhanges von Situation und Struktur empirisch geprüft werden kann, muss der Forscher eine Vorentscheidung treffen, welches Kontextmerkmal er für ausschlaggebend hält. Unterschiedliche Auffassungen über die wichtigsten situativen Faktoren markieren unterschiedliche Teilansätze innerhalb des Kontingenzansatzes. Grundsätzlich werden mono- und multivariate Ansätze unterschieden. Wichtige Situationsfaktoren wurden bereits vorgestellt (vgl. S. 83 f.): Umwelt, Fertigungstechnologie, Unternehmensgröße, Strategie (genauer: Leistungsprogramm). Weitere untersuchte Kontextmerkmale sind Alter der Unternehmung, Rechtsform und Eigentumsverhältnisse (vgl. *Kieser/Kubicek* [Organisation] 312 ff.). Bei den **monovariaten Ansätzen** werden die Strukturunterschiede maßgeblich auf eine einzelne Einflussgröße zurückgeführt. Die **multivariaten Ansätze** gehen dagegen von einem Bündel von Einflussgrößen aus.

Das **Grundmodell** des situativen Ansatzes unterstellt also einen Zusammenhang zwischen einem oder mehreren Situationsmerkmalen und einem oder mehreren Strukturmerkmalen, wie es – bewusst simplifizierend – Abb. 5-1 ausdrückt.

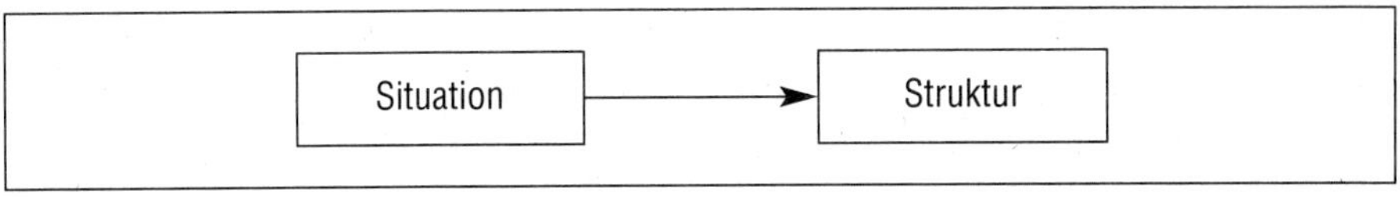

Abb. 5-1: Grundmodell des situativen Ansatzes

Exemplarisch seien einige **Befunde** zu diesem Zusammenhang vorgestellt:

- In dynamischen Umwelten sind die Strukturen eher unbürokratisch (organisch), in statischen Umwelten eher bürokratisch (mechanistisch).
- Bei der Werkstattfertigung ist der Spezialisierungsgrad niedrig, bei der Fließfertigung hoch.
- In großen Unternehmen werden Pläne und Programme als Koordinationsinstrumente eher eingesetzt als in kleinen Unternehmen.
- Ein diversifiziertes Produktprogramm führt zu einer divisionalen Struktur, während Einproduktunternehmen funktional organisiert sind.

Grundlage solcher Aussagen sind empirische Befunde, die das häufige gemeinsame Auftreten bestimmter Situations- und bestimmter Strukturmerkmale statistisch belegen. Daraus wird interpretierend der Schluss gezogen, dass die Situation als unabhängige Variable die Struktur als abhängige Variable beeinflusst.

(3) Pragmatisches Ziel

Hat man lediglich die Information, dass eine bestimmte Struktur in einer bestimmten Situation gehäuft auftritt, dann kann daraus alleine nicht sinnvoll eine Gestaltungsempfehlung abgeleitet werden. Das erfordert zumindest einige zusätzliche Gedankenschritte. Man könnte bspw. „evolutionär" argumentieren, dass Unternehmen mit „falscher" Struktur im Wettbewerbsprozess selektiert werden und die Unternehmen mit der „richtigen" Struktur überleben. Strukturformen, die häufig zu finden sind, müssen demnach in gewisser Weise Erfolg versprechend sein. Solche Schlussfolgerungen sind allerdings sehr gewagt, weil die Ursachen für den Erfolg oder Misserfolg einer Unternehmung sehr vielfältig sind und jederzeit Unternehmen mit sehr unterschiedlichen Strukturen überleben. Eine andere Art der Begründung könnte in der Annahme bestehen, dass die rationalen Organisationsgestalter schon wissen, was sie zu tun haben und dass eine Lösung, die viele für gut halten, auch gut sein muss. Dann müssten die Organisationsgestalter aber offenbar ihrerseits die organisationstheoretischen Zusammenhänge bereits kennen, die ja erst gesucht werden. Außerdem müssten sie vollkommen rational handeln.

Der schlichte Zusammenhang von Situation und Struktur ist offensichtlich nicht ohne weiteres pragmatisch verwertbar. Zusätzlich muss die Effizienz bestimmter Kontext-Struktur-Kombinationen kontrolliert und begründet werden. Die Wirkungen der Struktur auf die ökonomischen Erfolgsgrößen stellen sich letztlich über das **Verhalten** der Organisationsmitglieder ein. Diese Zusammenhänge werden im **erweiterten Grundmodell** des situativen Ansatzes folgendermaßen dargestellt:

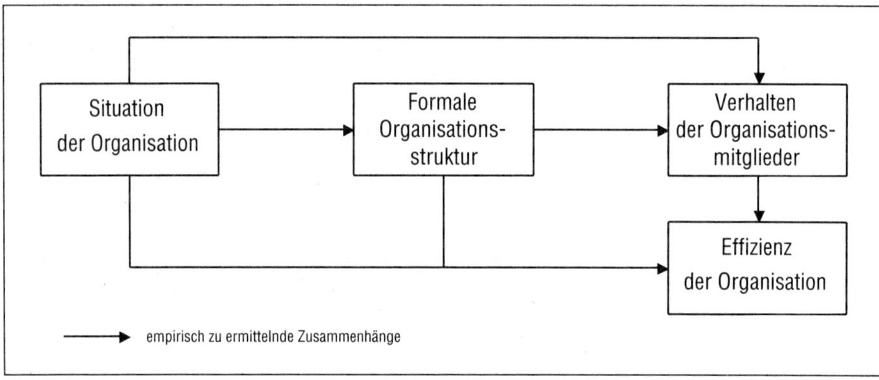

Abb. 5-2: Erweitertes Grundmodell des situativen Ansatzes (Quelle: *Kieser/Kubicek* [Organisation] 57)

Es ist bspw. zu erwarten, dass in dynamischen Umwelten (**Situation**) unbürokratische Strukturen mit geringer Spezialisierung, flacher Hierarchie, starker Entscheidungsdelegation und viel Selbstbestimmung (**Struktur**) erforderlich sind, um die in dynamischen Umwelten erforderliche Flexibilität und Innovationsfähigkeit der Organisationsmitglieder (**Verhalten**) zu stärken (vgl. *Kieser/Kubicek* [Organisation] 382 ff.). Demnach sollten eigentlich Unternehmen, die in dynamischen Umwelten unbürokratisch strukturiert sind, regelmäßig erfolgreicher sein (**Effizienz**) als Unternehmen, die in vergleichbarer Situation eine mechanistische Struktur gewählt haben. Die organische Struktur „passt" zur dynamischen Umwelt besser; man spricht auch vom **„Fit"**.

Solche Befunde lassen sich pragmatisch verwerten. Wie dies zu geschehen hat, ist im **pragmatischen Modell** des situativen Ansatzes nach Abb. 5-3 skizziert.

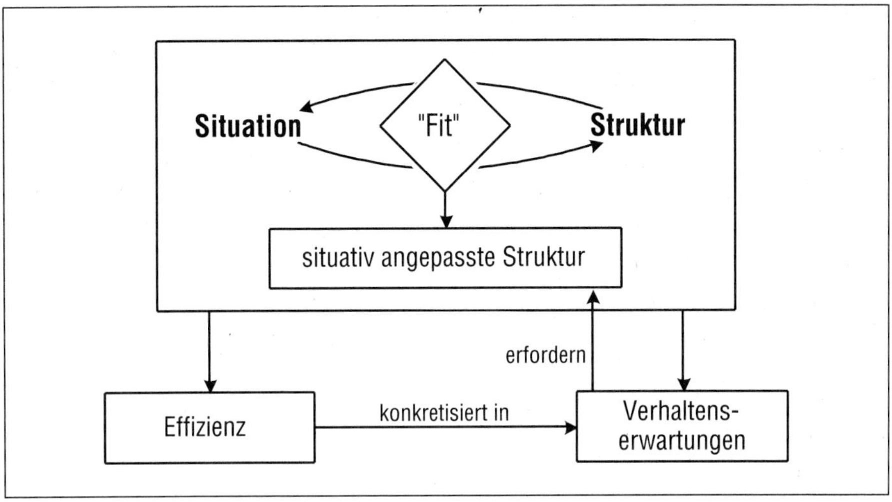

Abb. 5-3: Pragmatisches Modell des situativen Ansatzes

Die Situation ist nach dieser Sichtweise natürlich nicht unmittelbar Ursache der Struktur, sondern wird vom Organisationsgestalter als zu beachtende Rahmenbedingung wahrgenommen und in seinen Entscheidungsprozess über die richtige Struktur einbezogen. **Beispiel:** Ein Unternehmer beobachtet eine Verkürzung der Produktlebenszyklen und eine Überalterung der Produktpalette (Situation). Daraus leitet er das Ziel ab, die Innovationsfähigkeit der Unternehmung zu verbessern und die Produktentwicklungszeit deutlich zu verkürzen (Effizienzziel). Von den Mitarbeitern wird konkret erwartet, dass sie kreativ sind, viele gute neue Produktideen entwickeln und diese dann schnell bis zur Marktreife weiterentwickeln. Forschung und Entwicklung, Marketing und Fertigung sollen kooperativ zusammenwirken (Verhaltenserwartungen). Im Idealfall weiß der Organisationsgestalter durch die Organisationsforschung, welche Struktur dieses Verhalten hervorruft (Struktur-Verhaltens-Zusammenhang) und wählt dann jene Struktur, welche die Situation erfordert. Konkret richtet er bspw. funktionsübergreifende Produktentwicklungsteams ein oder geht zur Projektorganisation über.

Dieser komplexe Gesamtzusammenhang, wie er sich im erweiterten Grundmodell darstellt, ist weit weniger empirisch erforscht als der Teilzusammenhang zwischen situativen Merkmalen und Strukturmerkmalen. Die Befunde sind außerdem widersprüchlich. Es ist also häufig so, dass die Gestaltungsempfehlungen empirisch nur schwach gestützt sind und die Interpretationen, Plausibilitäten und Gedankenkonstruktionen des Forschers jene Lücken zwischen Beschreibung und pragmatischer Gestaltung überbrücken müssen, die eigentlich von einer empirisch gehaltvollen Theorie auszufüllen wären (vgl. auch *Kieser/Kubicek* [Organisation] 59 ff.).

6.4 Menschenbild

Das menschliche Verhalten wird im situativen Ansatz zwar berücksichtigt, denn Motivation, Zufriedenheit, Verhalten in Konflikten, Akzeptanz von Rollen u.a. werden thematisiert. Ein bestimmtes Menschenbild lässt sich aus der Fülle der Teilansätze allerdings nur schwer ableiten.

Bemerkenswert ist eine gewisse Änderung in der Argumentationskette gegenüber den älteren Ansätzen. *Taylor* bspw. leitet aus einem bestimmten fest gefügten Menschenbild die Notwendigkeit gewisser Managementmaßnahmen ab. Weil der Mensch nun mal von Natur aus faul sei, brauche er ein festes Pensum und ständige Aufsicht. Diese Maßnahmen rufen dann als Reaktion eine gesteigerte Leistung als konkretes Verhalten hervor. Man hat quasi ein **zweistufiges Verhaltensmodell**, wie es in Abb. 5-4 dargestellt ist:

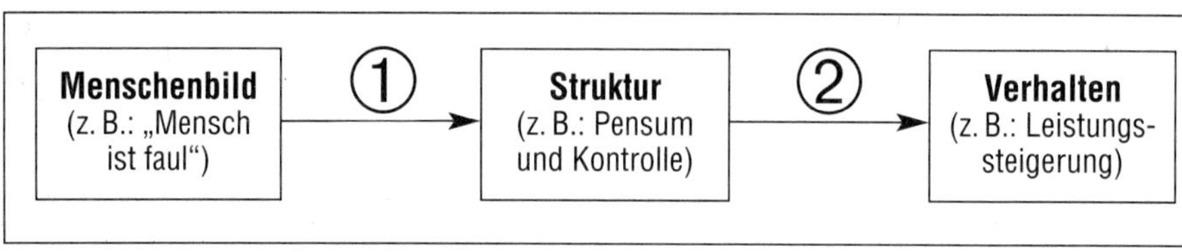

Abb. 5-4: Zweistufiges Verhaltensmodell

Für *Taylor* ist die Beziehung 1 zentral. Das konkrete Verhalten ist dann die logische Folge. Bei nachlassender Kontrolle und weniger detaillierter Aufgabenzuteilung wird sofort ein Absinken der Leistung die Folge sein. Im situativen Ansatz interessiert dagegen stärker der **Zusammenhang** von **Struktur und Verhalten**, also die Beziehung 2. Außerdem wird ein bestimmtes Verhalten in bestimmten Strukturen und Situationen nicht einfach vorausgesetzt, sondern empirisch getestet. Diese Akzentverschiebung ist insofern wichtig, als sie den Menschen weit weniger ex ante auf bestimmte Verhaltensweisen festlegt. Bei empirischer Überprüfung mag sich bspw. herausstellen, dass die Menschen mal arbeitsscheu und mal arbeitsfreudig, mal aufgabenorientiert und mal personenorientiert, mal lernwillig und mal lernvermeidend, mal innovativ und mal konservativ, mal egoistisch und mal sozial orientiert sind. Auch für das Verhalten gilt also „... it all depends on the particular circumstances in a specific situation" (*Kast* und *Rosenzweig* [Organization] 307).

Es läge nun natürlich im Interesse der Organisationsgestalter, genau zu wissen, welche Struktur welches Verhalten hervorruft. Einfache Ursache-Wirkungs-Zusammenhänge lassen sich hier aber nicht finden. So garantiert z.B. die Einrichtung abteilungsübergreifender Teams für Innovationsvorhaben keineswegs eine problemlose Kooperation der Beteiligten. Das liegt an den unterschiedlichen Arbeits- und Denkstilen in den Abteilungen, am Machtstreben der Beteiligten, an ihrer Risikoeinstellung, am Integrationsgeschick eines Teamleiters, an den Anreizsystemen, an den Werten und Normen usw. (vgl. *Kieser/Kubicek* [Organisation] 401 ff.). Man kann wohl annehmen, dass die Orientierung des situativen Ansatzes an der Methodik der empirischen Forschung zwangsläufig das **Menschenbild des komplexen Menschen**, wie es von *Schein* ([Organisationspsychologie] 94 ff.) gezeichnet wird, hervorruft. Dieser komplexe Mensch ist weltoffen und lernfähig, kommunikationsfähig, fähig zur Selbstbestimmung und zur Ausbildung einer persönlichen Identität (vgl. *Matthiesen* [Kritik] 176). Da ein solcher **„complex man"** nicht als strukturdeterminiert angesehen werden kann, lassen sich eindeutige gesetzmäßige Beziehungen zwischen Struktur und Verhalten nicht finden.

Die Ergebnisse empirischer Studien sind dementsprechend widersprüchlich und z.T. kontraintuitiv. So wurden positive Zusammenhänge zwischen der Unternehmensgröße und dem Bürokratisierungsgrad und der Zufriedenheit festgestellt (*Kieser/Kubicek* [Organisation] 424 f.). Der häufig unterstellte negative Zusammenhang von starker Zentralisierung und Formalisierung (Bürokratie) und Zufriedenheit konnte aber auch bestätigt werden (vgl. *Kieser/Kubicek* [Organisation] 427). Da der Struktur-Verhaltens-Zusammenhang einen wesentlichen Bestandteil des erweiterten Grundmodells des situativen Ansatzes darstellt, wirken sich die Schwierigkeiten bei der Feststellung von Verhaltensgesetzmäßigkeiten auf den gesamten Ansatz aus. Es ist positiv zu werten, dass der situative Ansatz diese Probleme nicht einfach ignoriert, sondern aufdeckt.

6.5 Methoden

Die zentrale Methode des situativen Ansatzes ist die **empirische vergleichende Organisationsforschung.** Geht man vom erweiterten Grundmodell des situativen Ansatzes aus, dann erfordert eine empirische Untersuchung die Operationalisierung (d.h. Herstellen von Messbarkeit) der Größen „Situation", „Struktur", „Verhalten" und „Effizienz". Da man herausfinden will, ob bestimmte Situations-Struktur-Kombinationen häufiger vorkommen und erfolgreicher sind als andere, muss eine größere Anzahl von Unternehmen miteinander verglichen werden. Die typische Forschungsform ist daher die **Querschnittsanalyse,** also die Untersuchung einer möglichst großen Anzahl von Unternehmen zu einem Zeitpunkt und der Vergleich der Ergebnisse. Als Forschungstechniken kommen vor allem die **Befragung mittels Fragebogen** und die **Dokumentenanalyse** zum Einsatz. Die Ergebnisse werden dann statistisch ausgewertet, etwa mit Hilfe der **Korrelationsanalyse.** Ganz typisch für den situativen Ansatz ist die Präsentation der Ergebnisse in Form von Zahlentabellen.

Die Vorgehensweise soll in Grundzügen am Beispiel der Studie von *Lawrence* und *Lorsch* illustriert werden (zu Einzelheiten vgl. *Schreyögg* [Umwelt] 22 ff.). *Lawrence* und *Lorsch* unterstellen einen systematischen Zusammenhang zwischen Umwelt, Struktur, Verhalten und Effizienz der Unternehmen.

(1) Zur Operationalisierung

(a) Das situative Merkmal **„Umwelt"** musste noch näher spezifiziert werden. Die Forscher gingen von der These aus, dass vor allem die Unsicherheit der Umwelt einen starken Einfluss auf die passende Struktur hat. Die Umweltunsicherheit wurde durch drei **Dimensionen** gekennzeichnet:

1. Bestimmtheit der Information,
2. Gewissheit über kausale Beziehungen,
3. Zeitspanne bis zur definitiven Rückmeldung aus der Umwelt.

Für jede dieser drei Dimensionen wurde eine Skala von 1 bis 7 gebildet, wobei 1 „große Bestimmtheit der Information" und 7 „große Unklarheit über relevante Informationen" bedeutete. Manager aus drei unterschiedlichen Subsystemen der Unternehmung, nämlich aus der Produktion, dem Marketing und der Forschung und Entwicklung wurden gebeten, die Umwelt ihres Subsystems anhand dieser Skalen einzuschätzen. Für jedes Subsystem ergab sich durch Zusammenfassung der Punktzahlen der drei Dimensionen ein „Sicherheitswert".

(b) Die durch diesen Sicherheitswert repräsentierte Umweltunsicherheit sollte – so die Annahme – einen systematischen Einfluss auf die Struktur und das Verhalten ausüben. Die **Struktur** wurde durch sechs Merkmale gekennzeichnet:

1. Durchschnittliche Kontrollspanne,
2. Anzahl der Hierarchieebenen,
3. Zeitspanne zwischen den Leistungskontrollen in den Abteilungen,
4. Spezifität der Leistungskontrollen,
5. Bedeutung formeller Regelungen,
6. Spezifität der Beurteilungskriterien der Rolleninhaber.

Für alle sechs Merkmale wurde eine vierstufige Skala gebildet. Die Summierung der Einzelwerte über alle sechs Merkmale ergab einen „Strukturwert", welcher den Formalisierungsgrad einer Unternehmensstruktur repräsentieren sollte.

(c) Das **Verhalten** der Führungskräfte wurde in drei Dimensionen konkretisiert:

1. Interpersonale Orientierung mit der Unterscheidung von Aufgabenorientierung und Personenorientierung,
2. zeitliche Orientierung mit der Unterscheidung von kurz-, mittel- und langfristiger Orientierung,
3. Zielorientierung mit der Unterscheidung von funktionsspezifischer und unternehmensbezogener Zielorientierung.

(d) Zur Messung der **Effizienz** zogen die Forscher drei Wirtschaftlichkeitskriterien heran:

1. Gewinnentwicklung der letzten fünf Jahre,
2. Umsatzentwicklung der letzten fünf Jahre,
3. prozentualer Anteil der in den letzten fünf Jahren neu eingeführten Produkte am Gesamtumsatz des letzten Jahres.

Die drei Einzelwerte wurden zu einem Gesamtwert aggregiert und drei Klassen gebildet: Sehr, mittel und weniger erfolgreiche Unternehmen.

(2) Zur Erhebungstechnik

Zur vergleichenden Analyse wurden zehn Industriebetriebe in den Vereinigten Staaten gezielt ausgewählt. Entsprechend der Ausgangsthese suchte man Unternehmen mit sicheren und unsicheren Umwelten und großem und geringem Erfolg. Als Techniken kamen die Befragung und die Analyse von Organigrammen, Stellenbeschreibungen, Handbüchern usw. zum Einsatz. Befragt wurde ausschließlich das Topmanagement. Getestet wurden zahlreiche Einzelhypothesen. Zentral waren folgende **Hypothesen:**

- Die Unsicherheit der Subumwelt bestimmt Struktur und Verhalten im Subsystem (Produktion, Marketing, Forschung und Entwicklung).
- Sind die Subumwelten einer Unternehmung sehr unterschiedlich, dann sind auch die Subsysteme sehr differenziert, d.h. sehr unterschiedlich, was Struktur und Verhalten betrifft.
- Bei sehr differenzierten Subsystemen sind verstärkte Integrationsanstrengungen nötig.
- Eine Unternehmung ist in einer unsicheren Umwelt dann sehr effizient, wenn ihre Subsysteme an die Erfordernisse der Subumwelten angepasst sind (hoher Differenzierungsgrad), aber auch eine Integration der Subsysteme gelingt (Kongruenz-Effizienz-Hypothese).
- Eine Integration gelingt u.a. besonders gut, wenn Konflikte offen ausgetragen werden und alle Beteiligten sich als einflussreich im Integrationsprozess erleben.

Um diese Thesen zu testen, waren weitere Operationalisierungen nötig. Man musste z.B. messen, wie unterschiedlich die Subsysteme eines Unternehmen sind, ob Konflikte offen ausgetragen werden und wie gut die Integration gelingt.

(3) Zu den Ergebnissen

Wie *Schreyögg* moniert (vgl. [Umwelt] 58), wurden in der Studie von *Lawrence* und *Lorsch* nur z.T. solche Hypothesen getestet, die vor der Untersuchung bereits entwickelt wurden. Zum Teil wurden Hypothesen erst im Verlaufe der Studie aufgrund der Befunde formuliert. Hypothetisch-deduktive und induktive Vorgehensweise wurden also vermischt. Die zentrale Kongruenz-Effizienz-Hypothese konnte bestätigt werden.

Das methodische Vorgehen des situativen Ansatzes erfordert einige problematische **Vorentscheidungen.** Dies wird schon daran deutlich, dass die zahlreichen empirischen Studien zum Umwelt-Struktur-Zusammenhang sowohl in der Vorgehensweise als auch in den Ergebnissen so gut wie nie übereinstimmen. Von *Lawrence* und *Lorsch* wurde die spezifische Aufgabenumwelt der Subsysteme für entscheidend gehalten; viele andere Studien gehen dagegen von einer Gesamtumwelt für das Unternehmen aus. Als die entscheidenden Umweltmerkmale werden neben der Umweltunsicherheit auch die Umweltdynamik und Umweltkomplexität angesehen. Die Umweltdynamik wurde über die Wettbewerbsintensität operationalisiert, aber auch über das Ausmaß der zu erwartenden Änderungen. Gemessen wurden sowohl objektive Daten als auch die subjektiven Meinungen von Managern. Auch wurden andere Strukturmerkmale als bei *Lawrence* und *Lorsch* herangezogen, wie bspw. Dezentralisierung und Spezialisierung. Zur Effizienzmessung wurden neben Gewinn und Umsatz auch Größen wie Zufriedenheit der Mitarbeiter, Fehlerquote und Produktivität benutzt.

So heterogen wie die aufgestellten Hypothesen, die Operationalisierungen, Mess- und Auswertungstechniken sind auch die Ergebnisse. Zwischen Umweltdynamik und Formalisierungsgrad wurden bspw. sowohl positive als auch negative und neutrale Beziehungen festgestellt (vgl. *Schreyögg* [Umwelt] 70 ff.). „Das behauptete Wirkungsgefüge lässt sich jedenfalls nach den vorliegenden Ergebnissen weder in der angegebenen Richtung noch in der vermuteten Stärke belegen" schlussfolgert *Schreyögg* ([Umwelt] 78 f.).

6.6 Aktuelle Bedeutung

(1) Typologisches Vorgehen

Frühe Studien, die dem situativen Ansatz zuzurechnen sind, gingen in Anlehnung an *Max Weber* von einer Typenbildung aus. Von *Burns* und *Stalker* wurden etwa die zwei Idealtypen der mechanistischen und organischen Struktur unterschieden und mit typischen Umweltzuständen (statisch/einfach und dynamisch/komplex) plausibel verbunden. Später wurde es dann als Präzisierung und methodische Weiterentwicklung des situativen Ansatzes verstanden, die Situation, die Struktur, das Verhalten und die Effizienz jeweils über Kataloge voneinander unabhängiger, messbarer Variablen zu operationalisieren und Zusammenhänge zwischen diesen Variablen exakt zu quantifizieren. Diese Vorgehensweise hat eine große Menge an Zahlen geliefert, aber insgesamt wenig pragmatisch verwertbare Ergebnisse gebracht. In jüngerer Zeit wurde das typologische Vorgehen daher wiederbelebt, vor allem von *Mintzberg* (vgl. [Structuring]). Er bildete empirisch-induktiv zunächst fünf, später sieben **Typen von Organisationsstrukturen.** Diese wurden charakterisiert über (vgl. S. 272 ff.):

- Die Ausprägung ihrer wichtigsten Elemente (strategische Spitze, mittlere Linie, operativer Kern, Technostruktur, Hilfsstäbe),
- das vorherrschende Koordinationsinstrument (direkte Überwachung, Arbeitsstandardisierung, Standardisierung der Fähigkeiten, Standardisierung der Ergebnisse, Standardisierung von Normen),
- die Strukturdimensionen (Arbeitsspezialisierung, Verhaltensformalisierung, Indoktrination und Dezentralisation).

Diese Typen sind wiederum in bestimmten Kontexten Erfolg versprechend. Zum Kontext gehören Alter, Größe, technisches System, die nähere und weitere Umwelt und die Machtverteilung.

Als Hilfestellung für den Praktiker können die typologischen Aussagen *Mintzbergs* in der Weise verstanden werden, dass zum einen überprüft werden kann, ob ein Unternehmen in sich so konsistent organisiert ist, dass es einem der Typen zugeordnet werden kann, zum anderen, ob dieser Typ zum Kontext des Unternehmens passt. Präzise und durch quantitative Methoden bewiesen sind diese Zuordnungen allerdings nicht, dafür aber plausibel und daher heuristisch verwertbar (vgl. auch S. 274 ff.).

(2) Strategisches Management

Zentral für den situativen Ansatz ist die Vorstellung, dass zwischen Situation und Struktur ein „Fit" hergestellt werden muss. Organisationsmaßnahmen sind dann erfolgreich, wenn sie zum Kontext passen. Derselbe **Fitgedanke** ist ebenfalls typisch für das strategische Management (vgl. *Bea/Haas* [Management] 15 ff.). Über den situativen Ansatz kann die Organisationslehre stringent in das Denkgebäude des strategischen Managements eingeführt werden. Die Thesen, dass die Struktur von der Strategie und von der Umwelt beeinflusst wird, lassen sich etwa mit Erkenntnissen aus der strategischen Planung in einem ersten Schritt zum Umwelt-Strategie-Struktur-Zusammenhang verbinden. Die Wettbewerbsumwelt bestimmt zunächst die Strategie, an diese muss dann die Struktur angepasst werden. Dass für den Erfolg der Unternehmung die Struktur aber nicht alleine ausschlaggebend ist, sondern Sachverhalte wie die Zielorientierung der Mitarbeiter, das Führungsverhalten und die Anreizsysteme ebenfalls eine Rolle spielen, wird bereits im Ansatz von *Lawrence* und *Lorsch* thematisiert. Im strategischen Management wird daraus die Idee des umfassenden Fit zwischen den internen Subsystemen des Unternehmens und zwischen Umwelt und Unternehmung (vgl. *Bea/Haas* [Management] 18). Eine intensive Abstimmung ist bspw. zwischen der Gestaltung der Anreizsysteme im Rahmen des Personalmanagements, der Kultur, der Strategie und der Gestaltung der Struktur notwendig. Dabei muss davon ausgegangen werden, dass die Zusammenhänge zwischen allen Subsystemen nicht einseitig, sondern interdependent sind. Mit der Strategie wird bspw. auch eine Umwelt gewählt, und eine bestehende Struktur bildet den Rahmen für die Strategiefindung.

Ein solches komplexes Wirkungsgefüge ist sicherlich realitätsnäher, aber auch forschungstechnisch noch schwerer in den Griff zu bekommen, als der ursprüngliche situative Ansatz. Wenn schon schlichte bivariate Zusammenhänge nicht eindeutig zu beweisen waren, so könnte man fragen, was bringt dann eine derartige Weiterentwicklung für die Praxis? Sie liefert zumindest **Hinweise** auf folgende Zusammenhänge:

- Es gibt Strukturwahlmöglichkeiten. Sie sind zwar begrenzt, aber der Sachzwang des „one best way" existiert nicht.
- Bei der Strukturwahl ist eine ganze Reihe von situativen Faktoren zu beachten; die Struktur sollte sowohl zum internen als auch zum externen Umfeld passen.
- Für diese Anpassung gibt es keine eindeutigen Gesetze, sodass immer auch ein Spielraum für unternehmensspezifische Entscheidungen bleibt (ähnlich auch *Kieser/Kubicek* [Organisation] 428; *Schreyögg* [Umwelt] 335 f.).

7 Der entscheidungstheoretische Ansatz

Vertreter	Quellen	Metapher
Entscheidungslogischer Ansatz:		
J. Marschak *H. Hax* *H. Laux* und *F. Liermann*	*J. Marschak*: Elements for a Theory of Teams, 1955; *H. Hax*: Die Koordination von Entscheidungen, 1965; *H. Laux* und *F. Liermann*: Grundlagen der Organisation, 4. A. 1997	Die Organisation wird verglichen mit einem Gehirn, einem politischen System, einem Mülleimer und einem Tempel.
Entscheidungsprozessorientierter Ansatz:		
H. A. Simon (1916–2001) *R. M. Cyert* (geb. 1921) und *J. G. March* (geb. 1928)	*H. A. Simon*: Administrative Behavior, 1945; *R. M. Cyert* und *J. G. March*: A Behavioral Theory of the Firm, 1963; *J. G. March* (Hrsg.): Entscheidung und Organisation, 1990	

Organisationsbegriff		
institutionell	**instrumentell**	**tätigkeitsorientiert**
Die Organisation „Unternehmung" ist eine Koalition von Individuen mit je eigenen Interessen.	Die Organisation, die eine Unternehmung hat, soll die Objektentscheidungen der Organisationsmitglieder zielorientiert steuern.	Ordnung in der Unternehmung entsteht durch eine (optimale) Entscheidung zwischen Organisationsalternativen.

Menschenbild	Bevorzugte Methoden	Aktuelle Bedeutung
Die Menschen sind selbstinteressiert, begrenzt rational und individuell verschieden.	Induktion; Modellanalyse; empirische Forschung durch Befragung, Beobachtung, Dokumentenanalyse, Experimente; Berufung auf Alltagswissen(Phänomenologie), Hermeneutik	• Problem divergierender Interessen in der Organisation • Bedeutung organisationalen Lernens

7.1 Vertreter und wichtige Quellen

In den bisher behandelten Ansätzen stand mehr oder weniger explizit die Organisationsaufgabe des Leistungsvollzugs im Vordergrund. Das Sachziel der Unternehmung verlangt, dass verschiedene Organisationsmitglieder unterschiedliche Tätigkeiten verrichten, die miteinander zu koordinieren sind. Entscheidungen werden dabei insoweit zum Thema, als zu überlegen ist, wer die der Ausführung vorangehenden Entscheidungen treffen soll. In der Regel wird dabei postuliert, dass bestimmte Organisationsmitglieder dafür zuständig und dann als Instanzen gegenüber den ausführenden Stellen leitungsberechtigt sind. Es interessiert das Leitungssystem, nicht der Prozess der Entscheidung an sich.

Im entscheidungstheoretischen Ansatz werden dagegen die **Entscheidungsprozesse** zum zentralen Ansatzpunkt der Organisationsanalyse. Organisationen sind Systeme, in denen laufend Entscheidungen zu treffen sind. Im Anschluss an die Zweiteilung der Entscheidungstheorie in einen normativen und einen deskriptiven Zweig können ebenfalls **zwei unterschiedliche Strömungen im entscheidungstheoretischen Ansatz** unterschieden werden:

- Der **entscheidungslogische Ansatz** folgt eher der normativen Entscheidungstheorie und will Entscheidungsprozesse **optimieren**. Als früher Vertreter dieses Zweiges wird häufig *Marschak* mit seiner Teamtheorie genannt ([Theory]). Im deutschsprachigen Raum sind *Hax* ([Entscheidungen]) und *Laux/Liermann* ([Grundlagen]) zu nennen.
- Der **entscheidungsprozessorientierte Ansatz** orientiert sich eher an der deskriptiven Entscheidungstheorie und will die tatsächlich im Unternehmen ablaufenden Entscheidungsprozesse **beschreiben**. Als wichtigste Vertreter dieses Zweiges sind zu nennen: der Nobelpreisträger *Simon* mit seinem Konzept der „bounded rationality“ ([Behavior]) und *Cyert/March* ([Theory]).

  Die zentralen Quellen für die folgenden Ausführung sind: *H. A. Simon*: Entscheidungsverhalten in Organisationen, erstmals 1945, *R. M. Cyert* und *J. G. March*: Eine verhaltenswissenschaftliche Theorie der Unternehmung, erstmals 1963, und *H. Laux* und *F. Liermann*: Grundlagen der Organisation, 4. A. 1997.

7.2 Organisationsbegriff und Metapher

Der entscheidungstheoretische Ansatz kennt drei verschiedene Organisationsbegriffe: den institutionellen, den instrumentellen und den tätigkeitsorientierten Organisationsbegriff.

(1) Im entscheidungstheoretischen Ansatz wird zunächst ein **institutioneller** Organisationsbegriff vertreten. Die moderne Unternehmung **ist** eine große, komplexe Organisation, in welcher laufend Entscheidungen getroffen werden (vgl. *Cyert/March* [Theorie] 1). Für *Cyert* und *March* ist es ein wichtiger Unterschied zu herkömmlichen Interpretationen der Unternehmung, dass die Unternehmung eine Organisation ist, in welcher verschiedene Menschen mit unterschiedlichen Zielen, Informationen und Erwartungen in komplexen Wahlakten Entscheidungen treffen (vgl. *Cyert/March* [Theorie] 11, 24). Die Organisation ist eine **Koalition von Individuen** (bspw. Manager, Arbeiter, Aktionäre, Lieferanten, Kunden, Behörden), die jeweils ihre eigenen Interessen in die Entscheidungen einbringen. Um mit *North* ([Institutionen] 5) zu sprechen, gibt es in der Organisation nicht nur Spielregeln, sondern auch Spieler.

(2) Des Weiteren geht es im entscheidungstheoretischen Ansatz aber auch darum, wie die Organisation, die ein Unternehmen **hat**, die **Entscheidungen beeinflusst.** Über die Organisationsstruktur wird Autorität zugeteilt, es werden Informationsströme gelenkt, Einstellungen und Gewohnheiten geprägt, Prämissen und Erwartungen vorgegeben, Kommunikation kanalisiert. All das wirkt sich auf das Entscheidungsverhalten in der Organisation aus. Organisation als „die komplexe Struktur der Kommunikation und Beziehungen in einer Gruppe von Menschen" (*Simon* [Entscheidungsverhalten] 21) muss gezielt gestaltet werden, damit sie „beim Entscheiden und Problemlösen von höchstem Nutzen" ist (*Simon* [Entscheidungsverhalten] 26). Diese **instrumentelle** Sichtweise dominiert im entscheidungslogischen Ansatz: „Das Problem der organisatorischen Gestaltung besteht demnach im Kern darin, die Entscheidungen von Organisationsmitgliedern zielorientiert zu steuern" (*Laux/Liermann* [Grundlagen] 2).

(3) Im **tätigkeitsorientierten** Sinn wird Organisation als **Entscheidungsprozess** verstanden. Für den entscheidungslogischen Ansatz bedeutet dies: Ein Organisator wählt aus verschiedenen Strukturalternativen zielorientiert die optimale aus. Die Güte einer Strukturalternative wird daran gemessen, wie

ihre Auswirkungen auf das Entscheidungsverhalten der Organisationsmitglieder eingeschätzt werden. In der Terminologie von *Laux/Liermann* ([Grundlagen] 13) führen optimale Organisationsentscheidungen zu guten „Objektentscheidungen“ der Organisationsmitglieder. **Objektentscheidungen** sind die alltäglichen unternehmerischen Entscheidungen wie Beschaffungsentscheidungen, Produktionsentscheidungen usw.

Dass die Entscheidungen (auch Organisationsentscheidungen) in der Realität nicht immer in dieser Weise getroffen werden, beschreibt der **entscheidungsprozessorientierte Ansatz.** Der **entscheidungslogische Ansatz** setzt den Akzent eher auf die Instrumentalisierung der Organisation und geht im Grundsatz davon aus, dass die Organisation optimiert werden kann (vgl. auch *Hax* [Optimierung]). Im entscheidungsprozessorientierten Ansatz geht es schwerpunktmäßig um die Beschreibung der in der Institution „Organisation“ tatsächlich ablaufenden Entscheidungsprozesse (vgl. *Cyert/March* [Theorie] 2).

Der entscheidungstheoretische Ansatz betrachtet die Organisation wie ein **Gehirn** (vgl. *Morgan* [Images] 81 ff.), welches Informationen verarbeitet und Entscheidungen produziert, etwas im Gedächtnis behält und lernen kann (vgl. *Cyert/March* [Theorie] 23, 37, 231). Die Organisation filtert Informationen, interpretiert, zerlegt und bündelt sie und entwickelt Verarbeitungsroutinen, um auch mit einer komplexen und unsicheren Umwelt fertig zu werden. Spezialisierung, Hierarchie, Programm, Pläne, Teambildung, all das ist darauf ausgerichtet, Entscheidungsprozesse zu ermöglichen und zu steuern.

Vom entscheidungstheoretischen Ansatz her lässt sich die Organisation aber auch als **politisches System** begreifen (vgl. *Morgan* [Images] 141 ff.). Wie *Cyert/March* ([Theorie] 30) betonen, stoßen in jeder Organisation konfliktäre Interessen aufeinander, welche in Verhandlungen zur Geltung gebracht werden. Nach dieser Sichtweise sind die organisatorischen Maßnahmen vor allem geeignet, Interessensphären gegeneinander abzugrenzen, das Konfliktpotential zu senken, Zugang zu wichtigen Informationen zu eröffnen oder zu verwehren und für die einzelnen Organisationsmitglieder gute oder schlechte Verhandlungspositionen zu schaffen (Machtverteilung).

Die Entscheidungen in der Organisation sind nur schwer durch Organisation gezielt zu optimieren, da die Unternehmung als Gehirn nur begrenzt rational und als politisches System den Interessenkonflikten der Beteiligten ausgesetzt ist. Während der entscheidungslogische Ansatz trotzdem an dem Ideal einer

Optimierung festhält, radikalisiert ein Zweig des entscheidungsprozessorientierten Ansatzes die entgegengesetzte Sichtweise und betrachtet die Organisation als **„Mülleimer"**. In diesem Mülleimer treffen Probleme, Lösungen, Entscheidungsträger und Entscheidungsgelegenheiten zufällig aufeinander und werden nahezu beliebig miteinander verknüpft. Ob ein Problem überhaupt gelöst wird und welche Lösung gewählt wird, hängt weit mehr von Zufälligkeiten ab als von einem rationalen Kalkül (vgl. *Cyert/March* [Theorie] 232).

In einem Epilog, den *Cyert* und *March* der Neuauflage ihres Werkes „A Behavioral Theory of the Firm" hinzufügen (vgl. [Theorie] 206 ff.), vergleichen sie die Organisation schließlich auch noch mit einem **„Tempel"**, in welchem geheiligte Rituale ablaufen. Der Entscheidungsprozess ist ein solches Ritual, bei dem es vor allem darauf ankommt, nach außen zu symbolisieren, wie wichtig die Beteiligten sind, wie viel Einfluss sie haben und wie rational und zielorientiert sie agieren. Der rationale Entscheidungsprozess ist ein Artefakt, ein Kunstgebilde, mit dessen Hilfe den „Mülleimer-Entscheidungen" Sinn beigelegt wird (vgl. *Cyert/March* [Theorie] 234 ff.).

7.3 Zentrale Aussagen

7.3.1 Entscheidungslogischer Ansatz

Die wichtigsten Aussagen des entscheidungslogischen Ansatzes können anhand von Abb. 5-5 erläutert werden.

Die Organisationsmitglieder entscheiden, d.h. sie wählen Handlungsalternativen zielorientiert aus. Es wird hervorgehoben, dass **alle** Personen in einer Organisation Entscheidungen treffen und nicht nur die Instanzen. Die meisten Entscheidungen sind sog. **„Objektentscheidungen"**, wie Entscheidungen über Preise, Mengen, Investitionen, Maschinenbelegung usw. Von diesen Objektentscheidungen werden „Organisationsentscheidungen" unterschieden, welche ausschließlich von Instanzen getroffen werden. Bei den **Organisationsentscheidungen** geht es um die Wahl von Managementmaßnahmen mit dem Ziel, die Objektentscheidungen der nachgeordneten Mitarbeiter zu beeinflussen. Damit ist der Grundzusammenhang bereits dargestellt: Organisatoren (Instanzen) müssen die richtigen organisatorischen Maßnahmen der Verhaltensbeeinflussung wählen (d.h. gute Organisationsentscheidungen treffen), damit die Organisationsmitglieder gute Objektentscheidungen treffen.

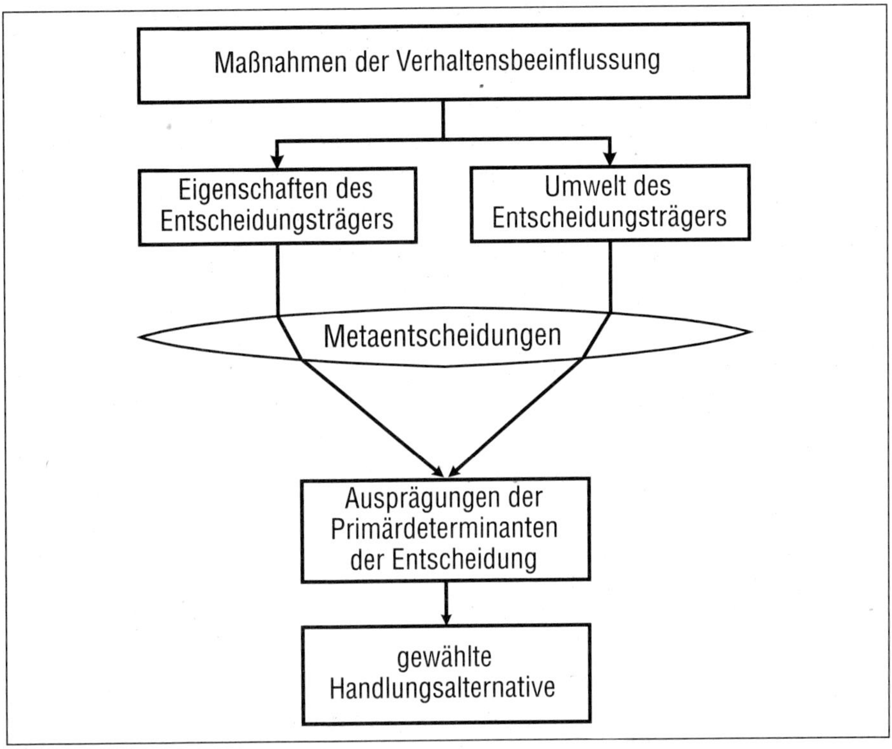

Abb. 5-5: Das entscheidungslogische Grundmodell
(Quelle: *Laux/Liermann* [Grundlagen] 75)

Dieser Grundzusammenhang wird nun genau betrachtet. Zunächst ist zu klären, wovon es abhängt, welche Objektentscheidungen die Organisationsmitglieder treffen, also welche Handlungsalternativen sie wählen. Einen direkten Einfluss auf die gewählte Alternative haben die Ausprägungen der Primärdeterminanten der Entscheidung. Zu diesen **Primärdeterminanten** zählen:

- das Entscheidungsmodell (EM),
- die Menge der erwogenen Handlungsalternativen (A),
- die möglichen Ergebnisse (E),
- die Informationsstruktur des Entscheiders (IS),
- die Prognosefunktion des Entscheiders (PF) und
- die Zielfunktion des Entscheiders (ZF).

Den Zusammenhang der Primärdeterminanten gibt Abb. 5-6 wieder.

Entscheidungen werden eindeutig als **rationale Wahlakte** modelliert, so wie es auch in der normativen Entscheidungstheorie üblich ist. Eine „gute" Entscheidung ist zu erwarten, wenn der Entscheider ein angemessenes Entscheidungsmodell wählt, wenn er auf Basis seiner Informationsstruktur und seiner Prognosefunktion treffende Wahrscheinlichkeitsurteile über zukünftige Umweltentwicklungen abgeben kann, wenn er viele Alternativen in seine Auswahl einbezieht und wenn er bei seiner Entscheidung die Zielfunktion der Unternehmung zugrundelegt.

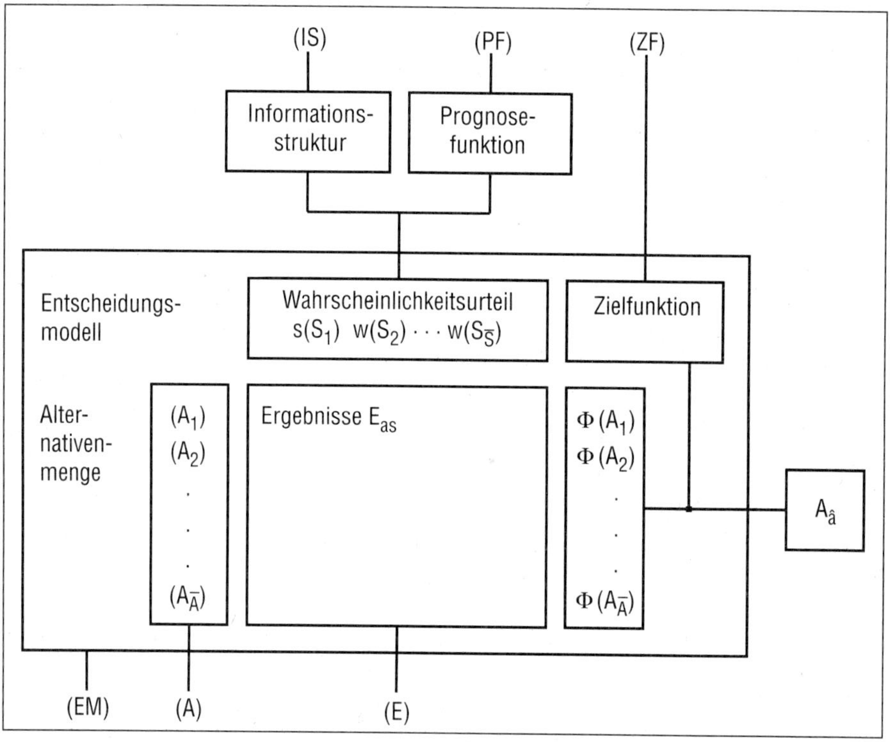

Abb. 5-6: Die Primärdeterminanten der Entscheidung
(Quelle: *Laux/Liermann* [Grundlagen] 67)

Wie die Primärdeterminanten der Entscheidung aussehen, hängt wiederum von den **Sekundärdeterminanten** der Entscheidung ab. Zu den Sekundärdeterminanten gehören die Eigenschaften und die Umwelt des Entscheidungsträgers.

(1) Die **Eigenschaften des Entscheidungsträgers** äußern sich in seiner Motivation, seiner Qualifikation (Wissen und Können) und seiner Grundeinstel-

lung zur Zukunft. Von der Motivation hängt bspw. ab, ob der Entscheider die Zielfunktion der Unternehmung verfolgt, ob er viele Alternativen untersucht, ob er sorgfältige Prognosen erstellt. Vom Wissen und Können hängt ab, ob er auch komplexere Entscheidungsmodelle anwenden kann, ob er die benötigten Informationen besitzt oder zu beschaffen weiß, ob er Prognosetechniken beherrscht. Die Grundeinstellung zur Zukunft hat Einfluss darauf, wie die Unsicherheit der Zukunft in das Entscheidungsmodell eingeht.

(2) Auch die **Umwelt des Entscheidungsträgers** hat Einfluss auf die Primärdeterminanten des Entscheiders. Welche Alternativen überhaupt in Erwägung gezogen werden, wird bspw. vom Handlungsspielraum des Entscheidungsträgers bestimmt. Art und Umfang der Informationen hängen von den Zugriffsmöglichkeiten auf Informationstechniken und von der allgemeinen Kommunikationskultur im Unternehmen ab.

Die organisatorischen **Maßnahmen der Verhaltensbeeinflussung** zielen unmittelbar auf die Sekundärdeterminanten der Entscheidung, dadurch indirekt auf die Primärdeterminanten der Entscheidung und letztlich auf die gewählte Handlungsalternative ab. Im Grunde müsste Abb. 5-5 nach unten noch weiter fortgesetzt werden, denn ob die gewählte Handlungsalternative „gut" ist, hängt wiederum von ihrem Einfluss auf das Unternehmensziel ab. Das Unternehmensziel kann als Sachziel formuliert werden, etwa als „Herstellung einer bestimmten Menge von Produkten". Das Sachziel ist aber auch nicht das erste oder oberste Ziel der Unternehmung, sondern dient wiederum der Erreichung des Formalziels: „Wir gehen im Folgenden davon aus, das Ziel organisatorischer Gestaltungsüberlegungen bestehe letztlich darin, den Barwert der erwarteten Erfolge (den Wert) der Unternehmung zu maximieren" (*Laux/Liermann* [Grundlagen] 15).

Nachdem der Grundzusammenhang des Modells geklärt wurde, stellen sich aus dem Blickwinkel der Organisationstheorie zwei entscheidende **Fragen**:

(1) Welche Maßnahmen der Verhaltensbeeinflussung stehen dem Organisator zur Verfügung?

(2) Wie wirken sich diese Maßnahmen über die Qualität der Objektentscheidungen auf das Unternehmensziel aus?

(1) Maßnahmen der Verhaltensbeeinflussung

Der Katalog organisatorischer Maßnahmen wird bei *Laux/Liermann* sehr weit gefasst. Zu den organisatorischen Gestaltungsmaßnahmen zählen sie sämtliche Aktivitäten einer Instanz, die dazu dienen sollen, die Entscheidungen der nachgeordneten Mitarbeiter zu steuern. Im Grunde beschäftigen sie sich also nicht nur mit Organisation, sondern mit dem Gesamtbereich der Führung. Entsprechend umfangreich ist der Katalog der **Steuerungsmaßnahmen:**

- Eröffnung bzw. Begrenzung von Verfügungsmöglichkeiten über Ressourcen,
- Vorgabe von Verhaltensnormen,
- Verbesserung der Information,
- Verbesserung der Fähigkeiten der Entscheidungsträger über Aus- und Weiterbildung,
- Verbesserung der Motivation der Entscheidungsträger über Führungsstil und Anreizsysteme.

Der übliche Kanon organisatorischer Maßnahmen (z.B. Aufgabenverteilung, Entscheidungsdelegation) wird bei *Laux/Liermann* als „Vorgabe von Verhaltensnormen" verstanden. Explizite Verhaltensnormen schreiben dem Organisationsmitglied detailliert und präzise vor, wie es sich zu verhalten hat. Implizite Verhaltensnormen lassen dem Organisationsmitglied bei Vorgabe eines Ziels Handlungsspielraum bei der Wahl der Aktionen.

(2) Auswirkungen auf das Unternehmensziel

Ideal wäre eine exakte Zurechnung von Gewinnerwartungswerten zu einzelnen organisatorischen Maßnahmen. Dieses Ideal wird am **„Delegationswertkonzept"** näher erläutert (*Laux/Liermann* [Grundlagen] 218 ff.). Folgende Situation wird betrachtet: Eine Instanz überlegt, ob sie eine Entscheidung selbst treffen oder an eine oder mehrere nachgeordnete Organisationsmitglieder delegieren soll. Um diese Organisationsentscheidung optimal treffen zu können, müsste die Instanz kennen:

- Den Gewinnerwartungswert bei eigener Entscheidung,
- den Gewinnerwartungswert bei Delegation,
- die Kosten der Delegation (z.B. Erfolgsprämien für die Organisationsmitglieder, um sie zu motivieren).

Dass ein solches Optimierungsmodell in der Realität „unüberschaubare Probleme“ verursacht und aufgrund seiner Komplexität unlösbar ist, wird von *Laux/ Liermann* zugestanden ([Grundlagen] 234 ff.). Das Bewertungsproblem wird daher auch radikal vereinfacht und auf zwei Kriterien reduziert: Anforderungskompatibilität und Anreizkompatibilität. Schlicht formuliert müssen alle organisatorischen Maßnahmen danach beurteilt werden, ob die Organisationsmitglieder die übertragenen Aufgaben lösen können (Anforderungskompatibilität) und lösen wollen (Anreizkompatibiliät). Die Vorteilhaftigkeit einer Abteilungsbildung ergibt sich etwa daraus, dass innerhalb einer Abteilung die Aufgaben weniger heterogen sind, dass Kommunikation und Koordination besser funktionieren, dass der Arbeitsbereich überschaubar ist und Erfolge eindeutiger zugerechnet werden können. All das spricht dafür, dass eine Bündelung von Aufgaben in Abteilungen die Anforderungs- und die Anreizkompatibilität der Struktur erhöht.

Im entscheidungslogischen Ansatz wird der vielstufige, komplexe Ziel-Mittel-Zusammenhang zwischen den organisatorischen Maßnahmen und ihren Auswirkungen auf das Formalziel der Unternehmungen sehr systematisch dargestellt. Es werden z.B. folgende Hypothesen aufgestellt: Abwechslungsreiche Tätigkeitsfelder beeinflussen die Motivation des Organisationsmitgliedes positiv, wodurch es gewillt ist, bessere Entscheidungen i.S. der Unternehmung zu treffen. Die guten Entscheidungen fördern über eine gute Sachzielerreichung letztlich auch den Unternehmenswert. Die Systematik der Darstellung lässt aber zugleich auch deutlich werden, wie außerordentlich schwierig sich eine exakte Zurechnung von monetären Wirkungen auf einzelne organisatorische Maßnahmen gestaltet. In der Realität haben die Organisationsentscheidungen mit einem optimierenden Kalkül nur sehr wenig Ähnlichkeit. Stattdessen werden auf der Basis einer stark vereinfachenden Abwägung von Vor- und Nachteilen einzelner Alternativen vorläufige Lösungen gewählt, die sich bewähren müssen (vgl. *Laux/Liermann* [Grundlagen] 586 f.).

7.3.2 Entscheidungsprozessorientierter Ansatz

Der entscheidungsprozessorientierte Ansatz wird im Folgenden im Vergleich mit dem entscheidungslogischen Ansatz charakterisiert. Wichtige **Basisannahmen** sind in beiden Ansätzen durchaus vergleichbar:

- Es besteht für alle Organisationsmitglieder ein Handlungs- und Entscheidungsspielraum.

- Wie dieser Spielraum ausgefüllt wird, hängt von den Eigenschaften der Organisationsmitglieder ab (Einstellungen, Überzeugungen, Wissen, Können, ...).
- Die Organisation beeinflusst das Entscheidungsverhalten (und sollte es zielgerichtet kanalisieren).
- Erwünscht sind „richtige" (effiziente, wirksame) Entscheidungen.

Zentrale Unterschiede zwischen den Ansätzen ergeben sich bei der Beschreibung der Entscheidungsprozesse in Organisationen. Der entscheidungsprozessorientierte Ansatz will die tatsächliche Entscheidungsfindung untersuchen, wie sie wirklich in der Unternehmung abläuft. Die realen Entscheidungsprozesse erweisen sich nämlich als weit weniger rational, als es das normative Modell des entscheidungslogischen Ansatzes postuliert. Im Einzelnen ergeben sich folgende **Unterschiede** zum normativen Modell:

- **Zielbildung:** Es gibt nicht **das** Organisationsziel. Stattdessen gibt es unterschiedliche persönliche Ziele der Koalitionsteilnehmer, die in einem Verhandlungsprozess mit unterschiedlichem Geschick und unterschiedlicher Macht zur Geltung gebracht werden. Das Ergebnis ist kein logisch durchgestuftes Zielsystem, sondern eine Menge unterschiedlicher, auch konfligierender Ziele, die neben- und nacheinander verfolgt werden. Unternehmensziele werden oft bewusst vage formuliert, um solche Zielkonflikte zu verdecken.
- **Problemanalyse:** Das Entscheidungsproblem ist nicht einfach „da", sondern muss wahrgenommen werden. Es kann zwischen den Organisationsmitgliedern durchaus umstritten sein, ob überhaupt ein Problem vorliegt, wie das Problem beschaffen und wie es zu lösen ist.
- **Alternativensuche:** Der Alternativenraum wird nicht vollständig durchsucht. Es werden i.d.R. nur sehr wenige und keine radikal neuen Alternativen erwogen.
- **Ergebnisermittlung:** Man interessiert sich eher für die Folgen, die kurzfristig und im eigenen Handlungsbereich zu erwarten sind, wogegen langfristige und räumlich weit reichende Folgen ausgeblendet werden. Die Ergebnisse werden aufgrund stark vereinfachter Ursache-Wirkungs-Hypothesen prognostiziert.
- **Ungewissheit:** Die Ungewissheit der Zukunft wird häufig gar nicht in das Entscheidungsmodell einbezogen. Der Entscheidungsträger unterstellt einfach eine Entscheidungssituation bei Sicherheit.

- **Entscheidung:** Man sucht nicht nach der optimalen Alternative. Sobald eine Alternative als zufrieden stellend angesehen wird, wird die Entscheidung getroffen. Ist eine zufrieden stellende Alternative nicht so leicht zu finden, wird einfach das Anspruchsniveau gesenkt.
- **Gewohnheiten/Routinen:** Ein großer Teil des Verhaltens beruht gar nicht auf bewussten Entscheidungen, sondern auf Routinen und Gewohnheiten. Wirkliche Entscheidungen sind eher selten.

Viele Entscheidungen sind in der Folge nur **begrenzt rational:**

- Entscheidungen sind subjektiv rational, aber objektiv falsch (**Irrtum**).

  Beispiel: Man glaubt, verstärkte Spezialisierung würde die Effizienz erhöhen; tatsächlich wird sie gesenkt, weil man das Schnittstellenproblem nicht bedacht hat.
- Entscheidungen sind persönlich rational, aber organisational falsch (**Eigennutz**).

  Beispiel: Der Leiter der Vertriebsabteilung spart Kosten durch schlecht ausgebildetes Personal und billige Speditionen. Er erhält dafür eine Kostensparprämie. In der Folge häufen sich Kommissionierungsfehler und Lieferterminüberschreitungen. Die Kunden sind unzufrieden und der Gewinn sinkt.
- Entscheidungen sind lokal rational, aber in größerem Zusammenhang falsch (**Identifikation mit Teilbereichen**).

  Beispiel: Der Leiter einer Sparte beantragt Mittel zur Modernisierung der Maschinen und verbessert damit das Ergebnis seiner Sparte. Diese Mittel hätten aber in der Forschung und Entwicklung zu höheren Gewinnzuwächsen geführt.
- Entscheidungen sind kurzfristig rational, aber langfristig falsch (**begrenzte Voraussicht**).

  Beispiel: Bestimmte Leistungen werden aus dem Unternehmen ausgelagert und von externen Lieferanten bezogen (Outsourcing). Dies führt kurzfristig zu Kosteneinsparungen aber langfristig zu großer Lieferantenmacht und einem Verlust von Kompetenzen.

Wie rational die Entscheidungen ausfallen, hängt auch von der Organisation ab. Ähnlich wie beim entscheidungslogischen Ansatz ist der **Katalog organisatorischer Maßnahmen** beim entscheidungsprozessorientierten Ansatz breit gefächert: Arbeitsteilung, Standardisierung von Verfahren, die Schaffung eines Autoritäts- und Beeinflussungssystems, der Aufbau von Informations- und Kommunikationskanälen, Schulung von Wissen und Fähigkeiten von Organisationsmitgliedern und Maßnahmen zur Verbesserung der Loyalität und Identifikation mit dem Unternehmen gehören dazu (vgl. *Simon* [Entscheidungsverhalten] 134 f.).

Die Auswahl der organisatorischen Maßnahmen sollte zweckmäßig und zielorientiert erfolgen. Solche Organisationsentscheidungen werden aber genauso begrenzt rational getroffen wie die Objektentscheidungen. Die Ziele der Gestaltung sind unklar und widersprüchlich, Alternativen werden nicht wahrgenommen, die Folgen lassen sich nur sehr schwer abschätzen, Informationen werden subjektiv interpretiert, persönliche Interessen (z.B. Machtzuwachs) spielen eine wichtige Rolle. Bestenfalls kann man auf der Basis der Abwägung von Vor- und Nachteilen bestimmter organisatorischer Gestaltungen vermuten, welche Maßnahmen das Verhalten in der gewünschten Art und Weise kanalisieren. Eine Verbesserung der Organisationsstruktur erfolgt über Lernprozesse.

Auch die begrenzt rationale Entscheidung, wie sie von *Simon* beschrieben wird, folgt noch der entscheidungslogischen Vorstellung, dass bewusst zwischen Alternativen gewählt wird. Von *Cyert/March* wird diese Entscheidungslogik neuerdings radikal in Frage gestellt. Organisatorische Regeln und Normen bilden sich nach ihnen eher durch die unbewusste Befolgung von beruflichen Standards, kulturellen Normen und gewachsenen Traditionen als durch bewusste Entscheidungsakte (vgl. [Theorie] 226 ff.).

7.4 Menschenbild

Das Menschenbild des entscheidungstheoretischen Ansatzes ist von folgenden **Grundannahmen** geprägt:

- Die Menschen haben **persönliche Interessen**. Sie verfolgen in der Organisation auch eigene Ziele und verhalten sich dabei u.U. auch unmoralisch.
- Die Menschen sind **begrenzt rational**. Sie können nur begrenzt Informationen aufnehmen, speichern, verarbeiten und übermitteln. Sie sind jedoch lernfähig.
- Die Menschen sind **individuell verschieden** in ihrer Begabung, ihrem Wissen, Können und ihrer Motivation (vgl. *Laux/Liermann* [Grundlagen] 24 f.; *Simon* [Entscheidungsverhalten] 115 ff.; *Cyert/March* [Theorie] 29 ff.).

Während diese Grundannahmen von allen entscheidungstheoretischen Ansätzen geteilt werden, gibt es Unterschiede im Detail:

Im **entscheidungslogischen Ansatz** wird vorausgesetzt, dass die Menschen sich grundsätzlich nutzenmaximierend verhalten. Es wird zwar offen gelassen, wie dieser Nutzen für den Einzelnen aussieht; im Menschenbild von *Laux/Liermann* dominiert aber die Vorstellung, dass

- die Menschen im Allgemeinen sich vor der Arbeit drücken wollen;
- die Menschen im Allgemeinen ihr persönliches Einkommen maximieren wollen;
- die Menschen im Allgemeinen risikoscheu sind (vgl. *Laux/Liermann* [Grundlagen] 116).

Die Vorstellung der Nutzenmaximierung passt eigentlich nicht konsistent zur Vorstellung der begrenzten Rationalität. Wenn der Einzelne seinen persönlichen Nutzen maximieren will, muss er bspw. ein genaues Kalkül aufstellen, in welchem er sein „Arbeitsleid" gegen den verminderten Gewinnerwartungswert bei geringerem Arbeitseinsatz aufrechnet, wobei er auch noch die Reaktion der anderen Organisationsmitglieder zu berücksichtigen hat (vgl. *Laux/Liermann* [Grundlagen] 114). Dies erfordert umfassendes Wissen und ein Höchstmaß an kognitiven Fähigkeiten. Der Mensch im entscheidungslogischen Ansatz ähnelt letztlich sehr dem **homo oeconomicus**.

Der **entscheidungsprozessorientierte Ansatz** nimmt die Grenzen der Rationalität ernster (bounded rationality). Die Menschen verfolgen zwar persönliche Interessen, sind aber keine Maximierer, sondern Satisfizierer, geben sich also mit Lösungen zufrieden, die „gut genug" sind (vgl. *Simon* [Entscheidungsverhalten] 31). Oft haben sie gar keine konsistente und stabile Präferenzordnung, sondern verfolgen unterschiedliche Ziele gleichzeitig oder nacheinander. Um sich zu entlasten, handeln sie vielfach gewohnheitsmäßig, ohne explizite Zielorientierung.

Es wird sogar bezweifelt, ob menschliches Verhalten überhaupt sinnvoll als eine Reihe von „Wahlakten" gesehen werden kann. Aus der Sicht der Entscheidungstheorie verhalten sich Menschen häufig nämlich geradezu irrational: Sie ignorieren entscheidungsrelevante Informationen, sie entscheiden sich für Alternativen, die sie dann gar nicht wollen, sie nehmen am Entscheidungsprozess teil, obwohl sie das Entscheidungsergebnis überhaupt nicht interessiert. Von *Cyert/March* (vgl. [Theorie] 234 f.) wird dieses Verhalten so gedeutet, dass es nicht um die Entscheidungen geht, sondern um die damit verbundenen Rituale, Mythen und Symbole. Die Beteiligten suchen einen Rahmen, um ihre Wichtigkeit, ihre Position und ihre Kompetenz zu zeigen. Die Ergebnisse sind weniger wichtig als der Prozess selbst: „Das unverwechselbar Menschliche ist nicht Wahlverhalten, sondern Interpretation" (*March* [Entscheidungsprozesse] 16).

Das Menschenbild des entscheidungstheoretischen Ansatzes ist also in Bezug auf die Grenzen der Rationalität uneinheitlich. Im entscheidungslogischen Ansatz ähnelt der Mensch dem vollkommen rationalen homo oeconomicus. Bei *Simon* beabsichtigt der Mensch rational zu entscheiden, er verfügt aber über zu wenig Informationen (vgl. [Entscheidungsverhalten] 29 f.). Für *March* ist fraglich, ob Menschen überhaupt versuchen, rational zu wählen. Er betont, dass sehr viele Handlungen intuitiv, gewohnheitsmäßig, nach einfachen Faustregeln und ritualisiert ablaufen (vgl. z.B. [Torheit]).

7.5 Methoden

Die beiden Teilansätze des entscheidungstheoretischen Ansatzes unterscheiden sich deutlich in ihrer Zielsetzung und Methodik. Der entscheidungslogische Ansatz ist primär gestaltend-normativ ausgerichtet. Es geht also darum, Vorschläge zu entwickeln, wie in und über Organisationen entschieden werden soll. Wie in der Realität tatsächlich entschieden wird, bleibt weitgehend offen (vgl. *Laux/Liermann* [Grundlagen] 26).

Als Vertreter des entscheidungsprozessorientierten Ansatzes formulieren dagegen *Cyert/March* ([Theorie] 2) programmatisch: „Wir legen besonderen Wert auf die Untersuchung konkreter Entscheidungsprozesse." Das tatsächliche Entscheidungsverhalten soll so genau wie möglich reproduziert werden. Die pragmatische Verwendbarkeit der Ergebnisse beurteilen die Forscher sehr skeptisch.

Die unterschiedlichen Zielsetzungen beider Ansätze haben Konsequenzen für die Methode der Untersuchung:

Im **entscheidungslogischen Ansatz** kommt vor allem die **Modellanalyse** zur Anwendung. Ein prägnantes Beispiel stellt das Delegationswertkonzept dar (vgl. *Laux/Liermann* [Grundlagen] 218 ff.). Es wird zunächst eine bestimmte Situation modelliert, indem verschiedene Prämissen gesetzt werden (z.B. die Instanz verfolgt das Ziel der Gewinnmaximierung, sie kennt den Gewinnerwartungswert bei eigener Entscheidung, sie kann den Gewinnerwartungswert bei Delegation der Entscheidung abschätzen, sie kennt die Delegationskosten usw.).

Sind diese Bedingungen erfüllt, kann daraus logisch abgeleitet werden, ob es aus Sicht der Unternehmung vorteilhaft ist, eine Entscheidung an andere Organisationsmitglieder zu delegieren oder nicht. Optimale Organisationsentscheidungen können „errechnet" werden. Da Organisationsentscheidungen in der Realität weitaus komplexer sind, als in diesem Modell unterstellt wird, sind die Modellanalysen allerdings für die Praxis nicht verwertbar. Aus dieser Erkenntnis entwickeln *Laux/Liermann* ein stark vereinfachtes Strukturierungskalkül. Zur Bewertung der Strukturalternativen werden die „Hilfskriterien" der Anforderungskompatibilität und der Anreizkompatibiliät herangezogen. Jede Alternative ist danach zu beurteilen, wie sie diese Kriterien erfüllt. Die Prognose der alternativen Wirkungen ist allerdings nur eine globale Tendenzaussage, die weit entfernt von einer exakten Zurechnung von Erfolgsströmen ist (vgl. *Laux/Liermann* [Grundlagen] 239 ff.).

Im **entscheidungsprozessorientierten Ansatz** von *Cyert/March* steht die **empirische Forschung** im Vordergrund. Aus detaillierten Fallstudien bestimmter Entscheidungsprozesse in bestimmten Unternehmen (Entscheidungen über Preise und Produktionsmengen) sollen induktiv verallgemeinernde Schlussfolgerungen gezogen werden. Man sucht nach Antworten auf Fragen der Art: Wie entstehen Ziele in Organisationen und wie verändern sie sich? Wie und wann sucht und verarbeitet eine Organisation Informationen? Wie werden in einer Organisation Alternativen ausgewählt und bewertet? Wie bilden sich in der Organisation Erwartungen aus? Wie gehen Organisationen mit der Ungewissheit um? Als Forschungsmethoden kommen Interviews, Beobachtung und Dokumentenanalyse zum Einsatz. Zum Problem der Informationsverarbeitung in Organisationen wurden zudem auch Experimente mit Studenten durchgeführt (vgl. *Cyert/March* [Theorie] 53 ff., 56 ff.). Aus diesen Fallstudien und Experimenten wurde bspw. gefolgert, dass bei Entscheidungen in Organisationen konfliktäre Ziele aufeinander stoßen, Informationen verzerrt werden, nur sehr wenige Alternativen zur Debatte stehen, Unsicherheit ignoriert wird, unrealistische Erwartungen gehegt und nicht optimale, sondern befriedigende Lösungen angestrebt werden. Die induktive Verallgemeinerung aus empirischen Daten wird bei *Cyert/March* ergänzt durch konzeptionelle Überlegungen und abstrakte Modelle. Deutlich wird dies bei der Entwicklung eines allgemein gültigen Ablaufmodells für organisationale Entscheidungen. Dieses Modell wird weniger aus empirischen Daten abgeleitet, als vielmehr gedanklich konstruiert und dann anhand einer Fallstudie geprüft (vgl. [Theorie] 154, 168).

Simon beruft sich bei seinen Ausführungen auf

- sein introspektives Wissen, d.h. auf das Wissen über seine eigenen Entscheidungsprozesse,
- seine Erfahrungen mit Entscheidungsprozessen in einer Universität,
- eigene Fallstudien,
- empirische Studien von anderen Forschern,
- Gedanken, Ideen und den gesunden Menschenverstand.

Sein Wissenschaftsziel ist sowohl deskriptiv als auch pragmatisch. Sein Buch ist für „Organisationsbeobachter und für Organisationsgestalter" geschrieben (*Simon* [Entscheidungsverhalten] 14). Allerdings sieht er ein gravierendes Problem für die Generierung organisationstheoretischer Aussagen in der Tatsache, dass der Organisationsforscher es mit „bewussten Menschen" zu tun hat, deren Verhalten durch Wissen, Gedächtnis und Erwartungen beeinflusst und verändert wird (vgl. [Entscheidungsverhalten] 268).

7.6 Aktuelle Bedeutung

(1) Konfliktmanagement in Organisationen

Eine zentrale Erkenntnis des entscheidungstheoretischen Ansatzes liegt in der Feststellung konfligierender Interessen in der Organisation. Die Vorstellung eines Zielkonfliktes in der Organisation ist dabei nicht neu. Schon bei *Taylor* wurde bspw. unterstellt, dass Arbeitgeber und Arbeitnehmer entgegengesetzte Interessen verfolgen. Dies ist aber der einzige potentielle Konflikt, und er ist relativ leicht zu lösen. Übereinstimmung mit den Zielen der Organisation wird durch die Zahlung von hohen Leistungsprämien an die Arbeiter erkauft (vgl. *Taylor* [Grundsätze] 8). Für *Cyert/March* ([Theorie] 29 ff.) ist zum Ersten das Ausmaß potentieller Konflikte viel größer. Interessengegensätze sind möglich u.a. zwischen Aktionären, Managern, Arbeitern, Lieferanten, Kunden und staatlichen Institutionen. Zum Zweiten sind die Konflikte durch die „klassische Methode" der Ausgleichszahlungen nicht immer lösbar. Nach *Cyert/March* ist vielmehr typisch, dass es in Organisationen dauerhaft ungelöste Konflikte gibt. Die Organisation wird zum politischen System, in welchem wechselseitig voneinander abhängige Spieler ihre jeweiligen Interessen durchsetzen wollen. Die Organisation verfügt über verschiedene Möglichkeiten des **Konfliktmanagements:**

- **Lokale Rationalität:** Verschiedene Subeinheiten der Organisation verfolgen unterschiedliche Ziele mit unterschiedlicher Intensität. Sie reduzieren das komplexe Entscheidungsproblem auf ein handhabbares Teilproblem und blenden die restlichen Probleme aus. In der Folge sind jedoch weitere Maßnahmen nötig, damit die lokal rationalen Entscheidungen auch miteinander verträglich sind. Diese Übereinstimmung wird erreicht durch:
- **Akzeptanzniveau-Entscheidungsregeln:** Jede lokale Entscheidung muss bestimmten Mindestanforderungen genügen, die sich aus anderen lokalen Entscheidungen ergeben. Damit wird kein Gesamtoptimum, aber eine akzeptable Lösung erreicht. Die Abstimmung zwischen den lokalen Entscheidungen wird erleichtert durch den
- **Organizational slack:** Darunter versteht man Ressourcenüberschüsse, die potenzielle Inkonsistenzen in den lokalen Entscheidungen absorbieren können. Eine mangelnde Abstimmung zwischen Produktion und Absatz kann bspw. durch den Aufbau von Fertigwarenlagern überdeckt werden. Eine weitere Möglichkeit der Quasi-Lösung von Zielkonflikten ist die
- **Sequentielle Beachtung von Zielen:** Das Unternehmen konzentriert sich mal auf das eine und dann auf das andere Ziel. Beispielsweise steht zu einem Zeitpunkt die Kosteneinsparung im Vordergrund, zu einem anderen Zeitpunkt die Kundenzufriedenheit.

Wie im Rahmen der Strukturgestaltung Konflikte verhindert oder zumindest begrenzt werden können, wird in einer aktuellen Veröffentlichung von *Jost* ([Konfliktmanagement]) thematisiert. Er bezieht sich dabei ausdrücklich auf den entscheidungsorientierten Ansatz der Organisationstheorie: „Durch die Gestaltung der Interaktionen sowie die Steuerung des Verhaltens der organisatorischen Einheiten zielt das Konfliktmanagement auf eine mittelbare bzw. unmittelbare Beeinflussung der Entscheidungen der organisatorischen Einheiten, um so die Erreichung des Organisationsziels zu gewährleisten.“ (*Jost* [Konfliktmanagement] 37).

(2) Organisationales Lernen

Der entscheidungsprozessorientierte Ansatz betont sehr stark die begrenzte Rationalität der Menschen. Ihre begrenzte Informationsverarbeitungskapazität verhindert, dass komplexe Entscheidungen „aus einem Guss“ optimal getroffen werden. Das Handicap des begrenzten Wissens und Könnens wird allerdings gemildert durch die Lernfähigkeit der Menschen. Sie können ihr Verhalten aufgrund von Erfahrung revidieren und anpassen und sich so im Verlaufe eines Versuchs-Irrtums-Prozesses einer guten Lösung annähern. Solche Lern- und Anpassungsprozesse können auch auf der aggregierten Ebene der Organisation beobachtet werden. „Organisationen lernen“ heißt es bei *Cyert/March* ([Theorie] 164) dezidiert. Sie konzentrieren sich auf Lernprozesse im Hinblick auf drei verschiedene **Phasen des Entscheidungsprozesses** (vgl. [Theorie] 165 ff.):

Anpassung von Zielen: Je nach der Erfahrung mit der Zielerreichung wird das Anspruchsniveau gehoben oder gesenkt.

Anpassung von Beachtungsregeln: Je nach der Erfahrung mit der Beobachtung und der Bewertung der Umwelt wird die Aufmerksamkeit im Laufe der Zeit auf andere Umweltbereiche und andere Indikatoren zu deren Beschreibung fokussiert.

Anpassung von Suchregeln: Je nach der Erfahrung mit den verwendeten Such- und Entscheidungsregeln werden diese beibehalten oder verändert.

Lernfähigkeit wird der Organisation auch von *Simon* ([Entscheidungsverhalten] 120 ff.) und *Laux/Liermann* ([Grundlagen] 587) bescheinigt.

Mit dem Thema „organisationales Lernen“ hat sich besonders *Argyris* beschäftigt (vgl. z.B. [Learning]). Sein Credo lautet: „... organizational learning is a competence that all organizations should develop“ ([Learning] 1). Schwerpunktmäßig untersucht er die Lernhindernisse und -barrieren, die das Lernen in und von Organisationen erschweren. Darauf aufbauend werden Vorschläge zur Verbesserung der organisationalen Lernfähigkeit entwickelt.

Der Managementbestseller von *Peter Senge* (The Fifth Discipline, 1993) bescherte dem Thema „organisationales Lernen“ einen Boom, der bis heute anhält. Aus der Sicht des situativen Ansatzes kann das Interesse an diesem Thema damit erklärt werden, dass in vielen Organisationen in immer rascherer Folge immer komplexere Entscheidungen getroffen werden müssen. Wie der Strukturtyp einer „lernenden Organisation“ aussehen könnte, wird später noch explizit thematisiert (vgl. S. 387 ff.).

8 Der institutionenökonomische Ansatz

Vertreter	Quellen	Metapher
Property-Rights-Ansatz:		
A. A. Alchian *H. Demsetz* *E. G. Furubotn* *S. Pejovich*	*A. A. Alchian*: Some Economics of Property, 1961 *H. Demsetz*: Towards a Theory of Property Rights, 1967	Die Organisation wird als Netzwerk von (relationalen) Verträgen verstanden.
Transaktionskosten-Ansatz:		
R. H. Coase *O. E. Williamson*	*R. H. Coase*: The Nature of the Firm, 1937 *O. E. Willamson*: Markets and Hierarchies, 1983	
Principal-Agent-Ansatz:		
S. Ross *M. C. Jensen* *W. H. Meckling*	*M. C. Jensen* und *W. H. Meckling*: Theory of the Firm, 1976 *J. W. Pratt* und *R. J. Zeckhauser* (Hrsg.): Principals and Agents, 1985	

Organisationsbegriff		
institutionell	**instrumentell**	**tätigkeitsorientiert**
Die Organisation „Unternehmung" ist • eine Verfügungsrechtsstruktur. • ein alternatives institutionelles Arrangement zum Markt. • eine Institution, in welcher Prinzipale Aufgaben an Agenten delegieren.	Die Organisation, die eine Unternehmung hat, soll • Verfügungsrechte anreizoptimal verteilen. • für die effiziente Abwicklung von (spezifischen) Transaktionen sorgen. • die Agenturkosten für die Prinzipale minimieren.	Ordnung in der Unternehmung entsteht durch • rationale Wahl der anreiz-optimalen Lösung. • (rationale) Wahl der transaktionskostenminimalen Lösung. • rationale Wahl der agenturkostenminimalen Lösung.

Bevorzugte Methoden	Menschenbild	Aktuelle Bedeutung
Induktion; Modellanalyse; empirische Forschung durch Fallstudien; Typenbildung	**Property-Rights-Ansatz:**	
	Der Mensch ist Nutzenmaximierer und Opportunist. Er ist unbegrenzt rational.	• Gestaltung der Unternehmensverfassung
	Transaktionskosten-Ansatz:	
	Der Mensch ist begrenzt rational und opportunistisch. Der Eigennutz wird durch das Gefühl moralischer Verpflichtung gedämpft.	• Entscheidung über Grenzen der Unternehmung • Gestaltung von Kooperationen
	Principal-Agent-Ansatz:	
	Der Mensch ist ein (unbegrenzt) rationaler Nutzenmaximierer. Als Arbeitnehmer ist er vor allem unmotiviert und bequem.	• Entscheidungen über Delegation/Dezentralisation • Motivation der Organisationsmitglieder

8.1 Vertreter und wichtige Quellen

Das Gedankengebäude, das heute als „Neue Institutionenökonomik" (NIÖ) bezeichnet wird, war zunächst nichts weiter als der Versuch, den Anwendungsbereich der neoklassischen Mikroökonomik zu erweitern. Einige realitätsferne Prämissen der neoklassischen Modellwelt wurden aufgegeben, ohne dass ein koordiniertes Bemühen um eine neue Lehre dahinter stand (vgl. *Richter/Furubotn* [Institutionenökonomik] 1 ff.). Daher ist der institutionenökonomische oder mikroökonomische Ansatz der Organisationstheorie auch in sich heterogen.

Der institutionenökonomische Ansatz besteht aus **drei Teilansätzen:**

(1) Der Property-Rights-Ansatz (auch Theorie der Verfügungsrechte genannt)

(2) Der Transaktionskosten-Ansatz

(3) Der Principal-Agent-Ansatz (auch Agenturtheorie oder Agency-Theorie genannt)

Gemeinsam ist allen Ansätzen, dass sie die neoklassische Vorstellung der völlig reibungslosen und kostenlosen Interaktion zwischen den ökonomischen Akteuren aufgeben. Die effiziente Ressourcennutzung und die Übertragung arbeitsteilig erstellter Produkte oder Dienstleistungen über eine technisch trennbare Schnittstelle hinweg (= Transaktion; vgl. *Williamson* [Institutionen] 1) gelingen in der Realität nicht so friktionslos und automatisch, wie es in der ökonomischen Modellwelt vorausgesetzt wird. Ursächlich für die Probleme ist die „menschliche Natur", zu deren wesentlichen Merkmalen **Opportunismus** (List, Betrug, Lüge usw.) und **begrenzte Rationalität** gehören. Erst diese Verhaltensannahmen lassen es überhaupt notwendig werden, dass man sich – über das Wirken des Preismechanismusses hinaus – Gedanken macht über eine Regelung und Steuerung ökonomischer Interaktionen.

Mit der Erfassung und Erklärung von Phänomenen solcher geregelter Kooperation befasst sich die Theorie der Institutionen (vgl. *Gukenbiehl* [Institution] 142).

Eine **Institution** ist ein System von formalen und informellen Regeln (Normen) einschließlich ihrer Garantieinstrumente, welches den Zweck verfolgt, individuelles Verhalten auf ein bestimmtes Zielbündel auszurichten (vgl. *Richter* [Institutionenökonomik] 325).

Eine Ökonomik, die realistische menschliche Verhaltensweisen nicht ignoriert, muss sich mit Fragen der Verhaltenssteuerung und demnach mit Institutionen beschäftigen. „Kernaussage der Neuen Institutionenökonomik ist der Satz, dass Institutionen für den Wirtschaftsprozess von Bedeutung sind" (*Richter/Furubotn* [Institutionenökonomik] 1). Insoweit sich verschiedene Institutionen in ihren Wirkungen und Kosten unterscheiden, sollten zudem effizientere Institutionen weniger effizienten vorgezogen werden. Das heißt, es wird nicht nur **in** Institutionen (**choice within rules**), sondern auch **über** Institutionen ökonomisch entschieden (**choice of rules**) (vgl. Abb. 5-7).

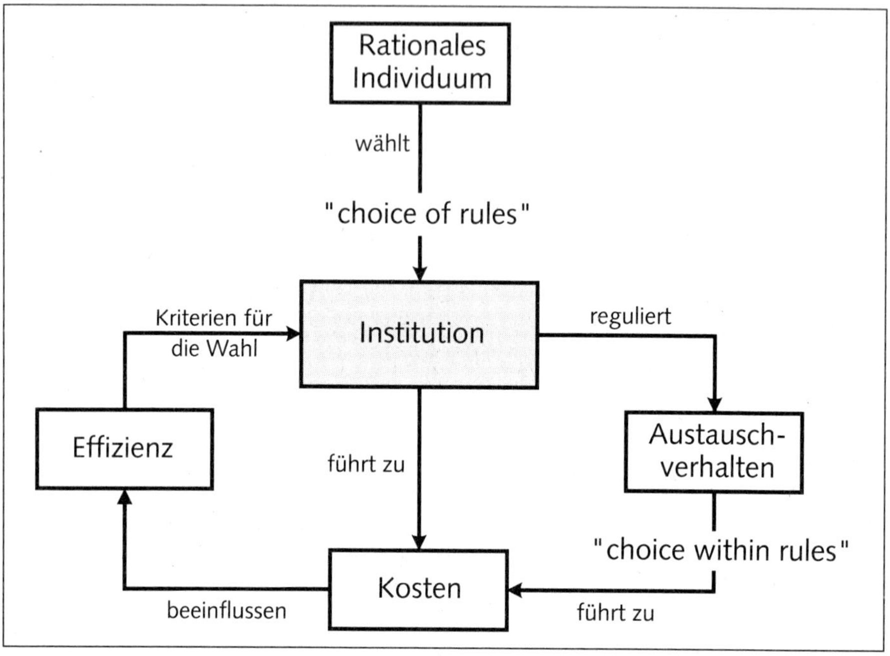

Abb. 5-7: Ökonomische Institutionenanalyse
(in Anlehnung an *Ebers/Gotsch* [Theorien] 200)

Um diesen gemeinsamen Kern der Institutionenökonomik herum haben sich die oben genannten drei Teilansätze entwickelt:

Als Begründer des **Transaktionskosten-Ansatzes** gilt *Coase*, der 1937 auf die Kosten der Marktbenutzung (marketing costs) hinwies und daraus die Entstehung der Institution „Unternehmung" ableitete (vgl. [Nature]). Ausgebaut und bekannt gemacht wurde der Transaktionskosten-Ansatz vor allem durch *Williamson*. Seine Publikation hat den programmatischen Titel „Markets and Hierarchies", 1983.

Häufig genannte Quellen zur **Theorie der Verfügungsrechte** sind u.a. *Alchian* ([Property]), *Demsetz* ([Property]), *Alchian/Demsetz* ([Organization]) und *Furubotn/Pejovich* ([Economics]).

Aus der Fülle der Veröffentlichungen zum **Principal-Agent-Ansatz** seien genannt: *Ross* ([Agency]), *Jensen/Meckling* ([Theory]), *Fama* ([Agency]), *Pratt/Zeckhauser* ([Principals]) und *Laux* ([Principal]).

Ein zentrales englischsprachiges Lehrbuch zur Institutionenökonomik ist das von *Paul Milgrom* und *John Roberts* (vgl. [Organization]). *Arnold Picot*, *Helmut Dietl* und *Egon Franck* legten das erste deutschsprachige Organisationslehrbuch vor, welches sich explizit auf die Institutionenökonomik bezieht (vgl. [Organisation]).

Einen zusammenfassenden Überblick über alle drei Teilansätze bieten *Richter* und *Furubotn* (vgl. [Institutionenökonomik]). Eine Einführung in die Betriebswirtschaftslehre aus institutionenökonomischer Sicht hat *Neus* vorgelegt (vgl. [Einführung]).

8.2 Organisationsbegriff und Metapher

Wie der Begriff der Institutionenökonomik schon nahe legt, dominiert in der NIÖ eine institutionelle Betrachtung der Organisation. Eine Unternehmung **ist** eine Organisation i.S. einer besonderen Art von Institution. Warum diese Art der Institution überhaupt entstanden ist und unter welchen Bedingungen sie anderen Institutionen (vor allem dem Markt) überlegen ist, gehört zu den Fragen, mit denen sich die NIÖ beschäftigt. Die Institutionenökonomik steckt damit den Rahmen für die Gegenstände einer Organisationstheorie viel weiter ab als die bisher behandelten Ansätze. Im weitesten Sinne geht es um die Organisation ökonomischer Tätigkeit in einer arbeitsteiligen Gesellschaft, also z.B. auch um Fragen der Wirtschaftsordnung.

Eine tragende Rolle in der Regelung ökonomischer Tätigkeit spielen nach den Vorstellungen der NIÖ Vertragsverhandlungen und Verträge (vgl. *Richter/ Furubotn* [Institutionenökonomik] 155). Die Organisation „Unternehmung" wird daher auch als „**Netzwerk relationaler Verträge** zwischen Einzelpersonen" charakterisiert (vgl. *Richter/Furubotn* [Institutionenökonomik] 295). Was das Vertragsnetzwerk „Unternehmung" auszeichnet, wird unterschiedlich charakterisiert:

(1) Von Vertretern des **Property-Rights-Ansatzes** werden als typische **Merkmale der Unternehmung** herausgestellt, dass
   - es einen Eigentümerunternehmer gibt, der die anderen Mitarbeiter kontrolliert und überwacht und dafür das Recht erhält, das Residualeinkommen (den Gewinn) einzubehalten,
   - eine arbeitsteilige Zusammenarbeit mehrerer Personen zur Erledigung einer Aufgabe vorteilhaft ist.

Eine **Unternehmung** ist eine bestimmte vertraglich geregelte **Verfügungsrechtsstruktur.** Dagegen streiten sie ab, dass es in Unternehmen irgendeine Art von langfristiger Bindung der Beteiligten oder von Autorität gebe (vgl. *Alchian/Demsetz* [Organization] 777). Betont wird die Ähnlichkeit der Institutionen „Markt" und „Unternehmung".

(2) Für den **Transaktionskosten-Ansatz** ist ein Unternehmen insbesondere durch **hierarchische** und **langfristige Beziehungen** gekennzeichnet, in deren Verlauf sich vielseitige informelle Bindungen entwickeln. Betont wird der Unterschied zwischen den klassischen Verträgen der Markttransaktionen und den „relationalen Verträgen" in Unternehmen (vgl. *Williamson* [Institutionen] 77 ff). Das institutionelle Arrangement „Unternehmung" hat durchaus Ähnlichkeit mit einem Herrschaftsinstrument i. S. *Max Webers* (vgl. S. 44 ff.).

(3) Property-Rights-Ansatz und Transaktionskosten-Ansatz interessieren sich für die institutionellen Rahmenbedingungen ökonomischer Tätigkeit, für ihre Entstehung und ihre Vor- und Nachteile. Im **Principal-Agent-Ansatz** wird dagegen i. Allg. bereits vorausgesetzt, dass es Institutionen wie Markt, Unternehmen, Privateigentum und Vertragsfreiheit gibt. Im Rahmen dieser Institutionen treffen jeweils Auftraggeber (Prinzipal) und Auftragnehmer (Agent) aufeinander, die angesichts beschränkten Wissens und Opportunismus das Problem haben, einen fairen bilateralen Austausch von Leistung und Gegenleistung zu erreichen. Dieses Problem tritt auch innerhalb der Unternehmung auf und muss vor allem durch ausgeklügelte Verträge gelöst werden. Die Organisationsstruktur gewinnt in diesem Zusammenhang wieder eher eine instrumentale Bedeutung. Die Organisationsstruktur, die ein Unternehmen **hat**, kann Agenturprobleme erzeugen (vor allem durch Delegation) und eindämmen (vor allem durch die Vorgabe von Verhaltensnormen und die Kontrolle). Die Organisation ist ein **Verhaltenssteuerungsinstrument** in der Hand des Prinzipals neben anderen Instrumenten, wie z.B. dem Lohnsystem.

Durch die unterschiedlichen Analyseebenen der verschiedenen Teilansätze der NIÖ wird der Organisationsbegriff uneinheitlich. Die Marktwirtschaft mit Privateigentum ist eine gesamtwirtschaftliche Organisationsform (Wirtschaftsordnung). Innerhalb dieses institutionellen Umfeldes gibt es die Unternehmung als einzelwirtschaftliche Organisationsform (institutionelles Arrangement). Und innerhalb der „Unternehmung" gibt es die Organisation als Herrschafts- und

Disziplinierungsinstrument (verbunden mit Begriffen wie Hierarchie, Anordnung, Beherrschung, Überwachung).

8.3 Zentrale Aussagen

8.3.1 Der Property-Rights-Ansatz

8.3.1.1 Verfügungsrechte

Der Property-Rights-Ansatz beschäftigt sich mit der Verfügungsrechtsstruktur einer Gesellschaft. Es geht dabei in erster Linie um die absoluten Verfügungsrechte, d.h. um die Frage: „Wem gehört was" (vgl. *Richter/Furubotn* [Institutionenökonomik] 79). In einer Welt mit eingeschränkten Informationen und selbstsüchtigen Individuen wird die Frage nach dem Eigentum an Sachen deshalb virulent, weil vom Eigentum starke Anreize zu wirtschaftlichem Verhalten ausgehen. Es ist eine zentrale Prämisse des Verfügungsrechtsansatzes, dass die Menschen mit solchen Ressourcen effizienter umgehen, die ihnen selbst gehören (vgl. *Richter/Furubotn* [Institutionenökonomik] 81).

Eigentum kann genauer bestimmt werden als ein Bündel von vier **Verfügungsrechten:**

- Recht auf Gebrauch (usus),
- Recht auf Aneignung der Erträge (usus fructus),
- Recht auf Veränderung der Substanz (abusus) und
- Recht auf Übertragung.

8.3.1.2 Anreizwirkungen

Unter dem Aspekt der Anreizwirkungen sollten alle Dinge idealerweise in irgendjemandes Eigentum stehen (**Universalität** der Verfügungsrechte), sie sollten ausschließlich vom Eigentümer genutzt werden (**Ausschließlichkeit**) und jederzeit veräußerbar sein (**Übertragbarkeit**). Dann wäre eine effiziente Nutzung aller Ressourcen garantiert, trotz eingeschränkten Wissens und Egoismus (vgl. *Richter/Furubotn* [Institutionenökonomik] 85). Tatsächlich kann dieser Idealzustand nie erreicht werden. Zum einen lassen sich nicht alle Dinge als Eigentum von irgendjemand spezifizieren (z.B. Luft, Wasser im Meer). Zum anderen lassen sich andere Nutzer nicht immer ausschließen (z.B. free rider). Auch wenn die Spezifizierung der Rechte und der Ausschluss anderer Nutzer grundsätzlich möglich wären, können evtl. die hohen Kosten die Eigentümer davon abhalten, ihre Rechte durchzusetzen. Und schließlich sind die Eigentumsrechte häufig „verdünnt". Gesetze können bspw. einem Hausbesitzer verbieten, sein denkmalgeschütztes Heim beliebig umzubauen oder einem Mieter von heute auf morgen zu kündigen.

Eigentümer können auch freiwillig auf einen Teil ihrer Verfügungsrechte **verzichten**. Es ist in der modernen Wirtschaft gang und gäbe, dass ein Eigentümer bspw. das Recht zur Nutzung einer Sache vermietet oder verpachtet oder dass er ein Darlehen gibt. In Arbeitsverträgen „vermieten" die Arbeitnehmer in gewisser Weise ihr Humankapital und verzichten dabei auf einen Teil ihres Selbstbestimmungsrechtes. Offensichtlich bringt es auch ökonomische Vorteile mit sich, Verfügungsrechte aufzuteilen.

Unter diesen Bedingungen schwer durchsetzbarer und/oder verdünnter Verfügungsrechte kommt es zu **Anreizproblemen**. Die Verfügungsrechtstheorie versucht nachzuweisen, dass sich die Verfügungsrechtsstruktur in ganz bestimmter, prognostizierbarer Weise auf die Allokation und Nutzung von Ressourcen auswirkt. Beispielsweise ist folgendes Verhalten zu erwarten: Wer Land nur pachtet, beutet es stärker aus, weil er an der langfristigen Substanzerhaltung weniger interessiert ist, als ein Eigentümer, der an den Verkaufswert denkt. Wer mit seiner Arbeitskraft Produkte herstellt, von deren Verkauf er nicht unmittelbar profitiert, strengt sich nicht so an, wie jemand, dem die Früchte seiner Arbeit in voller Höhe zufallen.

Solchen Erwartungen liegt die Basishypothese zugrunde, dass jeder Akteur seinen **Nettonutzen maximiert** und zwar sowohl innerhalb gegebener Verfügungsrechtsstrukturen als auch bei der Gestaltung der Verfügungsrechtsstrukturen selbst. Weil sich die Wirkungen einer Verfügungsrechtsstruktur also abschätzen lassen, kann man auch mehr oder weniger effiziente Verfügungsrechtsstrukturen unterscheiden. Uns interessiert hier besonders die einzelwirtschaftliche Organisation. *Alchian/Demsetz* ([Organization] 782) plädieren bspw. für die **Organisationsform der Eigentümerunternehmung** (the classical firm). Ihre **Argumentation** verläuft so:

- Wenn es vorteilhaft ist, dass mehrere Personen gemeinsam eine Leistung erbringen,
- wobei sich allerdings die Inputs der Individuen nicht genau messen lassen,
- tritt das Problem der Drückebergerei (shirking) auf,
- welches durch einen „Aufseher" gelöst werden soll.

- Damit der Aufseher sich nicht auch „drückt“, erhält er das „Residualeinkommen“ aus der gemeinsamen Leistung („net earnings of the team, net of payments to other inputs“).

Alchian/Demsetz legen großen Wert darauf festzustellen, dass der Eigentümerunternehmer lediglich ein zentraler Vertragspartner in dem Vertragsnetzwerk „Unternehmung“ ist und dass er nicht als Vorgesetzter mit Autorität und Macht verstanden werden darf. Sie leugnen auch, dass die Langfristigkeit von Verträgen typisch für ein Unternehmen ist. Das Verhältnis zwischen dem Eigentümerunternehmer und seinen Angestellten ist für sie nicht im Geringsten verschieden von dem Verhältnis zwischen irgendeinem Kaufmann und seinem Kunden: „It (the firm) has no power of fiat, no authority, no disciplinary actions any different in the slightest degree from ordinary market contracting between any two people“ ([Organization] 777). So wie jemand täglich neu überlegt, bei welchem Bäcker er seine Brötchen kauft, müssen sich Arbeitgeber und Arbeitnehmer täglich neu entscheiden, ob der Leistungsaustausch für beide Seiten zufrieden stellend verläuft. Und in beiden Fällen haben die Vertragspartner bei Unzufriedenheit lediglich die Option, den Vertragspartner zu „feuern“ oder zu verklagen (fire or sue; vgl. *Alchian/Demsetz* [Organization] 777). Das System „Unternehmung“ steht quasi täglich zur Disposition. Diese sehr pointierte These wird nicht in Reinform durchgehalten. Es wird zugestanden, dass sich in Unternehmen auch Teamgeist und Loyalität entwickeln, die ebenfalls disziplinierend wirken (vgl. *Alchian/Demsetz* [Organization] 790 f.). Betont wird jedoch die große Ähnlichkeit zwischen den Transaktionen am Markt und in Unternehmen.

Die Verfügungsrechtstheorie hat die Aufmerksamkeit auf die Verhaltenswirkungen bestimmter Verfügungsrechtsstrukturen in Unternehmen gelenkt. Damit leistet sie einen wichtigen Diskussionsbeitrag für die Gestaltung der **Unternehmensverfassung**. Die von *Alchian/Demsetz* vorgeschlagene Lösung einer zentralen Eigentümerkontrolle ist aber nicht in allen Fällen anwendbar. Vor allem in großen Unternehmen wird der Eigentümer auch Aufsichtsaufgaben delegieren, wobei sich erneut das Problem stellt „Who will monitor the monitor?“ (*Alchian/Demsetz* [Organization] 782). Der Principal-Agent-Ansatz beschäftigt sich ausführlich mit diesen Problemen (vgl. zur Unternehmensverfassung auch S. 142 f.).

8.3.2 Der Transaktionskosten-Ansatz

8.3.2.1 Transaktionskosten

Der **Transaktionskosten-Ansatz** beschäftigt sich mit den Kosten, die entstehen, wenn ein Gut oder eine Leistung über eine technisch trennbare Schnittstelle hinweg übertragen wird (vgl. *Williamson* [Institutionen] 1). Die Übertragung macht einen expliziten oder impliziten Vertrag notwendig, in welchem die Übertragungsmodalitäten geregelt werden. Dabei entstehen

- **Ex-ante-Transaktionskosten** wie Kosten für die Suche nach passenden Vertragspartnern, Kosten der Verhandlung und Vereinbarung sowie
- **Ex-post-Transaktionskosten** wie Kontroll- und Anpassungskosten (vgl. *Williamson* [Institutionen] 22 ff).

Der Zusammenhang mit der Verfügungsrechtstheorie ist so zu verstehen, dass sich bei unterschiedlichen Verfügungsrechtsstrukturen auch die Qualität der zu überwindenden Schnittstellen ändert. Wenn die Herstellung eines Gutes Vorleistungen erfordert, so lassen sich diese bspw. von eigenen Maschinen und eigenen Arbeitskräften im eigenen Unternehmen herstellen oder von einem Lieferanten beziehen, der dann die entsprechenden Ressourcen besitzt. Das heißt, die Transaktion kann über den Markt oder im Unternehmen erfolgen, wobei jeweils unterschiedliche Transaktionskosten anfallen.

8.3.2.2 Die Institution „Unternehmung"

Während *Alchian/Demsetz* die prinzipielle Ähnlichkeit von Transaktionen am Markt und in Unternehmen betonen und lediglich die Produktionskostenvorteile von Unternehmen hervorheben, stellt *Williamson* gerade die Unterschiede zwischen diesen beiden „institutionellen Arrangements" heraus.

Typisch für die **Institution „Unternehmung"** (bei *Williamson* oft mit Hierarchie und Bürokratie gleichgesetzt) sind langfristige und unvollständige Verträge, in denen der Arbeitnehmer sich verpflichtet, den jeweils situativ durch den Vorgesetzten erteilten Anweisungen Folge zu leisten. Beide Seiten haben ein Interesse an der Fortsetzung der Beziehung, weil es Erfahrungskurveneffekte gibt. Konflikte werden nicht nur durch Kündigung oder Gerichtsverfahren gelöst, sondern durch unternehmensinterne Konfliktlösungsmechanismen. Alle Beteiligten kennen sich besser und können leichter miteinander kommunizieren als mit externen Marktpartnern. Die Langfristigkeit der Beziehungen mit der Möglichkeit eines Aufstieges im Unternehmen lässt es dem Mitarbeiter attraktiv erscheinen, in sein Humankapital zu investieren. Es entsteht eine Atmosphäre der Loyalität und Kooperationsbereitschaft (vgl. *Williamson* [Markets] 67 ff.).

Typisch für eine **Markttransaktion** ist dagegen, dass anonyme Partner einen einzelnen, isolierten Tausch vornehmen, wobei sie einen mehr oder weniger förmlichen, kurzfristigen und vollständigen Vertrag schließen. Aus dem Vertrag evtl. entstehende Konflikte werden gerichtlich gelöst. Die Tauschpartner haben kein persönliches Interesse aneinander. Sie können jederzeit auf gleichwertige Alternativen ausweichen (vgl. *Williamson* [Institutionen] 78). Zwischen den Formen des reinen Markttausches und der reinen hierarchischen Transaktion gibt es noch Zwischenformen, etwa langfristige Lieferverträge und Kooperationen zwischen Unternehmen.

8.3.2.3 Markt oder Hierarchie

Die **entscheidende Frage** des **Transaktionskosten-Ansatzes** lautet:
Ist die marktliche oder die hierarchische Koordination empfehlenswerter?

Gewählt werden sollte dasjenige institutionelle Arrangement, welches im ordinalen Vergleich die kleinere Summe aus Produktions- und Transaktionskosten aufweist (vgl. *Williamson* [Institutionen] 25). Nun ist aber keines der Arrangements absolut vorteilhaft. Es kommt vielmehr auf die Art der Transaktion an, ob die Hierarchie oder der Markt oder eine Zwischenform das beste Überwachungs- und Beherrschungssystem ist. Die wichtigsten **Transaktionsmerkmale** sind:

- die Faktorspezifität,
- die Unsicherheit und
- die Häufigkeit der Transaktion.

(1) **Faktorspezifität** meint, dass die Güter und Leistungen, die in der Transaktion übertragen werden, einmalig oder doch zumindest nur unvollkommen standardisiert sind. Spezialmaschinen und spezialisierte Arbeitskräfte sind z.B. solche spezifischen Faktoren, für die nicht ohne weiteres Ersatz gefunden werden kann. Eine solche Spezialisierung der Faktoren kann die Produktionskosten senken. Sie führt aber auch zum sog. **„lock-in"-Effekt** (*Williamson* [Institutionen] 61), d.h. zu einer restriktiven Bindung der

Transaktionspartner. Faktorspezifität entwickelt sich häufig im Laufe der Zeit von selbst. Auch wenn ein Lieferant ein Standardprodukt anbietet, arbeitet man doch immer wieder mit dem gleichen Lieferanten zusammen, weil das wachsende Vertrauen und die Lerneffekte die Transaktion erleichtern. Das nennt *Williamson* die „fundamentale Transformation" ([Institutionen] 70 ff.).

(2) **Unsicherheit** tritt in den Formen der zustands- und der verhaltensbedingten Unsicherheit auf. Bei Vertragsabschluss weiß man weder genau, wie sich die Umweltsituation entwickeln wird noch, wie sich die Vertragspartner verhalten werden. Bei Standardtransaktionen entsteht aus der Unsicherheit kein allzu großes Problem, weil man den Vertragspartner leicht wechseln kann. Aber in Wechselwirkung mit der Faktorspezifität, die die Vertragspartner längerfristig aneinander bindet, ist Unsicherheit ein wichtiger, die Transaktionskosten erhöhender Faktor.

(3) Die **Häufigkeit** der Transaktion ist ebenfalls vor allem in Verbindung mit der Spezifität entscheidungsrelevant. Häufige Standardtransaktionen weisen keine besonderen Probleme auf. Bei Transaktionen mit spezifischen Faktoren ist das Transaktionsvolumen dagegen wichtig, um zu entscheiden, ob sich ein spezialisiertes Beherrschungs- und Überwachungssystem lohnt.

Dass sich die Transaktionskosten bei Spezifität und Unsicherheit der Transaktion erhöhen, ist nur plausibel in Verbindung mit **zwei zentralen Verhaltensannahmen** des **Transanktionskosten-Ansatz**es, nämlich der begrenzten Rationalität und dem Opportunismus. **Begrenzte Rationalität** bedeutet, dass die Vertragspartner zwar durchaus intendieren, rational zu handeln, dass sie aber nicht alle Informationen wahrnehmen und verarbeiten können, die für ein Maximierungskalkül notwendig wären. Unter **Opportunismus** versteht *Williamson* die Verfolgung des Eigeninteresses auch unter Zuhilfenahme von List und Täuschung (vgl. [Institutionen] 54). Trifft nun Faktorspezifität mit Opportunismus zusammen, kann damit gerechnet werden, dass die Vertragspartner den „lock-in"-Effekt ausnutzen wollen. Wenn etwa ein Automobilzulieferer sich ganz auf die Belieferung eines bestimmten Automobilherstellers spezialisiert, den Standort für die Produktion in dessen Nähe wählt, Spezialmaschinen anschafft, dann kann er nicht mehr ohne weiteres auf andere Tauschpartner ausweichen. Der Automobilhersteller könnte diese Abhängigkeit auszunutzen versuchen, indem er bspw. die Preise drückt. Diese Unsicherheit über das mögliche

Verhalten des Partners in Verbindung mit Unsicherheiten über zukünftige Umweltentwicklungen ist wiederum problematisch wegen der begrenzten Rationalität, die es verhindert, dass man sich gegen alle Eventualitäten in einem komplexen Vertrag absichert.

Aber nicht nur die Faktorspezifität begünstigt opportunistisches Verhalten. Auch die Unsicherheit, insbesondere die ungleiche Verteilung von Informationen ruft in Verbindung mit dem Opportunismus Probleme hervor. *Williamson* bezeichnet diesen Problembereich als „information impactedness“ (vgl. [Markets] 31 ff.). Dieses mit **„Informationsverkeilung“** übersetzte Problem (vgl. *Williamson* [Institutionen] 58) ist zentraler Gegenstand des Principal-Agent-Ansatzes. Wenn eine Vertragspartei bessere Informationen hat hinsichtlich relevanter Transaktionsfaktoren, kann sie dies zu ihren Gunsten ausnützen. Betrifft der Informationsvorsprung transaktionsspezifisches Know-how, entsteht zugleich wieder Faktorspezifität. Diese Zusammenhänge werden von *Williamson* in einem **„Organizational Failures Framework“** abgebildet (vgl. Abb. 5-8).

Je nach Ausprägung der Transaktionsmerkmale sind also mehr oder weniger große Transaktionsprobleme zu erwarten, welche zu ihrer Bewältigung unterschiedliche institutionelle Arrangements (Beherrschungs- und Überwachungssysteme) erforderlich machen. Die größte Bedeutung hat die Faktorspezifität. Je spezifischer die übertragenen Güter und Dienstleistungen sind, desto sinnvoller ist es, die Schnittstelle in das Unternehmen zu verlegen und so die Vertragspartner einer einheitlichen Kontrolle zu unterstellen. Wachsende Unsicherheit verstärkt die **Tendenz zur Hierarchie.** Dies kann folgendermaßen begründet werden: Bei Unsicherheit können Verträge nur unvollständig formuliert werden. Sind die Faktoren zudem hoch spezifisch, müssen sich die aneinander gebundenen Partner immer wieder neu einigen, wobei die Gefahr des Opportunismus ständig virulent ist. In dieser Situation stellt die Hierarchie ein gutes institutionelles Arrangement dar. Als **Vorteile der Hierarchie** gelten:

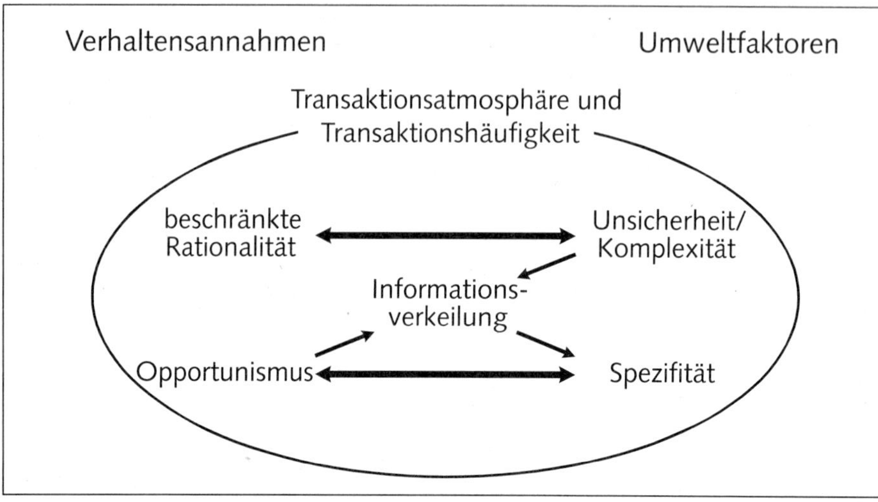

Abb. 5-8: Organizational Failures Framework
(Quelle: *Williamson* [Markets] 40)

- Die Transaktionspartner kennen sich besser, sodass eine Informationsverkeilung weniger wahrscheinlich ist.
- Die Kommunikation ist einfacher, weil es einen einheitlichen „Code" gibt.
- Die Gefahr des Opportunismus wird gedämpft, zum einen durch eine bessere Kontrolle, zum anderen durch eine moralische Selbstverpflichtung der Organisationsmitglieder. Unter Kollegen gilt eher ein Kodex der Loyalität und Hilfsbereitschaft als unter anonymen Marktpartnern. Es stellt sich eine Atmosphäre des Vertrauens und der Verlässlichkeit ein (vgl. *Williamson* [Markets] 29 ff., 35 ff., 38 f.).
- Schließlich kann sich die Hierarchie gut an wechselnde Bedingungen anpassen, weil die Arbeitsverträge i.d.R. sehr offen sind. Der Arbeitnehmer verpflichtet sich in erster Linie, den situativ spezifischen Anweisungen Folge zu leisten. Anpassung erfolgt schlicht durch Anordnung (vgl. *Williamson* [Institutionen] 86). Eine solche Anordnungsbefugnis ist auch ein sehr effizienter Mechanismus zur Beilegung von Konflikten (vgl. *Williamson* [Markets] 30).

Die Hierarchie (auch als Bürokratie bezeichnet) hat aber auch **Nachteile:**

- Zunächst sind die Kosten für einen solchen spezifischen Beherrschungs- und Überwachungsapparat zu bedenken. Die Einrichtung lohnt sich nur, wenn die Transaktion auch häufig genug stattfindet.

- Weiterhin kann die eigentlich erwünschte Kollegialität in Unternehmungen auch zum Vertuschen von Fehlern führen und zu wechselseitigen Gefälligkeiten, die nicht im Interesse des Unternehmens sind.
- Vor allem aber entstehen im Unternehmen leicht Anreizprobleme. Insbesondere in größeren Unternehmen mit verdünnten Verfügungsrechten werden sich die Organisationsmitglieder nicht im gleichen Maße anstrengen wie ein Eigentümer (vgl. *Williamson* [Institutionen] 169 ff).

Einen Überblick über die Zuordnung von Beherrschungs- und Überwachungssystemen zu Transaktionsmerkmalen gibt Abb. 5-9:

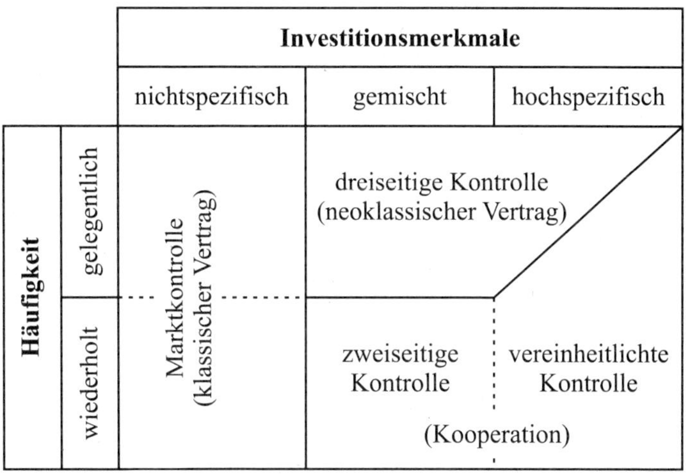

Abb. 5-9: Effiziente Überwachung und Beherrschung
(Quelle: *Williamson* [Institutionen] 89)

Transaktionen werden nach dem Merkmal „Spezifität" in die drei Klassen „nichtspezifisch", „gemischt" und „hochspezifisch" unterteilt. Für das Transaktionsmerkmal „Häufigkeit" werden die beiden Klassen „gelegentlich" und „wiederholt" gebildet. Die Marktkontrolle funktioniert bei allen nichtspezifischen Transaktionen, egal wie häufig sie stattfinden. Werden die Transaktionen spezifischer, dann reicht der klassische Vertrag nicht mehr aus zur Absicherung der Vertragspartner. Bei nur gelegentlichen gemischten oder hochspezifischen Transaktionen wäre es aber auch zu aufwändig, eine Kooperation einzugehen.

Man behilft sich damit, für den Fall eines Streites ein Schiedsgerichtsverfahren zu vereinbaren. Weil der „Schiedsrichter“ (z.B. ein unanbhängiger Experte) als Dritter neben die Vertragsparteien tritt, spricht man auch von einer dreiseitigen Kontrolle. Finden die gemischten Transaktionen wiederholt statt, ist es sinnvoll, über eine engere Kooperation zwischen den Vertragspartnern nachzudenken. Die Kooperationspartner bleiben aber rechtlich selbständig, so dass von einer zweiseitigen Kontrolle gesprochen werden kann. Den Vertragspartner vollständig unter die eigene Kontrolle zu bringen, also vertikal zu integrieren, ist nur angebracht bei wiederholten, hochspezifischen Transaktionen. Der Markttausch wird in diesem Fall durch die vereinheitlichte Kontrolle in einer Hierarchie ersetzt.

Die wichtigste praktische Anwendung des **Transaktionskosten-Ansatzes** liegt in der Bestimmung der Unternehmensgrenzen. Mit der Auswahl des passenden institutionellen Arrangements für die verschiedenen Arten von Transaktionen werden zugleich diese Grenzen festgelegt. Vgl. zur Bestimmung der Unternehmensgrenzen auch S. 143 f.

8.3.3 Der Principal-Agent-Ansatz

8.3.3.1 Verhältnis von Prinzipal und Agent

Der Principal-Agent-Ansatz (auch Agency-Theorie genannt) richtet sein Augenmerk auf den bilateralen Vertrag zwischen einem **Prinzipal** (Auftraggeber) und einem **Agenten** (Auftragnehmer). Principal-Agent-Beziehungen treten in allen Institutionen auf: Auf dem Markt zwischen Käufern und Verkäufern genauso wie in Unternehmen zwischen den Aktionären und dem Top Management, aber auch zwischen den Managern und den anderen Mitarbeitern sowie in Kooperationen zwischen den Partnern.

Das Basisproblem ist immer das gleiche: Sobald eine Person (Prinzipal) eine andere Person (Agent) beauftragt, kann sie nicht sicher sein, dass diese andere Person völlig in ihrem Sinne handelt. Dieses Problem entsteht,

- weil der Agent einen **Informationsvorsprung** vor dem Prinzipal hat. Der Agent kann seine Fähigkeiten und seine Absichten besser beurteilen, er kennt sich besser aus in der Bearbeitung einer Aufgabe, und er weiß, wie sehr er sich angestrengt hat.
- weil der Agent Nutzenmaximierer und Opportunist ist. Bei **Zieldivergenzen** zwischen Prinzipal und Agent wird der Agent versuchen, seinen Informati-

onsvorsprung zu Lasten des Prinzipals auszunutzen.

Die aus diesen Prämissen zu erwartenden **Agenturprobleme** werden häufig in bestimmte **Typen** unterteilt (vgl. *Breid* [Aussagefähigkeit]):

(1) **Bevor man einen Vertrag eingeht**, weiß man nicht, welche Eigenschaften der Vertragspartner hat. Dieser Typ von Informationsasymmetrie wird **„hidden characteristics"** genannt; die daraus resultierende Gefahr ist die der falschen Auswahl des Agenten (**adverse selection**).

(2) **Nach Vertragsschluss** können zwei Typen von Informationsasymmetrien auftreten:

(a) Der Agent ist im Besitz von Informationen, die für die Wohlfahrt des Prinzipals eine Rolle spielen und die in die Entscheidungen des Agenten einfließen. Da der Prinzipal die Informationen selbst nicht hat, kann er nicht beurteilen, ob der Agent sie in seinem Sinne genutzt hat (**hidden information**). Der Agent wählt bspw. eine Investitionsalternative, die i.S. des Prinzipals nicht optimal ist.

(b) Der zweite, am häufigsten betrachtete Typ von Informationsasymmetrie, ist jener der **„hidden action"**. Damit ist das Problem angesprochen, dass der Prinzipal das Aktivitätsniveau des Agenten nicht ohne weiteres beobachten kann. Die Unternehmensleitung weiß bspw. nicht, ob ein Manager sich genügend anstrengt, um die relevanten Informationen für eine Investitionsentscheidung zu beschaffen.

Aus diesen beiden Typen von Informationsasymmetrien folgt das Problem des **„moral hazard"** (moralisches Risiko). Es kann im Einzelnen **verschiedene Formen** annehmen: Der Agent wählt bspw. eine Alternative in Abhängigkeit davon, ob sie ihm einen persönlichen Nutzen verschafft wie Status und Macht (**fringe benefits**). Oder er benutzt Ressourcen des Prinzipals für private Zwecke (**consumption on the job**). Am häufigsten wird das moralische Risiko des **„shirking"**, d.h. der Drückebergerei, erörtert.

(3) Manchmal wird noch ein weiterer Typ von Informationsasymmetrie unterschieden, **„hidden intention"** genannt. Es geht darum, dass dem Prinzipal die Absichten des Agenten verborgen bleiben (z.B. ob er sich fair verhalten will). Die Trennung zwischen verborgenen Eigenschaften (hidden characteristics) und verborgenen Absichten (hidden intention) ist allerdings nicht sehr einleuchtend. Verhaltensmerkmale wie Kulanz, Fairness,

Ehrlichkeit usw. könnten durchaus auch unter die Eigenschaften des Agenten subsumiert werden. Das aus der „hidden intention" abgeleitete Problem des **„hold up"** (Überfall) ist eigentlich kein Problem aus asymmetrischer Informationsverteilung, sondern eines, das sich aus der gegenseitigen Bindung der Vertragspartner ergibt. Auch wenn der Prinzipal weiß, dass der Agent nicht in seinem Sinne handelt, kann er den Agenten nicht einfach wechseln, bspw. weil „Faktorspezifität" besteht. Der Agent kann den Prinzipal ungestraft „ausrauben". Dies ist das Problem, welches der Transaktionskosten-Ansatz in den Mittelpunkt stellt. Im Principal-Agent-Ansatz hat es keine besondere Beachtung gefunden (vgl. *Breid* [Aussagefähigkeit] 825).

8.3.3.2 Lösung des Agenturproblems

Ein Hauptanliegen des Principal-Agent-Ansatzes ist es, aus Sicht des Prinzipals Lösungsansätze für die Agenturprobleme zu entwickeln. Die **Möglichkeiten, den Agenten zu disziplinieren,** können in drei Bereiche unterteilt werden:

1. Der **Markt** ist in einer Wettbewerbswirtschaft eigentlich das Kontroll- und Anreizsystem schlechthin. Manager sind bspw. Teilnehmer am Arbeitsmarkt und haben insofern Interesse daran, sich einen guten Ruf, eine Reputation, aufzubauen, um vorteilhafte Arbeitsverträge abschließen zu können. Diese Reputation hängt wiederum davon ab, ob ihre Aktivitäten vom Produktmarkt und Kapitalmarkt positiv bewertet werden. Insofern hat jeder Manager als Agent der Unternehmenseigentümer ein gewisses Selbstinteresse, sich i.S. des Prinzipals anzustrengen. Der Markt ist allerdings auch nicht in der Lage, das Verhalten des Agenten problemlos zu bewerten. Die Disziplinierung durch den Markt gelingt überdies immer dann nicht gut, wenn der Prinzipal nicht auf homogene Alternativen ausweichen kann und daher an den Agenten gebunden ist. Es gibt zwar sehr viele Menschen, die an Informationen über das Verhalten der Manager interessiert sind, etwa potentielle neue Arbeitgeber auf dem Arbeitsmarkt oder auch die Anleger auf dem Kapitalmarkt. Sie können sich aber oft nur schwer ein genaues Bild machen, weil sie über keinerlei Insiderwissen verfügen. Es ist also auch nicht sicher, ob sie Fehlverhalten feststellen und sanktionieren können.

2. Die typische organisatorische Lösung der Agenturproblematik besteht in der **Vorgabe von Normen.** Der Handlungsspielraum des Agenten soll durch Vorschriften, Regeln und Anweisungen eingeschränkt werden, deren Einhal-

tung natürlich überwacht werden muss. Der Versuch einer direkten Überwachung des Agenten zieht häufig die Einrichtung eigener Überwachungs- und Kontrollstellen nach sich. Die Fremdkontrolle hat aber auch bei unternehmensinternen Überwachungssystemen ihre Grenzen. Der Prinzipal delegiert einen Teil der Aufgaben ja gerade deshalb, weil er das bessere Wissen und Können des Agenten ausnützen will. Dann kann er dem Agenten aber nicht zugleich jede einzelne Aktivität im Detail vorschreiben und die Informationsasymmetrie auf Null senken.

3. Eine weitere Lösung besteht darin, die Interessen von Prinzipal und Agent über die Ausgestaltung von **Anreizsystemen** zu harmonisieren. Indem die Agenten am Erfolg ihrer Aktivitäten beteiligt werden, soll ihr Eigeninteresse mit dem Interesse des Auftraggebers deckungsgleich werden (Anreizverträglichkeit). Die Agencytheorie favorisiert diese Lösung und versucht, die ex post-Vertragsprobleme durch die geschickte Gestaltung von Anreizverträgen ex ante zu lösen. Beispiel: Der Agent wird am Unternehmensgewinn oder am Shareholder Value beteiligt. Der Agent kontrolliert sich dann quasi selbst. So bestechend diese Lösung erscheint, so schwierig ist es, perfekte Anreizsysteme zu kreieren, weil die Nutzenfunktion des Agenten – anders als in den Modellen – in der Realität nicht bekannt ist. Auch wirken häufig viele Agenten gleichzeitig auf den Erfolg ein und der Beitrag des Einzelnen ist kaum aus dem Gesamterfolg zu erschließen. Dies bedeutet wiederum einen Anreiz für den Agenten, sich als „free rider" zu verhalten und von den Anstrengungen anderer zu profitieren. Nachteilig können sich starke Anreize auswirken, wenn der Agent mehrere verschiedene Aufgaben erledigen soll, von denen nur manche gezielt belohnt werden können. Er konzentriert sich dann ausschließlich auf die belohnten Aufgaben und vernachlässigt die anderen. Wenn bspw. ein Arbeiter nach der produzierten Stückzahl entlohnt wird, hat er einen starken Anreiz, sich bei der Fertigung zu beeilen, aber keinen Anreiz, auf die Qualität der Produkte zu achten.

Die beste Lösung des Agenturproblems ist jene, die die „agency costs" minimiert (vgl. *Pratt/Zeckhauser* [Principals] 3). In Anlehnung an *Jensen/Meckling* ([Theory]) werden drei Arten von solchen **Agenturkosten** unterschieden:

1. **Monitoring Costs**: Das sind alle Kosten, die dem Prinzipal dadurch entstehen, dass er den Agenten disziplinieren muss. Dazu gehören Überwachungskosten genauso wie etwa Prämien, die als Anreiz für gute Leistungen zugesagt werden.

2. **Bonding Costs:** Das sind jene Kosten, die dem Agenten entstehen, weil er dem Prinzipal seine Vertrauenswürdigkeit zeigen will. Ein Verkäufer gibt bspw. eine Garantie auf das Produkt oder ein Angestellter verpflichtet sich, regelmäßig Kontrollberichte abzuliefern. Da der Prinzipal diese Leistungen honoriert, trägt er letztlich auch die Bonding Costs.

3. **Residual Loss:** Er ergibt sich aus der Differenz zwischen der Leistung des Agenten und der i.S. des Prinzipals bestmöglichen Leistung. In dieser Größe drückt sich die Güte der Agentenleistung aus. Zwischen Monitoring und Bonding Costs und dem Residual Loss ist ein Trade-off zu vermuten, d.h. eine Verbesserung der Agenturleistung (der Residual Loss nimmt also ab) muss mit verstärkten Aufwendungen seitens des Prinzipals erkauft werden.

Eine Operationalisierung der Agenturkosten ist schwierig. Vor allem der Residual Loss wird sich kaum feststellen lassen, weil der Prinzipal die bestmögliche Leistung ja in aller Regel nicht kennt. Er hat die Aufgabe schließlich einem Agenten übertragen, weil dieser bessere aufgabenrelevante Fähigkeiten und Kenntnisse hat als der Prinzipal. Eine rechnerische Optimierung der Problemlösung gelingt immer nur bei sehr restriktiven Modellprämissen, die mit der Realität wenig zu tun haben.

Im Vergleich zum Transaktionskosten-Ansatz setzt der Principal-Agent-Ansatz nicht so stark auf die „hierarchische" Lösungsmöglichkeit des Opportunismusproblems. Bei *Jensen/Meckling* wird sogar die Existenz der Unternehmung i.S. einer Organisation geleugnet. Sie ist eine „legale Fiktion" (legal fiction; vgl. [Theory] 311) ohne angebbare Grenzen, die völlig in einzelne Vertragsbeziehungen disaggregiert werden kann. Auch wenn man diese radikale Sichtweise sicher nicht allen Vertretern der Agenturtheorie zuschreiben kann, ist doch eine deutliche Tendenz festzustellen, die Möglichkeiten „bürokratischer" Kontrolle gering zu schätzen und mehr auf die monetären Anreizsysteme zu setzen.

Für die Strukturgestaltung kann der Principal-Agent-Ansatz in der Weise Anregungen liefern, als man fragen kann, welche Struktur mehr oder weniger Agenturprobleme hervorruft. Insbesondere Fragen von Zentralisierung und Dezentralisierung könnten agenturtheoretisch behandelt werden. Zur Zentralisierung und Dezentralisierung vgl. auch S. 145 f.

8.4 Menschenbild

Alle drei institutionenökonomischen Teilansätze unterstellen dem Menschen **stark eigennütziges Verhalten**, welches auch vor List und Täuschung nicht zurückschreckt. Menschen sind – so wird behauptet – im Allgemeinen Opportunisten, die lügen, stehlen, betrügen, verbergen, verschleiern, vorsätzlich irreführen usw., um ihren Nutzen zu mehren (vgl. *Williamson* [Institutionen] 54). Diese Basisannahme führt zu typischen Verhaltenserwartungen. Ein Pächter wird versuchen, den gepachteten Boden weitgehend auszubeuten, ein Arbeiter wird so viel wie möglich faulenzen, wenn er nicht kontrolliert wird. Abhängigkeit vom Vertragspartner wird schamlos ausgenutzt, um sich die Quasi-Rente anzueignen.

Um solche Verhaltenserwartungen formulieren zu können, muss die allgemeine Vorstellung der Nutzenmaximierung allerdings inhaltlich präzisiert werden. So unterstellt der Principal-Agent-Ansatz grundsätzlich, dass der Mensch Arbeitsleid empfindet und so wenig wie möglich arbeiten will (vgl. *Breid* [Aussagefähigkeit] 837). Die Annahme der Drückebergerei erinnert stark an *Taylors* Menschenbild, der ebenfalls davon ausging, dass der Mensch von Natur aus faul sei und daher streng überwacht werden müsse.

Dieses sehr negative Menschenbild wird im Transaktionskosten-Ansatz z.T. allerdings wieder gemildert. *Williamson* hält es für wahrscheinlich, dass sich vor allem bei langfristigen Verträgen auch eine Art moralischer Verpflichtung („moral involvement“; vgl. [Markets] 38, 128) der gegenseitigen Rücksichtnahme entwickelt. Nicht jede Gelegenheit zur Ausbeutung des anderen wird genutzt, weil man die Atmosphäre des Vertrauens schätzt und nicht aufs Spiel setzen will. Kleinere organisatorische Einheiten, in denen man sich persönlich kennt, fördern dieses partielle Abrücken vom hemmungslosen Eigennutz.

Was die **Rationalität des Menschen** betrifft, werden in den Teilansätze unterschiedliche Meinungen vertreten. Der Transaktionskosten-Ansatz „bekennt sich zur begrenzten Rationalität“ (*Williamson* [Institutionen] 52). Die Wirtschaftssubjekte wollen zwar rational handeln, haben aber eine begrenzte Denk- und Informationsverarbeitungskapazität. Bei langfristigen und komplexen Austauschbeziehungen sind die geschlossenen Verträge daher auch sehr unvollständig und offen. Die Beziehung wird erst nach und nach genauer definiert und enthält viele informelle Elemente (vgl. *Williamson* [Institutionen] 80 f.). Dagegen herrscht im Principal-Agent-Ansatz die Vorstellung unbegrenzter Rationalität vor (vgl. *Hartmann-Wendels* [Agency] 78). Im Prinzip werden isolierte Einzelverträge beliebiger Komplexität geschlossen, die alle Anreizprobleme vorwegnehmen und durch entsprechende Vertragsgestaltung lösen. Die optimale Vertragsgestaltung ist der entscheidende Schritt; die Durchsetzung der Verträge stellt dagegen kein großes Problem dar (vgl. *Williamson* [Institutionen] 31 f.).

Allerdings gibt es innerhalb der Agencytheorie wiederum unterschiedliche Zweige, die sich mehr oder weniger stark auf die Möglichkeit einer vertraglichen Anreizordnung ex ante konzentrieren. Die strikte Eigennutzenthese verbunden mit der Vorstellung vollkommener Rationalität kennzeichnet vor allem die mathematisch orientierte Principal-Agent-Theorie. Grundsätzlich ist der Agency-Ansatz aber auch geeignet, **realistischere Annahmen** zu treffen und bspw. „socially mediated rewards" in längerfristigen Vertragsbeziehungen in seine Argumentationsweise zu integrieren. Gefühle moralischer Verpflichtung ergänzen das rein monetäre Kosten-Nutzen-Kalkül. Auch die begrenzten Fähigkeiten der Menschen, sehr komplexe Verträge auszuarbeiten und alle Anreizprobleme ex ante zu lösen, werden zunehmend akzeptiert. Diese Annäherung an die Realität hält *Arrow* für eine wichtige Weiterentwicklung des Principal-Agent-Ansatzes (vgl. [Agency] 50).

8.5 Methoden

Die in der Institutionenökonomik eingesetzten Methoden sind uneinheitlich. Ein Teil der Institutionenökonomik ist stark **modellanalytisch** ausgerichtet. Aus einer Vielzahl von Prämissen wird eine Modellwelt gebaut, in welcher dann logisch optimale Lösungen für institutionelle Probleme entwickelt werden können. Die formale Geschlossenheit der Modelle wird allerdings mit einer erheblichen Realitätsferne erkauft. In der mathematischen Agency-Theorie kennt ein Vorgesetzter bspw. die exakte Arbeitsleidfunktion seines Untergebenen und weiß auch genau, welchen Nutzen dieser aus „fringe benefits" wie Status und Macht zieht. Nur unter solchen (und vielen weiteren) Annahmen ist eine mathematische Optimierung des Entlohnungssystems denkbar (vgl. bspw. *Ewert* [Controlling] 284 ff.).

Ein anderer Teil der Principal-Agent-Theorie und die Transaktionskostentheorie sind stärker **an der Realität orientiert** und damit wesentlich gehaltvoller. Man versucht, auch langfristige und komplexe Tauschbeziehungen zu erfassen, wobei die Rationalitätsannahmen schwächer sind und die Opportunismusthese durch die Berücksichtigung gefühlsmäßiger und moralischer Bindungen aufgeweicht wird. Die größere Realitätsnähe fordert den Preis weniger exakter Aussagen und Gestaltungsempfehlungen. Es können höchstens **Typen** gebildet und einander zugeordnet werden. Anschaulich ist die Typenbildung bei *Williamson*, der bei bestimmten Transaktionstypen (z.B. hochspezifisch, unsicher, häufig) bestimmte institutionelle Arrangements empfiehlt (z.B. Hierarchie).

Dem Ideal der empirischen Prüfung gehaltvoller Hypothesen zu folgen, ist für die Institutionenökonomik schwierig, vor allem wegen der mangelnden Operationalisierbarkeit zentraler Größen wie Transaktionskosten und Agenturkosten. Zur Stützung der Aussagen kann allerdings beobachtet werden, ob zumindest tendenziell die von der Institutionenökonomik propagierten Lösungen auch praktisch relevant sind. Manche z.Zt. zu beobachtenden Entwicklungen scheinen dabei recht gut zur Theorie zu passen. Die zunehmende Anzahl von Kooperationen zwischen Lieferanten und Abnehmern (vertikale Netzwerke) passt in die Argumentation des Transaktionskosten-Ansatzes, der die Formen zwischen Markt und Hierarchie für besonders zukunftsträchtig hält. Andere empirische Ergebnisse lassen aber auch Zweifel an der Richtigkeit zentraler Aussagen aufkommen. So werden Manager und Mitarbeiter deutlich weniger erfolgsabhängig entlohnt, als es die Agency-Theorie nahe legt.

Für die Zukunft wird eine immer stärkere Abwendung der Institutionenökonomik von den alten Ideen der Neoklassik erwartet. Die Institutionenökonomik wird **weniger orthodox** ökonomisch und **stärker soziologisch** ausgerichtet sein. Konzepte wie Organisationskultur, Solidarität, Identifikation und Moral werden schon jetzt in die NIÖ einbezogen (vgl. *Richter* [Institutionenökonomik] 335 ff.). Dies hat Folgen für die Methodik. Die Vorstellung, man könne Organisationen mathematisch optimieren, erscheint zunehmend weniger praktikabel. Stattdessen wird es darum gehen, verschiedene Institutionen qualitativ danach zu bewerten, ob sie zu „vernünftigen" Lösungen führen (vgl. *Richter/Furubotn* [Institutionenökonomik] 505 f.).

8.6 Aktuelle Bedeutung

(1) Unternehmensverfassung

Unter einer Unternehmensverfassung versteht man im engeren Sinne die Gesamtheit der rechtlich institutionalisierten Rahmenregelungen für die zentralen unternehmerischen Entscheidungsprozesse. Die Unternehmensverfassung regelt grundlegend und langfristig die Macht- und Einkommensverteilung im Unternehmen. Die gesetzlichen Grundformen einer Unternehmensverfassung, wie sie im Gesellschaftsrecht festgelegt werden, können durch eigenständige Regelungen der einzelnen Unternehmen ergänzt werden. Zwei zentrale **Fragen** soll die Unternehmensverfassung regeln (vgl. *Gerum* [Unternehmensordnung] 221):

1. Wer soll die Zielsetzungen unternehmerischer Tätigkeiten überhaupt bestimmen (verfassungskonstituierende Interessen)?
2. Welche institutionellen Vorkehrungen sind geeignet, um die Unternehmensaktivitäten auf die verfassungskonstituierenden Interessen auszurichten?

Institutionenökonomisch betrachtet wäre die beste Lösung, wenn es nur Einzelunternehmer ohne Mitarbeiter gäbe. Die Verfügungsrechte sind völlig unverdünnt; der Eigentümer entscheidet und arbeitet selbst im eigenen Interesse. Innerhalb der Einzelunternehmung gibt es keinerlei Agenturprobleme. Da es aber natürlich produktionstechnisch sehr sinnvoll sein kann, Ressourcen zu poolen, arbeiten häufig mehrere Personen in einem Unternehmen zusammen. Dadurch entstehen möglicherweise innerhalb des Unternehmens Agency-Probleme, etwa in Form des „shirking“, also der Drückebergerei. Nach dem Property-Rights-Ansatz ist es in dieser Situation vorteilhaft, einen Kontrolleur (monitor) einzusetzen, der für die effiziente Ressourcennutzung sorgt. Damit dieser Kontrolleur einen Anreiz hat, seine Kontrollaufgabe gut auszuführen, sollten ihm die Rechte zustehen, den Gewinn zu behalten und das Unternehmen zu verkaufen (vgl. *Alchian/Demsetz* [Organization]). Auf diese Weise wird die klassische Eigentümerunternehmung beschrieben: Der Eigentümer bestimmt die Ziele der Unternehmung, er richtet die Unternehmensaktivitäten selbst auf diese Ziele aus und trägt auch das Risiko. Eigentum, Geschäftsführung und Kontrolle liegen in einer Hand.

Die **Eigentümerkontrolle** funktioniert allerdings nur in kleineren Unternehmen, in denen der Eigentümer wirklich in der Lage ist, alle Entscheidungen selbst zu treffen und die Ausführung eng zu überwachen. Nun gibt es in der Realität aber nicht nur kleine Eigentümerunternehmen, sondern viele große, von Managern geführte Unternehmen. Ihre Entstehung lässt sich u.a. durch Spezialisierungsvorteile erklären (vgl. *Fama* [Agency]). Es muss ja nicht unbedingt sein, dass diejenigen, die Kapital besitzen und die risikofreudig genug sind, auch diejenigen sind, die ein Unternehmen gut führen können. Es kommt daher zu einer Arbeitsteilung zwischen Kapitalgebern und Geschäftsführern. Gibt es zahlreiche Kapitalgeber, wie dies bspw. bei AGs mit vielen Kleinaktionären der Fall ist, können diese nicht alle selbst an der Entscheidungskontrolle beteiligt werden. Es kommt zu einer weiteren Spezialisierung, indem die Kontrolle auf bestimmte Personen oder Gremien delegiert wird. Eigentum, Geschäftsführung und Kontrolle sind getrennt. In der Unternehmensverfassung schlägt sich diese Trennung z.B. in den drei Organen einer AG nieder: Vorstand (Geschäftsführung), Hauptversammlung (Eigentum) und Aufsichtsrat (Kontrolle).

Dass in allen Unternehmensverfassungen vor allem das **Interesse der Kapitaleigner** als konstituierend und schützenswert angesehen wird, hängt damit zusammen, dass den Kapitalgebern auch das größte Risiko des Eigentumsverlustes zugeschrieben wird. Während diese Auffassung beim Eigentümerunternehmen noch einleuchtet, kann man die Begründung bei großen Publikumsgesellschaften durchaus in Zweifel ziehen. Ein Arbeitnehmer, der sich an eine Unternehmung bindet und unternehmensspezifisches Humankapital bildet, ist von möglichen Misserfolgen des Unternehmens viel stärker betroffen als ein Kleinaktionär, der sein Kapital sehr leicht aus der Unternehmung abziehen kann und der von vorne herein sein Risiko streuen kann, indem er sich an vielen verschiedenen Unternehmen beteiligt (vgl. *Fama* [Agency] 291).

Als Investor von Humankapital hat ein Arbeitnehmer durchaus auch ein Recht, die Verwendung seines „Eigentums" mitzukontrollieren. Eine Verankerung von Mitbestimmungsrechten in der Unternehmensverfassung kann also ebenfalls institutionenökonomisch begründet werden (vgl. *Richter/Furubotn* [Institutionenökonomik] 429 ff., *Dilger/Frick/Speckbacher* [Mitbestimmung]).

(2) Die Grenzen der Unternehmung

Die Suche nach den effizienten Grenzen der Unternehmung setzt zunächst einmal voraus, dass eine Unternehmung überhaupt als ein System mit identifizierbaren Grenzen verstanden wird. Von *Jensen/Meckling* ([Theory] 310 f.) wird dies bspw. geleugnet. Nach ihrer Meinung ist es nicht sinnvoll, Transaktionen innerhalb und außerhalb einer Unternehmung zu unterscheiden. Sie wollen damit betonen, dass es keinen Unterschied macht, ob Prinzipal und Agent am

Markt tauschen oder innerhalb einer **Hierarchie**. Nach Ansicht von *Williamson* ist dagegen der Unterschied zwischen den institutionellen Arrangements „Markt" und „Hierarchie" sehr deutlich. Deshalb ist es nach seiner Meinung auch eine sehr wichtige Entscheidung festzulegen, welche Transaktionen am Markt und welche in der Hierarchie abzuwickeln sind. Die Grenzen des Unternehmens werden von dieser Entscheidung zwischen Selbsterstellung und Fremdbezug (make or buy) betroffen. Wie bereits ausgeführt, entscheiden die Merkmale der Transaktion darüber, wie die Entscheidung ausfällt. Hochspezifische Faktoren (z.B. Einsatz von Spezialkräften) verbunden mit Unsicherheit und Häufigkeit sind Gründe für eine Internalisierung der Transaktion. Standardleistungen oder spezifische aber nur selten benötigte Leistungen werden eher fremdbezogen.

Da sowohl Markt als auch Hierarchie Vor- und Nachteile aufweisen, hält *Williamson* es für besonders interessant, sich den **hybriden Formen zwischen Markt und Hierarchie** zuzuwenden. Die Anreizvorteile einer Markttransaktion sollen so mit den Bindungsvorteilen der Hierarchie kombiniert werden. In Form von sog. vertikalen Kooperationen (Netzwerke) hat diese Zwischenform tatsächlich in den letzten Jahren deutlich an Bedeutung gewonnen. Je nach Ausgangssituation kann man darin eine Entwicklung hin zu „mehr Markt", aber auch hin zu „mehr Hierarchie" sehen. Wenn Unternehmen sich freiwillig stärker und langfristig an einen Lieferanten binden und sogar auf dessen Geschäftsführung Einfluss nehmen, ist dies mehr Hierarchie. Werden dagegen bisher unter einheitlicher Kontrolle stehende Unternehmensteile verselbständigt und zukünftig wie externe Lieferanten behandelt, ist dies mehr Markt.

Aber nicht nur die vertikalen Grenzen der Unternehmung können transaktionskostentheoretisch betrachtet werden, sondern auch die horizontalen. Mit wachsender Unternehmensgröße steigen die internen Koordinationskosten, und die Anreizverluste werden deutlicher. Daher kann es sinnvoll sein, große diversifizierte Unternehmen in **kleinere autonome Subsysteme** zu zerlegen. Auch mit dem Property-Rights-Ansatz lässt sich für kleinere Unternehmen plädieren, weil die Einheit von Eigentum und Kontrolle dort eher gegeben ist. Die agenturtheoretische Begründung für kleine Unternehmen könnte lauten: Dort funktioniert die Marktkontrolle effizienter, weil z.B. keine Quersubventionierung zwischen Geschäftsbereichen stattfinden kann.

(3) Zentralisation und Dezentralisation

Die Begriffe der Zentralisation und Dezentralisation beziehen sich im engeren Sinne auf die Verteilung der Entscheidungskompetenzen im Unternehmen. Bei vollständiger Zentralisation behält sich die Unternehmensspitze sämtliche Entscheidungen vor, bei vollständiger Dezentralisation werden alle Entscheidungskompetenzen auf die unterste Hierarchieebene verteilt (vgl. *Beuermann* [Zentralisation] 2613). In der Praxis haben beide Extremformen keine Relevanz. Vielmehr geht es bei der Organisationsgestaltung um den richtigen Grad von Entscheidungszentralisation bzw. -dezentralisation. Bei dieser Wahl sind die Vor- und Nachteile beider Lösungen zu vergleichen. Folgendes spricht **gegen eine Zentralisierung** (Zentralisierungskosten):

- Bei der Informationsweitergabe an die Unternehmensspitze entstehen Informationsverluste, weil die Agenten Informationen nicht offen und ehrlich weitergeben, wenn sie sich damit selbst schaden könnten.
- Die untergeordneten Mitarbeiter „buhlen" um die Gunst der Entscheidungsträger und binden damit nicht nur Ressourcen, sondern provozieren u.U. auch falsche Entscheidungen (influence costs; vgl. *Milgrom/Roberts* [Organization] 192f.).
- Die Unternehmensspitze kann überlastet und fachlich überfordert sein und daher die Agenten nur schlecht kontrollieren.
- Die untergeordneten Mitarbeiter werden demotiviert.

Aber auch die **Dezentralisierung hat Nachteile** (Dezentralisierungskosten):

- Bei steigender Dezentralisierung verstärkt sich die Informationsasymmetrie zugunsten des Agenten und die Gefahr von Agenturproblemen wächst. Die Anreiz- und Kontrollkosten steigen.
- Dezentrale Entscheidungen können miteinander unvereinbar sein, z.B. weil auf die gleichen knappen Ressourcen zugegriffen wird.

Man kann die Entscheidung über den **optimalen Dezentralisierungsgrad** agentheoretisch fundieren. Ein Agent wird mit Entscheidungsbefugnissen ausgestattet, um sich dessen Wissen und Können zunutze zu machen. Handlungsspielraum und Verantwortung des Agenten steigen bei zunehmender Dezentralisierung. Der Agent ist bspw. für den Gewinn eines Geschäftsbereiches verantwortlich (Profit-Center) oder sogar für Gewinn und langfristige Investitionen (Investment-Center). Wachsende Autonomie erlaubt dem Agenten natürlich auch, die zunehmende Informationsasymmetrie zu seinen Gunsten auszunutzen, sodass mehr Mittel für Anreiz- und Kontrollsysteme aufzuwenden sind. Eine exakte Quantifizierung von Zentralisierungs- und Dezentralisierungskosten ist allerdings nicht möglich. Ob man eher die Vorteile oder eher die Gefahren der Dezentralisierung betont, hängt auch vom Menschenbild ab. Der Principal-Agent-Ansatz betont aufgrund seines negativen Menschenbildes vor allem die Gefahren einer Dezentralisation. Es ist aber durchaus möglich, dass das Verantwortungsgefühl und die Motivation der Mitarbeiter durch eine weit gehende Autonomie gesteigert werden. An die Stelle der paranoiden „Alptraum-Organisation" (*Schreyögg*, [Organisation] 83) tritt dann die Vertrauensorganisation (vgl. *Probst* [Organisation] 599).

(4) Motivation der Organisationsmitglieder

Alle drei Teilansätze der NIÖ beschäftigen sich explizit mit dem Problem der Verhaltensbeeinflussung der Wirtschaftsakteure. Es wird als zentrales ökonomisches Problem gesehen, wie Vertragspartner mit konkurrierenden Interessen zu einem fairen bilateralen Austausch kommen können, wenn sie – anders als im Modell des idealen Marktes vorausgesetzt – nicht über alle Tauschbedingungen perfekt informiert sind (Informationsasymmetrie) und wenn sie auch nicht immer auf homogene Vertragspartner ausweichen können (Spezifität). Speziell innerhalb der Unternehmung kommt es zu Vertragsproblemen zwischen Arbeitgeber und Arbeitnehmer. Der Arbeitgeber hat etwa das Anliegen, den Arbeitnehmer zu ehrlicher Berichterstattung, zu Fleiß und Präzision bei der Arbeit, zu Kooperation mit den Kollegen, zu einem sorgfältigen Umgang mit den Maschinen und zur Sparsamkeit bei der Verwendung von Unternehmensressourcen zu motivieren. Der Arbeitnehmer dagegen hat aufgrund seiner verfügungsrechtlichen Position keinen „natürlichen" Grund, sich um ein solches Verhalten zu bemühen, denn der „usus fructus" seiner Arbeit fällt dem Arbeitgeber zu und die Reparatur defekter Maschinen oder den Ersatz verschwendeter Ressourcen muss er nicht selbst zahlen. Viele institutionenökonomische Überlegungen kreisen um das Problem, wie man die Organisationsmitglieder unter diesen Umständen zu dem erwünschten Verhalten bringen kann (etwa durch Miteigentum, Leistungslohn, Prämien, die Gestaltung eines attraktiven Arbeitsumfeldes).

Wenn die Motivation der Organisationsmitglieder als wichtige Organisationsaufgabe angesehen wird, dann gehört eigentlich auch die Gestaltung der **Anreizsysteme** (bspw. die Wahl einer Entlohnungsform) im weiteren Sinne zu den Aufgabengebieten der Organisation. Tatsächlich beschäftigt sich das institutionenökonomisch geprägte Organisationslehrbuch von *Milgrom/Roberts* (vgl. [Organization]) ausführlich mit verschiedenen Entgeltformen wie Stücklohn, Verkaufsprämien, Gewinnbeteiligung, Stock Options usw. Innerhalb der deutschsprachigen Betriebswirtschaftslehre ist dagegen bisher eine Art Arbeitsteilung „vereinbart", nach welcher Fragen des Personalentgelts der speziellen Betriebswirtschaftslehre „Personalwirtschaft" zugewiesen sind (vgl. z.B. *Oechsler* [Personal] 323ff.). Diese Arbeitsteilung soll hier nicht aufgehoben werden. Die NIÖ weist aber zu Recht auf den engen Abstimmungsbedarf zwischen den Subsystemen „Anreiz- und Motivationssystem" und „Organisationsstruktur" hin. Einerseits kann die Organisationsstruktur selbst mehr oder weniger motivierend wirken. So hat etwa die Chance zur Selbstverwirklichung in dezentralen Strukturen eine motivierende Wirkung (*Frese* [Grundlagen] 27). Andererseits können bestimmte monetäre Anreizformen nur dann sinnvoll eingesetzt werden, wenn die Struktur dazu die Voraussetzungen schafft. Die Entlohnung der Manager nach dem von ihnen erwirtschafteten Gewinn setzt bspw. eine Profit-Center-Struktur voraus.

In Kapitel 9 werden wir auf diese Zusammenhänge noch ausführlich eingehen. Hypothesen über die Motivationswirkung von Strukturen gehen im übrigen immer wieder auch in die Würdigung der praktischen Organisationsmodelle ein.

9 Der evolutionstheoretische Ansatz

Vertreter	Quellen	Metapher
H. E. Aldrich *B. Mc Kelvey* *M. T. Hannan* *J. Freeman*	*H. E. Aldrich*: Organizations and Environments, 1979 *B. McKelvey*: Organizational Systematics, Taxonomy, Evolution, Classification, 1982 *M. T. Hannan* und *J. Freeman*: The Population Ecology of Organization, 1977	Die Organisation wird verglichen mit einem lebendigen Organismus. Unternehmen gehören wie Lebewesen zu einer Spezies und haben einen Genotyp.

Organisationsbegriff		
institutionell	**instrumentell**	**tätigkeitsorientiert**
Die Organisation „Unternehmung" ist ein Organismus mit bestimmten Fähigkeiten.	Die Organisation, die eine Unternehmung hat, soll das Unternehmen vor einer externen Selektion schützen.	Ordnung in der Unternehmung entsteht durch Evolution (Variation, Selektion und Retention).

Menschenbild	Bevorzugte Methoden	Aktuelle Bedeutung
Der Mensch ist weitgehend blind und unwissend. Er ist ein Spielball der Evolution.	Induktives und hypothetisch-deduktives Vorgehen; Analogiebildung; empirische Forschung durch Regressionsanalyse, Clusteranalyse, Faktorenanalyse, Beobachtung, Fallstudien	• Prozesse ungeplanten Wandels in der Unternehmung • Bedeutung der Kompetenzen für die Überlebensfähigkeit der Unternehmung • Überlegungen zu einem evolutionären Management

9.1 Vertreter und wichtige Quellen

Das zentrale Thema des Ansatzes ist die Frage nach dem **organisationalen Wandel.** Wie werden Organisationen gegründet, wie verändern sie sich, warum sterben sie? In den bisher präsentierten Ansätzen dominierte die Vorstellung, dass Organisationen bewusst und planvoll von bestimmten Individuen geschaffen und verändert werden. Bei einer Änderung der situativen Bedingungen wird bspw. die Struktur zielgerichtet angepasst, um den „Fit“ zwischen Umwelt und Struktur wieder herzustellen. Der evolutionstheoretische Ansatz behauptet dagegen, dass es nicht einzelne Individuen (die Organisatoren) sind, die Organisationen gestalten. Organisationen entwickeln sich vielmehr evolutionär, indem unpassende Varianten durch die Umwelt selektiert und passende Varianten bewahrt werden (survival of the fittest).

Am striktesten schließt der **„Population-Ecology-Ansatz“** an die biologische Evolutionstheorie an. Der Ansatz betrachtet die Entwicklung von sog. Populationen ähnlicher Organisationen. Veränderungen der Population ergeben sich vor allem aus der Neugründung und dem Untergang ganzer Organisationen. Eine gezielte Veränderung innerhalb von Organisationen wird für sehr schwierig gehalten. Wichtige Vertreter des populationsökologischen Ansatzes sind *Aldrich* ([Organizations]), *McKelvey* ([Systematics]), *McKelvey/Aldrich* ([Populations]) und *Hannan/Freeman* ([Population] und [Ecology]).

Innerhalb des breiten Themas „organisationale Evolution“ stellt die Populationsökologie nur einen Teilaspekt dar. In den anderen Teilansätzen geht es eher um die Evolution **innerhalb** von einzelnen Unternehmen, um die Evolution von Regeln, Handlungs- und Erklärungsmustern, welche die Organisationen vor einer Selektion durch die Umwelt gerade bewahren soll. *Nelson* und *Winter* ([Theory]) beschäftigen sich bspw. mit der evolutionären Entstehung von Handlungsroutinen in Organisationen. *Weick* ([Prozess]) thematisiert die Evolution von Wahrnehmungs- und Erklärungsmustern.

9.2 Organisationsbegriff und Metapher

Evolutionstheoretische Ansätze beschäftigen sich zunächst einmal mit dem Prozess des Organisierens. Anders als beim traditionellen tätigkeitsorientierten Organisationsbegriff wird allerdings dieser Prozess nicht als gezielte Tätigkeit eines bestimmten Organisators angesehen, sondern als größtenteils **unkontrollierbare und unvorhersehbare Systementwicklung:** „Managers, or other people in organizations, do not have much if any control of organizational success – they essentially generate variations, some of which are selected favorably, and a selected organizational form is an accumulation of favorably selected variations" (*McKelvey* [Systematics] 448). Organisieren heißt also vor allem, Variationen zu produzieren, um der Evolution Ansatzpunkte für eine Weiterentwicklung zu liefern. Diese Art von Organisieren wird bildlich verglichen mit der Abfahrt eines Skifahrers, der ein Rennen gewinnen will. Er muss gut trainiert sein, die Technik beherrschen und Talent haben, aber das garantiert nicht den Erfolg. Es gewinnt, wer mit vollem Risiko fährt und die Kontrolle teilweise aufgibt (vgl. *McKelvey* [Systematics] 448).

Das Resultat des Organisierens ist die organisationale Form, die ein Unternehmen hat. Diese organisationale Form (organizational form; vgl. *McKelvey* [Systematics] 444 f.) wird sehr weit definiert und umfasst sowohl die Organisationsstruktur als auch Technologie, Prozesse, Fähigkeiten, Verhaltensweisen usw. Sie kann auch als **Bündel von Kompetenzen** angesehen werden (vgl. *McKelvey* [Systematics] 196). Ein Unternehmen mit einer bestimmten organisationalen Form ist vergleichbar mit einem individuellen **Organismus.** In Anlehnung an die Biologie bezeichnet man die äußere Gestalt einer Organisation als ihren „Phänotyp". Das Bündel von Kompetenzen, das diesen speziellen Organismus auszeichnet, ist der „Genotyp" („The comps play the same genotypic role as the genetic material of biological organisms"; *McKelvey* [Systematics] 197). Der Vergleich von Organisationen mit Lebewesen wird sehr weit getrieben. Organisationen werden bspw. geboren, sie werden erwachsen, kämpfen ums Überleben, pflanzen sich fort und sterben.

Die eigentliche evolutionäre Weiterentwicklung findet nach Ansicht der Populationsökologen nicht auf der Ebene einzelner Organisationen statt, sondern auf der Ebene von **Populationen.** Eine Population entspricht in etwa dem, was im Tierreich als „Spezies" bezeichnet wird. Tiere einer Spezies sind äußerlich sehr ähnlich (Phänotyp), verfügen über sehr ähnliche erbliche Informationen (Genotyp) und kreuzen sich. Sie teilen einen gemeinsamen Genpool und besetzen eine ökologische Nische. Auf Organisationen übertragen gehören alle Organisationen zu einer Population, die sich in ihrer organisationalen Form ähneln (Phänotyp), über ein ähnliches Set von Kompetenzen verfügen (Genotyp) und diese Kompetenzen austauschen. Sie teilen einen gemeinsamen **„Comppool"** und sind an eine bestimmte Umwelt angepasst. Jedes einzelne Mitglied der Population ist von jedem anderen in Teilen verschieden. Dennoch sind die Mitglieder in der Population relativ homogen und deutlich verschieden von Mitgliedern anderer Populationen. So wie man Löwen von Zebras unterscheiden kann, lässt sich bspw. die Population der Restaurants von jener der Automobilhersteller unterscheiden. Der „Comppool" einer Population wird im Laufe der Zeit immer homogener und immer besser an die jeweilige Umwelt angepasst. Dies geschieht vor allem über die Selektion (den Untergang) jener Organisationen, die nicht über die „richtigen" Kompetenzen verfügen.

9.3 Zentrale Aussagen

9.3.1 Grundprinzipien der Evolution

Allen evolutionstheoretischen Ansätzen gemeinsam ist das Modell der natürlichen Auslese, wie es von *Darwin* entwickelt wurde. Von *McKelvey/Aldrich* ([Populations] 114 f.) werden folgende **vier Prinzipien** zur Kennzeichnung des Evolutionsmodells herangezogen:

1. **Prinzip der Variation:** In jeder Unternehmung/Population finden ständig Veränderungen statt, sei es gewollt oder zufällig und „blind".
2. **Prinzip der Selektion:** Veränderungen, die nutzlos oder gar schädlich sind, führen zum „Tod" der Organisation oder des organisationalen Subsystems. Umgekehrt erhöhen gute Variationen die Überlebenschancen der Organisation/des Subsystems.
3. **Prinzip der Retention (Bewahrung und Weitergabe):** Nützliche Variationen müssen gespeichert und an folgende Generationen weitergegeben werden.
4. **Prinzip des Existenzkampfes:** Nur wenn die Ressourcen knapp sind, findet eine Selektion weniger gut angepasster Organisationen statt. In sehr reichhaltigen Umwelten (z.B. mit viel staatlicher Unterstützung) können dagegen auch Schwächere überleben.

In den Einzelheiten unterscheiden sich die Teilansätze dann allerdings. Wir unterscheiden im Folgenden die populationsorientierte Evolutionstheorie und die unternehmensorientierte Evolutionstheorie.

9.3.2 Populationsorientierte Evolutionstheorie

Hannan/Freeman ([Population] 930 ff.) betonen, dass die einzelnen Organisationen sich nur sehr wenig an Umweltveränderungen anpassen können. Darin ähneln die Organisationen Lebewesen, die sich auch nicht neue Organe zulegen können, wenn es die Umwelt erfordert. Die Gründe für die geringe Anpassungsfähigkeit liegen in mikropolitischen Manövern intraorganisationaler Interessengruppen, unvollkommener Information über Zweck-Mittel-Zusammenhänge und der **organisationalen Trägheit** (organizational inertia). Organisationen weisen ein großes Beharrungsvermögen auf, weil sie an bestimmte Technologien gebunden sind, das Personal spezialisiert ist, das Informationssystem auf die bestehenden Aktivitäten und Umweltsegmente fokussiert ist, durch soziale Strukturen gemeinsame Werte und Routinen entstanden sind usw. Eine Änderung des „Genpools" einer Population ist also nur möglich, indem neue Organisationen „geboren" werden und bestehende Organisationen „sterben": „Population ecology theory holds that most of the variability in organizational structure comes about through the creation of new organizations and organizational forms and the replacement of old ones" (*Hannan/Freeman* [Inertia] 150). Welche Organisationen eine Überlebenschance haben, entscheidet die Umwelt: „From a population ecology perspective, it is the environment which optimizes" (*Hannan/Freeman* [Population] 939).

Bei *McKelvey* ([Systematics] 196 ff.) setzt die **Variation** und **Selektion** dagegen nicht an den Organisationen als Ganzheiten an, sondern an einzelnen **organisationalen Kompetenzen** (sog. „Comps"). Das einzelne Unternehmen besitzt ein Bündel an Kompetenzen, beherrscht bspw. bestimmte Technologien, hat eine effiziente Struktur, gute Führungstechniken, Verfahrensweisen, Informationssysteme, Kontrollsysteme. Diese Kompetenzen sind in den Organisationsmitgliedern „verkörpert". Variationen ergeben sich aus neuen Ideen der Organisationsmitglieder, die zu gezielten Veränderungen führen, aber auch aus blindem, zufälligem Herumprobieren. Eine weitere Quelle der Variation ist der Wechsel der Organisationsmitglieder. Ein ausscheidendes Organisationsmitglied nimmt sozusagen Kompetenzen aus der Organisation heraus, ein neu eintretendes Mitglied bringt eigene Kompetenzen und Fähigkeiten mit.

Die **Selektion** findet auf unterschiedliche Art und Weise statt. Manche Varianten werden bewusst und überlegt in Entscheidungsprozessen ausgeschieden. Andere scheitern an informalen Barrieren; sie werden sozusagen unbewusst vom System selektiert. Ob die Organisation intern die richtigen Varianten selektiert hat, zeigt sich wiederum darin, ob das Unternehmen von der Umwelt selektiert wird, oder ob es überlebt. Im Tierreich verbreiten sich erfolgreiche Gene dadurch, dass die überlebenden Tiere mehr Chancen haben, ihre Gene an Nachkommen weiterzugeben. Im populationsökologischen Ansatz wird ein analoger Mechanismus bei der Weitergabe „guter Comps" festgestellt. Erfolgreiche Unternehmen werden genauer beobachtet, ihre Verfahrensweisen werden in Fallstudien vorgestellt, ihre Mitglieder werden abgeworben, ihre Führungskräfte werden zu Konferenzen eingeladen (vgl. *McKelvey/Aldrich* [Populations] 113). In der Folge verbessert sich der „Comppool" ständig (**Retention**). Allerdings verbreiten sich die Kompetenzen nur innerhalb einer Population. Ideen aus anderen Populationen werden erst gar nicht wahrgenommen oder nicht für nützlich gehalten. Innerhalb einer Population werden die Organisationen im Laufe der Zeit homogener. Es gibt höchstens zwei, drei Überlebenspfade in einer bestimmten Umwelt (vgl. *McKelvey* [Systematics] 111). Die Umwelt ist die Ursache für eine organisationale Form (vgl. *McKelvey* [Systematics] 446) und es gibt wenig Freiheitsgrade der Gestaltung.

9.3.3 Unternehmensorientierte Evolutionstheorie

Der populationsökologische Ansatz interessiert sich für das Werden, Wachsen und Vergehen von Populationen ähnlicher Organisationen. Zur Verbesserung des „Genpools" der Population wird auch der „Tod" von einzelnen Organisationen akzeptiert. Aus betriebswirtschaftlicher Sicht wäre eigentlich wichtiger zu wissen, ob einzelne Unternehmen „fitter" sind als andere und warum: „Differences in fitness at the organization level are, ..., central to the evolutionary view in economics" (*Winter* [Survival] 286).

Die zentrale Frage einer unternehmensorientierten Theorie (im Kontrast zu einer populationsorientierten Theorie) ist: **„Why do firms differ?"** (vgl. *Nelson* [Firms]; *Carroll* [Firms]). Es wird auf die Beobachtung verwiesen, dass auch sehr unterschiedliche Unternehmen in derselben Umwelt überleben können (vgl. *Nelson* [Firms] 248) und dass die Unternehmen weit davon entfernt sind, durch die Umwelt determiniert zu sein. Was die Unternehmen voneinander unterscheidet, sind die „routines" (*Winter* [Survival] 274 ff.) oder „capabilities" (*Nelson* [Firms] 258 ff.), das einmalige Know-how, das spezifische Wissen und Können, die unersetzliche Erfahrung, die besonderen Kompetenzen. Diese Fähigkeiten entwickeln sich evolutionär, enthalten verborgenes Wissen und sind sozial eingebettet. Sie können nicht ohne weiteres bewusst hergestellt oder von anderen kopiert werden. Sie entwickeln sich zum großen Teil ohne bewusste Kontrolle, aber nicht beliebig.

Eine Strategie gibt zumindest grob den Entwicklungspfad vor, der beschritten werden kann. Und dieser Strategie folgt eine Struktur, die zur Umsetzung der

Strategie geeignet ist. Man sollte sich allerdings die Etablierung einer Organisationsstruktur nicht einfach als rationale Wahl vorstellen: „New modes of organization aren't simply 'chosen' when circumstances make them appropriate. They, ..., evolve in a manner that is foreseen only dimly" (*Nelson* [Firms] 266). Organisationsstrukturen entwickeln sich aus Experimenten und Lernprozessen, und es gibt sehr wenig gesichertes Wissen über die beste Art von Struktur. Aber, und das ist ein wichtiger Unterschied zum Population-Ecology-Konzept (vor allem in der Interpretation von *Hannan/Freeman*), **es gibt gezielten Wandel** auf der Ebene der einzelnen Unternehmen (*Winter* [Survival] 292 f.). Organisatoren haben nicht die volle Voraussicht und das komplette Wissen, um Strukturen planvoll zu optimieren, aber sie können im Laufe der Zeit dazulernen.

9.4 Menschenbild

Das Menschenbild des evolutionstheoretischen Ansatzes hat Ähnlichkeit mit dem der verhaltenswissenschaftlichen Entscheidungstheorie. Betont wird vor allem die geringe Rationalität der Organisationsmitglieder und die Unvorhersehbarkeit individuellen Verhaltens. Langeweile, Vergesslichkeit, Bosheit, Kreativität, Launenhaftigkeit, all das spielt im Handeln von Menschen eine Rolle (vgl. *Aldrich* [Organizations] 87). Und selbst wenn die Menschen beabsichtigen rational zu handeln, dann produzieren sie letztlich nichts als **blinde Versuche.** *McKelvey* (vgl. [Systematics] 112, 115) vergleicht die Organisationsmitglieder mit einer Gruppe Sträflinge, die bei Dunkelheit über ein Minenfeld laufen und mit Wanderern, die sich im Wald verirren. Niemand weiß im Voraus, wer überlebt und wer nicht.

Können und Wissen spielen eine relativ geringe Rolle. Die Menschen sind letztlich nichts als eine Quelle von Variationen (vgl. *McKelvey* [Systematics] 448), die von der Umwelt selektiert werden. Dieses Menschenbild passt zum biologischen Evolutionsprozess, in welchem ja auch die einzelnen Organismen nicht in der Lage sind, sich willentlich an neue Umweltbedingungen anzupassen. Rationalität, Vernunft und Voraussicht der Menschen müssen gering geschätzt werden, wenn die Umwelt entscheidet. Letztlich scheint aber auch den Populationsökologen nicht so ganz wohl zu sein bei der Vorstellung, dass die Menschen völlig blind und hilflos zum **Spielball der Umwelt** werden. *McKelvey* ([Systematics] 446 ff.) hält es für möglich, dass einzelne Manager besser als andere in der Lage sind, die „richtigen" Variationen zu erzeugen. Außerdem sollten sie ständig ihr Können und Wissen verbessern: „Manager have to be purposeful, highly-talented, hard-working, and all of these other good things associated with nonalienated, useful people" (*McKelvey* [Systematics] 448). Training von Kompetenzen und Bemühen um Rationalität garantieren keinen Erfolg, erhöhen aber doch die Chancen, erfolgreiche Variationen hervorzubringen. Auch *Aldrich* warnt davor, die Organisationsmitglieder von aller Verantwortung für die Folgen ihres Tuns freizusprechen. Die Konsequenzen bestimmter Handlungsweisen sind durchaus vorhersehbar: „External constraints do not rob self-conscious persons of all their freedom" (*Aldrich* [Organizations] 87).

Autoren, die sich stärker mit der innerorganisationalen Evolution beschäftigen und weniger mit der populationsökologischen Perspektive, schätzen die Möglichkeiten zielgerichteten, rationalen Handelns insgesamt besser ein. Manager in Organisationen verfolgen eine bestimmte Strategie, und sie bemühen sich, dazu passende Strukturen und Kompetenzen aufzubauen. Dies gelingt keineswegs vollkommen und problemlos. Erfolgreiche Routinen können nur langsam und evolutionär entwickelt werden, und die Welt ist zu komplex, um genau vorherzusehen, welche Entwicklung langfristig in die richtige Richtung führt. Die Menschen sind aber lernfähig. Sie können sich zumindest begrenzt zielgerichtet an Umweltveränderungen anpassen. Und sie sind erfinderisch genug, aktiv unterschiedliche „Überlebenspfade" in einer gegebenen Umwelt zu kreieren (vgl. *Nelson* [Firms] und *Winter* [Survival]).

9.5. Methoden

Der populationsökologische Ansatz sucht nach einer Theorie „mittlerer Reichweite" (vgl. *McKelvey* [Systematics] 169). Das Credo lautet: Nicht alle Organisationen sind gleich, sodass keine generellen Aussagen möglich sind. Aber es sind auch nicht alle Organisationen verschieden, mit der Folge lediglich singulärer Aussagen. Es gibt vielmehr Populationen relativ ähnlicher Organisationen, für welche theoretische Erkenntnisse gewonnen werden können.

Zunächst sind solche Populationen zu bestimmen. Relative Ähnlichkeit bedeutet, dass die Organisationen zwar viele Merkmale gemeinsam haben, aber dass keine zwei Organisationen völlig identisch sind. Diese Vorgehensweise ähnelt der schon früher besprochenen **Typenbildung**. Gegen die gedankliche Konstruktion von Idealtypen grenzt *McKelvey* seine Vorgehensweise jedoch ab (vgl. [Systematics] 40). Nach seiner Meinung müssen durch empirische Forschung real existierende Populationen gefunden werden (vgl. *McKelvey/Aldrich* [Populations] 110).

Diese empirische Forschung beginnt nicht völlig theorielos. Es gibt bestimmte Merkmale, nach denen Organisationen sozusagen „auf den ersten Blick" zumindest grob einer Population zugeteilt werden können. Das wichtigste Merkmal ist die primäre Aufgabe (Sachaufgabe). Idealerweise sollte man Populationen danach abgrenzen, ob sie einen gemeinsamen „Comppool" teilen, was einem gemeinsamen „Genpool" bei einer Population von Lebewesen entsprechen würde. Aber so wie man auch Lebewesen zunächst nur nach äußeren Ähnlichkeiten gruppiert, so werden auch Organisationen zu einer Population zusammengefasst, die sich offensichtlich ähneln, weil sie die gleiche Aufgabe erfüllen. Eine Population entspricht nach dieser ersten Einteilung ungefähr einer Branche. Zum Beispiel gehören Krankenhäuser, Gefängnisse, Hotels, Universitäten und Chemieunternehmen offensichtlich zu jeweils verschiedenen Populationen (vgl. *McKelvey* [Systematics] 260 f.). Diese erste grobe Einteilung müsste allerdings noch verfeinert werden. So gibt es sehr unterschiedliche Krankenhäuser; große Universitätskliniken können nicht ohne weiteres mit kleinen Privatkliniken oder Rehabilitationskliniken in einen Topf geworfen werden (vgl. *McKelvey* [Systematics] 342).

Eine feinere Gruppenbildung sollte durch quantitative Methoden unterstützt werden, wie **Regressionsanalyse, Faktorenanalyse** und **Clusteranalyse.** Das größte Problem besteht darin, die „richtigen" Merkmale auszuwählen, anhand derer Unterschiede und Ähnlichkeiten zwischen Organisationen quantitativ gemessen werden sollen. Es gibt sehr unterschiedliche Listen solcher Merkmale. Die Anzahl der einbezogenen Merkmale schwankt zwischen 16 und 300. Manche Forscher beschäftigen sich vor allem mit Unterschieden in der formalen Struktur (z.B. die sog. Aston-Gruppe, die beim situativen Ansatz bereits erwähnt wurde, vgl. S. 84), andere beziehen technologische, soziologische und psychologische Merkmale in den Vergleich mit ein. Ob und wie einzelne Merkmale gewichtet werden sollen, ist ebenso umstritten wie die Art der Operationalisierung. Die enormen Schwierigkeiten bei der empirischen Abgrenzung von Populationen führen zu dem Ergebnis: „... since widely accepted, empirically based species of organizations are not yet identified" (*McKelvey* [Systematics] 372).

Während *McKelvey* sich ausführlich mit dem Problem beschäftigt, wie Populationen abgegrenzt werden könnten, widmen sich andere Forscher eher den Fragen, wie sich einzelne Populationen entwickeln, warum sie bspw. schrumpfen oder wachsen und ob die Sterberate von Organisationen systematisch mit bestimmten Merkmalen zusammenhängt. Folgende **Hypothesen** wurden bspw. aufgestellt:

- Junge Organisationen sterben eher als alte (liability of newness).
- Kleine Organisationen sind gefährdeter als große.
- Stabile, träge, routinierte Organisationen (die zugleich oft groß und alt sind) überleben leichter als solche, die oft reorganisieren.
- Spezialisierte Unternehmen sind den „Generalisten" überlegen, solange die Umwelt relativ stabil ist. Sie sind auch dann noch überlegen, wenn die Umwelt schnell zwischen sehr unterschiedlichen Zuständen wechselt (fine-grained variation), weil sie die widrigen Umweltzustände einfach „aussitzen". Bei nachhaltigen, langfristigen Umweltveränderungen sind Generalisten im Vorteil, die sich einer neuen Situation besser anpassen können.
- Innovatoren haben es besonders schwer, weil ihnen selbst und auch der Umwelt (z.B. den Kunden und Lieferanten) die Erfahrung fehlt. Es ist daher anzunehmen, dass eine neue Population zunächst langsam wächst. Dann folgt eine stürmische Wachstumsphase, in welcher zunehmende Routine und Effizienzsteigerung zu verzeichnen sind. Da die Ressourcen, die der Population zur Verfügung stehen, begrenzt sind, verlangsamt sich das Wachstum mit stärker werdender Konkurrenz. Die Sterberaten steigen.

Solche Hypothesen sind empirisch getestet und auch z.T. bestätigt worden, bspw. für die Halbleiterindustrie (vgl. *Freeman* [Ecological]). Aktuell scheinen sie auch auf die Unternehmen der sog. New Economy zu passen. Es gibt aber auch widersprüchliche und ebenfalls **empirisch bestätigte Thesen**:

- Die **„liability of adolescence"**-These besagt, dass Organisationen nicht in den ersten Jahren nach ihrer Gründung besonders gefährdet sind, sondern erst nach einigen Jahren, wenn der Schwung und die Begeisterung der Gründerjahre verbraucht sind (vgl. *Aldrich, Staber, Zimmer, Beggs* [Minimalism] 28).
- Neben der These von der besonderen Gefährdung kleiner Unternehmen wird auch die **These von der geringen Überlebensfähigkeit mittelgroßer Unternehmen** vertreten. Große und kleine Unternehmen kreieren sozusagen ihre jeweils eigenen Nischen in der Umwelt, während die mittleren Unternehmen nach beiden Seiten um Ressourcen kämpfen müssen (vgl. *Hannan/Freeman* [Population] 946).
- Mit wachsendem Alter und zunehmender Trägheit können Unternehmen auch wieder einem erhöhten Sterberisiko unterliegen (**„liability of aging"-These**; vgl. *Aldrich/Auster* [Liability]).

Die **empirischen** Tests sind i.d.R. so angelegt, dass für eine bestimmte Population (bspw. amerikanische Gewerkschaften, irische Zeitungen) die Sterberate in Abhängigkeit von bestimmten Merkmalen gemessen wird. Da es um langfristige Entwicklungen geht, werden lange Zeitreihen (100 bis 150 Jahre sind keine Seltenheit) zugrundegelegt. Die untersuchte Grundgesamtheit ist i.d.R. recht groß (vgl. z.B. *Carroll/Hannan* [Density]). Es fällt auf, dass die Abgrenzung der Population i.d.R. nicht problematisiert wird. Eine Population scheint im Grunde das Gleiche zu sein wie eine Branche (industry). Wie *Hannan/Freeman* (vgl. [Ecology] 62 f.) einräumen, verlassen sie sich bei ihren Abgrenzungen von Populationen auf „conventional wisdom" und „native classifications". Außerdem wird eigentlich nicht nach populationsspezifischen, sondern nach generellen Regelmäßigkeiten gesucht (vgl. *Carroll/Hannan* [Density] 104).

Eine populationsspezifische Theorie mittlerer Reichweite, wie sie von *McKelvey* intendiert war, kann aus solchen empirischen Untersuchungen nicht abgeleitet werden. Die Befunde sind sehr allgemein und als **Basis für Gestaltungsempfehlungen kaum geeignet.** Was nützt z.B. die Erkenntnis, dass ein Unternehmen am besten alt, groß und kompetent werden sollte, weil dann das Sterberisiko sinkt? Die zentrale Frage ist doch, wie man langfristiges Überleben, Wachstum und Kompetenzenaufbau gezielt ansteuern kann. Da der populationsökologische Ansatz die Möglichkeiten gezielter Anpassung grundsätzlich sehr gering einschätzt, ist er an der Beantwortung dieser Gestaltungsfrage wenig interessiert.

Forscher, die sich mit der evolutionären Entwicklung in einzelnen Organisationen beschäftigen, setzen weniger auf groß angelegte, quantitative empirische Untersuchungen, sondern mehr auf die **beispielhafte Beschreibung einzelner Unternehmungen** und der in ihnen ablaufenden evolutionären Prozesse (vgl. z.B. *Nelson/Winter* [Theory]). Durch Variation und Selektion bilden sich in der Organisation die Fähigkeiten und Routinen aus, die zur Umwelt passen. Am weitesten entfernt sich *Weick* ([Prozess]) von der Methodik der quantitativen empirischen Organisationsforschung. Er beschreibt die evolutorische Entwicklung von Organisationen mit Hilfe von Metaphern, Aphorismen, Gedichten und Alltagsgeschichten. Auf diese Weise erzeugt er vor allem ein intuitives Verständnis dafür, wie fragwürdig die Vorstellung von einer vollkommen rationalen, gezielten Organisationsgestaltung ist.

9.6 Aktuelle Bedeutung

(1) Organisationaler Wandel

Inwieweit können Organisationen überhaupt gezielt verändert und aktiv an neue Umweltentwicklungen angepasst werden? Evolutionstheoretiker behaupten, dass die gezielte Machbarkeit von Organisationen geringer ist, als normalerweise angenommen wird. Vor allem im populationsökologischen Ansatz wird die Kontroverse „Anpassung oder Selektion" zugunsten der Selektion entschieden. Wenn auch die Position extrem erscheinen mag, dass gezielte Anpassung aufgrund der organisationalen Trägheit (structural inertia) so gut wie gar nicht möglich sei, so ist doch nicht zu leugnen, dass der **geplante organisationale Wandel** tatsächlich ein **schwerfälliger** und **problembeladener** Prozess ist. Organisationen sind in vielfältiger Weise an das gebunden, was sie in der Vergangenheit gemacht haben. Sie haben etablierte Verbindungen zu Kunden und Lieferanten, verwenden bestimmte Technologien, die Organisationsmitglieder haben Routinen und Kompetenzen aufgebaut, eine Kultur ist gewachsen, all das kann nicht beliebig und von heute auf morgen geändert werden. Die entscheidungslogische Vorstellung, dass bspw. eine optimale Organisationsstruktur aus einem breiten Menü von Alternativen rational ausgewählt und dann einfach implementiert werden kann, ist aus Sicht der Evolutionstheorie äußerst fragwürdig (vgl. *Nelson/Winter* [Theory] 134).

Sind die Organisationen in sich völlig wandlungsunfähig, dann ist eine Weiterentwicklung nur auf der Ebene der Population möglich. Aus betriebswirtschaftlicher Sicht ist dieser Befund unbefriedigend, denn kein Unternehmen ist daran interessiert unterzugehen, um damit den „Genpool" der Population zu verbessern. Was aber erhöht die **innerorganisationale Wandlungsfähigkeit**? Evolutionstheoretiker empfehlen vor allem die Ausweitung der Varietät, um den Evolutionsprozess in Gang zu halten. Organisationen sollten schwatzhaft, ungeschickt, abergläubisch, heuchlerisch, ungeheuerlich, übellaunig und abschweifend sein, lauten die überraschenden Empfehlungen (vgl. *McKelvey/Aldrich* [Populations] 122). Blindes Herumprobieren, viele Experimente und selbst Fehler und Irrtümer sind nach dieser Sichtweise vorteilhaft, weil dabei auch immer günstige Varianten auftauchen können. Die Umwelt erhält mehr Angebote zur Selektion.

Die Empfehlung des **permanenten Experimentierens** widerspricht allerdings dem Befund der strukturellen Trägheit. Offensichtlich besteht ein Bedürfnis nach Verlässlichkeit und Stabilität der Verhältnisse, sowohl unter den Organisationsmitgliedern als auch aus Sicht des organisatorischen Umfeldes. Ein gewisses Maß an Beharrungsvermögen erhöht die Überlebenschancen (vgl. *Hannan/Freeman* [Inertia] 155).

Zwischen völliger Starrheit, Rigidität und Überorganisation auf der einen Seite und pausenlosem Experimentieren und Variieren auf der anderen Seite sollte ein **Mittelweg** gefunden werden. Ebenso erscheint eine mittlere Position zwischen den Extremen der vollkommen rationalen, optimierenden Organisationsgestaltung und dem völlig blinden und hilflosen Herumprobieren angemessen. „Not all variations are blind" räumt auch *McKelvey* ein ([Systematics] 449). Warum sollte man sich auch überhaupt bemühen, eine Theorie mittlerer Reichweite für einzelne Populationen zu entwickeln, wenn nicht, um sie dann zur gezielten Gestaltung einzusetzen? Zumindest innerhalb einer Population können Manager voneinander lernen. Sie können versuchen, erfolgreiche Varianten zu kopieren, sie können gezielt Personal mit Erfolg versprechenden Kompetenzen abwerben und planmäßig Varianten selektieren, die sich nicht bewähren (vgl. *McKelvey/Aldrich* [Populations] 120 ff.). Der Evolutionsprozess aus Variation, Selektion und Retention wird dann zum Lernprozess aus Versuch, Irrtum und Speicherung der Erfahrungen in der organisationalen Wissensbasis.

Dieses **Lernpotenzial** der Unternehmung hat nach der Einschätzung von *Kieser/Woywode* ([Ansätze] 272 f.) im Laufe der Geschichte beträchtlich zugenommen. Die Durchlässigkeit der Grenzen zwischen den Unternehmen verschiedener Populationen hat sich erhöht. Das Konzept des „Benchmarking" geht z.B. davon aus, dass man die besten Praktiken durchaus auch von branchenfremden Unternehmen kopieren kann.

Zusammenfassend kann man sagen: Der Prozess organisationalen Wandels vereinigt Aspekte gezielter rationaler Gestaltung, blinder Versuche und Zufälle und organisationalen Lernens. Das Verdienst der evolutionstheoretischen Ansätze besteht vor allem darin, dass sie auf die **Grenzen der gezielten Machbarkeit** aufmerksam gemacht haben.

(2) Kernkompetenzen

Was Unternehmen voneinander unterscheidet und in ihrer Umwelt mehr oder weniger erfolgreich sein lässt, sind ihre jeweiligen Kompetenzen. Die passenden Kompetenzen schützen die Unternehmung vor einer externen Selektion. Die

Kompetenzen haben sich in der Organisation durch Evolution und Lernen entwickelt.

Geht man von einem Umweltdeterminismus aus, der in jeder Umwelt nur **einen einzigen Überlebenspfad** zulässt, müssen die Unternehmen einer Population in ihrem **Kompetenzenprofil** nach und nach immer homogener werden. Offensichtlich gibt es in der Realität aber unterschiedliche Möglichkeiten, in der gleichen Umwelt erfolgreich zu sein. Auch die Mitglieder einer Branche unterscheiden sich in ihren Kompetenzen (vgl. *Nelson* [Firms] 248). Aus der Sichtweise des **„Resource Based View"** liegen die entscheidenden Wettbewerbsvorteile einzelner Unternehmen in ihren jeweils besonderen Kernkompetenzen. Eine Verbindung zwischen dem Konzept der Kernkompetenzen und der Gestaltung der Organisation ergibt sich in zweierlei Hinsicht. Bei der Gestaltung der **Grenzen der Organisation** ist zu berücksichtigen,

- dass beim Auslagern von Aktivitäten aus dem Unternehmen (Outsourcing) keine zentralen Kompetenzen ausgehöhlt werden sollten;
- dass bei einer Erweiterung des Tätigkeitsspektrums (Diversifikation) bestehende Kernkompetenzen genutzt werden sollten;
- dass lerninduzierte Partnerschaften (strategische Netzwerke) dazu dienen sollten, Kompetenzen mit dem Partner gleichgewichtig auszutauschen (vgl. *Rasche* [Kernkompetenzen] 290 ff.).

Die **unternehmensinterne Strukturgestaltung** sollte die Entwicklung von Kernkompetenzen unterstützen. Insofern die Kompetenzen erlernt werden, bedeutet dies, eine „lernende Organisation" aufzubauen (vgl. *Raub/Büchel* [Lernen]). Entstehen die Kompetenzen evolutionär, sollte die Struktur eine Evolution begünstigen, also z.B. offen sein für Variationen (vgl. *Nelson/Winter* [Theory]).

10 Der interpretative Ansatz

Vertreter	Quellen	Metapher
P. Berger *T. Luckmann* *K. E. Weick* *M. Wollnik* *T. E. Deal* *A. A. Kennedy* *E. H. Schein*	*P. Berger* und *T. Luckmann*: Die gesellschaftliche Konstruktion der Wirklichkeit, 16. A., 1999 *K. E. Weick*: Der Prozess des Organisierens, 2. A., 1998 *M. Wollnik*: Interpretative Ansätze in der Organisationstheorie, 1993 *T. E. Deal* und *A. A. Kennedy*: Corporate Cultures, 1982 *E. H. Schein*: Organizational Culture and Leadership,1985	Die Organisation wird verglichen mit einer Gesellschaft oder einem Volksstamm mit einer bestimmten Kultur. Die Organisationsmitglieder agieren wie Schauspieler nach einem Drehbuch.

Organisationsbegriff		
institutionell	**instrumentell**	**tätigkeitsorientiert**
Die Organisation „Unternehmung" ist eine Minigesellschaft mit einer bestimmten Kultur.	Die Organisation, die eine Unternehmung hat, soll Mehrdeutigkeiten in den Interpretationen reduzieren und Konsens fördern.	Ordnung in der Unternehmung entsteht durch Aushandlungs-, Lern- und Evolutionsprozesse.

Menschenbild	Bevorzugte Methoden	Aktuelle Bedeutung
Der Mensch ist weltoffen und bildbar sowie sozial. Er hat ein Interesse an Ordnung und intersubjektiver Verständigung.	Induktion; Phänomenologie und Hermeneutik; empirische Forschung durch Beobachtung, Tiefeninterviews, Rollenspiele	• Bedeutung der Organisationskultur • Problematik einer objektivistischen Organisationsforschung

10.1 Vertreter und wichtige Quellen

Die sozialwissenschaftlich orientierte Organisationstheorie versucht i. Allg., das Handeln von Menschen in Organisationen zu erklären, um darauf Prognosen und Gestaltungsempfehlungen aufzubauen. Für die Gestaltung wäre es ideal, Gesetzmäßigkeiten zu finden für das Verhältnis von Struktur und Verhalten nach dem Grundmuster eines Reiz-Reaktion-Schemas: Die Organisationsmitglieder reagieren eindeutig messbar auf die objektiv gegebenen organisationalen Merkmale.

Der interpretative Ansatz stellt die mit dieser Vorgehensweise verbundenen Annahmen fundamental in Frage. Nach Ansicht seiner Vertreter gibt es gar keine „objektive" organisationale Wirklichkeit, die den Organisationsmitgliedern sozusagen von außen entgegentritt. Die Organisationswirklichkeit wird vielmehr von den Organisationsmitgliedern selbst fortlaufend **konstituiert durch Interpretation** und Interaktion. Alle Zustände, Ereignisse und Regeln werden **als** etwas verstanden; sie werden mit Bedeutungen versehen, die der physikalischen Messung unzugänglich sind. Durch Kommunikation entstehen intersubjektiv geteilte Bedeutungsmuster, welche die Interpretationsoffenheit für die Individuen teilweise einschränken und den Anschein erwecken, dass es die eine objektive Wirklichkeit „da draußen" gibt.

Die Einordnung des interpretativen Ansatzes in die Organisationstheorie ist eigentlich irreführend, weil es eher um eine **wissenschaftstheoretische Grundsatzposition** geht, die in unterschiedlichen konkreten Aussagenzusammenhängen eine Rolle spielen kann. Diese Position wird als „subjektivistisch" bezeichnet oder auch als **„Konstruktivismus"**. Es gibt daher auch eine Vielzahl interpretativer Ansätze und es kann schwerlich ein „Begründer" genannt werden. Im Folgenden wird vor allem auf den soziologischen Grundlagenbeitrag von *Berger* und *Luckmann* ([Konstruktion]), auf den organisationstheoretischen Beitrag von *Weick* ([Prozess]) sowie auf die Veröffentlichungen von *Wollnik* ([Ansätze] und [Organisationstheorie]) zurückgegriffen, die einen guten Überblick über die verschiedenen interpretativen Ansätze vermitteln. Eng verbunden mit dem interpretativen Ansatz ist das Konzept der **Organisations- bzw. Unternehmenskultur**. Zwei Standardwerke zu diesem Themenbereich sind die Veröffentlichungen von *Deal/Kennedy* ([Cultures]) und *Schein* ([Culture]). Dass auch die Organisationsforscher die Wirklichkeit interpretieren und nicht einfach objektiv abbilden, ist das Thema von *Morgan* ([Images]).

10.2 Organisationsbegriff und Metapher

Im interpretativen Ansatz wird die Organisation zunächst als Institution untersucht. Organisation kann als Synonym für „Unternehmung“ verstanden werden. Jede Organisation ist eine Art **„Minigesellschaft“** oder ein „Volksstamm“ (vgl. *Morgan* [Images] 121, 134) mit je eigener **Kultur**, welche sich in der Sprache, den Ritualen, Regeln, Werten, Erwartungen, Bedeutungen usw. äußert. Der Forscher betrachtet die Organisation wie ein Ethnologe, der sich für die Sitten und Gebräuche einer ihm fremden Kultur interessiert. Möglicherweise zerfällt eine einzelne Unternehmung wiederum in Subkulturen. Es gibt aber auf jeden Fall Subsysteme, in denen bestimmte Regeln, Werte, Denkschemata usw. intersubjektiv geteilt werden, sodass von einer gemeinsamen Kultur gesprochen werden kann.

Eine **gemeinsame Sicht der Wirklichkeit** ist die Aufgabe eines Organisationsprozesses, damit ineinander greifende Verhaltensweisen zueinander passen und „vernünftige Ergebnisse erzielt werden“ (*Weick* [Prozess] 11). Mehrdeutigkeit soll durch Organisation reduziert werden. Es muss „Konsens“ erzielt werden über die „richtige“ Sicht der Dinge. Der Prozess der Konsenserzielung kann als bewusster Aushandlungsprozess zwischen unterschiedlichen Gruppen mit je eigenen Interessen verstanden werden oder allgemeiner als „kommunikative Leistung“ der Organisationsmitglieder (vgl. *Wollnik* [Ansätze] 287 ff. und die dort angegebene Literatur). Zumindest partiell entstehen die Bedeutungs- und Erwartungsmuster aber auch unkontrolliert durch evolutionäre Prozesse (vgl. *Weick* [Prozess] 193 ff.).

Im Ergebnis hat die Organisation eine Menge von mehr oder weniger bewussten Regeln, Konventionen, Rezepten und Routinen, aufgrund derer die Mitglieder wissen, wie Dinge getan und verstanden werden sollen. Es gibt eine Art gemeinsamer Grammatik (*Weick* [Prozess] 12), einen gemeinsamen „Code“ (*Weick* [Prozess] 71), geteilte „mentale Modelle“ (*Senge* [Discipline] 174 ff.) oder ein gemeinsames „Drehbuch“ (*Wollnik* [Ansätze] 293), welche eine **verbindliche Organisationswirklichkeit** entstehen lassen. Die Struktur, wie sie sich in einem Organigramm darstellen lässt, spiegelt demnach die wirklichen Verhältnisse in einem Unternehmen nur sehr oberflächlich wider. Erst in Verbindung mit den Interpretationen der Organisationsmitglieder gewinnt sie Substanz und handlungsleitende Wirkung.

10.3 Zentrale Aussagen

Bei aller Unterschiedlichkeit im Detail sind folgende **Grundzüge** allen interpretativen Ansätzen gemeinsam (vgl. *Wollnik* [Ansätze] 282 ff.):

- Das, was in sozialen Systemen als Wirklichkeit erlebt wird, wird durch **Interpretationen** und **Interaktionen der Mitglieder** hergestellt und aufrechterhalten. Die Mitglieder verleihen den Fakten Sinn und Bedeutung und konstruieren eine Wirklichkeit, die über Faktizität hinausgeht.
- Daher ist die soziale **Wirklichkeit** auch „**kontingent**", d.h. sie ist nicht eindeutig fixiert, sondern auch anders möglich.
- Damit Interaktion und Verständigung in sozialen Systemen gelingen, muss eine **intersubjektiv geteilte Sicht der Wirklichkeit** vorliegen, zumindest in Bezug auf leistungsrelevante Bedeutungen.
- Durch fortlaufende Interaktion und Kommunikation bildet sich eine ausreichende **Perspektivenkongruenz**. Die Mitglieder verfügen im Laufe der Zeit über gemeinsame kognitive Schemata, mentale Modelle und Wissensinhalte, die bestimmte Denk- und Verhaltensweisen als „normal" und „selbstverständlich" erscheinen lassen. Häufig erscheint die hergestellte Wirklichkeit den Mitgliedern als die einzig mögliche, objektiv gegebene Wirklichkeit.

Die interpretativen Ansätze befassen sich vor allem mit der Frage, wie gemeinsame Interpretationsschemata entstehen. Der Prozess interessiert mehr als die Inhalte. Dieser **Prozess** kann unterschiedlich modelliert werden:

- Als **Lernprozess**, in dessen Verlauf die Mitglieder eine gemeinsame Theorie über die Organisation entwickeln (Organisation wird als **lernendes System** verstanden).
- Als **Aushandlungsprozess**, in dessen Verlauf Mitglieder mit je eigenen Interessen einen Konsens über die organisatorischen Verhältnisse herstellen (Organisation wird als **politisches System** verstanden).
- Als **Evolutionsprozess**, in dessen Verlauf die Mitglieder Interpretationsvarianten erzeugen, welche selektiert werden, wenn sie nicht passen und bewahrt werden, wenn sie passen (Organisation wird als **evolutionäres System** verstanden).

Der Zusammenhang mit den formalen Regeln der Organisationsstruktur ist so zu verstehen, dass sie zunächst nur eine Art groben Rahmen für die Ordnung im Unternehmen vorgeben, der durch Kommunikation und Interaktion präzisiert und mit Leben erfüllt werden muss. Die **Freiheitsgrade bei der Gestaltung** der organisationalen Wirklichkeit bestehen darin, dass sich häufig große Unterschiede ergeben zwischen der offiziellen Handlungstheorie der Organisation (espoused theory) und der tatsächlich praktizierten Theorie (theory-in-use; vgl. *Argyris* [Learning] 25) bzw. zwischen der offiziell vorgegebenen Ordnung und der „ausgehandelten" Ordnung (negotiated order; vgl. *Preston* [Order]). Es genügt demnach nicht, organisationale Regelungen zu erlassen. Vielmehr muss auch der Sinn der Regelungen verdeutlicht und intersubjektiv verankert werden, damit sie richtig verstanden und gelebt werden.

Regelsysteme sind nie fertig. Sie werden permanent interpretiert, benutzt sowie situativ reformuliert und ergänzt. Die Persönlichkeit der Akteure, ihre Denkweise, ihr Wissen, ihre Fähigkeiten, ihr Wille zur Befolgung der Regeln formen die geltende Ordnung. Insofern ist es eine fortwährend zu erbringende Leistung, organisationale Regeln zur Geltung zu bringen. Fraglich ist allerdings, inwiefern ein Maximum an Perspektivenkongruenz bezüglich der Regelauslegung und -anwendung zwischen den Mitgliedern einer Organisation erstrebenswert ist. Positiv zu bewerten ist die starke Reduktion der Mehrdeutigkeit, wenn alle Organisationsmitglieder wie selbstverständlich die gleiche Sichtweise der Dinge haben und jeder „normal" denkt und handelt. Aus evolutorischer Sicht ist dagegen der permanente Wandel der Regelsysteme wünschenswert, weil nur so günstige Variationen erzeugt werden. Wie *Weick* provokativ formuliert, sollen Unordnung, Chaos, Störungen und Fehler gefördert werden, damit kein Entwicklungsstillstand eintritt (vgl. [Prozess] 346 ff.).

Letztlich ist aber Ordnung – und damit **Reduktion von Mehrdeutigkeit** – das Ziel der Organisation, und es ist zu fragen, welche Faktoren auf die entstehende Ordnung einwirken. *Morgan* betont die Wichtigkeit der Gründerpersönlichkeiten (vgl. [Images] 124). Ihre Werte und Ansichten prägen den Geist einer Unternehmung häufig sehr nachhaltig. Weiterhin haben jene Personen und Gruppen einen wichtigen Einfluss, die über Macht verfügen (vgl. *Wollnik* [Ansätze] 290). Sie können Regeln nicht nur bewusst ändern, sondern verfügen auch über Sanktionsmöglichkeiten, wenn jemand nicht „auf Kurs" ist. Zudem dienen sie häufig als Vorbild in Lernprozessen. Schließlich besteht bei allen Organisationsmitgliedern – mehr oder minder bewusst – ein Interesse daran, eine gemeinsame Sicht der Dinge und „stabile Verhältnisse" zu schaffen, in denen man sich dann auskennt. Dies zeigt sich besonders deutlich, wenn neue Mitglieder in die Organisation eintreten. Sie bemühen sich i.d.R. sehr darum, die Kultur der Organisation zu erfassen und sich ihr schnell anzupassen.

10.4 Menschenbild

Die zentrale Botschaft des interpretativen Ansatzes ist, dass die Menschen nicht einfach passiv auf objektiv gegebene Außenreize reagieren, sondern selbst die Wirklichkeit miterschaffen, in der sie leben. Sie sind an der Gestaltung der sie umgebenden „Umwelt" stärker beteiligt, als ihnen gemeinhin bewusst ist. Erst das „Einklammern" von Daten durch aktive Wahrnehmung verleiht dem Strom der Außenreize Sinn (*Weick* [Prozess] 190, 221 ff.). Dass diese Konstruktion der Wirklichkeit normalerweise nicht bewusst wird, liegt daran, dass Menschen, die in einer ähnlichen Kultur aufgewachsen sind, die Wirklichkeit auch ähnlich wahrnehmen. Man wird in einer Gesellschaft **„sozialisiert"**, d.h. der Einzelne erwirbt das Wissen und die Fähigkeiten, um sich in dieser Gesellschaft „richtig" zu verhalten und das Verhalten der anderen „richtig" zu interpretieren (vgl. zum Folgenden *Berger/Luckmann* [Konstruktion] 49 ff. und passim). Die vielen „Selbstverständlichkeiten", das, „was jedermann weiß", das Sammelsurium von Maximen, Regeln, Werten, Traditionen, Mythen, Glaubenssätzen und Rezeptwissen, werden im Verlaufe der Sozialisation verinnerlicht und prägen Handlungen und Wahrnehmungen. An diesem Prozess der Sozialisation haben alle Beteiligten ein Interesse. Es erleichtert das Zusammenleben ungemein, wenn auf gemeinsames Hintergrundwissen zurückgegriffen werden kann und alle wissen, „wie man sich benimmt" und wie bestimmte Handlungsweisen einzuordnen sind.

Diese Sozialisation ist notwendig, weil der Mensch nicht wie ein Tier durch Instinkte weitgehend festgelegt ist. Er ist **„weltoffen"** und **„bildbar"** und kann seine konstitutionell angelegten Fähigkeiten auf einer sehr breiten und noch dazu ständig wechselnden Skala variierender Anforderungen einsetzen. In der Interaktion mit anderen Menschen wird das Fehlen der Instinkte zum Mangel, weil diese Interaktion auf Ordnung und Stabilität im Verhalten angewiesen ist. Es muss also eine Ordnung (Gesellschaftsordnung) künstlich geschaffen werden, und jede neue Generation muss mit dieser Ordnung vertraut gemacht (sozialisiert) werden. Indem der Mensch in einer bestimmten Gesellschaftsordnung und Kultur groß wird, ist er ein Produkt dieser Gesellschaft. Zugleich ist die Gesellschaftsordnung und Kultur aber auch Produkt des Menschen, denn sie entsteht nur durch menschliches Tun. Dass diese Ordnung „kontingent" ist, d.h. auch anders aussehen könnte, wird den Menschen häufig erst bewusst, wenn sie in einen ganz anderen Kulturkreis kommen, mit ganz anders gearteten Regeln, Werten, Traditionen, Tabus.

Der **primären Sozialisation** in der Kindheit folgt die **sekundäre Sozialisation** in institutionalisierten „Subwelten" (vgl. *Berger/Luckmann* [Konstruktion] 148 ff.). Auch Unternehmen sind solche Subwelten mit einem spezifischen Vokabular, mit Ritualen, Symbolen, Umgangsregeln, Rollenbildern und Bekleidungsvorschriften. Die sekundäre Sozialisation ist längst nicht so prägend und unausweichlich wie die primäre Sozialisation. Dennoch ist i.Allg. zu beobachten, dass Neulinge in Unternehmen sehr bemüht sind, sich schnell in die bestehende Ordnung einzufügen und sich den Gepflogenheiten der Subwelt entsprechend richtig zu verhalten und auszudrücken. Die sekundäre Sozialisation kann aber durchaus oberflächlich bleiben. Man spielt mit einer gewissen inneren Distanz die Rolle, die in der Subwelt Unternehmung von einem erwartet wird (vgl. *Berger/Luckmann* [Konstruktion] 183 f.).

„Menschsein ist sozio-kulturell variabel" (*Berger/Luckmann* [Konstruktion] 51). Es gibt daher auch wenig allgemein Gültiges über die menschliche Natur zu sagen. Zu den wenigen anthropologischen Konstanten gehören nach dem interpretativen Ansatz die Weltoffenheit und Bildbarkeit des Menschen sowie sein Bedürfnis nach Gemeinschaft mit anderen Menschen. Damit unter der Voraussetzung großer Verhaltensflexibilität Interaktion mit anderen Menschen gelingt, hat der Mensch ein starkes Interesse daran, den Rahmen der Möglichkeiten wieder einzuschränken und Muster, Routinen, Gewohnheiten, Regeln oder ganz allgemein **„Ordnung"** zu bilden und zu kennen. Die Ordnungsbildung wird ermöglicht durch die typisch menschliche Fähigkeit der Symbolverwendung, wie sie vor allem in der Sprache zum Ausdruck kommt. Alle genaueren inhaltlichen Bestimmungen der „Natur des Menschen" und dessen, was als normales oder natürliches Verhalten erwartet werden kann, müssen mit Vorsicht genossen werden, weil menschliches Handeln sehr stark subjektiv und situationsgebunden bestimmt wird.

10.5 Methoden

10.5.1 Grundannahmen

Alle interpretativen Ansätze teilen – in unterschiedlicher Prägnanz – bestimmte wissenschaftstheoretische **Grundannahmen** (vgl. *Wollnik* [Ansätze] 278):

- Die Wirklichkeit ist sozial konstruiert und bewusstseinsabhängig.
- Sozialwissenschaftliche Erkenntnis ergibt sich bei Berücksichtigung der Perspektive der Akteure.

- Die Menschen folgen eigenen Zielen und Motiven und handeln auf der Grundlage ihres freien Willens.

Aus diesen Grundannahmen, die oft als „anti-positivistisch“ oder „subjektivistisch“ oder „konstruktivistisch“ bezeichnet werden, ergeben sich Konsequenzen für die angemessenen Forschungsmethoden. Der Forscher, welcher reale Organisationen empirisch untersucht, muss versuchen, die Welt **aus der Perspektive der Organisationsmitglieder** wahrzunehmen, ihre Interpretationen und ihre Sicht der Dinge unvoreingenommen nachzuvollziehen. Dieses „Sich-hinein-versetzen“ in die Lage der Handelnden erzwingt eine sehr detaillierte und tief gehende Analyse des Organisationsgeschehens. Um zu verstehen, aufgrund welcher Prozesse sich eine bestimmte Sicht der Dinge und bestimmte Regeln entwickelt haben, müssten zudem Längsschnittstudien gemacht werden. Der Aufwand, der mit tief gehenden Längsschnittstudien verbunden ist, lässt jedoch kaum eine Forschung zu, die über Fallstudien hinausgeht.

Die in solchen Fallstudien eingesetzten Forschungsmethoden orientieren sich ganz überwiegend an der sog. **qualitativen Sozialforschung:** Daten werden bspw. über Tiefeninterviews, teilnehmende Beobachtung, Tonband- und Filmaufnahmen und Interaktionsspiele gewonnen. Der Forscher ist bemüht, die Perspektive der Handelnden zu rekonstruieren, die Akteure zu verstehen und sich mit ihnen zu verständigen. Die Ergebnisse werden unter bewusstem Rekurs auf das Alltagswissen gedeutet (vgl. *Wollnik* [Ansätze] 280 f.). Der Forscher verfährt phänomenologisch und hermeneutisch (vgl. S. 24 ff.).

Durch diese Methoden kann die soziale Wirklichkeit vermutlich angemessen und authentisch dargestellt werden, allerdings immer nur für Einzelfälle. Über plausible Verallgemeinerungen wird versucht, aus den Einzelbefunden induktiv allgemein gültige theoretische Aussagen abzuleiten. Eine solche allgemein gültige Aussage ist, dass die offiziellen, formalen Regelsysteme immer von den Akteuren unterschiedlich verstanden, reformuliert und ergänzt werden. Die geltende Ordnung erschöpft sich nicht in der formalen Struktur. Im Hinblick auf die formalorganisatorischen Verhältnisse der Arbeitsumgebung existieren deutliche Perspektivendifferenzen zwischen den Organisationsmitgliedern.

10.5.2 Prozesstheorien

Aus diesem Befund ergibt sich die Frage, wie es denn immer wieder gelingt, eine ausreichende Perspektivenkongruenz zwischen den Organisationsmitgliedern herzustellen. Die Organisationsmitglieder gehen ja i.Allg. davon aus, dass es eine eindeutige, objektiv vorhandene Ordnung im Unternehmen gibt, die von allen in gleicher Weise wahrgenommen wird. Wie läuft dieser **Prozess der Vereinheitlichung der Perspektiven** ab? Wie kommt es zu intersubjektiv geteilten Bedeutungen und Erwartungen, zu allgemein anerkannten Regeln?

Die Frage nach diesen Prozessen der Entstehung von Ordnung interessiert die dem interpretativen Ansatz verbundenen Forscher am meisten. Sie versuchen, diese Prozesse zu beschreiben und zu systematisieren, wobei sie auf empirische Befunde, Alltagswissen und Erfahrungen sowie Plausibilität rekurrieren. Metaphern sollen die Prozesse veranschaulichen. Die Organisationsmitglieder werden z.B. mit Schauspielern verglichen, die auf der Basis eines Drehbuches ein Stück aufführen und sich dabei mehr oder weniger an die eingeübte Version halten. Organisation wird verstanden als „Inszenierung der Aufgabenhandhabung" (*Wollnik* [Ansätze] 292). Andere Metaphern vergleichen die Organisationsmitglieder mit Menschen, die gemeinsam musizieren oder die sich auf der Basis einer gemeinsamen Grammatik verständigen (vgl. *Weick* [Prozess] 12 f.). Es gibt jeweils einen Satz von Regeln (Drehbuch, Noten, Grammatik), aber erst durch das kompetente Mitwirken der Akteure entsteht die reale Aufführung, in welcher die Regeln mehr oder weniger zur Geltung gebracht werden.

10.5.3 Inhaltstheorien

Die meisten interpretativen Ansätze erstellen solche „Prozesstheorien", die beschreiben sollen, wie sich in einem fortwährenden interpretativen und kommunikativen Prozess die Ordnung im Unternehmen bildet. Der Organisationskultur-Ansatz, der ebenfalls zu den interpretativen Ansätzen gezählt wird (vgl. *Wollnik* [Organisationstheorie] 1779), geht dagegen auch auf die konkreten Inhalte ein, die durch diese Prozesse entstehen. Genau genommen müssen innerhalb des Organisationskultur-Ansatzes **zwei Auffassungen** auseinander gehalten werden, die mehr oder weniger prozess- bzw. inhaltsorientiert sind und auch mehr oder weniger den wissenschaftstheoretischen Grundannahmen des interpretativen Ansatzes folgen:

(1) Zum interpretativen Ansatz passt die Auffassung, dass die Unternehmung eine Kultur **ist**. Das Verständnis der Unternehmung **als** Kultur ist die forschungsleitende Metapher (root metaphor for conceptualizing organizing; vgl. *Wollnik* [Verhältnis] 59). Dieses Verständnis lenkt die Aufmerksamkeit eher auf die Entstehungsprozesse der Kultur und fördert den Einsatz der oben schon beschriebenen qualitativen Forschungsmethoden.

(2) Ein großer Teil der Organisationskulturforschung geht dagegen von der Auffassung aus, dass die Unternehmung eine Kultur **hat**. Kultur ist ein abgrenzbares Phänomen, eine interne Variable neben anderen (vgl. *Wollnik* [Verhältnis] 58 f.). „Culture should be viewed as a property of an independently defined stable social unit" definiert bspw. *Schein* ([Culture] 7). Und weiter heißt es: „The phenomenon of culture is real" (*Schein* [Culture] 24).

Diese Kultur ist im Prinzip objektiv analysierbar und messbar. Vergleichsweise leicht ist die Messung der „Artifacts and Creations", welche von *Schein* als **erste** bzw. sichtbarste **Kulturebene** bezeichnet werden (vgl. [Culture] 14 f.). Dazu gehören Dinge wie Gebäude, Ausstattung der Räumlichkeiten, Statussymbole, formale Struktur, Rituale, spezielle Fachausdrücke und ähnliches. Die Analyse von Dokumenten wie Handbüchern, Organigrammen, Unternehmensleitbildern und Geschäftsberichten sowie die Beobachtung von Gepflogenheiten und Äußerlichkeiten geben über diese Kulturebene Auskunft.

Hinter den sichtbaren Symbolen liegt die **zweite Kulturebene** der „Values" (vgl. *Schein* [Culture] 15 f.). Damit sind Grundsätze der Art gemeint, wie eine Aufgabe zu erledigen ist, wie man miteinander umgeht, welche Ziele das Unternehmen hat, was wichtig und unwichtig ist. Solche Grundsätze können offiziell in einem Unternehmensleitbild fixiert sein. Sie sind aber zu einem guten Teil auch in den Organisationsmitgliedern „verkörpert" und nur über Kommunikation erschließbar.

Die Schicht der Werte und Normen setzt auf der **dritten Ebene**, den „Basic Assumptions", auf (vgl. *Schein* [Culture] 18 ff.). Solche Grundüberzeugungen betreffen das vorherrschende Menschenbild, die Annahmen über die soziale Wirklichkeit, das Grundmuster sozialer Beziehungen und ähnliches. Die „Basic Assumptions" sind die sehr stabilen „Selbstverständlichkeiten", die kaum reflektiert und in Frage gestellt werden. Sie sind am schwersten analysierbar. Da sie aber sozusagen das Herzstück der Kultur bilden (vgl. *Schein* [Culture] 6), ohne die auch die sichtbaren Zeichen einer Kultur nicht richtig verstanden werden können, ist eine Kulturanalyse sehr schwierig. Als Forschungsmethoden, die auch die zweite und dritte Kulturebene erfassen sollen, empfiehlt *Schein* unstrukturierte Interviews, Gruppendiskussionen und Beobachtung. Nach *Scheins* Überzeugung ist jede Kulturanalyse ein langwieriger, iterativer Prozess, den Outsider (Forscher) und Insider (Organisationsmitglieder) nur gemeinsam bewältigen können (vgl. [Culture] 112 ff.). Das reine Messen von Fakten reicht nicht aus, um die Kultur zu verstehen. Phänomenologie und Hermeneutik müssen die Empirie ergänzen.

10.6 Aktuelle Bedeutung

(1) Organisationskultur

Den deutlichsten Anwendungsbezug aller interpretativen Ansätze hat der Organisationskultur-Ansatz. Seit dem Management-Bestseller von *Deal/Kennedy* ([Cultures] erschienen 1982) gilt eine starke Unternehmenskultur als wesentlicher „weicher" Erfolgsfaktor neben den „harten" Erfolgsfaktoren wie Strategie und Struktur. Die Kultur erfüllt zwei wesentliche **Funktionen:**

- Sie zeigt den Organisationsmitgliedern, wie sie mit den Herausforderungen der externen Umwelt umzugehen haben, um erfolgreich zu sein, und
- sie führt zu einer unternehmensinternen Integration (vgl. *Schein* [Culture] 50 ff.).

(a) Zur externen Anpassung:

Die Kultur vermittelt den Mitgliedern, worin die Aufgabe, die „Mission", der Unternehmung besteht, für die sie arbeiten, welche Ziele erreicht werden sollen, welche Mittel dabei einzusetzen sind, wie die Zielerreichung gemessen und honoriert wird und was passiert, wenn die Ziele verfehlt werden.

(b) Zur internen Integration:

Die Kultur schafft eine gemeinsame Sprache, sie gibt Kriterien dafür vor, wer zum Unternehmen „passt" und wer nicht, sie regelt den persönlichen Umgang miteinander, legt fest, welches Verhalten belohnt und welches bestraft wird, bestimmt mit darüber, wer welche Macht hat und wie der Status demonstriert wird, filtert die Wahrnehmungen und reduziert Unsicherheit. Sie schafft die nötige Perspektivenkongruenz und bildet damit die Basis für Koordination und Konsens.

Die Bedeutung der Kultur zeigt sich aber nicht nur in ihren positiven Funktionen, sondern auch an ihren potentiellen negativen Folgen. Strategien, die nicht zur Kultur passen, lassen sich nicht durchsetzen, Unternehmenszusammenschlüsse scheitern an inkompatiblen Unternehmenskulturen, Abteilungen mit sehr unterschiedlichen Subkulturen haben Verständigungsprobleme.

Aus der praktischen Bedeutung der Kultur erwächst der Wunsch, sie zielgerichtet zu „managen“. Bei *Deal* und *Kennedy* ([Cultures]) erscheint die Aufgabe des **Kulturmanagements** als relativ einfach. Die bestehende Kultur wird diagnostiziert, mit anderen Kulturen verglichen und bewertet, es wird eine Soll-Kultur entworfen und diese dann implementiert. Die Kultur manifestiert sich in messbaren Größen, es gibt eine Vorstellung von einer „guten“ Kultur und diese ist auch herstellbar. Im Prinzip vertritt auch *Schein* diese pragmatische Sichtweise, wobei er allerdings die Schwierigkeiten einer Kulturdiagnose und -gestaltung verdeutlicht. Andere Forscher, die von *Schreyögg* als „Kulturalisten“ bezeichnet werden (vgl. [Unternehmenskulturen] 156), hinterfragen dagegen kritisch, ob man Unternehmenskulturen gestalten kann und darf. In seiner ethnographischen Fallstudie zur Kultur eines Computerkonzerns unterscheidet bspw. der empirische Kulturwissenschaftler *Wittel* ([Belegschaftskultur] 10 ff.) zwischen der „Firmenideologie“ als der offiziellen, erwünschten und von einer „Deutungselite“ instrumentalisierten Kultur und der wirklichen, gewachsenen, von den Mitarbeitern kreierten „Belegschaftskultur“. Er sieht in der Firmenideologie vor allem ein Instrument der Machterhaltung der Elite, der subtilen Kontrolle, der Verschleierung von Interessengegensätzen, der Ausbeutung der Mitarbeiter und der Imagepflege nach außen (vgl. [Belegschaftskultur] 85 ff.). Er stellt aber auch fest, dass die Mitarbeiter der Ideologie keineswegs hilflos und ohnmächtig ausgeliefert sind. Auch die Ideologie wird individuell und gruppenspezifisch gedeutet, gewichtet und bewertet. Eine zu aufdringliche Ideologisierung ruft Abwehr und Distanzierung hervor. Die Firmenideologie wird nur in dem Ausmaß in der Belegschaftskultur reproduziert, wie die Mitarbeiter einen Nutzen daraus ziehen (vgl. *Wittel* [Belegschaftskultur] 316 f., 318).

Die Gefahr einer Manipulation und Totalkontrolle der Mitarbeiter ist schon deshalb nicht allzu groß, weil Kultur nicht mechanistisch hergestellt werden kann. Die Thematisierung der Kultur kann zudem zu einer Reflexion der „Selbstverständlichkeiten“ führen und gerade dadurch auch Anstöße zu einer Kurskorrektur geben, die für die Mitarbeiter vorteilhaft ist. Ein als offener, partizipativer Prozess gestalteter Kulturwandel ist von daher als begrenzt machbar und u.U. durchaus wünschbar anzusehen (vgl. *Schreyögg* [Unternehmenskulturen] 165 f.).

(2) Organisationsforschung

Wollnik ([Organisation]) beschreibt, wie er mit seinen Versuchen, die Organisationsstruktur verschiedener Unternehmen systematisch-vergleichend zu messen, gescheitert ist. Was z.B. durch strukturierte Befragung ermittelt wurde, war nicht die „wirkliche" Organisation, wie sie die Organisationsmitglieder selbst erlebten, sondern ein „Artefakt" – also ein Kunsterzeugnis – welches nur durch die Befragung geschaffen wurde. Unstrukturierte offene Gespräche mit den Organisationsmitgliedern brachten zutage, dass sich die formalorganisatorischen Verhältnisse für verschiedene Subjekte sehr unterschiedlich präsentieren können und dass es darum sehr schwer ist, die Organisation in objektiven Messwerten valide darzustellen. Nach seiner Meinung erfassen qualitative Methoden die organisatorische Wirklichkeit besser (vgl. [Verhältnis] 57).

Auch *Schein* (vgl. [Culture] 122, 135) stellt fest, dass zwei Unternehmen mit identischer messbarer Struktur aufgrund einer unterschiedlichen Kultur eine sehr unterschiedliche geltende Ordnung haben können. Und auch er schließt daraus, dass sehr formalisierte, auf eine quantitative Auswertung hin konzipierte Erhebungsmethoden nur sehr oberflächlich erfassen, welche Ordnung in einem Unternehmen tatsächlich gilt.

Die interpretativen Ansätze haben sich z.T. sehr dezidiert von einer „positivistischen" oder „objektivistischen" Forschungstradition abgewandt und lehnen auch die entsprechenden Forschungsmethoden ab. Diese radikale Ablehnung der Möglichkeit objektiver wissenschaftlicher Erkenntnis wird hier nicht geteilt. Offensichtlich ist aber auch eine gesunde **Skepsis** angebracht, was die Möglichkeiten objektiver Organisationsmessung betrifft. Sowohl die Perspektive des Forschers, seine vorgefassten Meinungen, seine Interessen, sein Menschenbild, als auch die Operationalisierungen und eingesetzten Methoden – also alle seine „Wahrnehmungsfilter" – haben einen Einfluss auf die Ergebnisse. Es ist das Verdienst der interpretativen Ansätze, diese Einflüsse verdeutlicht und das Spektrum der Forschungsmethoden erweitert zu haben.

11 Der Selbstorganisationsansatz

Vertreter	Quellen	Metapher
H. von Foerster *H. Haken* *H. R. Maturana* *F. J. Varela* *F. A. von Hayek* *G. J. B. Probst* *E. Göbel*	*H. von Foerster*: Über selbstorganisierende Systeme und ihre Umwelten, 2. A., 1994 *H. Haken*: Erfolgsgeheimnisse der Natur, 3. A., 1983 *H. R. Maturana* und *F. J. Varela*: Der Baum der Erkenntnis, 1987 *F. A. von Hayek*: Recht, Gesetzgebung und Freiheit, 1980 *G. J. B. Probst*: Selbst-Organisation, Ordnungsprozesse in sozialen Systemen aus ganzheitlicher Sicht, 1987 *E. Göbel*: Theorie und Gestaltung der Selbstorganisation, 1998	Die Organisation wird verglichen mit einem Organismus, einer Pflanze, einem Laserstrahl.

Organisationsbegriff		
institutionell	**instrumentell**	**tätigkeitsorientiert**
Die Organisation „Unternehmung" ist ein dynamisches, komplexes, soziales und formales, offenes und zielorientiertes System.	Die Organisation, die eine Unternehmung hat, soll die Deutungen und Handlungsweisen der Organisationsmitglieder in gewünschter Weise normieren.	Ordnung in der Unternehmung entsteht durch Fremdorganisation, aber auch durch autonome und autogene Selbstorganisation.

Menschenbild	Bevorzugte Methoden	Aktuelle Bedeutung
Der Mensch verfolgt ein aufgeklärtes Selbstinteresse. Er ist begrenzt rational, aber lernfähig.	Induktion; Analogiebildung; Phänomenologie, Hermeneutik; empirische Forschung durch Fallstudien	• Organisation autonomer Selbstorganisation • Überlegungen zu Steuerungsmöglichkeiten autogener Prozesse

11.1 Vertreter und wichtige Quellen

Für den Selbstorganisationsansatz steht die Frage im Vordergrund, wie **Ordnung** in dynamischen komplexen Systemen – wie bspw. Unternehmen – entsteht. „Selbstorganisation" ist ein Begriff, der in vielen unterschiedlichen Zusammenhängen benutzt wird. *Paslack* und *Knost* ([Geschichte]) stellen in ihrer Geschichte der Selbstorganisationsforschung fest, dass die Ursprünge dieses Ansatzes vor allem in den Naturwissenschaften zu suchen sind. *Heinz von Foerster* (Systemtheorie und Kybernetik), *Hermann Haken* (Synergetik) sowie *Humberto R. Maturana* und *Francesco J. Varela* (Autopoiese) sind wichtige Vertreter naturwissenschaftlich orientierter Selbstorganisationskonzepte. Diese Naturwissenschaftler (Physiker, Biologen, Mathematiker) sehen die Möglichkeit der analogen Übertragung ihrer Erkenntnisse auf sozialwissenschaftliche Fragen (vgl. *Foerster* [Systeme] und [Prinzipien]; *Haken* [Erfolgsgeheimnisse] 133 ff.; *Maturana/Varela* [Erkenntnis] 221 ff.).

Neben den naturwissenschaftlichen Urkonzepten gibt es auch ein originär ökonomisches, nämlich *von Hayeks* Konzept der **„spontanen Ordnung"** (vgl. *Hayek* [Studien] und ders., [Recht]). *Von Hayek* beruft sich wiederum auf frühere ökonomische Denker, vor allem auf *Adam Smith* und seine Idee von der **„unsichtbaren Hand"**. In die betriebswirtschaftliche Organisationstheorie wurde der Selbstorganisationsansatz vor allem von *Probst* eingebracht (vgl. [Selbst-Organisation] und [Selbstorganisation]). Die folgenden Ausführungen stützen sich vor allem auf *Göbel* ([Selbstorganisation]).

11.2 Organisationsbegriff und Metapher

Im Zentrum des Selbstorganisationsansatzes steht der tätigkeitsorientierte Organisationsbegriff. Gefragt wird nach den **Prozessen der Ordnungsbildung** in natürlichen und sozialen Systemen. Ordnung in sozialen Systemen meint, dass man richtige oder doch zumindest wahrscheinlich richtige Erwartungen bezüglich des Verhaltens der Systemmitglieder bilden kann (vgl. *Hayek* [Recht] 57). Die Ordnung erzeugt die notwendige Konsistenz, Konstanz und Verlässlichkeit, ohne die kein Glied der Gesellschaft seine Ziele wirksam verfolgen könnte.

Idealtypisch wird die Ordnungsbildung in Unternehmen als rationale Fremdorganisation konzipiert. Ein bestimmtes Subjekt (der Organisator) plant bewusst eine optimale Organisationsstruktur, die für die Organisationsmitglieder verbindlich ist und auch von ihnen umgesetzt wird. Sie legt vor allem fest, wer, was, wann, wie und womit zu tun hat. Die Ordnung im Unternehmen wird als künstliche Ordnung verstanden, die von einem Ordner angeordnet wird und in welcher das Prinzip von Befehl und Gehorsam gilt (vgl. *Hayek* [Recht] 59).

Mit dem Begriff der Selbstorganisation wird dieser Vorstellung insofern widersprochen, als behauptet wird, dass es daneben noch andere Prozesse der Ordnungsbildung gibt. Je nachdem, wer oder was als ordnende Kraft angesehen wird, können **zwei Arten** von selbstorganisierenden Prozessen unterschieden werden:

- **Autonome Selbstorganisation:** Ordnung entsteht **„selbstbestimmt"** durch die Organisationsmitglieder. Bei entsprechendem Handlungsspielraum können alle Organisationsmitglieder an der sie betreffenden Ordnung mitwirken.
- **Autogene Selbstorganisation:** Ordnung entsteht **„von selbst"** durch die Eigendynamik komplexer dynamischer Systeme. Ohne bewusste menschliche Planung entstehen „spontan" bestimmte Regelmäßigkeiten und Muster.

Das Ergebnis fremd- und selbstorganisierender Prozesse ist die Ordnung, die ein Unternehmen hat. Diese Ordnung geht über die Organisationsstruktur hinaus und umfasst auch jene Verhaltensregeln und Denkmuster, die gemeinhin zur Organisationskultur gerechnet werden. Die Ordnung, die ein Unternehmen tatsächlich hat, erschöpft sich nicht im offiziellen Strukturbauplan.

Bildhaft verglichen werden die autogenen Selbstorganisationsprozesse häufig mit **natürlichen Prozessen**. *Von Hayek* illustriert sein Konzept der spontanen Ordnungsbildung mit Beispielen wie der Bildung eines Kristalls aus bestimmten Ausgangselementen oder dem Wachstum einer Pflanze (vgl. [Studien] 35). Für *Haken* ([Erfolgsgeheimnisse] 134 f.) sind die Ordnungsbildungsprozesse in der Wirtschaft vergleichbar mit den physikalischen Vorgängen bei der Entstehung von Laserlicht. Auch die für lebendige Systeme typische Autopoiese wird gerne herangezogen, um die Entstehung von Ordnung in sozialen Systemen zu modellieren (vgl. *Luhmann* [Autopoiesis]; *Lipp* [Autopoiesis]; *Kirsch/Knyphausen* [Unternehmungen]). Schließlich wird auch die Ähnlichkeit mit evolutionären Prozessen hervorgehoben (vgl. *Malik* [Evolution]; *Kirsch* [Handeln]).

Diese Vergleiche zeigen eine starke Anlehnung der Organisationstheorie an die **Naturwissenschaften**, wie sie auch bei älteren Ansätzen schon festgestellt wurde (z.B. Bürokratieansatz, Taylorismus). In den älteren Ansätzen war aber das Referenzmodell für die Organisation die Maschine, welche ingenieurhaft perfekt konstruiert werden kann. Im Rahmen des Selbstorganisationskonzeptes ist der Vergleich der Organisation (im institutionellen Sinne) mit einem Organismus bzw. einem **„lebensfähigen System"** vorherrschend (vgl. *Probst* [Selbst-Organisation] 59). *Von Foerster* benutzt zwar die Metapher der „Maschine", ist aber dennoch weit von einem technokratischen Machbarkeitsglauben entfernt. Für ihn ist die Organisation ein komplexes Netzwerk interagierender „nicht-trivialer Maschinen", deren Verhalten analytisch indeterminierbar und unvorhersagbar ist (vgl. [Prinzipien] 247 ff.).

Die Folge selbstorganisierender Prozesse ist die begrenzte zielgerichtete Gestaltbarkeit der Organisation. So wie man einer Pflanze nur günstige Wachstumsbedingungen bieten kann, kann auch die Ordnung im Unternehmen nicht vollkommen hergestellt, sondern nur „begünstigt" werden.

11.3 Zentrale Aussagen

11.3.1 Autonome und autogene Ordnungsbildung

„Ordnung ist für einfach denkende Menschen das Ergebnis der ordnenden Tätigkeit eines ordnenden Wesens", stellt *von Hayek* fest ([Studien] 32 f.). Die offensichtliche Funktionalität der Ordnung verführt zu dem Irrtum, Ordnung sei immer von einer Autorität mit Weisungsgewalt geschaffen und müsse von dieser aufrechterhalten werden (vgl. *Hayek* [Recht] 47). Vor allem die Organisation sozialer Systeme wird als **planvoll** und **bewusst hergestellte, künstliche Ordnung** verstanden. Idealtypisch wird die Organisation von einer zentralen Instanz gebildet, welche alle Elemente an bestimmte Stellen setzt und die Bewegungen dieser Elemente durch Befehle leitet. Allerdings kann auf diese Weise nur eine Ordnung der „allereinfachsten Art" (*Hayek* [Studien] 41) entstehen, weil sie nur das Wissen eines einzelnen Verstandes benutzt.

(1) Autonome Ordnungsbildung

Schon bei etwas komplexeren Organisationen müssen die direkten Anweisungen ergänzt werden durch Regeln, welche Aufgaben und Methoden nur allgemein vorgeben und die Einzelheiten dem Wissen und Können der Individuen überlassen. Der Organisator muss dafür sorgen, dass die Individuen von Wissen Gebrauch machen, das er selbst nicht besitzt. Die Organisationsmitglieder ergänzen dann offen gelassene Details im Lichte der zugewiesenen Funktionen und Zwecke und gewinnen damit begrenzte Autonomie. Die „Lücken", welche die Befehle lassen, werden mit zunehmender Komplexität der Organisation größer, mit der Folge, dass autonome Ergänzungen der Anweisungen immer wichtiger werden.

Ein gewisses Maß an autonomer Selbstorganisation (Selbstbestimmung) ist unumgänglich. Heute ist man allgemein der Ansicht, die autonome Selbstorganisation solle nicht nur eine „Lückenbüßerfunktion" haben, sondern **gezielt und bewusst gefördert** werden, indem der Handlungs- und Entscheidungsspielraum der Organisationsmitglieder – besonders auch der unteren Hierarchieebenen – erweitert wird. Davon verspricht man sich Effizienzvorteile wie eine höhere Flexibilität, größere Schnelligkeit in den Abläufen und eine bessere Ausnutzung der Humanressourcen. Die größere Selbstbestimmung entspricht außerdem Forderungen nach einer Humanisierung der Arbeitswelt, wie sie schon lange gestellt werden (vgl. z.B. GDI [Arbeit]).

(2) Autogene Ordnungsbildung

Komplexe Organisationen müssen sich zudem „auf jene überpersönlichen selbstorganisierenden Kräfte" (*Hayek* [Recht] 79) verlassen, die spontane Ordnung schaffen. In jeder Organisation entstehen auch Verhaltensmuster und Regeln „von selbst", sie „emergieren", „evolvieren" oder „wachsen". Diese autogene Selbstorganisation ist das **Ergebnis menschlichen Handelns, aber nicht menschlichen Entwurfs** (*Hayek* [Studien] 97 ff.). Die Bewertung dieser autogenen Selbstorganisation fällt unterschiedlich aus. Man kann **optimistisch** auf die immanente Rationalität solcher selbstorganisierender Prozesse hoffen. Während dem bewussten Organisieren die Funktionalität abgesprochen wird, besteht zugleich die Hoffnung auf die selbsttätige (etwa evolutionäre) Entstehung einer funktionalen Ordnung im Unternehmen. Wenn man überhaupt eine Gestaltungsempfehlung ausspricht, dann lautet diese: „Behandle das System mit Respekt" (*Probst* [Selbst-Organisation] 114). Werden **negative** Aspekte der autogenen Selbstorganisation betont, etwa die selbst organisierte Einengung des Blickfeldes durch unhinterfragte mentale Modelle oder die selbst organisierte Reduktion der Handlungsalternativen durch Routinen, Gewohnheiten und Spielregeln, dann ist das Anliegen, selbstorganisierende Prozesse zu reflektieren, zu kritisieren und zu kanalisieren (vgl. Abb. 5–10).

Ordnung entsteht „von selbst" (autogen):

- Die immanente Rationalität selbstorganisierender Prozesse führt zu wünschbaren Ergebnissen. Eine Gestaltung ist nicht nötig.

  Grundsatz: *Respektiere die Selbstorganisation!*

- Durch selbstorganisierende Prozesse entstehen unerwünschte, schädliche Muster, die man beeinflussen möchte.

  Grundsatz: *Kanalisiere die Selbstorganisation!*

Ordnung entsteht „selbstbestimmt" (autonom):

- Bei entsprechendem Handlungsspielraum können alle Organisationsmitglieder selbst an der sie betreffenden Ordnung mitwirken. Die entstehende Ordnung wird dadurch den Bedürfnissen der Betroffenen besser angepasst und effizienter.

  Grundsatz: *Kreiere die Selbstorganisation!*

Abb. 5-10: Unterschiedliche Auffassungen von Selbstorganisation

Selbstorganisation kann also **zusammenfassend** als teils erwünschte, teils unerwünschte, autonome und autogene Ordnungsbildung in Unternehmen umschrieben werden.

11.3.2 Normierungsbereiche

Damit Handlungswiederholungen und demzufolge -erwartungen entstehen, können **Normen** definiert werden i.S. verbindlicher Regeln und Standards, welche bestimmte Möglichkeiten ausschließen und damit Komplexität reduzieren und Ordnung schaffen (vgl. *Bahrdt* [Schlüsselbegriffe] 48 ff.). Statt von Ordnungsbildung kann man also auch von „Normierung" sprechen. Normen als Handlungsorientierung bzw. Handlungsregulative von Einzelnen und Gruppen können sich auf unterschiedliche Inhalte beziehen. Die betriebswirtschaftliche Organisationslehre befasst sich traditionell mit **Normen des Aufbaus und des Ablaufs betrieblicher Prozesse** im „technischen" Sinne. Jedes Organisationsmitglied soll wissen, wer, was, wann, wo und womit zu tun hat, wer wem Weisungen erteilen darf, wer sich mit wem worüber abzustimmen hat usw. Diese Normen werden zum größten Teil fremdorganisiert. Bei entsprechender Autonomie der Mitarbeiter können sie aber auch von den Betroffenen selbst bestimmt werden.

Die strukturellen Positionen mit den jeweiligen Aufgaben definieren jedoch alleine nicht erschöpfend die geltende Ordnung. Hinzu kommt die Art und Weise, wie die Positionen tatsächlich ausgefüllt und „gelebt“ werden. Da die Organisationsstruktur über diese „menschliche“ Seite der Aufgabenerfüllung nichts aussagt, müssen **soziale Handlungsnormen** die technischen Aufbau- und Ablaufnormen ergänzen. Um eine ganz bestimmte, erwünschte Art des Umgangs miteinander zu erreichen, wurden in jüngerer Zeit in vielen Unternehmen explizit solche Normen, z.B. Führungsrichtlinien, erlassen. Der Vorgesetzte soll bspw. überzeugen statt befehlen, die Abteilungen sollen miteinander kooperieren, Informationen offen austauschen, solches und Ähnliches wird in diesen Richtlinien postuliert. Im Widerspruch zu diesen offiziellen Normen oder auch in Ergänzung dazu entwickeln sich aber auch viele soziale Handlungsnormen „von selbst“. Diese **„heimlichen Spielregeln“** (*Scott-Morgan* [Spielregeln]) erweisen sich häufig als kontraproduktiv. In vielen Unternehmen gehört es bspw. zu den unausgesprochenen Regeln, dass man Informationen für sich behält, um Herrschaftswissen anzuhäufen, dass man andere Abteilungen als „Feinde“ im Kampf um Ressourcen behandelt, dass kurzfristige Erfolge mehr zählen als langfristige und dass Fehler auf keinen Fall zugegeben werden.

Basis für die sozialen Handlungsnormen ist eine bestimmte Denkweise, ein mentales Modell der Organisationswirklichkeit, welches als Wahrnehmungsfilter die Interpretationen der Organisationsmitglieder beeinflusst. Auch diese Interpretationen der Organisationswirklichkeit sollen normiert werden. In sog. Unternehmensleitbildern oder -philosophien kann man den Versuch sehen, die Wahrnehmungen der Organisationsmitglieder zielgerichtet zu vereinheitlichen. Es werden **Deutungsnormen** angeboten, z.B. über Sinn und Zweck der Unternehmung, die zentralen Werte, die Bedeutung des Menschen und ähnliches. Wie schon früher – bei der Frage nach der Gestaltbarkeit von Unternehmenskultur – diskutiert wurde, ist allerdings in diesem Bereich eine gezielte Gestaltung besonders schwierig. Deutungsnormen organisationaler Wirklichkeit entstehen zum größten Teil „autogen“.

Die autonomen und autogenen Selbstorganisationsprozesse beziehen sich also inhaltlich auf drei unterschiedliche **Normierungsbereiche:**

- Die Deutung der Organisationswirklichkeit,
- das soziale Handeln sowie
- die Aufbau- und Ablauforganisation im technischen Sinne.

Die selbst organisierten Normen können die Fremdorganisation ergänzen (Komplement), korrigieren (Korrektiv) oder stören (Störfaktor). Abb. 5-11 gibt zusammenfassend wieder, nach welchen Merkmalen unterschiedliche Formen der Selbstorganisation unterschieden werden können.

Normierungsbereiche:

- Deutung der Organisationswirklichkeit
- soziales Handeln
- Aufbauorganisation und Ablauf betrieblicher Prozesse

Entstehung der Normen:

- autonom
- autogen

Verhältnis Selbstorganisation zu Fremdorganisation:

- Komplement
- Korrektiv
- Störfaktor

Abb. 5-11: Merkmale zur Beschreibung von unterschiedlichen Formen der Selbstorganisation

Typische **Merkmalskombinationen** sind:

- Die autonome Organisation des Ablaufs betrieblicher Prozesse, welche Lücken der Fremdorganisation sinnvoll schließt.
- Die autonome Umgehung des vorgeschriebenen Dienstweges, welche die Fremdorganisation u.U. korrigiert.
- Die autogene Entwicklung von Spielregeln menschlichen Umgangs, welche sich als Störfaktor hinsichtlich der Zusammenarbeit erweisen.

- Die autogene Entwicklung einer geteilten „Weltsicht“, welche die Koordinationsinstrumente ergänzt.

Diese Überlegungen weisen in zweifacher Hinsicht auf einen **Gestaltungsbedarf** hin:

- Sofern die Selbstorganisation die Fremdorganisation sinnvoll ergänzt und korrigiert, sollte sie bewusst ermöglicht werden.
- Störende Effekte selbstorganisierender Prozesse sollten zugleich erkannt und nach Möglichkeit eingedämmt werden.

Es wird also eine – zunächst paradox anmutende – **Organisation der Selbstorganisation** gefordert. Damit die Organisationsmitglieder Aufbau- und Ablaufnormen selbst bestimmen können, müssen die bisher gültigen Normen außer Kraft gesetzt und verändert werden. Eine Fremdorganisation, welche etwa steile Hierarchien abschafft oder allgemein gesprochen die Unternehmung „entbürokratisiert“, bereitet der autonomen Selbstorganisation den Weg. Die Erweiterung der Handlungsspielräume der Organisationsmitglieder, welche heute modisch als „Empowerment“ bezeichnet wird (vgl. S. 358 ff.), passt im Grunde nahtlos zu traditionellen organisationstheoretischen Annahmen. Die im Anschluss an den Human-Relations-Ansatz entwickelte „Soziotechnik“ hat bereits vor fünfzig Jahren einige organisatorische Maßnahmen empfohlen, die heute wieder ganz modern klingen, (z.B. die Einrichtung teilautonomer Gruppen, Mehrfachqualifikation durch Job Rotation). Heute wird allerdings der potentielle Effizienzgewinn durch die größere Selbstbestimmung der Mitarbeiter stärker betont als der damals vorherrschende Humanisierungsgedanke.

Prekärer erscheint eine Organisation der autogenen Selbstorganisation. Kann man überhaupt in Prozesse eingreifen, die „von selbst“ ablaufen? Die Antwort lautet: „Man kann, wenn man die autogenen Prozesse richtig versteht.“ Wird der Entstehungsprozess heimlicher Spielregeln etwa als Lernprozess verstanden, dann ist zu fragen, inwiefern eine unerwünschte soziale Norm vom Unternehmen „belohnt“ und insoweit „gelehrt“ wird. Wird ein Evolutionsprozess unterstellt, könnte empfohlen werden, mehr Varianten im Verhalten zuzulassen und die geltenden Selektionsmechanismen zu hinterfragen.

11.4 Menschenbild

Eine erste zentrale Annahme ist die der **begrenzten Rationalität** des Menschen. Das menschliche Denk-, Urteils- und Problemlösungsvermögen ist begrenzt; der Mensch kann nur begrenzt Informationen aufnehmen und verarbeiten. Vor allem *von Hayek* geißelt immer wieder die Hybris des Menschen, die ihn an der Fiktion festhalten lässt, alles zu wissen, um eine wünschenswerte Ordnung mit allen Einzelheiten aus einem Guss zu errichten (vgl. [Recht] 30 und passim). Obwohl uns die begrenzte Rationalität heute weniger als Annahme, denn als unumstößliche Tatsache erscheint, war das Bild des Organisators und der Führungskraft lange Zeit von der Prämisse geprägt, dass bestimmte, besonders geeignete Menschen mit überlegenem Wissen, die anderen, die nichts wissen, detailliert lenken und anweisen müssen. Während zunächst das Defizitäre des begrenzten Wissens in den Vordergrund trat, zeichnet sich mit der Selbstorganisation, vor allem in der Form der Selbstbestimmung, eine neue Interpretationsmöglichkeit ab: Alle wissen etwas! **„Wissen aller statt Allwissenheit weniger"** lautet plakativ formuliert die moderne Version der Annahme der begrenzten Rationalität.

Die zweite wichtige Verhaltensannahme ist die des **Selbstinteresses** des Menschen. Der Begriff „Selbstinteresse" soll nicht abwertend i.S. von Egoismus aufgefasst werden. Die Menschen sind bei ihren Handlungen in bestimmter Weise motiviert, und sie wollen ihre Bedürfnisse erfüllen. Wie die Triebfedern des Handelns aussehen, darüber allerdings besteht große Uneinigkeit. Ob der Mensch Arbeit sucht oder meidet, ob er vor allem nach materiellen Dingen strebt oder nach sozialen Kontakten und Selbstentfaltung, ob er Verantwortung ablehnt oder wünscht, ob er neugierig ist und gerne lernt oder das Lernen routiniert vermeidet, all das ist ebenso umstritten wie die Art und Weise, in welcher der Einzelne sein Selbstinteresse durchsetzt.

Das Bild vom Selbstinteresse des Menschen prägt ganz entscheidend die **Gestaltung von Organisation und Führung** mit. Wenn die Mitarbeiter für faul, verantwortungsscheu, desinteressiert, passiv und opportunistisch gehalten werden, sind einfachste Arbeiten, Anordnung, Überwachung, Zwang, Kontrolle und Strafandrohung die effektiven Mittel zur Verhaltensbeeinflussung. Umgekehrt passt zum Modell der Selbstbestimmung nur eine Vorstellung vom Selbstinteresse der Mitarbeiter an Autonomie, Weiterentwicklung, Verantwortungsübernahme, Initiative, vielfältiger Tätigkeit, Herausforderungen, Lernen, Gruppenintegration und partnerschaftlicher Zusammenarbeit. Außerdem schließt das

Selbstinteresse Rücksichtnahme, Hilfsbereitschaft, Zuverlässigkeit und Ehrlichkeit nicht aus. Ein solches „aufgeklärtes“ Selbstinteresse, welches von Mitgefühl, Gewissenhaftigkeit und Rechtschaffenheit begleitet wird, hatte auch *Adam Smith* schon vor Augen, als er sein Konzept der unsichtbaren Hand entwickelte. Der vernünftige Mensch erkennt, dass er als Mitglied der Gesellschaft sein Eigeninteresse nur innerhalb der kollektiven Normen und Regeln ausüben kann, die auch die Interessen der anderen berücksichtigen.

Bei den Menschenbildern der älteren Ansätze wird der Mensch gerne im Hinblick auf seine **kognitiven Fähigkeiten überschätzt** (er hat das notwendige Wissen für umfassende, optimale Gestaltung) und **charakterlich unterschätzt** (er ist träge, inaktiv, verantwortungsscheu, opportunistisch), wobei implizit zwei Gruppen von Menschen unterschieden werden. Die allwissenden und auch aktiven, verantwortungsvollen, ehrgeizigen Führungskräfte und die faulen und zugleich unwissenden Mitarbeiter. Besonders deutlich wird dies z.B. bei *Taylor*, der absichtliche Minderleistung, Bummelei, Schlendrian und sogar Sabotage für das normale Mitarbeiterverhalten hielt. Mit der Selbstorganisation sind die **gegenteiligen Annahmen** verbunden. Alle, Führungskräfte wie Mitarbeiter, haben nur begrenztes Wissen, aber alle haben eben auch Wissen, welches die Unternehmung nutzen kann. Und allen wird das Vertrauen entgegengebracht, dass sie zu Weiterentwicklung, vielfältiger Tätigkeit, Verantwortungsübernahme, Eigenständigkeit und Engagement bereit sind, wenn die Rahmenbedingungen es zulassen.

11.5 Methoden

Die Selbstorganisationsforschung schöpft aus vielerlei Quellen. Die Vertreter der naturwissenschaftlichen Urkonzepte stellen systematische Beobachtungen an, machen Modellanalysen und experimentieren. Typischerweise werden die Erkenntnisse durch **Analogieschlüsse** auf andere Erkenntnisgegenstände ausgedehnt. *Haken* beschreibt die Ergebnisse seiner Laserlicht-Experimente mit Begriffen, die dem Bereich des Sozialen entlehnt sind. Die Lichtwellen werden von einem „Ordner“ zu einem einheitlichen Rhythmus „versklavt“. Außerdem überträgt er die Ergebnisse seiner Laserforschung analog auf sozialwissenschaftliche Fragestellungen (vgl. [Erfolgsgeheimnisse] 68, 134 ff., 157 ff.).Umgekehrt bedienen sich auch die Sozialwissenschaftler gerne naturwissenschaftlicher Begriffe und Beispiele. Ein Unternehmen wird als autopoietisches System, als Organismus, als Spezies oder als Ökosystem beschrieben. Dass die Grenzen zwischen den einzelwissenschaftlichen Disziplinen verschwinden, ist typisch für die Selbstorganisationsforschung. Auf der Suche nach der „einheitlichen Weltschau" (*Haken* [Erfolgsgeheimnisse] 16) werden die Forschungsergebnisse von einer naturwissenschaftlichen Disziplin auf die andere übertragen sowie auf philosophische, wirtschaftliche, soziologische, ästhetische und ethische Fragen.

Mit den Methoden der **vergleichenden empirischen Organisationsforschung** lässt sich am ehesten im Bereich der autonomen Selbstorganisation arbeiten. Ob ein Unternehmen z.B. teilautonome Gruppenarbeit eingeführt hat, welche Entscheidungen in den Gruppen autonom gefällt werden dürfen und ob damit Effizienzvorteile erreicht werden, lässt sich vermutlich einigermaßen valide und objektiv messen. *Peters* ([Hierarchien]) dokumentiert zahlreiche Praxisbeispiele, in denen durch die Einrichtung selbstbestimmter Teams die Auftragsbearbeitung beschleunigt, die Produktion gesteigert, die Qualität verbessert und die Kosten gesenkt wurden. Allerdings dürfen seine Beobachtungen sicher nicht ohne weiteres verallgemeinert werden, weil er bewusst jene Fälle beschreibt, die seine These stützen.

Ungleich schwieriger gestaltet sich die empirische Forschung im Bereich der autogenen Selbstorganisation. Die Komplexität des Forschungsgegenstandes führt dazu, dass eher tief gehende Fallstudien einzelner Unternehmen gemacht werden als breit angelegt Querschnittstudien. Bei diesen Fallstudien werden typischerweise lange, unstrukturierte Interviews geführt und Beobachtungen angestellt, die dann auf der Basis bestimmter Modellvorstellungen (Lerntheorie, Synergetik) interpretiert werden (vgl. z.B. *Scott-Morgan* [Spielregeln] und *Beisel* [Synergetik]). Mit welchem Aufwand die empirische Erfassung autogener Organisationsprozesse verbunden sein kann, zeigen die schon beschriebenen Hawthorne-Studien zur sog. informalen Organisation (vgl. S. 70 f.).

Da der Erkenntnisgegenstand dem der Unternehmenskultur ähnelt, können im Prinzip alle Methoden der „Kulturforschung" auch im Bereich der Selbstorganisationsforschung eingesetzt werden. Auch der Rekurs auf persönliche Erfahrungen und das „Alltagswissen" ist erlaubt.

11.6 Aktuelle Bedeutung

(1) Gestaltung der autonomen Selbstorganisation

Wie bereits erwähnt, kann und muss mehr Selbstbestimmung der Organisationsmitglieder im Vorfeld fremdorganisatorisch ermöglicht werden. **Gestaltungsempfehlungen** weisen in zwei Richtungen:

- Selbstorganisationshemmnisse sind abzubauen.
- Innovative, die Selbstorganisation fördernde Strukturen sind aufzubauen.

Bürokratie und Taylorismus gelten als Prototypen fremdbestimmter Organisationsmodelle. Entsprechend wird postuliert, die typischen bürokratischen bzw. tayloristischen Strukturmerkmale in der Unternehmung abzuschaffen. Weniger Arbeitsteilung, Abflachung der Hierarchie, Abbau formaler Regeln und Vorschriften, Zusammenfügen von Denken und Handeln, kompetentes Mitarbeiten statt blindem Gehorsam, so oder ähnlich lauten die zentralen Forderungen.

Zwei Basisbausteine für Organisationsstrukturen, die Selbstorganisation ermöglichen, sind die Prozessstruktur und die Gruppenstruktur. Mit der **Prozessorganisation** sollen größere, zusammenhängende Aufgabenkomplexe geschaffen und die Arbeitsteilung zurückgenommen werden. Die Prozesse, die sehr viel umfassender sind als die Stellenaufgaben alten Zuschnitts, werden auf **Gruppen** übertragen, die sie dann mehr oder weniger autonom abwickeln. Je nach Freiraum können die Gruppenmitglieder selbst über die Arbeitsteilung, den Arbeitsablauf, die Arbeitszeit und Ähnliches entscheiden, selbst einen Gruppensprecher wählen, evtl. sogar selbst Investitions- und Personalentscheidungen treffen.

Bildlich werden die notwendigen Veränderungen in der Weise illustriert, dass ein Wandel von einer „Palastorganisation“ zu einer **„Zeltorganisation“** stattfinden müsse. Diese Metapher geht auf einen Aufsatz von *Hedberg*, *Nystrom* und *Starbuck* ([Camping]) zurück. Merkmale einer Zeltorganisation sind kleine autonome Einheiten, Mehrfachqualifikation der Mitglieder, überlappende Aufgaben, instabile Rollen- und Statusverteilung, offene, kontroverse Kommunikation, Flexibilität, Kreativität, Initiative und partizipative Führung. Von der Umstrukturierung erhofft man sich zugleich einen Wandel im Denken: Aufgeschlossenheit, Änderungsbereitschaft, Zukunftsorientierung und Offenheit für Umweltentwicklungen sollen das für „Paläste“ typische Stabilitäts- und Verteidigungsdenken ablösen.

(2) Gestaltung der autogenen Selbstorganisation

Die Möglichkeiten, auf die autogene Selbstorganisation einzuwirken, hängen vor allem davon ab, wie der Prozess der Normenbildung rekonstruiert wird: Entstehen die Normen durch **Evolution**, dann ist zu fragen, in welchem Umfang Variationen bisheriger Normen zugelassen werden, auf welche Weise eine Selektion der Normen stattfindet und wie die selektierten Normen bewahrt werden. Ein „systemisch-evolutionäres Management" (*Königswieser/Lutz* [Management]) versucht, die Evolution zu lenken, indem die Varietät des Systems bewusst erhöht wird, die geltenden Selektionsmechanismen überdacht und verändert werden und reflektiert wird, was zu bewahren ist.

Versteht man den Prozess der Ordnungsbildung als **Lernprozess**, dann ist vor allem zu fragen, was die Unternehmung „lehrt". Damit gewinnt man zugleich Anhaltspunkte für eine Gestaltung des Lernkontextes mit dem Ziel, wünschbares Verhalten zu belohnen und somit „von selbst" zur Norm werden zu lassen. Wenn sich eine „gute" Ordnung im Unternehmen von selbst einstellen soll, dann muss die Befolgung der ordnungsstiftenden Normen für die Mitarbeiter vorteilhaft werden. In vielen Unternehmen werden zwar in den Unternehmensleitbildern und Unternehmensrichtlinien bestimmte Denkweisen und Verhaltensregeln postuliert, tatsächlich honoriert wird aber ein ganz anderes Denken und Verhalten. Solange das Anreiz- und Motivationssystem, das Vorbild der Führungskräfte und die Struktur nicht zur offiziellen Handlungstheorie der Unternehmung passen, wird sich immer wieder von selbst ein unerwünschtes Verhalten entwickeln.

Die autogenen Prozesse werden häufig dann besonders deutlich und auch störend, wenn ein **organisationaler** Wandel vollzogen werden soll. Geplante und gelebte Struktur können u.U. lange Zeit auseinanderklaffen, wenn man die autogenen Prozesse unbeachtet lässt. Bei einer Umgestaltung der Organisation hin zu mehr autonomer Selbstorganisation muss sich bspw. zwischen der Führungsspitze und den Mitarbeitern ein größeres Vertrauen entwickeln, als es in klassischen Organisationsmodellen notwendig ist. War das Verhältnis bisher von Misstrauen und Kontrollbedarf geprägt, dann wird sich ein solches Verhalten nicht ohne weiteres von alleine einstellen. Es ist notwendig, sich über die Bedingungen für die Entstehung von Vertrauen klar zu werden und diese entsprechend zu beeinflussen. Vgl. auch *Sjurts* [Vertrauen] und die Ausführungen zu den Formen des Wandels auf S. 427 ff.

Fragen zur Wiederholung

(1) Bürokratieansatz

1. Welche drei Formen legitimer Herrschaft unterscheidet *Max Weber*? (2.2 und 2.3)
2. Welche Merkmale weist die Bürokratie auf? (2.3)
3. Welche Vorteile und Gefahren bringt die Bürokratie mit sich? (2.3)
4. Welche Gründe können Menschen bewegen, Herrschaft zu akzeptieren? (2.4)
5. Welche Funktion hat die Bildung von Idealtypen? (2.5)

(2) Tayloristischer Ansatz

1. Was ist die forschungsleitende Metapher des Taylorismus? (3.2)
2. Welche Gründe sieht *Taylor* für die geringe Leistungsfähigkeit der Betriebe? (3.3)
3. Durch welche Merkmale ist das „neue System" *Taylors* gekennzeichnet? (3.3)
4. Kennzeichnen Sie das Menschenbild *Taylors*. (3.4)
5. Welche Methoden wendet *Taylor* bei seiner Forschung an? (3.5)

(3) Human-Relations-Ansatz

1. Was ist damit gemeint, wenn die Organisation als ein soziales und humanes System gesehen wird? (4.2)
2. Beschreiben Sie Anliegen und Ergebnisse der „Beleuchtungsexperimente" im Rahmen der Hawthorne-Studien. (4.3)
3. Was versteht man unter der informalen Organisation? (4.3 und 4.6)
4. Welche Probleme ergaben sich bei den Experimenten im Rahmen der Hawthorne-Studien? (4.5)
5. Wie kann der soziotechnische Strukturtyp gekennzeichnet werden? (4.6)

(4) Strukturtechnischer Ansatz

1. Welchen Organisationsbegriff vertritt *Kosiol*? (5.2)
2. Beschreiben Sie die drei Schritte des Organisierens im Rahmen der Strukturtechnik. (5.3)
3. Was ist ein „Aufgabenträger" i.S. des strukturtechnischen Ansatzes? (5.4)
4. Beschreiben Sie die Forschungsmethoden des strukturtechnischen Ansatzes. (5.5)
5. Für *Kosiol* hat die Organisation die Aufgabe, für einen effizienten Vollzug der Sachaufgabe des Unternehmens zu sorgen. Welche weiteren Aufgaben kommen nach heutigem Verständnis hinzu? (5.6)

(5) Situativer Ansatz

1. Welches sind die zentralen Ziele des situativen Ansatzes? (6.3)
2. Charakterisieren Sie das Grundmodell des situativen Ansatzes und das erweiterte Grundmodell. Können aus dem Grundmodell Gestaltungsempfehlungen abgeleitet werden? (6.3)
3. Warum ist es schwierig, gesetzmäßige Zusammenhänge zwischen Struktur und Verhalten zu finden? (6.4)
4. Was bedeutet „Operationalisierung" von Variablen im situativen Ansatz und welche Probleme wirft die Operationalisierung auf? (6.5)
5. Wie kann das typologische Vorgehen gekennzeichnet werden? (6.6)

(6) Entscheidungstheoretischer Ansatz

1. Kennzeichnen Sie die grundsätzlichen Unterschiede zwischen dem entscheidungslogischen und dem entscheidungsprozessorientierten Ansatz. (7.1)
2. Im entscheidungstheoretischen Ansatz wird die Organisation bildhaft verglichen mit einem Gehirn, einem politischen System, einem Mülleimer und einem Tempel. Wie können diese Vergleiche begründet werden? (7.2)

3. Die Objektentscheidungen der Organisationsmitglieder werden von Primär- und Sekundärdeterminanten beeinflusst. Beschreiben Sie diese Determinanten und erläutern Sie den Zusammenhang zwischen den Primär- und den Sekundärdeterminanten. (7.3)
4. Welche Maßnahmen der Verhaltensbeeinflussung stehen dem Organisator im entscheidungslogischen Ansatz zur Verfügung? (7.3.1)
5. Welche Unterschiede bestehen zwischen der Entscheidungsfindung nach dem normativen Modell des entscheidungslogischen Ansatzes und dem realen Entscheidungsprozess, wie ihn der entscheidungsprozessorientierte Ansatz beschreibt? (7.3.2)
6. Was versteht man unter „begrenzter Rationalität" von Entscheidungen? (7.3.2)
7. Wie charakterisieren die beiden entscheidungstheoretischen Teilansätze jeweils den Menschen? (7.4)
8. Wie unterscheiden sich die beiden Teilansätze in ihrer Methodik? (7.5)
9. Wird die Organisation als politisches System verstanden, in welchem unterschiedliche Interessen aufeinanderstoßen, dann ist es wichtig, die daraus entstehenden Konflikte zu managen. Welche Bedeutung hat in diesem Zusammenhang der „organizational slack"? (7.6)

(7) Institutionenökonomischer Ansatz

1. Welche drei Teilansätze werden zur Institutionenökonomie gezählt? (8.1)
2. Welche Verfügungsrechte unterscheidet der Property-Rights-Ansatz? (8.3.1.1)
3. Warum ist eine Eigentümerunternehmung nach der Verfügungsrechtstheorie besonders effizient? (8.3.1.2)
4. Was versteht man unter Transaktionskosten? (8.3.2.1)
5. Welche Unterschiede weisen die institutionellen Arrangements „Hierarchie" und „Markt" auf? (8.3.2.2)
6. Was versteht man unter „Faktorspezifität"? (8.3.2.3)

7. Welche Vor- und Nachteile weist das institutionelle Arrangement „Hierarchie“ auf? (8.3.2.3)

8. Warum sind Probleme zu erwarten, wenn ein Prinzipal einen Agenten damit beauftragt, eine Aufgabe für ihn zu erledigen? (8.3.3.1)

9. Welche typischen Agenturprobleme werden unterschieden? (8.3.3.1)

10. Welche Maßnahmen stehen zur Disziplinierung des Agenten zur Verfügung? (8.3.3.2)

11. Welche Arten von Agenturkosten werden unterschieden? (8.3.3.2)

12. Welche Probleme wirft die Trennung von Eigentum, Geschäftsführung und Kontrolle in einer AG nach der Verfügungsrechtstheorie auf? (8.6)

13. Welche Nachteile sprechen gegen eine Zentralisierung und welche gegen eine Dezentralisierung von Entscheidungskompetenzen im Unternehmen? (8.6)

(8) Evolutionstheoretischer Ansatz

1. Was versteht man im Rahmen des populationsökologischen Ansatzes unter einer „Population“? (9.2)

2. Welche vier Prinzipien kennzeichnen das Evolutionsmodell? (9.3.1)

3. Was spricht dafür, daß Organisationen träge und wenig anpassungsfähig sind? (9.3.2)

4. Was spricht dafür, daß Organisationen nicht von ihrer Umwelt determiniert werden? (9.3.3)

5. Der populationsökologische Ansatz sucht nach einer Theorie „mittlerer Reichweite“. Was ist darunter zu verstehen? (9.5)

6. Der evolutionstheoretische Ansatz untersucht, ob bestimmte Merkmale einer Organisation systematisch mit ihrem „Sterberisiko“ verknüpft werden können. Welche Thesen werden in diesem Zusammenhang untersucht? (9.5)

(9) Interpretativer Ansatz

1. Welche Aufgabe hat die Organisation i.S. des interpretativen Ansatzes? (10.2)
2. Wie wird der Prozess der Entstehung einer gemeinsamen Sicht der Wirklichkeit modelliert? (10.3)
3. Welche Bedeutung haben die formalen Regeln der Organisationsstruktur im Rahmen des interpretativen Ansatzes? (10.3)
4. Was versteht man unter der „sekundären Sozialisation" im Unternehmen? (10.4)
5. Von welchen wissenschaftstheoretischen Grundannahmen geht der interpretative Ansatz aus? (10.5)
6. Inwiefern kann die Unternehmenskultur als Erfolgsfaktor betrachtet werden? Ist die Kultur gestaltbar? (10.6)

(10) Selbstorganisationsansatz

1. Was versteht man in sozialen Systemen unter „Ordnung" und welche Arten der Ordnungsbildung können unterschieden werden? (11.2)
2. Welche Arten von Normen können im Unternehmen unterschieden werden? (11.3.2)
3. Wie kann das Verhältnis von Fremd- und Selbstorganisation aussehen? (11.3.2)
4. Wie kann das Menschenbild des Selbstorganisationsansatzes charakterisiert werden? (11.4)
5. Wie kann eine „Zeltorganisation" gekennzeichnet werden? (11.6)

Fragen zur Vertiefung

(1) Bürokratieansatz

1. Im Rahmen der Führungstheorie ist eine Renaissance des charismatischen Herrschaftstyps zu beobachten. Woran könnte das liegen? Ist charismatische Herrschaft i.S. *Webers* tatsächlich als Führungsform in Unternehmen geeignet?
2. Welche der von *Weber* genannten Gründe für die Akzeptanz von Herrschaft halten Sie für die wichtigsten?
3. Was heißt „erklären" und was heißt „verstehen"?
4. Überlegen Sie, warum die Bürokratie von *Weber* für eine besonders effektive Form von Herrschaft gehalten wurde und warum heute die kritische Einstellung gegenüber der Bürokratie überwiegt.

(2) Tayloristischer Ansatz

1. Viele Merkmale des von *Taylor* verworfenen „alten Systems" muten heute wieder ganz modern an. Wie kann es erklärt werden, daß zu *Taylors* Zeiten die Ablösung des alten Systems zu einer deutlichen Effektivitätssteigerung führte, wogegen heute gerade die teilweise Rückkehr zum alten System einen Effektivitätsgewinn verspricht?
2. Für wie realistisch halten Sie *Taylors* Menschenbild?
3. Ist *Taylors* Anspruch, eine „wissenschaftliche Betriebsführung" begründet zu haben, berechtigt?
4. Glauben Sie, daß der Taylorismus in den Unternehmen heute ausgedient hat?

(3) Human-Relations-Ansatz

1. Im Human-Relations-Ansatz wird die Organisation nicht nur als formales, sondern auch als soziales und humanes System angesehen. Halten Sie es für sinnvoll, sich im Rahmen der betriebswirtschaftlichen Organisationslehre auch mit sozialen und humanen Faktoren zu beschäftigen?
2. Warum tut sich die Forschung wohl so schwer, die Zusammenhänge zwischen bestimmten Strukturfaktoren, der Arbeitszufriedenheit und der Leistung festzustellen?

3. Im Rahmen der Hawthorne-Studien wurden auch sehr viele zeit- und kostenintensive Tiefeninterviews geführt. Was spricht für und was spricht gegen diese Methode?

4. Das Tavistock Institute for Human Relations hat schon vor rund fünfzig Jahren Gestaltungsvorschläge für die Organisation gemacht, die erst heute in der Praxis richtig Fuß fassen. Wie ist das zu erklären?

(4) Strukturtechnischer Ansatz

1. *Kosiol* unterscheidet sechs Merkmale einer Aufgabe, nach welchen sie im Rahmen der Aufgabenanalyse zerlegt werden kann. Könnte man eine Aufgabe auch noch nach anderen Merkmalen kennzeichnen und zerlegen?

2. Im strukturtechnischen Ansatz wird dem Gestalter nur eine Art „Baukasten" geliefert mit den unterschiedlichen Gestaltungsmöglichkeiten. Mit konkreten Empfehlungen für die Gestaltung ist der Ansatz sehr vorsichtig. Was halten Sie von dieser Vorgehensweise?

(5) Situativer Ansatz

1. Dem situativen Ansatz wird u.a. vorgeworfen „theorielos" zu sein. Was könnte hinter diesem Vorwurf stecken?

2. Die empirischen Befunde des situativen Ansatzes sind äußerst heterogen. Welche Gründe könnte das haben?

3. Überlegen Sie, wie Sie die Situationsfaktoren Größe, Umweltdynamik und Leistungsprogramm, die Strukturfaktoren Spezialisierung und Formalisierung sowie die Effizienz operationalisieren könnten, um eine empirische Erhebung durchzuführen.

4. Beim typologischen Vorgehen werden die Unterschiede zwischen den real existierenden Organisationsformen vergröbert und bspw. nur fünf oder sogar nur drei oder zwei Typen unterschieden. Was halten Sie von dieser Vorgehensweise? Ist die Typenbildung willkürlich, wenn mal zwei, mal drei, mal fünf und mal sieben Typen unterschieden werden?

(6) Entscheidungstheoretischer Ansatz

1. Der entscheidungsprozessorientierte Ansatz vergleicht Organisationen mit Mülleimern und Tempeln und bestreitet, daß Entscheidungen in Unternehmen so rational getroffen werden, wie es die normative Entscheidungstheorie postuliert. Halten Sie diese Vergleiche für realistisch?

2. Wenn Sie das entscheidungslogische Grundmodell nach *Laux/Liermann* betrachten (Abb. 5-5, S. 105), für wie wahrscheinlich halten Sie es dann, daß man die Maßnahmen der Verhaltensbeeinflussung i.S. des Unternehmensziels optimieren kann?

3. Wie sieht der Entscheidungsprozess für eine bestimmte organisatorische Maßnahme aus
   a) nach dem entscheidungslogischen Ansatz?
   b) nach dem entscheidungsprozessorientierten Ansatz?

5. Wie erfüllen die beiden entscheidungstheoretischen Teilansätze jeweils die drei Ziele der Wissenschaft, wie sie im Kapitel 4 beschrieben wurden?

(7) Institutionenökonomischer Ansatz

1. Welches Verhalten ist nach der Verfügungsrechtstheorie von den Arbeitnehmern zu erwarten, wenn
   – sie nur das Recht haben, die Produktionsmittel (Maschinen) zu benutzen (usus)?
   – sie darüber hinaus das Recht haben, die erwirtschafteten Erträge einzubehalten (usus fructus)?
   – sie außerdem die Produktionsfaktoren verändern und veräußern dürfen (abusus und Recht auf Übertragung)?

2. Wie beurteilen Sie die Aussage von *Alchian/Demsetz*, daß Kaufverträge und Arbeitsverträge praktisch gleich zu setzen sind?

3. Wie beurteilen Sie die Aussage von *Williamson*, daß Transaktionen am Markt und in der Hierarchie unterschiedlich abgewickelt werden?

4. Machen Sie sich an einem beliebigen Beispiel aus dem Alltag (bspw. Beauftragung eines Handwerkers mit Reparaturen) die verschiedenen Agenturprobleme klar.

5. Um den Managern einer AG Anreize zu bieten, i.S. der Aktionäre zu handeln, erhalten die Manager immer häufiger Aktien als Teil ihrer Entlohnung. Ob dieses Anreizinstrument den gewünschten Effekt hat, ist allerdings umstritten. Was könnte dagegen sprechen, das Agenturproblem so zu lösen?
6. Wie realistisch erscheint Ihnen die Arbeitsleidthese der Agenturtheorie?
7. Überlegen Sie, warum die wachsende Größe einer Unternehmung aus Sicht der drei institutionenökonomischen Teilansätze jeweils als Problem angesehen werden kann.

(8) Evolutionstheoretischer Ansatz

1. Im populationsökologischen Ansatz werden Unternehmen mit Lebewesen verglichen, die geboren werden, sterben, über bestimmte Gene verfügen usw. Was halten Sie von diesem Vergleich?
2. Die Befunde der empirischen Forschung zum Zusammenhang zwischen bestimmten Merkmalen von Unternehmen und ihrem „Sterberisiko" sind recht widersprüchlich. Wie könnte das erklärt werden?
3. Im evolutionstheoretischen Ansatz sind die Manager nur eine Quelle blinder Variationen, während ihnen traditionell die Rolle des „Machers" und „Gestalters" zugeordnet wird. Überlegen Sie, was jeweils für und gegen die beiden Auffassungen spricht.
4. Viele Unternehmen haben in den letzten Jahren Aktivitäten aus der Organisation ausgelagert (Outsourcing), um die entsprechenden Leistungen anschließend über den Markt zu beziehen. Neuerdings wird in diesem Zusammenhang vor einer Aushöhlung der Kernkompetenzen gewarnt. Ist diese Warnung gerechtfertigt?

(9) Interpretativer Ansatz

1. Nach einer radikal subjektivistischen Auffassung erfindet jeder Mensch seine eigene Wirklichkeit. Was halten Sie von dieser Sichtweise?
2. Jedes Unternehmen ist geprägt von einer bestimmten Sprache, bestimmten Ritualen, Symbolen, Rollenbildern, Bekleidungsvorschriften usw. Überlegen Sie, wie diese sichtbaren Kulturmerkmale konkret aussehen könnten. Haben Sie selbst schon einmal unterschiedliche Organisationskulturen erlebt?

3. Stellen Sie sich vor, Sie sollten im Rahmen einer empirischen Diplomarbeit die Kultur eines Unternehmens darstellen und bewerten. Wie könnten Sie die Kultur erfassen? Nach welchen Kriterien würden Sie eine Bewertung vornehmen?
4. Die Instrumentalisierung der Kultur wird teilweise sehr kritisch beurteilt. Es wird nicht nur hinterfragt, ob man die Kultur gestalten kann, sondern auch, ob man das überhaupt darf. Nehmen Sie zu dieser Kritik Stellung.

(10) Selbstorganisationsansatz

1. In vielen Unternehmen entstehen von selbst „heimliche Spielregeln“. Überlegen Sie sich Beispiele für solche Spielregeln. Wie könnten die Spielregeln entstehen?
2. Im aktuellsten Handwörterbuch der Organisation kommt der Begriff der „informalen Organisation“ nicht mehr vor. Dafür wurde der Begriff der „Selbstorganisation“ neu aufgenommen. Wie könnten sich „informale Organisation“ und „Selbstorganisation“ zueinander verhalten?
3. Halten Sie das Menschenbild des Selbstorganisationsansatzes für realistisch?
4. Überlegen Sie, warum die Prozessstruktur und die Gruppenstruktur die beiden Basisbausteine für eine Gestaltung der autonomen Selbstorganisation sind.

Literaturempfehlungen

Da zu den einzelnen Ansätzen bereits Literaturhinweise gegeben wurden, sollen hier nur noch einige Bücher genannt werden, die sich allgemein mit den organisationstheoretischen Ansätzen beschäftigen:

Frese, E.: Organisationstheorie: Historische Entwicklung – Ansätze – Perspektiven, 2. A., Wiesbaden 1992.

Kieser, A. (Hrsg.): Organisationstheorien, 3. A., Stuttgart 1999.

Schreyögg, G.: Organisation, 3. A., Wiesbaden 1999.

Walter-Busch, E.: Organisationstheorien von Weber bis Weick, Amsterdam 1996.

Kapitel 6

Die Bedeutung der Organisationstheorie für die Organisationsgestaltung

1 Synopse der organisationstheoretischen Ansätze

Die Aufgabe einer Theorie besteht darin, den Unterbau für die Gestaltung bereitzustellen. Eine empirisch ermittelte Ursache-Wirkungs-Beziehung wird dabei transformiert in eine **Ziel-Mittel-Relation.** Aus der Ursache wird das Mittel, aus der Wirkung wird das Ziel.

Wir haben festgestellt, dass es eine allgemein gültige und allgemein akzeptierte Organisationstheorie nicht gibt. Stattdessen begegnen wir in der Vielzahl der präsentierten Ansätze einer Welt von erstaunlicher Vielfalt. Diese Bestandsaufnahme lässt die Frage aufkommen, welcher dieser Ansätze denn nun der „richtige" sei. Man könnte annehmen, die neueren und moderneren Ansätze seien besser als die älteren Ansätze. Dies trifft jedoch keineswegs zu. Das Erkenntnisobjekt „Organisation" ist so komplex, dass es nicht den **„one best way"**, eine ausschließlich richtige Betrachtungsweise gibt. Die einzelnen Ansätze ergänzen sich eher, als dass sie sich gegenseitig falsifizieren. Der Erfahrungsgegenstand „Unternehmung" wird von den Organisationstheoretikern zu Recht aus verschiedenen Blickwinkeln wahrgenommen:

Die Unternehmung ist eine Organisation,

- in welcher Herrschaft ausgeübt wird (Bürokratieansatz),
- in welcher Aufgaben zu erfüllen sind (tayloristischer und strukturtechnischer Ansatz),
- in welcher Menschen zusammenleben (Human-Relations-Ansatz),
- die als offenes System unter bestimmten Kontextbedingungen agiert (situativer Ansatz),
- in welcher von Individuen mit unterschiedlichen Interessen (mehr oder we-

niger rational) Entscheidungen getroffen werden (entscheidungstheoretischer Ansatz),

- in welcher Verfügungsrechte geregelt sind (Property-Rights-Ansatz),
- die ein alternatives institutionelles Arrangement zum Markt darstellt (Transaktionskosten-Ansatz),
- in welcher divergierende Interessen aufeinander stoßen (Principal-Agent-Ansatz),
- welche einem Organismus mit bestimmten genetischen Informationen gleicht (evolutionstheoretischer Ansatz),
- welche einem Volksstamm mit einer bestimmten Kultur gleicht (interpretativer Ansatz),
- in der auf unterschiedliche Art und Weise Ordnung entsteht (Selbstorganisationsansatz).

Diese unterschiedlichen Schwerpunktsetzungen bei der Betrachtung der Organisation im institutionellen Sinne ziehen zwangsläufig auch unterschiedliche Auffassungen nach sich über die Aufgaben der Organisation im instrumentellen Sinne und über den Prozess der Ordnungsbildung. Einen zusammenfassenden Überblick über die Unterschiede in den Ansätzen gibt Abb. 6-1.

Abb. 6-1: Überblick über die organisationstheoretischen Ansätze

Ansatz	Die Organisation „Unternehmung" ist ...	Die Organisation, die ein Unternehmen hat, soll ...	Ordnung im Unternehmen entsteht durch ...	Metapher	Menschenbild	Bevorzugte Methoden
Bürokratieansatz	... eine Form legitimer Herrschaft.	... Herrschaft sichern und legitimieren.	... rationale Satzung.	Maschine, Apparat	Der Mensch handelt zweckrational, wertrational, gefühlsmäßig und gewohnheitsmäßig.	Bildung von Idealtypen, erklärendes Verstehen
Tayloristischer Ansatz	... ein Aufgabenerfüllungssystem.	... für eine effiziente (ressourcensparende) Aufgabenerfüllung sorgen.	... wissenschaftlich fundierte Konstruktion.	Maschine	Der Mensch (Arbeiter) ist faul und egoistisch. Er ist nur über Geld zu motivieren.	Systematische Beobachtung, Experiment
Human-Relations-Ansatz	... ein soziales, humanes und formales, zielorientiertes System.	... ökonomische Effizienz und Mitarbeiterzufriedenheit bewirken.	... rationale Fremdorganisation und informale Organisation.	Organismus	Der Mensch ist ein soziales Wesen mit individuellen Werten, Gefühlen und Erfahrungen. Sein Verhalten hängt von vielen Einflüssen gleichzeitig ab.	Experiment, Beobachtung, unstrukturierte Tiefeninterviews
Strukturtechnischer Ansatz	... ein Aufgabenerfüllungssystem.	... für eine effiziente (formalzielförderliche) Aufgabenerfüllung sorgen.	... rationale Strukturierung (Analyse, Synthese, Verteilung)	Bauplan	Der Mensch interessiert nur als abstrakter Aufgabenträger.	Analytisch-deduktive Gedankenkonstruktion, strukturierte Interviews

Ansatz	Die Organisation „Unternehmung“ ist ...	Die Organisation, die ein Unternehmen hat, soll ...	Ordnung im Unternehmen entsteht durch ...	Metapher	Menschenbild	Bevorzugte Methoden
Situativer Ansatz	... ein soziales und formales, zielorientiertes, offenes System.	... das Verhalten der Organisationsmitglieder zielorientiert steuern.	... die rationale Wahl einer situativ passenden Konfiguration.	Organismus, Maschine	Der Mensch ist umweltoffen und lernfähig. Das Verhalten wird von der Struktur entscheidend beeinflusst.	Strukturierte Befragungen, Dokumentenanalyse, Korrelationsanalyse, Typenbildung
Entscheidungstheoretischer Ansatz	... eine Koalition von Individuen mit je eigenen Interessen.	... die Objektentscheidungen der Organisationsmitglieder zielorientiert steuern.	... eine (optimale) Entscheidung zwischen Organisationsalternativen.	Gehirn, politisches System, Mülleimer, Tempel	Die Menschen sind selbstinteressiert, begrenzt rational und individuell verschieden.	Modellanalyse, Befragung, Beobachtung, Dokumentenanalyse, Experimente, Berufung auf Alltagswissen
Property-Rights-Ansatz	... eine Verfügungsrechtsstruktur.	... Verfügungsrechte anreizoptimal verteilen.	... rationale Wahl der anreizoptimalen Lösung.	Netzwerk von Verträgen	Der Mensch ist Nutzenmaximierer und Opportunist. Er ist unbegrenzt rational.	Modellanalyse, Fallstudien
Transaktionskostenansatz	... ein alternatives (hierarchisches) institutionelles Arrangement zum Markt.	... für die effiziente Abwicklung (spezifischer) Transaktionen sorgen.	... (rationale) Wahl der transaktionskostenminimalen Lösung	Netzwerk von relationalen Verträgen	Der Mensch ist begrenzt rational und opportunistisch, zugleich Gefühl moralischer Verpflichtung.	Modellanalyse, Typenbildung, Fallstudien

Ansatz	Die Organisation „Unternehmung“ ist ...	Die Organisation, die ein Unternehmen hat, soll ...	Ordnung im Unternehmen entsteht durch ...	Metapher	Menschenbild	Bevorzugte Methoden
Principal-Agent-Ansatz	... eine Institution, in welcher Prinzipale Aufgaben an Agenten delegieren.	... die Agenturkosten für die Prinzipale minimieren.	... rationale Wahl der agenturkosten-minimalen Lösung.	Netzwerk von Verträgen	Der Mensch ist ein (unbegrenzt) rationaler Nutzenmaximierer. Als Arbeitnehmer ist er vor allem unmotiviert.	Modellanalyse, Typenbildung, Fallstudien
Evolutionstheoretischer Ansatz	... ein Organismus mit bestimmten Fähigkeiten.	... das Unternehmen vor einer externen Selektion schützen.	... Variation, Selektion und Retention.	Organismus, Spezies	Der Mensch ist weitgehend „blind“ und unwissend. Er ist ein Spielball der Evolution.	Regressionsanalyse, Clusteranalyse, Faktorenanalyse, Beobachtung, Fallstudien
Interpretativer Ansatz	... eine Minigesellschaft mit einer bestimmten Kultur.	... Mehrdeutigkeit in den Interpretationen reduzieren und Konsens fördern.	... Aushandlungs-, Lern- und Evolutionsprozesse.	Volksstamm, Kultur, Drehbuch, Grammatik	Der Mensch ist weltoffen, bildbar und sozial. Er hat ein Interesse an Ordnung und intersubjektiver Verständigung.	Phänomenologie, Hermeneutik, Beobachtung, Tiefeninterviews, Rollenspiele
Selbstorganisationsansatz	... ein dynamisches, komplexes, soziales und formales, offenes, zielorientiertes System.	... die Deutungen und Handlungsweisen der Mitglieder in gewünschter Weise normieren.	... Fremdorganisation, autonome und autogene Selbstorganisation.	Organismus, Pflanze, Laserstrahl	Der Mensch verfolgt ein aufgeklärtes Selbstinteresse. Er ist begrenzt rational, aber lernfähig.	Analogiebildung, Phänomenologie, Hermeneutik, Fallstudien

Praktische Gestaltungsempfehlungen können aus einem einzigen theoretischen Ansatz nicht abgeleitet werden. Der Organisationsgestalter in der Praxis muss seinen Blick vielmehr **gleichzeitig** auf alle Facetten des Erfahrungsgegenstandes richten. D.h. er muss die unterschiedlichen Erkenntnisse insgesamt berücksichtigen, wobei für unterschiedliche Gestaltungsfragen unterschiedliche Ansätze besonders relevant sind. Bei welcher Gestaltungsfrage welcher Ansatz eine besondere Rolle spielt, soll im Folgenden gezeigt werden.

2 Aktuelle Bedeutung der organisationstheoretischen Ansätze

Grundlegende Aufgaben der Organisationsgestaltung betreffen die Führungsorganisation bzw. die Unternehmensverfassung sowie die Ausgestaltung der Grenzen der Unternehmung.

Im Rahmen einer **Führungsorganisation** werden Normen aufgestellt, die regeln, wer in welcher Weise zur Unternehmensführung berechtigt ist oder an ihr mitwirken darf. Die Gestaltungsspielräume sind in diesem Bereich durch das Gesellschafts-, Mitbestimmungs- und Betriebsverfassungsgesetz eingeschränkt. Bei der Frage nach der „richtigen" Führungsorganisation kann der **Property-Rights-Ansatz** die theoretische Grundlage liefern.

Wenn es darum geht zu entscheiden, welche Aufgaben eine Unternehmung selbst wahrnehmen will und welche Leistungen sie vom Markt beziehen soll, d.h. also wo die **Grenzen der Unternehmung** verlaufen, dann ist der **Transaktionskosten-Ansatz** die passende theoretische Grundlage. Die Wahl zwischen verschiedenen institutionellen Arrangements (Hierarchie, Markt, hybride Formen) kann mit Hilfe der Transaktionskostentheorie rationalisiert werden.

Die „klassischen" Gestaltungsaufgaben der **Aufbau- und Ablauforganisation** stehen an, wenn die Führungsorganisation und die Grenzen der Unternehmung bereits festliegen. Die feststehende Sachaufgabe soll effizient erledigt werden, wobei letztlich eine Erreichung der Formalziele (Gewinn, Rentabilität, Shareholder Value) intendiert ist. Der **strukturtechnische Ansatz** *Kosiols* gibt dem Organisator einen Leitfaden an die Hand, wie er die Aufgabenerfüllung organisieren kann. Die Gesamtaufgabe wird zerlegt, die entstandenen Teilaufgaben werden sinnvoll zusammengefasst und die Aufgabenbündel den Organisationsmitgliedern zur Erfüllung übertragen. Am Ende des Prozesses soll feststehen, wer, was, woran, womit, wann und wo zu erledigen hat und wer gegenüber wem weisungsberechtigt ist. *Kosiol* schreibt allerdings nicht vor, wie die entstehende Organisation konkret aussehen soll. Er zeigt vielmehr die verschiedenen Strukturierungsmöglichkeiten auf: Man kann kleine und umfangreiche Aufgabenbündel schnüren, die Aufgaben nach Funktionen, Objekten oder Prozessen zusammenfassen, die Weisungsbeziehungen können einlinig oder mehrlinig sein, Entscheidungsbefugnisse können zentralisiert oder dezentralisiert werden, die Hierarchie kann steil oder flach gestaltet werden usw. Die Verhaltenswirkungen der alternativen Möglichkeiten blendet er jedoch aus.

Dem **entscheidungslogischen Ansatz** entspricht die Vorstellung, dass der Organisator unter diesen Möglichkeiten zielgerichtet die optimale auswählt. Realistischerweise muss er dabei die divergierenden Interessen oder ganz allgemein das **Verhalten der Organisationsteilnehmer** berücksichtigen. Das theoretische Fundament für eine optimale Organisationsentscheidung ist aber brüchig. Verschiedene Ansätze haben sowohl unterschiedliche Vorstellungen über die Ziele der Strukturierung als auch über die richtigen Mittel zur Zielerreichung. Für den **Taylorismus** steht bspw. die Steigerung der Arbeitsleistung als Ziel im Vordergrund, für den **Human-Relations-Ansatz** die Zufriedenheit der Mitarbeiter, für den **entscheidungslogischen Ansatz** die Güte der Objektentscheidungen, für den **Principal-Agent-Ansatz** die Disziplinierung des opportunistischen Agenten und für den **evolutionstheoretischen Ansatz** das Überleben.

Wie diese Ziele sich zueinander verhalten, ist umstritten. Zwischen der Steigerung der Arbeitsleistung und der Zufriedenheit werden z.B. sowohl konfliktäre als auch komplementäre Beziehungen vermutet. Umstritten ist auch, welche Maßnahmen zur Zielerreichung führen. Sowohl für *Taylor* als auch für den Principal-Agent-Ansatz ist es z.B. eine wichtige Aufgabe der Organisation, Drückebergerei zu verhindern. *Taylor* empfiehlt eine starke Arbeitsteilung, strikte Reglementierung der Arbeitsausführung und enge Kontrollen. Der Informationsvorsprung des Agenten soll gesenkt werden, indem man „das Wissen aus den Köpfen holt". Der Principal-Agent-Ansatz akzeptiert dagegen den Informationsvorsprung des Agenten eher und will sein Wissen nutzen. Drückebergerei soll vor allem durch eine passende Gestaltung der Anreizsysteme verhindert werden.

Was die Organisationsentscheidungen noch komplexer macht, ist die Notwendigkeit der Berücksichtigung situativer Faktoren. Wie der **situative Ansatz** lehrt, ist die Lösung, die für ein bestimmtes Unternehmen gut ist, für ein anderes Unternehmen möglicherweise nicht optimal. Die theoretischen Ansätze können demnach nicht das eine optimale Strukturmodell liefern. Sie können allerdings verdeutlichen, bei welchen Prämissen (Ziele der Organisation, Menschenbild, situative Faktoren) welche Struktur vermutlich welche Wirkungen entfaltet.

Anhaltspunkte für die Gestaltung können auch aus den **Strukturtypen** gewonnen werden, die von verschiedenen Ansätzen entwickelt wurden. Die Bürokratie oder die tayloristische Organisation sind solche Strukturtypen, die eine starke Wirkung auf die praktische Strukturgestaltung ausüben. Wirkten sie zunächst als Vorbilder, so dienen sie heute vor allem als Modelle für veraltete und überholte Strukturen. Der „soziotechnische Strukturtyp" wurde bspw. im bewussten Gegensatz zum bürokratisch-tayloristischen Typ entwickelt (vgl. *Alioth* [Selbststeuerungskonzepte] 1896). Theoretische Grundlagen für diesen Strukturtyp liefern der Human-Relations-Ansatz und der Selbstorganisationsansatz.

Aus dem **evolutionären Ansatz**, dem **interpretativen Ansatz** und dem **Selbstorganisationsansatz** kann man vor allen Dingen ableiten, was eine gezielte Organisation so schwierig macht. Die Vorstellung, dass organisationaler Wandel gleichzusetzen ist mit dem rationalen Entscheidungsprozess eines Organisators, der eine optimale Struktur wählt und implementiert, ist viel zu simpel und realitätsfern. In jedem Unternehmen bildet sich Ordnung (Struktur und Kultur) auch „von selbst" und so wie die Entscheidungen **in** Organisationen werden auch die Entscheidungen **über** Organisationen von begrenzt rationalen und selbstinteressierten Individuen getroffen.

In Abb. 6-2 ist noch einmal zusammengefasst, welche Bedeutung den verschiedenen theoretischen Ansätzen für die praktische Organisationsgestaltung heute zukommt. Wenn wir uns im Folgenden ausführlich mit der Gestaltung der Organisation befassen, greifen wir auf diese Erkenntnisse zurück.

Abb. 6-2: Aktuelle Bedeutung der organisationstheoretischen Ansätze

Ansatz	Aktuelle Bedeutung der Ansätze für die Gestaltung der Organisation
Bürokratieansatz	• Sicherung von Herrschaft (Führung) • Bildung von Idealtypen • Merkmale zur Beschreibung einer Struktur • Strukturtyp „Bürokratie"
Tayloristischer Ansatz	• Effiziente Erledigung von Arbeitsvorgängen • Fließbandproduktion • Idee der Eignungsdiagnostik bei Mitarbeitern • Idee der Verlagerung von „Kopfarbeit" auf spezielle Stellen (Stäbe) • Tayloristischer Strukturtyp
Human-Relations-Ansatz	• Bedeutung der informalen Organisation • Überlegungen zum Zusammenhang von Zufriedenheit und Leistung der Mitarbeiter (Motivation) • Gestaltungsvorschläge für eine soziotechnisch effiziente Organisationsstruktur
Strukturtechnischer Ansatz	• Fachterminologie der betriebswirtschaftlichen Organisationslehre • Prozess des Organisierens in den drei Schritten Analyse, Synthese und Verteilung von Aufgaben
Situativer Ansatz	• Idee einer Abstimmung (Fit) von Organisation, Umwelt und den anderen Subsystemen der Führung • Bildung von Konfigurationstypen
Entscheidungstheoretischer Ansatz	• Bedeutung divergierender Interessen in der Organisation • Bedeutung begrenzter Rationalität • Bedeutung organisationalen Lernens
Institutionenökonomische Ansätze	• Überlegungen zur Gestaltung der Unternehmensverfassung • Bestimmung der Grenzen der Unternehmung und Gestaltung von Kooperationen • Überlegungen zu Vor- und Nachteilen der (De-)Zentralisation • Motivation der Organisationsmitglieder
Evolutionstheoretischer Ansatz	• Prognose ungeplanten organisationalen Wandels • Bedeutung von Kompetenzen für die Überlebensfähigkeit einer Unternehmung • Überlegungen zu einem evolutionären Management
Interpretativer Ansatz	• Bedeutung der Organisationskultur • Problematik einer objektivistischen Organisationsforschung
Selbstorganisationsansatz	• Effizienzfördernde Wirkung autonomer Selbstorganisation • Bedeutung autogener Selbstorganisation und Überlegungen zu Eingriffsmöglichkeiten in die autogenen Prozesse

Fragen zur Wiederholung

1. Was bedeutet „Organisation"
   - im institutionellen
   - im instrumentellen
   - im tätigkeitsorientierten

   Sinne in den verschiedenen organisationstheoretischen Ansätzen? (1)
2. Welche Metaphern finden in den unterschiedlichen Ansätzen Verwendung? (1)
3. Kann ein Ansatz als der „richtige" angesehen werden? (1)
4. Für welche Gestaltungsfragen ist welcher Ansatz relevant? (2)

Fragen zur Vertiefung

1. Es gibt z. Z. zwei unterschiedliche Trends in der Organisationsforschung. Auf der einen Seite wird die Nähe zur Soziologie betont und die Schwierigkeit einer planvollen Gestaltung thematisiert. Auf der anderen Seite gibt es mit der Institutionenökonomik auch eine starke Strömung, die eine rein ökonomische Organisationstheorie vertritt und der Vorstellung einer rationalen Organisationsgestaltung anhängt. Wie könnte man diese Entwicklung erklären? Kann man die beiden Strömungen miteinander verbinden?
2. Im Kapitel 6 wurde versucht, den organisationstheoretischen Ansätzen Gestaltungsfragen zuzuordnen. Ist eine solche Zuordnung eindeutig möglich?
3. Es gibt zwei unterschiedliche Ansichten zum Verhältnis von Theorie und Praxis: Theorie und Praxis sind komplementär („Nichts ist so praktisch wie eine gute Theorie!") oder Theorie und Praxis sind konkurrierend („Das ist vielleicht theoretisch richtig, taugt aber nichts für die Praxis!"). Welcher Aussage stimmen Sie eher zu?

Literaturempfehlungen

Frese, E.: Organisationstheorie: Historische Entwicklung – Ansätze – Perspektiven, 2.A. , Wiesbaden 1992.

Kieser A. (Hrsg.): Organisationstheorien, 3. A., Stuttgart 1999.

Schreyögg, G.: Organisation, 3. A., Wiesbaden 1999.

Walter-Busch, E: Organisationstheorien von Weber bis Weick, Amsterdam 1996.

Teil 3: Organisationsgestaltung

Kapitel 7

Gegenstand und Elemente der Organisationsgestaltung

1 Das Leistungsziel

Die zentrale Aufgabe der Organisationsgestaltung ist die Sicherstellung der effektiven Erfüllung des Leistungsziels der Unternehmung. Als effektiv gilt eine Organisation dann, wenn sie die ihr zugeordnete Aufgabe gut erfüllt. Die Sichtweise, dass die Organisation in erster Linie ein **Instrument zur Verwirklichung des Leistungsziels** ist, entspringt dem Modell der rationalen, zielgerichteten Fremdorganisation. Dieses Modell wiederum beruht auf dem entscheidungslogischen Ansatz der Organisationstheorie, nach dem der Organisator optimale Organisationsentscheidungen i.S. einer effektiven Ordnung schaffen will. Von diesem Ansatz gehen wir im Folgenden aus. Wir wählen damit eine in der betriebswirtschaftlichen Organisationslehre übliche Vorgehensweise.

Worin besteht nun das Leistungsziel? Das **Leistungsziel** (auch als Sachziel, Sachaufgabe oder Marktaufgabe bezeichnet) dient erwerbswirtschaftlich ausgerichteten Unternehmen als Mittel zur Verwirklichung des Erfolgsziels (auch als Formalziel bezeichnet). Es besteht in der Erzeugung eines Leistungsprogramms, das am Markt angeboten wird und auf die Präferenzen der Nachfrager abgestimmt ist. Bei Nonprofit-Organisationen, etwa Museen, Kindergärten, Entsorgungsunternehmen, ist das Leistungsziel der primäre Zweck der wirtschaftlichen Betätigung. In beiden Fällen ist das Leistungsziel jedoch möglichst effizient wahrzunehmen.

2 Die Gestaltungsbereiche der Organisation

In der Tradition der deutschen Organisationslehre hat es sich eingebürgert, zwei Gestaltungsbereiche der Organisation zu unterscheiden, die gemeinsam eine effektive Ordnung im Unternehmen bilden sollen: die Gestaltung des Aufbaus einer Unternehmung und die Gestaltung des Ablaufs von Leistungsprozessen.

Mit der **Aufbauorganisation** wird die stabile Struktur, das Stellengefüge der Unternehmung geschaffen, welche sich sichtbar im „Bauplan" der Unternehmung (dem Organigramm) niederschlägt (**statischer Aspekt**). Im Mittelpunkt der Aufbauorganisation steht die Verteilung von Aufgaben auf Aufgabenträger.

Die **Ablauforganisation** befasst sich mit den einzelnen Prozessen der Aufgabenerfüllung (**dynamischer Aspekt**). Nicht die abstrakte Aufgabe ist Gegenstand der Betrachtung, sondern die konkrete Arbeit (vgl. *Nordsieck* [Betriebsorganisation] 36).

Während die **Aufbauorganisation** die Verteilung von Aufgaben und Kompetenzen widerspiegelt (statischer Aspekt), geht es bei der **Ablauforganisation** um die Wahrnehmung von Aufgaben und Kompetenzen in Raum und Zeit (dynamischer Aspekt).

Werden die wesentlichen Inhalte der Aufbauorganisation und der Ablauforganisation schriftlich fixiert, so liegt ein Organisationshandbuch vor. Ein **Organisationshandbuch** enthält u.a. Organigramme und Stellenbeschreibungen (Aufbauorganisation) sowie Verfahrensvorschriften, Ablaufdiagramme und Arbeitsanweisungen (Ablauforganisation).

Aufbauorganisation und Ablauforganisation sind nicht unabhängig voneinander zu sehen, sondern sie bedingen sich gegenseitig: Mit der Festlegung der Aufbaustruktur werden die Ablaufprozesse kanalisiert und mit der Regelung des Ablaufes werden die Aufbauprinzipien festgelegt. Dies hat auch praktische Konsequenzen: Wird bspw. der Schwerpunkt des Organisierens in der Strukturierung des Aufbaus gesehen, so führt dies zu einer verstärkten Spezialisierung nach Funktionen und damit zu einer Verschärfung der Schnittstellenproblematik. Umgekehrt wird bei einer Betonung des Ablaufprozesses der Aspekt der Spezialisierung vernachlässigt und die Prozessverantwortung gestärkt.

Die **Interdependenz von Aufbauorganisation und Ablauforganisation** hat immer wieder zu Kritik an der getrennten Betrachtung beider Ansatzpunkte der Organisation geführt. Sie ist heute mehr denn je berechtigt, weil wir mit der Prozessorganisation über ein höchstaktuelles Organisationsmodell verfügen, das die Trennung von Aufbau- und Ablauforganisation bewusst aufhebt.

Die Trennung der Gestaltungsbereiche in ein Aufbauproblem und ein Ablaufproblem hat in Deutschland eine lange Tradition. Bereits im Jahre 1934 unterscheidet *Nordsieck* ([Grundlagen]) zwischen der Regelung von Zuständigkeiten (Aufbauorganisation) und der Regelung des Arbeitsvollzuges (Ablauforganisation). *Kosiol* ([Organisationsforschung] 19 f.) unterscheidet zwischen der Gebildestrukturierung (Aufbauorganisation) und der Prozessstrukturierung (Ablauforganisation). Als Erster in Deutschland hat sich im Jahre 1983 *Gaitanides* ([Prozessorganisation]) mit der Einführung des Begriffes „Prozessorganisation" für die stärkere Integration von Aufbau- und Ablauforganisation engagiert. In den USA sind *Porter* (Wertkettenansatz) und *Hammer/Champy* (Business Reengineering) als Verfechter der Einheit von Aufbau- und Ablauforganisation zu nennen.

Wir wollen zunächst beide Gestaltungsbereiche der Organisation getrennt behandeln. Dabei werden wir aber stets im Auge behalten, dass sich Aufbau- und Ablaufstruktur gegenseitig bedingen. Die aus didaktischen Gründen sinnvolle Trennung beider organisatorischen Gestaltungsbereiche werden wir aufheben, wenn wir auf Organisationsmodelle der Kombination eingehen. Hier ist insbesondere die **Prozessorganisation** zu nennen (vgl. S. 363 ff.).

3 Elemente der Aufbauorganisation

3.1 Die Aufgabe

Ausgangspunkt der Strukturierung ist die **Unternehmensaufgabe**, auch als Marktaufgabe, Sachaufgabe oder Leistungsziel bezeichnet. Diese Aufgabe kann von vornherein feststehen (so im strukturtechnischen Ansatz), sie kann aber auch das Ergebnis von organisatorischen Überlegungen zur Arbeitsteilung zwischen dem Unternehmen und dem „Markt" (also anderen Unternehmen) sein (so im Transaktionskosten-Ansatz). Ebenso könnte man es durchaus als Organisationsaufgabe ansehen festzulegen, wer in welcher Weise berechtigt sein soll, über die Unternehmensaufgabe zu bestimmen und damit die Unternehmensverfassung festzulegen (so im Property-Rights-Ansatz). Um die Elemente der Aufbauorganisation und der Ablauforganisation vereinfachend darstellen zu können, soll die Unternehmensaufgabe zunächst als **Datum** für die Organisation angesehen werden. Später wird diese Prämisse aufgehoben (vgl. S. 360 f.).

Die Verwirklichung des Leistungsziels bzw. die Lösung der Unternehmensaufgabe verlangt die Wahrnehmung einer Vielzahl von **Teilaufgaben**. Die Beschaffenheit dieser Aufgaben wiederum hängt von Art, Umfang und Zeitpunkt der Bereitstellung des Leistungsprogramms eines Unternehmens ab. Die Aufgaben eines Dienstleistungsunternehmens (bspw. einer Bank) unterscheiden sich gravierend von jenen eines Industrieunternehmens (bspw. eines Automobilzulieferers). Die Aufgaben sind daher einer näheren Betrachtung zu unterziehen.

Nach *Kosiol* (vgl. [Aktionszentrum] 72) lässt sich jede Aufgabe durch **fünf Merkmale** kennzeichnen:

1. **Verrichtung:** Wie? Durch welche Tätigkeit soll die Aufgabe gelöst werden?
2. **Objekt:** Was? An welchen Gegenständen soll die Verrichtung vollzogen werden?
3. **Hilfsmittel:** Womit? Mit welchen die Arbeit unterstützenden Werkzeugen soll die Aufgabe erledigt werden?
4. **Zeit:** Wann? Zu welchem Zeitpunkt bzw. in welchem Zeitraum soll die Arbeit erledigt werden?
5. **Raum:** Wo? An welchem Standort soll die Tätigkeit durchgeführt werden?

Die Beschreibung von Verrichtung und Objekt ist der unverzichtbare Kern der Kennzeichnung einer Aufgabe, während die anderen Elemente eher ergänzenden Charakter haben. Die **Verrichtung** lässt sich noch genauer spezifizieren. Nach dem Kriterium des sachlich-technologischen Aufgabenvollzuges lassen sich u.a. folgende Verrichtungen unterscheiden: beschaffen, lagern, montieren, verkaufen. Bei jeder Verrichtung kann man außerdem den Entschluss als Willensentscheidung von der eigentlichen Ausführung trennen. Das zugrundeliegende Unterscheidungskriterium ist nach *Kosiol* der „Rang". Die Verrichtungen lassen sich weiterhin nach dem Merkmal „Phase" in Planungs-, Realisations- und Kontrollaktivitäten gliedern.

Das Aufgabenmerkmal **„Verrichtung“** lässt sich näher kennzeichnen nach

- dem **sachlich-technologischen Aufgabenvollzug** (beschaffen, fertigen, verkaufen...),
- dem **Rang** (entscheiden, ausführen),
- der **Phase** (planen, realisieren, kontrollieren).

Im Prinzip lassen sich noch viele andere Merkmale finden, mit deren Hilfe Aufgaben genauer charakterisiert werden könnten. Nach dem Bezug zur Marktaufgabe unterscheidet *Kosiol* bspw. „Primäraktivitäten“ von „Sekundäraktivitäten“. Als Primäraktivitäten gelten alle Teilaufgaben, welche sich unmittelbar auf die Erfüllung der Sach- oder Marktaufgabe beziehen. Sie werden auch als „kreativ-gestaltend“ oder „exogen induziert“ bezeichnet. Sekundäraktivitäten sind Teilaufgaben, welche bei der Erfüllung der Primäraktivitäten unterstützend wirken. *Kosiol* nennt sie auch „verwaltend“ oder „endogen induziert“ (vgl. [Aktionszentrum] 75 f.). Letztere Unterscheidung wird im Konzept der Wertkette neuerdings wieder aufgegriffen. *Porter* unterscheidet hier zwischen primären Aktivitäten und unterstützenden Aktivitäten ([Wettbewerbsvorteile] 65, vgl. auch S. 314 f.).

Weitere denkbare **Charakteristika einer Aufgabe** sind:

- die **strategische Bedeutung:** Wie viel trägt die Teilaufgabe zum Kundennutzen bei?
- die **Häufigkeit:** Wie oft fällt eine Teilaufgabe an?
- die **Beherrschung:** Wie kompetent wird die Teilaufgabe erfüllt?
- die **Komplexität:** Wie umfangreich und kompliziert ist eine Teilaufgabe?
- die **Eindeutigkeit:** Wie klar lässt sich eine Teilaufgabe umreißen?

Die Relevanz solcher Charakteristika zeigt sich bei der konkreten Gestaltung von Organisationsstrukturen, wenn bspw. neuartige und komplexe Aufgaben in besonderer Weise organisiert werden (z.B. in Form der Projektorganisation) oder wenn sehr vage umrissene Aufgaben besondere Organisationsprobleme aufwerfen: Kann man bspw. eine Person mit der Aufgabe der Verbesserung des Betriebsklimas betrauen?

Ist die Aufgabe letztendlich definiert, stellt sich als Nächstes die Frage nach dem **Vollzug.** Die Unternehmensaufgabe kann nur verwirklicht werden, wenn alle Teilaufgaben bestimmten Personen (den Aufgabenträgern) zur Erfüllung übertragen werden. Dies geschieht in **drei Schritten** (vgl. Abb. 7-1):

- Aufgabenanalyse: Zerlegung der Gesamtaufgabe in Teilaufgaben.
- Aufgabensynthese: Bildung von Aufgabenkomplexen.
- Aufgabenverteilung: Zuordnung von Aufgabenkomplexen zu Personen.

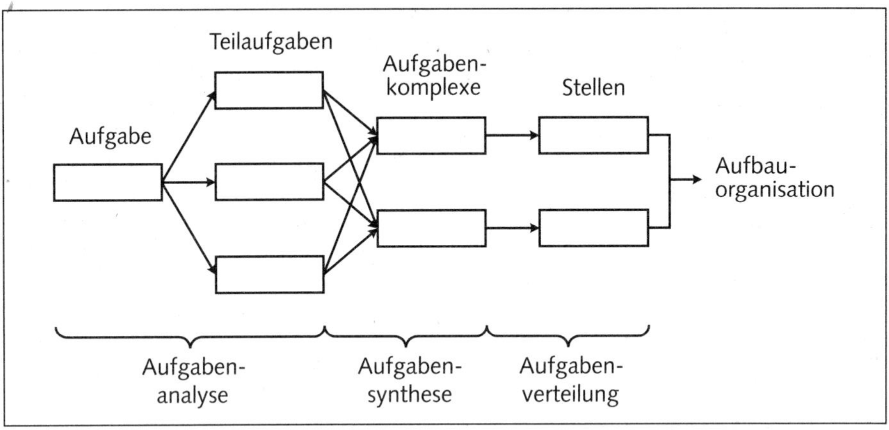

Abb. 7-1: Die Aufgabenerfüllung (Quelle: *Bleicher* [Organisation] 49)

3.2 Aufgabenanalyse

Die Aufgabenanalyse hat den Zweck, die Gesamtaufgabe nach unterschiedlichen Kriterien in **Teilaufgaben** zu **zerlegen**. Am Ende der Analyse sollten sämtliche Teilaufgaben, die im Unternehmen anfallen, im Detail beschrieben sein. Es herrscht dann Klarheit darüber, was alles getan werden muss, um das Leistungsziel zu erfüllen. Die Analyse bildet den Ausgangspunkt für die anschließende Synthese. Unausgesprochen liegt der Analyse i.d.R. die Vorstellung zugrunde, dass man es mit bekannten, eindeutig zu beschreibenden, stabilen und oft wiederholten Aufgaben zu tun hat, die sich gut strukturieren lassen.

Als Analysekriterien dienen die oben beschriebenen Merkmale der Aufgabe. Nach dem Kriterium der **Verrichtung** könnten bspw. auf einer ersten Analyseebene die Teilaufgaben Beschaffung (A), Fertigung (B) und Absatz (C) unterschieden werden. Die Beschaffungsaufgabe lässt sich weiter in drei Aufgabenkomplexe zerlegen: Lieferantenauswahl (a_1), Bestellvorgang (a_2) und Warenannahme (a_3). Jeder Aufgabenkomplex besteht wiederum aus unterschiedlichen

Subaktivitäten wie Lieferantensuche (a_{11}), Verhandlungen mit Lieferanten (a_{12}) und Auswahl eines Lieferanten (a_{13}). Eine weitere Zerlegung nach dem **Rang** könnte zu einer Differenzierung in „Auswahl der Lieferanten durch ein Scoringmodell" (a_{131}) und „die Aufnahme der Lieferbeziehungen" (a_{132}) führen (vgl. Abb. 7-2).

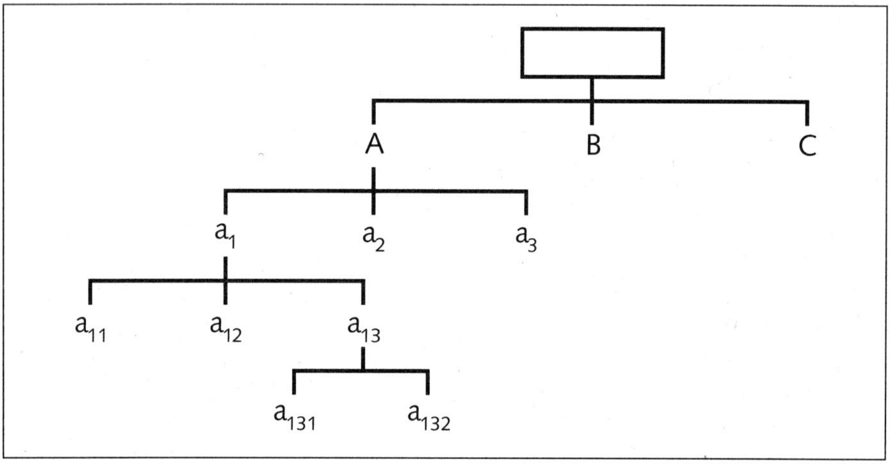

Abb. 7-2: Beispiel für eine Aufgabenanalyse

Dienen die im Unternehmen bearbeiteten **Objekte** als Analysekriterium, könnten z.B. auf einer ersten Analyseebene die Aufgaben, die für ein Produkt A anfallen (bei einem Automobilhersteller bspw. PKW), von den Aufgaben getrennt werden, die für ein Produkt B anfallen (bspw. LKW). Bei tiefergehender Analyse könnten die Bereiche Motor (a_1), Karosserie (a_2) und Innenausstattung (a_3) unterschieden werden und weiterhin einzelne Motorbestandteile (a_{11}, a_{12} ...) usw.

Nach dem Analysekriterium **Sachmittel** lassen sich bspw. Aufgaben, die mit Hilfe eines Roboters erledigt werden, von jenen Aufgaben trennen, die mit herkömmlichen Maschinen zu vollziehen sind. Nach dem Kriterium **Raum** könnte man die Gesamtaufgabe zerlegen in Teilaufgaben, die im Inland oder im Ausland, im Werk A oder im Werk B erledigt werden. Nach der **Phase** unterscheidet man bspw. im Rahmen der Fertigung die Teilaufgaben Fertigungsplanung, Fertigungsprozess und Fertigungskontrolle.

Die unterschiedlichen Analysekriterien können natürlich auch kombiniert werden. So erhält man am Ende der Analyse sehr genau gekennzeichnete Teilaufgaben, wie z.B. Kontrolle von Fertigerzeugnissen im Werk 1 mit Hilfe einer Prüfanlage.

Ein Problem bei der Aufgabenanalyse ist die Festlegung der **Analysetiefe**. Wann soll man sinnvollerweise mit der Zerlegung aufhören? *Kosiol* löst dieses Problem durch einen Vorgriff auf die nachfolgende Aufgabensynthese und Stellenbildung. Die Aufgabenanalyse wird dann beendet, wenn die Teilaufgaben „zuordnungsreif" sind (vgl. [Organisationsforschung] 51), d.h. wenn klar ist, dass eine interpersonale Aufgabenteilung nicht mehr sinnvoll wäre. Die Teilaufgaben der untersten Analyseebene, die auf jeden Fall von einem einzigen Aufgabenträger wahrgenommen werden, heißen **„Elementaraufgaben"**.

Eine noch tiefergehende Zerlegung der Elementaraufgaben nach dem Verrichtungskriterium, bis hin zu einzelnen Handgriffen, erfolgt erst im Rahmen der Arbeitsanalyse, welche die Grundlage der als Arbeitsorganisation verstandenen Ablauforganisation bildet.

Das Ergebnis der Aufgabenanalyse kann in einem sog. **Aufgabengliederungsplan** festgehalten werden. In Abb. 7-3 ist ein derartiger Aufgabengliederungsplan für die Abwicklung von Aufträgen beschrieben.

3.3 Aufgabensynthese

Durch die Analyse sind viele eng umrissene Elementaraufgaben entstanden, die nun im Hinblick auf gedachte Aufgabenträger wieder sinnvoll zusammengefügt werden müssen. Die Synthese basiert auf den gleichen Kriterien wie die Analyse. Nur wenn bspw. in der Analyse eine Trennung von Teilaufgaben nach dem Rang durchgeführt wurde, können in der Synthese alle Entscheidungsaufgaben zu einem bestimmten Aufgabenkomplex und alle Ausführungsaufgaben zu einem anderen Aufgabenkomplex zusammengefasst werden.

Bei der Synthese ist man gemeinhin bestrebt, **ähnliche** Teilaufgaben zusammenzufassen, um **Spezialisierungsvorteile** zu verwirklichen. Man geht davon aus, dass jemand, der nur ein enges Spektrum an Leistungen zu vollbringen hat (hohe Repertoire-Spezialisierung), diese Leistungen perfekter und schneller erbringt (hohe Routinisierungs-Spezialisierung) (vgl. *Reiß* [Spezialisierung] 2289 f.). Solche Überlegungen spielen vor allem eine Rolle bei der **Verrich-**

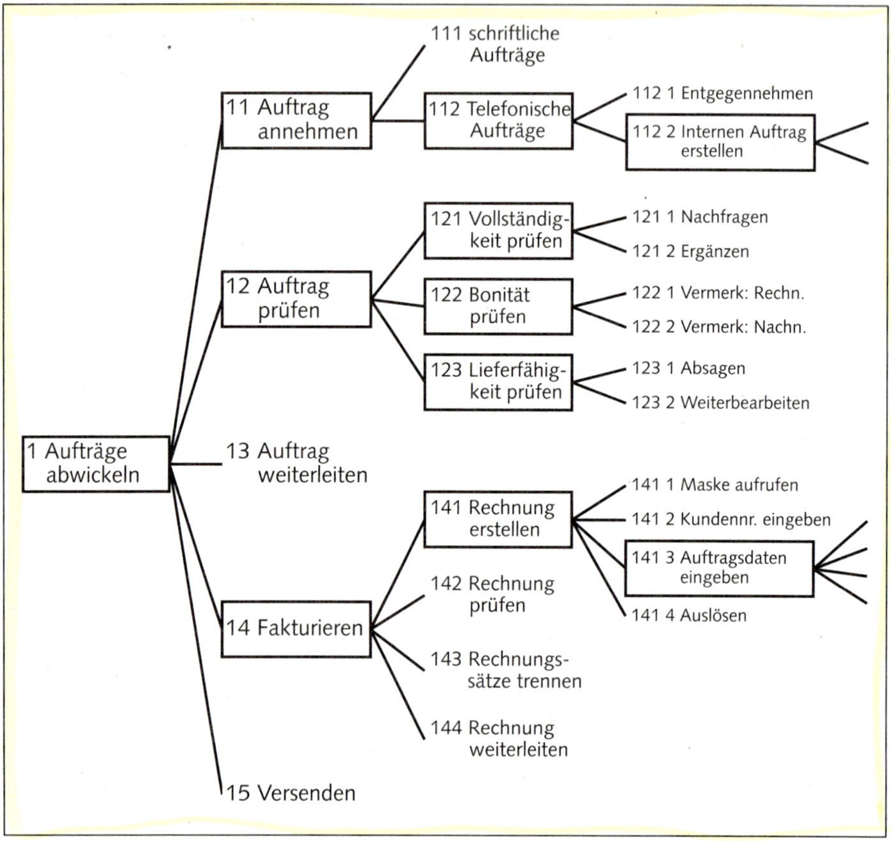

Abb. 7-3: Aufgabengliederungsplan (Quelle: *Schmidt* ([Methode] 224)

tungsspezialisierung, welche aus diesem Grund schon von *Taylor* propagiert wurde (vgl. S. 57). Wer gleiche oder ähnliche Verrichtungen immer wieder ausführt, erzielt Übungsgewinne. Bei der **Objektspezialisierung,** also der Zusammenfassung von Teilaufgaben, die an einem bestimmten Produkt oder für einen bestimmten Kunden anfallen, liegt der Spezialisierungsgewinn weniger in der Übung von speziellen Fertigkeiten als vielmehr im Wissenszuwachs. Ein Aufgabenträger kann dann zum „Spezialisten" für das Produkt oder den Kunden werden, wenn der Aufgabenkomplex entsprechend abgegrenzt wurde. Die **Rangspezialisierung** bringt den Vorteil klarer Leitungsverhältnisse mit sich. Der „Entscheidungsspezialist" ist dem „Ausführungsspezialisten" rangmäßig übergeordnet und ihm gegenüber weisungsbefugt.

Bei der Organisationsgestaltung ist allerdings zu beachten, dass durch eine weit gehende Spezialisierung ein sehr hoher Koordinationsbedarf entsteht, weil i.d.R. mehrere Spezialisten bei der Aufgabenerfüllung zusammenwirken müssen. Dies wird als „**Schnittstellenproblem**" bezeichnet. Außerdem kann eine zu enge Abgrenzung des Tätigkeitsbereichs durch Monotonie und Langeweile zur **Demotivation** des Aufgabenträgers führen. Heute wird daher empfohlen, größere Aufgabenkomplexe zu bilden, in denen verschiedene Tätigkeiten sowie Entscheidung und Ausführung, Planung, Realisation und Kontrolle integriert sind (vgl. job enlargement und job enrichment). Als Kriterium für die Synthese wird die Zugehörigkeit der Teilaufgaben zu einem „Prozess" gewählt. Man überlegt vor der Synthese, welche Teilaufgaben beim Aufgabenvollzug sachlich zusammengehören. Der reale Aufgabenvollzug, also der Ablauf, wird nicht erst betrachtet, wenn der Aufbau der Unternehmung feststeht, sondern der Aufbau richtet sich nach diesem Ablauf. Dies ist das Grundprinzip der Prozessorganisation (vgl. S. 363 ff.).

3.4 Aufgabenverteilung

Aufgaben werden durch Personen wahrgenommen. Dem trägt die Verteilung der durch Aufgabensynthese gewonnenen Aufgabenkomplexe auf Personen Rechnung. Grundlage dieser Aufgabenverteilung ist die **Stellenbildung**. Eine Stelle kann demzufolge als versachlichter personenbezogener Aufgabenkomplex bezeichnet werden (vgl. *Kosiol* [Aktionszentrum] 78). Die **Stellenbeschreibung** legt die organisatorische Einordnung der Stelle, Ziele und Hauptaufgaben der Stelle sowie jene Anforderungen fest, die zur Erfüllung des Aufgabenkomplexes an die Personen zu richten sind. In Abb. 7-4 ist das Muster einer Stellenbeschreibung wiedergegeben.

Organisatorische Einordnung der Stelle	Ziele und Hauptaufgaben der Stelle	Anforderungen an den Stelleninhaber bezüglich Ausbildung, Erfahrung und Verhalten
• Bezeichnung der Stelle • Vorgesetzte Stelle (Unterstellung) • Mitarbeiter (Überstellung) • Stellvertretung	• Anforderungen an die Art der Aufgabenerfüllung • Einzelaufgaben • Informations- und Kommunikationspartner • Einzelaufträge • Besondere Befugnisse (Kompetenzen)	• Fachliche Kenntnisse – Grundkenntnisse – Unternehmensbezogene Kenntnisse – Berufserfahrung – EDV-Kenntnisse – Sprachen • Persönliche Voraussetzungen – Allgemeine Eigenschaften (z.B. Motivationsbereitschaft) – Spezifische Eigenschaften (z.B. Fähigkeit zur Teamleitung)

Abb. 7-4: Muster einer Stellenbeschreibung

Bei der Stellenbildung abstrahiert man normalerweise von konkreten Personen und geht von einem gedachten Aufgabenträger aus, der über die nötige Leistungsfähigkeit und Leistungsbereitschaft verfügt, um den Stellenanforderungen gerecht zu werden. Durch die Zuordnung von Sachaufgaben auf einzelne Personen oder Personenmehrheiten entstehen die **Aktionseinheiten der Organisation.** Die verschiedenen Arten von Aktionseinheiten (= Organisationseinheiten) sowie die Kriterien für die Bildung von Aktionseinheiten werden auf S. 226 ff. erläutert.

Hat ein Organisator die drei Schritte der Aufgabenanalyse, der Aufgabensynthese und der Aufgabenverteilung vollzogen, stehen zentrale Merkmale der Aufbauorganisation fest, nämlich die Art der Spezialisierung, das Ausmaß an Entscheidungsdelegation und das Leitungssystem. Mit dem Leitungssystem steht zugleich ein Koordinationsinstrument zur Verfügung, nämlich die Möglichkeit zur Koordination durch persönliche Weisung. Damit sind wesentliche, aber nicht alle Gestaltungsparameter der Aufbauorganisation bestimmt. Kapitel 9 befasst sich näher mit diesem Thema. Wie sich unterschiedliche Ausprägungen dieser Gestaltungsparameter zu konkreten Organisationsmodellen formieren und wie diese auf der Basis der verschiedenen Organisationsziele zu bewerten sind, ist Gegenstand von Kapitel 11 und 12. Bei der Wahl zwischen unterschiedlichen Organisationsmodellen sind die situativen Bedingungen zu beachten (Kapitel 13). Will eine Unternehmung ihre Organisation ändern, ist ein Reorganisationsprozess notwendig (Kapitel 14).

4 Elemente der Ablauforganisation

Die Bedeutung der Ablauforganisation für die Unternehmensorganisation hängt davon ab, ob die Ablauforganisation als

- Arbeitsorganisation oder als
- Prozessorganisation

verstanden wird.

4.1 Arbeitsorganisation

4.1.1 Arbeitsanalyse

Nach traditionellem Verständnis von den Aufgaben der Organisationsgestaltung richtet sich die Ablauforganisation an der Aufbauorganisation aus: Nachdem die Aufgaben verteilt sind, macht man sich Gedanken über den konkreten Aufgabenvollzug. Im ersten Schritt werden die durch Aufgabenanalyse gewonnenen Elementaraufgaben verrichtungsorientiert noch weiter in Arbeitsschritte zerlegt bis hin zu einzelnen Handgriffen. Häufig werden zudem die Zeiten gemessen, die für die Durchführung der Verrichtungen benötigt werden. Die Arbeitsanalyse folgt der Tradition der Zeit- und Bewegungsstudien *Taylors*.

4.1.2 Arbeitssynthese

Auf die Arbeitsanalyse folgt der Arbeitsvollzug. Dabei muss eine Synthese der analytisch gewonnenen Arbeitselemente vorgenommen werden. Die Arbeitssynthese umfasst die

- personale Zuordnung,
- zeitliche Strukturierung,
- räumliche Anordnung.

Bei der **personalen Zuordnung** werden alle Arbeitsteile zu sog. Arbeitsgängen zusammengefasst, die von einer Person an einem Objekt bei Einsatz bestimmter Arbeitsmittel in einem räumlichen und zeitlichen Rahmen vollzogen werden sollen (vgl. *Gaitanides* [Ablauforganisation] 6). Ein Arbeitsgang ist ein raumzeitlich abgeschlossener Teilprozess, der häufig wiederholt wird. Bei manuellen Arbeiten kann aufgrund der Zeit- und Bewegungsstudien genau vorgegeben werden, mit welchen Handgriffen und in welcher Zeit der Arbeitsgang zu erledigen ist.

Die **zeitliche Strukturierung** beinhaltet die zeitliche Abstimmung verschiedener Arbeitsgänge eines Arbeitsträgers bzw. der Leistungen verschiedener Arbeitsträger (vgl. *Gaitanides* [Ablauforganisation] 6). Es geht bspw. darum festzulegen, in welcher Reihenfolge unterschiedliche Objekte bearbeitet werden sollen, wobei der Arbeitsgang sich stets wiederholt (Reihung von Arbeitsgängen), oder in welcher Reihenfolge unterschiedliche Arbeitsgänge an ein und demselben Objekt vollzogen werden sollen (Bestimmung von Gangfolgen). Sind mehrere Arbeitsträger an der Erstellung einer Leistung beteiligt, müssen deren Einzelleistungen zeitlich und mengenmäßig synchronisiert werden.

Bei der **räumlichen Anordnung** geht es um die räumlich zweckmäßige Arbeitsgestaltung. Bei der Beteiligung verschiedener Arbeitsträger an einer Leistung entstehen Transportprobleme. Um Transportkosten zu minimieren, kann es bspw. zweckmäßig sein, die Arbeitsträger entsprechend der Arbeitsgangfolge räumlich so anzuordnen, dass die räumliche Reihenfolge die Reihenfolge der Arbeitsgänge widerspiegelt (vgl. Abb. 7-5).

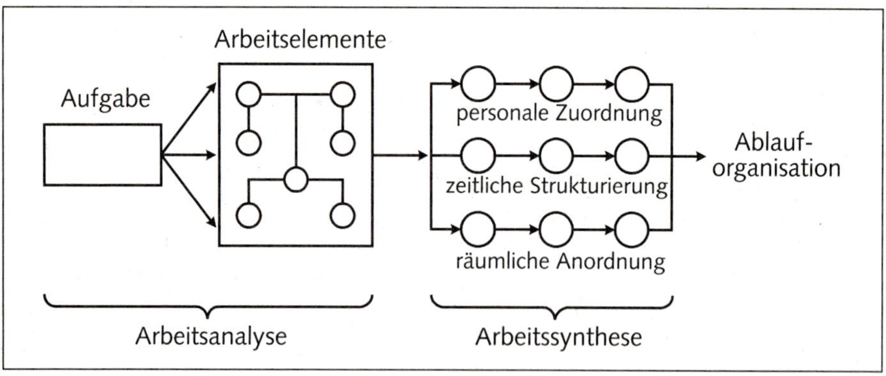

Abb. 7-5: Der Aufgabenvollzug nach *Bleicher* ([Organisation] 49)

Sehr weit entwickelt ist die Ablauforganisation i.S. der Arbeitsorganisation für den Bereich der industriellen Fertigung. Dies liegt sicher an der Beschaffenheit der zugrundeliegenden Aufgaben. Sie sind bekannt, stabil und gut strukturierbar.

4.2 Prozessorganisation

Versteht man „Ablauforganisation“ im obigen Sinne als Arbeitsorganisation, dann reduziert man die Ablauforganisation im Grunde auf eine Ablaufplanung im Fertigungsbereich. Bei einer als Prozessorganisation konzipierten Ablauforganisation gewinnt die Ablauforganisation dagegen eine fundamentale Bedeutung für die Ordnung im Unternehmen:

1. **Die Analyse der Abläufe** geht der Stellenbildung voran. Die Aufgabensynthese und die Stellenbildung orientieren sich am dynamischen Aspekt der Aufgabenerfüllung durch Prozesse. Es entsteht bspw. die Stelle eines Prozessverantwortlichen. Damit soll vor allem die aus der Spezialisierung erwachsende Schnittstellenproblematik gemildert werden.

2. Die Abläufe werden nicht nur im Fertigungsbereich, sondern in **allen Unternehmensbereichen** untersucht, so auch bspw. in der Verwaltung.

3. Aufgrund einer Prozessanalyse kann sogar das Leistungsziel der Unternehmung zur Disposition stehen, da sich der Blick aus dem Unternehmen heraus auf vor- und nachgelagerte Teilprozesse erweitert. Zum Organisationsproblem werden dann nicht nur die Schnittstellen im Unternehmen, sondern auch die **Schnittstellen zwischen dem Unternehmen** und **dem Markt**.

Fragen zur Wiederholung

1. Was versteht man unter dem Leistungsziel ? In welchem Verhältnis steht es zum Erfolgsziel bei erwerbswirtschaftlich ausgerichteten Unternehmen und bei Nonprofit-Organisationen? (1)
2. Beschreiben Sie den Unterschied zwischen Aufbauorganisation und Ablauforganisation. (2)
3. Nehmen Sie Stellung zu der These: Mit der Aufbauorganisation wird die Ablauforganisation bestimmt und umgekehrt. (2)
4. Nach welchen fünf Merkmalen lässt sich eine Aufgabe kennzeichnen? (3.1)
5. Das Ergebnis der Aufgabenanalyse ist ein Aufgabengliederungsplan. Entwickeln Sie einen Aufgabengliederungsplan für die Anschaffung eines PC. (3.2)
6. Beschreiben Sie den Unterschied zwischen Verrichtungsspezialisierung und Objektspezialisierung. (3.3)
7. Welche Festlegungen trifft eine Stellenbeschreibung? (3.4)
8. *Kosiol* bezeichnet eine Stelle als versachlichten personenbezogenen Aufgabenkomplex. Was heißt hier „versachlicht"? (3.4)
9. Worin besteht der Unterschied zwischen der Aufgabenanalyse und der Arbeitsanalyse? (4.1.1)

Fragen zur Vertiefung

1. Warum liegt einem Verständnis der Organisation als einem Instrument zur Verwirklichung des Leistungsziels das Modell der rationalen, zielgerichteten Fremdorganisation zugrunde?
2. Welche Überlegungen sprechen für eine getrennte Behandlung von Aufbauorganisation und Ablauforganisation und welche Überlegungen sprechen für eine abgestimmte Behandlung beider Gestaltungsbereiche der Organisation?
3. Spezialisierung führt zu einem Schnittstellenproblem. Wo bestehen in einem Unternehmen solche Schnittstellen? Welche Gefahren sind mit ihnen verbunden? Wie lässt sich dieses Problem lösen?

4. Im Rahmen der Prozessorganisation orientiert sich die Stellenbildung „am dynamischen Aspekt der Aufgabenerfüllung durch Prozesse“ (S. 223). Wie sind Stellen beschaffen, die dieser Anforderung entsprechen? Nennen Sie Beispiele.
5. Welche Argumente sprechen für und welche gegen eine Stellenbeschreibung?

Literaturempfehlungen

Bleicher, K.: Organisation, Strategien, Strukturen, Kulturen, 2. A., Wiesbaden 1991.

Kosiol, E.: Organisation der Unternehmung, 2. A., Wiesbaden 1976.

Krüger, W.: Aufgabenanalyse und -synthese, in: *Frese, E.* (Hrsg.): Handwörterbuch der Organisation, 3. A., Stuttgart 1992, Sp. 221–236.

Schmidt, G.: Methode und Techniken der Organisation, 11. A., Gießen 1997.

Kapitel 8
Organisationseinheiten

Die Wahrnehmung der durch Aufgabenanalyse und Aufgabensynthese gewonnenen Aufgabenkomplexe erfolgt in Organisationseinheiten. Ihnen werden im Rahmen der Aufgabenverteilung Kompetenzen zugewiesen. Organisationseinheiten stellen demzufolge eine Kombination von personaler Zuständigkeit und Wahrnehmung einer Aufgabe dar. *Kosiol* ([Aktionszentrum] 78) bezeichnet Organisationseinheiten daher auch als versachlichte personenbezogene Aufgabenkomplexe. Die eigentliche Aktionseinheit ist nach diesem Konzept ein menschlicher Aufgabenträger. Der technische Fortschritt hat dazu geführt, dass sich heute auch reine Maschinen-Aktionseinheiten einrichten lassen, die zu einer weitgehend selbständigen Aufgabenerfüllung in der Lage sind (vgl. *Thom* [Stelle] 2322). Von dieser Besonderheit sehen wir im Folgenden ab und gehen von einer Übertragung von Aufgabenkomplexen auf Personen aus. Je nachdem, wie diese Aufgabenkomplexe abgegrenzt sind, lassen sich verschiedene Arten von Organisationseinheiten unterscheiden.

1 Arten von Organisationseinheiten

Nach der **Zahl** der eine Organisationseinheit bildenden Personen unterscheiden wir:

- Stellen und
- Stellenmehrheiten.

Stellen lassen sich nach der Art der Eingliederung in die Leitungshierarchie unterteilen in:

- Instanz,
- Ausführungsstelle,
- Stab und
- Dienstleistungsstelle.

Stellenmehrheiten lassen sich untergliedern in:

- Abteilung,
- Ausschuss und
- Gruppe.

1.1 Stellen

Eine **Stelle** ist die kleinste selbständig handelnde Organisationseinheit.

Eine Stelle ist mit Zuständigkeiten (Kompetenzen) zur Wahrnehmung eines definierten Aufgabenkomplexes ausgestattet. Die Teilaufgaben sind in der Stellenbeschreibung festgehalten. Aus ihr lassen sich die Stellenanforderungen ableiten. Wie bereits im Zusammenhang mit der Aufgabenanalyse, der Aufgabensynthese und der Aufgabenverteilung festgestellt wurde, können verschiedene Kriterien bei der Abgrenzung einer Stelle angewandt werden. So kann eine Stellenbildung nach dem Verrichtungsprinzip oder nach dem Objektprinzip erfolgen. Im ersteren Falle werden Stellen nach Tätigkeitsmerkmalen, wie z.B. Stellen für Lagerverwalter, Buchhalter, im zweiten Falle nach Gegenständen, wie z.B. Produktmanager, Kundenbetreuer gebildet. Diese Formen der Stellenbildung finden dann ihre Fortsetzung in den Modellen der Funktionalen Organisation bzw. der Divisionalen Organisation (vgl. S. 320 ff.). Im Rahmen der Prozessorganisation werden auch Teilprozesse als Aufgabenkomplexe abgegrenzt und auf Stellen, bspw. Prozessverantwortliche, übertragen (vgl. S. 363 ff.).

Gehen wir vom Kriterium des Ranges einer Aufgabe im Rahmen der **Leitungshierarchie** aus, können folgende Stellen unterschieden werden:

- Instanz (I),
- Ausführungsstelle (A),
- Stab (S) und
- Dienstleistungsstelle (D).

Die Einordnung dieser vier Stellenarten in den hierarchischen Organisationsaufbau ist in Abb. 8-1 skizziert.

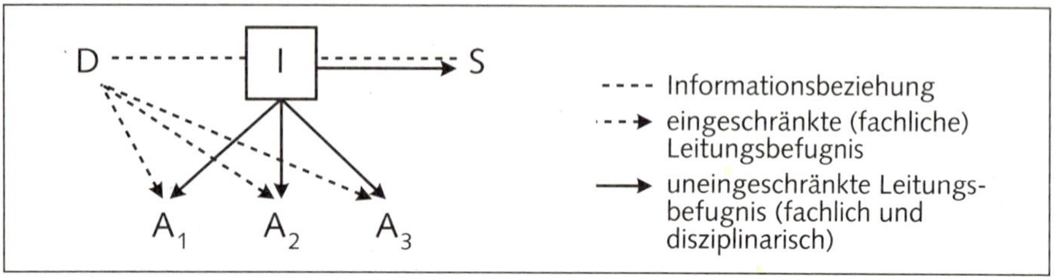

Abb. 8.1: Arten von Stellen

1.1.1 Instanz

Eine **Instanz** ist eine Stelle mit **fachlichen Leitungsbefugnissen**, d.h. mit Entscheidungs- und Weisungsbefugnissen. Die Instanz wird auch als Leitungshauptstelle, als Linienstelle (engl.: line) oder genauer als Linieninstanz bezeichnet. Die Zweiteilung der Stellen in Linienstellen (line) und unterstützende Stellen (staff) ist vor allem in der englischsprachigen Managementlehre gebräuchlich. Damit wird zum Ausdruck gebracht, dass es in einem Unternehmen bestimmte „primäre" oder „Hauptaufgaben" gibt und daneben „sekundäre" oder „Nebenaufgaben", die lediglich dazu da sind, den Vollzug der primären Aktivitäten zu erleichtern. Wo allerdings die Grenze zu ziehen ist zwischen primären und lediglich unterstützenden Aktivitäten, ist nicht eindeutig zu bestimmen. Vor allem dürfen die unterstützenden Aktivitäten keineswegs als „zweitrangig" angesehen werden.

Mit den fachlichen Leitungsbefugnissen verbunden ist i.d.R. die Kontrollkompetenz sowie das Recht, die Untergebenen zu beurteilen und zu belohnen oder zu bestrafen. Man spricht in diesem Zusammenhang auch von **disziplinarischen Leitungsbefugnissen**. Die fachliche und die disziplinarische Leitungsbefugnis können auch auf unterschiedliche Leitungsstellen verteilt sein, wobei der disziplinarische Vorgesetzte meistens ranghöher ist als der Fachvorgesetzte.

Den umfassenden Kompetenzen der Instanz entspricht eine besondere **Verantwortung**, die sich auch auf die Arbeitsergebnisse der Mitarbeiter bezieht. Inhaber von Instanzen müssen daher über eine Reihe von **Führungseigenschaften** verfügen. Zu nennen sind u.a. soziale Kompetenz (bspw. Kommunikationsfähigkeit, Kooperationsfähigkeit, Verantwortungsbewusstsein, Konfliktfähigkeit, Kompromissfähigkeit, Toleranz, Fairness) und konzeptionelle Kompetenz (Problemwahrnehmungs- und Problemlösungsfähigkeit).

Je nach Einordnung der Instanz in den **hierarchischen Organisationsaufbau** unterscheidet man die

- oberste Leitungsebene (top management), z.B. Unternehmensleitung,
- mittlere Leitungsebene (middle management), z.B. Hauptabteilungsleiter und
- untere Leitungsebene (lower management), z.B. Abteilungsleiter.

Nach der Zahl der Mitglieder einer Instanz lassen sich die **Singularinstanz** (z.B. Abteilungsleiter) und die **Pluralinstanz** (z.B. Vorstand einer AG) unterscheiden.

1.1.2 Ausführungsstelle

Eine **Ausführungsstelle** ist mit der Wahrnehmung von Aufgaben betraut, die unmittelbar dem Vollzug der betrieblichen Leistung zuzuordnen sind. Die Stelleninhaber handeln i.d.R. auf Anweisung der Instanz. Sie haben ihrerseits keine Weisungsbefugnis gegenüber anderen Mitarbeitern, können aber durchaus über Entscheidungsspielräume hinsichtlich ihrer Aufgabenerfüllung verfügen. Zu denken ist etwa an einen Arbeitnehmer am Fließband im Produktionsbereich oder einen Sachbearbeiter im Verwaltungsbereich. Auch die Ausführungsstellen werden als Linienstellen bezeichnet, sofern sie mit der Ausführung von betrieblichen Hauptaufgaben betraut sind (vgl. *Schulte-Zurhausen* [Organisation] 151).

1.1.3 Stab

Eine **Stabsstelle** (engl.: staff) nimmt **unterstützende Funktionen** für die Instanz wahr. Ihre Tätigkeit dient also nur indirekt der Erfüllung der Hauptaufgabe, was sie von den Linienstellen unterscheidet. Da Instanzen – wie oben dargelegt – auf mehreren Ebenen angesiedelt sein können, finden sich auch Stäbe auf verschiedenen Ebenen der Leitungshierarchie. Ihre **Aufgabe** besteht in der

- Analyse von Entscheidungsproblemen,
- Beschaffung von Informationen und
- Erarbeitung von Lösungsvorschlägen.

Im Gegensatz zur Instanz hat der Stab i.Allg. keine Leitungsbefugnis, er bereitet vielmehr die Entscheidung der Instanz vor. Stäbe werden daher auch als Leitungshilfsstellen bezeichnet. Dieses Prinzip wird allerdings aufgeweicht, wenn es in einem Unternehmen größere Stabsabteilungen gibt. Innerhalb dieser Stabsabteilungen können auch einzelne Stabsmitarbeiter durchaus leitungsbefugt sein. Nicht leitungsbefugt sind sie jedoch gegenüber Linienstellen.

Beispiele für Stäbe sind die Rechtsabteilung, die Presse- und Informationsabteilung sowie die Direktionsassistentenstelle.

Nach der **Art der Spezialisierung** des Stabes unterscheiden wir:

- **Stabsgeneralisten.** Sie dienen dem Ausgleich der quantitativen Überforderung der Instanz. Ein Beispiel ist die Vorstandsassistentin; sie ist „Mädchen für alles“.

- **Stabsspezialisten.** Sie dienen dem Ausgleich der qualitativen Überforderung der Instanz. Da eine Instanz für eine Vielzahl von Aufgaben zuständig ist, muss sie auf die fachliche Unterstützung von Stäben zugreifen können. Beispiele sind die Steuerabteilung und die volkswirtschaftliche Abteilung. Sie unterstützen die Instanz jeweils auf ihrem Spezialgebiet.

Da Inhaber von Stabsstellen oft Spezialisten auf ihrem Gebiet sind, ihre grundsätzliche Überlegenheit der Instanz gegenüber aber wegen des Mangels an Weisungsbefugnissen nicht zur Geltung kommen kann, entsteht nicht selten ein Spannungsverhältnis zwischen Instanz und Stab. Auf der anderen Seite können Stäbe ihre Spezialkenntnisse auch zu einer informellen Entscheidungskompetenz nutzen. Man spricht in diesem Zusammenhang von der Macht der Stäbe, von „grauen Eminenzen“, von den „Drahtziehern im Hintergrund“. Inhaber von Stabsstellen haben nicht selten ein Problem des Aufstiegs in der Hierarchie, da der Wechsel von der Stabsstelle zur Linie i.d.R. auf Hindernisse stößt.

1.1.4 Dienstleistungsstelle

Die Dienstleistungsstelle hat insofern Ähnlichkeit mit der Stabsstelle, dass auch sie eine unterstützende Funktion gegenüber den Linienstellen einnimmt. Anders als die typische Stabsstelle unterstützt sie aber nicht eine bestimmte Instanz, sondern dient **mehreren Linienstellen** gleichzeitig. Außerdem hat die Dienstleistungsstelle häufig gewisse fachliche Leitungsbefugnisse gegenüber den Linienstellen. Beispiel: Die Dienstleistungsstelle „Informatik“ kann die Benutzung bestimmter PC-Software und -hardware verbindlich vorschreiben. Eine solche Richtlinienkompetenz einer Dienstleistungsstelle hat vor allem den Sinn, über Abteilungsgrenzen hinweg eine einheitliche und wirtschaftliche Abwicklung bestimmter Aufgaben sicherzustellen (vgl. *Schulte-Zurhausen* [Organisation] 155). Häufige Beispiele für solche Aufgaben sind : FuE, EDV, Medienservice, Sprachendienst, Fuhrpark, Sicherheitsdienst, Kundenservice, Umweltschutz und Immobilienmanagement. In der Praxis setzt sich immer mehr die Erkenntnis durch, daß die internen Dienstleistungen wettbewerbsfähig sein müssen. Nicht selten führt der Vergleich mit einem externen Dienstleistungsanbieter zu einer Outsourcing-Entscheidung. Andererseits bieten auch Dienstleistungsstellen zuweilen ihr Leistungsprogramm am Markt an. So ist bspw. das Forschungszentrum von Porsche weitaus stärker am Markt (etwa für VW und Airbus) als für das eigene Unternehmen aktiv.

1.2 Stellenmehrheiten

Organisationseinheiten, die sich aus mehreren Stellen zusammensetzen, werden als Stellenmehrheit bezeichnet. In der Literatur wie auch in der Praxis besteht eine beträchtliche Unordnung im Hinblick auf die Bezeichnungen und Definitionen der einzelnen Stellenmehrheiten. Wir unterscheiden hier folgende **Arten**:

- Abteilung,
- Ausschuss und
- Gruppe.

1.2.1 Abteilung

Werden mehrere Stellen derart miteinander verbunden, dass sie einer Instanz unterstellt werden, also unter einheitlicher Leitung stehen, entsteht eine **Abteilung**. Die Instanz stellt der Abteilungsleiter dar.

Durch die Zusammenfassung mehrerer Stellen unter einer einheitlichen Leitung entstehen relativ geschlossene Verantwortungsbereiche (*Schulte-Zurhausen* [Organisation] 185). Dadurch wird vor allem eine Vereinfachung der Abstimmungsprobleme in größeren Unternehmen angestrebt. Abstimmungsprobleme innerhalb der Abteilung werden von der verantwortlichen Instanz gelöst. Abstimmungsprobleme zwischen den Abteilungen können ebenfalls von den beteiligten Abteilungsleitern als Repräsentanten der Abteilungen gelöst werden.

Werden mehrere Abteilungen zusammengefasst und einer einheitlichen Leitung unterstellt, entsteht eine **Hauptabteilung**. Sie besteht dann aus mehreren Unterabteilungen.

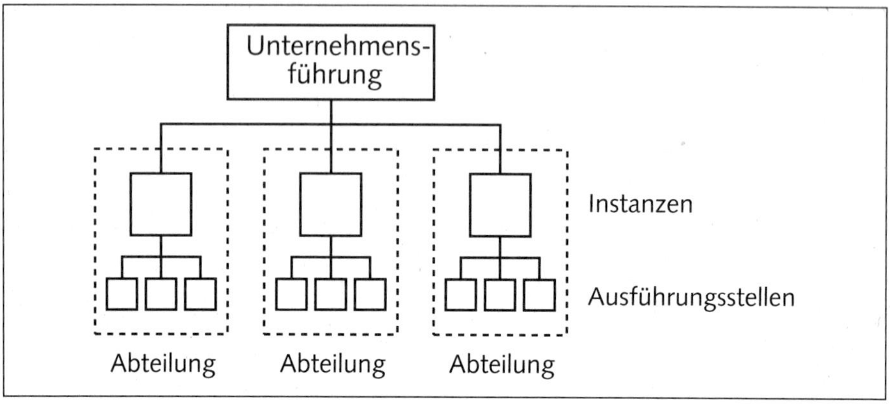

Abb. 8-2: Abteilung

Grundsätzlich sollten bei der Abteilungsbildung solche Stellen zusammengefasst werden, die „zusammen passen“. Die Kriterien für die Zusammengehörigkeit können allerdings unterschiedlich sein. So kann die Abteilung u.a. nach dem Funktionalprinzip (Beispiel: Abteilung „Beschaffung“), dem Objektprinzip (Beispiel: Abteilung „Hausgeräte“) oder dem Regionalprinzip (Beispiel: Abteilung „Auslandsgeschäfte“) aufgebaut sein. Vgl. dazu auch die Darstellung der Organisationsmodelle in Kap. 11.

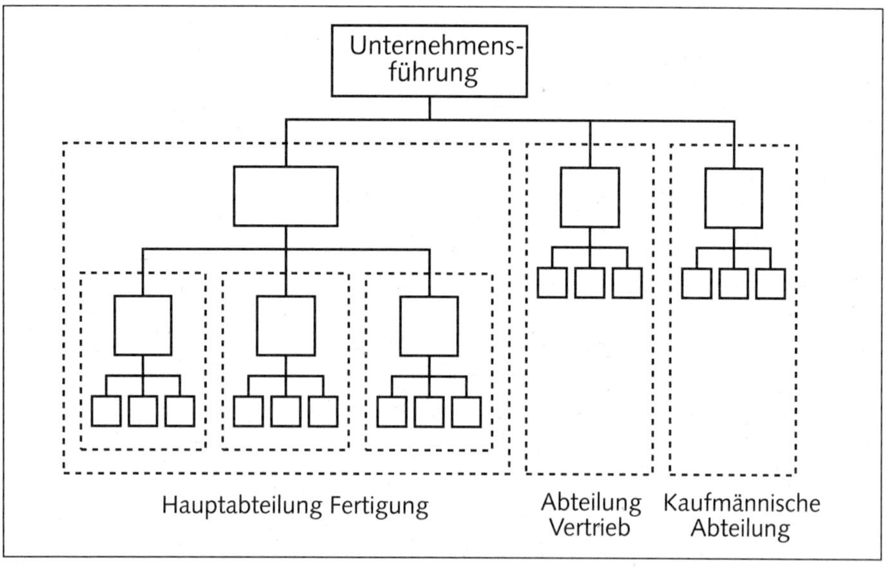

Abb. 8-3: Hauptabteilung

Man kann die Abteilungsbildung unter dem Aspekt der **Delegation von Unternehmensleitungsaufgaben** betrachten (top-down-approach; vgl. *Schulte-Zurhausen* [Organisation] 185). Die oberste Unternehmensleitung delegiert dauerhaft einen Teil ihrer Leitungsbefugnisse auf untergeordnete Instanzen, um sich zu entlasten. Die untergeordneten Bereiche können – insbesondere bei der Anwendung des Objektprinzips – einen großen Teil der Aufgaben, der Kompetenzen und der Verantwortung übertragen bekommen. Die Organisationseinheiten auf der zweiten Hierarchieebene (man spricht bei einer Objektorientierung von Sparten, Divisionen oder Geschäftsbereichen) agieren weitgehend selbständig. Es ist aber oft nicht sinnvoll, dass alle Aufgaben an die Geschäftsbereiche delegiert werden. Um Synergieeffekte zu erzielen und auch bereichsübergreifende Ziele zu realisieren, delegiert die Unternehmensleitung einen Teil ihrer Aufgaben auch an sog. **Zentralabteilungen** oder Zentralbereiche. Die Zentralbereiche setzen sich aus Stabs- oder Dienstleistungsstellen zusammen und sind insofern dem „corporate staff" zuzuordnen (vgl. *Frese/ Werder* [Zentralbereiche] 3 ff.). Ein Beispiel stellt die zentrale Planungsabteilung dar, welche die Planungsaktivitäten in den einzelnen Unternehmensbereichen koordiniert. Zu den Zentralbereichen bei der Divisionalen Organisation vgl. S. 329 f.

Bei der Gestaltung von Abteilungen stellt sich nicht nur die Frage nach dem passenden Gruppierungskriterium, sondern auch die nach der richtigen **Abteilungsgröße**. In der Organisationslehre wird dieses Problem unter dem Begriff der Leitungsspanne diskutiert.

Bei der **Leitungsspanne** (span of control), auch als Kontrollspanne bezeichnet, geht es um die Festlegung der Anzahl der einem Abteilungsleiter direkt unterstellten Mitarbeiter, mit denen ein Vorgesetzter optimal kommunizieren kann.

Die Lösung dieses Optimierungsproblems kann nicht losgelöst von der jeweiligen Situation erfolgen. Das Ergebnis hängt vielmehr u.a. von den Fähigkeiten des Vorgesetzten, dessen Unterstützung durch Stäbe, der Leistungsfähigkeit und Leistungsbereitschaft der Untergebenen sowie von der Komplexität der Aufgabe ab (vgl. *Kieser/Kubicek* [Organisation] 151 ff.). Eine große Leitungsspanne führt zu einer flachen Hierarchie, kleine Leitungsspannen vergrößern dagegen die Leitungstiefe, d.h. die Anzahl der Hierarchieebenen steigt.

1.2.2 Ausschuss

Ausschüsse (auch als **Kollegien, Kommissionen, Gremien und Task Forces** bezeichnet) lassen sich durch folgende **Merkmale** charakterisieren (vgl. *Mag* [Ausschüsse] 252):

- Es handelt sich um eine Personenmehrheit.
- Die Mitglieder des Ausschusses kommen i.d.R. aus unterschiedlichen Teilbereichen der Organisation und z.T. auch aus unterschiedlichen Hierarchieebenen.
- Es existiert keine interne formal-hierarchische Struktur.
- Es werden nur bestimmte oder gelegentlich auftretende Aufgaben erfüllt (Spezial- oder Sonderaufgaben).
- Die Ausschussmitglieder arbeiten nicht kontinuierlich zusammen, sondern treffen sich bei Bedarf zu Besprechungen, Konferenzen und Meetings.
- Die Zusammenarbeit ist i.d.R. zeitlich befristet.

In der Praxis sind viele verschiedene Ausschussarten entwickelt und eingesetzt worden. Nach dem **Gegenstand der Ausschussarbeit** unterscheidet man bspw.

- Ausschüsse für Beschaffung, Absatz, Finanzen,
- Planungs-, Entscheidungs-, Realisations- und Kontrollausschüsse.

Nach der **Zusammensetzung der Ausschussmitglieder** werden unterschieden:

- horizontale Ausschüsse; ein horizontaler Ausschuss vereint funktionsübergreifend Aufgabenträger gleicher Rangstufe.

  Beispiel: Abteilungsleiter-Ausschuss.
- vertikale Ausschüsse; bei vertikalen Ausschüssen werden Aufgabenträger unterschiedlicher Rangstufen funktionsorientiert zusammengeführt.

  Beispiel: Produktionsausschuss mit den Mitgliedern Produktionsleiter, Betriebsleiter, Werkstattleiter und Meister.
- laterale Ausschüsse; bei lateraler Bildung der Ausschüsse stammen die Mitglieder aus unterschiedlichen Organisationsbereichen und verschiedenen Hierarchiestufen.

  Beispiel: Planungsausschuss für ein neues Werk mit den Mitgliedern Finanzleiter, Produktionsleiter, Werksleiter, Meister und Mitarbeitervertreter.

Nach der **Dauer des Einsatzes** unterscheidet man:

- befristete Ausschüsse, die sich nur solange treffen, bis eine bestimmte Sonderaufgabe erledigt ist.

  Beispiel: Planungsausschuss für ein neues Werk.

- unbefristete Ausschüsse, die sich mit Spezialaufgaben befassen, für die nur schwer ein definitives Ende bestimmt werden kann.

  Beispiel: Arbeitskreis „Qualitätssteigerung".

Ausschüsse sind organisatorische Einheiten der „Sekundärorganisation". Das heißt, die Ausschussmitglieder haben im Rahmen der sog. Primärorganisation eine Stelle mit bestimmten Hauptaufgaben und sind nur „nebenamtlich" Mitglieder eines Ausschusses. Das unterscheidet bspw. einen Entscheidungsausschuss von einer Pluralinstanz.

Ausschüsse sind sehr flexibel in der Gestaltung. Sie lassen sich bei Bedarf bilden, abwandeln und wieder auflösen, ohne dass das stabile Stellengefüge der Primärorganisation dadurch verändert wird. Spezialisten aus unterschiedlichen Bereichen, die normalerweise nicht zusammenarbeiten, können so problemorientiert Wissen zusammenführen und sich untereinander abstimmen.

1.2.3 Gruppe

Eine **Gruppe** liegt dann vor, wenn eine **überschaubare Zahl von Personen** weitgehend **eigenverantwortlich** eine gemeinsame Aufgabe wahrnimmt und eine Koordination durch **Selbstabstimmung** vornimmt (z.B. eine Projektgruppe). Im Gegensatz zum hierarchischen Leitungsprinzip wird hier also auf die Kräfte der Selbstorganisation und der Eigenverantwortung bei der Bewältigung einer Aufgabe vertraut: Die Gruppe leitet und kontrolliert sich selbst. In Abb. 8-4 ist das Ordnungsprinzip einer Gruppe am Beispiel eines Qualitätszirkels dargestellt. Es handelt sich um eine Gruppe, die im Rahmen eines regelmäßigen Erfahrungsaustausches Qualitätsprobleme analysiert und löst. Abb. 8-4 macht den Unterschied zwischen dem hierarchischen Aufbau einer Abteilung (vgl. Abb. 8-2) und der kollektiven Gleichstellung in der Gruppe deutlich.

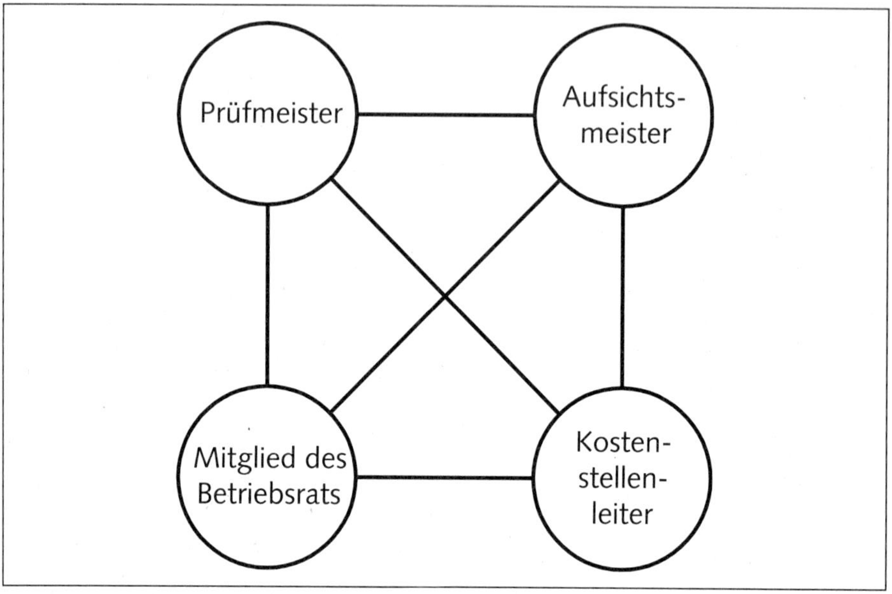

Abb. 8-4: Gruppe am Beispiel eines Qualitätszirkels

Arbeitet die Gruppe nur von Zeit zu Zeit zusammen, handelt es sich um einen Ausschuss. Häufig wird allerdings als konstitutives Merkmal für die Gruppe angesehen, dass ihre Mitglieder über eine längere Zeit hinweg kontinuierlich interagieren. Aus dieser Zusammenarbeit entwickeln sich Verhaltensregelmäßigkeiten, ein Gefühl der Zusammengehörigkeit (Wir-Gefühl) und gruppeninterne Strukturen (Rollenstruktur, Kommunikationsstruktur, Autoritätsstruktur) (vgl. *Wiswede* [Gruppen] 736). Manchmal wird eine Gruppe, deren Mitglieder durch längere Interaktion einen besonders starken Zusammenhalt und eine ausgeprägte Kooperationsbereitschaft entwickelt haben, nicht mehr als Gruppe, sondern als **„Team"** bezeichnet (vgl. *Wahren* [Teamarbeit] 40 f.). Da es sehr schwierig ist, die Stärke des Gruppenzusammenhalts zu bestimmen, soll die Unterscheidung von „Gruppe" und „Team" hier unterbleiben.

Gruppen, die bewusst als Organisationseinheiten gebildet werden, bezeichnet man als **formelle Gruppen**. Vom Organisationsplan abweichend bilden sich in der Unternehmung häufig auch **informelle Gruppen** (sozio-emotionale Gruppen).

Gruppen können unterschiedliche **Aufgaben** übernehmen und auf unterschiedlichen **Hierarchiestufen** angesiedelt sein. Der Vorstand einer AG kann bspw. als

Entscheidungsgruppe bezeichnet werden (zugleich Pluralinstanz). Sehr häufig findet man heute Gruppenarbeit im Bereich der Fertigung, etwa bei sog. Fertigungsinseln (Ausführungsgruppe). Die Kreativitätsvorteile der Gruppe stehen im Vordergrund bei der Einrichtung von Gruppen für Innovationsvorhaben (Venture Teams).

Die Einrichtung von Gruppen wirft eine Reihe schwieriger **Probleme** auf. So sind u.a. Fragen zu klären wie Gruppengröße, Zusammensetzung der Gruppe und Umfang der auf die Gruppe zu übertragenden Kompetenzen. Auch ist sicherzustellen, dass die Verhaltensweise der Gruppe mit den Zielen der Organisation kompatibel ist. Bei Zielkonflikten neigen gerade hochkohäsive Gruppen zur Ausbildung informaler Normen der Leistungszurückhaltung. Die Aufgabe, die Organisationsmitglieder zielorientiert zu steuern, zu disziplinieren und zu motivieren, stellt sich also bei Gruppen mit hochgradiger Eigenverantwortung in besonderer Weise. Als Lösung wird vorgeschlagen, hierarchische Komponenten in die Gruppen zu integrieren. Zu nennen ist etwa die Personalunion von Gruppenleiter und Instanz in der Linie. Die kollektive Gleichstellung in der Gruppe, wie sie in Abb. 8-4 zum Ausdruck kommt, wird damit allerdings erheblich eingeschränkt. Andere Maßnahmen sind mit der gruppentypischen Selbstkoordination besser vereinbar, wie etwa die Vorgabe impliziter Verhaltensnormen, verständnis- und akzeptanzfördernde Informationen über die Unternehmensziele, Motivierung durch partizipative Ermittlung von Verhaltensnormen, Gewährung von Belohnungen und/oder Androhung von Sanktionen (vgl. *Laux/Liermann* [Grundlagen] 16 ff.).

2 Kriterien für die Bildung von Organisationseinheiten

Die Bildung von Organisationseinheiten im Gefüge einer Organisationsstruktur wird wesentlich von vier **Determinanten** beeinflusst:

- Der Beschaffenheit der Aufgabe (Aufgabenbezug),
- den Eigenschaften der Aktionsträger (Personenbezug),
- den Eigenschaften der Sachmittel (Sachmittelbezug) und
- gesetzlichen Regelungen (Rechtsbezug).

Diese Einflussgrößen sind ihrerseits von einer Reihe von Faktoren abhängig, so etwa der Größe einer Unternehmung, ihrer Rechtsform, dem Leistungsprogramm, der Marktbeschaffenheit. Wir werden dies bei der Erörterung der vier genannten Determinanten berücksichtigen.

2.1 Beschaffenheit der Aufgabe

Die zur Verwirklichung des Leistungszieles wahrzunehmenden Aufgaben stellen unterschiedliche Anforderungen an die Aktionsträger. Dabei ist zwischen einer originären und einer abgeleiteten Beschaffenheit der Aufgabe zu unterscheiden. Es gibt bspw. Aufgaben, die von Natur aus kompliziert sind, so etwa die Erfüllung eines Forschungsauftrages, und solche, die vom Organisator komplex „gemacht" worden sind, so etwa die Entwicklung eines Sanierungskonzeptes für einen Geschäftsbereich.

Die Beschaffenheit einer Aufgabe lässt sich mit Hilfe folgender **Merkmale** beschreiben:

- Umfang der Aufgabe,
- Komplexität der Aufgabe und
- Stabilität der Aufgabe.

Wird der **Umfang der Aufgabe** sehr eng definiert, dann entstehen stark spezialisierte Stellen. Bei einem weiten Aufgabenfeld (etwa einem umfassenden Prozess) kann die Einrichtung von Stellenmehrheiten, etwa in Form sich selbst koordinierender Gruppen, angemessen sein. Dieselbe Schlussfolgerung liegt auch bei der Wahrnehmung einer **komplexen Aufgabe** nahe, die das Wissen und Können eines Einzelnen überfordert. Übersteigen Umfang und Komplexität der Leitungsaufgaben die Leistungsfähigkeit einer Instanz, bietet sich die Einrichtung von Stäben und Dienstleistungsstellen an. Für Sonderaufgaben, die nicht regelmäßig anfallen, können Ausschüsse gebildet werden. Lässt sich eine Aufgabe ex ante nur schwer definieren, ist sie also **weniger stabil** und eher innovativ, so ist die Einrichtung flexibler Organisationseinheiten, etwa in Form von Projektgruppen angebracht. Dies ist insbesondere dann der Fall, wenn ein Unternehmen auf einem neuen Markt agiert, also das Verhalten der Nachfrager erst abtasten muss.

Umfang und Komplexität der Teilaufgaben hängen vom Grad der Arbeitsteilung in einem Unternehmen ab und dieser wird wiederum entscheidend von der **Unternehmensgröße** beeinflusst. In kleineren Unternehmen sind die Voraussetzungen für eine sehr enge Aufgabendefinition oft nicht erfüllt, weil zu wenig

Aufgaben eines speziellen Typs anfallen. Ein Spezialist wäre einfach nicht ausgelastet. So werden in kleinen Unternehmen häufiger Stellen mit weitem und komplexem Aufgabenfeld eingerichtet. Ein Extremfall ist beim Einmann-Unternehmer gegeben, der sämtliche Teilaufgaben selbst erledigt.

2.2 Eigenschaften der Aktionsträger

Die Aufgaben werden von Aktionsträgern wahrgenommen. Demzufolge lassen sich aus der Beschaffenheit der Aufgabe Anforderungen an die Eigenschaften der Aktionsträger ableiten. Steht bspw. die Erledigung einer einfachen und repetitiven Arbeit an, deren Vollzug sich leicht kontrollieren lässt, ist der Einsatz einer ungelernten Hilfskraft sinnvoll. Als Gegenstück dazu lassen sich Aufgaben nennen, die Führungskompetenz, Sozialkompetenz und Fähigkeit zur Kommunikation verlangen.

Bei der Bildung der Stellen sieht man normalerweise von den Eigenschaften und Fähigkeiten einer bestimmten Person ab. Die Stelle existiert unabhängig von einer bestimmten Person und kann im Laufe der Zeit von verschiedenen Stelleninhabern ausgefüllt werden. Es erfolgt also eine Stellenbildung **ad rem** (res (lat.) = Sache) und nicht **ad personam**. Andererseits muss man sich schon bei der Stellenbildung Gedanken darüber machen, ob man bei dem entstehenden Anforderungsprofil in der Lage sein wird, solche Personen für die Stellen zu finden, die die Aufgaben erfüllen **können** und **wollen**.

Das Qualifikationsprofil (**Können**) potenzieller Aktionsträger ergibt sich weitgehend aus bestimmten Schul-, Hochschul- und Berufsausbildungen. Die Unternehmen bilden so auf der einen Seite Stellen nach den Fähigkeiten und Kenntnissen, die sie typischerweise von einem bestimmten Personenkreis mit einer bestimmten Ausbildung erwarten können. Andererseits sollte sich die Ausbildung nach den veränderlichen Bedürfnissen der Praxis richten, damit auch innovative Stellenbildungen möglich sind.

Im Hinblick auf die **Motivation** (Wollen) der potenziellen Aktionsträger ist es daneben auch wichtig, sich über deren Bedürfnisse und menschliche Eigenschaften bereits bei der Bildung der Organisationseinheiten Gedanken zu machen. Darin spiegelt sich das Menschenbild, das man prinzipiell zugrunde legt. Bei der Erörterung der organisationstheoretischen Ansätze haben wir festgestellt, dass die Ausrichtung der Ansätze wesentlich geprägt wird von ihrem jeweiligen Menschenbild. Aus diesem **Menschenbild** wiederum lassen sich

Schlussfolgerungen bezüglich Leistungsfähigkeit und Leistungsbereitschaft der Mitarbeiter ableiten. So geht etwa der tayloristische Ansatz von einem stark pessimistischen Menschenbild aus. Die Mitarbeiter sind im Durchschnitt dumm, träge und widerspenstig. Die Konsequenzen für die Organisationsgestaltung münden in einer starken Spezialisierung und Formalisierung. Es sind Ausführungsstellen mit spezieller und enger Zuständigkeit einzurichten, die Anzahl der Instanzen und der unterstützenden Stäbe ist hoch, die Leitungsspanne klein. Gruppenarbeit kommt in diesem Konzept naturgemäß nicht vor. Die gegensätzlichen Schlussfolgerungen sind aus dem Selbstorganisationsansatz abzuleiten: Einrichtung vielseitiger Arbeitsplätze, Aufweichung der Trennung von Leitungsstellen und Ausführungsstellen, häufiger Einsatz von Gruppen. Im Principal-Agent-Ansatz wird die These aufgestellt, die Arbeitnehmer würden grundsätzlich Arbeitsleid empfinden und sich daher nach Möglichkeit drücken (shirking). Dies kann nur durch Kontrolle und/oder finanzielle Anreize verhindert werden. Für die Einrichtung von Organisationseinheiten ist daraus zu folgern, dass diese „kontrolleffizient" und/oder „anreizkonform" sein sollten (vgl. auch Kapitel 9).

Abgesehen von dieser grundsätzlichen Einschätzung der menschlichen Eigenschaften hängt die Bildung von Organisationseinheiten auch zuweilen von den Fähigkeiten eines konkreten potenziellen Stelleninhabers ab. Zwar wird nicht selten gefordert, die Stellenbildung müsse sachbezogen (ad rem) und personenunabhängig erfolgen, die Praxis vermag der Ablehnung einer Stellenbildung ad personam jedoch nicht immer zu folgen. Eine personenorientierte Stellenbildung ist besonders auf der Ebene der Unternehmensleitung anzutreffen. Ein Vorstandsvorsitzender gestaltet bspw. seine Stelle nach seinen persönlichen Vorstellungen. Anlass für eine Stellenbildung ad personam könnte auch das ganz besondere Qualifikationsprofil einer Person sein.

2.3 Eigenschaften der Sachmittel

Die Sachmittel unterstützen auf der einen Seite die Aktionsträger, auf der anderen Seite verlangen sie bestimmte Fähigkeiten von den Aktionsträgern. Dieser Zusammenhang ist besonders augenscheinlich bei der Informationstechnik. Zu nennen in diesem Zusammenhang ist etwa die Vernetzung von Informationssystemen, die auf der einen Seite die Informationsverarbeitungskapazität der Aktionsträger erhöht, auf der anderen Seite aber spezifische Kenntnisse in der Informationsverarbeitung verlangt. Die Vergrößerung der Informationsverarbeitungskapazität lässt sowohl eine horizontale wie auch eine vertikale Erweiterung der Aufgabeninhalte von Stellen zu. Die von einer Stelle wahrzunehmenden Aufgaben können also umfangreicher und komplexer gestaltet sein (vgl. *Gaitanides* [Ablauforganisation] 13 f.). Auf die Bedeutung der Informationstechnik für die Organisationsgestaltung werden wir im Zusammenhang mit der Erörterung der Bedingungen für die Organisation noch ausführlich eingehen (vgl. S. 421 f.).

2.4 Recht der Unternehmensverfassung

2.4.1 Aufgaben der Unternehmensverfassung

Die Gestaltung der Organisation eines Unternehmens ist an eine Vielzahl von rechtlichen Regelungen gebunden. Zu nennen sind u.a. das Datenschutzgesetz, das Arbeitsrecht (z.B. Arbeitszeitordnung, Jugendarbeitsschutzgesetz), das Betriebsverfassungsgesetz (z.B. Mitwirkung des Betriebsrates bei der Einstellung, Eingruppierung, Umgruppierung und Versetzung von Mitarbeitern) und weitere Mitbestimmungsregelungen sowie das Gesellschaftsrecht. Aufgrund von rechtlichen Normen kann es – je nach Unternehmensgröße, Rechtsform und Leistungsprogramm – erforderlich sein, bestimmte Stellen einzurichten und mit sog. Beauftragten zu besetzen (bspw. Betriebsrat, Jugendvertreter, Datenschutzbeauftragte, Beauftragte für Gewässerschutz, Frauenbeauftragte) (vgl. *Bühner* [Organisationslehre] 77).

Von besonderer organisatorischer Bedeutung sind jene gesetzlichen Regelungen, die auf die Unternehmensverfassung einwirken. Mit der **Unternehmensverfassung** werden die Eigentums-, Leitungs- und Kontrollrechte im Unternehmen und damit zugleich die grundlegende Macht- und Einkommensverteilung festgelegt. Die Unternehmensverfassung ergibt sich aus gesetzlichen Regelungen, aus kollektivvertraglichen Vereinbarungen wie Firmentarifverträgen und Betriebsvereinbarungen sowie privatautonomen Vereinbarungen (Gesellschaftsvertrag, Satzung).

Die Unternehmensverfassung schafft insbesondere einen rechtlichen Rahmen für die Führungsorganisation (vgl. *Krüger* [Organisation] 247 ff.).

Die **Führungsorganisation** befasst sich mit der Strukturierung der Leitungsgremien und der Leitungsbeziehungen eines Unternehmens.

Führung ist in einem Unternehmen in Abhängigkeit vom jeweils praktizierten Organisationsmodell zwar auf alle Ebenen verteilt, sie hat jedoch ihren Schwerpunkt in der Unternehmensspitze. Diese oberste Leitungsebene ist gemeint, wenn von Führungsorganisation die Rede ist. Maßgebliche rechtliche Regelungen für die Führungsorganisation sind das Gesellschaftsrecht, insbesondere das Aktiengesetz, das GmbH-Gesetz, das HGB und die Mitbestimmungsgesetze.

Diese Gesetze legen die Organisation der Leitungsgremien, deren Informationspflichten und schließlich die Art und Weise der Abwicklung von Entscheidungsprozessen in den Gremien fest (vgl. *Gerum* [Unternehmensordnung] 221). Die Regelungsdichte ist bei Personengesellschaften weniger ausgeprägt als bei Kapitalgesellschaften. Die wichtigsten gesetzlichen Vorschriften zur Gestaltung der Unternehmensverfassung sollen im Folgenden erläutert werden.

2.4.2 Personengesellschaften

Personengesellschaften sind die Offene Handelsgesellschaft (OHG) und die Kommanditgesellschaft (KG). Bei Personengesellschaften – die i.d.R. eher klein sind – lässt sich der Gesetzgeber grundsätzlich von der Vorstellung leiten, dass die Eigentümer zugleich das Unternehmen lenken. Es gilt also das Prinzip der Selbstorganschaft, d.h. die Eigentümer setzen ihre Interessen selbst durch; man braucht also kein eigenes Kontrollorgan. Die OHG kommt dem Ideal der „classical firm“ nahe, wie es von *Alchian/Demsetz* (vgl. [Organization] 783) beschrieben wird. Eigentum, Geschäftsführung und Kontrolle liegen weitgehend in einer Hand, was als verfügungsrechtlich günstig angesehen wird. Die Geschäftsführung einer **OHG** (Innenverhältnis) obliegt grundsätzlich den Gesellschaftern, wobei allerdings einzelne Gesellschafter durch den Gesellschaftsvertrag von der Geschäftsführung ausgeschlossen werden können. Jedem ausgeschlossenen Gesellschafter steht ein Informations- und Kontrollrecht zu. Zur Vertretung nach außen (Außenverhältnis) ist jeder Gesellschafter berechtigt und sogar verpflichtet. Die Vertretungsmacht nach außen kann nicht eingeschränkt werden.

Während für die OHG die Identität von Interessenvertretung und Interessendurchsetzung in der Person der Gesellschafter ihre Gültigkeit hat, gibt es bei der **KG** eine Ausnahme: Die Kommanditisten, welche nur beschränkt haften, sind im Gegensatz zu den unbeschränkt haftenden Komplementären sowohl von der Geschäftsführung wie auch von der Vertretung der Gesellschaft nach außen i.d.R. ausgeschlossen. Dafür haben die Kommanditisten ein Kontrollrecht. In großen KGs ist auch die Einrichtung eines eigenen Beirats zur Wahrung der Interessen der Kommanditisten üblich. Über die Aufnahme eines Kommanditisten soll vor allem zusätzliches Eigenkapital beschafft werden. Der Kommanditist erhält einen Anteil am Gewinn, darf aber nicht mitentscheiden und auch seinen Firmenanteil nicht ohne Zustimmung der anderen Gesellschafter veräußern. Anders als bei einem Fremdkapitalgeber ist also die Verzinsung seines Kapitaleinsatzes ungewiss, und da er nicht mitentscheiden und auch nicht beliebig aus dem Unternehmen aussteigen darf, ist sein Risiko relativ groß. Die praktische Bedeutung der reinen KG ist daher auch als gering einzustufen (vgl. *Picot/Dietl/Franck* [Organisation] 244). Beliebter ist die GmbH & Co. KG, bei der eine GmbH der einzige Komplementär ist und die Kommanditisten zugleich Gesellschafter der GmbH sind.

2.4.3 Kapitalgesellschaften

Die beiden wichtigsten Formen von Kapitalgesellschaften sind die Gesellschaft mit beschränkter Haftung (GmbH) und die Aktiengesellschaft (AG). Im Gegensatz zu den Personengesellschaften ist bei den Kapitalgesellschaften wegen der i. Allg. größeren Zahl der Gesellschafter nicht mit einer Identität von Eigentümer und Unternehmensleitung zu rechnen. Es bedarf daher besonderer Vorkehrungen, um die Herrschaft der Kapitaleigner zu sichern. Im Folgenden soll die Verfassung der AG relativ ausführlich und jene der GmbH knapp erörtert werden.

(1) Aktiengesellschaft

Das Aktiengesetz schreibt für die AG zwingend **drei Organe** vor: Vorstand (Leitungsorgan), Aufsichtsrat (Überwachungsorgan) und Hauptversammlung (Organ der Anteilseigner). Da Vorstand und Aufsichtsrat als gleichberechtigte Organe nebeneinander stehen, wird das deutsche Verfassungsmodell auch als dualistisches System bezeichnet.

Der **Vorstand** hat gemäß § 76 Abs. 1 AktG die Gesellschaft „unter eigener Verantwortung“ zu leiten. Damit wird vom Gesetz zum Ausdruck gebracht, dass die eigentliche Geschäftsführung beim Vorstand liegt und dass dieser seine Entscheidungen eigenverantwortlich, d.h. weisungsfrei zu treffen hat (Fremdorganschaft). Die Leitung des Unternehmens obliegt i.d.R. sämtlichen Mitgliedern des Vorstandes gemeinsam (Pluralinstanz mit Kollegialprinzip). Das amerikanische Board-System konzentriert dagegen die Leitungsbefugnis beim Chief Executive Officer (CEO). Die Vorstandsmitglieder werden vom Aufsichtsrat für höchstens 5 Jahre bestellt, wobei allerdings eine Wiederwahl möglich ist.

Der **Aufsichtsrat** ist das entscheidende Kontrollorgan der AG, welches die Durchsetzung der Interessen von Kapitaleignern (und Arbeitnehmern) sichern soll. Er ist notwendig, weil die Eigentumsrechte verdünnt sind (vgl. Property-Rights-Ansatz S. 125 ff.). Der Aufsichtsrat hat den Vorstand zu bestellen, zu überwachen und wieder abzuberufen. Für die Überwachungsfunktion hat er ein weit gehendes Informations- und Prüfungsrecht. Bei AGs, die dem Mitbestimmungsgesetz von 1976 unterliegen (Kapitalgesellschaften mit mehr als 2000 Beschäftigten), besteht der Aufsichtsrat je zur Hälfte aus Vertretern der Anteilseigner und der Arbeitnehmer. Da dem i.d.R. von der Anteilseignerseite bestimmten Aufsichtsratsvorsitzenden bei Pattsituationen ein Zweitstimmrecht zusteht, dominiert im Konfliktfall häufig das Interesse der Kapitaleigner (vgl. *Gerum* [Unternehmensordnung] 270). Eine wirklich paritätische Mitbestimmung der Arbeitnehmer gibt es nur in den großen Kapitalgesellschaften der sog. Montanindustrie (Bergbau sowie eisen- und stahlerzeugende Industrie). Die entsprechenden Regelungen finden sich im Montan-Mitbestimmungsgesetz von 1951. Für kleinere Unternehmen gelten die Mitbestimmungsregelungen des Betriebsverfassungsgesetzes. Die Vertreter der Aktionäre werden von der Hauptversammlung gewählt, die Arbeitnehmervertreter von der Belegschaft. Die Frage der effektiven Unternehmensüberwachung ist das zentrale Thema der Corporate Governance-Debatte. Dabei wird zum einen diskutiert, ob das einstufige Board-Modell dem zweistufigen deutschen Modell vorzuziehen ist. Zum anderen wird innerhalb des zweistufigen Modells nach Möglichkeiten gesucht, die Effizienz der Aufsichtsratskontrolle zu verbessern.

Die **Hauptversammlung** ist die Versammlung der Aktionäre. Die Kompetenzen der Hauptversammlung sind in § 119 AktG festgelegt. Sie umfassen u.a. die Bestellung der Aktionärsvertreter im Aufsichtsrat, die Verwendung des Bilanzgewinns, die Satzungsänderungen, die Entlastung von Vorstand und Aufsichtsrat und die Wahl der Abschlussprüfer. Die Entscheidungen in der Hauptversammlung werden im Regelfall mit der Mehrheit der abgegebenen Stimmen gefällt, wobei sich das Stimmrecht nach der Zahl der Aktien richtet (1 Aktie = 1 Stimme).

Nach verfügungsrechtlichen und agencytheoretischen Überlegungen eröffnet die Struktur der Aktiengesellschaft mit ihrer Trennung von Eigentum, Geschäftsführung und Kontrolle massive **Motivationsprobleme**. Anders als die Eigentümerunternehmer dürfen die Manager einer AG die Gewinne ja nicht selbst einbehalten. Sie haben also eigentlich keinen Grund, sich besonders um den Erfolg der Unternehmung zu bemühen. Den Managern wird von den Vertretern der Institutionenökonomik häufig unterstellt, sie wollten sich vor der Arbeit drücken, vor allem ihren Status und ihr Prestige pflegen (z.B. mit teuren Büroeinrichtungen, Firmenjets) und durch die massive Reinvestition von Gewinnen in das eigene Unternehmen vor allem ihren eigenen Arbeitsplatz sichern (vgl. *Milgrom/Roberts* [Organization] 492ff.). Das ist nicht im Interesse der Aktionäre, die allerdings in aller Regel das Gebaren der Manager nicht selbst kontrollieren können und wollen. Im Hinblick auf die Kontrolle durch den Aufsichtsrat besteht aber auch wieder ein Agencyproblem und es wird häufig beklagt, der Aufsichtsrat käme seiner Aufsichtspflicht nur ungenügend nach. Die Neue Institutionenökonomik hat sich sehr ausführlich mit diesen speziellen Motivationsproblemen der AG beschäftigt. Empfohlen wird eine Stärkung der Stellung des Aufsichtsrates durch eine geringere Anzahl von Aufsichtsratsmandaten pro Person, häufigere Sitzungen, verschärfte Haftung der Aufsichtsratsmitglieder und bessere Vergütung. Einige dieser Anregungen wurden im **KonTraG** (Gesetz zur Kontrolle und Transparenz im Unternehmensbereich vom Mai 1998) aufgegriffen. Ein anderer Ansatzpunkt sind Anreize für Manager wie Gewinnbeteiligung, Prämien oder Aktienbezugsrecht (stock options) (vgl. *Milgrom/Roberts* [Organization] 423ff.). Die Problematik wird zum Teil auch dadurch gemildert, dass die Manager auf dem internen und externen Arbeitsmarkt miteinander konkurrieren und sich über gute Leistungen eine Reputation erarbeiten wollen (vgl. *Fama* [Agency] 291ff.).

(2) GmbH

Organe der GmbH sind grundsätzlich nur der oder die Geschäftsführer und die Gesellschafterversammlung. Für eine GmbH mit mehr als 500 Arbeitnehmern muss nach dem BetrVerfG 1952 und für eine mitbestimmte GmbH (mehr als 2000 Arbeitnehmer) nach dem Mitbestimmungsgesetz 1976 ein Aufsichtsrat gebildet werden. Auch kleinere GmbHs können fakultativ einen „Beirat“ einrichten, der beratende und kontrollierende

Funktionen hat. Der Geschäftsführer leitet die GmbH, er muss nicht, kann aber Gesellschafter sein. Bei kleineren GmbHs ist dies häufig der Fall; man spricht dann vom Geschäftsführer-Gesellschafter. In diesem Fall hat man eine Einheit von Interessenvertretung und Interessendurchsetzung wie in einer Personengesellschaft. Anders als in der AG haben die Gesellschafter in der GmbH ein direktes Durchgriffsrecht auf alle Unternehmensaktivitäten. Da das GmbH-Recht insgesamt einen großen Spielraum für die Gestaltung von Entscheidungsgremien und -prozessen lässt, kann die faktische Ausgestaltung der Führungsorganisation einer GmbH der einer Personengesellschaft oder der einer AG ähneln.

Änderungen der Gesetzgebung können deutliche Auswirkungen auf die Führungsorganisation der Unternehmung haben. In den letzten Jahren wurde vor allem über eine Stärkung der rechtlichen Stellung der Eigentümer nachgedacht, während in früheren Jahren die Debatte von der Arbeitnehmermitbestimmung dominiert wurde. Für die Zukunft ist zu erwarten, dass sich das Gesellschaftsrecht der zunehmenden Globalisierung anpassen wird und supranationale Rechtsformen entstehen. Geplant ist bspw. die Rechtsform einer Europäischen Aktiengesellschaft, in welcher das dualistische System der Trennung von Leitung und Aufsicht in den beiden Organen des Vorstandes und des Aufsichtsrates nicht mehr zwingend vorgeschrieben ist (vgl. auch Kapitel 13).

Fragen zur Wiederholung

1. Beschreiben Sie den Unterschied zwischen fachlicher und disziplinarischer Leitungsbefugnis einer Instanz. (1.1.1)
2. Stabsstellen dienen dem Ausgleich der quantitativen und qualitativen Überforderung der Instanz. Was heißt in diesem Zusammenhang „quantitativ“ und was „qualitativ“? (1.1.3)

3. Warum führt eine große Leitungsspanne zu einer flachen Hierarchie? (1.2.1)
4. Ausschüsse sind organisatorische Einheiten der „Sekundärorganisation". Was heißt hier „Sekundärorganisation" und worin unterscheidet sie sich von der „Primärorganisation"? (1.2.2)
5. Wie lassen sich Gruppen in den hierarchischen Aufbau eingliedern? (1.2.3)
6. Beschreiben Sie den Unterschied zwischen der Stellenbildung ad rem und jener ad personam. (2.2)
7. Beschreiben Sie die drei Organe der Aktiengesellschaft. (2.4.3)

Fragen zur Vertiefung

1. Stäbe werden zuweilen als die eigentlichen Drahtzieher, zuweilen aber auch als Arbeiter für den Papierkorb bezeichnet. Wie erklären Sie sich diese Spannweite?
2. Wie bewerten Sie die Aufstiegschancen von Stabsstelleninhabern im Vergleich zu Inhabern von Linienstellen?
3. Wodurch unterscheiden sich formelle Gruppen von informellen Gruppen?
4. Welcher Zusammenhang besteht zwischen dem Menschenbild und der Bildung von Organisationseinheiten?
5. Inwiefern beeinflusst die durch die Entwicklung der Informationstechnologie geschaffene Vergrößerung der Informationsverarbeitungskapazität die horizontale und vertikale Erweiterung der Aufgabeninhalte von Stellen?
6. Wie lässt sich erklären, dass die Führungsorganisation der AG besonders stark gesetzlich reglementiert ist?

Literaturempfehlungen

Bühner, R.: Betriebswirtschaftliche Organisationslehre, 9. A., München, Wien 1999.

Picot, A., Dietl, H., Franck, E.: Organisation, 2. A., Stuttgart 1999.

Schulte-Zurhausen, M.: Organisation, 2. A., München 1999.

Kapitel 9
Aufbauorganisation

1 Gegenstand der Aufbauorganisation

Das Leistungsziel eines Unternehmens wird i.d.R. durch **Arbeitsteilung** verwirklicht. Sie ist zum einen erforderlich, wenn ansonsten eine quantitative Überforderung der Aktionsträger stattfände. Zum anderen kann es aus Effizienzüberlegungen sinnvoll sein, eine Arbeitsteilung herbeizuführen, um Spezialisierungsvorteile wahrzunehmen. Spezialisierung wiederum verlangt nach Koordination, um Ziele und Handlungen der einzelnen Organisationsmitglieder aufeinander abzustimmen. Die Anforderungen an die Koordination sind umso größer, je ausgeprägter der Spezialisierungsgrad gewählt wurde und je divergenter die Ziele der Organisationsmitglieder sind. Organisationsmitglieder verfolgen Ziele und vollziehen Handlungen. Der dabei zur Verfügung stehende Freiheitsgrad ist abhängig von der Kompetenz, die auf ein Organisationsmitglied übertragen wurde. Die Verteilung dieser Kompetenz innerhalb einer Organisation ist die Folge von Delegationsentscheidungen. Mit der Delegation findet eine Übertragung von Kompetenz auf andere statt.

Als Ergebnis von **Spezialisierung**, **Delegation** und **Koordination** erhalten wir die Aufbauorganisation, auch als formale Organisationsstruktur oder **Konfiguration** bezeichnet.

Die **Aufbauorganisation** befasst sich mit der Zerlegung und Verteilung von Aufgaben und Kompetenzen sowie der Koordination von Aufgaben und Aufgabenträgern. Das Ergebnis ist die formale Organisationsstruktur der Unternehmung.

Wird die Organisationsstruktur graphisch dargestellt, so liegt ein **Organigramm** vor.

Das Organigramm spiegelt vor allem die Art der Arbeitsteilung (das Stellengefüge) und die Leitungsbeziehungen wider. Von den verschiedenen Koordinationsinstrumenten kommt im Organigramm nur das Instrument der persönlichen Weisung zum Ausdruck und zwar in der Über- und Unterordnung von Instanzen und Ausführungsstellen. Das Ausmaß an Delegation von Kompetenzen an untergeordnete Organisationsmitglieder kann indirekt aus dem Organigramm abgelesen werden. Je größer die Leitungsspanne einer Instanz (Leitungsspanne = Anzahl der direkt unterstellten Mitarbeiter) und je flacher also die Leitungstiefe (Leitungstiefe = Anzahl der Hierarchieebenen), desto größer muss das Ausmaß an Delegation sein.

Spezialisierung, Delegation und **Koordination** stellen die zentralen Bestimmungsfaktoren der Organisationsstruktur dar und können insofern als Gestaltungsparameter eingesetzt werden.

Im Folgenden sollen die genannten drei Gestaltungsparameter erörtert werden. Zuvor sei darauf hingewiesen, dass daneben noch andere Faktoren der Gestaltung der Organisationsstruktur zu beachten sind. *Kieser/Kubicek* ([Organisation] 159 ff.). betrachten bspw. neben der Spezialisierung, der Delegation und der Koordination auch noch die Formalisierung der Organisation (Ausmaß schriftlich fixierter Regeln). In der Regelungsdichte einer Organisation, also in der Festlegung des Freiraumes für eine informale Organisation, kann ein weiterer Gestaltungsparameter gesehen werden. Er bringt den Grad der „Bürokratisierung“ einer Organisation zum Ausdruck. Auf diesen Aspekt gehen wir im Zusammenhang mit der Darstellung der Selbstorganisation ein (vgl. S. 371 ff.).

Werden die Organisationsmitglieder nicht nur als abstrakte Aufgabenträger angesehen, sondern als Personen mit eigenen Interessen, dann sind bei der Strukturgestaltung auch immer die voraussichtlichen Motivationswirkungen zu bedenken. Vor allem die Institutionenökonomik betont die aus der Delegation entstehende Motivationsproblematik und zählt die **Motivation** zu den Grundfragen der Organisation. Wie die Strukturgestaltung und die Motivation zusammenhängen, soll im Anschluss an die Darstellung der Gestaltungsparameter thematisiert werden (S. 277 ff.).

2 Gestaltungsparameter

2.1 Spezialisierung

Spezialisierung ist die Zerlegung einer Aufgabe in einzelne voneinander verschiedene Teilaufgaben.

Die Spezialisierung als Strukturmerkmal gibt Art und Grad der Arbeitsteilung in einem Unternehmen wider. Wir beschäftigen uns im Folgenden mit der innerbetrieblichen Spezialisierung, während die zwischenbetriebliche Arbeitsteilung (bspw. Festlegung der Fertigungstiefe und damit Umfang des Fremdbezugs) als fixiert gilt. Zur unternehmensübergreifenden Arbeitsteilung vgl. die Darstellung der Kooperationsmodelle S. 376 ff.

Im Zusammenhang mit der Spezialisierung sind **zwei Aufgaben** zu lösen:

- Bestimmung des Grades der Spezialisierung,
- Festlegung der Art der Spezialisierung.

2.1.1 Grad der Spezialisierung

Eine hochgradige Spezialisierung liegt dann vor, wenn die Gesamtaufgabe in sehr viele unterschiedliche, jeweils eng umrissene Teilaufgaben zerlegt wird. Dies bedeutet für die Aktionsträger eine sehr hohe Repertoire-Spezialisierung (vgl. *Reiß* [Spezialisierung] 2289 f.).

Mit der Spezialisierung sind **Vorteile** verbunden: Es können Unterschiede in den Fähigkeiten der Organisationsmitglieder genutzt werden. Jeder kann genau das machen, wozu er besonders befähigt ist. Außerdem kommen aufgrund der mit der Spezialisierung verbundenen Steigerung des Wiederholungsgrades von Tätigkeiten die Vorteile von Lerneffekten und damit des Erfahrungskurvengesetzes zur Geltung. Weiterhin können Stellen, die nur wenige einfache Teilaufgaben umfassen, mit billigen ungelernten Arbeitskräften besetzt werden. Schließlich kann bereits bei der Ausbildung für eine Tätigkeit eine Konzentration auf bestimmte Aufgaben stattfinden. Im Ergebnis führen diese Vorteile zu einem Kostendegressionseffekt (economies of scale).

Diese Überlegungen sprechen für einen hohen Grad der Spezialisierung und damit für ein differenziertes Stellengefüge mit eng begrenztem Verantwortungsbereich des Stelleninhabers. *Taylor* baut auf diesen Grundlagen auf und fordert dabei ein hohes Maß an Spezialisierung. In Form des sog. **Taylorismus** hat sich dieses Gedankengut in Wissenschaft und Praxis (z.B. Fließbandproduktion mit fester Taktzeit) etabliert. *Adam Smith* hat mit seinem berühmt gewordenen Stecknadelbeispiel ebenfalls zur Ausbreitung der Spezialisierungsidee maßgeblich beigetragen.

Es ist inzwischen unbestritten, dass ein hoher Grad der Spezialisierung auch eine Reihe von **Nachteilen** aufweist: Mit der Spezialisierung verbunden ist eine Verengung des Blickfeldes und damit der Übernahme von Verantwortung. Der Sinn für den Gesamtzusammenhang geht verloren. Eine Mentalität des „geht mich nichts an, dafür bin ich nicht zuständig" macht sich bemerkbar. Die damit verbundene Schnittstellenproblematik erhöht den Koordinationsaufwand.

Nicht zu übersehen ist auch die mit einer starken Spezialisierung verbundene **Verengung des Arbeitsumfangs** und damit eine **Verarmung des Arbeitsinhaltes**. Insofern steht die Spezialisierung Bestrebungen der Humanisierung des Arbeitsplatzes entgegen. Außerdem können ursprünglich vorhandene Fähigkeiten des Mitarbeiters auch verlernt werden, wenn sie nicht benutzt werden. Das Humanpotenzial wird so im Laufe der Zeit entwertet. Schließlich ist keineswegs sichergestellt, dass eine häufige Wiederholung von Tätigkeiten die Qualität der Leistung steigert. Es können sich im Gegenteil mit zunehmender Routine Gleichgültigkeit und Demotivation einschleichen (vgl. *Kieser/Kubicek* [Organisation] 77 ff.).

2.1.2 Art der Spezialisierung

Während bei der Frage nach dem Grad der Spezialisierung vor allem die Zahl der zu bildenden unterschiedlichen Stellen angesprochen wird, geht es bei der Art der Spezialisierung um die inhaltliche Ausrichtung der Stellen, also um die Stellenbeschreibung. Es bieten sich im Prinzip drei Möglichkeiten an, um eine Spezialisierung herbeizuführen: Die **Spezialisierung** nach

- Verrichtungen,
- Objekten und
- Rang.

Die Spezialisierung nach Verrichtungen oder Objekten wird auch als **horizontale Arbeitsteilung**, jene nach dem Rang auch als **vertikale Arbeitsteilung** bezeichnet.

(1) Eine Spezialisierung nach **Verrichtungen** führt zu Organisationseinheiten mit Zuständigkeiten für Funktionen, wie z.B. Beschaffung, Fertigung, Absatz, und innerhalb dieser Verrichtungen zu Spezialisierungen wie Lieferantenauswahl bei der Beschaffung, Reihenfolgeplanung bei der Fertigung und Marktforschung beim Absatz.

(2) Bei der Spezialisierung nach **Objekten** hängt die Eigenart der Spezialisierung von der Definition des Objektes ab. In Frage kommen u.a. Produkte, Produktgruppen, Kunden, Regionen. Der Stelleninhaber wird zum Spezialisten für ein Produkt (z.B. Produktmanager), einen Kunden (z.B. Kundenbetreuer), eine Region (z.B. Gebietsleiter) usw. Eine Objektspezialisierung führt tendenziell zu einem geringeren Spezialisierungsgrad als die Verrichtungsspezialisierung, weil objektorientiert unterschiedliche Funktionen zusammengefasst werden.

Die Verrichtungsspezialisierung ist das dominante Aufbauprinzip der Funktionalen Organisation und die Objektspezialisierung jenes bei der Divisionalen Organisation. Beide Konfigurationstypen werden ausführlich erörtert. In diesem Zusammenhang wird auch auf die Vor- und Nachteile der Spezialisierung nach Objekten bzw. Verrichtungen eingegangen (vgl. S. 320 ff.).

(3) Eine Spezialisierung nach dem **Rang** führt zu einer Trennung von Leitungsaufgaben (Entscheidung, Anordnung, Kontrolle) und Durchführungsaufgaben. Es findet also eine Spezialisierung auf Managementfunktionen und auf Realisationsfunktionen statt. Darin klingt die tayloristische Vorstellung einer strikten Trennung von Hand- und Kopfarbeit nach. Diese Art von Spezialisierung begründet die Rangordnung oder **Hierarchie** in der Unternehmung. Dass die Mitglieder einer Unternehmung die Anweisungsbefugnis von Vorgesetzten akzeptieren und sich insofern einer Herrschaft unterwerfen, gilt als das typische Merkmal einer Unternehmung. Im Transaktionskostenansatz wird die Unternehmung als Form der hierarchischen Koordination von einer marktlichen Koordination zwischen gleichgestellten und unabhängigen Marktpartnern unterschieden. Die Rangordnung kann aber innerhalb verschiedener Unternehmen durchaus unterschiedlich stark ausgeprägt sein. Heute wird i. Allg. eine stärkere Integration von Denken und Handeln bzw. von Planen, Entscheiden und Ausführen präferiert. Die Spezialisierung nach dem Rang schlägt sich in unterschiedlichen Graden der Delegation nieder. Sie sollen im Folgenden erörtert werden.

2.2 Delegation

2.2.1 Begriff der Delegation

Unter **Delegation** versteht man die Übertragung von Kompetenzen auf andere.

Häufig steht hinter dem Delegationsbegriff (vgl. *Steinle* [Delegation] 500 ff.) die Vorstellung, dass sich die Unternehmensspitze hierarchieabwärts entlastet, indem sie bestimmte Kompetenzen (Rechte, Vollmachten), die eigentlich ihr selbst zustehen würden, auf untergeordnete Stellen verteilt. Zugleich mit den Kompetenzen delegiert sie damit auch einen Teil ihrer Verantwortung. Da sich die Kompetenzen auf mehrere Felder erstrecken können, lassen sich auch verschiedene Delegationsarten unterscheiden. Zu nennen sind u.a. die Entscheidungsdelegation, die Anordnungsdelegation und die Kontrolldelegation.

Im Zusammenhang mit der Delegation wird häufig auch von Dezentralisation gesprochen. **Dezentralisation** ist – ganz allgemein ausgedrückt – das Ergebnis einer Streuung eines Merkmals in einer Gesamtheit von Elementen. Zentralisation liegt dagegen dann vor, wenn ein Merkmal konzentriert in der Gesamtheit auftritt (vgl. *Bassen* [Dezentralisation] 31). Nach dieser sehr allgemeinen Definition kann der Begriff Zentralisation auch als Synonym für den Begriff Spezialisierung benutzt werden. Statt von Verrichtungs-, Objekt- und Rangspezialisierung wird dann von Verrichtungs-, Objekt- oder Rangzentralisation gesprochen (vgl. etwa *Bleicher* [Organisation] 49 ff.).

Um die damit einhergehende Begriffsverwirrung zu vermeiden, soll hier von Zentralisation/Dezentralisation nur die Rede sein im Zusammenhang mit der Verteilung der Leitungskompetenzen. Wählen wir als Ausgangspunkt der Betrachtung die Unternehmensspitze, ergeben sich je nach Umfang der Delegation unterschiedliche Grade der Zentralisation bzw. Dezentralisation.

Zentralisation liegt dann vor, wenn die Kompetenzen – insbesondere die Entscheidungskompetenzen – auf die oberste Leitungsebene konzentriert sind. Von **Dezentralisation** sprechen wir dann, wenn (Entscheidungs-)Kompetenz systematisch nach unten verlagert wird.

Da vom Grad der Zentralisation i.d.R. Einflüsse auf die Zahl der Über-Unterordnungsbeziehungen in Unternehmen ausgehen, wird über die Zentralisation auch die Hierarchie beeinflusst. Zentralisation begründet i.d.R. eine **steile Hierarchie.** Dezentralisierung führt zu einer **Abflachung der Hierarchie.** Dies kann so begründet werden: Werden viele Leitungskompetenzen auf die Mitarbeiter delegiert, können die Instanzen eine große Leitungsspanne bewältigen, ohne überfordert zu sein. Große Leitungsspannen reduzieren zugleich die Leitungstiefe. In Abb. 9-1 sind die steile und die flache Hierarchie schematisch dargestellt.

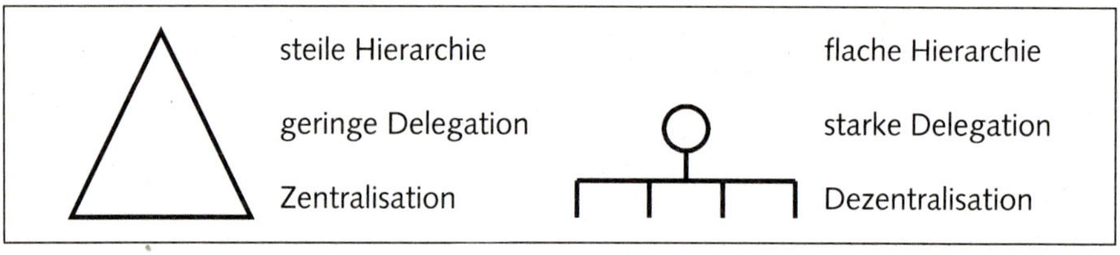

Abb. 9-1: Steile und flache Hierarchie

Von der Delegation zu unterscheiden ist die Partizipation. Unter **Partizipation** versteht man die freiwillige und fallweise Beteiligung rangniederer Mitarbeiter an den Entscheidungen einer höheren Instanz. Es handelt sich dabei eher um einen bestimmten Führungsstil als um ein Strukturmerkmal.

Für die Verwirklichung der Delegation stehen unterschiedliche **Formen** zur Verfügung:

Kriterien	**Formen der Delegation**
Zeitlich: bis wann?	z.B. befristete, unbefristete Delegation
Sachlich: für was?	z.B. Delegation für Preisfestsetzung, Lieferantenauswahl
Strukturell: an wen?	z.B. Delegation an Stelle, Abteilung, Geschäftsbereich, Tochtergesellschaft

Abb 9-2: Formen der Delegation

Mit der Delegation verbunden ist die Aufgabe, die **Verhaltensweisen der Delegationsempfänger** mit dem Unternehmensziel zu harmonisieren. Wenn davon ausgegangen wird, dass die Organisationsmitglieder eigene Interessen verfolgen, dann erscheint eine Delegation in gewisser Weise riskant, weil mit der Delegation die Spielräume für eigennütziges Verhalten größer werden. Das gilt auch schon bei der Delegation der Leitungskompetenz von den Eigentümern einer Unternehmung (bspw. den Aktionären) auf die Top-Manager. Mit diesen Problemen beschäftigt sich vor allem der Principal-Agent-Ansatz (vgl. S. 134 ff.). Als organisatorische Instrumente zur Disziplinierung der Delegationsempfänger (Agenten) stehen vor allem Anreizsysteme und Kontrollhandlungen zur Verfügung. Ihr Einsatz wiederum hängt davon ab, welche Form der Delegation gewählt wurde. Bei einer Übertragung von Kompetenz auf eine Tochtergesellschaft bietet sich bspw. das Instrument der Anreizgewährung in Form einer Beteiligung am erwirtschafteten Gewinn an (vgl. Profit Center).

2.2.2 Vorteile und Nachteile der Delegation

Bei den Entscheidungen zugunsten eines bestimmten Umfanges von Delegation und bei der Wahl der Delegationsformen sind die Vor- und Nachteile der Delegation und in diesem Zusammenhang der Dezentralisation zu beachten.

Nachteile der Delegation:

- Entstehung von Kontrollproblemen,
- Überlastung und Überforderung der Mitarbeiter,
- Demotivierung der Instanzen durch Macht- und Statusverluste,
- Inkonsistenz von Teilentscheidungen.

Vorteile der Delegation:

- Entlastung der Instanzen,
- bessere Ausnutzung des Wissens und Könnens der Mitarbeiter,
- verstärkte Motivation der Mitarbeiter,
- größere Flexibilität durch raschere Entscheidungen,
- verstärkte Motivation der Mitarbeiter,
- Förderung des Führungsnachwuchses.

Vor- und Nachteile müssen jeweils **situativ gewichtet** werden. Ob etwa die Kompetenz der Preisfestlegung auf die Außendienstmitarbeiter delegiert wird, hängt von der Preissensibilität der Kunden ab, von den Erwartungen der Kunden hinsichtlich sofortiger Preisauskünfte, von der Spezifität der Kundenkenntnisse der Außendienstmitarbeiter und der Einschätzung der Identifikation der Außendienstmitarbeiter mit den Zielen der Unternehmung (vgl. *Wiltinger* [Preiskompetenz]). Bei der aktuellen Betonung der Effizienzkriterien „Flexibilität", „Motivation" und „Innovations- und Lernfähigkeit" der Mitarbeiter ist eine Delegation sicherlich i. Allg. als vorteilhaft anzusehen. Die potenziellen Nachteile und Gefahren müssen aber auch beachtet werden. Ihnen ist mit Anreiz- und Kontrollsystemen, mit Weiterbildungsmaßnahmen für die Mitarbeiter und veränderten Karrierepfaden für die Instanzen zu begegnen. Mildernd auf die Agencyprobleme wirkt sich grundsätzlich auch eine starke Unternehmenskultur aus.

2.2.3 Prinzipien und Regeln der Delegation

Die Berechnung eines optimalen Delegationsgrades gelingt nur in Modellen mit sehr rigiden und realitätsfernen Prämissen. Vgl. das Delegationswertkonzept von *Laux/Liermann* ([Grundlagen] 218 ff.), welches S. 108 beim entscheidungstheoretischen Ansatz bereits angesprochen wurde). Im Prinzip müsste bei diesem Konzept die delegierende Instanz die eigene Entscheidung und die Entscheidung der Delegationsempfänger im Voraus kennen, um berechnen zu können, wessen Entscheidung zu einer besseren Zielerreichung führt. Der dabei anfallende Planungsaufwand macht aber Delegation, die ja Entlastung bringen soll, fragwürdig. Um dennoch zu guten Delegationsentscheidungen zu kommen, behilft man sich daher mit bestimmten Prinzipien und Regeln, die plausibel erscheinen und die sich in der Praxis bewährt haben (vgl. *Steinle* [Delegation] 508 ff.). Folgende **Grundprinzipien** sind zentral:

(1) **Kongruenzprinzip:** Aufgabe, Kompetenz und Verantwortung sollen deckungsgleich sein.

(2) **Subsidiaritätsprinzip:** Aufgaben (und entsprechende Kompetenzen) sollen jeweils der niedrigsten Hierarchieebene zugewiesen werden, die noch zur Erfüllung in der Lage ist.

(3) **Relevanzprinzip:** Die Aufgaben- und Kompetenzverteilung sollte zu gesamthaften und relativ bedeutsamen Aufgabenkomplexen führen.

Ergänzend treten folgende **Regeln** hinzu:

(1) **Regel der Ausschöpfung des Informationspotenzials:** Entscheidungen sollten möglichst dort getroffen werden, wo auch die benötigten Informationen anfallen.

(2) **Regel der Qualifikations- und Kapazitätsadäquanz:** Aufgaben sollten die Potenziale der Aktionsträger möglichst umfassend ausschöpfen.

(3) **Ziel-Aufgaben-Kohärenzregel:** Die Aktionsträger sollten mit ihren Aufgaben einen tatsächlichen Einfluss auf die ihnen gesetzten Ziele haben.

(4) **Minimalebenenregel:** Die Delegation sollte so erfolgen, dass möglichst wenig Hierarchieebenen koordiniert werden müssen.

2.3 Koordination

Zur Erfüllung des Leistungszieles bedarf es der Zusammenführung der durch Arbeitsteilung gebildeten Teilaufgaben zu einer Gesamtaufgabe. Arbeitsteilung erzeugt bekanntlich Koordinationsbedarf, denn jedes Organisationsmitglied erzeugt nur eine Teilleistung und ist auf Zuarbeit und Zusammenarbeit angewiesen.

Koordination ist die Abstimmung von Einzelaktivitäten zu einer gemeinsamen Aufgabenerfüllung.

Der Koordinationsbedarf ist umso größer, je höher der Grad der Spezialisierung entwickelt und je mehr damit die Zahl der Schnittstellen ausgeweitet worden ist. Koordination und Spezialisierung stehen demzufolge in einem Spannungsverhältnis, das letztlich darin begründet ist, dass die Absicht der Erzielung von Spezialisierungsgewinnen in Konflikt gerät mit den Vorteilen der Ganzheitlichkeit. Diese Vorteile bestehen nicht nur in einem geringeren Koordinationsaufwand, sondern auch im besseren Wissenstransfer und in der Motivationssteigerung.

Die **Koordinationsinstrumente** können unterteilt werden in:

- Instrumente der Fremdkoordination und
- Instrumente der Selbstkoordination.

Von **Selbstkoordination** soll dann gesprochen werden, wenn die Abstimmung von den betroffenen Mitarbeitern selbst vorgenommen wird oder sich quasi „von selbst" – ohne bewusste Planung – ergibt. **Fremdkoordination** heißt, dass die Abstimmung nicht in der Hand der Betroffenen selbst liegt, sondern von außen vorgegeben wird. Zu einer von dieser Klassifikation der Koordinationsinstrumente etwas abweichenden Systematisierung vgl. *Kieser/Kubicek* ([Organisation] 103; 117).

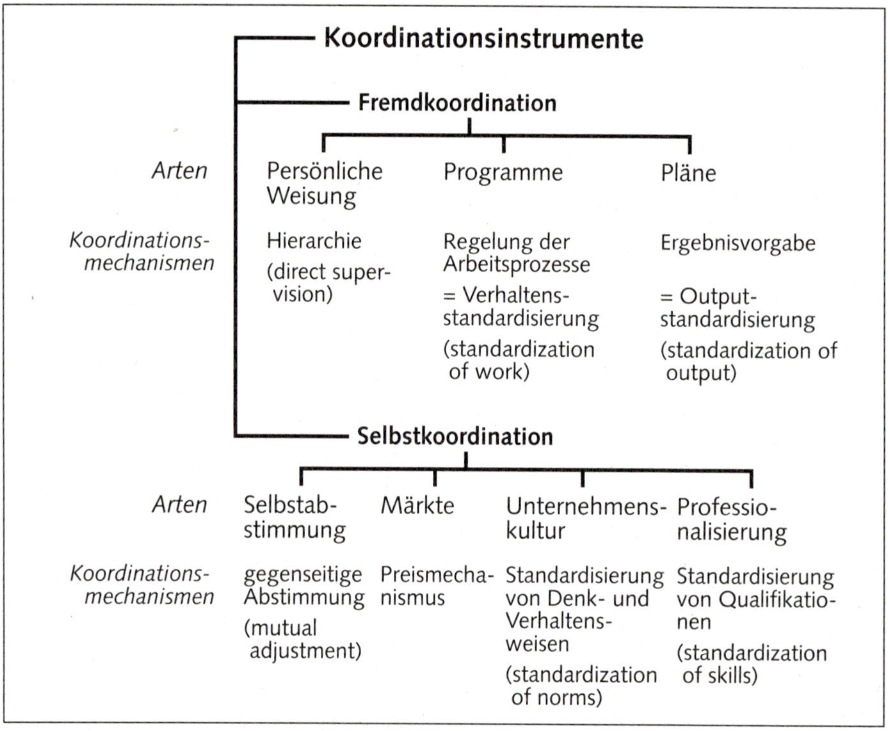

Abb. 9-3: Instrumente der Fremd- und Selbstorganisation

2.3.1 Instrumente der Fremdkoordination

Wir unterscheiden folgende Instrumente der Fremdkoordination (vgl. *Kieser/ Kubicek* [Organisation] 103 ff.):

- Koordination durch persönliche Weisung,
- Koordination durch Programme und
- Koordination durch Pläne.

Das erste Koordinationsinstrument wird auch als **persönliches Instrument** bezeichnet, das zweite und dritte Koordinationsinstrument zählen zu den **technokratischen Instrumenten.** Als „persönliches“ Instrument gilt die Weisung deshalb, weil eine Kommunikation zwischen genau zu identifizierenden Personen stattfindet. Es handelt sich bei der Weisung um einen sozialen Prozess. Pläne und Programme werden demgegenüber weit weniger als das Ergebnis der Entscheidungen einzelner Personen aufgefasst. Die Medien der Koordination verselbständigen sich in gewisser Weise. Daher werden sie als „unpersönlich“ oder eben „technokratisch“ bezeichnet.

2.3.1.1 Koordination durch persönliche Weisung

Die Koordination durch persönliche Weisung erfolgt über ein durch Über-Unterordnungsbeziehungen charakterisiertes Leitungssystem. Die übergeordnete Stelle erteilt der ihr nachgeordneten Stelle Weisungen, die wiederum in Anweisungen für die nachfolgende Hierarchiestufe transformiert werden. Insgesamt entsteht dann ein **hierarchischer Leitungsaufbau**. Weil die Weisungsbeziehungen im Organigramm als vertikale Linien zum Ausdruck kommen, spricht man in diesem Zusammenhang auch vom **Liniensystem**.

An grundsätzlichen Möglichkeiten für die **Gestaltung des Leitungssystems** stehen zur Verfügung: das

- Einliniensystem,
- Mehrliniensystem und
- Stabliniensystem.

(1) Das Einliniensystem

Das **Einliniensystem** ist dadurch gekennzeichnet, dass eine untergeordnete Stelle lediglich Anweisungen von der ihr direkt übergeordneten und mit Allzuständigkeit ausgestatteten Stelle erhält (**Einfachunterstellung**). Ein Stelleninhaber hat also nur einen einzigen direkten Vorgesetzten. *Fayol* (1841–1925), der Begründer des Einliniensystems, formulierte damit das **Prinzip der Einheit der Auftragserteilung**, welches aussagt, dass jeder Untergebene nur von **einem** Vorgesetzten Weisungen erhalten sollte. Beim Informationsfluss zwischen den Stellen muss der sog. Dienstweg eingehalten werden. Abstimmungsbedürftige Probleme zwischen Stellen oder Abteilungen müssen bis zum nächsten gemeinsamen Vorgesetzten hinauf gemeldet werden. Von dort fließt dann die Anweisung wieder über den Dienstweg an die zu koordinierenden Stellen zurück. Ein

Überspringen einer Stelle bzw. Beziehungen zwischen Stellen auf derselben Hierarchieebene sind nicht vorgesehen. Eine Ausnahme stellt die sog. **Fayol'sche Brücke** dar. Danach sind in speziellen Situationen Informationsbeziehungen zwischen Stellen auf derselben Hierarchieebene zulässig, wobei die zuständige Instanz aber nachträglich zu informieren ist. Die Direktabstimmung sollte allerdings nur eine Ausnahme sein (vgl. Abb. 9-4).

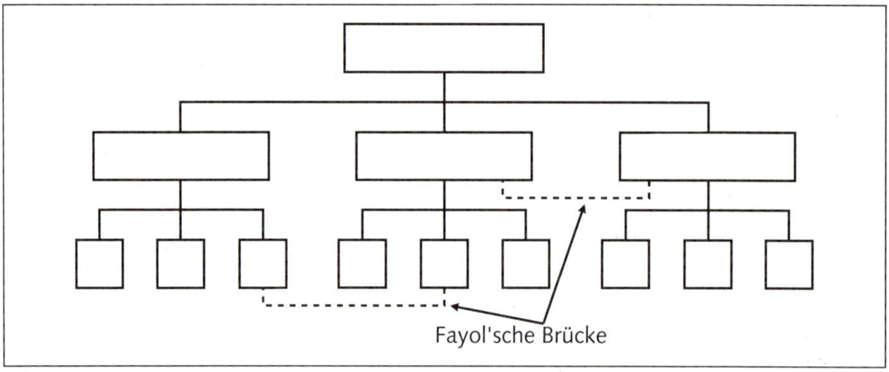

Abb. 9-4: Einliniensystem

(2) Das Mehrliniensystem

Beim **Mehrliniensystem** wird eine Spezialisierung in Form einer Aufteilung der Weisungsbefugnisse auf einzelne Entscheidungsträger vorgenommen. Daraus ergibt sich, dass eine untergeordnete Stelle Weisungsbefugnisse von mehreren übergeordneten Stellen erhält (**Mehrfachunterstellung**). Beispiel: Ein Meister in einer Fertigungsabteilung erhält Anweisungen vom vorgesetzten Abteilungsleiter hinsichtlich der Ausstattung eines Erzeugnisses und vom Leiter der Kostenrechnungsabteilung Anweisungen bezüglich der Einhaltung eines Kostenbudgets.

Das Mehrliniensystem geht auf *Taylor* (1856–1915) zurück, der das **Funktionsmeisterprinzip** für die Fertigung erfunden hat. Danach hat ein Funktionsmeister nur eine ganz bestimmte, scharf umrissene Leitungsfunktion, für die er Fachkompetenz aufweist. *Taylor* sah u.a. einen Arbeitsverteilungsmeister, einen Aufsichtsmeister und einen Kosten- und Zeitmeister vor. Da die Mitarbeiter verschiedener Gruppen dadurch gemeinsame Vorgesetzte haben, ist der Informationsfluss bei Abstimmungen kürzer als im Einliniensystem (vgl. Abb. 9-5).

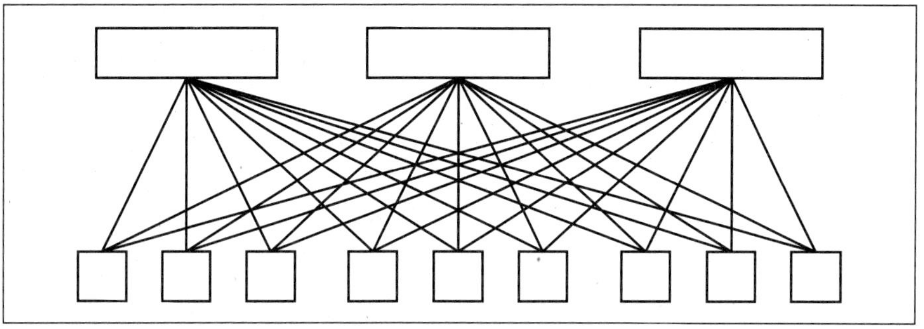

Abb. 9-5: Mehrliniensystem

In der Praxis tritt die Mehrfachunterstellung heute häufig in der Weise auf, dass **fachliche** und **disziplinarische Leitungsbefugnisse** voneinander getrennt werden. Die Mitarbeiter sind dann in disziplinarischer Hinsicht **einem** Vorgesetzten unterstellt. Dieser Vorgesetzte darf sie z.B. kontrollieren, bewerten, Urlaub genehmigen, über Beförderung oder Entlassung (mit-)entscheiden. Natürlich hat er auch fachliche Leitungskompetenzen gegenüber seinen Untergebenen, aber nicht in allen Fragen. Für bestimmte Fragen, die ein besonderes Fachwissen erfordern oder die zentral für das gesamte Unternehmen einheitlich geregelt werden sollen, kommt es zu einer **zusätzlichen fachlichen Unterstellung.** In den Organisationsschaubildern werden solche zusätzlichen fachlichen Unterstellungsverhältnisse oft durch gestrichelte Linien dargestellt. Typisch ist bspw. eine Fachkompetenz der Personalabteilung für Lohn- und Gehaltsfragen oder der Organisationsabteilung für Arbeitsverfahren in der Verwaltung. Die begrenzte Leitungsbefugnis ist typisch für die sog. Dienstleistungsstellen (vgl. S. 230 f.).

Ausdrücklich zu Koordinationszwecken werden in Unternehmen auch **Stellen** eingerichtet, denen im Hinblick auf einen speziellen Entscheidungsbereich (bspw. ein Projekt oder ein Produkt) eine begrenzte Leitungsbefugnis zugeordnet wird. Je nach Umfang der Kompetenz dieser Stellen entsteht eine mehr oder weniger deutliche Mehrfachunterstellung der ausführenden Stellen. Ein Marketingmitarbeiter bekommt dann bspw. Weisungen sowohl vom Leiter der Marketingabteilung als auch von einem oder mehreren Produktmanagern. Solche unklaren Weisungsbeziehungen können sehr konfliktär sein.

Kriterien	Einliniensystem	Mehrliniensystem
1. Informationswege	lang, da Instanzenweg eingehalten werden muss	kurz, da ein direkter Zugriff zum gemeinsamen Vorgesetzten möglich ist
2. Abgrenzung der Kompetenz	klar, da die Zuordnung auf einen einzigen Vorgesetzten erfolgt	mehrdeutig, da mehrere Vorgesetzte vorhanden sind
3. Spezialisierung bezüglich der Kompetenz	gering, da der Vorgesetzte mit Allzuständigkeit ausgestattet ist	hoch, da Zuständigkeiten auf mehrere Vorgesetzte aufgeteilt sind

Abb. 9-6: Vergleich von Einliniensystem und Mehrliniensystem

(3) Das Stabliniensystem

Das Grundgerüst des Stabliniensystems ist das Einliniensystem. Eine Instanz ist i.d.R. mit umfassenden Kompetenzen ausgestattet. Um auf der einen Seite das Prinzip der Einheit der Auftragserteilung durchhalten zu können und auf der anderen Seite die Überlastung der Instanz auszugleichen, werden Stabsstellen in das Leitungssystem einbezogen. Stabsstellen nehmen **unterstützende Funktionen** wahr. Sie sind daher einer Instanz seitlich zugeordnet. Stäbe können auf verschiedenen Leitungsebenen eingesetzt werden (vgl. Abb. 9-7). Zu den Stäben vgl. S. 229 f.

Fazit: Das Koordinationsinstrument der persönlichen Weisung hat **Vor- und Nachteile.** Das Instrument ist sehr flexibel einsetzbar und leicht zu gestalten. Es müssen lediglich die Entscheidungskompetenzen verteilt werden, während über die Inhalte der Koordinationsentscheidungen keine Festlegungen getroffen werden müssen. Durch persönliche Weisung kann nicht nur eine Vorauskoordination, sondern auch eine **Feedbackkoordination** erfolgen, d.h. der Vorgesetzte kann aktuell entstandene Abstimmungsprobleme lösen. Nachteilig wirkt sich die potenzielle **Überlastung der Instanzen** – vor allem im Einliniensystem – aus. Die Vorauskoordination kann sich immer nur auf wenige Variablen und relativ kurze Zeiträume beziehen, weil eine einzelne Person nicht in der Lage ist, sehr komplexe Abhängigkeiten für lange Zeiträume vorauszudenken.

Das persönliche Moment in der Weisungsbeziehung kann Vor- und Nachteile haben. Weil gerade in der persönlichen Weisung die Hierarchie sehr stark zum

Ausdruck kommt, ist es für eine funktionierende Koordination sehr wichtig, inwieweit die Untergebenen die Autorität des Vorgesetzten akzeptieren. Hat der Vorgesetzte **Autorität** in dem Sinne, dass seine Persönlichkeit und seine Fachkompetenz von den Mitarbeitern anerkannt werden und dass sie daher auch seinen Weisungen freiwillig und gerne nachkommen, dann gelingt die Koordination gerade durch die persönliche Beziehung besonders gut. Ein nicht akzeptierter Vorgesetzter kann aber auch mit seinen Weisungen vermutlich mehr Widerstand provozieren, als es die unpersönlichen, technokratischen Koordinationsinstrumente vermögen.

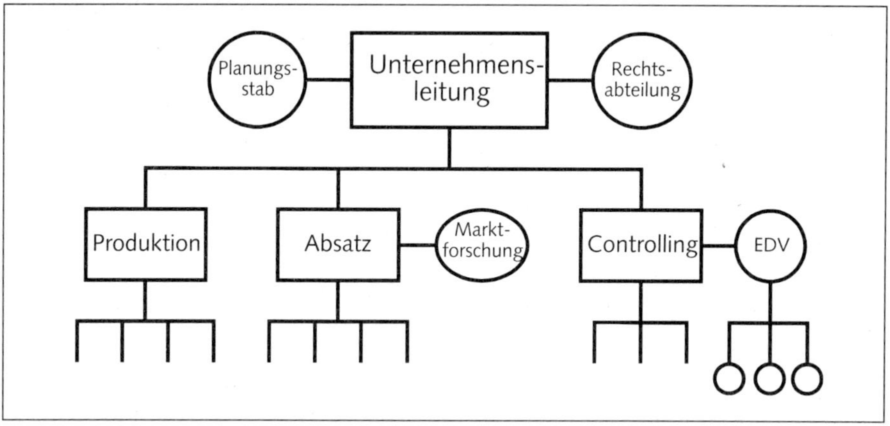

Abb. 9-7: Stabliniensystem (Quelle: *Kieser/Kubicek* [Organisation] 137)

2.3.1.2 Koordination durch Programme

In den meisten Unternehmen gibt es für eine Reihe von Aktivitäten generelle **Verhaltensrichtlinien**, durch die der einzelne Mitarbeiter detaillierte Anweisungen erhält. Auf diese Art und Weise wird sein Verhalten fremdgesteuert, ohne dass ein Vorgesetzter persönliche Weisungen erteilt. Man bezeichnet diese Form der Koordination auch als **Verhaltensstandardisierung**. Programme werden oft schriftlich fixiert und schlagen sich in umfangreichen Handbüchern nieder. Die Koordination durch Programme dominiert insbesondere in **bürokratischen Systemen**. Die Hauptlast der Koordinationsarbeit liegt auf der perfekten Abfassung der Verhaltensrichtlinien.

Die koordinierende Wirkung von Programmen liegt ganz allgemein darin, dass das Verhalten der Organisationsmitglieder in den geregelten Bereichen vereinheitlicht und stabilisiert wird. Außerdem können auch immer wieder auftauchende Koordinationsprobleme „programmiert“ werden. Um die Koordination zwischen Beschaffung, Lagerhaltung und Fertigung zu bewerkstelligen, können bspw. bestimmte Mindestlagermengen für die Rohstoffe verbindlich festgelegt werden. Sobald die Mindestlagermenge eines Rohstoffes unterschritten wird, ermittelt der Lagerist nach einer Formel die zu bestellende Menge und gibt diese Informationen an den Einkauf weiter. Die Abstimmung erfolgt ganz ohne Eingreifen einer Instanz (vgl. *Kieser/Kubicek* [Organisation] 111).

Da Programme das Verhalten für längere Zeit relativ detailliert festlegen, eignen sie sich nur für die Vorauskoordination unter stabilen Bedingungen. Es besteht immer die Gefahr, dass die Organisationsmitglieder mit so vielen Richtlinien reglementiert werden, dass für flexible Anpassungen kein Raum mehr bleibt.

2.3.1.3 Koordination durch Pläne

Pläne stellen **Zielvorgaben** dar. Aus ihnen kann der Mitarbeiter Erkenntnisse für sein Handeln ableiten. Beispiel: Ein Verkaufsleiter erhält einen Absatzplan, der die Zahl der abzusetzenden Produkte in einer bestimmten Periode normiert. Dieser Absatzplan ist in einem institutionalisierten Planungsprozess abgestimmt worden u.a. mit dem Fertigungsplan, dem Beschaffungsplan und dem Finanzplan. Wenn alle Pläne eingehalten werden, dann funktioniert die horizontale Abstimmung zwischen den verschiedenen Funktionsbereichen. Die vertikale Koordination zwischen unterschiedlichen Hierarchieebenen kann ebenfalls durch Planung erfolgen. Die Unternehmensspitze gibt bspw. strategische Ziele für die Gesamtunternehmung vor, die dann in Ziele für einzelne Geschäftsbereiche, Funktionsbereiche und Stellen heruntergebrochen werden. Bei Einhaltung der Pläne fügen sich alle Teilaktivitäten so zusammen, dass das Unternehmensziel erreicht wird.

Da sich die Koordination durch Pläne am Ergebnis orientiert, wird diese Koordinationsform auch als **Outputstandardisierung** bezeichnet. Anders als bei der Verhaltensstandardisierung wird das Verhalten der Organisationsmitglieder nicht im Detail festgelegt. Von den Programmen unterscheidet sich die Koordination durch Pläne weiterhin dadurch, dass Pläne immer nur für eine bestimmte Periode gelten und daher flexibler sind.

Die Koordination durch Pläne dominiert insbesondere im Organisationsmodell der Divisionalen Organisation, das vom Führungsprinzip des Management by Objectives ausgeht. Das Führungskonzept **MbO** sieht vor, dass der Vorgesetzte und die ihm zugeordneten Mitarbeiter gemeinsam Ziele für eine Planperiode vereinbaren. Möglichst klare und operationale Zielvorgaben sollen eine ex post-Kontrolle ermöglichen und so den Mitarbeiter motivieren. Die Koordination durch Pläne erfährt ihre stärkste Ausprägung z.Zt. in der Konzernorganisation der Holdingstruktur (vgl. S. 332 ff.).

Die Koordination durch einen institutionalisierten Planungsprozess wird schnell recht aufwändig. Häufig übernehmen Spezialisten in eigens eingerichteten zentralen Planungsabteilungen die Planungsaktivitäten (Dienstleistungsstelle oder Stab). Damit ist allerdings die Gefahr verbunden, dass sich die Planung zu realitätsfern entwickelt, was durch eine Partizipation der Linienstellen am Planungsprozess verhindert werden kann.

Die Leistungsfähigkeit der Koordination durch Planung ist sehr stark abhängig von der Möglichkeit, individuelle Ziele und unternehmerische Planung zur Deckung zu bringen. Die Planung ist wie die Programmierung nur für eine Vorauskoordination geeignet.

2.3.2 Instrumente der Selbstkoordination

Wir unterscheiden vier **Varianten:**

- Koordination durch Selbstabstimmung,
- Koordination durch Märkte,
- Koordination durch Unternehmenskultur,
- Koordination durch Professionalisierung.

2.3.2.1 Koordination durch Selbstabstimmung

Die Koordination durch Selbstabstimmung ist das Gegenstück zur persönlichen Weisung im Rahmen der hierarchischen Fremdkoordination. Als Organisationseinheiten werden Gruppen gebildet, bei denen anstelle der Über-Unterordnung die Entscheidungsfindung durch **gegenseitige Abstimmung** aller betroffenen Stellen erfolgt. Bei reiner Selbstabstimmung würde die Unternehmensleitung von der Gesamtheit aller Organisationsmitglieder gebildet. Vorstellbar ist das in kleineren Unternehmen, die von gleichberechtigten, professionellen Gesellschaftern gemeinsam geführt werden. Solche „partnerships" (*Milgrom/ Roberts* [Organization] 522 f.) sind etwa typisch für Anwaltssozietäten, ärztliche Gemeinschaftspraxen und Architekturbüros. In der Praxis werden i.d.R. jedoch nur Teilbereiche der Organisation durch Selbstabstimmung koordiniert, da die Voraussetzungen für die Anwendung dieses anspruchsvollen Koordinationsinstrumentes nicht immer erfüllt sind. Diese Voraussetzungen bestehen in der Fähigkeit und Bereitschaft der Mitarbeiter zur Kooperation sowie in der Bereitstellung der dafür nötigen Zeit. Als Regelfall kann die Selbstabstimmung innerhalb der Unternehmensleitung gelten. Die Selbstabstimmung hält aber auch immer mehr Einzug in die Organisation der Fertigungsprozesse, die bislang als eine Domäne der persönlichen Weisung angesehen werden konnte. Hier hat insbesondere die Konzeption des Lean Production mit der Forderung nach teamorientierter Produktionsorganisation den Boden bereitet.

Selbstabstimmung bedeutet nicht zwangsläufig, dass die Koordination im freien Ermessen der Betroffenen liegt. In der formalen Aufbauorganisation können dafür Komitees, Ausschüsse, Arbeitskreise und ähnliche Gruppen eingerichtet werden, deren Mitglieder sich selbst abstimmen müssen. In einem Produktplanungsausschuss treffen sich bspw. Mitglieder aus der Marktforschung, der Forschung und Entwicklung und der Produktionsplanung, um Koordinationsprobleme bereits bei der Planung neuer Produkte zu lösen. Aber auch ohne strukturelle Vorgaben findet Selbstabstimmung statt, manchmal sogar unter Umgehung des offiziellen Dienstweges. Der sog. kleine Dienstweg (die betroffenen Stellen schließen sich kurz) wurde schon immer von den Organisationsmitgliedern benutzt, um die langwierige Abstimmung über die Hierarchie zu umgehen.

Von der Selbstabstimmung erhofft man sich schnellere und besonders sachkompetente Entscheidungen sowie eine erhöhte Motivation der Mitarbeiter. Unter Umständen ist diese Form der Koordination aber auch sehr langwierig und konfliktbeladen, besonders wenn zwischen den betroffenen Stellen und Gruppen ein starkes Konkurrenzdenken herrscht. Die praktische Erfahrung zeigt, dass oft erst ein Gruppentraining nötig ist, um von der hierarchischen Koordination auf die Selbstabstimmung umsteigen zu können.

2.3.2.2 Koordination durch Märkte

Bei der Anwendung des Prinzips der Koordination durch Märkte bedient man sich der Organisationsregeln des Marktes. Im Markt werden ja ständig viele dezentrale Einzelentscheidungen dadurch aufeinander abgestimmt, dass der **Preismechanismus** Angebot und Nachfrage regelt. Wie durch eine „unsichtbare Hand“ (*Adam Smith*) geleitet, kommt es zu einer Abstimmung zwischen Nachfragern und Produzenten von Gütern und Dienstleistungen.

Obwohl die Institution Unternehmung eigentlich das Gegenmodell zum Markt darstellt (der Transaktionskosten-Ansatz unterscheidet zwischen der Koordination durch Markt und Hierarchie; vgl. S. 129 ff.), versucht man, auch im Unternehmen etwas Ähnliches wie einen **Markt** zu etablieren (vgl. zum Folgenden *Neus* [Verrechnungspreise]). Für die innerbetriebliche Leistungsinanspruchnahme und -bereitstellung werden **Verrechnungspreise** (man spricht auch von Lenkpreisen) festgelegt, an die sich die einzelnen Leistungseinheiten in ihrem Mengenverhalten dann eigenverantwortlich anpassen. Die einzelnen Organisationseinheiten „kaufen" bzw. „verkaufen" die Vorprodukte und Dienstleistungen, die zur Erstellung der Gesamtleistung nötig sind, wobei der Lenkpreis für die Abstimmung zwischen Angebot und Nachfrage sorgen soll. Vorab werden selbständige Organisationseinheiten (**Profit Center**) geschaffen, denen Entscheidungsautonomie mit Gewinnverantwortung zugewiesen wird (vgl. S. 327 ff.). Die Profit Center können untereinander in Lieferungs- und Leistungsbeziehungen stehen, vor allem aber werden sie auf die Zulieferungen und Dienstleistungen der sog. Zentralbereiche angewiesen sein. Dabei wird davon ausgegangen, dass sich diese Organisationseinheiten so verhalten wie Unternehmen am Markt. An die Stelle struktureller Koordination tritt die Koordination durch den Preismechanismus.

Bereits zu Beginn des 20. Jahrhunderts (1909) hat *Schmalenbach* auf die Möglichkeiten der Marktkoordination innerhalb von Unternehmen mit Hilfe von Verrechnungspreisen verwiesen und darauf aufbauend das Konzept der **„Pretialen Wirtschaftslenkung"** (1947/1948) entwickelt. Es verlangt eine Unternehmenssteuerung bei dezentraler Organisation mit Hilfe von Lenkpreisen. Das Problem der **Bestimmung richtiger Verrechnungs- bzw. Lenkpreise** kann aber bis heute nicht als gelöst angesehen werden:

- Die **Vorgabe von Lenkpreisen durch eine Zentrale** scheitert daran, dass die richtigen Preise erst auf der Grundlage eines optimalen Gesamtplanes ermittelt werden könnten. Wenn ein solcher aber erstellt werden könnte, brauchte man gar keine Lenkpreise mehr, weil das Koordinationsproblem bereits gelöst wäre.
- Eine zweite Möglichkeit besteht darin, die beteiligten Organisationseinheiten **über die Preise verhandeln** zu lassen. Da die nachfragenden und anbietenden Stellen in der Unternehmung aber oft eine monopolähnliche Stellung haben, drohen Preisverzerrungen durch strategisches Verhalten, was den Gesamterfolg gefährdet.

- Als Ausweg bietet sich an, **Marktpreise** als **Verrechnungspreise** zu benutzen. Sofern jedoch für die nachgefragte Leistung ein funktionierender externer Markt existiert, tritt sofort die Frage auf, warum man die Leistungserstellung überhaupt in das Unternehmen integriert hat. Es muss entweder Integrationsvorteile geben, die dann auch im Preis zum Ausdruck kommen müssten, oder es ist tatsächlich besser, die Leistung aus dem Unternehmen auszugliedern. Wenn man dem Markt mehr Effizienz zutraut als der hierarchischen Koordination, ist es nur konsequent, die Leistung extern zu beziehen. Die zunehmende Bedeutung des Outsourcing weist darauf hin, dass in den Unternehmen solche Überlegungen tatsächlich angestellt werden.

Der Versuch, den Markt im Unternehmen über Verrechnungspreise zu imitieren, ist nicht unproblematisch (vgl. *Neus* [Verrechnungspreise] 44). Falsch gesetzte Verrechnungspreise können eine massive Fehlallokation von Ressourcen hervorrufen. So musste die Firma Bellcore feststellen, dass ihre hochqualifizierten und gutbezahlten Forschungsingenieure ihre Zeit mit dem Tippen von Briefen, Berichten und Aktennotizen verbrachten, während die Schreibkräfte im zentralen Schreibpool unterbeschäftigt waren. Die Verrechnungspreise für die Inanspruchnahme interner Schreibdienste betrug zeitweise 50 $ die Seite und die Ingenieure wurden u.a. nach der Einhaltung finanzieller Budgets bezahlt (vgl. *Milgrom/Roberts* [Organization] 81). Was sich allerdings als sehr vorteilhaft erweisen kann, ist die damit verbundene **Idee interner Kunden-Lieferanten-Beziehungen**. Dienstleistungsbereiche der Unternehmung sollten die zu beliefernden Stellen nicht als lästige Bittsteller, sondern als Kunden ansehen, die ein Recht auf schnelle und qualitativ hochwertige Leistungen haben. Diese Mentalität bildet sich sicherlich schneller aus, wenn die Koordinationsform einem Markt ähnelt (vgl. *Müller* [Führungsorganisation] 76 ff.).

2.3.2.3 Koordination durch Unternehmenskultur

Der Transaktionskosten-Ansatz (vgl. S. 128 ff.) unterscheidet zwei grundsätzliche Koordinationsmöglichkeiten: Hierarchie (vor allem persönliche Weisung) und Markt. *Ouchi* (vgl. [Clans]) hat diesen Koordinationsinstrumenten als dritte Möglichkeit den **„Clanmechanismus“** hinzugefügt. Er beruft sich auf seine Erfahrungen mit japanischen Unternehmen, in welchen nach *Ouchis* Beobachtungen nur sehr wenig Kontrollen und Anweisungen nötig sind „since the employees‘ natural (socialized) inclination is to do what is best for the firm“ ([Clans] 132). Der innerbetriebliche Austausch von Leistungen und die Zusammenarbeit funktionieren quasi „von selbst“, weil die Organisationsmitglieder ein starkes Zusammengehörigkeitsgefühl empfinden und in dem Bewusstsein agieren, ein gemeinsames Ziel zu verfolgen. Dies gelingt durch die langjährige Sozialisation der Mitarbeiter im Unternehmen.

Peters und *Waterman* haben diese Überlegungen unter dem Begriff der **Unternehmenskultur** populär gemacht (vgl. [Excellence]). Jedes Unternehmen hat eine bestimmte „Kultur", die sich bspw. äußert in einer unternehmensspezifischen Sprache, einer (ungeschriebenen) Kleiderordnung, bestimmten Umgangsformen, dominierenden Werten und Zielen. Insoweit die Organisationsmitglieder diese Kultur verinnerlichen, gelingt eine Verständigung zwischen ihnen leichter. Sie gehen wie selbstverständlich von **ähnlichen Denk- und Verhaltensmustern** aus, wodurch sich die Komplexität ihrer Umwelt erheblich verringert (vgl. dazu auch die Ausführungen zum interpretativen Ansatz, S. 162 ff.). Außerdem entwickeln sie ein Gefühl der Solidarität und der „Selbstverpflichtung" (vgl. *Rößl* [Selbstverpflichtung]), wodurch das Problem der Zieldivergenzen stark gedämpft wird und die Abstimmung leichter wird. Eng damit verknüpft ist die Motivationswirkung der Unternehmenskultur. Die kulturelle Integration gibt dem Einzelnen ein Zugehörigkeitsgefühl zu einer sozialen Gruppe. Dies kann sich in geringeren Fehlzeiten, niedrigerer Fluktuationsrate und zunehmender Innovationsbereitschaft niederschlagen.

In Bezug auf die Koordinationswirkung wäre eigentlich eine starke und einheitliche Unternehmenskultur wünschenswert. Tatsächlich weisen unterschiedliche Organisationseinheiten häufig unterschiedliche „Subkulturen" auf, die zwar partiell effizienzfördernd sind, eine abteilungsübergreifende Zusammenarbeit aber eher behindern als befördern. Es ist daher wünschenswert, gemeinsame Ziele, Werte und Normen für das Gesamtunternehmen zu etablieren, ohne allerdings die Besonderheiten der einzelnen Organisationseinheiten völlig zu ignorieren.

Ein gezieltes **„Kulturmanagement"** ist alles andere als einfach. Mögliche Ansatzpunkte bestehen in der Auswahl geeigneter Personen, der schriftlichen Fixierung von Unternehmensgrundsätzen, dem gezielten Einsatz von Ritualen und Symbolen. Zu beachten ist auch, dass strukturelle Regelungen die Kultur beeinflussen. So ist bspw. zu erwarten, dass eine Matrixorganisation mit dem ihr innewohnenden Konfliktpotenzial eine andere Unternehmenskultur hervorbringt als eine hierarchisch ausgerichtete und zentralisierte Funktionale Organisation.

Die Koordination durch Unternehmenskultur ist besonders dann angebracht, wenn die Aufgabenstellung sehr komplex und neuartig ist und die Leistung der Organisationsmitglieder deshalb nur schwer bewertet werden kann. In solchen Situationen muss man versuchen, die Zieldivergenz zwischen den beteiligten Stellen zu reduzieren (vgl. *Ouchi* [Clans] 135). Kritisch kann gegen das Koordinationsinstrument „Kultur" eingewandt werden, dass es leicht in die Nähe einer ideologischen Indoktrination gerät und dass eine starke Kultur die Anpassungsfähigkeit einer Unternehmung herabsetzen kann, weil sie wie ein Wahrnehmungsfilter wirkt (vgl. *Kieser/Kubicek* [Organisation] 123 ff.).

2.3.2.4 Koordination durch Professionalisierung

Die Abstimmung zwischen unterschiedlichen Stellen, die gemeinsam zu einer Leistung beitragen, gelingt nur dann, wenn das Verhalten der Beteiligten einigermaßen bekannt und stabil ist. Verlässliche Verhaltenserwartungen werden u.a. über die **Standardisierung von Qualifikationen und Kenntnissen** erreicht, wie sie eine bestimmte Berufsausbildung normalerweise vermittelt. Jeder, der diese Berufsausbildung durchlaufen hat, verfügt über ein gewisses Standardrepertoire an Fachwissen und -fertigkeiten, kennt gewisse Fachausdrücke und beherrscht die notwendigen Routinen. Wenn jemand über längere Zeit hinweg komplexe Qualifikationen erwirbt, spricht man auch von „Professionalisierung" (vgl. *Mintzberg* [Struktur], 64 f.). Solche „Profis" können auch ohne besondere Weisungen oder Programme reibungslos Hand in Hand arbeiten, weil jeder seinen Part im Zusammenspiel kennt und beherrscht.

Die Unternehmen können bei der Koordination durch Professionalisierung einen Teil ihrer Koordinationskosten nach außen verlagern, bspw. auf die Universitäten überwälzen. Für die Organisationsmitglieder besteht ein wesentlicher Vorteil dieser Qualifikationsstandardisierung darin, dass sie ihre Fähigkeiten und Kenntnisse auch anderen Unternehmen anbieten können und daher flexibel sind. Die Unternehmen profitieren von der größeren Transparenz bei der Auswahl von Bewerbern, wenn Ausbildungen standardisiert sind und Bildungsabschlüsse zuverlässig einen gewissen Kenntnisstand signalisieren. Auf der anderen Seite braucht jedes Unternehmen auch ganz spezifische Kenntnisse und Fertigkeiten. Die innerbetriebliche Ausbildung und „Routinisierung" muss also die externe Berufsausbildung ergänzen.

Die Entwicklung des Koordinationsinstruments Professionalisierung braucht Zeit, so wie auch die Entwicklung des Instruments Unternehmenskultur. Dafür ist es gerade auch für komplexe und wenig formalisierbare Aufgaben gut verwendbar. Außerdem kann ein Unternehmen, dem eine hochgradige unternehmensspezifische Professionalisierung gelingt, Wettbewerbsvorteile erreichen, die nicht leicht zu imitieren sind.

2.4 Konfiguration

Die Wahl der Gestaltungsparameter „Spezialisierung", „Delegation" und „Koordination" führt – wie dargelegt – zu unterschiedlichen Ausprägungen der formalen Aufbauorganisation. Das Ergebnis stellt dann die äußere Gestalt, die Makrostruktur oder „Konfiguration" dar. Der Begriff „Konfiguration" wird hier nicht so eng gefasst, dass es sich lediglich um ein Synonym für „Leitungssystem" oder gar „Organigramm" handelt (vgl. *Kieser/Kubicek* [Organisation] 126 f.).

Als **Konfiguration** bezeichnen wir bestimmte Kombinationen von Organisationsmerkmalen, wie sie sich in Theorie und Praxis herausgebildet haben.

Dahinter steht die Vorstellung, dass es bestimmte weit verbreitete, bewährte und logisch konsistente Merkmalsbündel gibt, bestimmte Grundmuster der Aufbauorganisation, die von den einzelnen Unternehmen nur noch im Detail variiert werden.

In der Literatur kann man zwei verschiedene **Grundprinzipien** der Beschreibung von Konfigurationen finden:

- Die klassischen Konfigurationen und
- die Konfigurationen nach *Mintzberg*.

Sie unterscheiden sich vor allem in der „Reichhaltigkeit" der einbezogenen Beschreibungsmerkmale, der Anzahl der gebildeten Typen und der Art der grafischen Darstellung der Typen.

2.4.1 Klassische Konfigurationen

Die Organisationspraxis hat insgesamt drei als klassisch zu bezeichnende Konfigurationen hervorgebracht:

- Die Funktionale Organisation,
- die Divisionale Organisation und
- die Matrixorganisation.

Diese Konfigurationen unterscheiden sich hinsichtlich Grad und Art der Spezialisierung auf der zweiten Hierarchieebene, dem Grad der Delegation und der Form der Koordination, speziell der Festlegung der Leitungsbeziehungen für die persönlichen Weisungen. Sie werden im nächsten Kapitel beschrieben. An dieser Stelle sei bereits darauf hingewiesen, dass die Konfigurationen der Organisationspraxis nicht selten Mischformen aus Elementen dieser drei klassischen Konfigurationen darstellen. Außerdem kann bei einem praxisrelevanten Organisationskonzept die Primärorganisation von einer Sekundärorganisation überlagert sein. Dies ist bspw. dann der Fall, wenn im Rahmen einer Funktionalen Organisation für zeitlich befristete Aufgaben eine Projektorganisation installiert wird.

Die **Primärorganisation** ist auf die Lösung von Daueraufgaben ausgerichtet, die **Sekundärorganisation** (Parallelorganisation) dient der Lösung von Spezialaufgaben.

2.4.2 Die Konfigurationen nach Mintzberg

Henry Mintzberg (geb. 1939) hat Ende der 70er Jahre eine eigene Konzeption der Aufbauorganisation von Unternehmen entwickelt, die in der Managementforschung große Beachtung gefunden und diese nicht unwesentlich beeinflusst hat. Sein Hauptwerk trägt den Titel „The Structuring of Organizations" (1979). Nach *Mintzberg* setzt sich jede Organisation aus **fünf Bausteinen**, sog. basic parts, zusammen, die in ihrer Bedeutung und ihrem Zusammenwirken den Konfigurationstyp ausmachen.

2.4.2.1 Grundbausteine der Organisation

(a) **Strategische Spitze (Strategic Apex)**

Sie bezeichnet die oberste Führungsebene des Unternehmens. Die Festlegung der unternehmensweiten Strategie, die Gestaltung der Führungsinstrumente, nicht zuletzt der Organisation selbst, sowie die Vertretung der Unternehmung nach außen sind die zentralen Aufgabenbereiche der strategischen Spitze. Sie kann dabei aus einer Einzelperson bestehen oder sich bei einer Aktiengesellschaft aus Vorstand und Aufsichtsrat und damit einer Personenmehrheit zusammensetzen. Unmittelbar unterstützende Stäbe sind ebenfalls der strategischen Spitze zuzurechnen.

(b) **Operativer Kern (Operating Core)**

Im operativen Kern vollzieht sich die eigentliche Leistungserstellung. Im Industriebetrieb fallen darunter die Produktion, die Beschaffung der notwendigen Ressourcen sowie der Vertrieb der Produkte. Direkt unterstützende Einheiten, wie bspw. der eigene Fuhrpark oder die Instandhaltung, sind ebenfalls zum operativen Kern zu zählen.

(c) **Mittlere Linie (Middle Line)**

Ab einer bestimmten Organisationsgröße werden i.d.R. zwischen die oberste Führung und die operative Ebene eine oder mehrere zusätzliche Führungsebenen eingezogen. Ihre Hauptaufgabe liegt in der Steuerung der Strategieimplementierung, also der Arbeitsprozesse im operativen Kern. Ein wichtiger Aspekt ist dabei die Konkretisierungs- und Abstimmungsfunktion im Zielbildungsprozess. Die Ebene der Spartenleiter in der divisionalisierten Unternehmung stellt die mittlere Linie dar, ebenso die Werks-, Hauptabteilungs- und Abteilungsleiterebene.

(d) **Technostruktur (Technostructure)**

Hauptaufgabe der Technostruktur ist die Standardisierung von Aktivitäten im Unternehmen. Die Standardisierung (Normierung) kann sich auf Prozesse (Standardization of Work Processes), auf Ergebnisse (Standardization of Outputs) oder auf Fähigkeiten bzw. Kenntnisse (Standardization of Skills) beziehen. Elemente der Technostruktur können u.a. das Qualitätswesen, die Planungs- und Budgetierungsabteilung, das Rechnungswesen sowie die betriebliche Aus- und Weiterbildung darstellen. In der Regel handelt es sich bei der Technostruktur um Stäbe.

(e) **Hilfsstäbe (Support Staff)**

Hilfsstäbe erfüllen Dienstleistungsaufgaben. Je nach Art und hierarchischer Einordnung unterstützen sie die übrigen Bausteine der Konfiguration. Beispiele sind die Rechts- und Steuerabteilung, die PR-Abteilung oder Teile von Forschung und Entwicklung, aber auch Kantine, betriebliche Kindertagesstätte oder betriebsärztliche Abteilung.

Diese fünf Grundbausteine bilden gemeinsam die Konfiguration der Aufbauorganisation nach *Mintzberg* (vgl. Abb. 9-8).

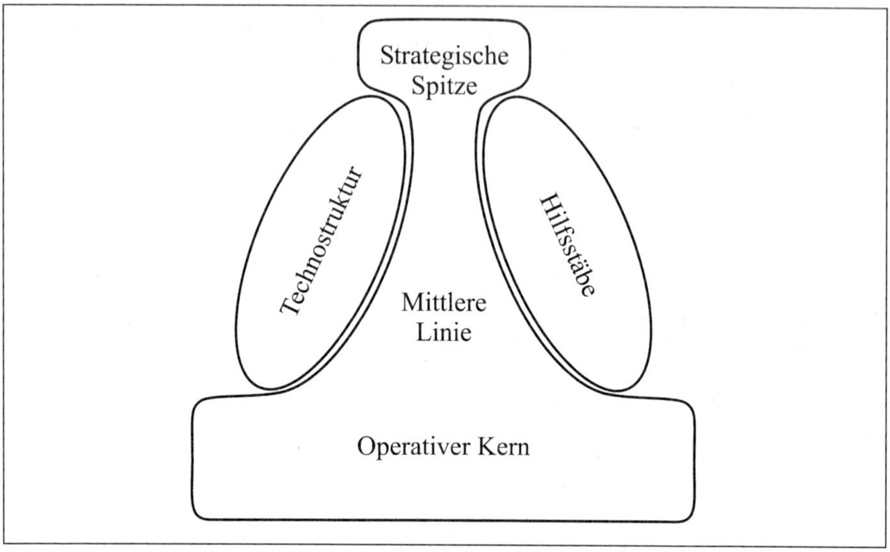

Abb. 9-8: Konfiguration nach Mintzberg
(Quelle: *Mintzberg* [Struktur] 28)

2.4.2.2 Konfigurationstypen

Die Vielfalt der in der Realität anzutreffenden Organisationsstrukturen wird von *Mintzberg* auf fünf typische Konfigurationen reduziert. Sie unterscheiden sich vor allem in der Gewichtung der oben genannten Grundbausteine, was grafisch in unterschiedlichen „Logos" zum Ausdruck gebracht wird (vgl. Abb. 9-9). Zur Typenbeschreibung gehört aber auch noch die Darstellung des dominierenden Koordinationsinstrumentes, die Art der „Gruppierung" (Spezialisierung), das Ausmaß der Formalisierung und der Umfang an Entscheidungsdezentralisation. Außerdem beschreibt *Mintzberg*, unter welchen situativen Bedingungen bestimmte Konfigurationstypen normalerweise zu beobachten sind. Solche Situationsmerkmale sind Alter, Größe, Fertigungstechnologie, Informationstechnologie der Unternehmung sowie Dynamik und Komplexität ihrer Umwelt.

Fünf Konfigurationstypen lassen sich nach *Mintzberg* unterscheiden:

1. Einfache Struktur (Simple Structure)

Dominanter Baustein ist die **strategische Spitze**, die Entscheidungen sind zentralisiert. Auf Technostruktur, Hilfsstäbe oder Mittlere Linie kann weitgehend verzichtet werden. Diese Konfiguration eignet sich, da sie straff und flexibel ist, in einer dynamischen Umwelt für kleine, meist funktional gegliederte Unternehmen mit einer begrenzten Zahl von Mitarbeitern.

Beispiel: Tante-Emma-Laden.

2. Industrielle Bürokratie (Machine Bureaucracy)

Dominanter Baustein ist die **Technostruktur**. Sie ist zur Entwicklung des zentralen Koordinationsinstruments „Arbeitsstandardisierung" notwendig. Da es sich meist um große Unternehmen handelt, ist die mittlere Linie ebenfalls deutlich ausgeprägt. Es findet eine eingeschränkte Entscheidungsdelegation statt. Die Formalisierung ist ausgeprägt.

Beispiele: Behörden sowie Fast-Food-Ketten.

3. Expertokratie (Professional Bureaucracy)

Der **operative Kern**, bestehend aus Experten, ist der zentrale Baustein, die Standardisierung von Qualifikation und Kenntnissen (Professionalisierung) der dominante Koordinationsmechanismus. Die Entscheidungskompetenzen sind eher dezentralisiert. Die strategische Spitze hat meist nur repräsentative Funktionen, die Technostruktur ist weitgehend überflüssig. Jedoch bedarf es umfangreicher Hilfsstäbe zur Unterstützung der Experten.

Beispiele: Universitäten, Krankenhäuser und Wirtschaftsprüfungsgesellschaften.

4. Divisionalisierung (Divisionalized Form)

Die Divisionalisierung ist eine partielle Struktur innerhalb der, je nach Art der Gruppierung, unterschiedliche Gestaltungsformen oder Typen auftreten können. Die **mittlere Linie** ist wichtigster Baustein, die Ergebnisstandardisierung (Management by Objectives) wichtigstes Koordinationsinstrument. Die Entscheidungen können weitgehend dezentralisiert werden. Zu finden ist diese Form eher bei großen und alten Unternehmen, die auf mehreren Märkten positioniert sind.

Beispiele: Großunternehmen mit Spartenorganisation, wie etwa die Siemens AG.

5. Adhocratie (Adhocracy)

Dieser Typ ist vor allem für Branchen (aus der New Economy) geeignet, in denen Flexibilität und Innovationskraft in besonderem Maße gefordert sind. Er stellt die dafür nötige Projektstruktur zur Verfügung, d.h. die spezialisierten

Mitarbeiter werden problemorientiert zu multidisziplinären Teams zusammengefasst. Die Entscheidungskompetenzen sind fließend und temporär, die Formalisierung ist gering. Es dominiert die **wechselseitige Abstimmung** als Koordinationsmechanismus. Hilfsstab und operativer Kern sind die dominanten Bausteine.

Beispiele: Kleine High-Tech-Unternehmen mit Auftragsfertigung, Werbeagenturen, Filmgesellschaften, Internetdienstleister.

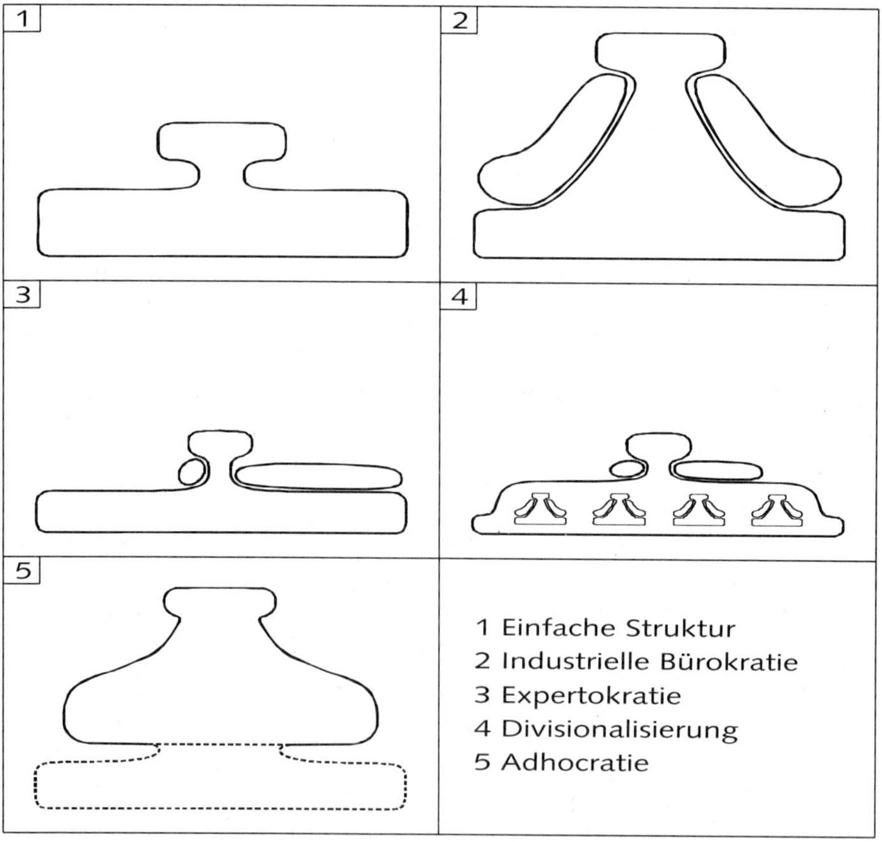

Abb. 9-9: Konfigurationstypen nach Mintzberg

In der Realität treten oft **gemischte Konfigurationstypen** auf. Eine Unternehmung entspricht nur mehr oder weniger einem bestimmten Typ. Außerdem müssen viele Unternehmen im Laufe ihres Lebens den Typ wechseln. Die einfache Struktur kann in einem wachsenden Unternehmen nicht beibehalten werden. Oder: Aus kleinen kreativen Adhocratien gehen innovative Ideen hervor, deren effiziente Vermarktung besser in einer industriellen Bürokratie vollzogen würde. Der Übergang von einem Typ zum anderen ist oft ein sehr krisenhafter und schwieriger Prozess (vgl. *Mintzberg* [Effective] 61 f.). Statt des strukturellen Wandels von einem Typ zum anderen könnte man auch eine Kombination verschiedener Typen ins Auge fassen. Eine kleine innovative Adhocratie könnte als „Ideengeber" fungieren, während eine große, effiziente Maschinenbürokratie die Produktion und Vermarktung der Ideen übernimmt. Viele große etablierte Unternehmen versuchen, durch strategische Allianzen (vgl. auch S. 378 f.) mit kleinen, neuen Technologiefirmen an deren Kreativitätspotenzial teilzuhaben.

3 Motivation

Mit der Aufbauorganisation wird das Stellen- und Leitungsgefüge festgelegt, Aufgaben und Kompetenzen werden verteilt. Formal ist somit geregelt, wer, wann, was, wie und womit zu tun hat, wer sich mit wem worüber abstimmen muss, wer wem Weisungen erteilen darf usw. Damit ist aber noch nicht gesichert, ob die Organisationsmitglieder auch gewillt sind, die ihnen zugeordneten Aufgaben in der gewünschten Art und Weise auszuführen. Mit dem Arbeitsvertrag, der sie zu Organisationsmitgliedern macht, haben sie sich zwar verpflichtet, die Stellenaufgaben zu erfüllen und den Vorgesetzten Folge zu leisten, aber der Arbeitsvertrag beschreibt oft nur sehr unscharf und allgemein, was von den Arbeitnehmern erwartet wird. Überdies gilt „Dienst nach Vorschrift" schon als eine Form der Arbeitsverweigerung. Das heisst, „dass erquickliche Beschäftigungsverhältnisse...rechtlich nicht erzwingbare motivationale Voraussetzungen haben" (*Sadowski* [Personalpolitik] 225).

3.1 Motivationsziele

Es ist nicht getan mit dem Erlassen von Vorschriften und dem Aufstellen von Organigrammen und Stellenbeschreibungen. Die Organisationsmitglieder müssen immer wieder dafür gewonnen werden, sich aktiv und engagiert in den

Dienst der Organisation zu stellen. Sie müssen motiviert werden. Grob können zwei **Motivationsziele** unterschieden werden:

- die engagierte Aufgabenerfüllung,
- die Bindung an das Unternehmen.

Engagierte Aufgabenerfüllung kann im Einzelnen sehr Unterschiedliches bedeuten, etwa körperliche oder geistige Anstrengung, Kreativität, Kooperationswilligkeit, Vorsicht, Präzision, Qualitätsbewusstsein, Sparsamkeit, Freundlichkeit gegenüber Kunden, Schnelligkeit und vieles andere mehr. Es dürfte leichter sein, für die Ausführungsaufgaben konkrete Motivationsziele vorzugeben, als für die Führungsaufgaben.

Eine **Bindung an das Unternehmen** wird angestrebt, um langfristig unerwünschte Fluktuation zu verhindern und kurzfristig die Fehlzeiten zu minimieren (vgl. *Klimecki/Gmür* [Personalmanagement] 324). Die Unternehmen sind bemüht, gute Mitarbeiter auch langfristig zu halten, um sich ihr firmenspezifisches Know how zunutze zu machen und auch um die Kosten für Personalsuche, -auswahl und -einarbeitung gering zu halten. Fehlzeiten, also Formen der Abwesenheit vom Arbeitsplatz während der vertraglich vereinbarten regulären Arbeitszeit, sollten so gering wie möglich gehalten werden, weil damit ein vorübergehender Ressourcenverlust verbunden ist.

3.2 Motivationstheorien

Um die richtigen Maßnahmen im Hinblick auf diese Ziele ergreifen zu können, bedürfte es einer **Motivationstheorie.** Diese müsste idealerweise gesetzmäßige Zusammenhänge enthalten über bestimmte Führungsmaßnahmen und deren Wirkung auf das Verhalten der Organisationsmitglieder (also auf deren Fleiß, Kooperationswilligkeit usw.). Leider gilt aber auch für die Motivationstheorie, was schon für die Organisationstheorie festgestellt wurde: Es gibt keinen Kanon empirisch gehaltvoller und bewiesener Gesetzesaussagen. Stattdessen finden wir viele motivationstheoretische Ansätze. Vereinfachend können die Ansätze zwei unterschiedlichen Richtungen zugeordnet werden:

- **Bedürfniskonzept:** Motivation ist möglich durch die Befriedigung arbeitsrelevanter Bedürfnisse.
- **Kontrollkonzept:** Motivation basiert auf einem ökonomischen Kalkül des Arbeitnehmers. Er strengt sich nur an, wenn die Leistung kontrolliert und entsprechend finanziell honoriert wird.

(1) Die beiden Richtungen gehen von unterschiedlichen Menschenbildern aus. Die Vertreter des **Bedürfniskonzeptes** unterstellen grundsätzlich, dass die Organisationsmitglieder in der Arbeit und aus der Arbeit heraus die Möglichkeit haben, Bedürfnisse zu befriedigen (vgl. *Schreyögg* [Organisation] 215). Die Arbeitssituation selbst kann mehr oder weniger motivieren, bspw. weil die Aufgabe interessant ist, Kontakt mit anderen ermöglicht, als herausfordernd erlebt wird. Die Ziele von Unternehmung und Mitarbeiter sind nicht grundsätzlich konträr, weil sich die Mitarbeiter im Grunde gerne engagieren wollen. Gute Arbeit und Firmentreue sind das Ergebnis von Arbeitsfreude sowie Gefühlen der Loyalität und Verpflichtung gegenüber Kollegen, Vorgesetzten und/oder der Unternehmung als Ganzes. Kernstück der Argumentation sind die dem Menschen generell unterstellten Bedürfnisse. Nach den Motivationstheorien von *McGregor* [vgl. [Human]), *Argyris* (vgl. [Integrating]) und *Ouchi* (vgl. [Theory]) sind zusammenfassend **folgende Bedürfnisse typisch:**

- Aktivität, d.h. Wahrnehmung vielfältiger und wichtiger Aufgaben,
- Herausforderung und Verantwortung,
- Entfaltung von Fähigkeiten, Wachstum und Reife der Persönlichkeit,
- Gemeinschaft mit anderen, soziale Einbettung, Zugehörigkeit, Bindung,
- Gleich- oder Überordnung,
- Selbstkontrolle, Selbstbestimmung, Selbstverwirklichung.

Ein vergleichbares Menschenbild ist im Human-Relations-Ansatz zu finden sowie im interpretativen Ansatz und dem Selbstorganisationsansatz. Zu dieser Art von Motivationstheorie passt die Vorstellung, dass die Organisationsstruktur selbst mehr oder weniger motivierend wirken kann. Sie sollte **bedürfnisgerecht** gestaltet werden.

(2) Die Vertreter des **Kontrollkonzeptes** wählen die Ausgangsannahme, dass die Arbeit den Menschen nur Leid verursacht. Der Mensch ist von Natur aus bequem und arbeitsscheu, er will Anstrengung vermeiden, keine Verantwortung übernehmen, kein Risiko eingehen und ist in jeder Hinsicht auf seinen individuellen Vorteil bedacht. Auch vor List und Lügen (Opportunismus) schreckt er nicht zurück, wenn es ihm nutzt. Zwischen den Zielen der Unternehmung und den Zielen der Organisationsmitglieder besteht grundsätzlich ein Konflikt. Motivation kann nur über Lohn und Strafe erreicht werden. Ein Arbeitnehmer unterlässt eine unerwünschte Handlung,

weil er befürchten muss, durch Kontrolle „erwischt" und anschließend bestraft zu werden. Oder er ist bereit, sich in einer erwünschten Art und Weise zu verhalten (etwa sorgfältig zu arbeiten), wenn ihm dann ein zusätzlicher materieller Lohn winkt (etwa eine Qualitätsprämie). Man erkennt das Menschenbild des Taylorismus und der Neuen Institutionenökonomik (NIÖ) wieder. Die Organisationsstruktur wirkt nach dieser Vorstellung nicht unmittelbar motivierend/demotivierend. Sie bietet nur mehr oder weniger gute Voraussetzungen für die Kontrolle und den Einsatz leistungsbezogener Entgelte. Die Struktur sollte also **kontroll- und anreizgerecht** gestaltet werden.

Trotz ihrer recht unterschiedlichen motivationstheoretischen Vorstellungen kommen die Vertreter beider Richtungen teilweise zu ähnlichen Empfehlungen für die Gestaltung der Aufbauorganisation. Dies soll nun im Einzelnen dargestellt werden.

3.3 Bedürfnisgerechte Aufbauorganisation

Ausgehend vom Bedürfniskonzept sind Zusammenhänge zwischen Gestaltungsparametern der Aufbauorganisation und der Motivation zu vermuten (vgl. *Schreyögg* [Organisation] 231 ff.). Sie sollen im Folgenden analysiert werden.

(1) Ein geringes Ausmaß an **Spezialisierung** ist motivierend, denn es bedeutet vielfältigere, weniger monotone Aufgaben, bei deren Vollzug unterschiedliche Fähigkeiten eingesetzt werden können. Die Objektspezialisierung ist unter Motivationsgesichtspunkten grundsätzlich günstiger zu beurteilen als die Verrichtungsspezialisierung, denn sie führt tendenziell zu ganzheitlicheren und bedeutsameren Aufgaben mit mehr Spielräumen für eigene Gestaltungsvorschläge und stärkerer Verantwortung. Bei weniger ausgeprägter Rangspezialisierung sind Denken und Handeln, Entscheiden, Ausführen und Kontrollieren stärker in einer Stelle integriert. Dies kommt den Bedürfnissen nach Selbstbestimmung und Selbstkontrolle entgegen. Die geringere Rangspezialisierung bedeutet zugleich eine Dezentralisation und eine flachere Hierarchie. Dem Bedürfnis nach Gleichordnung und Selbstbestimmung wird damit besser entsprochen. Die Organisationsmitglieder sind weniger passive Befehlsempfänger als vielmehr aktive Mitentscheider. Die größere Leitungsspanne in der flachen Hierachie bedeutet zugleich we-

niger Fremd- und mehr Selbstkontrolle. Problematisch ist allerdings, dass die bessere Motivation der Ausführenden eventuell mit einem Motivationsverlust bei den Instanzen erkauft wird, denn diese können ihr Bedürfnis nach Macht und Überordnung schlechter erfüllen, wenn sie Kompetenzen abgeben müssen. Da das Machtmotiv vor allem bei Führungskräften für sehr wichtig gehalten wird (vgl. *Klimecki/Gmür* [Personalmanagement] 273), liegt hier ein deutlicher Zielkonflikt vor.

(2) Bei einer **Koordination** durch persönliche Weisung kommt die hierarchische Unterordnung der Mitarbeiter am deutlichsten zum Ausdruck. Das Gefühl, fremdbestimmt zu handeln und nur Befehlsempfänger zu sein, ist vermutlich größer als bei den „technokratischen" Koordinationsinstrumenten (Pläne und Programme), auch wenn das reale Ausmaß an Selbstbestimmung möglicherweise kaum differiert. Andererseits erlaubt die persönliche Beziehung zu einem Vorgesetzten auch eher, dass sich Gefühle der Zugehörigkeit und Bindung entwickeln. Persönlichkeit und Führungsstil des Vorgesetzten dürften eine große Rolle für die Motivationswirkung spielen. Wird das Koordinationsinstrument der Planung mit dem Führungsprinzip des Management by Objectives verbunden, dann kommt dies dem Wunsch nach Selbstbestimmung und Selbstkontrolle entgegen, weil die Mitarbeiter an der Zielvereinbarung mitwirken und die Zielerreichung selbst kontrollieren können. Von den Instrumenten der Selbstkoordination bringt die Selbstabstimmung eine relative Gleichordnung und Autonomie der Organisationsmitglieder am stärksten zum Ausdruck. Setzt die Unternehmung auf die Koordinationswirkung einer starken Unternehmenskultur, dann wird damit vor allem das Bedürfnis nach Gemeinschaft und sozialer Einbettung angesprochen. Bei einer starken Kultur können zugleich Fremdbestimmung und -kontrolle durch die Vorgesetzten zurückgenommen werden, weil die Selbstkontrolle und die soziale Kontrolle durch die Kollegen besser greifen. Die Koordination über Märkte kann den Bedürfnissen nach Autonomie, Verantwortung und Gleichordnung entgegenkommen, indem sie den Organisationsmitgliedern ermöglicht, ganzheitliche „unternehmerische" Leistungen zu erbringen und zu „verkaufen". Die Motivationswirkung hängt allerdings stark davon ab, ob zuvor auch tatsächlich objektbezogene, relativ autonome Organisationseinheiten geschaffen wurden, die eine eigenständige Marktleistung erbringen können.

(3) Im Hinblick auf die **Organisationseinheiten** wird eine motivierende Wirkung besonders von Gruppen erwartet. Dies hängt zum einen damit zusammen, dass den Gruppen größere zusammenhängende Aufgabenkomplexe übertragen werden können, was wiederum mehr Selbstbestimmung erlaubt und eine größere Vielfalt von Aufgaben bedeutet. Die Gruppe kann zugleich ein stärkeres Gefühl von Gleichordnung, sozialer Einbettung, Zugehörigkeit und Bindung vermitteln.

(4) Die hier dargestellten Zusammenhänge sind **keine bewiesenen Gesetzmäßigkeiten.** Sie werden vielmehr plausibel aus dem Menschenbild der bedürfnisorientierten Motivationstheorien abgeleitet. Kritiker halten das Menschenbild für zu harmonistisch und idealisierend (vgl. zur Kritik auch *Schreyögg* [Organisation] 283 ff.). Sicher ist es immer problematisch, bestimmte Verhaltensannahmen zu generalisieren. Ohne irgendwie geartete Festlegungen hinsichtlich der „Natur des Menschen" könnten aber keinerlei Hypothesen gebildet werden zum Struktur-Verhaltens-Zusammenhang. Ob es soviel realistischer ist, von einer grundsätzlichen Abneigung der Organisationsmitglieder gegen Arbeit, Verantwortung und Leistung auszugehen, sei dahin gestellt.

3.4 Kontroll- und anreizgerechte Aufbauorganisation

3.4.1 Theoretische Grundlagen

Ausgehend vom misstrauischen Menschenbild, wie es dem Taylorismus und der NIÖ zugrunde liegt, ist Leistung eigentlich immer nur bei Fremdkontrolle zu erwarten. Je genauer der Vorgesetzte die Leistung seiner Untergebenen beobachten kann, desto weniger Spielraum hat der Mitarbeiter für schädigendes Verhalten (z.B. Drückebergerei). Jede Form von Fehlverhalten kann dann nämlich bestraft werden – bis hin zur Kündigung – und diese Gefahr geht in das ökonomische Kalkül des Arbeitnehmers ein. Ist die Gefahr des „Erwischt-werdens" groß genug und die Strafe empfindlich, dann wird er jedes Fehlverhalten meiden. Ein solches Kalkül wird etwa in der Effizienzlohntheorie aufgestellt (vgl. *Milgrom/Roberts* [Organization] 251 ff.). Eine genaue Kenntnis der individuellen Leistung ermöglicht zugleich auch den Einsatz positiver Leistungsanreize, wie es in reinster Form die Stücklöhne sind (vgl. *Lazear* [Performance]). Da die individuelle Stückleistung sich direkt im Lohn niederschlägt, ist der Arbeitnehmer stark motiviert, schnell zu arbeiten.

Die **tayloristische Struktur** kann als ein Modell gelten, welches besonders im Hinblick auf die Kontrollmöglichkeiten und die individuelle Leistungsentlohnung hin konzipiert wurde. Die hochgradige Verrichtungsspezialisierung unterstützt die direkte Leistungskontrolle, weil die Aufgabe und die zu erwartende Standardleistung sehr genau vorgegeben werden können. Die Rangspezialisierung ist ausgeprägt und die Delegation gering, weil die Verrichtungsspezialisten nach Möglichkeit keine Entscheidungs-, Planungs- und Kontrollaufgaben übernehmen sollen. Für solche Aufgaben sind nämlich nur schwer exakte Leistungsvorgaben zu ermitteln. Eine Rückführung der Spezialisierung im ausführenden Bereich und eine Anreicherung der Stellenaufgaben (job enlargement, job enrichment), erscheint vor dem Hintergrund individueller Leistungskontrolle prekär, denn es ist dann nicht mehr so exakt anzugeben, welche Zeit für welche Teilaufgabe zu verwenden ist. Werden leichter zu messende Ausführungsaufgaben und schwerer zu messende Führungsaufgaben in einer Stelle vermischt, dann entsteht die Gefahr einer einseitigen Konzentration auf die leichter zu messenden Teilaufgaben, weil sich Kontrolle und Entlohnung ebenfalls häufig auf diese konzentrieren (vgl. *Milgrom/Roberts* [Organization] 403). Das ausgeprägte Kontrollbedürfnis macht eine kleine Leitungsspanne notwendig, was zu einer steilen Hierarchie führt. Der Gefahr einer Überforderung der Unternehmensspitze versucht man durch Stabsstellen vorzubeugen. Gruppenarbeit erscheint kontraproduktiv, weil die individuelle Leistung dann nur schwer festgestellt werden kann und in der Folge ein „Trittbrettfahrerverhalten" der Gruppenmitglieder erwartet wird. Das heißt, jeder versucht, sich selbst zu drücken und von den Anstrengungen der anderen zu profitieren.

Die kontrollgerechte Unternehmensstruktur scheint nach *Taylors* Konzeption der bedürfnisgerechten Struktur diametral entgegengesetzt zu sein. Allerdings werden von **institutionenökonomisch orientierten Organisationswissenschaftlern** bei ähnlichem Menschenbild teilweise auch ganz andere Vorstellungen für die Strukturgestaltung entwickelt. *Milgrom/Roberts* (vgl. [Organization] 221 f.) weisen darauf hin, dass es nicht sinnvoll ist, ein einzelnes Organisationsmitglied zu einer besonderen Leistung anzureizen, wenn diese sehr stark mit den Leistungen anderer Organisationsmitglieder verbunden ist. Genau dies ist aber das Ergebnis einer hochgradigen Verrichtungsspezialisierung. Ein Arbeiter in der Fertigung kann bspw. die von ihm geforderte Leistung gar nicht erbringen, wenn der Beschaffungsspezialist die nötigen Rohstoffe nicht rechtzeitig bestellt hat, wenn der Lagerspezialist erforderliche Teile nicht schnell genug bereit stellt, wenn der Instandhaltungsspezialist die Maschinen nicht ordentlich wartet und der Kollege krank ist, dem die vorhergehende Fertigungsstufe zugeordnet ist. Werden die Teilaufgaben dagegen gebündelt auf einen Stelleninhaber übertragen (der Arbeiter besorgt sich selbst Teile aus dem Lager, vollzieht alle Fertigungsschritte und wartet auch seine Maschine), dann kann er auch für den Output leichter verantwortlich gemacht werden. Die Motivationsprobleme könnten im Extremfall auch so gelöst werden, dass jeder alle Teilaufgaben selbst vollzieht, die zur Erzeugung eines Outputs nötig sind, und diesen Output dann gewinnbringend verkauft. Das Unternehmen würde quasi in lauter Einzelunternehmer zerlegt. Es liegt allerdings auf der Hand, dass der damit verbundene Verlust von Größen- und Spezialisierungsvorteilen und der Anstieg der Markttransaktionskosten diese Lösung nicht attraktiv erscheinen lassen. In Ansätzen wird aber heute eine solche Lösung propagiert. Unter dem Begriff **„Prozessorganisation"** (vgl. auch S. 363 ff.) findet vielfach eine Integration von Teilaufgaben zu ganzheitlichen Aufgabenbündeln (Prozessen) statt, für deren Output ein Prozeßverantwortlicher gerade stehen muss. Die Verantwortung kann dann nicht mehr so gut auf andere Stellen abgeschoben werden. Wenn die Prozesse einen Einzelnen qualitativ und quantitativ überfordern, werden sie auf Gruppen übertragen. Die Gruppe ist dann für das Ergebnis verantwortlich. Mit der Prozessorganisation verbunden ist i.d.R. eine Rückführung der Rangspezialisierung, Dezentralisation und eine flache Hierarchie. Da die Koordinationserfordernisse durch den Abbau der Funktionsspezialisierung nicht mehr so hoch sind und die Kontrolle durch klare Verantwortungszuweisung erleichtert wird, entfallen einige typische Vorgesetztenaufgaben und die Selbstbestimmung nimmt zu (vgl. *Picot/Dietl/Franck* [Organisation] 282 f.). Unter Anreizgesichtspunkten ist die Verflachung der Hierarchie allerdings auch ungünstig zu beurteilen, denn der vertikale Aufstieg in der Hierarchie ist ein verbreitetes Anreizinstrument. In vielen Unternehmen wird eine direkte Leistungsentlohnung durch die Aussicht auf eine Karriere ersetzt (vgl. auch das Tournament-Modell von *Lazear/Rosen* (vgl. [Rank]). In flachen Hierarchien gibt es aber weniger Möglichkeiten zum Aufstieg, was sich demotivierend auf leistungsorientierte und ehrgeizige Mitarbeiter auswirken kann.

3.4.2 Gestaltungsprobleme

Besonders schwierig gestaltet sich die Motivation durch Kontrolle und Leistungsentlohnung bei den **Managern**, denn bei ihnen sind die Stellenaufgaben immer vielfältig und die Leistung ist teilweise kaum messbar. Der Grad ihrer Anstrengung kann meist nur indirekt erschlossen werden, über den Erfolg der

Organisationseinheit, die sie leiten. Sie werden motiviert, indem sie an diesem Erfolg – z.B. dem Gewinn - beteiligt werden. Damit sie auch tatsächlich für den Gewinn verantwortlich gemacht werden können, müssen zuvor objektorientierte Organisationseinheiten geschaffen werden, in denen sämtliche Verrichtungen gebündelt sind, die zur Erzielung der Marktleistung nötig sind. Zugleich sind den Managern die nötigen Entscheidungskompetenzen zu übertragen (Dezentralisation). Stehen die Manager verrichtungsorientierten Einheiten vor (funktionale Abteilungen), dann kann sich ein starker Anreiz zur Verbesserung des Abteilungsergebnisses kontraproduktiv auswirken, denn die Unternehmensgesamtleistung entsteht nur durch die kooperative Zusammenarbeit aller Abteilungen. Wird die Bezahlung der Manager an das Abteilungsergebnis geknüpft, dann fördert dies den Ressortegoismus (vgl. *Williamson* [Institutionen] 245 f.). In etwas abgeschwächter Form gibt es dieses Problem allerdings auch bei objektorientierter Spezialisierung, sobald mehrere objektorientierte Einheiten (Sparten) unter einheitlicher Leitung stehen. Spartenegoismus kann die Erreichung der Unternehmensziele erschweren, wenn es Verflechtungen zwischen den Unternehmensbereichen gibt, die eigentlich eine Kooperation wünschenswert erscheinen lassen. In relativ kleinen und wenig komplexen Unternehmen mit einheitlichem Produktionsprogramm können diese „Fliehkräfte" evtl. noch durch eine starke Unternehmensspitze und persönliche Weisung unterdrückt werden. In der Spartenorganisation versucht man vor allem durch die Vorgabe von Planzielen und die Kontrolle der Planverwirklichung die Motivation auch auf die Gesamtunternehmensziele zu lenken. Eine weitere Möglichkeit stellen Entlohnungsformen dar, die das Einkommen der Manager mit dem Erfolg der Gesamtunternehmung verbinden. Bei den großen Kapitalgesellschaften sind aktienkursbezogene Vergütungssysteme und insbesondere Aktienoptionsprogramme (stock options) beliebt. Diese berechtigen das Management, innerhalb eines Zeitraumes Aktien des eigenen Unternehmens zu einem relativ niedrigen Basispreis zu erwerben. Ist der Aktienkurs am Markt höher, können so Gewinne realisiert werden (vgl. *Rudolph/Schäfer* [Optionen]). Auf diese Weise soll der Manager motiviert werden, den Wert der Gesamtunternehmung zu erhöhen.

In den Gestaltungsempfehlungen zu einer kontroll- und anreizgerechten Struktur lassen sich **Widersprüche** erkennen, die vielleicht durch folgendes Dilemma erklärt werden können: Starke materielle Anreize lenken die Anstrengungen der Organisationsmitglieder zuverlässig auf das belohnte Ziel, aber zugleich werden die nicht belohnten Teilziele wahrscheinlich umso mehr vernachlässigt.

Eine Schlussfolgerung für die Struktur könnte sein, durch hochgradige Verrichtungsspezialisierung dafür zu sorgen, dass ein Mitarbeiter möglichst wenig unterschiedliche Aufgaben zu erledigen und möglichst wenig Entscheidungsspielraum hat. Leistung kann dann exakt gemessen und belohnt werden, etwa als produzierte Stückzahl mal Stücklohn. Dies entspricht dem tayloristische Ansatz, der zu einer dem Bedürfniskonzept entgegengesetzten Organisationsstruktur führt.

Die andere Lösung wäre, die Bemessungsgrundlage für die Belohnung so zu wählen, dass mehrere Teilziele gleichzeitig angesprochen werden. Wird ein Arbeiter bspw. nur nach der hergestellten Stückzahl entlohnt, dann steht die Schnelligkeit der Fertigung als Teilziel im Vordergrund. Würde er dagegen einen Anteil am Gewinn erhalten, dann müsste er sich auch um Qualität bemühen, Sparsamkeit in der Verwendung von Roh-, Hilfs- und Betriebsstoffen sowie eine schonende Behandlung der Maschinen. Damit ein Zusammenhang zwischen der Bemessungsgrundlage und der Anstrengung des Mitarbeiters hergestellt werden kann, muss die Spezialisierung dann zurückgefahren werden und das Organisationsmitglied muss durch einen entsprechenden Entscheidungsspielraum in die Lage versetzt werden, tatsächlich Einfluss auf die belohnte Größe (z.B. den Gewinn) zu nehmen. Eine exakte individuelle Leistungsentlohnung ist dann aber nicht mehr möglich, denn auf die globalen Erfolgsgrößen wirken viele interne und externe Einflüsse ein. Aktienoptionen für Manager können schwerlich als individuelle Leistungsentlohnung aufgefasst werden (vgl. *Frey* [Leistung] 70).

3.5 Fazit

Interessanterweise kommen die beiden motivationstheoretischen Richtungen trotz sehr verschiedener Ausgangsüberlegungen zu teilweise übereinstimmenden Gestaltungsempfehlungen für die Aufbauorganisation. Weniger ausgeprägte Spezialisierung, Objektorientierung, Dezentralisation und mehr Autonomie werden einerseits für positiv gehalten, weil dadurch den Bedürfnissen der Organisationsmitglieder entsprochen wird und diese dann **intrinsisch** (von innen kommend) motiviert sind. Andererseits erscheint eine solche Struktur vorteilhaft, weil sich dann die Verantwortung für Ergebnisse leichter zuordnen lässt. Von der Intention her soll letztlich die Fremdkontrolle erleichtert und eine Basis für materielle (**extrinsische**) Belohnungen geschaffen werden. Trotz der Ähnlichkeit der Gestaltungsempfehlungen ist es aber sicher nicht gleichgültig, welche Motivationstheorie der Gestaltung zugrunde liegt, denn bei intrinsisch motivierten Mitarbeitern können Fremdkontrollen und Leistungslöhne demotivierend wirken (vgl. *Frey* [Leistung] 78 ff.). Außerdem beruht das Kontrollkonzept viel stärker auf der Idee eines individuellen Nutzenkalküls. Zugehörigkeitsgefühl, Loyalität, Bindung und soziale Einbettung spielen darin keine Rolle. Wenn Kooperation ein wichtiges Motivationsziel ist, tut sich der Kontrollansatz schwer. Ob es realistischer ist, vom Bedürfniskonzept ausgehend auf Selbstbestimmung, soziale Normen und intrinsische Motivation zu setzen oder auf der Basis des Kontroll-Konzeptes auf Fremdkontrolle und extrinsische, materielle Anreize, kann nicht pauschal beantwortet werden. Damit eine bestimmte Struktur sich positiv auf die Leistungsbereitschaft auswirkt, müssen Struktur, Mitarbeitertyp, Unternehmenskultur, Führungsstil und Entgeltsysteme zusammenpassen.

Bei der Beschreibung der Organisationsmodelle wird im Folgenden immer wieder auf die Struktur-Verhaltens-Hypothesen zurückgegriffen, die hier vorgestellt wurden. Das Bedürfniskonzept steht dabei im Vordergrund. Vor allem die neueren Organisationsmodelle passen besser zum positiven Menschenbild dieses Konzeptes. Es wird nicht übersehen, dass eine angemessene, als (leistungs-) gerecht empfundene Entlohnung sicherlich auch ein wichtiger Motivationsfaktor ist. Die Struktur in erster Linie mit dem Ziel der individuellen Leistungskontrolle zu konzipieren, erscheint uns aber nicht angemessen, denn die direkte Leistungsentlohnung spielt tatsächlich nur eine sehr geringe Rolle (vgl. Frey [Leistung] 70). Bei den heute wichtigen, sehr schwer messbaren, qualitativen Motivationszielen wie Weitergabe von Wissen, Lernbereitschaft, Kooperationswilligkeit in Teams, Kundenorientierung, ist eine individuelle Leistungskontrolle weniger denn je möglich und es wird zunehmend wichtiger, dass die Organisationsmitglieder auch intrinsisch motiviert sind.

Fragen zur Wiederholung

1. In welchem Verhältnis stehen Spezialisierung und Koordination zueinander? (1)
2. Nennen Sie Vorteile und Nachteile der Spezialisierung. (2.1.1)
3. Beschreiben Sie unter Verwendung einer Skizze eine steile und eine flache Hierarchie. (2.2.1)
4. Was versteht man unter dem Subsidiaritätsprinzip im Zusammenhang mit der Bestimmung des Delegationsgrades? (2.2.3)
5. Warum ist der Informationsfluss beim Mehrliniensystem kürzer als beim Einliniensystem? (2.3.1)
6. Vergleichen Sie die Spezialisierung bezüglich der Kompetenz beim Einliniensystem mit jener beim Mehrliniensystem. (2.3.1)
7. Warum setzt eine Koordination durch Programme stabile Umweltbedingungen voraus? (2.3.1)
8. Bei der Koordination durch Märkte sind Verrechnungspreise festzulegen. Welche Möglichkeiten bestehen, um diese Verrechnungspreise zu bestimmen? (2.3.2)
9. Warum setzt eine stabile Unternehmenskultur die Anpassungsfähigkeit eines Unternehmens herab? (2.3.2)
10. Warum kann man eine Universität als Professional Bureaucracy i.S. von *Mintzberg* bezeichnen? (2.4.2)
11. Von welchen Menschenbildern gehen die beiden Richtungen der Motivationstheorien (Bedürfniskonzept und Kontrollkonzept) aus? (3.2)
12. Stellen Sie den Zusammenhang her zwischen den einzelnen Koordinationsinstrumenten und deren Motivationswirkung. (2.3 und 3.3)

Fragen zur Vertiefung

1. Die tayloristische Vorstellung verlangt eine strikte Trennung von Kopf- und Handarbeit. Heute wird dagegen eine starke Integration von Denken und Handeln gefordert. Welche Überlegungen haben diesen Gesinnungswandel herbeigeführt?
2. Inwiefern hängt die Gewichtung der Vorteile und der Nachteile der Dezentralisation vom Menschenbild ab?

3. Warum ist die Leistungsfähigkeit des Koordinationsinstrumentes „Planung" abhängig von der Möglichkeit, individuelle Ziele und unternehmerische Planung zur Deckung zu bringen?
4. Nehmen Sie Stellung zu der These: Wenn die Bedingungen für eine Koordination durch Märkte innerhalb eines Unternehmens gegeben sind, ist es sinnvoll, die Leistung aus dem Unternehmen auszugliedern (Outsourcing).
5. Warum ist eine Koordination durch Unternehmenskultur besonders dann geeignet, wenn die Aufgabenstellung sehr komplex ist?
6. Welche Koordinationsinstrumente charakterisieren die Konfigurationstypen nach *Mintzberg*?
7. Welche Rolle spielt die Motivation bei den einzelnen organisationstheoretischen Ansätzen?

Literaturempfehlungen

Kieser, A., Kubicek, H.: Organisation, 3. A., Berlin, New York 1992.

Mintzberg, H.: Die Mintzberg-Struktur, Organisationen effektiver gestalten, Landsberg/Lech 1992.

Schulte-Zurhausen, M.: Organisation, 2. A., München 1999.

Kapitel 10
Ablauforganisation

1 Gegenstand der Ablauforganisation

Mit der Aufbauorganisation werden Aufgaben und Kompetenzen auf Organisationseinheiten verteilt sowie die Koordinationsinstrumente festgelegt. Damit wird die stabile Konfiguration geschaffen, wie sie sich in Stellenverteilungsplänen und Organigrammen niederschlägt (statischer Aspekt). Nach der traditionellen Vorstellung von den Aufgaben der Organisationsgestaltung geht die Aufbauorganisation der Ablauforganisation voraus. Nachdem grundsätzlich festliegt, wer, was, woran und womit machen soll, besteht der nächste Schritt nun im Vollzug der Aufgabe, d.h. der **Umsetzung der Aufgabe in Arbeit**. Dabei sind Tätigkeiten zu verrichten, Prozesse abzuwickeln (dynamischer Aspekt). Es muss konkretisiert werden, in welcher sachlichen, zeitlichen und räumlichen Abfolge einzelne Tätigkeiten zu realisieren sind. *Kosiol* spricht in diesem Zusammenhang von in Raum und Zeit fortschreitenden Arbeitsprozessen, welche die Erfüllung des Aufgabenkomplexes bewirken ([Aktionszentrum] 89).

Diese Prozesse müssen organisiert werden, wenn sie effizient ablaufen sollen. Das ist die Aufgabe der Ablauforganisation.

Ablauforganisation ist die raum-zeitliche Strukturierung von Prozessen.

Wie bereits festgestellt (vgl. S. 221 ff.), wird die Ablauforganisation traditionell als „**Arbeitsorganisation**" verstanden. Die Ablauforganisation beginnt mit der Arbeitsanalyse. Sie stellt die Fortsetzung der Aufgabenanalyse dar oder wie

Gaitanides ([Ablauforganisation] 4) dies ausdrückt: „Arbeit ist ... das ablauforganisatorische Äquivalent für das aufbauorganisatorische Gestaltungsobjekt ‚Aufgabe'". Die Ablauforganisation findet im Rahmen der Aufbauorganisation statt.

Heute hat sich die Meinung durchgesetzt, dass die Ablauforganisation nicht nur als ein „Anhängsel" der Aufbauorganisation verstanden werden sollte. Vielmehr seien die Abläufe bereits bei der Konfiguration zu berücksichtigen. Die Ablauforganisation wird in diesem Sinne als „**Prozessorganisation**" aufgefasst. Die Aufbauorganisation richtet sich nach den Abläufen. Zur Unterscheidung von Ablauforganisation als Arbeitsorganisation und als Prozessorganisation vgl. *Gaitanides* ([Ablauforganisation] 3 ff.).

Im Folgenden erörtern wir die Ablauforganisation sowohl als Arbeitsorganisation (Abschnitt 3) wie auch als Prozessorganisation (Abschnitt 4). Zunächst ist allerdings noch zu klären, welche Ziele mit der Ablauforganisation verfolgt werden.

2 Ziele der Ablauforganisation

Die fundamentale Aufgabe der Ablauforganisation besteht darin, die Abläufe so zu strukturieren, dass den Anforderungen nach organisatorischer Effektivität entsprochen wird. Diese generelle Formulierung lässt sich konkret fassen, wenn man nach Zielen sucht, die zur Effektivität der Organisation beitragen (vgl. S. 15 ff.). Wir unterscheiden drei Gruppen von Zielen der Ablauforganisation:

- Effizienz der Ressourcennutzung,
- Motivation der Mitarbeiter und
- Flexibilität.

2.1 Effizienz der Ressourcennutzung

Im Streben nach **effizienter Ressourcennutzung** kann die Domäne der Ablauforganisation gesehen werden. Der Grund mag darin liegen, dass sich auf diesem Felde häufig geeignete Bedingungen vorfinden für den Einsatz quantitativer Methoden (bspw. Losgrößenmodelle, LP-Modelle, Warteschlangenmodelle, Entscheidungsbaumverfahren; vgl. *Schweitzer* ([Ablauforganisation] 5).

Eine effiziente Ressourcennutzung findet dann statt, wenn u.a. folgende **Ziele** erfüllt werden:

- Minimierung der Herstellkosten,
- Minimierung der Durchlaufzeit,
- Minimierung der Terminüberschreitung,
- Maximierung der Kapazitätsauslastung,
- Minimierung der Lagerzeiten,
- Minimierung der Transportwege.

Die genannten Ziele können sich ergänzen, also in komplementärer Beziehung zueinander stehen (so etwa Kostenminimierung und Maximierung der Kapazitätsauslastung); sie können aber auch konkurrieren (so etwa Minimierung der Terminüberschreitung und Kostenminimierung). Zielkonflikte lassen sich u.a. durch Zielgewichtung lösen. Welchen der genannten Ziele dann Priorität (hohes Gewicht) einzuräumen ist, hängt von der jeweiligen Entscheidungssituation ab. So kann das Ziel der Terminüberschreitung alle anderen Ziele dann dominieren, wenn ein Großkunde zu beliefern ist oder Vertragsstrafen drohen.

Ob die genannten Ziele erreicht werden, hängt ganz maßgeblich von einer **gelungenen Koordination** ab. In den konkreten Abläufen ist der Vollzug der getrennten Teilaufgaben so zu harmonisieren, dass die bearbeiteten Objekte schnell, auf kurzen Wegen, ohne lange Liegezeiten verschiedene Verrichtungen durchlaufen, wobei die bereitgestellten Ressourcen (Menschen und Maschinen) möglichst gut ausgelastet sein sollten. Wenn sich Abläufe in der gleichen Art und Weise häufig wiederholen (Routinefall), kann die Koordination hauptsächlich über Pläne und Programme geleistet werden. Diese Bedingungen gelten vor allem im Bereich der Fertigung, weshalb hier auch der Begriff **„Ablaufplanung"** häufig synonym zum Begriff der Ablauforganisation benutzt wird.

2.2 Motivation der Mitarbeiter

Mitarbeiter sind nicht nur Träger von Funktionen, sondern in ihnen steckt ein beachtliches Kreativitätspotenzial. Die Ablauforganisation kann in unterschiedlichem Maße dazu beitragen, dieses Potenzial zu nutzen. Die Voraussetzungen für **motivierte Mitarbeiter** sind i.d.R. dann erfüllt, wenn die Beschaffenheit der Aufgabe der Leistungsfähigkeit der Mitarbeiter entspricht. Außerdem sollten die Bedürfnisse der Mitarbeiter – bspw. nach sozialer Einbettung und

Zugehörigkeit, Aktivität, vielfältigen Aufgaben, Selbstbestimmung – erfüllt sein (vgl. das Bedürfniskonzept der Motivation, S. 278 ff.).

Die Verbindung von Ablauforganisation und Motivation ist in den letzten Jahren verstärkt beachtet worden (vgl. z.B. *Klimecki/Gmür* [Personalmanagement] 184 ff.). Als organisatorische Maßnahmen des motivationsfördernden Personalmanagements kommen u.a. in Frage:

- Systematischer Arbeitsplatzwechsel (job rotation),
- Reduktion der Spezialisierung (Reintegration der Arbeit, job enlargement und job enrichement) und
- Gruppenkonzepte zur Verbesserung der Mitarbeitermotivation.

Diese Maßnahmen passen vor allem zu einer als Prozessorganisation verstandenen Ablauforganisation. Ein Kennzeichen der Prozessorganisation ist nämlich die Bündelung von Teilaufgaben zu größeren, ganzheitlichen Aufgabenpaketen und deren Übertragung auf Gruppen. Die damit verbundene Autonomie schafft eine Atmosphäre des „Unternehmertums im Unternehmen", welche die **Innovations- und Lernfähigkeit** der Mitarbeiter fördert.

Aber auch die Ablauforganisation i.S. der Arbeitsorganisation kann Aspekte des Personalmanagements berücksichtigen. Wenn nicht jeder Handgriff samt Dauer und Reihenfolge genau festgelegt wird, ergeben sich individuelle Handlungsspielräume, die nicht nur die Flexibilität der Organisation erhöhen, sondern vermutlich auch von den Mitarbeitern mit einer höheren Zufriedenheit und einer besseren Motivation honoriert werden. In den letzten Jahren hat sich vor allem die strikte Arbeitszeitordnung erheblich gelockert (vgl. *Klimecki/Gmür* [Personalmanagement] 188 ff.).

2.3 Flexibilität

Die Ablauforganisation soll durch Standardisierung und Vorstrukturierung Varianz in der Ausführung der Aufgaben verhindern und so stabile Verhaltenserwartungen schaffen. Eine hohe Regelungsintensität ist vor allem dann sinnvoll, wenn die Aufgabe klar und endgültig definiert ist und sich oft wiederholt. In einer solchen Situation steht der stabile und wirtschaftliche Aufgabenvollzug im Vordergrund. Ist die Aufgabenstellung jedoch weniger stabil und planbar, dafür aber innovativ und unbestimmt, kann die schematische Behandlung und Formalisierung der Vorgänge zur ineffektiven Starrheit entarten.

Die massenhafte Reproduktion einer gleichförmigen Leistung ist heute häufig nicht mehr gefragt. Rascher Produktwechsel, individuelle Kundenwünsche und schwer strukturierbare Dienstleistungsaufgaben kennzeichnen die heutige Wettbewerbsumwelt. Nicht nur die Aufbauorganisation, auch die Ablauforganisation muss in der Lage sein, sich diesen veränderten Umweltbedingungen anzupassen. Flexibilität und Marktnähe sind also weitere Ziele der Ablauforganisation. Das Ziel der **Flexibilität** führt z.B. zur Einrichtung EDV-gestützter flexibler Bearbeitungszentren, die an die Stelle traditioneller taktgebundener Fertigungsstraßen treten. Bearbeitungszentren sind in der Lage, sich den Veränderungen in den Auftragsbeständen in quantitativer und qualitativer Hinsicht anzupassen. Ein Wechsel in der herzustellenden Produktart lässt sich relativ leicht über eine entsprechende Programmierung der Anlage vollziehen. Mit der Prozessorganisation erhöht sich die Anpassungsfähigkeit durch eine Reduktion der Regelungsdichte und der Spezialisierung. Die Aufgabenträger dürfen und können sich veränderten Situationen anpassen. Wenn alle Prozesse von der Wertschöpfung für die Kunden ausgehen, ist auch die **Marktnähe** gesichert.

3 Ablauforganisation als Arbeitsorganisation

3.1 Gegenstand der Arbeitsorganisation

Im Folgenden beschäftigen wir uns mit der Organisation der Aufgabenerfüllung in einer bestehenden Aufbauorganisation. Den Kern der zu organisierenden Arbeitsprozesse bilden die Verrichtungen.

Die **Arbeitsorganisation** beschäftigt sich mit der raum-zeitlichen Strukturierung von Arbeitsprozessen (Verrichtungen an Objekten) in einer bestehenden Aufbauorganisation.

Wie wir bereits festgestellt haben, lassen sich die **Verrichtungen** nach verschiedenen **Kriterien** kennzeichnen, und zwar nach dem sachlich-logischen Aufgabenvollzug (fertigen, verkaufen usw.), dem Rang (entscheiden und ausführen), der Phase (planen, realisieren und kontrollieren). Alle diese Verrichtungen können im Prinzip raum-zeitlich strukturiert werden.

In größeren Unternehmen werden bspw. die Abläufe der Planungs- und Kontrollprozesse genau geregelt, um die Vielzahl von Planungsaktivitäten, die große Zahl der beteiligten Personen und die Verflechtungen zwischen den Teilplänen in den Griff zu bekommen. Bei einer solchen Ablauforganisation der Planung und Kontrolle geht es insbesondere um die Festlegung von Zeitpunkten und Orten, an denen bestimmte Pläne aufgestellt, koordiniert, verabschiedet und kontrolliert werden durch bestimmte Stellen (Instanzen, Ausführungsstellen, Stäbe, Dienstleistungsstellen). Die Ablauforganisation richtet sich dabei nach der Aufbauorganisation, d.h. sie sieht z.B. in einer Funktionalen Organisation anders aus als in einer Divisionalen Organisation. Die eigentliche Domäne der Ablauforganisation sind aber nicht die Führungsaktivitäten, sondern die **Ausführungsprozesse**. Die Ausführungsaufgaben sind im Vergleich zu den Führungsaufgaben i.d.R. genauer bestimmbar, weniger komplex, häufiger wiederkehrend und daher besser standardisierbar und routinisierbar. Die Abläufe für Routineaufgaben können relativ präzise und für längere Zeit geregelt werden. Daher wurden auch insbesondere für die häufig wiederkehrenden Realisationsprozesse Ablaufmodelle entwickelt.

Die Realisationsprozesse lassen sich weiterhin grob unterteilen in Prozesse der **Fertigung** und solche der **Büroarbeit**. Bei beiden finden sowohl materielle als auch informationelle Prozesse statt, allerdings mit deutlich unterschiedlicher Gewichtung. Kennzeichen der Fertigungsprozesse ist die physische Umwandlung von Inputmaterial in Outputmaterial. Fertigungsprozesse werden daher auch vereinfachend mit materiellen oder physischen Prozessen gleichgesetzt. Kennzeichen der Büroarbeit ist dagegen die geistige Umwandlung von Inputinformationen in Outputinformationen. Man spricht daher auch von informationellen oder geistigen Prozessen. Im Folgenden erörtern wir die raum-zeitliche Strukturierung von

- materiellen Prozessen der Fertigung (Ablauforganisation der Fertigung) und
- informationellen Prozessen der Büroarbeit (Ablauforganisation der Büroarbeit).

Da die Ablauforganisation in beiden Bereichen eine Fülle sehr komplexer Detailprobleme aufwirft, können wir nur prinzipiell auf spezielle Probleme und Lösungstechniken eingehen. Die Einzelheiten der Ablauforganisation in der Fertigung sind eher die Domäne der Industriebetriebslehre, insbesondere der Produktions- oder Fertigungswirtschaft. Die Ablauforganisation im Bereich der Büroarbeit entwickelt sich mehr und mehr zu einem Arbeitsgebiet der Wirtschaftsinformatik.

3.2 Ablauforganisation der Fertigung

3.2.1 Arbeitsanalyse und personale Zuordnung

Ein Produktionsprozess besteht aus einer Vielzahl von Teilprozessen. Sie werden aus einem für die Wahrnehmung einer Aufgabe erforderlichen Gesamtprozess derart gewonnen, dass sukzessive und vollständig eine Zerlegung von oben nach unten stattfindet. Die Beschaffenheit der dadurch gewonnenen Teilprozesse hängt von der Art des herzustellenden Produktes und vom Produktionsverfahren ab. Für die kleinsten Partialprozesse, die sich nicht mehr weiter sinnvoll zerlegen lassen, sind spezielle Bezeichnungen festgelegt worden. *Gutenberg* nennt sie in seiner Produktionsfunktion vom Typ B Verbrauchsfunktionen. Im Rahmen der Produktionstheorie vom Typ C bezeichnet *Heinen* sie als Elementarkombinationen. In der Prozesskostenrechnung hat sich für die Prozesse der untersten Zerlegungsstufe der Begriff „Aktivitäten" durchgesetzt.

Typisch für die „klassische" Ablauforganisation im Anschluss an *Nordsieck* und *Kosiol* ist eine sehr tief gehende **Zerlegung der Prozesse nach Verrichtungsarten.** Die Arbeitsanalyse beginnt bei den Elementaraufgaben, die sich als Teilaufgaben der untersten Stufe im Rahmen der Aufgabenanalyse ergeben haben. Werden diese Elementaraufgaben noch weiter zerlegt, geht die Aufgabenanalyse in die Arbeitsanalyse über und damit zugleich auch die Aufbauorganisation in die Ablauforganisation.

In Abb. 10-1 ist ein Beispiel für die Zerlegung eines Arbeitsprozesses in Teilprozesse nach Verrichtungsarten dargestellt.

Bei *Nordsieck* ([Betriebsorganisation] 145) heißen die entsprechenden Arbeitsprozesse **Arbeitsgang** (Vorgang), **Arbeitsstufe** (Teilvorgang), **Griff** (Vorgangsstufe) und **Griffelement** (Vorgangselement). *Kosiol* ([Organisation] 209) unterscheidet Arbeitsgang, Gangstufe und Gangelement. Eine Zerlegung der Tätigkeiten bis zu den Gangelementen (Griffen, Griffelementen) hat den Sinn, Bewegungsabläufe zu optimieren, präzise Zeitvorgaben für die Tätigkeiten festlegen zu können und ergonomisch günstige Maschinen und Werkzeuge zu konstruieren. Diese Fragen werden i.d.R. in sog. REFA-Studien von Fachleuten vom Verband für Arbeitsorganisation untersucht (vgl. *Schweitzer* [Fertigungswirtschaft] 685). Die Nähe zu den Zeit- und Bewegungsstudien *Taylors* wird hier sehr deutlich.

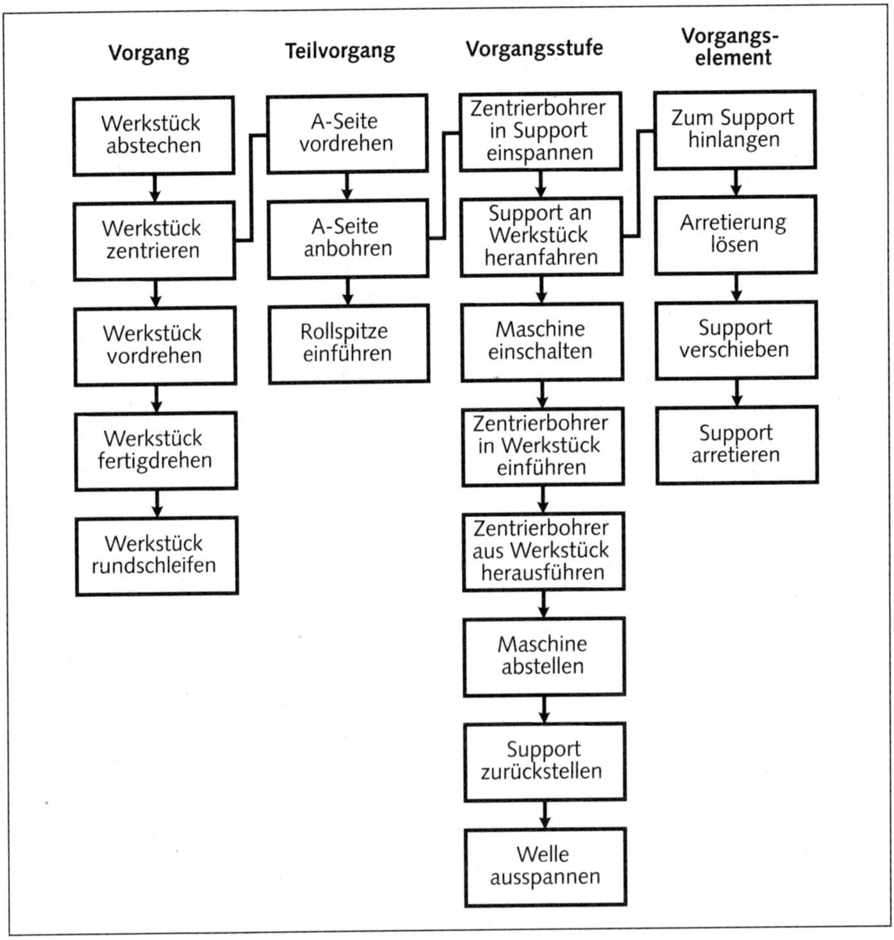

Abb. 10-1: Beispiel für die Zerlegung eines Arbeitsprozesses nach Verrichtungsarten (Quelle: *Küpper/Helber* [Ablauforganisation] 7)

Den Organisator interessiert in erster Linie der **Arbeitsgang**, welcher näher bestimmt werden kann als eine raum-zeitlich abgeschlossene Verrichtung eines Arbeitssubjektes an einem Arbeitsobjekt (vgl. *Kosiol* [Organisation] 196). Nur bei einer Reorganisation werden auch die Arbeitsteile mit einem höheren Zerlegungsgrad wieder interessant. Ein Arbeitsgang in einem Sägewerk ist bspw. das Prismieren eines Klotzes, in einem Einzelhandelsgeschäft kann der Verkauf an einen Kunden als Arbeitsgang bezeichnet werden. Der Grad der Arbeitsteilung in einer Unternehmung bestimmt, wie umfangreich ein Arbeitsgang ist und wo die Aufgabenanalyse in die Arbeitsanalyse übergeht. Hat man im Rahmen der

Aufgabenanalyse die Elementaraufgaben „Kunden bedienen“ und „Kaufpreis kassieren“ unterschieden und die Stelle einer Verkäuferin von der Stelle einer Kassiererin getrennt, dann sind „bedienen“ und „kassieren“ zwei Arbeitsgänge. Beides kann bei geringerer Arbeitsteilung aber auch zu einem einzigen Arbeitsgang gehören. D.h. die Elementaraufgabe aus der Aufgabenanalyse entspricht dem Arbeitsgang bei der Arbeitsanalyse (vgl. *Kosiol* [Organisation] 190).

Die Bestimmung von Arbeitsgängen stellt eine **personale Zuordnung** dar (vgl. *Kosiol* [Organisation] 212 f.). Bestimmte Arbeitsteile werden zu solchen Arbeitsgängen zusammengefasst, die von einem Arbeitsträger zu erledigen sind. Zur personalen Zuordnung gehört auch noch die Bestimmung des **Arbeitspensums**, welches je nach Aufgabe mehr oder weniger präzise festgelegt werden kann. Sind die Leistungskraft des Arbeitsträgers und der unterstützenden Arbeitsmittel bekannt, wird nach der Anzahl der Gangwiederholungen gesucht, die den Arbeitsträger über eine bestimmte Zeit voll beschäftigen. Das konkrete Pensum für eine konkrete Person kann allerdings erst dann festgelegt werden, wenn auch die temporale Strukturierung und die räumliche Anordnung vollzogen worden sind.

Eine genaue Festlegung von Standardleistungen (also des Pensums) ist wichtig als Grundlage der Entlohnung, vor allem bei Zeit- und Stückakkord (vgl. *Oechsler* [Personal] 371). Beim **Stückakkord** wird auf der Basis einer „Normalleistung“ ein Geldsatz pro bearbeiteter Mengeneinheit festgelegt, beim **Zeitakkord** wird für die Ausführung einer Tätigkeit eine „Normalzeit“ vorgegeben, deren Einhaltung zur Auszahlung eines Grundlohnes führt. Stellt der Mitarbeiter mehr Stücke her, als dem normalen Pensum entspricht oder unterschreitet er die Vorgabezeit, dann führt diese individuelle Mehrleistung zu einem entsprechenden Mehrverdienst. Eine solche individuelle Leistungsentlohnung gilt als sehr motivierend (vgl. *Lazear* [Performance]), kann aber auch nur dann eingesetzt werden, wenn sich ein Pensum bestimmen und die Ist-Leistung exakt messen lässt.

3.2.2 Zeitliche Strukturierung

3.2.2.1 Reihenfolgeplanung

Die **zeitliche Strukturierung** richtet ihr Augenmerk auf den Arbeitsprozess im Zeitablauf. Es geht darum festzulegen, in welcher Reihenfolge die Arbeitsgänge verrichtet werden sollen und wie lange sie dauern dürfen. Im einfachsten Fall wiederholt der Arbeitsträger den immer gleichen Arbeitsgang so oft, wie es in der Arbeitszeit möglich ist. Man spricht von objekt- und verrichtungsgleicher **Gangfolge**. Es besteht aber auch die Möglichkeit, am gleichen Objekt nacheinander verschiedene Verrichtungen durchzuführen (objektgleiche Gangfolge) bzw. die gleiche Verrichtung an unterschiedlichen Objekten (verrichtungsgleiche Gangfolge). Ein Arbeiter in einer Tischlerei kann bspw. den ganzen Tag Stuhlbeine lackieren (gleiches Objekt, gleiche Verrichtung), oder ein Stuhlbein nach dem anderen erst drechseln, dann schleifen und dann lackieren (gleiches Objekt), oder er lackiert nacheinander Stuhlbeine, Tischplatten und Schränke (gleiche Verrichtung). In die Gangfolgen müssen auch Ruhe- und Wartezeiten eingearbeitet werden. Die Gangfolgen können zudem „getaktet" werden. Das bedeutet, die Zeitspanne vom Beginn eines Arbeitsganges bis zum Beginn des nächsten Arbeitsganges wird genau festgelegt.

Die zeitliche Strukturierung betrifft aber nicht nur die Arbeit eines einzelnen **Arbeitsträgers**. Bei arbeitsteiliger Fertigung müssen auch die Gangfolgen der verschiedenen Arbeitsträger miteinander abgestimmt werden (**Leistungsabstimmung**). Sind die Gangfolgen schlecht abgestimmt, kommt es zu ungewollten Wartezeiten einerseits und unerwünschten Zwischenlagern andererseits. Die Ziele einer Minimierung der Durchlaufzeit und einer Minimierung der Lagerzeit können nur durch eine gelungene Leistungsabstimmung verwirklicht werden. Bei einer schlechten Leistungsabstimmung ist auch der Einsatz von Leistungslöhnen prekär, weil die individuelle Leistung stark von den Aktivitäten anderer Organisationsmitglieder beeinträchtigt werden kann, z.B. wenn ein Arbeiter immer wieder auf Zulieferungen von anderen warten muss.

3.2.2.2 Durchlaufterminierung und Kapazitätsplanung

Sehr komplex wird die zeitliche Planung der Produktionsdurchführung, wenn unterschiedliche Aufträge mit unterschiedlichen Fertigstellungsterminen unterschiedliche Stellen (Menschen und Maschinen) mit je begrenzter Kapazität durchlaufen müssen. Die Aufgabe besteht darin, Anfangs- und Endzeitpunkte der mengenmäßig bestimmten Fertigungsaufträge so zu terminieren (**Durchlaufterminierung**) und die Arbeiten auf die Kapazitäten zu verteilen (**Kapazitätsplanung**), dass die ablauforganisatorischen Ziele wie minimale Durchlaufzeit, hohe Termintreue und maximale Kapazitätsauslastung bestmöglich erfüllt werden. Die Durchlaufterminierung kann nicht losgelöst von der Kapazitätsplanung erfolgen, sodass an sich eine simultane Termin- und Kapazitätsplanung notwendig wäre (vgl. *Zahn/Schmid* [Produktionswirtschaft] 445 f.).

In der Praxis tastet man sich sukzessive an eine machbare Lösung heran. Zunächst macht man eine Termingrobplanung ohne Berücksichtigung von Kapazitätsgrenzen. Für jeden Auftrag muss festgestellt werden, wie lange die einzelnen Vorgänge dauern und in welcher Reihenfolge welche Arbeitsvorgänge durchzuführen sind, um den Auftrag abzuwickeln. Die eigentliche Terminplanung legt dann vorläufige Anfangs- und Endtermine für einzelne Fertigungsschritte fest. Ausgangspunkt für die Terminierung ist entweder der frühestmögliche Bearbeitungsbeginn (**Vorwärtsterminierung**) oder der vom Abnehmer fixierte spätestzulässige Fertigstellungstermin (**Rückwärtsterminierung**). Ein häufig eingesetztes Verfahren der Terminierung ist neben den Balkendiagrammen (auch als Gantt-Diagramme bezeichnet) die sog. Netzplantechnik.

Die wichtigsten Verfahrensschritte der **Netzplantechnik** sind die Strukturanalyse und die Zeitanalyse (vgl. *Zahn/Schmid* [Produktionswirtschaft] 457 ff.). Mit Hilfe der **Strukturanalyse** wird der Ablaufprozess beschrieben, die **Zeitanalyse** ordnet den Vorgängen die einzelnen Zeiten zu.

Aus der Vielzahl von **Netzplantechniken** seien genannt:

- CPM (Critical Path Method),
- PERT (Program Evaluation and Review Technique),
- MPM (Metra Potenzial Method).

Am Beispiel eines einfachen CPM-Netzplans seien Aufbau und Arbeitsweise der Netzplantechnik erläutert; CPM arbeitet mit deterministischen Vorgangs-Pfeil-Netzplänen.

Als **Grundelemente** eines Netzplanes lassen sich Vorgänge, Ereignisse und Anordnungsbeziehungen unterscheiden.

- Ein **Vorgang** ist ein Ablaufelement, das ein mit einer bestimmten Zeit verbundenes Geschehen beschreibt. Hierzu gehört auch, dass Anfang und Ende des Vorgangs definiert sind. Beispiel: Rüsten von Maschinen.
- Ein **Ereignis** beschreibt das Eintreten eines bestimmten Zustandes. Es ist zeitpunktbezogen. Beispiel: Beginn der Vormontage.
- Die **Anordnung der Vorgänge und Ereignisse** bringt die Abhängigkeiten i.S. von **Vorgänger-Nachfolger-Beziehungen** zum Ausdruck. Ein Ereignis kann erst dann eintreten, wenn alle einmündenden Vorgänge abgeschlossen sind.

Zunächst werden im Rahmen einer **Vorwärtsterminierung** ausgehend von einem Termin für das Startereignis die frühestmöglichen Eintrittstermine aller Er-

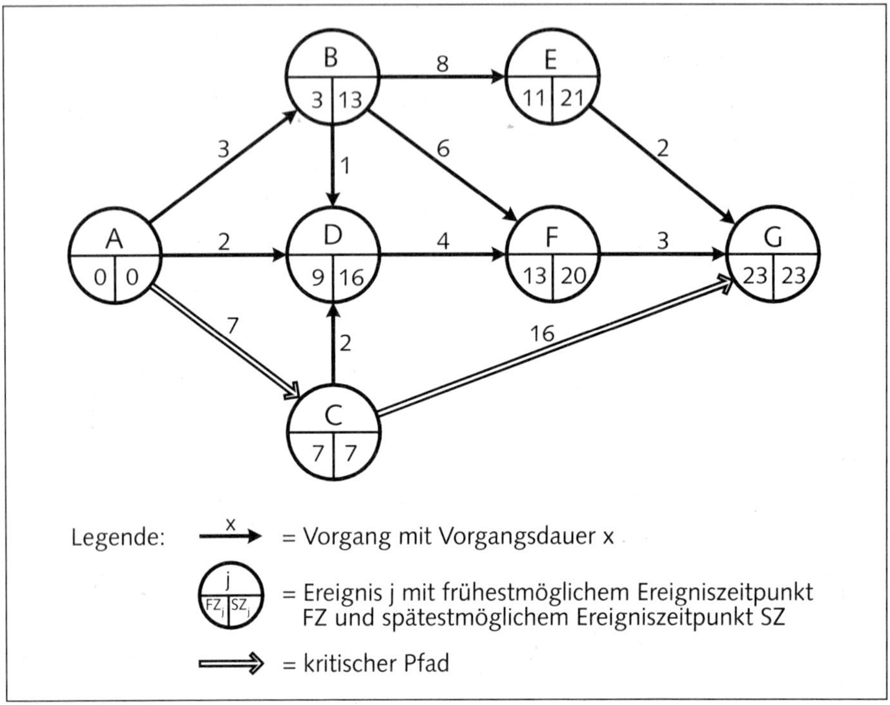

Abb. 10-2: CPM Netzwerk

eignisse ermittelt. Rechentechnisch geschieht dies durch Addition der Vorgangsdauern. Wenn in ein Ereignis mehrere Vorgänge einmünden, stellt der größte Summenwert den gesuchten frühesten Ereigniszeitpunkt dar. Anschließend folgt eine **Rückwärtsterminierung**, bei welcher ausgehend vom spätestmöglichen Termin für das Endereignis jeweils die spätestmöglichen Termine für die Ereignisse ermittelt werden. Rechnerisch geschieht dies durch Subtraktion der Vorgangsdauern. Weichen frühestmöglicher und spätestzulässiger Termin voneinander ab, entstehen Pufferzeiten. Das heißt ein Vorgang darf länger dauern, ohne dass die Terminplanung beeinträchtigt wird. Der **kritische Pfad** gibt Auskunft darüber, welche Wege durch den Netzplan keine Puffer enthalten. Die angegebenen Zeiten müssen daher eingehalten werden, wenn der Fertigstellungstermin nicht überschritten werden soll.

Die Termingrobplanung muss später durch eine Terminfeinplanung unter Berücksichtigung der vorhandenen Kapazitäten ergänzt werden. Diese **Kapazitätsterminierung** ist äußerst komplex. Zur Lösung dieser Problematik ist im

Rahmen des Operations Research eine Vielzahl analytischer und heuristischer Modelle entwickelt worden. Unter den analytischen Modellen sind die Vollenumeration, die Modelle der Linearen Programmierung und die Entscheidungsbaumverfahren zu nennen. Diese Modelle, die mit Hilfe eines Lösungsalgorithmus ein exaktes Optimum suchen, haben sich jedoch in der Praxis nicht bewährt. Die Ursachen für das Scheitern liegen vor allem im gewaltigen Rechenumfang.

Praktisch bewährt haben sich dagegen die heuristischen Verfahren in Form sog. Prioritätsregeln. Eine **Prioritätsregel** stellt eine einfache Vorschrift dar, welche die Aufträge, die um die knappen Ressourcen konkurrieren, nach einem Zielkriterium in eine Rangfolge bringt. **Beispiele für Prioritätsregeln:**

- **Kürzeste Operationszeitregel:** Der Auftrag mit der kürzesten Fertigungszeit auf der zu belegenden Maschine hat erste Priorität.
- **Frühester Lieferterminregel:** Höchste Priorität kommt dem Auftrag mit dem frühesten Liefertermin zu.
- **Dynamische Wertregel:** Höchste Priorität wird jenem Auftrag eingeräumt, der bisher die höchsten Herstellkosten verursacht hat, also den größten „Wert" darstellt.
- **Schlupfzeitregel:** Vorgezogen wird jener Auftrag, bei dem die Differenz (Schlupfzeit) zwischen dem Liefertermin und der restlichen Durchlaufzeit am geringsten ist.

3.2.2.3 Computergestütztes Produktionsplanungs- und Steuerungssystem

Die Ablauforganisation der Fertigung ist heute untrennbar mit dem Einsatz computergestützter Informationssysteme verbunden. Ein computergestütztes Informationssystem ist die Gesamtheit von

- Menschen (Benutzern),
- Maschinen (Hard- und Software) sowie
- deren Informations- und Kommunikationsbeziehungen.

Computergestützte Informationssysteme haben im Rahmen der Ablauforganisation insbesondere die Aufgabe, die Entscheidungen vorzubereiten. Sie werden daher auch als **Entscheidungsunterstützungssysteme** (decision support systems) bezeichnet. Ein klassisches Beispiel für ein computergestütztes Entscheidungssystem stellt das **Produktionsplanungs- und Steuerungs-System (PPS)** dar. Seine Aufgabe besteht darin, die Produktionsprozesse von der Auftragsbearbeitung bis zur Auslieferung des Produktes so zu gestalten, dass unter Beachtung der

gegebenen Restriktionen (z.B. Kapazität, Zeit) die angestrebten Ziele (z.B. Kostenminimierung, Termintreue) verwirklicht werden. Die Organisation erfolgt rechnergestützt. In Abb. 10-3 ist die Grundstruktur eines PPS-Systems dargestellt. Sie enthält jene Teilprobleme (Module), die im Rahmen des PPS-Systems sukzessive abgearbeitet werden. Am Anfang steht die Produktionsprogrammplanung. Sie legt die Mengen der einzelnen Produktarten fest. Aus ihr werden die Mengenplanung (Materialwirtschaft) sowie Termin- und Kapazitätsplanung abgeleitet. Die Mengenplanung (Materialwirtschaft) ermittelt die Einsatzfaktoren nach Art, Menge und Termin. Die Produktionssteuerung hat die Aufgabe der Durchsetzung und Sicherung des Planungsvollzugs.

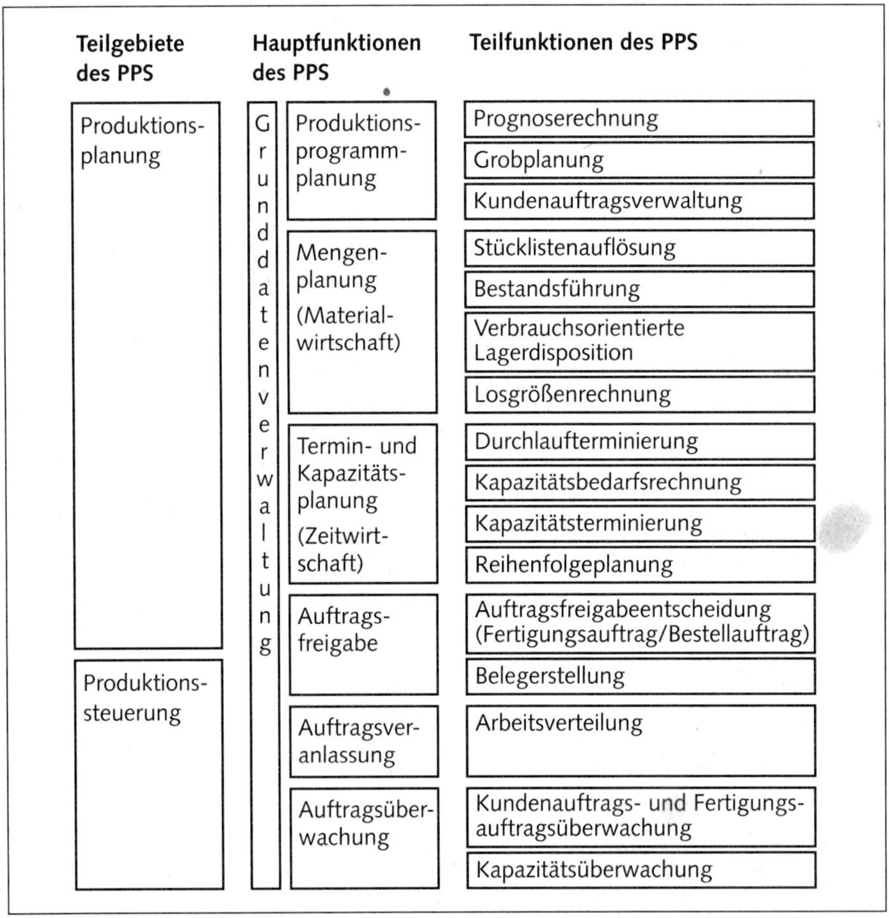

Abb. 10-3: Grundstruktur eines traditionellen PPS-Systems
(Quelle: *Zäpfel* [Entwicklungsstand] 723)

3.2.3 Räumliche Anordung

Die personale und zeitliche Arbeitssynthese muss ergänzt werden um die räumliche Strukturierung. Unter diesem Blickwinkel wird die räumliche Anordnung der Arbeitsplätze im Arbeitsprozess sowie ihre zweckgerechte Ausstattung betrachtet. Ein wichtiges Ziel bei der räumlichen Anordnung ist die Minimierung der Durchlaufzeiten durch eine Optimierung der notwendigen Transportwege (vgl. *Kosiol* [Organisation] 235).

Bei der räumlichen Strukturierung ist darüber zu entscheiden, ob die Arbeitssubjekte den Objekten folgen sollen und den Arbeitsplatz wechseln (Mehrplatzarbeit), oder ob die Objekte den Subjekten an ihrem Arbeitsplatz zugeführt werden sollen. Außerdem muss die räumliche Anordnung der Arbeitsplätze geklärt werden.

Nach der Art der Zuordnung von Arbeitskräften und Betriebsmitteln zu den Objekten lassen sich zwei elementare **Grundtypen** unterscheiden:

- die Werkstattfertigung und
- die Fließfertigung.

Neuerdings wird mit der Gruppenfertigung eine Mischung der beiden Grundtypen propagiert.

Insgesamt unterscheiden wir folgende **Organisationstypen der Fertigung:**

- **Werkstattfertigung**
- **Fließfertigung**
  - ungebundene Fließfertigung
  - gebundene Fließfertigung
- **Gruppenfertigung**
  - flexibel automatisierte Fertigung
    - Bearbeitungszentren
    - flexible Fertigungszellen
    - flexible Fertigungssysteme
  - Inselfertigung

Diese Organisationstypen werden im Folgenden besprochen.

3.2.3.1 Werkstattfertigung

Bei der Werkstattfertigung werden Träger gleichartiger Verrichtungen organisatorisch zu Werkstätten zusammengefasst. Es findet also eine **Verrichtungszentralisation** statt. Die Gangfolgen sind verrichtungsgleich, während das Objekt wechselt. Auf diese Weise entstehen Werkstätten wie Dreherei, Lackiererei, Schleiferei. Das Bearbeitungsobjekt wird in Abhängigkeit von der jeweils benötigten Funktion zu den einzelnen Werkstätten transportiert. Die Reihenfolge des Durchlaufs kann bei jedem Objekt anders sein (vgl. Abb. 10-4).

3.2.3.2 Fließfertigung

Wird die Organisation am Ablauf des Produktionsprozesses bestimmter Objekte ausgerichtet, dann werden Einrichtungen für verschiedene Verrichtungen entlang einer Linie bzw. Fertigungsstraße angeordnet. Es findet damit **Objektzentralisation** statt. Die Gangfolgen sind objektgleich, i.d.R. für die einzelnen Arbeitsträger sogar verrichtungs- und objektgleich. Das Objekt „fließt" entsprechend der Reihenfolge der notwendigen Bearbeitungsschritte an jenen Arbeitsträgern vorbei, die jeweils einen Arbeitsgang an diesem Objekt ausführen. Dieser Organisationstyp wird daher auch als **Fließfertigung** oder Linien- bzw. Straßenfertigung bezeichnet.

Die Fließfertigung tritt in verschiedenen Organisationsformen auf: Die Zeit für den Objektdurchlauf kann ungebunden oder gebunden sein. Eine **ungebundene Fließfertigung** (auch Fließreihe genannt) ist eine lose Verkettung von Arbeitsgängen ohne Zeitzwang; Zwischenlager gelten als Puffer. Die **gebundene Fließfertigung** wird auch Taktverfahren oder Fließbandfertigung genannt; diese Bezeichnung macht deutlich, dass für alle Bearbeitungsvorgänge die gleiche Zeit (Taktzeit) oder ein Vielfaches von ihr zur Verfügung steht. Durch das Weiterlaufen eines Fördermittels wird der Arbeitsrhythmus erzeugt. Vgl. auch Abb. 10-4.

Die Werkstattfertigung und die Fließfertigung unterscheiden sich wesentlich nach der Zusammensetzung der **Produktionskosten** und der **Flexibilität**.

Kennzeichnend für die **Werkstattfertigung** ist die gegenüber der Fließfertigung hohe Flexibilität. Die bei der Werkstattfertigung mögliche Änderung der Kapazität durch sukzessive Investitionen oder Stilllegung geringeren Ausmaßes sowie die vielseitige Einsetzbarkeit der Werkstätten für unterschiedliche Objekte führen im Verhältnis zur Fließfertigung zu geringen Anpassungskosten bei Beschäftigungsschwankungen oder Umstellkosten bei Programmänderungen.

Diesen Vorteilen steht jedoch der Nachteil verhältnismäßig hoher variabler Kosten gegenüber: Bei der Werkstattfertigung entstehen schwierige Transportprobleme und demzufolge hohe Materialflusskosten und tendenziell lange Durchlaufzeiten. Die Kapazitätsauslastung ist eher ungleichmäßig und es gibt eine Tendenz zur Bildung von Zwischenlagern. Die Organisation des Fertigungsablaufs (Terminplanung, Reihenfolgeplanung, Maschinenbelegungsplanung) ist wegen der Vielzahl der unterschiedlichen Objekte komplizierter als bei der Fließfertigung.

Bei der Fließfertigung findet die Ablauforganisation quasi nur einmal statt und kann dann für lange Zeit gleich bleiben. Die Durchlaufzeiten sind geringer als bei der Werkstattfertigung, die Transportkosten niedriger, die Bildung von Zwischenlagern wird weitgehend vermieden. Auf der anderen Seite ist die Kapitalbindung bei diesem Fertigungstyp hoch und die Flexibilität gering. Auch die monotonen Arbeitsprozesse können als Nachteil genannt werden. Insgesamt lässt sich mit einer gewissen Berechtigung feststellen, dass die Fließfertigung im Vergleich zur Werkstattfertigung höhere fixe Kosten und dafür geringere variable Kosten verursacht.

Das wichtigste **Kriterium zur Auswahl** des einen oder anderen Typs der Fertigung ist die Häufigkeit der Wiederholung einer objektgleichen Gangfolge. Wird ein einziges Objekt in großen Mengen hergestellt (Massenfertigung), dann lohnt sich die Einrichtung eines Fließbandes. Bei vielen unterschiedlichen Objekten (Einzel- oder Kleinserienfertigung) ist dagegen die Fließbandfertigung zu starr und das Werkstattprinzip besser geeignet.

3.2.3.3 Gruppenfertigung

Modernste Technik erlaubt heute eine Kombination der Vorteile beider Organisationstypen im Typ der Gruppenfertigung. Kurze Durchlaufzeiten werden mit der Flexibilität der Werkstattfertigung verbunden. Organisatorisch werden verschiedenartige Betriebsmittel bzw. Arbeitsträger räumlich zu Funktionsgruppen zusammengefasst. In der Funktionsgruppe gilt das Fließ- bzw. Objektprinzip, während die Gruppen untereinander nach dem Verrichtungsprinzip organisiert werden. Volvo hat als erstes großes Unternehmen bereits im Jahre 1974 im Werk Kalmar die Gruppenmontage eingeführt: Einer Arbeitsgruppe wurde der gesamte Montagevorgang übertragen.

Als Erscheinungsformen der Gruppenfertigung können die Konzeptionen der **flexibel automatisierten Fertigung** und der **Inselfertigung** unterschieden werden.

(1) Die einfachste Organisationsform einer **flexibel automatisierten Fertigung** sind die sog. **Bearbeitungszentren.** Bei ihnen handelt es sich um numerisch gesteuerte Maschinen, die mehrere Arbeitsgänge durchführen können (bspw. drehen, bohren, fräsen). So können ohne großen Umrüstaufwand unterschiedliche Objekte in beliebiger Reihenfolge bearbeitet werden. Diese Organisationsform ist relativ nah an der Werkstattfertigung, reduziert aber die Durchlaufzeit. Eine Zusammenfassung mehrerer Arbeitszentren führt zur Bildung von **flexiblen Fertigungszellen.** Werden die Fertigungszellen über Transporteinrichtungen miteinander verbunden und erfolgt eine vollautomatische Prozesssteuerung, spricht man von **flexiblen Fertigungssystemen.** Diese haben große Ähnlichkeit mit der Fließfertigung, sind aber nicht so starr, weil die Prozessfolge relativ leicht geändert werden kann.

(2) Das Konzept der **Inselfertigung** geht über eine rein technisch orientierte Weiterentwicklung der bisherigen Fertigungsorganisation hinaus. Dieses neue Organisationskonzept kann auch als Ergebnis der Bemühungen um moderne, zeitgemäßere Formen der Arbeitsstrukturierung wie job rotation (Arbeitsplatzwechsel), job enlargement (Arbeitserweiterung) oder job enrichment (Arbeitsbereicherung) angesehen werden (vgl. *Zahn/Schmid* [Produktionswirtschaft] 135). Die bisherige einzelplatzorientierte und hochspezialisierte Arbeit wird ersetzt durch eine **multifunktionale Arbeit in Kleingruppen mit Funktionsüberlappung.** Die Gruppe bildet eine räumliche und organisatorische Einheit zur Bearbeitung spezieller Objekte (z.B. Baugruppe). Damit verbunden ist auch die Übertragung von Aufgaben und Kompetenzen aus der Fertigungsplanung und -steuerung in die Eigenverantwortlichkeit der Gruppe, sodass die Mitarbeiter jetzt selbst bestimmen, was von wem in welcher Reihenfolge zu tun ist. Je nach Umfang der den Gruppen zugeordneten Aufgaben und Kompetenzen gewinnen diese Inseln einen unterschiedlichen Grad an Autonomie. Werden in die Fertigungsgruppen auch Funktionen aus den Bereichen Einkauf und Vertrieb integriert, entwickeln sich die Fertigungsinseln zu quasi autonomen internen Zulieferern. Die objektorientierte Gruppenfertigung kann auch mit einer Verrichtungsorientierung in sog. technischen Zentren verbunden werden (vgl. *Hallwachs* [Fertigungsinseln]).

Die **Vorteile der Inselfertigung** bestehen in der Erfüllung von Anforderungen an eine humane Arbeitsplatzgestaltung und in der Aufgabenerweiterung als Motivationsinstrument sowie in der gesteigerten Flexibilität gegenüber qualitativen und quantitativen Änderungen im Produktionsablauf. Auf unterschiedliche Kundenwünsche kann so individueller eingegangen werden, ohne die Schnittstellenproblematik der Werkstattfertigung in Kauf nehmen zu müssen. In die modernen Konzepte der Produktionsorganisation wie Lean Production und Total Quality Management hat diese Organisationsform längst Eingang gefunden.

In Abb. 10-4 werden die unterschiedlichen Typen der Fertigungsorganisation stark vereinfacht visualisiert.

Die Einrichtung moderner Strukturkonzepte der Produktion wie der Inselfertigung erfordert häufig eine umfassende Reorganisation. Die Einrichtung von Organisationseinheiten (z.B. Gruppen) sowie Art und Umfang der Spezialisierung richten sich nach den Abläufen. Die Ablauforganisation als Arbeitsorganisation geht in die Prozessorganisation über.

3.3 Ablauforganisation der Büroarbeit

3.3.1 Personale, zeitliche und räumliche Strukturierung

Nicht nur in der Fertigung sind Abläufe zu organisieren, sondern auch auf jenen Tätigkeitsfeldern der Unternehmung, die als „indirekte" oder „unterstützende" Bereiche oder zusammenfassend als „Büro- und Verwaltungsbereich" bezeichnet werden. Auch die Aufgaben einer Sekretärin, einer Buchhalterin oder eines Einkäufers – um Beispiele zu nennen – sind in konkrete Arbeitsabläufe zu übersetzen und mit anderen Abläufen abzustimmen. Die **Büroarbeit** besteht typischerweise in der Bearbeitung, der Bewertung und dem Austausch von Informationen. Der Kommunikation – also dem Austausch von Informationen zum Zwecke der Abstimmung – kommt dabei besondere Bedeutung zu (vgl. *Picot/Reichwald* [Bürokommunikation] 30 ff.).

Im Vergleich zur Arbeitsanalyse im Fertigungsbereich macht es bei der Büroarbeit i.Allg. wenig Sinn, die Analyse bis zu sehr kleinen Arbeitsteilen (Griff, Griffelement) voranzutreiben, weil nicht die Handarbeit, sondern die Kopfarbeit im Vordergrund steht. Wie umfangreich und verschiedenartig die Arbeitsgänge eines Arbeitsträgers bei der **personalen Zuordnung** ausfallen, hängt – wie im Fertigungsbereich – vom Spezialisierungsgrad der Aufbauorganisation ab. Eine Schreibkraft hat im Wesentlichen einen einzigen Arbeitsgang zu bewälti-

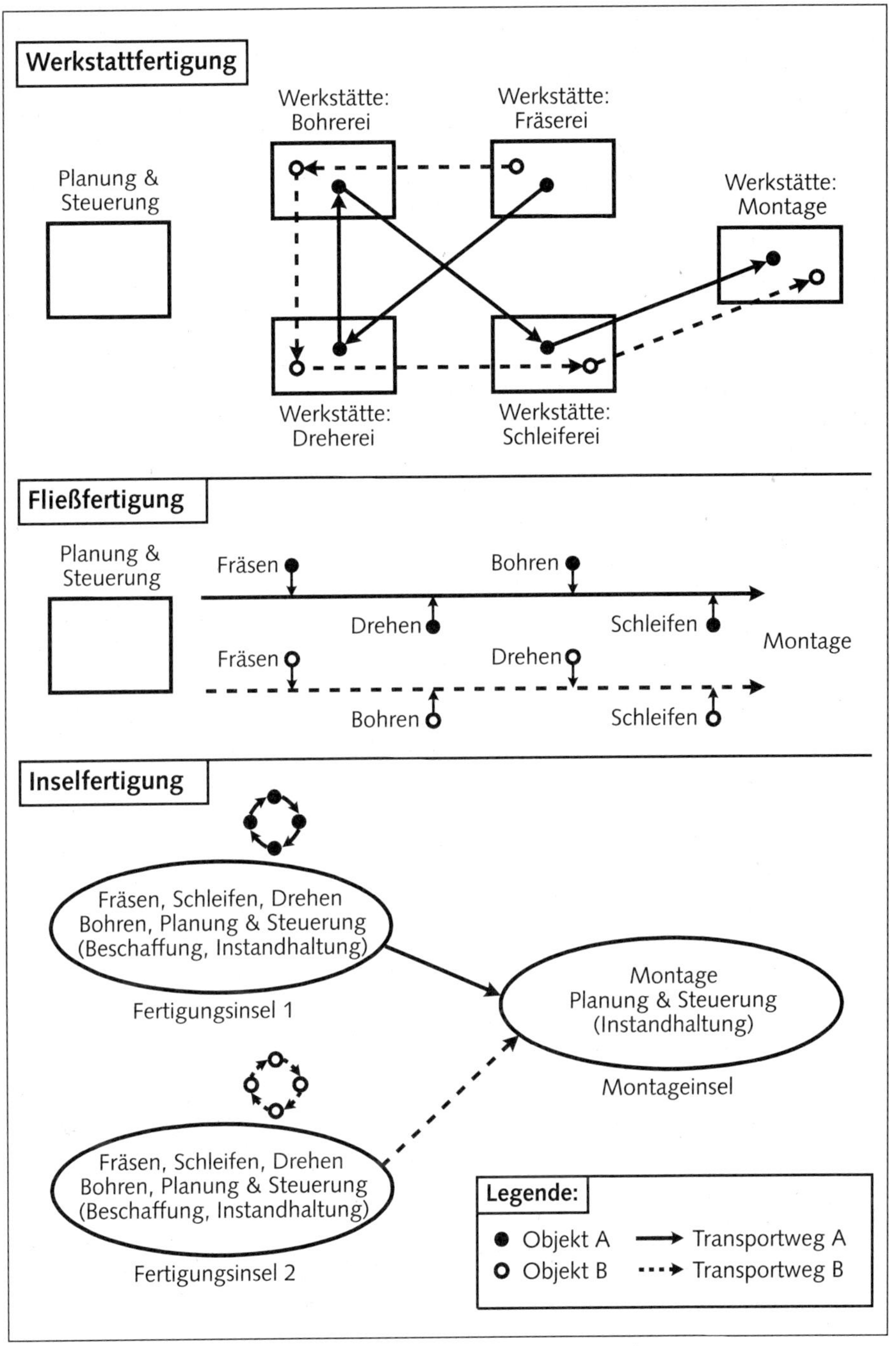

Abb. 10-4: Organisationstypen der Fertigung

gen, nämlich die „Texterstellung". Bei einer Sekretärin fallen dagegen neben der Texterstellung verschiedene weitere Arbeitsgänge an (Aktenablage, Besucherbetreuung, Terminplanung, Telefonate usw.).

Bei der **zeitlichen Strukturierung** geht es zunächst um die Festlegung der Reihenfolge der Arbeitsgänge eines Arbeitsträgers. Bei der Schreibkraft, welche die gleiche Verrichtung an verschiedenen Objekten ausübt, ist bspw. festzulegen, in welcher Reihenfolge die unterschiedlichen Schreibaufträge abzuarbeiten sind (nach der Reihenfolge des Eingangs, nach Dringlichkeit, nach Umfang usw.). Für die Sekretärin kann festgelegt werden, in welcher Reihenfolge sie unterschiedliche Arbeitsgänge vollziehen soll (erst Ablage, dann Korrespondenz, dann Besucherbetreuung usw.). Werden auch noch die Zeiten pro Arbeitsgang ermittelt, kann ein genaues Pensum bestimmt werden. Allerdings sind die Bürotätigkeiten selten so beschaffen, dass eine exakte Vorgabe von Reihenfolgen und Zeiten sinnvoll ist. Die in einem Schreibbüro zu bearbeitenden Texte sind z.B. verschieden umfangreich und kompliziert und erfordern daher mehr oder weniger Bearbeitungszeit. Bei den unterschiedlichen Arbeitsgängen einer Sekretärin lässt sich nie genau voraussagen, welche Tätigkeit in welcher Reihenfolge und mit welcher Dringlichkeit anfällt.

Zur zeitlichen Strukturierung gehört auch noch die Abstimmung der Arbeitsgänge **verschiedener Arbeitsträger**. Wenn ein Objekt – z.B. ein Kreditantrag bei einer Bank – verschiedene Stellen zu durchlaufen hat, muss die Reihenfolge dieses Durchlaufs festgelegt werden. Da sich die Arbeitsgänge in der Büroarbeit kaum „takten" lassen, ist eine Minimierung der Durchlaufzeiten und der Lagerzeiten noch schwieriger als in der Fertigung. Um ein einfaches Beispiel zu nennen: Wird die Post von einer Stelle A um elf Uhr vormittags zu einer zentralen internen Postverteilungsstelle gebracht, von einer anderen Stelle B aber bereits um zehn Uhr vormittags die Post an der Postverteilungsstelle abgeholt, kommt die Post von A nach B erst einen Tag später an. Muss ein Objekt viele unterschiedliche Stellen durchlaufen, können sich solche Zeitabstimmungsprobleme vervielfachen.

Für die **räumliche Anordnung** der Büroarbeit ist bisher eine Verrichtungszentralisation typisch. Es gibt räumlich getrennte Abteilungen wie den Einkauf, den Wareneingang und die Kreditorenbuchhaltung. Da die Objekte häufig verschiedene Verrichtungen durchlaufen müssen, ist der abteilungsübergreifende Kommunikationsbedarf hoch.

3.3.2 Die Bedeutung der Informations- und Kommunikationstechnologie

Da Büroarbeit praktisch mit Informationsverarbeitung und Kommunikation (kurz: IuK) gleichzusetzen ist, haben die modernen IuK-Technologien starken Einfluss auf die Ablauforganisation in diesem Bereich ausgeübt (vgl. *Peters* [Ablauforganisation] 263 ff.).

Im Bereich der personalen Zuordnung ist der Spielraum für eine **Integration** verschiedener Tätigkeiten durch die IuK-Technologien größer geworden, d.h. der Grad der Spezialisierung kann zurückgefahren werden. Die Tendenz zur Zusammenführung einer Reihe informationsbasierter administrativer Tätigkeiten spiegelt sich dem entsprechend in einer zunehmenden Relevanz integrierter Standardsoftwarepakete für die tägliche Büroarbeit in Unternehmen wider. Die geläufigsten Officeanwendungen wie Microsoft Office, Corel WordPerfect Office oder Lotus SmartSuite kombinieren eine Vielzahl spezialisierter Anwendungsprogramme zu einem Gesamtpaket, das alle standardisierbaren bürobezogenen Kommunikations- und Informationsprozesse abdeckt und frühere Schnittstellenprobleme zwischen den Anwendungen eliminiert. Moderne Betriebssysteme erlauben darüber hinaus auch eine problemlose Integration der Bürostandardpakete mit unternehmensspezifischen Softwarelösungen zur administrativen Sachbearbeitung. Abb. 10-5 führt exemplarisch die zehn Basisanwendungen der professionellen Officeanwendung Lotus SmartSuite an.

Im Hinblick auf die räumliche Gestaltung der Arbeitsabläufe wird eine **Dezentralisierung** gefördert. Je mehr der Informationsaustausch auch über große Entfernungen erleichtert wird, desto weniger ist räumliche Nähe für eine Abstimmung zwischen den Arbeitsträgern erforderlich. Im Extrem führt diese Entwicklung zur Auflösung von Büros zugunsten einer „virtuellen" Zusammenarbeit über IuK-Technologien („Telearbeit"). Wegbereiter dieser Delokalisierung von Bürotätigkeiten ist die zunehmende Verbreitung von mobilitätsorientierten Hard- und Softwarelösungen. So gehört der Internetzugang via Modem und ISDN im „Home Office" heutzutage für viele Erwerbstätige zum Alltag. Notebooks und personalisierte mobile Büroassistenten (PDA = Personal Digital Assistant) mit Schnittstellen zu den betrieblichen Officeanwendungen erlauben auch unterwegs jederzeit die Erledigung von Büroarbeiten.

IuK-Technologien ermöglichen schließlich auch eine stärkere zeitliche Entkoppelung der Tätigkeiten (**Asynchronisation**). Informationen können in den elektronischen Medien gespeichert und vom Kommunikationspartner jederzeit

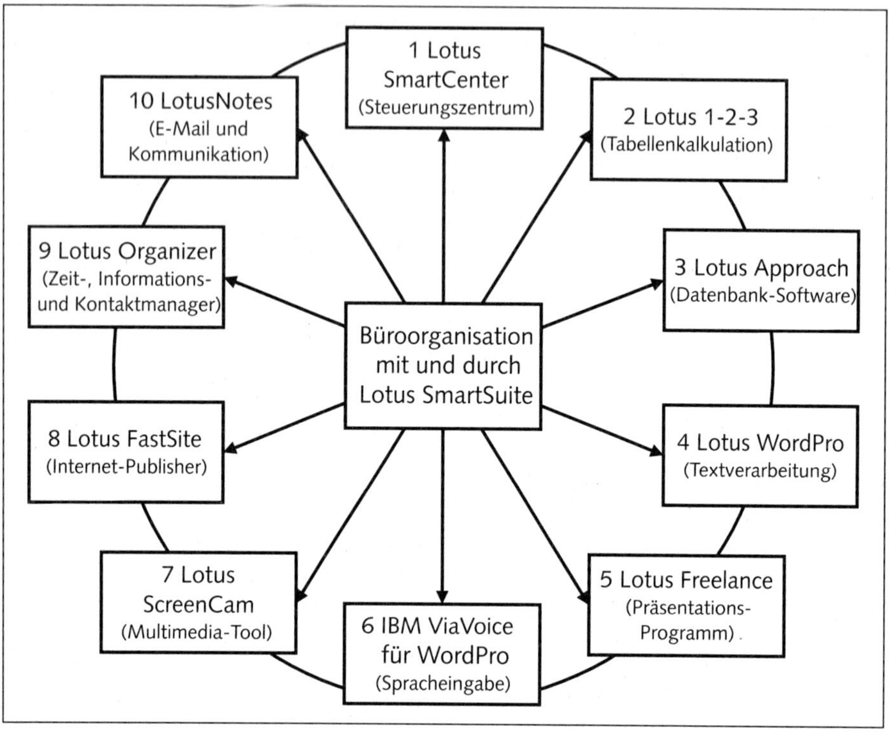

Abb. 10-5: Einzelmodule des Officepakets Lotus SmartSuite Version 9.6

nach seinem Bedarf abgerufen werden. Neuere Data Warehouse-Konzepte etwa führen alle in einem Unternehmen anfallenden Daten unter einem gemeinsamen systemtechnischen Dach zusammen und erlauben es im Prinzip, an jedem Ort zu jeder Zeit die vorhandenen Informationen über verschiedene Aggregationsstufen hinweg anwenderspezifisch abzurufen.

In den letzten Jahren ist die Bedeutung des Büro- und Dienstleistungsbereiches ständig gestiegen. Heute ist bereits mehr als die Hälfte der Beschäftigten unserer Volkswirtschaft in diesem Bereich tätig (vgl. *Picot/Reichwald* [Bürokommunikation] 31). Dieser Bedeutungszuwachs der Büroarbeit in Verbindung mit den ganz neuen Gestaltungsmöglichkeiten durch die IuK-Technologie hat mit dazu geführt, dass sich die Ablauforganisation auch außerhalb der Fertigungswirtschaft zu einem wichtigen Thema entwickelt hat. Dabei hat sich die Auffassung von der Ablauforganisation als Arbeitsorganisation zunehmend in Richtung auf deren Verständnis als Prozessorganisation verschoben.

4 Ablauforganisation als Prozessorganisation

4.1 Wachsende Bedeutung der Ablauforganisation

Die wissenschaftliche Durchdringung der Ablauforganisation hat in den letzten Jahren eine deutliche Renaissance erfahren. Dafür sind verschiedene **situative Faktoren** verantwortlich:

- Angesichts der Individualisierung des Kundenbedarfs ist eine reine Fließfertigung zu starr. Man muss über flexiblere Lösungen nachdenken.
- Kürzere Produktlebenszyklen erfordern immer drängender die Minimierung von Durchlaufzeiten. Schnittstellenprobleme verzögern den Durchlauf.
- Der Anteil der Kosten für Verwaltungstätigkeiten ist in den letzten Jahren ständig gestiegen. Hier ist Rationalisierungsbedarf in den Abläufen erkennbar.
- Bei gut ausgebildeten Mitarbeitern macht es immer weniger Sinn, durch hochgradige Spezialisierung nur einen Bruchteil des Potenzials auszunutzen.
- Die Ansprüche der Arbeitnehmer an die Ausgestaltung der Erwerbsarbeit steigen. Selbstbestimmung, sozialer Kontakt und eine abwechslungsreiche Tätigkeit werden zu wichtigen Motivationsfaktoren.
- Die Fortschritte in der IuK-Technologie eröffnen ganz neue Handlungsspielräume.

Mit der gestiegenen Bedeutung der Ablauforganisation ist zugleich auch ein Wandel im Verständnis verbunden, welcher sich in dem neuen Begriff der Prozessorganisation manifestiert.

4.2 Prozessorganisation statt Arbeitsorganisation

Auf die wichtigsten Unterschiede zwischen Arbeitsorganisation und Prozessorganisation wurde bereits verwiesen (vgl. S. 223). Die Argumentation soll hier erweitert und vertieft werden.

Die **Prozessorganisation** beschäftigt sich mit der raum-zeitlichen Strukturierung von Geschäftsprozessen als Grundlage für die Aufbauorganisation.

Zunächst ist zu konstatieren, dass in der Ablauforganisation traditionellen Zuschnitts zwar auch von Prozessen die Rede ist, aber von Arbeitsprozessen. Der Begriff „Arbeitsprozess“ beschreibt eine eng umrissene Einheit, nämlich idealtypisch eine Verrichtung eines Subjektes an einem Objekt. In der Prozessorganisation steht dagegen der Begriff „Prozess“ für **größere, umfassende Analyseeinheiten**, für ein Bündel von Aktivitäten oder eine integrierte Handlungsfolge. Man spricht auch von „Geschäftsprozessen“. Letztlich kann die gesamte Tätigkeit des Unternehmens als ein Prozess der Umwandlung von Inputgütern in Outputgüter mit Kundennutzen verstanden werden. *Porter* hat zur Verdeutlichung dieses Sachverhaltes die sog. Wertkette (value added chain) entwickelt.

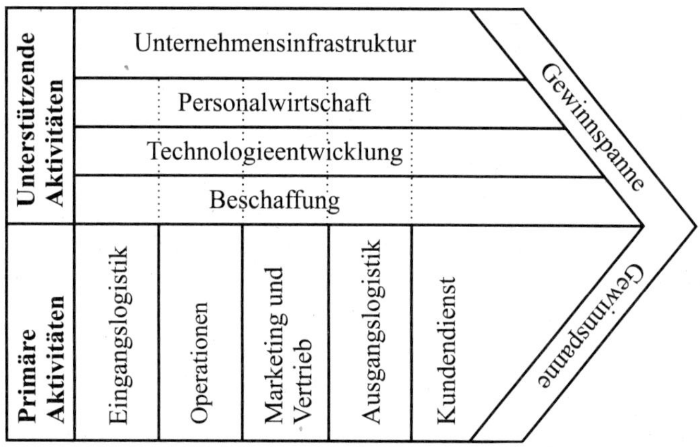

Abb. 10-6: Die Wertkette nach *Porter*
(vgl. [Wettbewerbsvorteile] 62)

Die im Rahmen der **Wertkette** ablaufenden Prozesse können in Teilprozesse untergliedert werden, die *Porter* in zwei Kategorien bündelt, nämlich die primären und die unterstützenden Aktivitäten. Die primären Aktivitäten sind unmittelbar mit der Herstellung und dem Vertrieb eines Produktes verbunden. Die sekundären Aktivitäten unterstützen die primären Aktivitäten. Soll ein Wettbewerbsvorsprung erzielt werden, ist bei allen diesen Aktivitäten zu untersuchen, ob sie kostengünstiger und/oder nutzbringender zu vollziehen sind, als dies der Konkurrenz gelingt. Die Ablauforganisation wird damit aus dem engen Bezug zur Fertigung herausgelöst und auf **alle Unternehmensbereiche** ausgedehnt.

Dabei geht es nicht nur um die Frage, wie ein Prozess abzuwickeln ist. Vielmehr kann sogar zur Disposition stehen, ob überhaupt ein Prozess selbst wahrgenommen oder ausgegliedert werden soll (Outsourcing). Die Grenzen zwischen Unternehmung und Markt werden aus der Sicht der Prozesse fließend. Die Schnittstellenoptimierung bezieht sich auch auf die **Arbeitsteilung zwischen Unternehmen und Markt.**

Gehen wir davon aus, dass über das Problem der Ein- und Ausgliederung von Prozessen entschieden, also die betriebliche Wertschöpfung festgelegt ist, sind die einzelnen Prozesse zu analysieren und zu gestalten. Voraussetzung dafür ist zunächst die Beschreibung des Prozesses als Kernelement der Wertkette.

Ein Prozess umfasst Verrichtungen oder Aktivitäten, durch die Einsatzgüter bzw. Inputinformationen in Ausbringungsgüter bzw. Outputinformationen transformiert werden. Diese Transformation ist aber nur ein Aspekt des Produktionsprozesses. Er ist zu ergänzen um die Gesichtspunkte der Verkettung der einzelnen Teilprozesse, der Zielorientierung eines Prozesses und des Personalbezugs.

Unter Berücksichtigung der genannten vier Aspekte lässt sich ein **Prozess** wie folgt **definieren** (vgl. *Bea/Schnaitmann* [Prozesse]):

- Ein Prozess enthält Tätigkeiten zur Umwandlung von Einsatzgütern/Inputinformationen in Ausbringungsgüter/Outputinformationen (Transformationsaspekt).
- Umfangreichere Prozesse (Hauptprozesse) lassen sich in mehrere miteinander verbundene Teilprozesse zerlegen (Verkettungsaspekt).
- Die Prozesse dienen der Verwirklichung unternehmerischer Ziele (Zielaspekt).
- Prozesse werden von Personen durchgeführt, kontrolliert und verantwortet (Personalaspekt).

In Abb. 10-7 ist der Bezugsrahmen des Prozessbegriffes dargestellt.

Anders als bei der Arbeitsorganisation bildet die **Analyse der Abläufe die Grundlage für den Aufbau** der Organisation. In einer Prozessanalyse sind zunächst Teilprozesse zu isolieren, die sich unter Berücksichtigung des Verkettungsaspekts als ganzheitliche, logisch verknüpfte Aufgabenbündel zur Erzeugung eines Kundennutzens darstellen lassen. Solche Prozesse heißen bspw. „Kreditvergabe“ und nicht „Bonitätsprüfung“, weil die Bonitätsprüfung nur ein kleiner Teilschritt im Rahmen des kundenorientierten Prozesses der Kreditvergabe ist. Die Stellenbildung folgt dann der Prozessanalyse nach. Es wird z.B. die Stelle eines Prozessverantwortlichen (process owner) geschaffen (vgl. *Striening* [Prozessmanagement] 327). Bei umfangreichen Prozessen, die das Leistungsvermögen eines Einzelnen überschreiten, kann der Prozess auch in die Verantwortung einer Personenmehrheit (case team) gestellt werden. Durch die Berücksichtigung der Abläufe beim Aufbau werden vor allem Schnittstellen vermieden, die den Durchlauf von Objekten durch die verschiedenen Verrichtungen verzögern. Die Aufgabe der **Koordination** wird also durch eine Reduktion von Koordinationsbedarf erleichtert. Als Koordinationsinstrument wird in vielen Fällen die Selbstabstimmung eingesetzt.

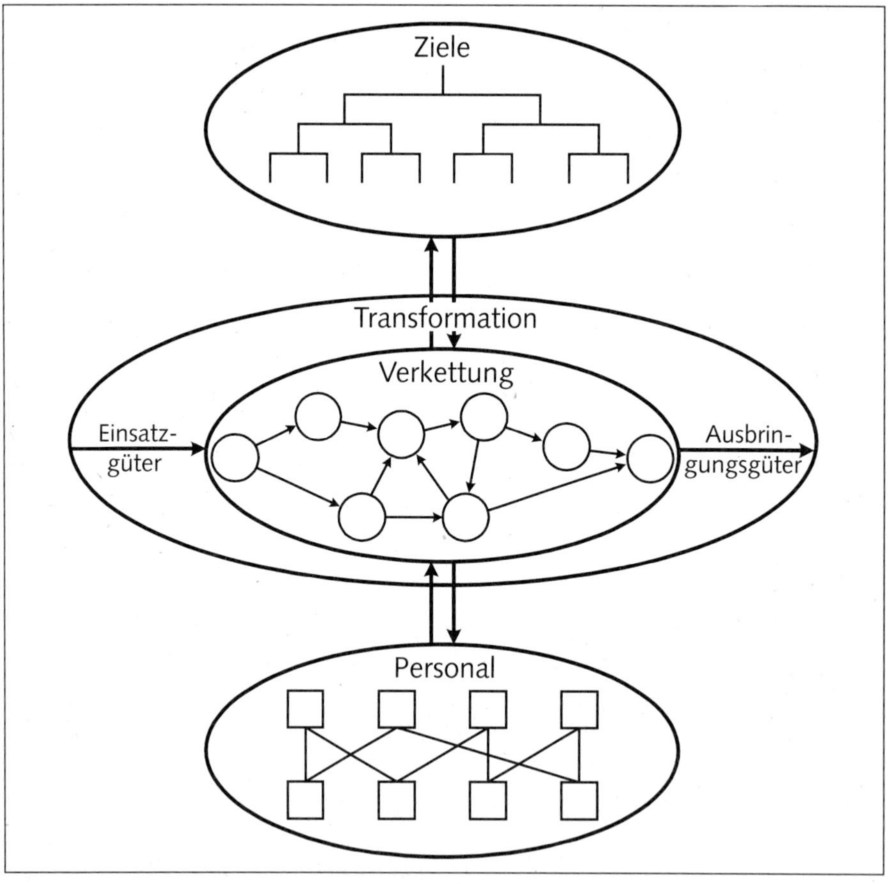

Abb. 10-7: Bezugsrahmen des Prozessbegriffes

Von der Arbeitsorganisation unterscheidet sich die Prozessorganisation auch noch im Hinblick auf die **Einbeziehung der menschlichen Seite** der Organisation. Der „Arbeitsträger" der strukturtechnisch ausgerichteten Arbeitsorganisation ist eine gedachte Person, die nur als Träger einer bestimmten Arbeitsleistung in Erscheinung tritt und ansonsten keine Eigenschaften hat. Insofern das tayloristische Gedankengut in die Arbeitsorganisation einfließt, dominiert die Vorstellung, dass die Menschen eng reglementiert werden müssen und eine hohe Spezialisierung zu Lerneffekten führt. Die Prozessorganisation setzt dagegen auf die Motivation der Mitarbeiter durch vielfältige, abwechslungsreiche Tätigkeit, größere Handlungsspielräume und Lernen durch das Erkennen von Zusammenhängen. Das Ziel der Mitarbeitermotivation findet vor allem über die Prozessorganisation Eingang in die Ablauforganisation.

Fragen zur Wiederholung

1. Inwiefern steht das Ziel der Minimierung der Herstellkosten in Konkurrenz zum Ziel der Minimierung der Terminüberschreitung im Rahmen einer effizienten Ressourcennutzung? (2.1)
2. Inwiefern kann eine Reduktion der Spezialisierung die Innovations- und Lernfähigkeit der Mitarbeiter fördern? (2.2)
3. Welche Merkmale der Unternehmensumwelt verlangen eine Beachtung der Ziele der Flexibilität und Marktnähe im Rahmen der Ablauforganisation? (2.3)
4. Warum kann man die Ablauforganisation auch als Arbeitsorganisation bezeichnen? (3.1)
5. Welchen Beitrag liefern die Zeit- und Bewegungsstudien *Taylors* für die Arbeitsanalyse im Rahmen der Ablauforganisation der Fertigung? (3.2.1)
6. Was versteht man unter Vorwärtsterminierung und unter Rückwärtsterminierung im Rahmen der Durchlaufterminierung? (3.2.2)
7. Beschreiben Sie die Aufgaben von Strukturanalyse und Zeitanalyse im Rahmen der Netzplantechnik. (3.2.2)
8. Wie wird der kritische Pfad im Rahmen der Netzplantechnik ermittelt? (3.2.2)

9. Vergleichen Sie die Vorteile der Fließfertigung mit jenen der Werkstattfertigung. (3.2.3)
10. Inwiefern kann im Rahmen der Inselfertigung auf Kundenwünsche eingegangen werden? (3.2.3)
11. Inwiefern beeinflusst die Informations- und Kommunikationstechnologie die Dezentralisierung im Rahmen der Büroarbeit? (3.3.2)
12. Wie ist die Wertkette nach *Porter* aufgebaut? (4.2)
13. Was versteht man unter dem Transformationsaspekt und was unter dem Verkettungsaspekt eines Prozesses? (4.2)

Fragen zur Vertiefung

1. Wie lässt es sich erklären, dass der Begriff „Ablauforganisation" häufig durch den Begriff „Ablaufplanung" ersetzt wird?
2. Welche Gefahr birgt eine Arbeitsanalyse in sich, die einen Arbeitsprozess in eine Vielzahl von einzelnen Teilprozessen zerlegt?
3. In vielen Industriebetrieben findet man die Organisationstypen der Fließfertigung und der Werkstattfertigung gleichzeitig. Was spricht für diese Parallelisierung?
4. Gruppenfertigung ist in. Was hat diese Entwicklung begünstigt?
5. Inwiefern führt eine Prozessorganisation zur Beseitigung der Trennlinie zwischen Aufbauorganisation und Ablauforganisation?
6. Im Zusammenhang mit der Erörterung der Prozessorganisation ist häufig von der Schnittstellenproblematik die Rede. Inwiefern ist die Prozessorganisation geeignet, zur Lösung des Schnittstellenproblems beizutragen?

Literaturempfehlungen

Gaitanides, M.: Ablauforganisation, in: *Frese, E.* (Hrsg.): Handwörterbuch der Organisation, 3. A., Stuttgart 1992, Sp. 1–18.

Küpper, H.-U., Helber, S.: Ablauforganisation in Produktion und Logistik, 2. A., Stuttgart, New York 1995.

Kapitel 11
Traditionelle Organisationsmodelle

1 Gestaltungsmöglichkeiten

Die Organisationsstrukturen, denen wir in der Praxis begegnen, sind nicht auf dem Reißbrett entstanden, sie sind vielmehr das Ergebnis einer historischen Entwicklung, in deren Verlauf es erforderlich wurde, auf die Veränderungen und Anforderungen der Umwelt adäquat zu reagieren. Im Prinzip hat jedes Unternehmen eine individuelle Organisation und eine eigenständige Organisationsentwicklung. Bei typisierender Betrachtung lassen sich jedoch **drei Grundmodelle** identifizieren, die als Ordnungsmuster für die praxisrelevanten Organisationskonzepte gelten können. Wir bezeichnen diese Grundmodelle als traditionell oder als klassisch, da sie bisher fast ausschließlich Gültigkeit hatten. Aktuell deuten sich jedoch mehr oder weniger starke Trends zu einer Neuausrichtung der Organisationsmodelle an. Mit diesen „modernen" Organisationsmodellen werden wir uns im nächsten Kapitel befassen.

Die traditionellen Organisationsmodelle lassen sich nach den Gestaltungsparametern der Aufbauorganisation klassifizieren (vgl. S. 248 ff.). Je nachdem, welche Ausprägung diese Gestaltungsparameter erfahren, ergeben sich unterschiedliche Konfigurationen.

Wir haben folgende **Gestaltungsparameter** unterschieden:

- den Grad und die Art der Spezialisierung,
- den Grad der Delegation und
- die Form der Koordination.

Folgende Ausprägungen dieser Gestaltungsparameter stellen Merkmale der Klassifikation dar (vgl. auch *Krüger* [Organisation] 95 ff.):

- **Spezialisierung:** Verrichtungsprinzip oder Objektprinzip
- **Delegation:** Zentralisation oder Dezentralisation
- **Koordination:** Einliniensystem oder Mehrliniensystem

Neben den Ausprägungen der Gestaltungsparameter wird noch die **Dimensionalität** als Klassifikationskriterium verwandt. Ein **eindimensionales** Organisationsmodell liegt dann vor, wenn auf einer bestimmten Hierarchieebene die Spezialisierung nach einem einzigen Kriterium erfolgt. Bei **mehrdimensionalen** Organisationsmodellen kommen zwei oder mehr Spezialisierungsprinzipien auf der gleichen Hierarchieebene zur Geltung. Art und Dimensionalität der Spezialisierung werden i.d.R. nach der Gliederung auf der zweiten Hierarchieebene – unmittelbar unter der Unternehmensleitung – ermittelt. Bei einer Betrachtung mehrerer Hierarchieebenen ist letztlich jede Organisation mehrdimensional.

Im Folgenden werden **drei Organisationsmodelle** ausführlich erörtert, die sich jeweils durch eine charakteristische Kombination der genannten Merkmale auszeichnen: Die

- Funktionale Organisation,
- Divisionale Organisation und
- Matrixorganisation.

Es handelt sich dabei um Modelle der **Primärorganisation**, also der dauerhaften, hierarchischen Grundstruktur, die durch verschiedene Formen der Sekundärorganisation ergänzt und abgewandelt werden können. Einige Formen der **Sekundärorganisation** werden am Ende dieses Kapitels beschrieben.

2 Funktionale Organisation

Die Funktionale Organisation markiert den Anfang der Entwicklung von Organisationsmodellen. Sie dominierte in jener Zeit, als die Unternehmen angebotsorientiert und kaum diversifiziert ausgerichtet waren.

2.1 Merkmale

Die Funktionale Organisation ist durch drei Merkmale gekennzeichnet:

- Verrichtungsprinzip,
- Einliniensystem,
- Zentralisation.

2.1.1 Verrichtungsprinzip

Bei der **Funktionalen Organisation** werden auf der zweiten Hierarchieebene gleichartige Funktionen (Verrichtungen) zusammengefasst und zu deren Wahrnehmung auf organisatorische Einheiten übertragen.

Bei der Auswahl dieser Funktionen richtet man sich am Leistungsprozess aus. Klassische Verrichtungsbereiche etwa einer Industrieunternehmung sind: Beschaffung, Produktion, Absatz, Forschung und Entwicklung, Finanzierung, Personal. Die Auswahl der Funktionen hängt von deren Bedeutung für den Leistungsprozess ab. Bei einem Versicherungsunternehmen könnten die Funktionen lauten: Kundenakquisition, Kundenbetreuung, Schadensregulierung, Verwaltung.

Auf der dritten Gliederungsebene lassen sich dann organisatorische Einheiten nach Objekten bilden, d.h. z. B: die Funktion „Forschung und Entwicklung" bezieht sich auf das Produkt A und das Produkt B oder die Produktion findet in einem Werk 1 und einem Werk 2 statt. Das Verrichtungsprinzip kann aber auch

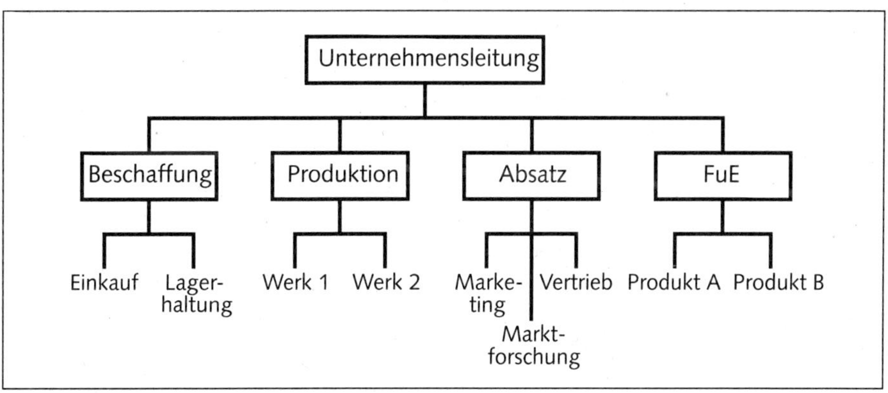

Abb. 11-1: Grundmodell der Funktionalen Organisation

in einer tieferen Gliederung weitergeführt werden, sodass bspw. im Absatzbereich die Teilfunktionen „Marktforschung", „Marketing" und „Vertrieb" oder im Beschaffungsbereich die Teilfunktionen „Einkauf" und „Lagerhaltung" gebildet werden.

2.1.2 Einliniensystem

Charakteristisch für die Gestaltung der Leitungsbeziehungen in der Funktionalen Organisation ist das Einliniensystem: Eine in der Leitungshierarchie untergeordnete Stelle erhält lediglich von einer einzigen übergeordneten Stelle Anweisungen (**Einfachunterstellung**). Im Gegensatz dazu wird beim Mehrliniensystem eine Spezialisierung in Form einer Aufteilung der Weisungsbefugnisse vorgenommen. Daraus ergib sich eine **Mehrfachunterstellung.** Zum Vergleich von Einliniensystem und Mehrliniensystem vgl. S. 259 ff.

Um die Instanz bei größeren Unternehmen von ihren Koordinationsaufgaben zu entlasten, werden häufig Stabsstellen eingerichtet, sodass ein **Stabliniensystem** entsteht. Werden im Rahmen der Sekundärorganisation spezielle Organisationseinheiten mit Koordinationsfunktion und begrenzter fachlicher Weisungsbefugnis geschaffen, wird das Einliniensystem aufgeweicht (z.B. bei der Projektorganisation; vgl. S. 345 ff.).

2.1.3 Zentralisation

Im Organigramm kommt nur das Koordinationsinstrument der persönlichen Weisung zum Ausdruck. Weitere für die Funktionale Organisation typische Koordinationsinstrumente sind Pläne (Budgets) und Programme (Verhaltensrichtlinien) sowie die Selbstabstimmung in Form von Ausschüssen. Die funktionale Professionalisierung (z.B. Ingenieure im Fertigungsbereich) erleichtert die Abstimmung innerhalb eines Funktionsbereichs, erschwert aber möglicherweise die Verständigung zwischen unterschiedlichen Funktionsbereichen.

Die Unternehmensleitung hat in der Funktionalen Organisation die Aufgabe, die verschiedenen Funktionsbereiche zu koordinieren. Kein Funktionsbereich kann eigenständig die vollständige Marktleistung erbringen. Da nur die Unternehmensleitung den Überblick über die Unternehmung als Ganzes hat, sind die Entscheidungsbefugnisse weitgehend zentralisiert. Die Unternehmensleitung gibt die Ziele, Strategien und Maßnahmen vor, die den Funktionsbereichen lediglich noch Spielraum für operative Detailentscheidungen übrig lassen.

Um die Fachkompetenz der Funktionsbereichsleiter zu nutzen, können diese allerdings im Leitungsorgan der Unternehmung vertreten sein und dort auch an strategischen Entscheidungen mitwirken. Die Koordination in der Unternehmensleitung erfolgt über Selbstabstimmung, was allerdings aufgrund divergierender Interessen der Funktionsbereiche zu langwierigen Diskussionen und suboptimalen Entscheidungen führen kann. Die Gesamtunternehmenssicht wird dann dadurch gewahrt, dass ein Mitglied der Unternehmensleitung ohne funktionales Ressort zum Sprecher oder Vorsitzenden mit besonderen Kompetenzen ernannt wird (vgl. *Bühner* [Organisationslehre] 134).

2.2 Vorteile, Nachteile

1. Die Ausrichtung der organisatorischen Einheiten auf Funktionen erlaubt die Wahrnehmung von **Spezialisierungsvorteilen**. Dazu zählen Erfahrungs- und Lerneffekte sowie Fixkostendegressionseffekte. Die Bereitstellung von Personal ist erleichtert, weil i.d.R. Funktionsspezialisten ausgebildet werden.

2. Die Anknüpfung der Organisation am Realgüterprozess schafft günstige Voraussetzungen für **eindeutige Zuständigkeiten** und damit für ein „reibungsloses Funktionieren“ der einzelnen Wertschöpfungsprozesse.

3. Das Spezialistentum und die eng begrenzten Zuständigkeiten führen aber auch zu **mangelnder Gesamtsicht** und fehlendem Verständnis für die anderen Funktionsbereiche (**Ressortegoismus**). Dies ist problematisch, weil die einzelnen Bereiche auf Zusammenarbeit angewiesen sind.

4. Die Gliederung nach Funktionen führt in Verbindung mit dem Einliniensystem zu einer **Überlastung der Unternehmensspitze**. Man spricht in diesem Zusammenhang vom sog. **Kamineffekt:** Die Unternehmensleitung zieht die Entscheidungen an sich und wird deshalb durch die Beschäftigung mit Tagesfragen absorbiert, so dass die Kontroll- und Steuerungsfähigkeit leidet. Dies bedeutet auf der anderen Seite auch, dass auf der mittleren Führungsebene kein Führungskräftenachwuchs heranwächst.

5. Die beträchtliche Distanz einzelner Funktionen zum Markt begünstigt einen **Mangel an Markt- und damit Wettbewerbsorientierung**. Die Erfüllung der Funktionen wird quasi zum Selbstzweck. So kann sich etwa im Forschungsbereich ein primär ingenieurwissenschaftlich ausgerichtetes Denken ent-

wickeln, welches nur danach fragt, was technisch machbar ist und nicht danach, was der Kunde honoriert.

6. Bei der Funktionalen Organisation sind infolge der starken Interdependenzen zwischen den Teilbereichen die Voraussetzungen für die Einrichtung von **erfolgsorientierten autonomen Subsystemen** nicht gegeben. Die Subsysteme können höchstens an der Einhaltung von Kostenbudgets gemessen werden (Cost Center). Die Vorteile, die man sich von der Bildung erfolgsorientierter autonomer Subsysteme verspricht (Motivation, Innovationskraft, unternehmerisches Denken der Mitarbeiter), kann man in der Funktionalen Organisation demnach nur schwer erlangen.

Trotz der angeführten Schwächen präferieren viele kleine und mittelgroße Unternehmen die Funktionale Organisation. Insbesondere wenn sie nur über ein eng begrenztes Produktionsprogramm verfügen, ist dies auch durchaus sinnvoll, weil dann die Spezialisierungsvorteile die Nachteile überkompensieren. Eine zentrale Leitung ist bei kleinen und wenig komplexen Unternehmen durchaus zu leisten. Die Gewichtung der Vor- und Nachteile ändert sich allerdings mit zunehmender Unternehmensgröße und zunehmender Diversifikation des Produktionsprogramms.

3 Divisionale Organisation

Die Divisionale Organisation (wörtliche Übersetzung von „divisional organization“) wird auch als Geschäftsbereichsorganisation, Spartenorganisation oder Objektorganisation bezeichnet. Sie hat sich in den 20er Jahren in den USA aus der Funktionalen Organisation herausgebildet. Pioniere waren die Unternehmen „General Motors“ und „Du Pont“. Sie lösten sich vom Leitbild der Einproduktunternehmung und erschlossen neue Märkte mit neuen Produkten. Die strategischen Entscheidungen wurden dadurch komplexer und weniger überschaubar. Entsprechend der Feststellung *Chandlers* „structure follows strategy“ (vgl. auch die Ausführungen zum situativen Ansatz S. 83 ff. und zu den Ursachen des Wandels von Organisationen S. 396 ff.) musste die Organisationsstruktur den veränderten Strategien Rechnung tragen.

3.1 Merkmale

Die Divisionale Organisation ist durch folgende Merkmale gekennzeichnet:

- Objektprinzip,
- Dezentralisation durch Center-Konzepte,
- Mehrliniensystem.

3.1.1 Objektprinzip

Im Gegensatz zur Funktionalen Organisation werden auf der zweiten Hierarchieebene nicht gleichartige Verrichtungen (Verrichtungsprinzip), sondern gleiche oder verwandte Objekte zu organisatorischen Einheiten, den Sparten (auch als Geschäftsbereiche oder Divisionen bezeichnet), zusammengefasst (Objektprinzip).

Die **Divisionale Organisation** ist durch eine Objektspezialisierung auf der zweiten Hierarchieebene gekennzeichnet.

Objekte können u.a. sein: Produkte, Produktgruppen, Kunden, Kundengruppen, Regionen. In der Regel wird nach Produkten bzw. Produktgruppen gegliedert. So lassen sich etwa in einem Automobilunternehmen folgende Sparten bilden: PKW, LKW, Omnibusse. Bei einer Bank kann eine Gliederung in Privatkundengeschäft, Firmenkundengeschäft und Investment Banking vorgenommen werden. Während eine Abgrenzung der Geschäftsbereiche nach Kunden und Kundengruppen selten ist, ist eine Gliederung nach regionalen Gesichtspunkten in der Praxis häufig anzutreffen. Eine derartige **Regionalorganisation** erlaubt eine stärkere Ausrichtung der Unternehmenspolitik an den spezifischen Anforderungen einzelner Marktsegmente (etwa europäischer und asiatischer Markt). Die Sparten bilden relativ autonome Einheiten, d.h. einzelne Funktionen sind ausschließlich ihnen zugewiesen. Insofern stellen sie Unternehmen im Unternehmen dar. Sie stehen aber unter einheitlicher Leitung und sind rechtlich unselbständig.

Die dritte Ebene kann durch Funktionen gebildet werden; in Abb. 11-2 sind dies die Funktionen „Forschung und Entwicklung“, „Produktion“ und „Absatz“. Bei großen Unternehmen kann das Objektprinzip aber auch auf mehreren Hierarchieebenen untereinander angewandt werden (Beispiel: Die Sparte „Omnibusse“ wird noch weiter gegliedert in Reisebusse und Linienbusse).

Nicht alle Funktionen werden den Sparten zugewiesen. Funktionen, die spartenübergreifend gleichartig sind (etwa Personalmanagement), die für die Erfüllung einer einheitlichen Unternehmensstrategie zentral sind (bspw. Unternehmensplanung, Finanzen) oder für die starke Größenvorteile zu erwarten sind (bspw. Mengenrabatte durch große Beschaffungsmengen), werden in sog. **Zentralabteilungen** zusammengefasst. Über die Zuweisung von Funktionen auf Zentralabteilungen wird der Autonomiegrad der Sparten eingeschränkt. Damit diese tatsächlich als **„Unternehmen im Unternehmen"** agieren können, sollten ihnen mindestens die zentralen Funktionsbereiche zugeordnet werden.

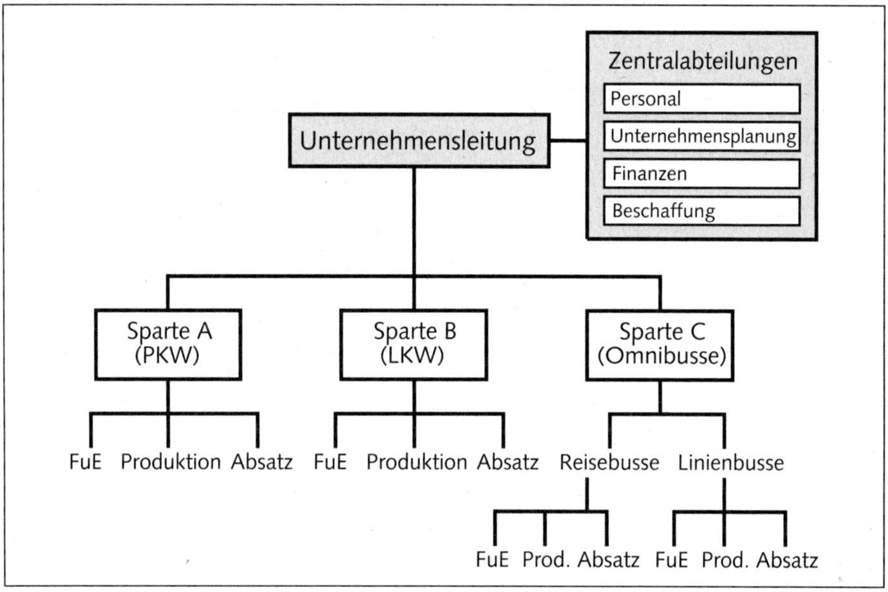

Abb. 11-2: Grundmodell der Divisionalen Organisation (am Beispiel eines Automobilunternehmens)

In reinster Form ist die Divisionale Organisation dann verwirklicht, wenn die oberste Unternehmensleitung – evtl. unterstützt von Zentralbereichen – nur die strategische Führung übernimmt, also die Unternehmenspolitik und -strategie formuliert, für das Gesamtunternehmen die Erfolgs- und Finanzplanung sowie die entsprechenden Kontrollen übernimmt, die Geschäftsbereichsleiter einsetzt und über Investitions- und Forschungsschwerpunkte entscheidet, sich dagegen aus dem operativen Geschäft völlig heraushält (vgl. *Bühner* [Spartenorganisation] 2280). In der Praxis findet aber häufig eine personelle Verflechtung zwischen Unternehmensleitung und Geschäftsbereichsleitung bzw. Zentralbereichsleitung statt. Mitglieder der Unternehmensleitung sind in Personalunion auch Leiter einzelner Geschäftsbereiche oder Zentralbereiche. Dies kann die Koordination zwischen den Sparten erleichtern, widerspricht aber eigentlich dem Dezentralisierungsgedanken der Divisionalen Organisation.

3.1.2 Dezentralisation durch Center-Konzepte

Die Bildung organisatorischer Einheiten nach dem Objektprinzip schafft Voraussetzungen für die Verwirklichung von Center-Konzepten. Von besonderer Bedeutung ist das Profit Center, aber auch Investment Center, Cost Center und Revenue Center sind möglich. Ein **Profit Center** liegt dann vor, wenn für einen abgegrenzten Objektbereich (etwa eine Produktgruppe) eine Erfolgszurechnung vorgenommen wird. Dies setzt voraus, dass einer Sparte mindestens die Produktionsfunktion und die Absatzfunktion zugewiesen werden (vgl. *Schweitzer* [Profit-Center] 2078).

Steht dem Spartenleiter auch die Kompetenz der Gewinnverwendung zu, so liegt ein **Investment Center** vor. In diesem Falle ist der Grad der Selbständigkeit eines Centers besonders stark ausgebildet.

Bei **Cost Centers** wird eine organisatorische Einheit über die Kosten gesteuert. Es sind entweder bestimmte Kostenbudgets einzuhalten oder die Kosten sind bei vorgegebenem Leistungsvolumen und fixierter Qualität zu minimieren. Dieses Center-Konzept eignet sich vor allem für jene Zentralbereiche, deren Beitrag zum Gesamterfolg nur schwer messbar ist, wie z.B. für die Personalabteilung, die Rechtsabteilung oder den Werksschutz (vgl. *Müller* [Führungsorganisation] 76 f.).

Revenue Center werden auch als Leistungscenter bezeichnet. Die organisatorische Einheit hat den Umsatzerlös zu verantworten. Voraussetzung für ein Revenue Center ist die Bestimmbarkeit des Leistungsprogramms nach Art, Quantität und Qualität.

In Abb.11-3 sind vier Arten von Center-Konzepten, die entsprechenden Maßgrößen für Verantwortung und Anreize sowie die jeweilige Entscheidungskompetenz genannt. Insbesondere die Maßgröße „Erfolg" macht deutlich, dass das Center-Konzept Elemente des Marktes in die Organisation einbezieht. Voraussetzung für die Eignung der in Abb. 11-3 genannten Maßgrößen ist die Übertragung von Zuständigkeit für die Beeinflussung dieser Maßgrößen. Die Motivation der Manager kann dann durch eine erfolgsbasierte Bezahlung gesteigert werden. Dadurch werden auch günstigere Voraussetzungen für die Kontrolle geschaffen. Es findet eine Ergänzung der unternehmensinternen Kontrolle durch die **Marktkontrolle** statt.

Arten von Center	**Maßgrößen für Verantwortung und Anreiz**	**Entscheidungs-kompetenz**
Profit Center	Erfolg (z.B. Betriebs-ergebnis, RoI, Verlust)	Beschaffungs-, Produktions- und Absatzentscheidung
Investment Center	Rentabilität des einge-setzen Kapitals	Neben den Beschaffungs-, Produktions- und Absatz-entscheidungen auch Investitionsentscheidungen
Cost Center	Kosten (z.B. Einhaltung von Kostenbudgets)	Gestaltung des Leistungs-erstellungsprozesses
Revenue Center (Leistungscenter)	Erlös (z.B. Vorgabe eines Mindesterlöses bei gege-benem Absatzprogramm)	Wahl der absatzpolitischen Instrumente bei gegebenem Absatzprogramm

Abb. 11-3: Das Center-Konzept

Problematisch ist bei den Center-Konzepten allerdings die exakte Zurechnung von Kosten und Erlösen auf die Organisationseinheiten, insbesondere bei internem Leistungsaustausch zwischen den Profit Centern oder zwischen den Zentralbereichen und den Profit Centern. Sind die Zentralbereiche stark ausgeprägt, kann von einer wirklich autonomen Gewinnverantwortung der Spartenleiter oft gar nicht mehr die Rede sein. Über die Festlegung der Verrechnungspreise für die internen Leistungen hat die Zentrale zudem die Möglichkeit, die Erfolgsgröße selbst zu beeinflussen. Aus Sicht der Spartenleiter ergibt sich daraus ein Agency-Problem, denn bei erfolgsbasierter Bezahlung könnte die Zentrale daran interessiert sein, den Erfolg durch hohe Verrechnungspreise nach unten zu manipulieren. Im Rahmen des entscheidungslogischen Ansatzes (vgl. S. 104 ff.) wird besonders problematisiert, wie die Zentrale gesamtunternehmensbezogene Ziele durchsetzen kann, wenn die Entscheidungskompetenz sehr weitgehend dezentralisiert ist, wie das etwa bei Investment Centern der Fall ist (vgl. *Laux/Liermann* [Grundlagen] 418 ff.). Es wird also auf die Agency-Probleme hingewiesen, die der Zentrale entstehen, wenn die Manager einen großen Handlungsspielraum haben.

3.1.3 Mehrliniensystem

Aufgrund der Dezentralisierung entwickelt die Divisionale Organisation „Fliehkräfte", d.h. die Ziele der Gesamtunternehmung werden leicht vernachlässigt. Man spricht in diesem Zusammenhang auch vom **Spartenegoismus**. Es ist daher immer wieder auch für eine Koordination im Hinblick auf die Ziele der Gesamtorganisation zu sorgen. Die Koordination der Sparten erfolgt vor allem über Pläne, Märkte (Verrechnungspreise) und personelle Verflechtungen.

Eine wichtige Rolle bei der Koordination spielen die **Zentralabteilungen**. Ihnen obliegt z.T. die Wahrnehmung von Planungs- und Kontrollaufgaben im Gesamtinteresse des Unternehmens, also in einem spartenübergreifenden Sinn. *Williamson* (vgl. [Institutionen] 249) sieht die Hauptaufgabe der Zentralbereiche darin, durch Anreize und Kontrollen den Opportunismus der Sparten zu dämpfen. Ihre koordinierende Wirkung liegt daneben in der Bereitstellung einer einheitlichen „Infrastruktur" für das Unternehmen, etwa eines einheitlichen Berichtswesens für das Controlling, von einheitlichen Prozeduren für Investitionsentscheidungen oder der Sicherstellung einer einheitlichen Verwendung einer bestimmten Software.

Damit diese Infrastruktur auch implementiert wird, verfügen die Zentralbereiche über begrenzte fachliche Weisungsbefugnisse gegenüber den Sparten. In dem Umfang, wie den Zentralabteilungen Kompetenzen zugewiesen werden, findet eine Einschränkung des Autonomiegrades der Sparten statt. Die Kombination von Dezentralisation und Zentralisation führt so zu einem Mehrliniensystem. Die Divisionale Organisation rückt damit je nach Umfang der Entscheidungs- und Weisungsbefugnisse der Zentralabteilungen in unterschiedliche Nähe zur sog. Matrixorganisation (vgl. S. 338 ff.).

In Abb. 11-4 ist die Divisionale Organisation am Beispiel des Siemens-Konzerns dargestellt.

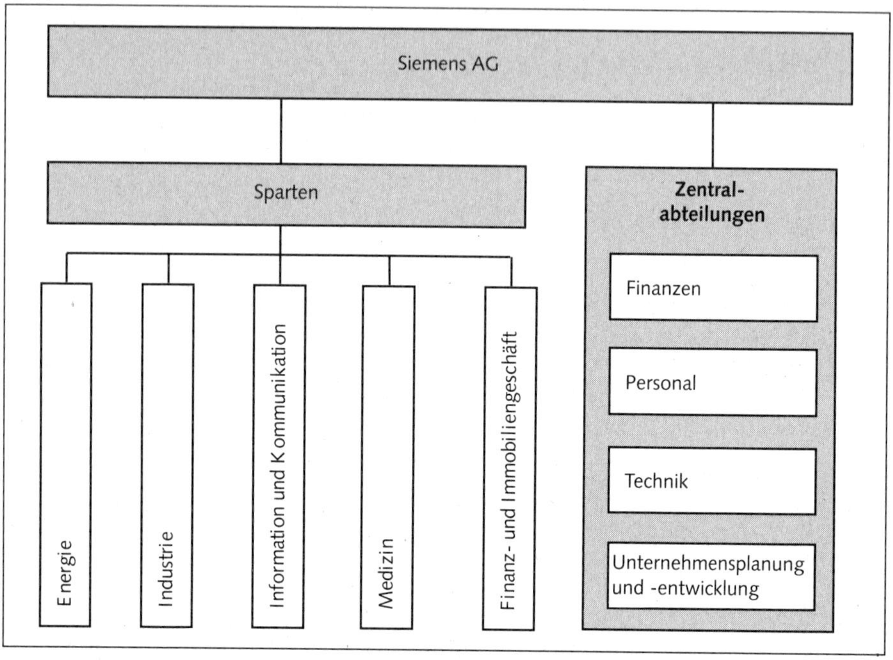

Abb. 11-4: Divisionale Organisation am Beispiel des Siemens-Konzerns

3.2 Vorteile, Nachteile

1. Die Gliederung nach dem Objektprinzip ermöglicht die Schaffung von Einheiten mit relativ hoher **Autonomie.** Nach dem Bedürfniskonzept der **Motivation** wirkt sich ein hohes Maß an Selbstbestimmung leistungssteigernd aus. Können den Einheiten Erfolge verursachungsgerecht zugerechnet werden, dann ist auch eine bessere Leistungskontrolle und erfolgsbezogene Entlohnung der Manager möglich, was die Motivation ebenfalls fördert. Mit der Schaffung von **Transparenz** findet eine Stärkung des Kostenbewusstseins statt.

2. Die Bildung überschaubarer Einheiten verbessert **Marktnähe** und **Flexibilität** und damit die Wettbewerbsfähigkeit. Mit der Marktnähe verbunden ist die frühzeitige Wahrnehmung von Umweltveränderungen. Flexibilität heißt, die organisatorischen Einheiten können bei ausreichender Autonomie selbständig und rasch auf Umweltveränderungen, etwa auf neue Kundenbedürfnisse reagieren. Es werden die Voraussetzungen für **unternehmerisches Denken** (entrepreneurship) geschaffen. Die Koordination wird erleichtert, weil kritische Interdependenzen in die Teilsysteme verlegt werden.

3. Die Delegation von Verantwortung **entlastet die Unternehmensführung** und ermöglicht so auf der obersten Unternehmensebene die Konzentration auf die Wahrnehmung gesamtunternehmerischer, insbesondere strategischer Aufgaben. Auf der mittleren Führungsebene entstehen Entscheidungsbereiche, welche dem **Führungsnachwuchs** die Chance zur Entwicklung unternehmerischer Fähigkeiten erlauben. Da dies zugleich auch einen höheren Bedarf an fähigen Führungskräften verursacht, kann darin sowohl ein Vorteil als auch ein Nachteil gesehen werden.

4. Die Verselbständigung von Teilbereichen **erleichtert eine Reorganisation.** Subsysteme können unterschiedlich strukturiert werden, ohne dass dies allzu große Anpassungszwänge im Gesamtsystem hervorruft. Auch eine Aus- und Eingliederung von Teilbereichen fällt leichter. Die Ausgliederung kann über die rechtliche Verselbständigung bis hin zur Veräußerung getrieben werden (vgl. dazu die Holding S. 332 ff.).

5. Die relative Autonomie der Sparten begünstigt nicht nur die Mobilisierung des marktwirtschaftlichen Denkens, sie fördert auch den sog. **Spartenegoismus.** Diese Gefahr ist besonders groß, wenn die Sparten direkt am Markt konkurrieren. Sie tritt aber auch schon dadurch auf, dass die Sparten z.T. auf gemeinsame Ressourcen zugreifen müssen und um diese konkurrieren. Diese Kosten der Dezentralisierung nennt man „influence costs" (vgl. *Milgrom/ Roberts* [Organization] 192 ff.). Damit gehen Synergieeffekte verloren.

6. Um die weit gehende Autonomie der Sparten zu sichern, ist in Kauf zu nehmen, dass **verschiedene Funktionen parallel** in den Sparten wahrgenommen werden. Auf die Größen- und Spezialisierungsvorteile der Funktionalen Organisation muss man damit verzichten. Dieser Tendenz soll die Bildung von Zentralabteilungen, deren Aufgabe in der Wahrnehmung spartenübergreifender Verrichtungen liegt, entgegenwirken.

7. Der Balanceakt zwischen Dezentralisierung (durch Spartenbildung) und Zentralisierung (durch Schaffung von Zentralabteilungen) gelingt nur bei einer ausgeprägten **Kooperationsbereitschaft** zwischen den verschiedenen Unternehmensebenen. Ansonsten ist mit einem Bruch zwischen den strategischen Plänen auf zentraler Ebene und den operativen Handlungen auf dezentraler Ebene zu rechnen. Diese Gefahr wird durch den Umstand gefördert, dass sich Erfolg und Misserfolg nur schwer den Zentralabteilungen und den dezentralen Geschäftsbereichen zuordnen lassen.

Die Divisionale Organisation eignet sich nur für große Unternehmen mit diversifiziertem Leistungsprogramm. Je kleiner die Unternehmen, desto ineffizienter wird die parallele Erfüllung von Funktionen in den verschiedenen Sparten. Ob man die Vorteile oder die Nachteile der Dezentralisierung betont, hängt auch vom Menschenbild ab. Auf der Basis der Agency-Theorie werden insbesondere die Gefahren und Kosten der Dezentralisierung in den Vordergrund gerückt (vgl. S. 134 ff.).

3.3 Weiterentwicklung der Divisionalen Organisation zur Holding

3.3.1 Entstehung der Holding

Die Holding stellt eine Weiterentwicklung der Divisionalen Organisation dar. Die in der Divisionalen Organisation angelegte Verselbständigung der Sparten wird konsequent weitergeführt, indem aus den Sparten rechtlich selbständige Einheiten gebildet werden, die gleichwohl unter einheitlicher Leitung stehen. Es handelt sich somit um eine Form der **Konzernorganisation.**

In der Regel entsteht die Holding aus dem **Stammhauskonzern**. Hier handelt es sich um einen Konzern, bei dem die Muttergesellschaft ein direkt am Markt agierendes Unternehmen darstellt, welches auch operative Tätigkeiten ausführt. Gleichzeitig leitet das Stammhaus rechtlich selbständige Tochtergesellschaften, an denen es Mehrheitsbeteiligungen hält. Die Tochtergesellschaften sind i.d.R. wesentlich kleiner und üben oft eine Teilfunktion für das Stammhaus aus (bspw. Vertriebsgesellschaft). Die Muttergesellschaft übernimmt sowohl die strategische als auch die operative Leitung der Tochtergesellschaften.

Wenn der Stammhauskonzern in einen Konzern mit Holdingstruktur überführt wird, werden die operativen Aufgaben der Muttergesellschaft auf Tochtergesellschaften übertragen. Bei der Holding verbleibt dann die Konzernführung und die Verwaltung der Beteiligungen an den Tochtergesellschaften.

Gehen wir als Beispiel von einem Stammhauskonzern aus, der als Kerngeschäft die Herstellung von PKW betreibt. Er erwirbt im Laufe der Jahre Beteiligungen an einem Automobilzulieferer und einem LKW-Hersteller. In Abb. 11-5 ist dargestellt, wie dieser Stammhauskonzern in eine Holdingstruktur überführt werden kann.

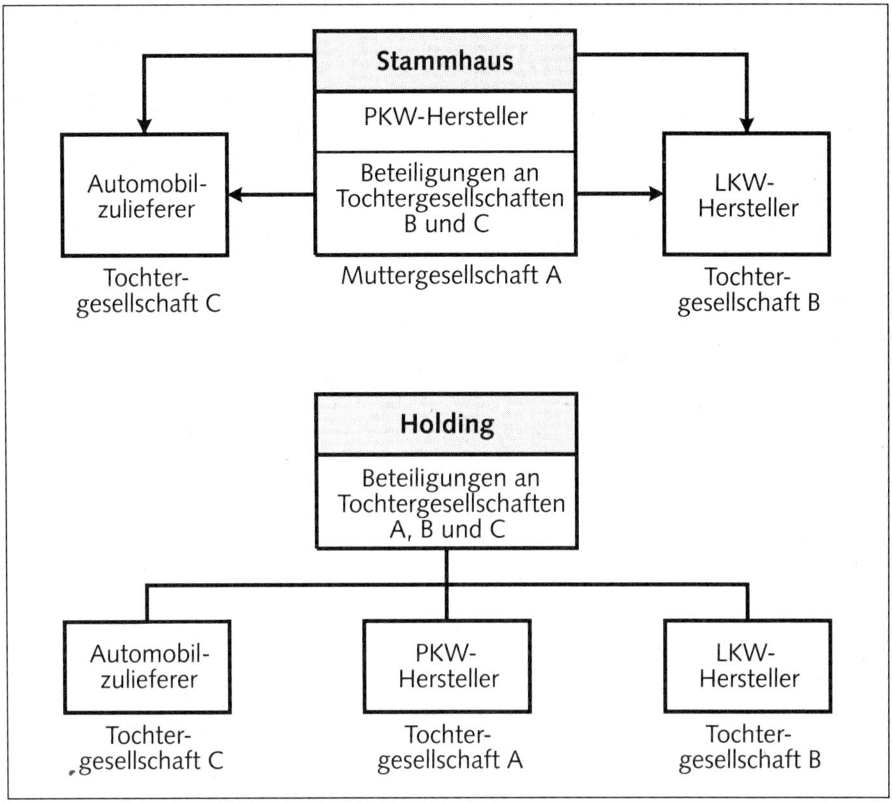

Abb. 11-5: Vom Stammhauskonzern zur Holding

3.3.2 Begriff und Arten der Holding

Eine **Holding** ist ein Unternehmen, das Beteiligungen an mehreren rechtlich selbständigen Unternehmen hält („to hold") und dabei selbst nicht am Markt auftritt, also keine operative Tätigkeit wahrnimmt.

Anstelle des Begriffs Holding wird auch von Holding-Obergesellschaft oder Holding-Dachgesellschaft gesprochen. Holding-Gesellschaften oder Beteiligungsgesellschaften sind dann diejenigen Gesellschaften, an denen die Holding beteiligt ist.

Die Holding-Struktur bezeichnet den gesamten Komplex aus Holding und Holding-Gesellschaften unter besonderer Berücksichtigung aller formalen und informalen aufbau- und ablauforganisatorischen Regelungen und Beziehungen innerhalb dieses Komplexes.

Das zentrale Kriterium zur Klassifikation von Holding-Strukturen ist die **Leitungsintensität** oder der **funktional-inhaltliche Aspekt der Holdingaktivitäten.**

Danach kann man unterscheiden:

- Finanz-Holding-Struktur und
- Management-Holding-Struktur

(1) Finanz-Holding-Struktur

In der Finanz-Holding-Struktur nimmt die Holding-Obergesellschaft, die Finanz-Holding, keine strategischen Führungsaufgaben bezüglich der Holding-Gesellschaft wahr. Diese sind jeweils selbst für die strategische Orientierung und Steuerung zuständig. Die Aufgabe der Finanz-Holding besteht danach im reinen Halten („to hold" im engeren Sinne) von Anteilen der Holding-Gesellschaften. Die Holding hat rein finanziellen Charakter als Portfolio von Beteiligungen, welches durch Kauf und Verkauf optimiert werden soll.

(2) Management-Holding-Struktur

In der Management-Holding-Struktur übernimmt die Holding-Obergesellschaft, die Management-Holding, die Leitung der gesamten Holding-Struktur. Sie unterscheidet sich von der Finanz-Holding durch die Verantwortung der Holding-Dachgesellschaft für **strategische Führungsaufgaben**. Von einem Stammhauskonzern unterscheidet sie sich durch den Verzicht der Holding-Obergesellschaft auf die Wahrnehmung operativer Tätigkeiten. Im Bereich „strategische Planung" ist die Obergesellschaft vor allem für die Entwicklung einer Strategie für die gesamte Holding-Struktur zuständig, für den Kauf und Verkauf von Beteiligungen, für die Zuteilung von Ressourcen an die Holdinggesellschaften und für die Führungskräfteentwicklung.

Die Weiterentwicklung im Vergleich zur klassischen divisionalen Struktur sieht *Bühner* ([Management-Holding] 27 ff.) vor allem darin, dass die Zentralbereiche stark reduziert werden und die Autonomie der Geschäftsbereiche deutlich gestärkt wird. Man verzichtet z.T. bewusst auf die Realisation von Größen- und Synergievorteilen und setzt stattdessen auf die zunehmende Flexibilität und Innovationskraft der kleinen autonomen Einheiten. Die Kunst der Holding-Leitung besteht vor allem darin, die Vorteile des Unternehmensverbundes zu wahren, ohne in die Tochtergesellschaften zu stark hinein zu regieren.

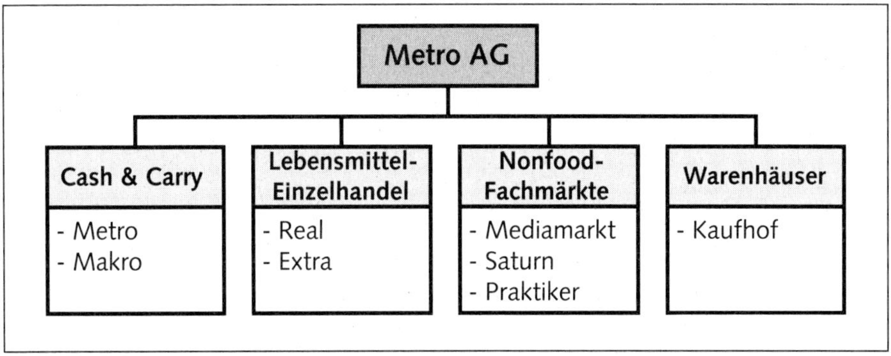

Abb. 11-6: Beispiel einer Management-Holding-Struktur

3.3.3 Koordination in der Holding

Drei konzern- bzw. holdingspezifische **Koordinationsinstrumente** haben sich herausgebildet (*Bea/Haas* [Management] 394 f.):

(1) Koordination durch Unternehmensverträge

Durch den Abschluss eines Beherrschungsvertrages erhält die Muttergesellschaft eine weit gehende Leitungs- und Weisungsbefugnis gegenüber den abhängigen Gesellschaften. Die Weisungen haben auch dann Gültigkeit, wenn sie eine einzelne Gesellschaft benachteiligen, insgesamt aber dem Vorteil des gesamten Konzerns dienen (§ 308 Abs. 1 AktG). Oft wird in Verbindung mit dem Beherrschungsvertrag oder isoliert davon ein Gewinnabführungsvertrag abgeschlossen, durch den sich die abhängige Gesellschaft verpflichtet, ihren gesamten Gewinn an die Muttergesellschaft abzuführen (§ 291 Abs. 1 AktG). Dadurch kommt es zusätzlich zu einer steuerlichen Organschaft.

(2) Koordination durch Finanzhoheit

Die Allokation der Finanzmittel und damit die Ausübung der Finanzhoheit ist eine Aufgabe der Muttergesellschaft. Dadurch erhält sie auch die materielle Möglichkeit, eigene Ziele gegenüber den Einzelinteressen der Tochtergesellschaften durchzusetzen.

(3) Koordination durch Personalunion

Die personenidentische Besetzung von Aufsichts- und Geschäftsführungsorganen von Muttergesellschaft und Tochtergesellschaften unterstützt ebenfalls die

Abstimmung von Zielen und Aktivitäten innerhalb des Konzerns. So können bspw. Vorstandsmitglieder der Muttergesellschaft zentrale Funktionen in den abhängigen Gesellschaften übernehmen. Die gesellschaftsrechtliche Unbedenklichkeit derartiger Verflechtungen ist jedoch teilweise umstritten und bedarf noch einer juristischen Klärung.

Die Einsetzbarkeit der erörterten Koordinationsinstrumente und damit die potenzielle Führungsintensität sowie der Grad der Abhängigkeit der Tochtergesellschaften von der Mutter hängen entscheidend von der rechtlichen Ausgestaltung der Regelungen zwischen diesen Gesellschaften ab.

3.3.4 Vorteile, Nachteile

1. Marktnähe und Ergebnisverantwortung fördern die **Anpassungsfähigkeit** der Tochtergesellschaften an Veränderungen im Wettbewerbsumfeld. Darüber hinaus ist, ähnlich der herkömmlichen Spartenorganisation, eine bessere Anpassung der eigenen Wertschöpfungskette an jene der Marktpartner, insbesondere der Abnehmer möglich (vgl. dazu *Porter* [Wettbewerbsvorteile] 61). Besondere Bedeutung hat die Flexibilität bezüglich der Aufnahme neuer bzw. dem Ausscheiden bestehender Teilbereiche. Käufe und Verkäufe von Teilbereichen sind bei rechtlich selbständigen Sparten leichter und schneller durchführbar als bei einer herkömmlichen Spartenorganisation. Die Holdingstruktur bietet auch günstige Voraussetzungen für Spin-offs und Management-Buy-Outs.

2. Die rechtliche Verselbständigung von Teilbereichen stärkt das **unternehmerische Handeln** in den Holdinggesellschaften. In einer Holding wird vielen kleinen Geschäftsbereichen der Vorzug gegeben vor wenigen großen Geschäftsbereichen. Diese kleinen Bereiche sind überschaubar und konzentrieren sich auf einen unternehmerischen Kernbereich. Sie können Veränderungen in den Kundenbedürfnissen rasch wahrnehmen und individuell auf Nachfragepräferenzen reagieren. Durch die abnehmende Bedeutung der Zentralbereiche wird das Verantwortungsbewusstsein der dezentralen Bereiche gestärkt. **Motivation** und **Innovationskraft** der Mitarbeiter werden gefördert.

3. Die Bedeutung von Kooperationen ist durch die Globalisierung gestiegen. Die rechtliche Selbständigkeit der Sparten fördert das Zustandekommen von **Kooperationen**. Ähnlich wie beim Kauf oder Verkauf von Unternehmensteilen können Entscheidungen schneller getroffen werden. Potenzielle

Kooperationspartner lassen sich besser identifizieren, Vorverhandlungen effizienter führen.

4. Die Management-Holding-Struktur ermöglicht die **eindeutige Zuordnung des Erfolges** zu den einzelnen Holding-Gesellschaften und schafft damit **Transparenz.** Die Verpflichtung zur Aufstellung eines Jahresabschlusses gesondert für jede Holding-Gesellschaft verbessert darüber hinaus die Bewertungsmöglichkeiten der Gesellschaft (des Geschäfts) durch die Kapitalgeber. Handelt es sich bei der Holding-Gesellschaft um eine Kapitalgesellschaft, so treten Publizitätspflichten hinzu.

5. Eine Holding bietet dem **Führungskräftenachwuchs** zahlreiche attraktive Stellen mit viel Entscheidungsspielraum und hoher Verantwortung. Eine motivierende Erfolgsbeteiligung ist leichter, wenn die Teilbereiche wirklich autonom sind.

6. An **Schwächen** sind zu nennen:

   - Die **problematische Kompetenzabgrenzung** zwischen der Management-Holding und den Holding-Gesellschaften kann zu Auseinandersetzungen über die richtige Strategie und damit zu Motivationsproblemen führen. Um Verbundvorteile zu realisieren, kann es notwendig sein, gegen die Einzelinteressen der Gesellschaften zu verstoßen.
   - **Beherrschungsverträge** sowie **Gewinn- und Verlustabführungsverträge** fordern einen eventuellen Verlustausgleich zwischen den Gesellschaften. Eine Unterstützung defizitärer Holding-Gesellschaften durch profitable Gesellschaften (**Quersubventionierung**) kann der Gesamteffizienz schaden und Motivationsprobleme hervorrufen.
   - Die rechtliche Verselbständigung der Sparten erhöht die **Distanz zur „strategischen Spitze"** und kann damit das Verständnis der Holdingleitung für die Probleme der Holding-Gesellschaften reduzieren. Die Holding-Gesellschaften können auf der anderen Seite leichter ihren eigenen Interessen folgen. Dies kann sogar so weit gehen, dass eine Loslösung von der Holding angestrebt wird. So hat z.B. Infineon die Absicht bekundet, sich von der Mutter Siemens zu lösen.
   - Obwohl mit der Holdingstruktur einer Bürokratisierung begegnet werden soll (vgl. *Bühner* [Management-Holding] 28 f.), besteht doch die Gefahr, dass sich die Holding-Obergesellschaft zu einer großen **bürokratischen Konzernzentrale** entwickelt.

- Die zunehmende Autonomie der Geschäftsbereiche macht z.T. einen **Verzicht auf Größenvorteile und Synergien** notwendig.

4 Matrixorganisation

Die Matrixorganisation stellt – wie der Name schon sagt – ein **zweidimensionales Organisationsmodell** dar. Darin unterscheidet sie sich von der Funktionalen Organisation, für die – wie dargelegt – das Einlinienprinzip Gültigkeit hat. Bei der Divisionalen Organisation hatten wir aber bereits Ansätze für eine Mehrfachunterstellung registriert (vgl. S. 329 f.).

Unter einer **Matrixorganisation** versteht man die Bildung von Organisationseinheiten unter gleichzeitiger Anwendung von zwei Gliederungsprinzipien.

4.1 Merkmale

Die Matrixorganisation ist durch folgende Merkmale gekennzeichnet:

- Mehrdimensionalität,
- Mehrliniensystem,
- Dezentralisation.

4.1.1 Mehrdimensionalität

Bei der Matrixorganisation stehen die ausführenden organisatorischen Einheiten im Schnittpunkt zweier Dimensionen. Je nach Konkretisierung dieser Dimensionen unterscheidet man folgende **Modelle der Matrixorganisation:**

- Verrichtungsmatrix in sich,
- Verrichtungs-Objektmatrix,
- Verrichtungs-Regionalmatrix,
- Objekt-Regionalmatrix.

In Abb. 11-7 sind die in der Praxis am häufigsten vorkommenden Matrix-Modelle dargestellt: Die Verrichtungs-Objektmatrix und die Verrichtungsmatrix in sich.

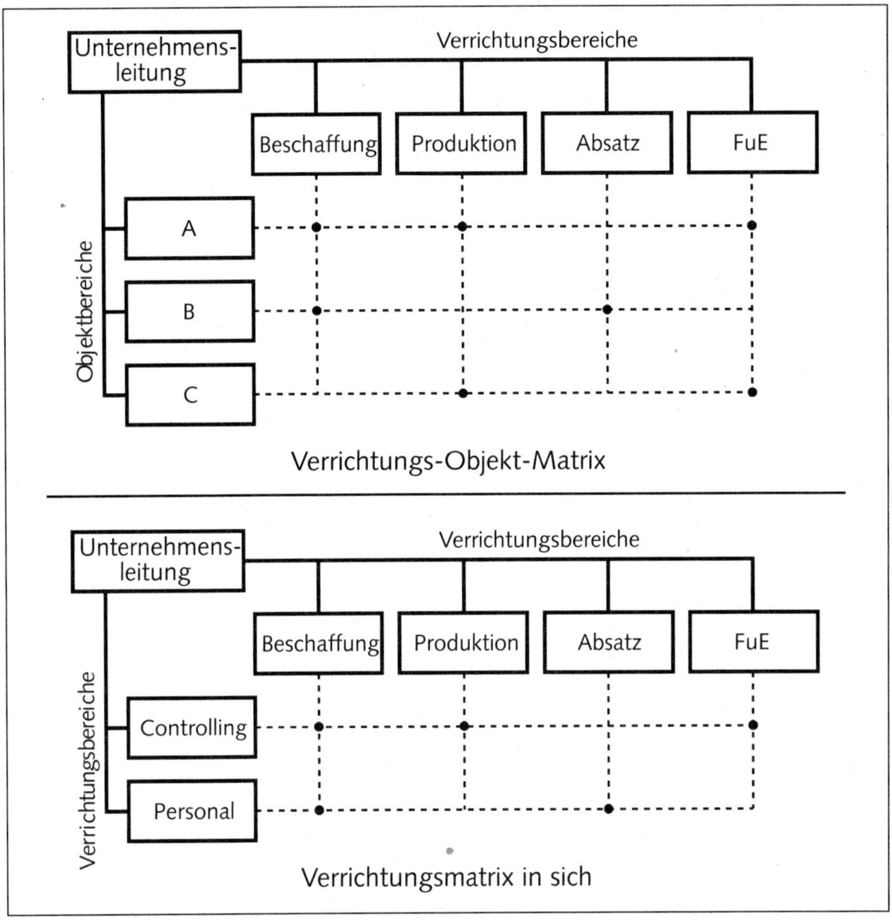

Abb. 11-7: Modelle der Matrixorganisation

Bei der **Verrichtungs-Objektmatrix** findet eine Kombination von organisatorischen Einheiten statt, die nach Objekten und nach Verrichtungen gebildet werden. Als Objekte kommen bspw. Kunden, Produkte und Regionen in Frage. In Abb. 11-7 sind A, B und C jeweils Produkte, denen die Funktionsbereiche Beschaffung, Produktion, Absatz und FuE gegenüberstehen. Die verrichtungsorientierten Matrixstellen bilden i.d.R. die vertikale Dimension im Organigramm der Matrix. Sie werden häufig als Linieninstanz bezeichnet, während die objektorientierten Matrixstellen „Matrixinstanz" genannt werden (vgl. *Scholz* [Matrix-Organisation] 1303). Die Matrixstellen koordinieren entlang ihrer jeweiligen Dimension. Bereits bei der **Divisionalen Organisation** ist uns die Verrichtungs-Objektmatrix in den Grundzügen begegnet; dort sind die Sparten für die Objekte zuständig, die Verrichtungen sind z.T. in den Zentralbteilungen untergebracht.

Bei der **Verrichtungsmatrix in sich** werden zwei verrichtungsorientierte Organisationseinheiten miteinander kombiniert. Dies ist nur sinnvoll, wenn die eine Gruppe der Verrichtungen Querschnittsfunktionen wahrnimmt. Dies trifft in unserem Beispiel für das Controlling und das Personal zu.

Findet eine Kombination von drei Dimensionen statt, entsteht eine **Tensororganisation.** In Abb. 11-8 ist eine denkbare Ausprägung einer Tensororganisation dargestellt, nämlich eine Verrichtungs-Objekt-Regionalmatrix.

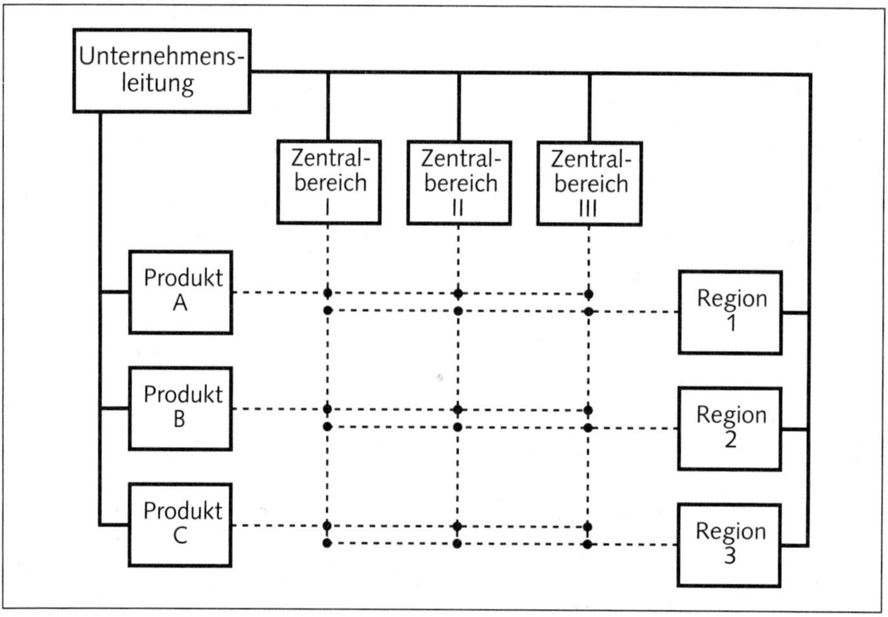

Abb. 11-8: Die Tensororganisation

4.1.2 Mehrliniensystem

Aus dem Merkmal der Mehrdimensionalität ergibt sich zwangsläufig die Verwirklichung des Mehrliniensystems in der Matrixorganisation. Ein Mitarbeiter in der Matrixzelle erhält Weisungen von zwei sich kreuzenden Weisungslinien.

Bei der Tensororganisation handelt es sich gar um drei Weisungslinien. Beim Mehrliniensystem der Matrixorganisation steht nicht so sehr der Spezialisierungseffekt bei den Führungsaufgaben im Vordergrund, sondern vielmehr der **Koordinationseffekt**, der sich durch die Mehrfachunterstellung ergeben soll. Die Koordination in der Matrixorganisation vollzieht sich häufig in Form der Selbstabstimmung im Rahmen eines Koordinationsausschusses, der aus den unterschiedlichen Matrixstellen und Mitarbeitern der Matrixzellen gebildet wird. Der durch die Mehrfachunterstellung der Mitarbeiter institutionalisierte **Konflikt** soll gerade dazu beitragen, Abstimmungsbedarf frühzeitig erkennen zu lassen.

Die beiden Matrixdimensionen sollen grundsätzlich **gleichberechtigt** sein (vgl. *Leumann* [Matrix-Organisation] 3). Dies bedeutet aber nicht, dass bei jedem Problem beide Matrixstellen genau die gleichen Kompetenzen besitzen müssen. Verbreitet ist die Kompetenzabgrenzung mittels „W-Fragen". Die Linieninstanzen entscheiden bspw. über das Wer und Wie, die Matrixinstanzen über das Was und Wann. Von *Leumann* (vgl. [Matrix-Organisation] 76 f.) wird eine solche strikte Trennung von Zuständigkeiten allerdings abgelehnt, weil sie dem Grundgedanken der Matrixorganisation entgegenläuft. Aus dem gleichen Grund lehnt er auch die eindeutige disziplinarische Unterstellung der Mitarbeiter unter eine Matrixstelle ab (104 f.). Die Konflikte sollen in einem ausgeprägten Willensbildungsprozess ausgetragen werden, bei welchem fachliche Kompetenz und Überzeugungskraft mehr Gewicht haben sollen als formale Autorität.

4.1.3 Dezentralisation

Die Matrixorganisation sieht zwar keine den Center-Konzepten vergleichbare dezentrale Einheiten vor, doch bietet der Aufbau der Matrixorganisation die Möglichkeit, Probleme relativ hierarchiefrei in **Gruppen** zu lösen (vgl. *Scholz* [Matrix-Organisation] 1305). An diesen Gruppenentscheidungen partizipieren i.d.R. auch die ausführenden Mitarbeiter in den Matrix-Schnittstellen. Aus Sicht der Unternehmensleitung findet eine starke Delegation statt, weil nicht nur die operativen Tätigkeiten, sondern auch die Koordinationsaufgaben weitgehend den untergeordneten Stellen übertragen werden. In der teamorientierten und dezentralen Ausrichtung der Matrixorganisation wird auch der große Vorzug dieses zweidimensionalen Grundmodells der Organisation gesehen.

4.2 Vorteile, Nachteile

1. Die Mehrfachunterstellung der organisatorischen Einheiten lässt die **Kompetenzabgrenzung** z.T. offen. **Konflikte** und **Machtkämpfe** zwischen den beiden Dimensionen „auf dem Rücken" der organisatorischen Einheit in den Schnittpunkten der Matrixstruktur sind daher wahrscheinlich.

2. Die bewusste Schaffung von Konflikten ist allerdings die Grundidee mehrdimensionaler Organisationsmodelle. Durch diese Strukturierung sollen **kreative Problemlösungen** gefördert werden. Der u.U. langwierige Willensbildungsprozess führt im besten Fall zu einem allseits getragenen **Konsens,** der die Entscheidungsdurchsetzung erleichtert. Die Gefahr langwieriger unfruchtbarer Diskussionen ist aber nicht von der Hand zu weisen.

3. Die Gleichberechtigung unterschiedlicher Instanzen weicht die traditionelle Hierarchie auf. Entscheidungen werden fast immer als **Gruppenentscheidungen** getroffen mit starker Partizipation der Mitarbeiter. Die **Sachkompetenz** gewinnt stärkeres Gewicht als die formale Autorität.

4. Erfolge und Misserfolge lassen sich nur schwer eindeutig zuordnen. Das **„Herumreichen des Schwarzen Peters"** wird gelegentlich als Hauptmerkmal der Matrixorganisation festgestellt.

5. Eine Matrixorganisation ist **kompliziert** und wegen der zahlreichen Führungsstellen auch **kostspielig.** Die ständigen Konflikte können zu einem starken Absicherungsbedürfnis der Organisationsmitglieder führen, was einer **Bürokratisierung** Vorschub leistet.

6. Insgesamt ist festzustellen, dass die Matrixstruktur nur dann die Erwartungen erfüllen kann, wenn eine sog. **Matrixkultur** verbunden mit einer offenen Informationskultur die Matrixstruktur mit Leben füllt, d.h. ein kooperativer Führungsstil und entsprechende persönliche und fachliche Qualifikationen der Mitarbeiter das Verhalten bestimmen. Konflikte müssen als Chance zur Verbesserung der Lösung und nicht als Störung interpretiert werden.

Um die Probleme der Matrixstruktur zu mildern und zugleich die Vorzüge der Mehrdimensionalität zu nutzen, wird in der Praxis häufig einer Dimension ein Kompetenzübergewicht eingeräumt. Die zweite Dimension kommt dann nur in einer die Primärorganisation ergänzenden Sekundärorganisation zum Ausdruck. Die Übergänge zwischen einer klassischen Matrixorganisation und den verschiedenen Kombinationen von Primär- und Sekundärstrukturen sind allerdings fließend. Im Folgenden sollen einige Formen der Sekundärorganisation kurz vorgestellt werden.

5 Sekundärorganisation

5.1 Begriff

Der Begriff der Sekundärorganisation ist unscharf. Häufig wird er verwendet für Ausschüsse, Komitees und ähnliche Gremien, deren Mitglieder – im Gegensatz zur Primärorganisation - nicht ständig zusammenarbeiten, sondern sich nur zu bestimmten Terminen treffen. Die Sekundärorganisation muss aber nicht in Form einer Personenmehrheit auftreten.

Die Aufgaben der **Sekundärorganisation** bestehen in der schnittstellenübergreifenden Koordination und in der Bearbeitung von innovativen oder selten auftretenden Spezialaufgaben.

Als „sekundär" werden diese Organisationseinheiten nicht deshalb bezeichnet, weil sie unwichtig sind. Vielmehr steckt dahinter die Vorstellung, dass die stabile Organisationsstruktur zunächst (primär) auf die effiziente Abwicklung der **Routineaufgaben** ausgelegt ist und dabei zunächst (primär) auf die Koordination über die hierarchischen Leitungsbeziehungen setzt. Diese stabile hierarchische **Primärorganisation** (z.B. eine Funktionale Organisation) ist dann je nach Situation mehr oder weniger ergänzungsbedürftig. Zum einen fallen immer mal komplexe **Sonderaufgaben** (Projekte) an (etwa Bau eines neuen Werkes, Umstellung auf ein neues Produktionsverfahren), für welche organisatorische Zuständigkeiten geschaffen werden müssen. Zum anderen führt jede Art von eindimensionaler Spezialisierung zwangsläufig zu Schnittstellen im Hinblick auf andere Dimensionen, die nach zusätzlichen Koordinationsmaßnahmen verlangen. Bei einer Funktionalen Organisation fehlt es bspw. an einer Stelle, die funktionsübergreifend für ein Produkt zuständig ist. Bei einer Produktspezialisierung kann es zu Schnittstellen im Hinblick auf bestimmte Kundengruppen oder Regionen kommen, die produktübergreifend koordiniert werden müssen. Für diese Koordinationsaufgabe werden eigene Stellen oder Ausschüsse geschaffen. Nach diesem Verständnis umfasst die Sekundärorganisation vor allem hierarchieergänzende und hierarchieübergreifende Organisationsstrukturen (vgl. *Schulte-Zurhausen* [Organisation] 273).

Die Überlagerung der Primärorganisation durch eine Sekundärorganisation ist nicht unproblematisch, da **Abstimmungskonflikte** hervorgerufen werden. Sollen sie vermieden werden, ist der Einsatz eines effizienten Koordinationsmechanismusses unerlässlich.

Im Sinne eines hierarchieergänzenden Koordinationsinstrumentes könnte auch die Unternehmenskultur zur Sekundärorganisation gerechnet werden. Bei einer kooperativen Kultur lassen sich bspw. die Schnittstellen auch durch informale Kommunikation überwinden. Hier soll es jedoch um die geplanten, formalen Einrichtungen der Sekundärorganisation gehen. Beispielhaft sollen folgende **Formen der Sekundärorganisation** vorgestellt werden:

- Produktmanagement,
- Key-Account-Management,
- Projektmanagement,
- SGE-Management.

5.2 Formen

5.2.1 Produktmanagement

Das Produktmanagement übernimmt die produktbezogene, funktionsbereichsübergreifende Koordination aller Aktivitäten in einem funktional gegliederten Unternehmen oder Geschäftsbereich. Die Koordination erfolgt entweder über spezielle Produktmanager, die häufig als Stabsstelle der obersten Unternehmensleitung oder der Absatzleitung zugeordnet sind, oder sie erfolgt durch Selbstabstimmung in einem Produktausschuss. Bei reinem Stabs-Produktmanagement hat der Produktmanager nur indirekt Einfluss, indem er die Entscheidungen der Instanz vorbereitet. Dem Produktmanager können aber auch begrenzte fachliche Weisungsbefugnisse erteilt werden. Je nach Ausprägung der Kompetenzen des Produktmanagers nähert sich diese Organisationsform der Matrixorganisation an (vgl. *Schulte-Zurhausen* [Organisation] 281 ff.).

5.2.2 Key-Account-Management

Während beim Produktmanagement eine die Funktionen übergreifende produktbezogene Koordination erfolgt, um den Verschiedenheiten der Produkte Rechnung zu tragen, findet beim Key-Account-Management (Kundenmanagement) eine kundenbezogene Koordination statt. Sie zeichnet sich dadurch aus, dass einzelne Kunden (insbesondere Schlüsselkunden) eine spezielle Betreuung erfahren. Die institutionellen Voraussetzungen für die Wahrnehmung dieser Querschnittsaufgabe werden durch die Bestellung von Key-Account-Managern geschaffen. Der Vorteil für den Kunden besteht darin, dass Schnittstellen, die ein Kunde überwinden müsste (unterschiedliche Zuständigkeiten), beseitigt werden. Der Unternehmung ihrerseits eröffnet sich die Chance, das Kundenprofil differenzierter und individueller erfassen und damit auch nutzen zu können. Auf dieser Basis lassen sich dann zielgruppenspezifische Marketingkonzepte entwickeln (vgl. *Meffert* [Kundenmanagement]).

Das Key-Account-Management bedient sich heute vor allem der Prozessorganisation, um die Voraussetzungen für die Kundenorientierung zu schaffen. Die einen Kundennutzen stiftenden Prozesse werden kundenorientiert zusammengefasst und einem Prozessverantwortlichen übertragen (zur Prozessorganisation vgl. S. 363 ff.).

5.2.3 Projektmanagement

Projekte sind neuartige, zeitlich befristete und komplexe Vorhaben, die innerhalb einer bestehenden Organisation nicht ohne weiteres abgewickelt werden können. In der Regel ist daher eine besondere Projektorganisation erforderlich, die je nach Grad der organisatorischen Verselbständigung des Projektes gegenüber der Primärorganisation und je nach projektinterner Strukturierung (vgl. *Grün* [Projektorganisation] 2107) unterschiedliche Formen annehmen kann. Wir unterscheiden folgende **Grundformen** der Projektorganisation:

- die Stabs-Projektorganisation,
- die Matrix-Projektorganisation,
- die Reine Projektorganisation.

(1) Die **Stabs-Projektorganisation** (Abb. 11-9) greift am wenigsten in die bestehenden Strukturen ein. Die Hierarchie wird lediglich um die Stabsstelle eines Projektkoordinators ergänzt. Seine Aufgabe besteht darin, die mit Projektaufgaben betrauten Mitarbeiter mit Informationen zu versorgen und ihre Aktivitäten aufeinander abzustimmen. Da der Stab jedoch über keine formalen Weisungsbefugnisse verfügt, spricht man auch vom Einfluss-Projektmanagement.

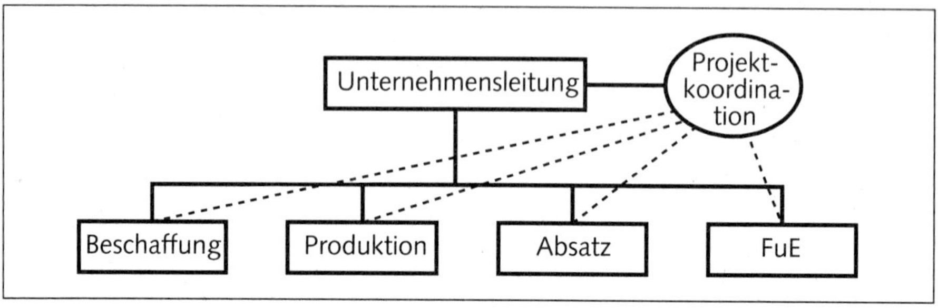

Abb. 11-9: Beispiel für eine Stabs-Projektorganisation

(2) Die **Matrix-Projektorganisation** (Abb. 11-10) entsteht allgemein durch Überlagerung von zwei Gliederungsmerkmalen. Die Mitarbeiter bleiben auf ihren Stellen in der Primärorganisation, bspw. in den Funktionsbereichen. Den Projektleitern werden jedoch Entscheidungs- und Weisungsbefugnisse bzgl. des Projektes zugewiesen. Die Projektmitarbeiter erhalten damit Anweisungen aus zwei Richtungen: zum einen von den Linienstellen der Funktionsbereiche und zum anderen von den Projektleitern. Konflikte zwischen Projektleitung und Funktionsbereichsleitung sind daher vorprogrammiert.

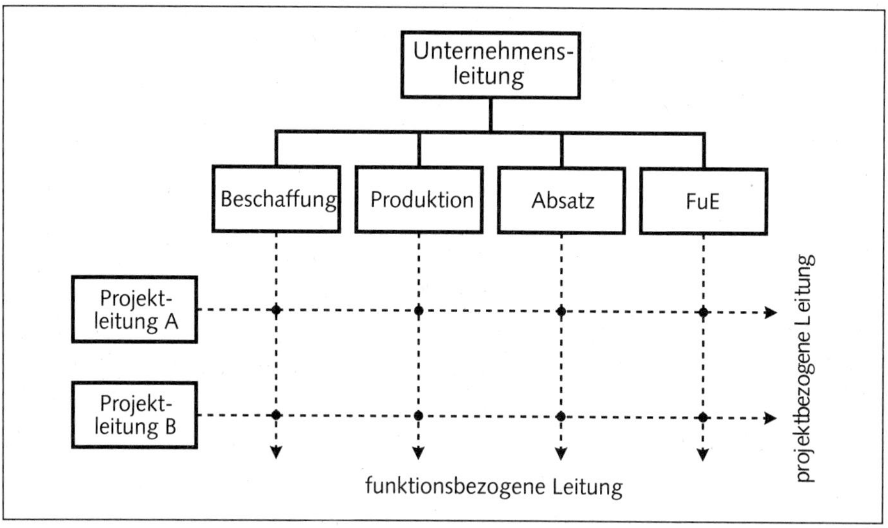

Abb. 11-10: Beispiel für eine Matrix-Projektorganisation

(3) Bei der **Reinen Projektorganisation** (Abb. 11-11) werden alle am Projekt beteiligten Mitarbeiter aus der Primärorganisation ausgegliedert und einer Projektgruppe hauptamtlich zugewiesen. Dem Leiter der Projektgruppe werden weit reichende fachliche und disziplinarische Entscheidungs- und Weisungsbefugnisse übertragen. Ihm obliegt auch die Verantwortung für das Projekt. Damit entsteht neben der Primärorganisation eine weitere Linienorganisation auf Zeit.

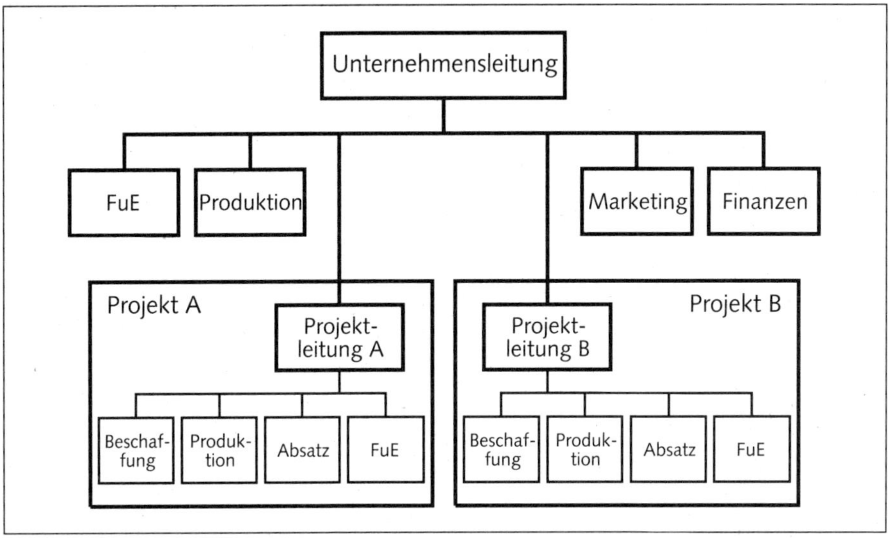

Abb. 11-11: Beispiel für eine Reine Projektorganisation

5.2.4 SGE-Management

Die strategische Planung orientiert sich an solchen Produkt-Markt-Kombinationen, für die sich eine sinnvolle Wettbewerbsstrategie ableiten lässt. Zur Umsetzung der Strategie wäre an sich wünschenswert, wenn solchen umweltorientiert gebildeten strategischen Geschäftsfeldern (SGF) immer auch eine Organisationseinheit – die **strategische Geschäftseinheit** (SGE) – entsprechen würde. Es gilt aber als schwierig, die Primärorganisation strikt an den Erfordernissen der strategischen Planung auszurichten. Die Marktdynamik würde eine ständige Umorganisation erforderlich machen, was nicht sehr sinnvoll wäre. Die operative Effizienz kann außerdem andere Strukturen nahe legen. Daher wird die Einrichtung einer **dualen Organisation** empfohlen (vgl. *Szyperski/Winand* [Duale Organisation] 195 ff.), bei welcher die Primärorganisation durch eine strategisch orientierte Sekundärorganisation ergänzt wird. Dabei sind verschiedene **Formen** der Überlagerung von Primär- und Sekundärorganisation denkbar:

- Die Organisationseinheit der Primärorganisation (bspw. die Sparte) ist mit der SGE identisch.
- Mehrere Organisationseinheiten der Primärorganisation bilden gemeinsam eine SGE.
- Eine Organisationseinheit der Primärorganisation besteht aus mehreren SGEs.

Die strukturelle Verankerung der Sekundärorganisation kann über SGE-Manager erfolgen oder über einen SGE-Ausschuss aus Mitgliedern der beteiligten Primäreinheiten. Werden die strategischen Geschäftseinheiten als zweite Dimension etabliert, erhält man wiederum eine Matrixorganisation (vgl. *Schulte-Zurhausen* [Organisation] 297 ff.).

6 Zusammenfassung

In Abb. 11-12 sind die charakteristischen Merkmale sowie die wesentlichen Vorteile und Nachteile der traditionellen Organisationsmodelle im Überblick dargestellt.

	Charakteristische Merkmale	Wesentliche Vorteile und Nachteile
Funktionale Organisation	• Eindimensionale Spezialisierung nach Funktionen • Einliniensystem • Zentralisation	• Spezialisierungsvorteile • Eindeutige Zuständigkeiten • Mangelnde Gesamtsicht in den Funktionsbereichen • Überlastung der Unternehmensspitze
Divisionale Organisation	• Eindimensionale Spezialisierung nach Objekten • Mehrliniensystem durch Zentralabteilungen • Dezentralisation durch Center-Konzepte	• Marktnähe und Flexibilität • Motivation und unternehmerisches Denken • Entlastung der Unternehmensspitze • Spartenegoismus • Parallelarbeit und Verzicht auf Größenvorteile
Matrix-organisation	• Mehrdimensionale Spezialisierung nach Funktionen und Objekten • Mehrliniensystem • Dezentralisation durch Selbstabstimmung	• Willensbildung durch Gruppen führt zu kreativen und abgestimmten Entscheidungen • Sachkompetenz wird betont • Gefahr destruktiver Konflikte und Machtkämpfe • Unklare Zuständigkeiten führen zu Abschiebung von Verantwortung • Komplexität und hohe Kosten

Abb. 11-12: Die traditionellen Organisationsmodelle im Überblick

Unternehmen können zwischen den erörterten Organisationsmodellen wählen. Bei der Berücksichtigung der beschriebenen Vorteile und Nachteile sind folgende **Aspekte** zu beachten:

1. Eine exakte quantitative Optimierung der Entscheidung zugunsten eines bestimmten Organisationsmodells ist nicht möglich. Zum einen sind i.d.R. viele unterschiedliche – teils qualitative – Ziele nebeneinander zu berücksichtigen. Zum anderen fehlt es an Nachweisen über **exakte Ursache-Wirkungs-Zusammenhänge**. Welche Wirkung bspw. der Autonomiegrad von Organisationseinheiten auf die Motivation und die Kreativität der Mitarbeiter ausübt, lässt sich quantitativ nicht nachweisen.

2. Die Gewichtung der Vorteile und Nachteile wird wesentlich beeinflusst von der **Situation**, in der sich ein Entscheidungsträger befindet. So ist bspw. die Entlastung der Führungsspitze durch Dezentralisierung für ein Kleinunternehmen irrelevant, für ein Großunternehmen dagegen von existentieller Bedeutung. Ein Unternehmen mit engem Produktionsprogramm oder gar mit Einproduktfertigung hat weniger Koordinationsprobleme zu bewältigen als dies bei einem stark diversifizierten Konzern der Fall ist. In dynamischen Umwelten kommt es stärker auf das unternehmerische Denken der Mitarbeiter an als in statischen Umwelten.

3. Die Organisationsmodelle lassen sich **kombinieren**. In der divisionalen Struktur sind die Zentralbereiche häufig funktional organisiert. Auch begegnen wir in der Praxis dem Phänomen, dass in Unternehmen mit Funktionaler Organisation einzelne Aufgabenbereiche objektorientiert organisiert sind. So findet man in Funktionalen Organisationen nicht selten eine Projektorganisation für die Wahrnehmung eines neuen und spezifischen Aufgabenbereichs, wie etwa die Produktentwicklung. In diesem Fall wird die Primärorganisation „Funktionale Organisation“ durch die Sekundärorganisation „Projektorganisation“ überlagert.

4. Die Modelle lassen sich **weiterentwickeln**. Eine Anpassung ist erforderlich, wenn sich die Bedingungen für die Organisation allgemein und speziell für ein Unternehmen geändert haben. Im nächsten Kapitel werden Trends in der Organisationsforschung und in der Organisationspraxis beschrieben sowie die daraus abzuleitenden Organisationsmodelle dargestellt.

Fragen zur Wiederholung

1. Wodurch unterscheiden sich eindimensionale von mehrdimensionalen Organisationsmodellen? (1)
2. Die Funktionale Organisation ist nach dem Verrichtungsprinzip aufgebaut, die Divisionale Organisation nach dem Objektprinzip. Worin besteht der Unterschied zwischen dem Verrichtungsprinzip und dem Objektprinzip? (2.1.1 und 3.1.1)
3. Warum entsteht bei der Funktionalen Organisation ein sog. Kamineffekt? (2.2)
4. Welche Funktionen nehmen Zentralabteilungen in der Divisionalen Organisation wahr? (3.1.1)
5. Wodurch unterscheiden sich Profit Center, Investment Center und Cost Center? (3.1.2)
6. Was versteht man unter dem Spartenegoismus im Rahmen der Divisionalen Organisation? (3.1.3)
7. Inwiefern erleichtert die Divisionale Organisation die Entwicklung unternehmerischer Fähigkeiten und damit die Förderung des Führungskräftenachwuchses? (3.2)
8. Wie entsteht aus einem Stammhauskonzern eine Holding? (3.3.1)
9. Was versteht man unter der Quersubventionierung bei einer Managementholding? (3.3.4)
10. Beschreiben Sie den Unterschied zwischen einer Verrichtungsmatrix in sich und einer Verrichtungs-Objektmatrix. (4.1.1)
11. Worin bestehen die Unterschiede zwischen einer Divisionalen Organisation und einer Verrichtungs-Objektmatrix? (4.1.1)
12. Nehmen Sie Stellung zu der These: Eine Matrixstruktur funktioniert nur dann, wenn eine Matrixkultur in einem Unternehmen vorhanden ist. (4.2)
13. Inwiefern stellt das Key-Account-Management eine Sekundärorganisation dar? (5.1)
14. Die Stabs-Projektorganisation wird auch als Einfluss-Projektorganisation bezeichnet. Was versteht man unter „Einfluss“ in diesem Zusammenhang? (5.2.3)

Fragen zur Vertiefung

1. Entwerfen Sie ein Organigramm für einen Supermarkt, der einmal funktional und zum anderen divisional organisiert ist.
2. Durch die Bildung von Profit Centern findet eine Ergänzung der unternehmensinternen Kontrolle um die Marktkontrolle statt. Welche Vorkehrungen müssen getroffen werden, damit die Marktkontrolle „funktioniert"? Stichwort: Verrechnungspreise.
3. Welcher Zusammenhang besteht zwischen dem Management by Objectives und der Divisionalen Organisation?
4. Nehmen Sie Stellung zu der These: Das Vordringen der Shareholder-Value-Orientierung begünstigt die Einrichtung von Holdingstrukturen.
5. Nehmen Sie Stellung zu der These: Die Matrixorganisation ist eine Schönwetterorganisation.
6. Die Projektorganisation hat in den letzten Jahren an Bedeutung gewonnen. Man spricht in diesem Zusammenhang vom Management by Projects. Als Begründung wird häufig angeführt, Projekte würden das Unternehmertum im Unternehmen (intrapreneurship) fördern. Nehmen Sie dazu Stellung.
7. Um eine Entscheidung zwischen verschiedenen Organisationsmodellen treffen zu können, benötigt man empirisch fundierte Erkenntnisse über Ursache-Wirkungs-Zusammenhänge. Welchen Schwierigkeiten begegnet man bei der Erforschung dieser Zusammenhänge?

Literaturempfehlungen

Bühner, R.: Betriebswirtschaftliche Organisationslehre, 9. A., München, Wien 1999.

Krüger, W.: Organisation der Unternehmung, 3. A., Stuttgart, Berlin, Köln 1994.

Schulte-Zurhausen, M.: Organisation, 2. A., München 1999.

Kapitel 12

Neuausrichtung der Organisationsmodelle

1 Trends: Prozessorientierung, Teamorientierung, Empowerment, Entgrenzung, Dynamisierung

2 Neue Organisationsmodelle: Prozessorganisation, Teamorganisation, Selbstorganisation, Kooperationsmodelle, Lernende Organisation

3 Von traditionellen zu neuen Organisationsmodellen

1 Trends

1.1 Trends als Fortschritt oder Moden

Die **Managementpraxis** ist in einem ständigen Wandel begriffen. Er wird getrieben von „Management-Bestsellern“, die eine „revolutionäre“ Idee propagieren und sie unter einem griffigen Schlagwort als Allheilmittel für die Lösung von Problemen in den Unternehmen „verkaufen“. Sie greifen aktuelle Trends auf und werden ihrerseits zum Trendverstärker.

Kulturmanagement, Lean Management, Total Quality Management, Business Reengineering und Liberation Management sind einige der bekanntesten Schlagworte des letzten Jahrzehnts. Auch die betriebswirtschaftliche Theorie, insbesondere die Organisationsforschung, ist von solchen Moden nicht frei (vgl. *Kieser* [Moden]). Die Wirtschaftspraktiker, die ständig auf der Suche nach einer Patentlösung für alle Organisationsprobleme sind, und die Unternehmensberatungen, die sich in einem Wettbewerb der Ideen und Problemlösungen behaupten müssen, tragen gemeinsam zu einer Dynamisierung der Modewellen bei.

Dass auch **Theorien** dem Auf und Ab von Moden unterliegen und sich nicht einfach gradlinig fortentwickeln, ist ein von der Wissenschaftsforschung in allen Disziplinen registriertes Phänomen (vgl. *Krohn/Küppers* [Selbstorganisation]). Dies hat sowohl Nachteile als auch Vorteile. Bezogen auf die Management- oder Organisationsmoden wird **kritisiert** (vgl. *Kieser* [Moden]), dass

- komplexe Sachverhalte allzu grob **vereinfacht** werden; es wird oft nur ein ganz bestimmter Schlüsselfaktor in den Vordergrund gestellt.
- **leichte Umsetzbarkeit** suggeriert wird; selbst radikaler organisationaler Wandel wird als ohne weiteres machbar dargestellt.
- die **Vermarktung** im Vordergrund steht; die Kategorien der Wahrheit und Fruchtbarkeit eines Ansatzes treten zurück hinter die Kategorien der Attraktivität und Durchsetzbarkeit auf dem „Markt der Ideen".

Die Dynamik der Moden hat aber nicht nur Nachteile. Es ist nämlich zu erwarten, dass die Fülle der Ideen auch zu einem Erkenntnisfortschritt führt. Dieser **Fortschrittsprozess** lässt sich auf verschiedene Art und Weise mit den Moden verbinden:

- **Fortschritt durch Dialektik:** Wenn ein in Mode gekommenes Konzept unangenehme Nebenwirkungen zeitigt, entwickelt sich flugs eine „Gegenmode" (vgl. *Kieser* [Moden] 33). Nach der Methode der Dialektik eröffnet sich damit die Chance, über These und Antithese zur Synthese zu finden und so einen Erkenntnisfortschritt zu erzielen.
- **Fortschritt durch Lernen:** Die Moden können als Test in einem Versuchs-Irrtums-Prozess interpretiert werden. Organisationsmoden führen zu Experimenten, aus denen (auch schlechte) Erfahrungen gewonnen werden können.
- **Fortschritt durch Evolution:** Evolutionärer Fortschritt ist nur möglich durch Variationen. Die Moden liefern sozusagen den Rohstoff für die Evolution und den Fortschritt.

Nicht jeder modische Trend erweist sich automatisch als Fortschritt, aber ohne solche Moden ist ein Fortschritt auch schwer vorstellbar. Selbst wenn alte Erkenntnisse nur neu verpackt werden, kann dies einen Fortschritt bedeuten, weil immer schon richtige und nützliche Ideen auf einmal durchsetzbar werden, wenn sie eben voll im Trend liegen.

Im Folgenden sollen **die wichtigsten Trends** der letzten Jahre umrissen werden. Es geht dabei zunächst um eine Darstellung der Ideen und „Leitbilder" (*Kieser* [Moden] 26). Anschließend wird überlegt, wie sich diese Trends in praktischen Organisationsmodellen konkretisieren lassen.

Trends		Organisationsmodelle
• Prozessorientierung	→	• Prozessorganisation
• Teamorientierung	→	• Teamorganisation
• Empowerment	→	• Selbstorganisation
• Entgrenzung	→	• Kooperationsmodelle
• Dynamisierung	→	• Lernende Organisation

Abb. 12-1: Aktuelle Trends und neue Organisationsmodelle

1.2 Prozessorientierung

Der Begriff „Prozess" hatte in den letzten Jahren Konjunktur: Im Rahmen des Lean-Management-Konzeptes ist die Prozessorientierung ein fundamentales Prinzip (vgl. *Pfeiffer/Weiss* [Lean] 63 ff.). Das japanische Kaizen verlangt eine ständige Kostensenkung durch kontinuierliche Prozessverbesserung (vgl. *Imai* [Kaizen]). *Porter* propagiert eine Orientierung am Wertschöpfungsprozess, um Wettbewerbsvorteile zu generieren (vgl. [Wettbewerbsvorteile]). Im internen Rechnungswesen gilt die Prozesskostenrechnung als zukunftsweisend. Und „Unternehmensprozesse" ist „das wichtigste Wort überhaupt" im Business Reengineering (*Hammer/Champy* [Business] 52). Das sog. Supply Chain Management verlangt die konsequente Abstimmung der einzelnen Glieder der Wertschöpfungskette vom Lieferanten bis zum Nutzer.

Unter einem **Prozess** versteht man eine zusammenhängende Folge von Tätigkeiten, die einen Kundennutzen erzeugen.

Mit dem Begriff „Prozess" werden häufig folgende Gedankenverbindungen hergestellt:

- dynamisch, fließend,
- ganzheitlich, integriert,
- horizontal und
- kundenorientiert.

Ein Prozess überdeckt einen Zeitraum mit einem zu definierenden Anfang und Ende. Innerhalb dieses Zeitraums findet eine Veränderung statt, d.h. am Ende des Prozesses steht etwas anderes als am Anfang. Der Prozess umfasst diese dynamische Entwicklung von etwas zu etwas anderem, produktionstheoretisch ausgedrückt die Transformation von Input zu Output durch eine Folge von Aktivitäten.

Diese Folge von Aktivitäten steht in einem **inneren Zusammenhang.** Der Prozess wird näher bestimmt als Bündel von Aktivitäten, als ganzheitliche, integrierte Operationsfolge, die zum gewünschten Output führt.

An der Abwicklung von Prozessen sind i.d.R. mehrere Stellen, bei umfangreichen Prozessen auch mehrere Abteilungen oder sogar mehrere Unternehmen beteiligt. Die mit der Wahrnehmung von Funktionen betrauten Prozessbeteiligten müssen daher horizontal koordiniert werden. Dies ist eine wesentliche Aufgabe des Prozessmanagements. Der Output des Prozesses soll dabei auf die **Lösung eines Kundenproblems** gerichtet sein bzw. für den Kunden ein Ergebnis von Wert erzeugen. Auch innerbetriebliche Stellen, die Vorleistungen und Dienstleistungen empfangen, werden als „Kunden" verstanden.

Der Grundgedanke der Prozessorientierung besteht darin, dass viele Einzelaktivitäten in den Unternehmen interdependent sind und daher zusammengehören, durch die herkömmliche Arbeitsteilung aber „zerschnitten" werden. Dieser Sachverhalt kann darauf zurückgeführt werden, dass im traditionellen Organisationsprozess die Strukturierung des Aufbaus derjenigen des Ablaufs vorgelagert ist. Der dynamische Aspekt der Prozessabläufe spielt beim Aufbau noch keine Rolle. Daher kann es passieren, dass Abläufe, die logisch zu einem Prozess gehören (z.B. Auftragsabwicklung), sehr viele **Schnittstellen** zu überwinden haben, weil die Teilaktivitäten auf verschiedene Personen oder Abteilungen verteilt sind. Eine Prozessorganisation verfolgt demnach in erster Linie das Anliegen, eine geringere und vor allem „andere" Arbeitsteilung zu verwirklichen.

Die Prozessorientierung kann unter institutionenökonomischen Aspekten analysiert und bewertet werden. Ein Bezug zur Transaktionskostentheorie liegt nahe, weil eine Transaktion als Übertragung eines Gutes oder einer Leistung über eine technisch trennbare Schnittstelle hinweg definiert wird (vgl. *Williamson* [Institutionen] 1). Es ist das Ziel einer Prozessorganisation, die Anzahl der Schnittstellen im Unternehmen und damit zugleich – so könnte man sagen - die internen Transaktionskosten (Hierarchiekosten) zu reduzieren. Überträgt man interdependente Teilaufgaben in die Verantwortung einer Stelle oder Stellenmehrheit, entfallen die Kosten der „Übergabe" von einer Stelle auf die andere

(z. B. durch Zeitverzögerungen, Übergabeverhandlungen, Missverständnisse). Der Transaktionskostenansatz sagt zwar weniger über die interne Arbeitsteilung aus und mehr über die Grenzziehung zwischen Unternehmung und Markt, dennoch kann sein Erklärungspotenzial teilweise auch auf die interne Strukturgestaltung übertragen werden (vgl. *Picot/Dietl/Franck* [Organisation] 73).

Auch ein Bezug zur Principal-Agent-Theorie ist möglich. Bei sehr vielen Schnittstellen im Unternehmen und zersplitterter Verantwortlichkeit kann die Leistung eines Organisationsmitgliedes nur schwer kontrolliert und belohnt werden. Die Verantwortung für Fehler lässt sich dann leicht abschieben. Fallen dagegen alle Teilaufgaben eines Gesamtprozesses in die Verantwortung einer Stelle oder Stellenmehrheit, kann die extrinsische Motivation über Kontrolle und materielle Leistungsentlohnung besser zur Geltung kommen, die Agencykosten sind damit geringer (vgl. *Picot/Dietl/Franck* [Organisation] 272). Das in der Tradition der Human-Relations-Bewegung stehende Bedürfniskonzept der Motivation verweist dagegen eher auf die intrinsisch motivierende Wirkung der ganzheitlichen Aufgaben, welche die Einbringung verschiedener Fähigkeiten erlauben sowie mehr Selbstbestimmung und mehr Verantwortung zulassen. Die Argumentation beider Ansätze verläuft trotz der ähnlichen Gestaltungsempfehlungen teilweise konträr, denn die von der Agencytheorie für motivierend gehaltene Fremdkontrolle wirkt nach dem Bedürfniskonzept eher demotivierend.

1.3 Teamorientierung

Aufgaben können einzelnen Mitarbeitern oder sog. Stellenmehrheiten übertragen werden. Wenn mehrere Mitarbeiter gemeinsam eine Aufgabe erfüllen und sich untereinander selbst abstimmen, spricht man von Gruppen- oder Teamarbeit.

Ein **Team** ist eine auf Dauer oder vorübergehend zusammengehörige, zahlenmäßig überschaubare Gruppe von Personen, die sich durch eine gemeinsame Zielsetzung, relativ hohe, grundsätzlich aber begrenzte Autonomie und eine spezifische Arbeitsform (Teamwork) auszeichnet.

Gruppenarbeit ist im Prinzip nichts Neues. *Taylor* berichtet bspw., dass im „alten System“ sog. „Rotten“ von Arbeitern nebeneinander agierten und als Gruppe entlohnt wurden. Er lehnte die Gruppenarbeit aber entschieden ab, weil nach seiner Meinung das Niveau der Arbeitsleistung vom faulsten Gruppenmitglied bestimmt würde (vgl. [Grundsätze] 76). Ähnliche Bedenken meldet auch die Institutionenökonomik an. Weil bei Teamarbeit jeder von den Anstrengungen der anderen mit profitieren kann, entstehen externe Effekte. Nach dem Menschenbild der Verfügungsrechtstheorie werden sich die Gruppenmitglieder unter diesen Voraussetzungen als Trittbrettfahrer betätigen und ihre Leistung zurückhalten. Der von der Human-Relations-Bewegung inspirierte soziotechnische Ansatz plädierte wiederum nachdrücklich für Gruppenarbeit. Nach einer lebhaften Diskussion der Gruppenarbeit in den 70er Jahren (im Zusammenhang mit der Fertigungsorganisation bei Volvo) geriet die Idee etwas in Vergessenheit und wurde erst in den letzten Jahren wiederentdeckt. In vielen modernen Management-Konzeptionen (Lean Management, Business Reengineering, organisationales Lernen) spielt die Teamorientierung wieder eine zentrale Rolle. Die Teamarbeit ist insofern eine logische **Folge der Prozessorientierung**, als die größeren, zusammenhängenden Aufgabenbereiche (Prozesse) oft nicht allein von einer Einzelperson zu bewältigen sind.

Gruppenarbeit wird heute nicht mehr in erster Linie als humane, sondern vor allem **als effiziente Arbeitsform** gepriesen (vgl. *Katzenbach/Smith* [Teams]). Der Gruppe wird eine motivierende, stimulierende und kontrollierende Funktion zugewiesen. Mitglieder einer Gruppe fühlen sich integriert und verbunden, entwickeln ein „Wir-Gefühl“, ergänzen sich gegenseitig durch ihre Fähigkeiten, sind kreativer und regen sich wechselseitig zu Höchstleistungen an, lauten die Argumente. Die Fremdkontrolle wird ersetzt durch die wechselseitige soziale Kontrolle der Organisationsmitglieder untereinander, was durch entsprechende Entlohnungsformen (z.B. Gruppenprämien) noch verstärkt werden kann. Anzunehmen ist auch, dass sich in der Gruppe Gefühle wechselseitiger Verpflichtung (Reziprozität) und Loyalität entwickeln. Negative Aspekte wie Gruppendruck, eine erhöhte Risikobereitschaft, leistungssenkende informale Normen und Konflikte mit Fremdgruppen werden (vor allem von der Beraterliteratur) gerne heruntergespielt. Zu den Vor- und Nachteilen der Gruppe vgl. auch *Wiswede* [Gruppen].

1.4 Empowerment

Hinter dem Schlagwort „Empowerment“ verbergen sich Gestaltungsempfehlungen, die ebenfalls – wie die Teamorientierung – in der Tradition von Human-Relations-Bewegung und Soziotechnik verwurzelt sind (vgl. *Gerum/Schäfer/ Schober* [Empowerment]). Es geht darum, den Mitarbeitern einen höheren Grad an

Autonomie zuzugestehen, sie zu eigenen Entscheidungen zu ermächtigen und zu befähigen (vgl. *Schreyögg* [Organisation] 274, *Pesch* [Empowerment]).

Empowerment heißt, mehr Kompetenzen, Befugnisse und Wissen, d.h. auch mehr Macht, auf die Mitarbeiter zu übertragen.

Nancy Foy ([Empowering] 4) illustriert den Unterschied zwischen Entscheidungsdelegation und Empowerment mit einem Alltagsbeispiel: Wenn eine Mutter ihrer Tochter Geld gibt, damit diese sich selbst eine Jeans kauft, findet Entscheidungsdelegation statt. Wenn die Tochter aber Geld erhält ohne eine detaillierte Vorgabe, wofür sie es ausgeben soll, dann liegt Empowerment vor. Übertragen auf die Mitarbeiter eines Unternehmens bedeutet Empowerment also vor allem, die Mitarbeiter mit mehr Entscheidungsspielraum, mehr Autonomie auszustatten.

Autonomie bedeutet Unabhängigkeit und Selbständigkeit. Unabhängigkeit von Weisungen kann als vertikale, Unabhängigkeit von anderen Unternehmensbereichen als horizontale Autonomie bezeichnet werden. Autonomie ist nur unter bestimmten Rahmenbedingungen möglich. Große Entscheidungs- und Gestaltungsspielräume ergeben sich nur, wenn umfangreiche Bündel zusammenhängender Teilaufgaben geschnürt und auf Gruppen übertragen werden. Die drei Trends der Prozessorientierung, der Teamorientierung und des Empowerment ergänzen sich also.

Die Freiheitsgrade der Gestaltung innerhalb der Gruppe nehmen außerdem mit den wachsenden Fähigkeiten und Fertigkeiten der Mitglieder zu. Wenn viele Gruppenmitglieder mehrere Teilaufgaben gleichermaßen beherrschen (Polyvalenz, Redundanz; vgl. *Probst* [Selbst-Organisation] 136 f.), eröffnen sich bspw. verschiedene Möglichkeiten der Arbeitsteilung innerhalb der Gruppe.

Den Organisationsmitgliedern wird mit dem „Empowerment" nicht nur mehr Macht, sondern auch mehr **Verantwortung** zugemutet (vgl. *Sprenger* [Selbstverantwortung]). Man muss daher auch ein großes **Vertrauen** in das Wissen und Können sowie die Loyalität der Mitarbeiter setzen. Das dem Empowerment zugrundeliegende Menschenbild ist sehr optimistisch: Menschen wollen Verantwortung tragen, lernen, gute Arbeit verrichten, etwas leisten. Kontrolle soll dabei vor allem in Form der Selbstkontrolle und der Gruppenkontrolle stattfinden (vgl. *Foy* [Empowering]).

Auch das Empowerment verfolgt letztlich **Effizienzziele**. Man verspricht sich u.a. eine verbesserte Motivation der Mitarbeiter, eine bessere Ausnutzung der Humanressourcen, mehr Schnelligkeit in den Abläufen, größere Flexibilität, mehr Kundenorientierung. Solche Effizienzvorteile einer erweiterten Mitarbeiterautonomie wurden auch schon vom soziotechnischen Ansatz berücksichtigt (vgl. *Emery/Thorsrud* [Demokratie]), aber nicht in den Mittelpunkt gestellt. Die situativen Bedingungen für eine erfolgreiche Umsetzung des Empowerment sind heute jedoch eher noch besser geworden. Der oft zitierte Wertewandel hin zu Selbstentfaltungswerten und weg von Pflicht- und Akzeptanzwerten begünstigt Autonomie am Arbeitsplatz ebenso wie die i. Allg. hohe Qualität der Ausbildung. Die geringere Planbarkeit der Zukunft, welche durch eine dynamische und komplexe Umwelt erzeugt wird, erfordert die Delegation von Verantwortung auf die Mitarbeiter, damit diese situativ flexibel reagieren können. Die „Ermächtigung" der Mitarbeiter greift allerdings auch in das bestehende Machtgefüge im Unternehmen ein. Dass diese Umverteilung von Macht nicht ohne Probleme und Widerstände ablaufen wird, ist zu erwarten.

1.5 Entgrenzung

Nach dem institutionellen Organisationsbegriff **ist** die Unternehmung eine Organisation. Zu den Merkmalen der Organisation „Unternehmung" gehört es, dass sie erkennbare Grenzen aufweist. Es gibt die Institution und die Umwelt, Mitglieder und Nichtmitglieder, Ein- und Austritte. Für die moderne Systemtheorie ist es die zentrale Aufgabe jedweder sozialer Systeme, diese Innen-Außen-Differenz zu erhalten (vgl. *Willke* [Systemtheorie] 57).

Obwohl uns die Denkweise völlig geläufig ist, dass ein Unternehmen ein klar umrissenes Gebilde darstellt, ist es bei näherem Hinsehen gar nicht so einfach festzustellen, wer nun zur Organisation gehört und wer nicht. Für *Cyert/March* (vgl. [Theorie] 29) ist die Unternehmung eine Koalition, der Manager, Arbeiter, Aktionäre, Lieferanten, Kunden, Rechtsanwälte, Finanzbehörden, Aufsichtsbehörden usw. angehören. Die Grenzen der organisationalen Koalition sind nach ihrer Meinung nicht ein- für allemal festzulegen. Üblicher ist es, Lieferanten, Kunden, Anwälte und Behörden zur Umwelt der Organistion zu zählen (vgl. *Probst* [Organisation] 28) und hauptsächlich Eigentümer, Manager und Mitarbeiter zu den Organisationsmitgliedern zu rechnen.

Ein mögliches Merkmal, nach welchem Mitglieder von Nichtmitgliedern unterschieden werden könnten, ist die Art der Vertragsgestaltung. Mitglieder sind durch Arbeitsverträge in die Organisation eingebunden. Arbeitnehmer unterstehen damit den Arbeitgebern, welche ein Weisungsrecht bekommen. Die Arbeitnehmer verpflichten sich allgemein, Leistungen für die Organisation zu erbringen, die erst situativ im Detail festgelegt werden. Die Bindung ist typischerweise auf Dauer angelegt und es findet auch eine soziale Einbindung statt. Nichtmitglieder sind über Kaufverträge, Werkverträge und Kreditverträge mit dem Unternehmen verbunden. Leistung und Gegenleistung sind präzise festgelegt, die Beziehung ist auf den (flüchtigen) Akt des Vertragsabschlusses beschränkt, die Vertragseinhaltung ist über die Rechtsprechung gesichert, eine soziale Einbindung findet nicht statt (vgl. *Williamson* [Institutionen] 77 ff.). Der Transaktionskosten-Ansatz zieht die Grenze zwischen „Hierarchie" (Organisation) und „Markt" nach diesen Vertragstypen.

Unabhängig davon, nach welchen Grundsätzen eine **Grenzziehung zwischen Organisation und Markt** erfolgt, eine Aufweichung der Grenzen ist generell festzustellen. Gehen wir von der Grenzziehung nach Vertragstypen i.S. des Transaktionskosten-Ansatzes aus, ist zu beobachten, dass sich die hybriden Vertragsformen, die sowohl Hierarchie- als auch Marktmerkmale aufweisen, zunehmend ausbreiten und damit zu einer „Entgrenzung" beitragen.

Entgrenzung bedeutet, dass die Grenzen der Unternehmung zunehmend undeutlicher werden. Mitglieder sind von Nichtmitgliedern immer schwerer zu unterscheiden.

Mitarbeiter werden nur noch befristet eingestellt oder sind „freie Mitarbeiter", die auf der Basis von Werkverträgen arbeiten. Bisherige Mitarbeiter werden als Dienstleister in die (Schein-)Selbständigkeit entlassen, ihre Dienste bei Bedarf gekauft. Die Bindung zwischen der Unternehmung und ihren Mitarbeitern lockert sich also. Auf der anderen Seite schließen viele Unternehmen mit wichtigen Lieferanten langfristige Verträge, nehmen Einfluss auf deren Geschäftsführung und wollen eine vertrauensvolle Beziehung zu ihnen aufbauen, so etwa zwischen Automobilhersteller und Zulieferern. Die Bindung zwischen der Unternehmung und den „Externen" verfestigt sich. Es wird angestrebt, die Anreiz- und Flexibilitätsvorteile des institutionellen Arrangements „Markt" mit den Vorteilen der „Hierarchie" (soziale Einbindung, Weisungsbefugnis) zu verknüpfen. **„Die grenzenlose Unternehmung"** gilt als Organisation der Zukunft (vgl. *Picot/Reichwald/Wigand* [Unternehmung]).

1.6 Dynamisierung

Einen Trend zur Berücksichtigung der „Dynamik“ in der Organisationstheorie beobachtete *Türk* ([Entwicklungen] 51 ff.) schon vor Jahren. Die Organisationstheorie setzt sich in der Tat verstärkt mit der Frage auseinander, wie Ordnung im Unternehmen entsteht und sich wandelt. Der Prozess der Ordnungsbildung und -veränderung kann bspw. nicht nur als mehr oder weniger rationaler Entscheidungsprozess, sondern auch als Evolutionsprozess, als Lernprozess oder als autopoietischer (griechisch autos = selbst, poien = machen, also = sich selbst erzeugender) Prozess modelliert werden. Rückt diese Erkenntnis in das Blickfeld, werden auch ungeplante und ungewollte Prozesse zum Thema.

Dynamisierung bringt zum Ausdruck, dass man die Themen „Entwicklung“, „Veränderung“, „Wandel der Organisation“ stärker beachtet.

Die Organisationstheorie vollzieht die Wandlungsprozesse aber nicht nur nach, sondern bewertet die Veränderung der Organisation zunehmend positiv. Allenthalben wird ein (radikaler) Wandlungsbedarf diagnostiziert. Wie dieser Wandel zu bewerkstelligen ist, das ist allerdings strittig.

„Klassisch“ ist die Sichtweise, dass der gewünschte Organisationstyp durch gezieltes, rationales Vorgehen hergestellt werden kann. **Organisationaler Wandel** ist danach ein wohldefiniertes Projekt mit Anfang und Ende, mit einzelnen Ablaufphasen, zuständigen Stellen und passenden Techniken. Nach der entgegengesetzten Sichtweise ist ein zielgerichteter Wandel dagegen praktisch ausgeschlossen. Man kann höchstens sehr viele Varianten erzeugen in der Hoffnung auf eine vorteilhafte Evolution (evolutionstheoretischer Ansatz). Zwischen diesen Extremen liegen die Konzepte der Organisationsentwicklung (OE) und des organisationalen Lernens. OE steht dem Gedanken des direkten, geplanten, technologischen Wandels näher. Probleme (Widerstände, Beharrungsvermögen, ungeplante Prozesse) werden aber durchaus erkannt (vgl. *French/Bell* [Organisationsentwicklung]). Mit der Idee des organisationalen Lernens ist eher die Vorstellung verknüpft, dass der eigentliche Wandel nur indirekt angestoßen werden kann und sich dann endogen im System vollzieht, ohne dass man genau weiß, was schließlich herauskommt. Damit werden geplante Prozesse aber nicht völlig ausgeschlossen. Dass die **„Lernfähigkeit“** der Organisation gezielt zu verbessern sei, etwa durch Änderungen in Struktur, Führung und Personalpolitik, ist eine weit verbreitete Meinung (vgl. z.B. *Wieselhuber* [Handbuch]).

Der rationalen Organisationsgestaltung wird also keineswegs eine Absage erteilt. Das Problembewusstsein hinsichtlich der Schwierigkeiten, einen gewollten Organisationszustand systematisch herbeizuführen, ist aber insgesamt deutlich gestiegen. Der Human-Relations-Ansatz, der evolutionstheoretische, der interpretative und der Selbstorganisationsansatz machen Aussagen zu den Prozessen der Ordnungsentstehung im Unternehmen, welche die Vorstellung der gezielten Machbarkeit ergänzen und auch in Frage stellen.

2 Neue Organisationsmodelle

2.1 Prozessorganisation

2.1.1 Grundidee

Die Kritik an der herkömmlichen Art der Arbeitsteilung vereint die Verfechter einer Prozessorganisation. Arbeitsteilung schafft **Schnittstellen**, erzeugt Koordinationsbedarf und verlangsamt dadurch die Abläufe im Unternehmen. Nun kann wegen dieser – bekannten – Folgen nicht völlig auf Arbeitsteilung verzichtet werden, auch wenn das Business Reengineering diese Radikallösung suggeriert (vgl. *Hammer/Champy* [Business] 70). Arbeitsteilung bleibt sinnvoll und in größeren Unternehmen auch völlig unverzichtbar. Nicht die Abschaffung der Arbeitsteilung ist daher das eigentliche Ziel der Prozessorganisation, sondern eine andere Art der Arbeitsteilung. Zu Recht kritisiert wird eine exzessive, „tayloristische" Spezialisierung auf einzelne Funktionen. Das **Gegenprogramm der Prozessorganisation** lautet:

- Zusammenhängende Verrichtungen sowie
- Denken und Handeln,
- Entscheiden und Ausführen sollen
- kundenorientiert zusammengefügt und
- einem Prozessverantwortlichen (bzw. einem Team) übertragen werden.

Die Grundidee der **Prozessorganisation** besteht darin, dass kundenorientierte Prozesse Gegenstand der Strukturierung von Unternehmen sein sollen. Es werden somit organisatorische Einheiten mit Prozessverantwortung geschaffen.

Hammer/Champy ([Business] 53 ff., 73 ff.) führen die Verbesserungsmöglichkeiten durch Prozessorganisation an unterschiedlichen Fallbeispielen vor. So wurde die Kreditgewährung an IBM-Kunden durch die IBM Credit Corporation ursprünglich von sechs verschiedenen Mitarbeitern bearbeitet, die jeweils auf eine Teilaufgabe spezialisiert waren. Seit ein Generalist (Deal Structurer genannt) den gesamten Prozess alleine übernommen hat, dauert die Abwicklung eines Kreditantrages nicht mehr 7 Tage, sondern 4 Stunden. Bei der Fernmeldegesellschaft Bell Atlantic wurde der Prozess „Abwicklung eines Installationsauftrages" einer Gruppe von Mitarbeitern (Case Team genannt) übertragen, wodurch die benötigte Zeit von 30 auf 3 Tage verkürzt werden konnte. Die Grundidee, die Prozessschritte kundenorientiert zusammenzufassen, trägt auch bei rein unternehmensinternen Prozessen. Die Fertigung kann bspw. durchaus als „Kunde" der Materialbeschaffung gesehen werden.

Prozessorganisation bietet folgende **Vorteile** (vgl. *Servatius* [Reengineering]):

- Prozessbeschleunigung,
- Kostensenkung,
- Qualitätsverbesserung,
- verstärkte Kundenorientierung,
- Verbesserung der Innovationsfähigkeit,
- Steigerung der Motivation der Mitarbeiter,
- Übernahme von Gesamtverantwortung.

Generell wird eine **Änderung im Denken** erwartet. Die starke Identifikation mit innerbetrieblichen Funktionen, die eine Zusammenarbeit bspw. zwischen Abteilungen bislang oft erschwert, soll abgelöst werden von einer Orientierung am Gesamtunternehmen oder sogar an überbetrieblichen Prozessen. Zum Gesamtprozess der Erzeugung eines Kundennutzens am Markt gehören nämlich auch die Vorleistungen, die außerhalb der Grenzen der Unternehmung erbracht werden. **„Ganzheitlich"** zu denken, ist daher eine häufige Forderung im Zusammenhang mit der Prozessorganisation.

Eine Prozessorganisation bringt allerdings u.U. auch **Nachteile** mit sich. Da die Spezialisierung zurückgefahren wird, ist immer dort mit nachteiligen Wirkungen zu rechnen, wo die Spezialisierungsvorteile groß sind. So können bspw. Schnittstellen vermieden werden, wenn eine Projektleiterin ihren Projektbericht selbst schreibt. Übergabeprozeduren zwischen Führungskraft und Schreibkraft mit Erklärungen und Rückfragen entfallen. Wenn allerdings komplizierte grafische Abbildungen auf dem PC zu erstellen sind, dann kann eine dafür ausgebildete Expertin diese Aufgabe vermutlich sehr viel besser, schneller und kostengünstiger erledigen, als die Projektleiterin, die dafür nicht ausgebildet ist. Überdies kann die Ausdehnung der Stellenaufgaben auf solche fachfremden Aufgaben demotivierend wirken, weil sie den Stelleninhaber überfordern oder auch weil sie sich mit dem Status der Stelle nicht vertragen.

2.1.2 Business Reengineering

Vor allem *Hammer/Champy* stellen heraus, dass Prozessorganisation einen grundsätzlichen Wandel des Unternehmens bedeute. In ihrem 1993 erschienenen Buch **„Business Reengineering"** (in der deutschen Übersetzung von 1994: „Radikalkur für das Unternehmen") versprechen sie eine radikale Veränderung: Wir werden zeigen, „wie die heutigen Unternehmen eine wahrhafte Renaissance einleiten können." Wie der Begriff „Reengineering" schon vermuten lässt, stellen sie sich diesen Wandel als planmäßig machbar vor. Sie und andere empfehlen eine systematische Vorgehensweise nach einem **Phasenmodell**, welches etwa folgendermaßen aussieht (vgl. *Bea/Haas* [Management] 405):

(1) **Selektion:** Auswahl und Abgrenzung wichtiger Prozesse, der sog. Kernprozesse. In die Auswahl müssen solche Prozesse fallen, die durch intensiven Ressourcenverbrauch oder hohen Anteil am Kundennutzen gekennzeichnet sind. Ein Kernprozess könnte etwa die Auftragsabwicklung bei einem Unternehmen der Werkzeugmaschinenbranche sein, bei einem Kreditinstitut die Abwicklung einer Anfrage auf Kreditgewährung.

(2) **Analyse:** Ermittlung der Ist-Situation durch Analyse der Prozessstruktur, Zerlegung der Kern- in Teilprozesse sowie Ermittlung der Prozessverantwortlichen, des Ressourcenverbrauchs und der Prozessdauer je Teilprozess. Als Technik der Prozessanalyse steht etwa die Wertkette nach *Porter* zur Verfügung (vgl. S. 314 f.).

(3) **Gestaltung:** Entwicklung der Soll-Prozessstruktur auf der Basis der strategischen Zielsetzung der Unternehmung. Dabei sind zwei Entscheidungen zu treffen: Einmal ist darüber zu befinden, welche Prozesse selbst wahrgenommen und welche ausgegliedert werden sollen (outsourcing). Zum anderen ist zu entscheiden, welche Prozesse zu integrieren sind, um der Intention der Prozessorganisation nach Schaffung kundenorientierter Prozesse mit Prozessverantwortung zu entsprechen.

(4) **Implementierung:** Umsetzung der Soll-Prozessstruktur durch Abbau von Hierarchieebenen, Spaltung, Auflösung oder Neuordnung von Abteilungen sowie Übertragung von Prozessverantwortung auf Einzelne oder Gruppen.

(5) **Monitoring:** Kontrolle und gegebenenfalls Adaption der Reengineeringmaßnahmen und -ergebnisse mit der Absicht einer kontinuierlichen Verbesserung der Prozessabwicklung.

Wie erste Praxiserfahrungen zeigen, ist die Umsetzung des radikalen Wandels allerdings alles andere als einfach. Das natürliche Beharrungsvermögen bestehender Strukturen, der Widerstand der Mitarbeiter gegenüber Veränderungen sowie die Bedeutung selbstorganisierender Prozesse stellen mächtige Barrieren dar. Bedenkt man, dass vor allem das enorme Rationalisierungspotenzial der Prozessorganisation immer wieder als vorteilhaft gepriesen wird, dann ist der Widerstand der Mitarbeiter, die um ihre Arbeitsplätze fürchten, durchaus verständlich. Zum organisationalen Wandel vgl. auch Kap. 14.

2.2 Teamorganisation

Gruppen- und Teamarbeit tritt in der Praxis in verschiedenen **Formen** auf. Gruppen können:

- auf Dauer oder nur für begrenzte Zeit zusammenarbeiten,
- aus vielen oder wenigen Mitarbeitern bestehen,
- Vollzeit- oder Teilzeitmitglieder umfassen,
- flächendeckend oder für Teilbereiche eingerichtet werden,
- über umfassende oder geringe Kompetenzen verfügen,
- parallel zur regulären Organisation bestehen oder ihr integrierter Bestandteil sein.

Das gemeinsame Kennzeichen der **Teammodelle** ist die Übertragung von Aufgaben, Kompetenzen und Verantwortung auf Gruppen an Stelle von Einzelpersonen.

Einige (teils praxiserprobte) **Formen der Gruppenarbeit** sollen im Folgenden vorgestellt werden (vgl. *Wahren* [Teamarbeit] 34 ff.):

- Teilautonome Arbeitsgruppen,
- Qualitätszirkel,
- Projektgruppen und
- Team-Work-Management.

2.2.1 Teilautonome Arbeitsgruppen

Als teilautonome Arbeitsgruppe bezeichnet man eine organisatorische Gruppe mit folgenden **Merkmalen:**

- Kleine (6–20 Personen umfassende) funktionale Einheit,
- der die Erstellung eines kompletten Produkts oder einer sonstigen Leistung (Kernaufgaben)
- sowie unterstützende Nebenaufgaben
- eigenverantwortlich übertragen werden,
- wobei die Gruppe weitgehend selbständig handelt
- und auch Planungs-, Organisations-, Steuerungs- und Kontrollaufgaben übernimmt.

Solche teilautonomen Arbeitsgruppen sind bisher vor allem im Bereich der Fertigung zu finden, im Prinzip aber in allen betrieblichen Teilbereichen einsetzbar. Um der Gruppe den entsprechenden Handlungsspielraum zu verschaffen, sind prozessorientierte Umstrukturierungen nötig. Die Kernaufgabe (bspw. Montage) wird um vor- und nachgelagerte Nebenaufgaben erweitert (Materialdisposition, Qualitätsprüfung, Wartung von Maschinen etc.). Durch job rotation innerhalb der Gruppe erwerben die Mitglieder unterschiedliche Fähigkeiten und Kenntnisse, was ihren Handlungsspielraum nochmals erweitert. Die Zusammenarbeit ist auf Dauer angelegt, die Gruppen sind integrierter Bestandteil der Organisation.

Die Praxiserfahrungen mit teilautonomen Gruppen sind überwiegend positiv. Vor allem in der Automobilbranche ist die Gruppenarbeit schon zum Normalfall geworden (vgl. *Antoni* [Gruppenarbeit]). Qualität, Produktivität und Flexibilität entwickeln sich vorteilhaft, Durchlaufzeiten und Entwicklungszeiten werden kürzer, Absentismus- und Fluktuationsraten sinken, Hilfsbereitschaft, Engagement und Zufriedenheit nehmen zu.

2.2.2 Qualitätszirkel

Als „Qualitätszirkel" bezeichnet man Gruppen, die folgende **Merkmale** aufweisen:

- Kleine (6–9 Personen) Gesprächsgruppen,
- zusammengesetzt aus Arbeitern, Vorarbeitern und Meistern,
- eines bestimmten Arbeitsbereiches,
- treffen sich in regelmäßigen Abständen (etwa wöchentlich)
- während der Arbeitszeit zu ca. 90-minütigen Sitzungen,
- um vorgegebene oder selbstgewählte Probleme des eigenen Arbeitsbereichs zu diskutieren
- und Lösungsvorschläge zu erarbeiten
- sowie deren Umsetzung zu initiieren und zu kontrollieren.

Die Arbeit in Qualitätszirkeln soll nicht nur ökonomische Vorteile mit sich bringen (etwa konkrete Verbesserungsvorschläge), sondern vor allem auch in menschlicher und sozialer Hinsicht positiv wirken. Die Bereitschaft, offen miteinander zu reden und Verantwortung zu übernehmen, soll gestärkt, isolierte Mitarbeiter sollen integriert, und Verständnis füreinander soll geweckt werden.

Eng verwandt mit dem Qualitätszirkel ist das **Lernstatt-Konzept.** In der Praxis sind Lernstattmodelle oft nicht von Qualitätszirkeln zu unterscheiden. *Wahren* ([Teamarbeit] 54) meint, dass das Lernstatt-Konzept von seiner ideellen Ausrichtung her noch mehr an „humanen" Zielen orientiert sei (z.B. Engagement stärken, persönliche Entfaltung fördern, Egoismus abbauen), da im Gegensatz zu den Qualitätszirkeln in der Lernstatt auch persönliche Probleme erörtert werden.

2.2.3 Projektgruppen

Projektgruppen stellen die am längsten etablierte Form von Gruppenarbeit dar. Sie weisen folgende **Merkmale** auf:

- Eine kleine (3–9 Personen) Gruppe von Mitarbeitern,
- meist aus dem unteren und mittleren Führungsbereich,
- wird nach fachlichen Aspekten
- für eine bestimmte Aufgabe zusammengestellt
- und arbeitet so lange zusammen,
- bis die Aufgabe (das Projekt) abgeschlossen ist.

Projekte sind komplexe, umfangreiche, neuartige und zeitlich befristete Vorhaben, die zusätzlich zu den routinemäßigen Aufgaben zu erledigen sind und innerhalb der regulären Organisation nicht optimal bearbeitet werden können.

Je nach Umfang des Projektes können die Projektgruppen verschiedene **Formen** annehmen. Im Rahmen der **Stabs-Projektorganisation** verbleiben die Projektmitglieder in ihrer bisherigen organisatorischen Funktion und arbeiten parallel zu ihrer regulären Arbeit von Zeit zu Zeit am Projekt mit (vergleichbar einem Ausschuss). Der Projektleiter hat i.d.R. keine oder nur begrenzte Weisungsbefugnisse. Bei umfangreicheren Projekten werden dagegen die Projektmitarbeiter aus der Primärorganisation ausgegliedert und arbeiten bis zum Projektende dann ausschließlich für das Projektteam, welches voll verantwortlich vom Projektleiter geführt wird. Es liegt eine **Reine Projektorganisation** vor. Nach Beendigung des Projektes kehren sie in ihre angestammten Positionen zurück oder wechseln in ein anderes Projekt (vgl. S. 354 ff.).

Werden Projektgruppen vor allem mit dem Ziel gebildet, mit innovativen Produkten neue Märkte zu erschließen, spricht man auch vom „**Venture-Team**". In den Venture-Teams steht nicht die zügige Abwicklung einer wohlstrukturierten Aufgabe im Vordergrund, sondern vor allem die Steigerung der Kreativität. Im Venture-Team soll sich ein „unternehmerischer Geist" einstellen (vgl. *Müller-Stewens/Bretz* [Stimulierung]).

Traditionell werden Projektgruppen nur für einmalige oder seltene Sonderaufgaben gebildet. *Peters* ([Hierarchien] 223) prognostiziert jedoch: „Die meiste Arbeit wird in Zukunft in Projektgruppen erledigt werden." In der Tat werden heute Unternehmen immer mehr durch Projekte gemanagt (**Management by Projects**). Unternehmen sind in eine dynamische Umwelt eingebettet. Sie können im Wettbewerb daher nur bestehen, wenn die Unternehmensentwicklung die Herausforderungen aus der Umweltdynamik beantwortet. Unternehmensentwicklung wiederum findet über Projekte statt. Solche Projekte können auf die Strategie, die Organisation und die Unternehmenskultur ausgerichtet sein. Strategische Planung vollzieht sich über Projekte. Reorganisation und Unternehmenskulturgestaltung werden zweckmäßigerweise ebenfalls durch ein Projektmanagement abgewickelt. Unternehmensführung durch Projekte kann insofern als Multiprojektmanagement verstanden werden. Dem Charakter von Projekten folgend wird die Unternehmensführung nicht mehr als Angelegenheit höchster Hierarchieebenen oder spezialisierter Stäbe verstanden, sondern wird als hierarchie- und fachübergreifende Tätigkeit interpretiert.

2.2.4 Team-Work-Management

Gruppenarbeit wird bisher eher als Form der Sekundärorganisation, also in Ergänzung zur traditionellen Struktur, in einzelnen Bereichen und für einzelne Aufgaben eingesetzt. Teamarbeit könnte aber auch zum „flächendeckenden" Strukturprinzip gemacht werden. Jeder Mitarbeiter, einschließlich der Führungskräfte, ist dann Teil einer Arbeitsgruppe. Für die praktische Umsetzung eines solchen „Team-Work-Management" schlägt *Wahren* ([Teamarbeit] 43) den Rückgriff auf ein Organisationsmodell von *Likert* vor.

Likert ([Ansätze]) hat mit seinem **„System überlappender Gruppen"** das bekannteste Modell für eine umfassende Teamorganisation geliefert. Als „überlappend" werden die Gruppen deshalb bezeichnet, weil einzelne Personen in verschiedenen Gruppen gleichzeitig Mitglieder sind. Diese „linking pins" verknüpfen horizontal gleichrangige Teilbereiche (bspw. Funktionsbereiche) und vertikal unterschiedliche Hierarchieebenen (vgl. Abb. 12-2).

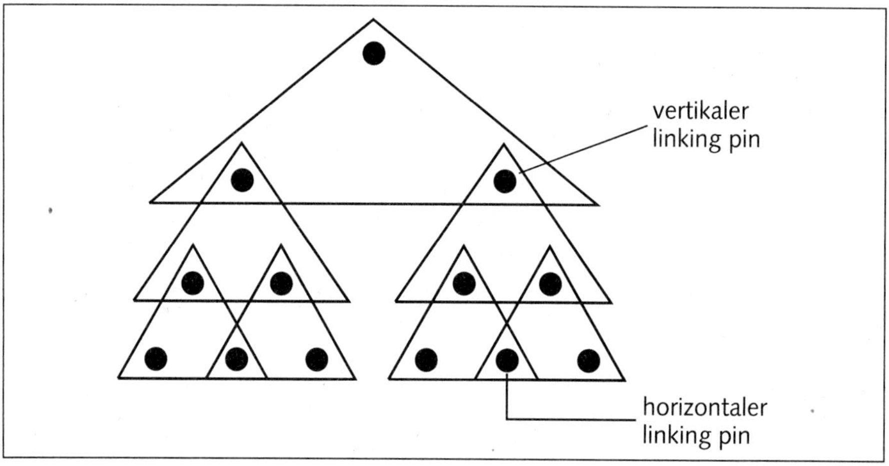

Abb. 12-2: Das System überlappender Gruppen von Likert

Entscheidungen sollten im Idealfall innerhalb der Gruppen durch Diskussion und Konsens zustandekommen. Der Teamleiter (vertikaler linking pin) behält aber im Grunde seine Vorgesetztenrolle und kann im Konfliktfall auch alleine entscheiden. Die Hierarchie wird also sicherlich nicht aufgehoben, sondern allenfalls „etwas relativiert" (*Wahren* [Teamarbeit] 45).

Wie deutlich sich das Team-Work-Management durchsetzen lässt, ist letztlich mehr eine Frage des Arbeits- und Führungsstils (kooperativ, partizipativ) und der Unternehmenskultur (offen, kommunikations- und mitarbeiterorientiert) als der Aufbauorganisation (vgl. *Bea/Haas* [Management] 409 f.).

Mittlerweile haben viele Unternehmen Gruppenarbeit eingeführt und positive Erfahrungen gesammelt. Vor einer Euphorie ist dennoch zu warnen. Nicht alle Aufgaben und auch nicht alle Menschen eignen sich zur Gruppenarbeit. Die Ansprüche an den Einzelnen steigen, nicht nur was die fachliche Mehrfachqualifikation betrifft, sondern auch im Hinblick auf Eigenschaften wie soziale Kompetenz und Kommunikationsvermögen. Der Druck der Gruppenmitglieder untereinander kann schlimmer werden als der Druck durch einen Vorgesetzten. Die Frage einer gerechten und anreizkompatiblen Entlohnung ist bei Gruppenarbeit besonders schwer zu beantworten und bietet daher erheblichen Konfliktstoff.

Der Übergang zur Teamorganisation ist ein langwieriger und schwieriger Prozess. Allerdings muss nach den bisherigen Erfahrungen auch das Potenzial zur Effizienzsteigerung hoch eingeschätzt werden.

2.3 Selbstorganisation

2.3.1 Autonome Selbstorganisation

Der Trend zum Empowerment der Mitarbeiter erweitert in den Organisationsmodellen die Spielräume für die autonome Selbstorganisation deutlich (zur Selbstorganisation vgl. auch S. 175 ff.). Voraussetzung dafür ist i.d.R. eine Restrukturierung hin zu mehr Prozessorganisation und Teamorganisation, denn sie lassen autonome Entscheidungen in großem Umfange überhaupt erst zu. Nur wenn interdependente Aufgaben zu Prozessen gebündelt werden, entsteht ausreichende horizontale Autonomie. Wenn die Aufgabenbündel einen Einzelnen qualitativ und quantitativ überfordern, werden sie auf Gruppen übertragen, deren Mitglieder sich dann selbst abstimmen. Praktisch erprobt ist die Verselbständigung der Mitarbeiter vor allem im Fertigungsbereich in Form der sog. **Fertigungsinseln** (vgl. S. 307 f.). Solche Inseln stellen teilautonome Organsationseinheiten dar, in denen die für die komplette Bearbeitung eines Objektes (z.B. eines Produktes, einer Baugruppe) erforderlichen Betriebsmittel und Arbeitskräfte systematisch zusammengeführt werden. Zahlreiche arbeitsorganisatorische Entscheidungen dürfen von den Mitarbeitern selbst gefällt werden, z.B. wer wann welche Arbeit verrichtet, in welcher Reihenfolge Aufträge bearbeitet werden, wie lange gearbeitet wird, wer wann Urlaub machen kann. Je nach konkreter Ausgestaltung können die Gruppen auch selbst Material bestellen, Reparaturen in Auftrag geben oder selbst erledigen, Personal einstellen, Qualitätsprüfungen durchführen usw.

Ein Beispiel für die Umsetzung der Selbstorganisation ist der Waagen-Hersteller Mettler-Toledo in Albstadt-Ebingen. In der als „Zukunftsfabrik" gefeierten Unternehmung plant jeder Mitarbeiter seine Arbeitswoche selbst. Er kann zwischen vier und zehn Stunden am Tag arbeiten, je nach Auftragslage. Jeder Mitarbeiter verschafft sich selbst einen Überblick darüber, welches Waagenmodell an welchem Tag ausgeliefert werden soll und entscheidet dann, wieviele Stunden er an welchem Tag arbeiten und welche Modelle er in welcher Reihenfolge produzieren will. Auch der Arbeitsplatz kann frei gewählt werden. Jeder Arbeiter kann mindestens zwei Drittel der Modellpalette vollständig montieren, was durch eine ausgeprägte Weiterbildung der Mitarbeiter erreicht wird. Die Abteilungen für Produktionsplanung und Qualitätssicherung konnten aufgelöst werden. Die Mitarbeiter dieser Abteilungen bilden jetzt zusammen mit Produktentwicklern und Marketingexperten fünf Produktentwicklungsteams, die kooperativ und selbständig maßgeschneiderte Problemlösungen für bestimmte Kundengruppen entwickeln. Die Produktivität der Mitarbeiter ist fast doppelt so hoch wie die Durchschnittsproduktivität in der Branche, Auftragsschwankungen zwischen 50% weniger und bis zu 200% mehr als der Durchschnitt können ohne weiteres bewältigt werden, jeder Auftrag wird in spätestens fünf Tagen erledigt, es gibt keine Produktion auf Lager mehr und die Kunden werden sehr individuell bedient. Geringe Fehlzeiten und Fluktuationsraten zeigen neben der guten Produktivität die Zufriedenheit der Mitarbeiter an.

Die Berücksichtigung der **autonomen Selbstorganisation** im Rahmen von Organisationsmodellen zielt darauf ab, Kompetenzen auf Mitarbeiter zu übertragen, um die positiven Effekte der Selbstverantwortung zu nutzen.

Dürfen die Mitarbeiter viele Entscheidungen in eigener Verantwortung treffen, entsteht quasi ein „Unternehmen im Unternehmen". Mit dem Modell der **„fraktalen Fabrik"** propagiert *Warnecke* ([Revolution]) die Forderung, ein Unternehmen in viele „Kleinunternehmen" (Fraktale) zu zerlegen, die möglichst eigenständig agieren sollen. Mit dieser „Fabrik der Zukunft" ließen sich die

Prinzipien der Selbstorganisation, nämlich die Setzung eigenständiger Ziele, die Zielverwirklichung, Schnelligkeit und Flexibilität in der Anpassung an die Unternehmensumwelt sowie die Motivationsförderung am besten verwirklichen.

Ein oft verwendetes Schlagwort im Zusammenhang mit der Selbstorganisation ist jenes der **„Zeltorganisation“**. Ein Unternehmen, welches auf Selbstorganisation setzt, soll kein „Palast“ sein, sondern ein „Zelt“. Eine Zeltorganisation zeichnet sich durch folgende **Merkmale** aus (vgl. *Hedberg/Nystrom/Starbuck* [Camping]):

- Wenig Spezialisierung, redundante Fähigkeiten der Mitarbeiter,
- instabile Autoritätsverhältnisse, flache Hierarchie,
- selbstbestimmte Kommunikation, kontroverse Diskussionen,
- partizipativer Führungsstil, Delegation von Verantwortung,
- kleine autonome Einheiten,
- wenig Stabilität, viel Flexibilität.

Wie die anschauliche Metapher von den Palästen und Zelten verdeutlicht, wird ein ziemlich radikaler Wandel von den Unternehmen verlangt.

Dieser Wandel bringt auch Probleme und **Nachteile** mit sich. Die geringere Spezialisierung und erhöhte Redundanz wird teilweise mit Effizienzverlusten bezahlt, denn es werden viel mehr Funktionen mehrfach nebeneinander ausgeführt. Wie das Modell der fraktalen Fabrik vor Augen führt, müssten im Grunde lauter kleine Unternehmen nebeneinander bestehen, wenn die Autonomie so groß wie möglich sein sollte. Es liegt auf der Hand, dass Zentralisierungsvorteile dann verloren gehen. Wird den Mitarbeitern eine viel größere Palette von Aufgaben zugemutet, dann kann dies auch zu Überforderung führen. Auf jeden Fall sind massive Weiterbildungsinvestitionen erforderlich. Die instabilen Autoritätsverhältnisse erzeugen im Verein mit der Aufgabe, sich mit den Kollegen selbst abzustimmen, unter Umständen schwer lösbare Konflikte. Führungskräfte fühlen sich entmachtet und sind demotiviert, eine Karriere in Form des Aufstieges in der Hierarchie ist weniger gut möglich. Die ausgeprägte Delegation erfordert Vertrauen in das Können und Wollen der Mitarbeiter, und dieses Vertrauen kann auch ausgenutzt werden. Je weniger die Mitarbeiter durch Fremdbestimmung reglementiert werden, desto mehr rücken die informalen Normen bzw. impliziten Vereinbarungen in den Vordergrund, welche sich von selbst entwickeln (autogene Selbstorganisation).

2.3.2 Autogene Selbstorganisation

Unter dem Begriff **autogene Selbstorganisation** werden alle Prozesse zusammengefasst, die „von selbst“ zu Regelmäßigkeiten und Verhaltensmustern, also zu Ordnung, führen.

Auch ohne die bewusst ordnende Hand eines Vorgesetzten oder der Organisationsmitglieder stellen sich in den Unternehmen Verhaltensnormen ein, welche das Handeln in bestimmte Bahnen lenken. Die Ordnung ist dann zwar das Ergebnis menschlichen Handelns, aber nicht menschlichen Entwurfs. Mit dieser Form von Ordnungsentstehung, der spontanen oder gewachsenen Ordnung, hat sich unter anderem *F. A. von Hayek* intensiv beschäftigt (vgl. [Recht] und [Studien]). Eine spontane Ordnung bildet sich aus, wenn die Individuen sich an bestimmten abstrakten Regeln orientieren bzw. sich in gewisser Weise ähnlich und regelmäßig verhalten. Der Marktmechanismus beruht bspw. auf der Annahme, dass die Menschen als Nachfrager regelmäßig weniger kaufen, wenn die Preise steigen und mehr, wenn die Preise sinken. Bei den Anbietern steigt dagegen das Interesse an einem Angebot bei steigenden Preisen und sinkt bei sinkenden Preisen. So kommt es „von selbst“ zu einem Ausgleich von Angebot und Nachfrage. Ganz allgemein wird erwartet, dass die Individuen spontan ihr Eigeninteresse im Auge haben und dass sich daher regelmäßig „belohnte“ Verhaltensweisen durchsetzen werden. Die Entstehung von „heimlichen Spielregeln“ (*Scott-Morgan* [Spielregeln]) im Unternehmen wird etwa so erklärt: Die Menschen suchen im Unternehmen nach Belohnungen, wollen bspw. in der Hierarchie aufsteigen und Karriere machen. Dann überlegen sie, wer im Unternehmen die Macht hat, über diese Belohnung zu entscheiden und was man tun muss, um diesen Personen zu gefallen. Sind für den Aufstieg z.B. die in einem Profit-Center erzielten Gewinne ausschlaggebend, wird es vermutlich zu der Spielregel kommen, dass das „eigene Revier“ geschützt wird und alles getan wird, um gute Quartalsergebnisse präsentieren zu können (vgl. auch Abb. 12-3).

Solche Spielregeln können sich als fatal erweisen, weil sie die notwendige Kooperation mit anderen Bereichen erschweren und zu einer sehr kurzfristigen Unternehmenspolitik führen. In vielen Unternehmen zu finden sind Spielregeln wie die, sich nur auf die Aktivitäten zu konzentrieren, die zu Prämien führen, vorrangig quantitativ messbare Ergebnisse zu liefern, wichtige Informationen für sich zu behalten, viel Zeit für die Beziehungspflege zu investieren, keine Fehler zuzugeben, keine Risiken einzugehen.

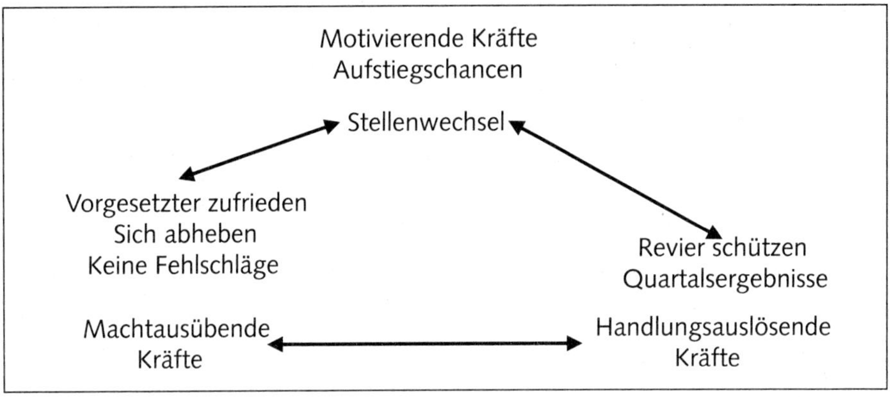

Abb. 12-3: Die Entstehung heimlicher Spielregeln (Quelle: *Scott-Morgan* [Spielregeln] 40)

Da die spontane Ordnung die formale und erwünschte Ordnung sowohl unterstützen als auch stören und außer Kraft setzen kann, ist es wichtig, die autogenen selbstorganisierenden Prozesse im Blick zu behalten und – soweit möglich – zielgerichtet zu beeinflussen. Mehr autonome Selbstorganisation soll bspw. auch die Spielregeln im Unternehmen positiv beeinflussen. Es wird der Hoffnung Ausdruck gegeben, dass sich in den veränderten Strukturen auch positive autogene Selbstorganisationsprozesse einstellen und sich eine Kultur der Beweglichkeit, Innovationsbereitschaft, Zukunftsgläubigkeit, Offenheit und Kooperationswilligkeit einstellt. Es wäre aber naiv zu glauben, dass sich die autogene Selbstorganisation bei vermehrter Autonomie immer in die gewünschte Richtung entwickelt. Eine Verflachung der Hierarchie wird „von selbst" zu noch schärferer Konkurrenz unter den Kollegen führen, wenn die gewohnte Karriereorientierung des „Aufstiegs nach oben" ungebrochen erhalten bleibt.

Eine radikale Strukturänderung kann zu einem regelrechten „Kultur-Schock" führen. Wer lange Jahre nur auf Befehl gehandelt hat, wird nicht einfach zum Unternehmertyp. Massive Probleme zeigten sich bspw. bei der Reorganisation der Lufthansa. Aus der früheren Bürokratie mit vielen Hierarchiestufen wurden mehrere selbständige mittelständische Unternehmen gemacht, mit sehr hohem Delegationsgrad, viel Projektarbeit und wenig Führungsstellen. Die Folge waren zunächst Re-Delegation, Abwehr von Verantwortung, Angst und Unsicherheit bei den Mitarbeitern und Frustration bei den Führungskräften, die Macht abgeben mussten (vgl. *Fischer/Risch* [Kultur-Revolution]). Von anderen Unternehmen wird berichtet, dass es den Mitarbeitern ungeheuer schwer fällt, auf die gewohnten Titel und Statussymbole zu verzichten, die traditionell den Erfolg im Unternehmen demonstrieren. Nach kurzer Zeit bildet sich von selbst eine „Schattenhierarchie" mit subtilen Signalen für Machtunterschiede, und wenn es nur ein andersfarbiges Türschild ist (vgl. *Risch/Sommer* [Wo] 312).

Daraus ist zu schließen: Eine reine Strukturänderung hat wenig Erfolgsaussichten. Zahlreiche weitere Managementsubsysteme (wie Führungsstil, Kultur, Anreizsysteme, Personalentwicklung) müssen gemeinsam mit der Struktur verändert werden, wenn die Erwartungen an die Selbstorganisation nicht enttäuscht werden sollen.

2.4 Kooperationsmodelle

Die bislang vorgestellten Organisationsmodelle bezogen sich unausgesprochen immer auf ein klar begrenztes Unternehmen, welches mit der Umwelt durch marktliche Beziehungen verbunden ist. Wie bereits dargelegt (vgl. S. 360 f.), verschwimmen die Grenzen zwischen Unternehmung und Umwelt, zwischen Hierarchie und Markt jedoch immer mehr. Auf der einen Seite wird in vormals hierarchische Beziehungen „mehr Markt" eingebracht, indem bspw. aus festen Mitarbeitern mit fixem Gehalt freie Mitarbeiter werden, die auf Honorarbasis arbeiten, oder indem relativ autonome Organisationseinheiten über Verrechnungspreise marktähnlich koordiniert werden. Auf der anderen Seite wird die Zusammenarbeit mit den „externen" Marktpartnern ausgebaut. Dabei kommen auch Koordinationsinstrumente zur Anwendung, die bislang nur unternehmensintern eingesetzt wurden. Solche Kooperationen interessieren im Folgenden.

Kooperation ist die Zusammenarbeit zwischen mehreren Unternehmen, bei der die wirtschaftliche Selbständigkeit lediglich in den von der Kooperation betroffenen Bereichen für die Dauer der Kooperation eingeschränkt wird, die rechtliche Selbständigkeit der Kooperationspartner aber vollständig erhalten bleibt.

Folgende **Arten von Kooperationen** lassen sich unterscheiden:

- **Horizontale Kooperationen** beziehen sich auf die Zusammenarbeit zwischen Unternehmen, die sich auf der selben Markt- bzw. Wertschöpfungsstufe befinden und somit häufig in einem Konkurrenzverhältnis zueinander stehen.
- **Vertikale Kooperationen** beziehen sich auf die Zusammenarbeit von Unternehmen, die in einem Zulieferer-Abnehmer-Verhältnis zueinander stehen.
- Eine **virtuelle Kooperation** ist eine projektbezogene, nicht auf Langfristigkeit hin konzipierte und informationstechnologisch unterstützte Zusammenarbeit von Unternehmen, die sich sowohl auf der gleichen als auch auf unterschiedlichen Wertschöpfungsstufen befinden können.

Diese drei Arten von Kooperation sollen ausführlich vorgestellt werden:

2.4.1 Horizontale Kooperationsmodelle

(1) Eine horizontale Kooperation wird als **Joint Venture** bezeichnet, wenn die Partnerunternehmen zur Durchführung der Kooperationsziele gemeinsam eine rechtlich selbständige Gesellschaft gründen. Die Anteile an dem Gemeinschaftsunternehmen können zu gleichen Teilen aber auch asymmetrisch zwischen den Partnern aufgeteilt werden. Das Beteiligungsverhältnis hat Einfluss auf die Art der Kompetenzverteilung.

Die Gründung einer gemeinsamen Tochter und der hohe Kapitaleinsatz machen das Joint Venture zu einer sehr intensiven und wenig flexiblen Kooperationsform, die nur bei längerfristiger oder zeitlich unbegrenzter Partnerschaft zur Anwendung kommen sollte. Wie der Name „Joint Venture" (gemeinsames Risiko) schon nahe legt, spielt der Aspekt der Risikoreduktion durch Teilung eine wichtige Rolle. Zum anderen stellt die Gründung eines Joint Ventures oft die einzige Chance für den Zugang zu neuen Märkten dar. Viele Entwicklungsländer und ehemalige Ostblockstaaten lassen Direktinvestitionen in ihren Ländern nur zu, wenn einheimische Unternehmen als Partner in ein Joint Venture aufgenommen werden. Sie erhoffen sich von der Zusammenarbeit vor allem einen Know-how-Transfer (vgl. auch *Kumar* [Venture]). Während früher Joint Ventures vor allem bei Direktinvestitionen multinationaler Konzerne in Entwicklungsländern gegründet wurden, sind sie heute als Kooperationsform zwischen Konzernen beliebt. Ein typisches Beispiel dafür stellt die Zusammenarbeit von Siemens und Matsushita auf dem Gebiet der Halbleiterforschung dar.

(2) Zahlreiche Formen einer horizontalen Kooperation praktizieren die Zusammenarbeit ohne Gründung einer gemeinsamen Tochter. Die Palette reicht dabei von stillschweigender Übereinstimmung über mündliche Absprachen bis hin zu vertraglich festgelegten Vereinbarungen mit dem Ziel, die Wettbewerbsposition in spezifischen gemeinsamen Geschäftsfeldern zu verbessern. Solche Vereinbarungen werden häufig als „strategische Allianzen" bezeichnet.

Eine **strategische Allianz**, d.h. eine horizontale vertragliche Vereinbarung zwischen zwei oder mehreren Unternehmen ohne Gründung einer rechtlich selbständigen Einheit, kann die unterschiedlichsten Unternehmensbereiche betreffen. Die Partner können die Ressourcen innerhalb eines bestimmten Bereiches bündeln und eine Aufgabe (bspw. Forschung und Entwicklung) gemeinsam erfüllen (Siemens, IBM, Toshiba und Motorola arbeiten z.B. bei der Entwicklung besonders leistungsstarker Chips zusammen). Oder aber sie vereinbaren eine Arbeitsteilung, die jedem Partner die Spezialisierung auf wenige Funktionen erlaubt. Manchmal werden Teilfunktionen zunächst aus dem Unternehmen ausgegliedert und auf eigens gegründete Unternehmen (**„Spin-off"**) übertragen, mit denen dann eine enge Zusammenarbeit vereinbart wird. Mit den Spin-offs ist die Hoffnung verbunden, dass durch sie ein „unternehmerisches" Umfeld entsteht und neue Ideen heranreifen.

Durch eine Allianz können unterschiedliche Organisationstypen kombiniert werden, welche jeweils für eine bestimmte Teilaufgabe besonders geeignet sind. Kleine, wenig strukturierte „Adhokratien" (vgl. S. 275 f.) fungieren als Keimzelle für kreative, innovative Ideen. Die effiziente Produktion und Vermarktung übernehmen dann die großen, durchstrukturierten „Maschinenbürokratien" (vgl. S. 275). Das Pharmaunternehmen Pfizer pflegt bspw. weltweit mehr als 150 Allianzen mit Biotechnikunternehmen, medizinischen Zentren und Forschungslabors, um immer über die neuesten

Forschungsergebnisse unterrichtet zu sein und auf diese Weise auch Gelegenheiten für Akquisitionen zu entdecken.

Als **Ursachen** für den Trend zur stärkeren Zusammenarbeit von Unternehmen werden vermutet:

- Die Verkürzung der Produktlebenszyklen bei steigender Entwicklungszeit für Neuprodukte. Durch gebündeltes Know how lassen sich die Entwicklungszeiten verkürzen, die Kosten können geteilt werden und durch größere Absatzmengen lassen sich die Kosten leichter wieder einbringen.
- Der Trend zur Globalisierung der Nachfrage. Weltweit ähnliches Kaufverhalten führt zu sehr großen Märkten. Das Potenzial lässt sich mit einheimischen Partnern in den verschiedenen Ländern leichter erschließen.
- Veränderung und Auflösung von Branchengrenzen (bspw. Verschmelzung von Computer, Telekommunikation und Massenmedien, von Versicherungen und Banken, von Automobilbau und Elektronik). Die neu entstehenden Märkte erfordern Wissen aus sehr unterschiedlichen Bereichen.

Die **Vorteile** einer horizontalen Kooperation liegen in erster Linie im Zugriff auf externe Ressourcen und fremdes Know how. Vor allem die strategischen Allianzen sind außerdem sehr gezielt einsetzbar und führen nur zu einer geringen Bindung der Partner. Die horizontale Kooperation weist allerdings auch **Nachteile** auf. Die Flexibilität durch die geringe Bindungsintensität muss mit größerer Unsicherheit erkauft werden. Da die Partner häufig gleichzeitig Konkurrenten sind, besteht immer die Gefahr, dass ein Partner das in der Kooperation erworbene Wissen und Können letztlich gegen den anderen Partner ausspielt. Vor allem wenn sich ein Unternehmen völlig aus einzelnen Bereichen der Wertschöpfung zurückzieht, entsteht in der Folge leicht eine „lock-in"-Situation, bei der ein Partner vom anderen vollständig abhängig wird.

Als Fazit bleibt festzuhalten: Der Versuch, die Vorteile der institutionellen Arrangements „Markt" und „Hierarchie" zu kombinieren, kann zu einem Dilemma führen. Ohne Vertrauen zueinander und die Offenlegung strategisch relevanter Informationen ist eine Kooperation sinnlos. Da eine feste Bindung und eine einheitliche Leitung fehlen, ist eine solche Offenheit aber auch riskant.

2.4.2 Vertikale Kooperationsmodelle

Von vertikalen Beziehungen spricht man immer dann, wenn es um die Zusammenarbeit von Unternehmen geht, die auf unterschiedlichen Stufen der Wertschöpfungskette angesiedelt sind, also in einem Zulieferer-Abnehmer-Verhältnis zueinander stehen. Die Koordination zwischen Abnehmern und Lieferanten erfolgt nach klassischer Sicht über den Preismechanismus des Marktes. Die Alternative zum Kauf am Markt ist das Selbsterstellen der Leistung in der Hierarchie. Bei vertikaler Integration wechselt man vom Markttausch zur Wertschöpfung im Unternehmen, beim Outsourcing findet ein Wechsel von der Hierachie zum Markttausch statt. Markt und Hierachie sind aber nur Extrempole auf einem Kontinuum möglicher Formen der Gestaltung von Transaktionen. Zwischen diesen Extrempolen gibt es die hybriden Formen, welche Merkmale des Markttausches und der Hierarchie vereinigen. Für diese hybriden Formen hat sich der Begriff „Kooperation" eingebürgert, speziell für die vertikalen Kooperationen auch der Begriff **„Netzwerkorganisation"** (vgl. *Sydow* [Netzwerke]). Wir definieren in Anlehnung an *Sydow* ([Netzwerke] 79):

Eine **Netzwerkorganisation** stellt eine auf Wettbewerbsvorteile zielende Organisationsform ökonomischer Aktivitäten dar, die sich eher durch kooperative als durch kompetitive und durch relativ stabile Beziehungen zwischen rechtlich selbständigen, wirtschaftlich jedoch zumeist abhängigen Unternehmungen auszeichnet.

Typische Merkmale innerbetrieblicher Kooperation (wie Langfristigkeit und Partnerschaftlichkeit der Beziehungen, Entwicklung von Loyalität und Vertrauen) werden mit Merkmalen des Markttausches (rechtliche Selbständigkeit der Partner, keine direkten Weisungsbeziehungen, Lieferverträge) kombiniert. Der hybride Charakter der Netzwerke kommt in Beschreibungen zum Ausdruck wie „lose Kopplung" oder „kontrollierte Autonomie" oder „verschwommen begrenztes System" (vgl. *Sydow* [Netzwerke] 86, 91, 97). Wie Abb. 12-4 zeigt, werden recht unterschiedliche Kooperationsformen unter dem Begriff der Netzwerkorganisation subsumiert, die je nach Ausprägung näher beim reinen Markttausch oder näher bei der hierarchischen Koordination liegen.

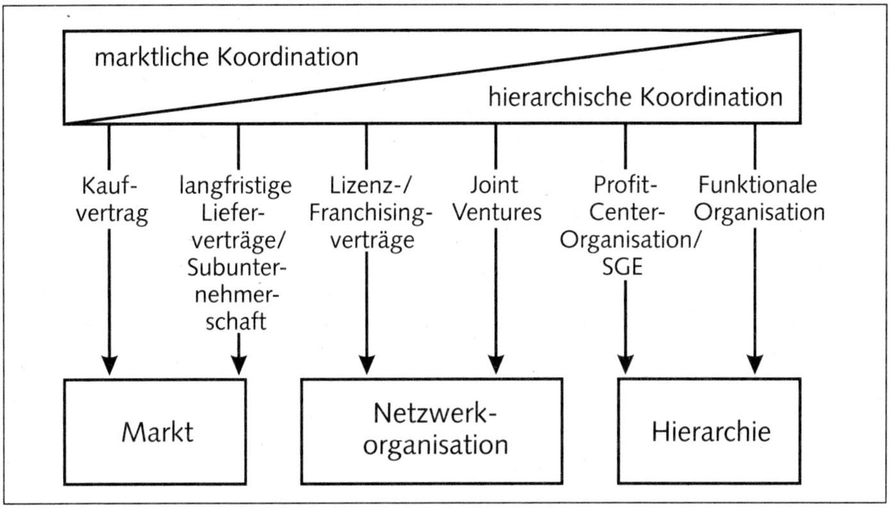

Abb. 12-4: Netzwerkorganisation
(in Anlehnung an *Sydow* [Netzwerke] 104)

Zwei vertikale Kooperationsmodelle sollen im Folgenden näher betrachtet werden:

- Langfristige Lieferverträge und
- Franchisingverträge.

(1) **Langfristige Lieferverträge.** Nach dem klassischen Marktmodell begegnen sich Abnehmer und Lieferant anonym auf dem Markt und schließen einen vollständigen Kaufvertrag ab. Der Lieferant wird durch den Wettbewerb diszipliniert und im Eigeninteresse gezwungen, dem Kunden ein attraktives Angebot zu machen, weil dieser sonst zu einem anderen Lieferanten wechselt. Wie der Transaktionskosten-Ansatz lehrt, funktioniert die Marktkoordination aber nur im Fall unspezifischer Transaktionen problemlos. Sobald die **Faktorspezifität** zunimmt, kann man nicht mehr ohne weiteres auf andere Marktpartner ausweichen und muss damit rechnen, dass diese Abhängigkeit opportunistisch ausgenützt wird. Nun kann es für den Abnehmer aber durchaus **Vorteile** bringen, wenn der Lieferant ihm sehr spezifische, „maßgeschneiderte" Leistungen bietet:

- Die Arbeitsteilung im Wertschöpfungsprozess lässt sich optimieren; der Abnehmer kann bspw. seine Fertigungstiefe senken und größere Bauteile fertig montiert beziehen.

- Die Lagermengen können durch Just-in-time-Lieferungen gesenkt werden.
- Entwicklungszeiten und -kosten für neue Produkte lassen sich verringern; der Lieferant kann seine Zulieferteile parallel entwickeln.
- Die Produktionskosten können durch spezifische Investitionen und maßgeschneiderte Prozesse gesenkt werden.

Bevor sich ein Lieferant allerdings auf eine solche enge Bindung an einen Abnehmer einlässt und bspw. in Spezialmaschinen investiert oder sein Werk in der Nähe des Abnehmers aufbaut, strebt er eine gewisse Sicherheit vor Ausbeutung durch den Abnehmer an. Je stärker er sich nämlich an einen bestimmten Abnehmer bindet, desto mehr ist er diesem auch ausgeliefert. Die Gefahr von Vertragsnachverhandlungen und Streitereien über die Verteilung der gemeinsam erzielten Vorteile (Quasi-Rente) steigt. Diese Überlegungen haben die Tendenz begünstigt, dass viele Unternehmen heute mit wenigen, sorgfältig ausgewählten Zulieferern **langfristige Lieferverträge** schließen und eng kooperieren. Typische Merkmale innerbetrieblicher Kooperation, wie Vertrauen und Loyalität, entwickeln sich dann auch zwischen den Marktpartnern. Die Stabilität der Beziehung wird gefördert, wenn die Abhängigkeit nicht zu asymmetrisch ist. Meistens entwickelt sich im Laufe der Zeit von selbst eine wechselseitige Abhängigkeit, denn auch der Abnehmer kann nicht mit einem Lieferantenwechsel drohen, wenn er von dessen spezifischen Leistungen abhängig ist. Besonders in der Automobilbranche arbeitet man heute vielfach in Netzwerken zusammen. Von einer fokalen Unternehmung ausgehend, die den Endkunden beliefert, besteht das Netz auf der Beschaffungsseite oft aus mehreren Systemlieferanten, die ihrerseits wiederum mit ausgewählten Vorlieferanten zusammenarbeiten. Die Anzahl der Lieferanten wird drastisch gesenkt. *Daimler Chrysler* arbeitet bei den neuesten Automobilmodellen nur noch mit ca. 25 Lieferanten direkt zusammen, während es früher im Durchschnitt über 1000 waren. Mit diesen Lieferanten werden langfristige Kooperationsverträge geschlossen, oft für die gesamte Laufzeit eines Modells. Den Lieferanten werden bedeutend mehr Aufgaben und Kompetenzen übertragen. Sie entwickeln und produzieren eigenständig komplette Module wie Bremssysteme, Getriebe oder Sitzgarnituren. Der Modullieferant übernimmt die volle Entwicklungs-, Logistik- und Qualitätsverantwortung für seine Teilleistungen. Er koordiniert die Material- und Teileströme, beschafft das notwendige Know how und stimmt seine Vorlieferanten zeitlich und inhaltlich aufeinander ab. Der Endprodukthersteller erzeugt nur noch einen kleinen Anteil der Wertschöpfung im eigenen Unternehmen (teilweise unter 20%). Er übernimmt vor allem strategische Aufgaben, definiert den Markt für das Netzwerk und gibt netzwerkweite Ziele und Strategien vor. Über die fokale Unternehmung (sog. „hub-firm“) kann sich so auch eine „Netzwerkidentität“ und eine „Netzwerkkultur“ entwickeln. Man spricht auch von **strategischen Netzwerken** (vgl. *Sydow* [Netzwerke] 81f.).

(2) **Franchisingverträge.** Zur Form der Netzwerkorganisation wird auch das Franchisesystem gerechnet. Die Beziehung zwischen einem Franchisegeber und einem Franchisenehmer ist wie folgt organisiert: Der Franchisegeber erteilt dem Franchisenehmer gegen Entgelt die Lizenz, den geschützten Markennamen und ein bestimmtes Geschäftssystem unternehmerisch zu nutzen (Beispiel: McDonalds Restaurants, OBI Baumärkte). Die Partner sind rechtlich unabhängig, der Franchisenehmer kauft die Lizenz und weitere Dienstleistungen des Franchisegebers (bspw. Werbung, Know how-Vermittlung, Gestaltung der Geschäftsräume). Den Gewinn aus seiner unternehmerischen Tätigkeit darf der Franchisenehmer selbst einbehalten. Der Franchisegeber verkauft sozusagen eine Geschäftsidee und eine Reputation. Das entspricht einer Marktbeziehung. Da ihm an der Erhaltung eines einheitlichen Konzeptes und an der Reputation gelegen ist, behält der Franchisegeber sich zugleich gewisse hierarchieähnliche Regelungskompetenzen vor. Er kann bspw. vorschreiben, dass bestimmte Produkte ins Sortiment aufgenommen werden müssen, dass systemweite Werbekampagnen durchgeführt werden, dass die Innenausstattung der Geschäftsräume bestimmten Standards genügen muss und vieles mehr. Die Aus- und Weiterbildung der Franchisenehmer durch den Franchisegeber, die soziale Kontrolle der Franchisenehmer untereinander und das Bemühen um eine einheitliche Systemkultur sind weitere hierarchieähnliche Elemente des Franchisesystems. Das Franchising ist eine Art Mittelding zwischen vertikaler Vorwärtsintegration und Verkauf an unabhängige Marktpartner. Die marktähnlichen Elemente führen zu einer stärkeren Motivation der Franchisenehmer, die ja als selbständige Unternehmer an der Erzielung von Gewinnen interessiert sind. Die hierarchieähnlichen Elemente sorgen für Synergieeffekte und Größenvorteile.

Als **theoretische Grundlage für die Begründung** von vertikalen Kooperationsmodellen wird vor allem der Transaktionskosten-Ansatz herangezogen. Nach der These „Im Anfang war der Markt" (*Williamson* [Institutionen] 99) werden sich hierarchieähnlichere Tauschformen nur dann entwickeln, wenn der Markt versagt. **Marktversagen** ist wiederum dann zu erwarten, wenn es nicht genügend austauschbare Anbieter homogener Leistungen gibt, d.h. wenn es um spezifische Leistungen geht. Die Praxis zeigt allerdings, dass Netzwerke oft gar nicht aus einer Situation des Marktversagens heraus entstanden sind. Den Automobilherstellern standen bspw. sehr viele homogene Lieferanten zur Verfügung, die sie im Wettbewerb gegeneinander ausspielen konnten. Die Auftraggeber haben sich dann freiwillig in eine größere Abhängigkeit von den Lieferanten begeben, indem sie die Anzahl der Lieferanten drastisch reduzierten, bis hin zum single sourcing, also der exklusiven Zusammenarbeit mit nur einem einzigen Lieferanten für eine bestimmte Leistung. Zugleich haben sie mit dem Outsourcing auch hochspezifische Leistungen aus der Hierarchie in den Markt verlagert. Dass sich die Unternehmen somit freiwillig in eine Situation begeben haben, die aus Sicht der Institutionenökonomik als nachteilig eingestuft wird, kann mit dem Resource Based View erklärt werden. Nach dem „Resource based View of the firm" kann ein Unternehmen nachhaltige Wettbewerbsvorteile nur über besondere Kompetenzen erreichen. Nur wenn ein Unternehmen ganz besondere, unternehmensspezifische und nicht leicht imitierbare Ressourcen besitzt, kann es sich dauerhaft positiv von den Konkurrenten abheben. Aus einem traditionellen Marktkauf können solche Ressourcen nicht hervorgehen, denn dann können die Konkurrenten jederzeit auf die gleichen Ressourcen zugreifen. Nur eine exklusive, auf die besonderen Bedürfnisse des Abnehmers extra zugeschnittene Leistung der Lieferanten, kann Basis eines Wettbewerbsvorteils werden. Spezifität ist nach dieser Sichtweise erwünscht, weil sie die Grundlage von Wettbewerbsvorteilen bildet. Sie sollte daher aktiv hergestellt werden und das geht nur, wenn sich Lieferant und Abnehmer genauer aufeinander einstellen und langfristiger binden. Durch die engere Zusammenarbeit werden sich im Laufe der Zeit auch die hierarchietypischen „invisible assets" (vgl. *Itami* [Mobilizing]) ausbilden. Die Netzwerkpartner kennen sich persönlich, man hat gemeinsame Erfahrungen gemacht, eine gemeinsame Sprache gefunden, Missverständnisse ausgeräumt, voneinander gelernt, gemeinsame Routinen gefunden und Know how ausgetauscht. Nach und nach sammelt sich neben dem spezifischen Sach- und Humankapital auch ein gemeinsames Wissens- und Sozialkapital an, welches den Partner immer weniger austauschbar erscheinen lässt. Diese Nicht-Austauschbarkeit der Lieferanten birgt Gefahren, weil die Marktkontrolle versagt. Das ist aber nur die eine Seite der Medaille. Gegenüber den eigenen Kunden möchte jedes Unternehmen nämlich sehr gerne als „nicht austauschbar“ und „einmalig“ erscheinen. Die Differenzierungsstrategie von *Porter* (vgl. [Wettbewerbsvorteile] 40f.) beruht genau auf diesem Gedanken. Kann die eigene Differenzierung nur über eine engere und exklusivere Zusammenarbeit mit den Lieferanten (bzw. Vertriebspartnern) erreicht werden, weil nur so die Wertschöpfungskette insgesamt optimiert werden kann, dann erscheint der teilweise Verzicht auf die Marktkontrolle als vergleichsweise geringfügiger Nachteil. Die Logik des Transaktionskosten-Ansatzes wird also umgedreht: Die Netzwerkstruktur ist nicht die Folge von Marktversagen durch Spezifität, sondern die Ursache für eine erwünschte Spezifität. Sie ist eine „Metakompetenz“ (vgl. *Rasche* [Kernkompetenzen] 159), welche die Akkumulation von besonderen Fähigkeiten und einmaligen Ressourcen erleichtert.

2.4.3 Virtuelle Organisation

Davidow und *Malone* haben 1992 mit ihrem Werk „The Virtuell Corporation, Structuring and Revitalizing the Corporation for the 21st Century“ den Begriff der „virtuellen Unternehmung“ eingeführt (virtuell = nicht wirklich, scheinbar). Unter einer **virtuellen Unternehmung** versteht man:

- Ein zeitlich begrenzt kooperierendes Netzwerk
- aus selbständigen Untenehmen (Kunden, Lieferanten, Produzenten),
- die über spezifische Kompetenzen verfügen
- und gemeinsam ein Projekt abwickeln.

Es gibt keine Hierarchie; lediglich ein broker bzw. eine sog. hub firm (hub = Mittelpunkt) übernimmt die Koordination. Dabei kommen die modernen Mittel der Informationstechnologie (Internet, Videokonferencing) zum Einsatz. Die Zusammenarbeit ist nicht auf Langfristigkeit angelegt; sobald das Projekt abgewickelt ist, trennen sich die Netzwerkbeteiligten wieder (vgl. *Garrecht* [Entstehung] 110). Die virtuelle Organisation wird daher auch als „Ereignisorganisation“ bezeichnet (vgl. *Scholz* [Organisation] 320 ff.).

In Abb. 12-5 ist eine virtuelle Organisationsform am Beispiel der virtuellen Herstellung und Vermarktung eines neu entworfenen Herrenhemdes dargestellt.

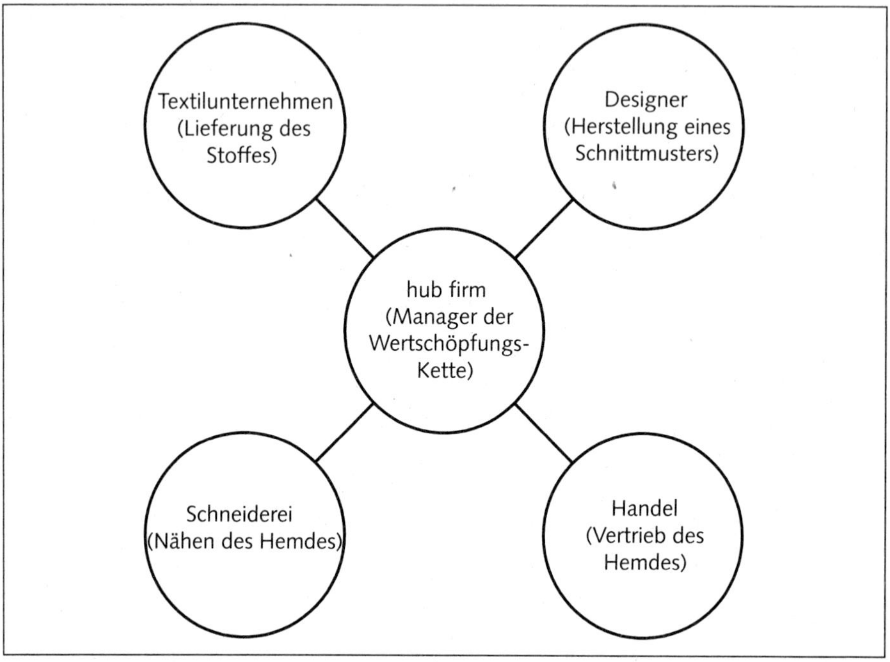

Abb. 12-5: Virtuelle Organisation am Beispiel eines neu entworfenen Herrenhemdes

Die virtuelle Organisation weist folgende **Vorteile** auf:

(1) Die beteiligten Unternehmen können sich auf ihre **Kernkompetenzen** konzentrieren.

(2) Es existiert ein hoher Grad an **Flexibilität,** da keinerlei Bindung an den bisherigen Partner existiert und aufs Neue der „Beste" engagiert werden kann.

(3) Es findet eine ständige **Herausforderung** auf dem „Marktplatz der Ideen" statt. Dies wiederum stellt eine ideale Grundlage für das Lernen dar.

(4) Die **Bindung** an Ort und Zeit wird **aufgehoben** (Wirtschaftsprozess „anywhere and any time").

An **Nachteilen** sind zu nennen:

(1) Labilität und Unsicherheit der Organisation behindern die Entwicklung einer **Organisationskultur** i.S. eines gegenseitigen Vertrauens. Die Partnerwahl ist daher von elementarer Bedeutung.

(2) Jedes neue Projekt führt zu erneuten **Vorbereitungs- und Anlaufkosten.**

(3) Die **Steuerung** von virtuellen Organisationen ist sehr kompliziert.

(4) Gefahr des **Free Rider-Verhaltens** einzelner Mitglieder.

Der virtuellen Organisation sehr ähnlich ist das **„dynamische Netzwerk“**, wie es von *Miles* und *Snow* (vgl. [Failure] 66 f.) beschrieben wird. Solche dynamischen Netzwerke können sich auch unternehmensintern bilden und werden dann als „virtuelle Abteilungen“ bezeichnet (vgl. *Scholz* [Organisation] 350 ff.). Die Ähnlichkeit mit der Projektorganisation, wie sie von *Peters* (vgl. [Hierarchien] 223 ff.) propagiert wird, ist groß. Überhaupt sind die Grenzen zwischen den Organisationsformen „Netzwerk“, „Projektorganisation“ und „virtuelle Organisation“ fließend. Als charakteristisch für die virtuelle Organisation kann vor allem die starke informationstechnische Unterstützung der Zusammenarbeit angesehen werden (vgl. *Garrecht* [Entstehung] 113).

2.5 Lernende Organisation

Vor dem Hintergrund einer sich immer schneller ändernden Umwelt wird von den Unternehmen ein hoher Grad an Wandlungsfähigkeit verlangt. Da Produkte und Märkte in immer kürzerer Zeit veralten, können dauerhafte Wettbewerbsvorteile nur durch die Fähigkeit erzielt werden, mit diesem Wandel immer wieder Schritt zu halten. Sie müssen permanent lernen: „The ability to learn faster than your competitors may be the only sustainable competitive advantage“ (*De Geus* [Learning] 71).

Die Rede vom „Lernen der Unternehmung“ oder **„organisationalen Lernen“** ist nicht unumstritten, weil damit das Unternehmen zu sehr „vermenschlicht“ wird. Tatsächlich sind es zunächst einmal **Individuen in der Organisation**, die lernen. „Organizations have no other brains and senses than those of their members“ (*Hedberg* [Organizations] 6). Andererseits tritt die Organisation dem Einzelnen in vielerlei Gestalt als Wissensreservoir gegenüber, wobei dieses Wissen in Strukturen, Richtlinien, Abläufen, Routinen, Technologien, Normen und anderen Medien sedimentiert sein kann. Individuelles Wissen und Können wird kollektiviert und es entsteht eine **organisationale Wissensbasis**, die unabhängig von einzelnen Individuen weiter existiert.

Organisationales Lernen ist der Prozess der Schaffung und stetigen Weiterentwicklung der organisationalen Wissensbasis.

Soll organisationales Lernen gefördert werden, sind drei **Schlüsselprobleme** zu lösen (vgl. *Steinmann/Hennemann* [Organisation] 39 f.):

(1) Kollektivierung individuellen Wissens

Der Einzelne muss in der Lage und bereit sein, seine Kenntnisse und Fähigkeiten mit anderen zu teilen, sie der Unternehmung zur Verfügung zu stellen und in die gemeinsame Aufgabenerfüllung einzubringen, also aus implizitem Wissen explizites Wissen zu machen. Das Unternehmen muss quasi wissen, was an Wissen da ist.

(2) Sicherstellung der Verwendung des vorhandenen Wissens

Das vorhandene Wissen ist daraufhin zu bewerten, ob es besonders unternehmensdienlich ist und daher vorrangig gefördert und genutzt werden sollte. Die tatsächliche Anwendung solchen Wissens sollte sichergestellt werden.

(3) Dauerhafte Forcierung der Lernprozesse

Der Lernprozess sollte permanent in Gang gehalten werden. Die Individuen müssen immer wieder die Möglichkeit haben, neues Wissen und Können zu erwerben. Sie sollten erfahren, dass dieses Lernen erwünscht ist und honoriert wird. Außerdem wird die Wissensbasis ständig auch um die Erfahrungen aus der Verwendung des vorhandenen Wissens bereichert.

Ein zentraler Begriff in der Diskussion zum organisationalen Lernen ist der des Wissensmanagements.

Wissensmanagement ist die zielorientierte Gestaltung des Wissensprozesses im Unternehmen. Der Wissensprozess umfasst die Wissensgenerierung, den Wissenstransfer, die Wissensspeicherung und die Wissensnutzung.

(a) **Wissensgenerierung.** Die traditionelle Form der Wissensgenerierung erfolgt im Rahmen der betrieblichen Fort- und Weiterbildung. Aktuell ist die Einrichtung sog. Corporate Universities (z.B. bei DaimlerChrysler). Uns beschäftigt hier jedoch insbesondere die Frage, wie die **Struktur einer „lernenden Organisation“** aussehen sollte. Es wird also nach einem Organisationsmodell gesucht, welches Lernen begünstigt. Interessanterweise werden alle bisher vorgestellten neuen Organisationsmodelle mit dem Lernen in Verbindung gebracht.

Die **Prozessorganisation** begünstigt das organisationale Lernen durch das Denken in Zusammenhängen, die Rückführung der Spezialisierung und die Integration von Denken und Handeln (vgl. *Göbel* [Bedeutung]). Durch die **Teamorganisation** kann das Lernen gefördert werden, weil die Individuen in der Gruppe mehr kommunizieren, unterschiedliches Wissen austauschen und besser motiviert sind, ihr Wissen der Gruppe zur Verfügung zu stellen (vgl. *Senge* [Discipline] 233 ff.). **Selbstorganisation** ist nur möglich, wenn die Mitarbeiter über vielerlei Fähigkeiten und Kenntnisse verfügen, was systematisch gefördert wird. Flache Hierarchien verhindern, dass auf dem Weg durch die Instanzen viel Wissen verloren geht. Selbstkontrolle verbessert das Erfahrungslernen. Bei **unternehmensübergreifender Kooperation** lernt man fremdes Know how und andere mentale Modelle kennen. Der Blick über die eigenen Grenzen hinaus kann „Betriebsblindheit" verhindern und neue Perspektiven eröffnen.

(b) **Wissenstransfer.** Die Aufgabe des Wissenstransfers besteht in der Übertragung von Wissen, über das Individuen und Gruppen verfügen, auf andere Individuen bzw. Gruppen. In struktureller Hinsicht bieten sich die bereits für die Wissensgenerierung bevorzugten Team- und Kooperationsmodelle an. In Joint Ventures und strategischen Allianzen findet systematisch ein Wissensaustausch zwischen den Partnern statt. Teammodelle sind geeignet, die funktionalen und hierarchischen Barrieren für den Wissensaustausch zu überwinden.

(c) **Wissensspeicherung.** Die heutige Medientechnik ist in besonderem Maße geeignet, Wissen zu speichern, sowohl in gedruckter als auch in elektronischer Form. Ein besonders geeignetes Speichermedium ist jedoch der Mitarbeiter. Seine Speicherkapazität übersteigt jene künstlicher Systeme – weniger im Hinblick auf die Quantität, als auf die Art des zu speichernden Wissens. Die Bereitschaft zur Wissensspeicherung wird gefördert durch eine Grundeinstellung, die sich insbesondere in einer starken Unternehmenskultur ausdrückt. Zur Wissensspeicherung gehört auch die Wissensbewahrung, also die Verhinderung von Wissensverlust. Er ist insbesondere dann zu verzeichnen, wenn das Wissen einer Gruppe oder eines Individuums durch Auflösung einer Gruppe (etwa im Rahmen der Projektorganisation) oder Abwanderung des Mitarbeiters verloren geht.

(d) **Wissensnutzung.** Eine konsequente Verwendung des vorhandenen Wissens ist nur dann gewährleistet, wenn die Organisation die Freiheit gewährt, das

Wissen aller in den Unternehmensprozess einzubringen. Voraussetzung dafür sind Führungsstile und Strukturen, die die Mitarbeiter motivieren, sich am Unternehmensgeschehen zu beteiligen und die auch dafür sorgen, dass das Wissen der Mitarbeiter gefragt und berücksichtigt wird.

Beispiel: Der Hörgerätehersteller Phonak in der Schweiz, ein High Tech-Unternehmen mit 550 Mitarbeitern, gilt als Experte und Vorbild in Sachen Wissensmanagement. Das Unternehmen ist äußerst innovativ und erfolgreich.

Die Ursprünge des Unternehmens liegen in einem kleinen Team von Experten, die gemeinsam ein völlig neues Hörgerät entwickelten. Jeder fragte jeden, alle arbeiteten ganz gleichberechtigt zusammen. Daher rührt noch die Unternehmensphilosophie: Phonak versteht sich als ein „Kommunikationshaus". Jeder soll mit jedem reden und zwar informell. Die Cafeteria ist der wichtigste Ort im Unternehmen. Die gemeinsame Kaffeepause am Morgen ist Pflicht. Jeder Neuling stellt sich allen Mitarbeitern persönlich vor. Es gibt kaum formelle Regeln, keine vorgeschriebenen Dokumente, keine offiziellen meetings, keine Dienstwege, keine Hierarchie. Alle Arbeit wird in Projektteams erledigt. So eine Art „Chef" ist immer derjenige, der sich gerade am besten auskennt.

Das Gebäude spiegelt die Kultur wieder. Es gibt fast keine Wände, kaum Unterschiede bei den Arbeitsplätzen, alle Bereiche gehen nahtlos ineinander über. Forscher und Entwickler sitzen direkt neben der Fertigung und alle Entwicklungen müssen parallel in der Produktion getestet werden, damit nicht jahrelang im stillen Kämmerlein für den Papierkorb gearbeitet wird.

Es werden ständig Kunden eingeladen, bis zu 8000 im Jahr, mit denen die Forscher und Entwickler reden müssen. Die Mitarbeiter dürfen und sollen Kontakte zu Universitäten aufbauen, Fachbücher lesen, Lehrbücher schreiben, Vorträge halten...Es gibt auch Forscher, die die Freiheit haben sozusagen ohne direkte Anwendungsorientierung zu forschen, die nur am Puls der Entwicklung in der Technologie horchen sollen.

Problem: Die wachsende Unternehmensgröße zwingt mittlerweile zu mehr Struktur. Bei 360 Mitarbeitern im Stammhaus gelingt nicht mehr alles rein informell. Man braucht mehr und mehr offizielle Termine und Formulare.

3 Von traditionellen zu neuen Organisationsmodellen

In den letzten Jahren hat sich – wie dargelegt – sehr viel an der Vorstellung geändert, wie eine effektive Organisationsstruktur beschaffen sein sollte. „In der deutschen Wirtschaftsgeschichte hat es keine Zeit gegeben, in der bestehende Organisationsstrukturen in so weitreichender Weise in Frage gestellt, in der organisatorische Änderungen mit so tief greifenden Konsequenzen verfolgt wurden. ... Noch nie war der Stellenwert der Fähigkeit, Organisationskonzepte entwickeln und erfolgreich umsetzen zu können, beim Aufbau und bei der Sicherung von Wettbewerbsvorteilen so hoch wie heute" (*Frese/Werder* [Organisation] 3,4). Der Übergang von einem traditionellen zu einem modernen Organisationskonzept bedeutet für die Unternehmung einen umfassenden organisationalen Wandel. In vielen Unternehmen schlagen die hoch gesteckten Reformprojekte allerdings fehl. Im gleichen Maße, wie die Notwendigkeit des Wandels erkannt wurde, stieg auch aus leidiger Erfahrung die Einsicht in die Schwierigkeiten eines gezielten Wandels. Daraus ergab sich die Notwendigkeit, einem **„Management des Wandels"** mehr Aufmerksamkeit zu schenken. Der folgende vierte Teil des Buches ist darum dem Thema „Wandel von Organisationen" gewidmet. Dabei soll in Kap. 13 vor allem die Notwendigkeit des Wandels begründet werden, während in Kap. 14 das Management des Wandels und die damit verbundenen Probleme dargestellt werden.

Fragen zur Wiederholung

1. Was ist der Grundgedanke der Prozessorientierung? (1.2)
2. Was versteht man unter Empowerment? (1.4)
3. Nehmen Sie Stellung zu der These: Die grenzenlose Unternehmung ist die Organisation der Zukunft. (1.5)
4. Es wird behauptet, die Prozessorganisation verstärke die Kundenorientierung. Ist diese Behauptung begründet? (2.1)
5. Welche Aufgaben übernehmen Qualitätszirkel? (2.2.2)
6. Wie wird die horizontale und wie die vertikale Koordination beim System überlappender Gruppen nach *Likert* vorgenommen? (2.2.4)
7. Was versteht man unter einer fraktalen Fabrik? (2.3)
8. Worin bestehen die wesentlichen Merkmale eines Joint Venture? (2.4.1)
9. Die Netzwerkorganisation ist angesiedelt zwischen der marktlichen Koordination und der hierarchischen Koordination. Was bedeutet in diesem Zusammenhang „marktliche Koordination" und was bedeutet „hierarchische Koordination"? (2.4.2)
10. Was versteht man unter einer virtuellen Organisation? (2.4.3)
11. Wie entsteht in einem Unternehmen eine organisationale Wissensbasis? (2.5)

Fragen zur Vertiefung

1. Erfahrungen mit einer gruppenorientierten Entlohnung zeigen, dass dieses Entlohnungssystem allgemein akzeptiert wird, wenn es „aufwärts geht". In Krisenzeiten entsteht dagegen Sprengstoff. Wie erklären Sie sich dieses Phänomen?
2. Welcher Zusammenhang besteht zwischen der lernenden Organisation und dem Wissensmanagement?
3. Inwiefern hat der Fortschritt in der Informationstechnologie das Entstehen von virtuellen Organisationen begünstigt?

4. Erklären Sie das Entstehen von Netzwerken mit Hilfe des Transaktionskosten-Ansatzes.
5. Die Formulierung „Organisation der Selbstorganisation“ klingt zunächst widersprüchlich. Warum ist dies nicht der Fall?
6. Das Modell der Prozessorganisation definiert das Verhältnis von Aufbauorganisation und Ablauforganisation neu. Erläutern Sie diese Neuinterpretation.
7. Im Rahmen der Prozessorganisation spielt der Begriff des Kundennutzens eine wichtige Rolle. Was versteht man unter diesem Begriff und welcher Zusammenhang besteht mit der Prozessorganisation?

Literaturempfehlungen

Bea, F. X. /Haas, J.: Strategisches Management, 3. A., Stuttgart 2001.

Scholz, C.: Strategische Organisation, 2. A., Landsberg/Lech 2000.

Wittlage, H.: Moderne Organisationskonzeptionen, Grundlagen und Gestaltungsprozess, Braunschweig, Wiesbaden 1998.

Teil 4: Wandel von Organisationen

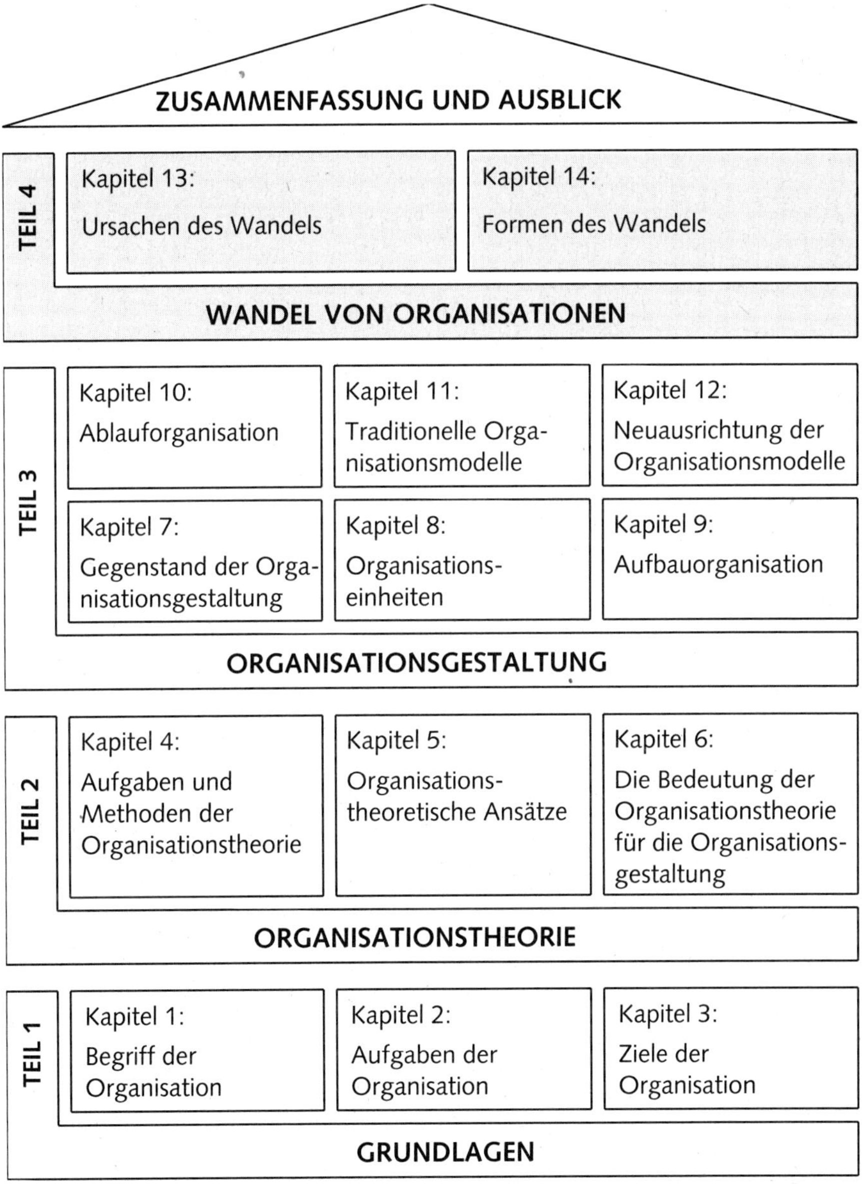

Kapitel 13

Ursachen des Wandels

Im vorangehenden Kapitel wurde dargestellt, wie sich in den letzten Jahren die Vorstellung von einer effektiven Organisation geändert hat. In fast allen Branchen rüsten sich die Unternehmen mit teilweise revolutionären Strukturänderungen für den Wettbewerb in den nächsten Jahrzehnten. Im Folgenden soll zunächst dargelegt werden, auf welche **Ursachen** dieser Bedarf an **organisationalem Wandel** zurückgeführt werden kann. Ausgehend von der Fit-Hypothese des situativen Ansatzes werden wichtige Änderungen im Kontext der Unternehmen beschrieben, die einen Strukturwandel erforderlich machen. Dabei werden externe und interne Ursachen des Wandels unterschieden. In Kapitel 14 steht dann die Frage im Vordergrund, auf welche Art und Weise der Wandel im Unternehmen vollzogen werden kann.

1 Die Fit-Hypothese

Die Organisationsstrukturen, die wir in der Realität vorfinden, sind recht heterogen. Es gibt wohl kaum eine Aufbauorganisation eines Unternehmens, die mit jener eines anderen Unternehmens identisch wäre. Unternehmen wählen zwar bestimmte Grundmodelle der Organisation, sie variieren aber diese Modelle und kombinieren sie mit Sekundärorganisationen (vgl. Kap. 11) und passen sie neueren Entwicklungen entsprechend ihrer jeweiligen situativen Bedingungen an (vgl. Kap. 12). Jede gravierende Änderung der Situation, in der sich ein Unternehmen befindet, erzeugt den **Bedarf nach organisationalem Wandel**. Die Erkenntnis, dass es keine universell effizienten Strukturen gibt, ist die zentrale Aussage des situativen Ansatzes (vgl. S. 83 ff.). Er führt die Unterschiede von Organisationen auf die jeweiligen spezifischen Kontextfaktoren zurück. Aus empirischen Befunden werden dann Hypothesen abgeleitet zur Beantwortung der Frage, welche Struktur zu welcher Situation „passt" und daher zu empfehlen ist.

Gehen wir von dieser Grundthese des situativen Ansatzes aus, stellt sich die Frage, welche Strukturvariablen zu welchen Situationsvariablen passen und welche Änderungen im Kontext der Unternehmung zur Entwicklung neuer Organisationsmodelle beigetragen haben. Es liegt eine Reihe empirisch ausgerichteter Arbeiten vor, die dem Thema des Zusammenhangs von Situation und Struktur gewidmet sind. So werden monovariate und multivariate Ansätze unterschieden. Während die monovariaten Ansätze einzelne Einflussgrößen auf die Organisation, wie Technologie und Unternehmensgröße untersuchen, befassen sich die multivariaten Ansätze mit einem ganzen Bündel von Einflussgrößen. Als Beispiel sei der Ansatz von *Kieser/Kubicek* genannt, welcher die in Abb. 13-1 aufgeführten Situationsvariablen von Organisationen unterscheidet. Die interne Situation wird in gegenwartsbezogene und vergangenheitsbezogene Faktoren untergliedert. Die Dimensionen der externen Situation sind in eine aufgabenspezifische und eine globale Umwelt zerlegt. Die mit einem Stern gekennzeichneten Dimensionen werden von beiden Autoren näher betrachtet (vgl. *Kieser/Kubicek* [Organisation] 207 ff.).

Dimensionen der internen Situation	**Dimensionen der externen Situation**
Gegenwartsbezogene Faktoren • Leistungsprogramm* • Größe* • Fertigungstechnologie* • Informationstechnologie* • Rechtsform und Eigentumsverhältnisse	*Aufgabenspezifische Umwelt* • Konkurrenzverhältnisse* • Kundenstruktur • technologische Dynamik*
Vergangenheitsbezogene Faktoren • Alter der Organisation • Art der Gründung • Entwicklungsstadium der Organisation	*Globale Umwelt* • gesellschaftlich-kulturelle Bedingungen*

Abb. 13-1: Die Situationsvariablen nach *Kieser/Kubicek* ([Organisation] 209)

Wir erörtern im Folgenden solche Einflussfaktoren, von denen zu erwarten ist, dass sie in der Praxis eine große Relevanz aufweisen (vgl. Abb. 13-2). Im Einzelnen unterscheiden wir in Anlehnung an *Kieser/Kubicek* interne und externe Einflussfaktoren auf die Organisation. Als **externe Einflussfaktoren** betrachten wir die Segmente „Markt“, „Gesellschaft“ und „Recht“. Mit ihnen muss die Organisation einen sog. **System-Umwelt-Fit** herstellen.

Die **internen Einflussfaktoren** stellen die aus unserer Sicht wesentlichen Managementsubsysteme dar, mit denen die Organisation im Rahmen eines **Intra-System-Fits** abzustimmen ist. Sie sind aus der Vielzahl von Fit-Konzepten herausgefiltert worden, die in Wissenschaft und Unternehmensberatung Verbreitung gefunden haben.

Externe Einflussfaktoren	Interne Einflussfaktoren
1. Markt 2. Gesellschaft 3. Recht	1. Zielsystem des Unternehmens 2. Strategie des Unternehmens 3. Fertigungstechnologie und Informationstechnologie 4. Unternehmenskultur

Abb. 13-2: Einflussfaktoren auf die Organisation

Das bekannteste Konzept für den Intra-System-Fit ist von McKinsey entwickelt worden. Von diesem Beratungsunternehmen stammt das sog. **7-S-Modell.** Es verlangt eine Abstimmung der Organisation (structure) mit der Strategie (strategy), den Systemen (systems), den Spezialkenntnissen (skills), dem Stammpersonal (staff), dem Stil (style) und dem Selbstverständnis (superordinate goals). Als Konsequenz aus einer kritischen Auseinandersetzung mit dem 7-S-Modell entwickelte *Krüger* das sog. **KOMPASS**-Modell (**Ko**nzept zur **m**ehrdimensionalen **P**lanung und **A**nalyse **s**trategischer Erfolgs-**S**egmente) (*Krüger* [Organisation] 28). In diesem Konzept sind die aufeinander abzustimmenden Erfolgssegmente: Struktur, Strategie, Träger (der Unternehmenspolitik), Potenziale, Systeme und Kultur. Nach dem **situativen Ansatz** der Organisationstheorie muss die Struktur u.a. zur Größe der Unternehmung, zum Leistungsprogramm, zum Grad der Internationalisierung, zur Fertigungs- und Informationstechnologie und zu den Eigentumsverhältnissen passen.

Wir wollen uns im Folgenden auf **vier interne Einflussfaktoren** beschränken, mit welchen die Struktur abzustimmen ist:

- Das **Zielsystem** der Unternehmung, in welchem nicht nur zum Ausdruck kommt, welche Ziele Richtschnur für die Unternehmenssteuerung sind, sondern auch, wer die Personen sind, die maßgeblich Einfluss auf die Unternehmensentscheidungen ausüben (sollten). In der Terminologie *Kieser/Kubiceks* geht es also auch um die Eigentumsverhältnisse.
- Die **Strategie,** mit der die Aktionsfelder der Unternehmung und der Wettbewerb auf diesen Aktionsfeldern festgelegt werden. Strategische Entscheidungen beziehen sich u.a. auf das Leistungsprogramm und den Grad der Internationalisierung.
- Die **Fertigungstechnologie und Informationstechnologie,** welche im Unternehmen eingesetzt werden.
- Die **Unternehmenskultur** als die Gesamtheit der in einer Unternehmung im Laufe der Zeit entstandenen und akzeptierten Werte und Normen, die über bestimmte Denk- und Verhaltensmuster das Entscheiden und Handeln der Organisationsmitglieder prägen.

Bei der Analyse der einzelnen in Abb. 13-2 dargestellten Einflussfaktoren ist zu berücksichtigen, dass diese Situationsvariablen sich gegenseitig beeinflussen und ihrerseits wiederum von anderen Einflussfaktoren abhängig sind. So beeinflussen sich die Strategie des Unternehmens und die Unternehmenskultur nicht nur gegenseitig, sondern sie sind auch abhängig von Situationsvariablen wie der Größe des Unternehmens, der Entwicklungsgeschichte des Unternehmens, der Branchenzugehörigkeit und gesellschaftlichen Bedingungen. Welche Fertigungs- und Informationstechnologien im Unternehmen eingesetzt werden, hängt auch von dem externen Faktor der technologischen Entwicklung ab.

Die genannten Einflussfaktoren auf die Organisation sind ihrerseits auch nicht unbeeinflusst von der Organisation. Da die Organisation nicht als Vollzugssystem, sondern als eigenständiges Führungssubsystem zu begreifen ist, setzt sie ihrerseits wiederum Bedingungen für die sie umgebenden Führungssubsysteme. Strategie und Kultur hängen auch von der Struktur einer Unternehmung ab. Es findet so ein ständiger **Abstimmungsprozess** statt. Gelingt dieser Fit, so sind die Voraussetzungen für den Erfolg eines Unternehmens geschaffen. Die Organisation ist in diesem Sinne ein „strategischer Erfolgsfaktor".

Im Folgenden wollen wir vereinfachend die Zusammenhänge zwischen je einem externen bzw. internen Einflussfaktor und der Organisation darstellen. Die Beziehung zwischen den Einflussfaktoren und der Organisationsstruktur wird in erster Linie als Abhängigkeit der Organisation vom Situationsfaktor interpretiert. Änderungen der situativen Faktoren begründen die **Notwendigkeit eines organisationalen Wandels**. In welche Richtung dieser Wandel gehen soll, wird im Folgenden untersucht.

2 Externe Ursachen

2.1 Markt

Eine Organisation muss – so haben wir festgestellt – effektiv sein. Das heißt für ein Privatunternehmen in einer Wettbewerbswirtschaft: Es muss sich letztlich am Markt bewähren. Diese Voraussetzung ist nur dann erfüllt, wenn sich die Bedingungen des Marktes in der Struktur des Unternehmens und in den Verhaltensweisen der Organisationsmitglieder niederschlagen.

Ein erster Blick auf die Entwicklung der Güter- und Kapitalmärkte zeigt, dass die **Wettbewerbsintensität** beträchtlich zugenommen hat. Dieser Effekt ist im Wesentlichen zurückzuführen auf:

- die Globalisierung der Märkte,
- die Deregulierung von Märkten,
- die Verkürzung der Marktzyklen und
- die Marktsättigung durch Überkapazitäten.

Daraus ergeben sich **Anforderungen an die Organisation** von Unternehmen, die sich im Wesentlichen auf die Steigerung

- der Flexibilität,
- der Kundenorientierung und
- der Innovationsfähigkeit

beziehen.

(1) Flexibilität

Die Dynamik der Märkte verlangt eine Organisation, die in der Lage ist, Veränderungen schnell wahrzunehmen (Früherkennung schwacher Signale), die Informationen unverzerrt und unmittelbar an die Entscheidungsträger heranzutragen (Überwindung von Informationsbarrieren) und die Informationen rasch in Aktionen umzusetzen (Reagibilität). Der Vergleich der einzelnen Organisationsmodelle hat gezeigt, dass diesen Anforderungen vor allem die Delegation und mit ihr die Dezentralisation von Verantwortung genügen. Die Hierarchie ist möglichst flach zu gestalten, um das Versickern von Informationen, die von der Basis wahrgenommen werden, zu vermeiden.

Die Schaffung autonomer und marktorientierter Profit Center im Rahmen der Divisionalen Organisation bzw. der Holdingstruktur trägt in hohem Maße zur Flexibilisierung bei, weil diese Einheiten **ihren** Markt besser kennen und auch besser motiviert sind, Marktsignale wahrzunehmen. Außerdem dürfen sie im Rahmen der Selbstbestimmung eigenständig und rasch auf die Signale reagieren. Die relativ autonomen Einheiten können außerdem bei Bedarf leichter verändert oder sogar ausgegliedert werden, ohne eine unternehmensumfassende Reorganisation auszulösen. Ebenfalls flexibilitätserhöhend wirkt sich eine Verringerung der Spezialisierung aus: Wenn die Organisationsmitglieder mehrere Tätigkeiten beherrschen, entsteht zwar eine gewisse Redundanz in der Organisation, dafür ist aber das Spektrum an Reaktionsmöglichkeiten ausgeweitet. Dieselbe Wirkung ist von der Schaffung eines **organizational slack** zu erwarten. Ressourcen wie Personal und Lagerbestände werden großzügig bereitgestellt. Der Slack erhält dann die Bedeutung einer Pufferfunktion und trägt damit zur Steigerung der Flexibilität bei.

(2) Kundenorientierung

Kundenorientierung verlangt eine aktive und eine proaktive Erfassung von Kundenpräferenzen. „Aktiv" bedeutet, dass auf Beschwerden und auf neue Kundenwünsche schnell reagiert wird. An der Schnittstelle zwischen Unternehmung und Kunden können z.B. eigene Stellen geschaffen werden, die die Kunden beraten und/oder Beschwerden und Anregungen entgegennehmen. Eine „proaktive" Einstellung einer Organisation liegt dann vor, wenn das eigentliche Kundenproblem in den Mittelpunkt der unternehmerischen Anstrengungen zur Problemlösung gerückt wird. Dies verlangt einen verstärkt an Kundenprojekten anstatt an Funktionsbereichen orientierten Aufbau des Unternehmens. Sog. Key-Account-Managern wird bspw. die Koordination der Leistungen für wichtige Großkunden übertragen (vgl. S. 344 f.). Daraus entsteht z.B. das Organisationsmodell einer Kunden-Funktions-Matrix. Bei einer prozessorientierten Organisation bildet die Erzeugung von Kundennutzen den Ausgangspunkt für die

Abgrenzung der Kernprozesse. Eine Verbesserung der Flexibilität steigert zugleich die Möglichkeiten zur Kundenorientierung durch maßgeschneiderte Lösungen an Stelle von standardisierter Massenware. Schließlich können die Kunden auch direkt an den Entscheidungen der Unternehmung beteiligt werden, indem sie z.B. an Ausschüssen für Produktentwicklung partizipieren.

(3) Innovationsfähigkeit

Ausgeprägte Wettbewerbsintensität auf Märkten verlangt von den Unternehmen die Fähigkeit, durch Entwicklung von Innovationspotenzialen zumindest „mithalten“ zu können. Schon in einer der frühen Untersuchungen zum situativen Ansatz wurde von *Burns/Stalker* ([Innovation]) die Frage aufgeworfen, welche Strukturen die Innovationsfähigkeit der Unternehmung steigern. Sie kamen zu dem Schluss, dass ein „organischer“ Organisationstyp besser geeignet sei als ein „mechanistischer“. Der organische Typ ist gekennzeichnet durch flache Hierarchie, geringe Regelungsdichte und wenig Spezialisierung. Wenn möglichst viele, verschiedene und ungewöhnliche Ideen entwickelt werden sollen, gelten zudem Gruppen den Einzelpersonen gegenüber als überlegen. Die innovationsbewusste Organisation räumt den Organisationsmitgliedern schließlich mehr Handlungsspielraum ein. Solche innovationsförderlichen Merkmale weisen die Prozessorganisation, die Teamorganisation und die lernende Organisation auf. Im Rahmen eher traditioneller Organisationsmodelle können durch spezielle Venture-Einheiten quasi-autonome „Innovationsinseln“ geschaffen werden, die bewusst von der Routine des laufenden Geschäftes befreit werden. Werden aus ihnen rechtlich selbständige Einheiten gebildet, spricht man auch vom Spin-off.

2.2 Gesellschaft

Die Entscheidung der „Organisatoren“ über Art und Grad der Strukturierung sowie die Wünsche der Organisationsmitglieder an die Struktur werden wesentlich mitbestimmt von den Vorstellungen in der Gesellschaft zum Verhältnis zwischen Unternehmung und Arbeitnehmern, zum Stellenwert von Arbeit und Freizeit, Tugenden wie Gehorsam, Pünktlichkeit, Ehrlichkeit, Fleiß und Zuverlässigkeit.

Soziologische Studien haben in all diesen Bereichen wichtige Änderungen konstatiert. So wurde von *Klages* ([Indikatoren]) ein **Wertewandel** bei der jüngeren Generation festgestellt. Werte wie Disziplin, Gehorsam, Pflichterfüllung, Anpassungsbereitschaft und Selbstbeherrschung wurden abgewertet, Demokratie, Autonomie, Abwechslung, Selbstverwirklichung und Ungebundenheit aufgewertet. Die moderne Gesellschaft ist eine **„Erlebnisgesellschaft“** (vgl. *Schulze* [Erlebnisgesellschaft]), in welcher die Menschen sich weniger als früher nach äußeren Vorgaben richten wollen. Sie streben vielmehr nach inneren Erlebnissen (daher auch die Bezeichnung **„Spaßgesellschaft“**). Man ordnet sich nicht in eine vorgegebene Welt ein, sondern will die Welt nach seinen Bedürfnissen gestalten. Selbstverwirklichung, Stimulierung und Unterhaltung werden höher geschätzt, Konformität und Streben nach Rang sind unwichtiger geworden als früher.

Zugleich gilt die Gesellschaft heute als **„Risikogesellschaft“**, in welcher die Menschen mit vielen Problemen konfrontiert sind (vgl. *Beck* [Risikogesellschaft]). Aus dem Problem der Massenarbeitslosigkeit – um nur ein Beispiel zu nennen – erwächst eine allmähliche gesellschaftliche Umbewertung der Arbeit. Das Modell der standardisierten Vollbeschäftigung (Standardarbeitsvertrag, Standardarbeitszeit, Standardarbeitsort) trägt nicht mehr. An seine Stelle wird ein risikoreiches System flexibler, pluraler, dezentraler Teilzeitarbeitsverhältnisse treten. Die Grenze zwischen selbständiger und abhängiger Arbeit wird fließend. Dadurch werden die Vereinbarkeit von Erwerbs- und Familienarbeit verbessert und die Arbeitslosigkeit gemildert. Allerdings geschieht dies um den Preis höherer individueller Risiken und einer breiten Unterbeschäftigung.

Für *Willke* ist die Gesellschaft heute vor allem als eine **„Wissensgesellschaft“** zu charakterisieren (vgl. [Wissensmanagement]). Während die einfache (Hand-) Arbeit zunehmend von Maschinen übernommen wird oder in die noch vorhandenen Billiglohnländer abwandert, ist die Arbeit in den hoch entwickelten Industriegesellschaften eine von Expertise und Kompetenz bestimmte Wissensarbeit. Aus dieser Arbeit entstehen wissensbasierte bzw. intelligente Produkte und Dienstleistungen. Wissen wird zum zentralen Produktionsfaktor.

Alle diese Entwicklungen müssen auch bei der Organisation berücksichtigt werden. Arbeit sollte als sinnvoll und erfüllend erlebt werden können, die Kompetenzen der Mitarbeiter sind bestmöglich zu nutzen, Autonomie und Demokratie sollten eine bürokratische Überreglementierung und einseitige Herrschaftsbeziehungen ablösen, Arbeitszeit, Arbeitsort und Arbeitsvertrag sollten flexibilisiert werden, Wissen ist als wertvolle Ressource zu behandeln. Die neueren Organisationsmodelle (z.B. lernende Organisation, Selbstorganisation, virtuelle Organisation, Prozessorganisation) können so auch als Reaktion auf die genannten gesellschaftlichen Trends verstanden werden.

2.3 Recht

Das Recht setzt in vielerlei Hinsicht Rahmenbedingungen sowohl für die Aufbauorganisation wie auch für die Ablauforganisation. Zwar gibt es keine zwingenden Vorschriften etwa für die Wahl eines bestimmten Organisationsmodells, doch sieht das Recht Regelungen vor, die beim Aufbau einer Organisation und bei der Gestaltung von Prozessen innerhalb einer Organisation beachtet werden müssen. Da das Recht i.d.R. dann Platz greift, wenn Interessen der Öffentlichkeit oder Interessen von Mitgliedern einer Organisation zu schützen sind, ist zunächst zu prüfen, welchen organisationsrelevanten Verpflichtungen die Unternehmen unterworfen sind, um Ansprüchen der Öffentlichkeit zu genügen. Im Anschluß daran soll das „Organisationsgesetz", nämlich das Recht der Unternehmensverfassung einer besonderen Würdigung unterzogen werden.

(1) Der Gesetzgeber hat in verschiedenen Feldern den Handlungsspielraum von Unternehmen eingeschränkt, um **Interessen der Gesellschaft** zur Geltung zu bringen bzw. zu schützen. Einige Beispiele seien genannt:

(a) Als einen wichtigen Trend in der Organisationspraxis haben wir die Entgrenzung herausgestellt (vgl. S. 360 f.). Die Grenzziehung zwischen Unternehmen und Markt ist unscharf geworden. Die Entwicklung zum „grenzenlosen Unternehmen" begünstigt die Wahl von **Organisationsmodellen der horizontalen und vertikalen Kooperation**. Da jedoch mit der Kooperation die Grenzen zur Wettbewerbsbeschränkung erreicht oder gar überschritten werden, ist das Verbotsprinzip des Gesetzes gegen Wettbewerbsbeschränkung zu beachten. Danach sind wettbewerbsbeschränkende Vereinbarungen verboten (§ 1 GWB). Dasselbe gilt für Zusammenschlüsse, durch die eine marktbeherrschende Stellung entsteht oder verstärkt wird (§ 24 GWB). Das Recht kann damit evtl. einer – transaktionstheoretisch begründeten – Argumentation zugunsten der „Hierarchie" Grenzen setzen. Das amerikanische Wettbewerbsrecht sieht sogar vor, dass marktbeherrschende Unternehmen in selbständige organisatorische Einheiten zerlegt werden (vgl. dazu die aktuelle Diskussion um die Trennung von Microsoft in zwei selbständige organisatorische Einheiten).

(b) Verschiedene Rechtsgebiete sehen die **Bildung von organisatorischen Einheiten** zwingend vor. Zu nennen ist eine Reihe gesetzlich vorgeschriebener sog. Beauftragter: Der Beauftragte für den Datenschutz, der Jugend- und Auszubildendenvertreter, die Frauenbeauftragte, die Schwerbehindertenbeauftragte (vgl. Bühner [Organisationslehre] 77).

Zu nennen sind auch Regelungen der Mitbestimmung im Rahmen der Betriebsverfassungsgesetze von 1952 und 1972 und des Mitbestimmungsgesetzes von 1976. So ist vor kurzem die Arbeitnehmermitbestimmung durch eine Novellierung des Betriebsverfassungsgesetzes verstärkt worden. Dies führt u.a. dazu, dass auch in kleineren Betrieben Beriebsräte gebildet und Betriebsratsmitglieder freigestellt werden müssen.

An rechtlichen Regelungen, die auf die Ablauforganisation Einfluss nehmen, sind u.a. arbeitsrechtliche Vorschriften (z.B. Kündigungsschutzgesetz, Arbeitszeitordnung, Bundesurlaubsgesetz, Jugendarbeitsschutzgesetz, Schwerbehindertengesetz), Arbeitsplatzvorschriften (etwa für die Bildschirmarbeit), Immissionsschutzregelungen sowie gesundheitsrechtliche Vorschriften (etwa für werdende Mütter) zu nennen (vgl. *von Werder* [Recht] 2178 ff.).

(2) Die **Unternehmensverfassung** ist in einer Vielzahl von Gesetzen verankert. Je nach Rechtsform sind das Aktiengesetz, das GmbH-Gesetz, das Genossenschaftsgesetz, das HGB zu nennen. Als rechtsformübergreifende Regelungen sind das Mitbestimmungsgesetz und das Betriebsverfassungsgesetz relevant. Zwar kennen diese Regelungen keinerlei Vorschriften, die sich auf die Wahl und Ausgestaltung von Organisationsmodellen beziehen, doch nehmen sie Einfluss auf die Institutionalisierung der Willensbildung in den Unternehmen und haben insofern organisatorische Relevanz. Das Recht der Unternehmensverfassung wurde bereits beschrieben (vgl. S. 241 ff.). Da es an dieser Stelle um den Wandel von Organisationen geht, sollen Sachverhalte angesprochen werden, die eine Veränderung von Organisationsstrukturen aktuell befördern können.

In den letzten Jahren ist im Rahmen der **Shareholder Value-Diskussion** das Bewusstsein gewachsen, dass die Interessen der Anteilseigner im Unternehmen nicht ohne weiteres gewahrt werden. Insbesondere in den großen Publikums-AGs haben die Eigentümer (Kleinaktionäre) weder das Interesse noch die Kompetenz, sich selbst um die Geschäftsführung und die Kontrolle zu kümmern. Wie der **institutionenökonomische Ansatz**, insbesondere der Teilansatz der Agenturtheorie lehrt, ist aber jede Übertragung von Verfügungsrechten auf

Agenten mit Risiken verbunden. Wenn die Eigentümer in einer AG wesentliche Kompetenzen auf das Topmanagement übertragen, entsteht das Problem der Disziplinierung der Delegationsempfänger. An sich sollte dieses Kontrollproblem mit der Einrichtung eines Aufsichtsrates gelöst sein. Ob der Aufsichtsrat jedoch in seiner derzeitigen Ausgestaltung seiner Kontrollfunktion gerecht wird, ist umstritten. Der Gesetzgeber hat auf die Schwachstellenanalyse mit einer Aktienrechtsreform reagiert, welche insbesondere die Aufsichtsratskontrolle verbessern soll (Gesetz zur Kontrolle und Transparenz im Unternehmensbereich, KonTraG, vom Mai 1998). Neben einer Verbesserung der institutionalisierten Kontrolle wird auch die Umgestaltung der Entgeltpolitik und der Anreizsysteme diskutiert, um die Interessen des Topmanagements mit den Interessen der Eigentümer zu harmonisieren (z.B. Ausgabe von Aktienoptionen).

Die Stärkung der Rechte der Eigentümer hat die Befürchtung genährt, andere Interessen würden zukünftig vernachlässigt. Der **Shareholder-Ansatz**, welcher die Aktionärsinteressen in den Vordergrund rückt, wird als unvereinbar mit dem interessenpluralistischen **Stakeholder-Ansatz** gesehen. Sicher kann man Interessenkonflikte zwischen den Kapitaleignern, den Arbeitnehmern, den Konsumenten und der Öffentlichkeit nicht leugnen. Daher ist es auch nötig, die Entscheidungsautonomie der Unternehmensleitung durch Gesetze einzuschränken und Transparenz und Beteiligung einzufordern. Andererseits gibt es aber auch einen breiten Korridor harmonierender Interessen zwischen den Stakeholdern. In modernen Organisationsformen ist die Mitwirkung der Arbeitnehmer und u. U. auch der Lieferanten und Kunden an den Unternehmensentscheidungen gerade auch im Interesse der Steigerung des Unternehmenswertes durchaus erwünscht. Auf die Dauer kann kein Unternehmen gegen die Interessen seiner Mitarbeiter und Kunden bestehen.

Zusammenfassend können im Wesentlichen **zwei Trends** für die Gestaltung der Unternehmensverfassung ausgemacht werden:

- Die Rechte der Kapitaleigner werden gestärkt. Ob damit eine Schwächung der Interessen anderer Stakeholder – insbesondere der Arbeitnehmer – verbunden sein wird, ist ungewiss.
- Im Zuge der Internationalisierung der Unternehmen wird in Zukunft supranationales Recht eine größere Rolle spielen. Das weit verbreitete einstufige Board-Modell wird sich möglicherweise gegen das dualistische Modell (Trennung von Vorstand und Aufsichtsrat) durchsetzen.

3 Interne Ursachen

3.1 Zielsystem des Unternehmens

3.1.1 Bedeutung des Zielsystems für die Organisation

Nach der eingangs vorgestellten Fit-Hypothese muss die Organisationsstruktur – um effektiv zu sein – mit den externen und internen Kontextbedingungen harmonieren. Da die Organisation im instrumentellen Sinne zur Verwirklichung der Unternehmensziele beitragen soll, muss sie zunächst – ganz allgemein gesprochen – zu den Zielen der Unternehmung passen. Das Zielsystem wird allerdings nur selten explizit als interner Kontextfaktor angeführt. Dies kann damit begründet werden, dass man sich im Rahmen der betriebswirtschaftlichen Organisationslehre i.Allg. auf die Betrachtung erwerbswirtschaftlicher Organisationen beschränkt, deren Formalziele (bspw. Gewinn, Rendite, Unternehmenswert) mehr oder weniger feststehen und für alle Unternehmen gleichermaßen gelten. Deutliche, die Organisationsstruktur beeinflussende Unterschiede zwischen den erwerbswirtschaftlichen Organisationen ergeben sich erst bei der Konkretisierung der Ziele durch die Wahl unterschiedlicher Strategien (bspw. Unterschiede in der Breite und Tiefe des Leistungsprogramms, Unterschiede im Grad der Internationalisierung).

Die Wirkung des Zielsystems auf die Organisation erschließt sich daher besser, wenn man von der Beschränkung auf erwerbswirtschaftliche Organisationen absieht und möglichst **gegensätzliche Zielsysteme** vergleicht. Im Folgenden soll daher überlegt werden, welche Struktur zu einem Unternehmen mit einer ausgesprochen erwerbswirtschaftlichen Orientierung, speziell einer Orientierung an der Steigerung des Unternehmenswerts für die Aktionäre (Shareholder Value) passt, und welche Struktur ein nichterwerbswirtschaftliches Zielsystem (Nonprofit-Organisation) impliziert. Wie sehr die Zielsetzung die Managementsubsysteme beeinflusst, wird häufig erst deutlich, wenn sich die Ziele gravierend ändern. Zurzeit trifft dies vor allem die ehemals öffentlichen Nonprofit-Unternehmen, die sich aufgrund ihrer Privatisierung nun an Zielen wie Gewinn und Shareholder Value orientieren müssen (z.B. Bahn, Post). Diese Beispiele zeigen auch recht eindrücklich, dass die Änderung des Zielsystems immer auch eine Reorganisation nach sich zieht.

3.1.2 Unternehmenswertorientierte Organisation

In den letzten Jahren ist den Unternehmen von Seiten der Anteilseigner eine stärkere Orientierung an ihren Interessen abverlangt worden. Professionelle Großanleger haben die Finanzmittel vieler Privatpersonen gebündelt und üben damit eine nie gekannte Macht auf das Management aus. Der **Shareholder Value** wird zum obersten Unternehmensziel. Die Ausrichtung am Shareholder Value verlangt insbesondere eine Organisation, die aus Sicht der Anteilseigner als **kontrolleffizient** gelten kann. Neben einer entsprechenden Ausgestaltung der Einwirkungsrechte und Informationsrechte der Anteilseigner im Rahmen der Unternehmensverfassung sowie einem anreizkompatiblen Vergütungssystem für das Management verlangt diese Bedingung eine **bestimmte Aufbauorganisation des Unternehmens.**

Nach *Rappaport* ([Shareholder] 118) muss das Management folgende Fragen beantworten können: „Welche Geschäftseinheiten schaffen Shareholder Value und welche nicht?“ und „Wie könnten alternative Strategien den Shareholder Value um künftige Eigentümerrenditen beeinflussen?“. Eine Antwort auf diese Fragen setzt voraus, dass solche organisatorischen Einheiten gebildet werden, die mit der Wahrnehmung einer bestimmten Strategie (einer bestimmten Aufgabe) betraut sind, einen klar definierten Markt bedienen und der sich Zahlungsströme eindeutig zurechnen lassen. Es sollten also möglichst autonome Einheiten, quasi **Unternehmen im Unternehmen**, gebildet werden, damit sich klare Verantwortungsbereiche ergeben. Die Einwirkungsrechte, Informationsrechte und Vergütungssysteme können dann shareholder-value-konform auf **„Wertsteigerungsprojekte“** ausgerichtet werden.

In einem derart konzipierten Organisationsmodell bleibt bspw. für eine übergeordnete Managementholding mit strategischer Führungsfunktion den einzelnen Geschäftsbereichen gegenüber wenig Platz. Diese organisatorische Konstruktion führt nämlich zu jenen Verwischungen von Verantwortungsbereichen, die als kontraproduktiv i.S. des Shareholder-Value-Ansatzes gewertet werden. Dies gilt insbesondere dann, wenn die Aufgabe der vertikalen Koordination zwischen der Holding und den Holdinggesellschaften durch Personalunion gelöst wird, also der Vorstand der Holding mit Vertretern der Holdinggesellschaften besetzt wird. Bei dieser Konstruktion wird von vornherein die für eine Kontrolle wesentliche Abgrenzung der Verantwortung für die einzelnen Geschäftsbereiche verwischt.

Im Zuge der Shareholder-Value-Orientierung ist auch eine Welle des Outsourcing in Gang gesetzt worden. Die Neubestimmung der Grenzen der Unternehmung hat die Fertigungstiefe erheblich reduziert. Darin ist auch ein Indiz dafür zu sehen, dass die Organisationsgestaltung vorher nicht nur von Renditeüberlegungen, sondern auch vom Wunsch der Manager nach Größe bestimmt war.

Die beschriebenen Strukturempfehlungen sind von der **Agencytheorie** inspiriert, die einen grundsätzlichen Interessenkonflikt zwischen den Aktionären und den Managern annimmt. Aufgrund der Informationsasymmetrie zwischen Aktionären und Managern bleibt ihnen genügend Spielraum, um ihren eigenen Nutzen auf Kosten der Aktionäre zu mehren. Die Struktur muss nach dieser Sichtweise vor allem geeignet sein, die Manager genau zu kontrollieren und ihre Leistung gezielt zu belohnen. Damit die Manager aber wirklich für einen bestimmten „Wertbeitrag" verantwortlich gemacht werden können, müssen sie am besten einer völlig autonomen Einheit vorstehen, in der sämtliche Funktionen gebündelt sind. Im Extrem laufen die Gestaltungsempfehlungen auf eine Zerschlagung von großen divisionalen Unternehmen in lauter Einzelunternehmen hinaus, denn dann ist der Leistungsbeitrag am eindeutigsten festzustellen!

Allerdings gehen die **Vorteile des Unternehmensverbundes** dadurch verloren. Bei vielen Funktionen führt eine Zentralisierung zu Vorteilen. Gemeinsame Beschaffung gibt mehr Verhandlungsmacht und führt zu besseren Einkaufskonditionen, die gemeinsame Nutzung von Maschinen erlaubt eine bessere Ausnutzung der Kapazität, gemeinsamer Vertrieb bietet dem Kunden eine breitere Palette von Produkten, gemeinsame Komponentenfertigung senkt die Kosten usw. Neben diesen Vorteilen, die auf materiellen Verflechtungen zwischen Organisationseinheiten beruhen, können auch immaterielle Verflechtungen zur Erlangung von Wettbewerbsvorteilen genutzt werden. So kann ein Transfer von Know-how stattfinden oder ein gemeinsamer Markenname verbindet unterschiedliche Geschäftsbereiche durch ein einheitliches Image. Solche Verflechtungen zu erkennen und durch eine explizite Horizontalstrategie in Wettbewerbsvorteile zu verwandeln, ist nach *Porter* (vgl. [Wettbewerbsvorteile] 409 ff.) zur zentralen strategischen Aufgabe aller diversifizierten Unternehmen geworden. Stimmt diese Diagnose, dann würde eine Struktur, die die Abschottung der Organisationseinheiten zwecks besserer Kontrolle fördert, gerade nicht zu einer Wertsteigerung des Unternehmens beitragen. Ganz im Gegenteil wäre eine Organisationsarchitektur zu fordern, in der die Unternehmensteile stärker vernetzt sind, Querbeziehungen ausgebaut werden und Wissenstransfer gefördert wird (vgl. *Schmidt/Maßmann* [Mißverständnisse] 12 ff.). Starke Anreize für die Manager, sich auf den Erfolg ihres Bereiches zu konzentrieren, wären kontraproduktiv. Das misstrauische Menschenbild der Agencytheorie führt zu einer Überbewertung der rechnerischen Kontrolle der Wertbeiträge, welche möglicherweise die Voraussetzungen zur Schaffung von Wert konterkariert.

3.1.3 Nonprofit-Organisationen

Mit dem Etikett „Nonprofit-Organisation" werden alle jene Organisationen versehen, deren Zweck nicht erwerbswirtschaftlich ist, die also nicht gegründet und geführt werden mit dem Zweck, für die Kapitalgeber einen Gewinn zu erwirtschaften. Bei nichterwerbswirtschaftlichen Betrieben steht nicht das Erfolgsziel (z.B. Steigerung des Shareholder Value) im Vordergrund, sondern ein Sachziel, d.h. die **Bedarfsdeckung** durch die Bereitstellung eines Leistungsprogramms. Man nennt sie daher auch bedarfswirtschaftlich. Diese Voraussetzung ist häufig bei den öffentlichen Betrieben erfüllt, also jenen Betrieben, die sich im Eigentum bzw. in der Verfügungsgewalt der öffentlichen Hand (Bund, Länder, Gemeinden) befinden und öffentliche Aufgaben wahrnehmen. Zu nennen sind u.a. Rundfunkanstalten, Universitäten, Energieversorgungsunternehmen, Verkehrsbetriebe, Theater. Aber auch private Betriebe können sich ganz oder teilweise an bedarfswirtschaftlichen Zielen orientieren. Zu nennen sind u.a. Betriebe in der Rechtsform von Vereinen, Genossenschaften und Stiftungen wie bspw. Wirtschaftsverbände, Parteien, Hilfsorganisationen.

Im angelsächsischen Sprachraum werden die bedarfswirtschaftlichen Betriebe als **Nonprofit-Organisationen** und das Führen dieser Betriebe als **public** oder **Non-Profit-Management** bezeichnet. Nonprofit-Organisationen umfassen eine sehr heterogene Menge von Betrieben. Allgemein gültige Aussagen lassen sich daher nur mit Einschränkungen formulieren.

Erwerbs- und bedarfswirtschaftliche Organisationen haben durchaus einiges gemeinsam. Auch Nonprofit-Organisationen sind zielgerichtete produktive soziale Systeme, welche eine spezifische Leistung erbringen, indem sie Produktionsfaktoren kombinieren. Sie brauchen Finanzmittel, Arbeitskräfte, Sachmittel und Managementleistungen, um die Organisation auf die Zielerfüllung auszurichten. Auf der anderen Seite agieren die Nonprofit-Organisationen doch in mancher Hinsicht in einem anderen **Kontext** als die erwerbswirtschaftlichen Unternehmen. Einige dieser spezifischen Kontextfaktoren sollen zunächst dargestellt werden, wobei wir vor allem die öffentlichen bedarfswirtschaftlichen

Organisationen vor Augen haben. Im Anschluss daran wird geprüft, welche Konsequenzen sich aus den einzelnen Bedingungen für die **Organisation** ergeben.

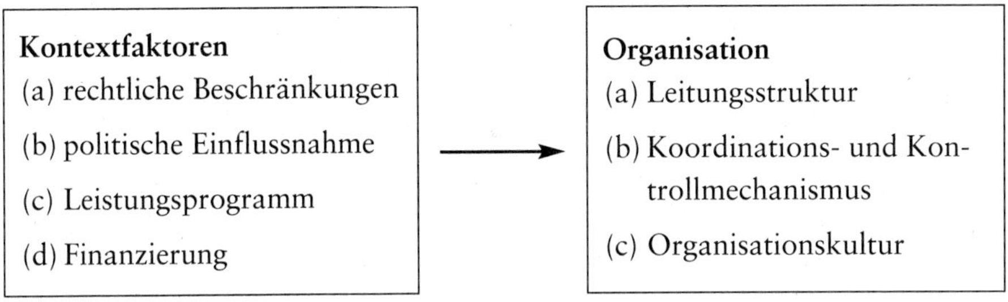

Abb. 13-3: Kontextfaktoren für Nonprofit-Organisationen

(1) Kontextfaktoren

(a) **Rechtliche Beschränkungen:** Nichterwerbswirtschaftliche Betriebe sind i.d.R. einschneidenden rechtlichen Beschränkungen ihres Handlungsspielraums unterworfen. Zu nennen sind u.a. arbeitsrechtliche Regelungen (z.B. Berufsbeamtentum), administrierte Preisbildung sowie die Verpflichtung zu einem bestimmten Angebot (z.B. Zwang zur Aufrechterhaltung unrentabler Strecken im öffentlichen Nahverkehr).

(b) **Politische Einflussnahme:** Nonprofit-Organisationen unterliegen i.d.R. einer starken Einflussnahme durch die Politik (unterstützt durch die gesellschaftlichen Gruppen), da in ihnen Instrumente zur Umsetzung politischer Ziele gesehen werden können. Der Zwang zum Interessenausgleich führt zu einer Einigung auf den kleinsten gemeinsamen Nenner und erschwert jede Änderung. Institutionell wird die Einflussnahme häufig abgesichert durch eine Besetzung der Entscheidungsgremien in diesen Unternehmen durch Politiker.

(c) **Leistungsprogramm:** Die Leistungen von Nonprofit-Organisationen bestehen i.d.R. aus einem breiten Spektrum immaterieller Güter in Form von Dienstleistungen (z.B. Sicherheit, Bildung), die häufig vom Markt nicht bewertet, vielmehr unentgeltlich oder zu politisch festgesetzten Preisen abgegeben werden. Das Fehlen einer quantifizierbaren und einheitlichen Maßgröße (wie etwa des Umsatzes oder des Gewinnes) erschwert die Bildung eines konsistenten Zielsystems (etwa in Form eines Kennziffernsystems) und damit verbunden die Beurteilung des Managements und der Mitarbeiter an Erfolgsindikatoren. Daran anknüpfende Anreiz- und Sanktionsmechanismen lassen sich kaum einsetzen.

(d) **Finanzierung:** Während bei erwerbswirtschaftlichen Betrieben die Finanzierung direkt (Selbstfinanzierung) oder indirekt (Fremdfinanzierung, Beteiligungsfinanzierung) vom Markterfolg abhängig ist, besteht diese Rückkopplung bei Nonprofit-Organisationen i.d.R. nicht in dieser Form. Mechanistische Fortschreibungen von Etatansätzen im Bereich der öffentlichen Betriebe, pauschalierte Subventionierungsverfahren, Gebührenfinanzierung und eine vor allem vom Beschaffungsmarketing abhängige Spendenbereitschaft für gemeinnützige Organisationen fördern eine primär inputorientierte Ausrichtung von Nonprofit-Organisationen.

(2) **Organisation**

(a) Nonprofit-Organisationen – vor allem staatliche – sind häufig durch **hierarchische Leitungsstrukturen** gekennzeichnet. Die rechtlichen Rahmenbedingungen verlangen, dass die Art der Leistungserstellung über die Festlegung der Rechte und Pflichten der Mitarbeiter sowie über ein System von Dienstwegen rechtlich abgesichert ist. Es geht in erster Linie um eine regelkonforme Leistungserstellung und legitime Herrschaftsausübung. Dies behindert eine Delegation und Dezentralisierung von Kompetenz und damit die Einrichtung autonom organisierter Einheiten.

(b) Aufgrund der spezifischen Eigenschaften des Leistungsprogramms und der fehlenden Marktsteuerung kommt der Standardisierung von Outputgrößen zur Verhaltenssteuerung eine geringe Bedeutung zu. Besteht die Aufgabe dieser Organisationen – wie in vielen Verwaltungsbetrieben – aus weitgehend bekannten Arbeitsabläufen, wird häufig als **Koordinations- und Kontrollmechanismus** das **bürokratische Modell der Verhaltensstandardisierung**, also die genaue Vorgabe von abgegrenzten Arbeitsinhalten und -abläufen praktiziert.

(c) Die geringe Abhängigkeit der Nonprofit-Organisationen vom Absatzmarkt in Verbindung mit einer langfristig einigermaßen stabilen Versorgung mit Finanzmitteln führte in der Vergangenheit zu einer verhältnismäßig stabilen Umweltsituation. Auswirkungen sind vor allem im Verhaltensmuster von Nonprofit-Organisationen festzustellen. Bei ihnen ist häufig eine **Organisationskultur** anzutreffen, die durch Introvertiertheit, Immunisierung gegen Kritik, ein starkes Vertrauen auf Erfahrungen und insgesamt eine risikoaverse, innovationshemmende Grundeinstellung gekennzeichnet ist. Wesentliche Entscheidungen bedürfen der Zustimmung durch politisch geprägte Organe. Deren Unberechenbarkeit führt häufig zu Passivität und Desinteresse der Organisationsmitglieder („Dienst nach Vorschrift").

Zusammenfassend lässt sich feststellen, dass Nonprofit-Organisationen zumindest im Bereich der öffentlichen Betriebe tendenziell **bürokratisch strukturiert** sind. In den letzten Jahren hat sich die Umweltsituation für Nonprofit-Organisationen durch die Aufhebung staatlicher Monopole, steigende Ansprüche an das Leistungsangebot, die zunehmende Ressourcenknappheit vor allem im öffentlichen Bereich und eine sensibilisierte Öffentlichkeit jedoch geändert. Im Zielsystem der öffentlichen Verwaltung sind jetzt Ziele wie Kundenorientierung, Qualitätssteigerung und Prozesseffizienz verankert. Diese Annäherung an die Ziele der erwerbswirtschaftlichen Unternehmen hat auch die Einführung **moderner Strukturierungskonzepte** wie Delegation, Autonomie, Selbstorganisation, Projektmanagement begünstigt. Das von der Kommunalen Gemeinschaftsstelle für Verwaltungsvereinfachung entwickelte „Neue Steuerungsmodell" für die öffentliche Verwaltung sieht bspw. eine Dezentralisierung in teilautonome Einheiten, eine Verflachung der Hierarchie und eine kundenorientierte Bündelung von Leistungen vor.

3.2 Strategie des Unternehmens

Mit der Strategie eines Unternehmens wird dessen Leistungsprogramm bestimmt. Es wäre deshalb auch denkbar, das Leistungsprogramm als Einflussgröße auf die Organisation zu untersuchen. *Kieser/Kubicek* haben diesen Weg gewählt ([Organisation] 209). Wir gehen hier vom situativen Faktor „Strategie" aus, da „Strategie" den weiteren und damit auch einen das Leistungsprogramm umfassenden Begriff darstellt.

Der Zusammenhang zwischen Strategie und Struktur ist besonders intensiv im **Strategischen Management** thematisiert worden. Auslöser dieser Diskussion war eine auf amerikanische Großunternehmen bezogene Längsschnittuntersuchung des Wirtschaftshistorikers *Chandler*, die im Jahre 1962 unter dem Titel **„Strategy and Structure"** veröffentlicht wurde. *Chandlers* Ergebnisse können thesenartig zusammengefasst werden:

1. Die Organisationsstruktur eines Unternehmens folgt seiner Wachstumsstrategie (structure follows strategy).
2. Es lässt sich eine stufenartige Folge von Wachstumsstrategien und Strukturanpassungen feststellen.
3. Die Struktur ist reaktiv, sie ändert sich erst, wenn ihre Ineffizienz dazu zwingt.

Die Arbeit von *Chandler* löste eine Reihe verschiedener Folgeuntersuchungen in den USA und Europa aus. Dabei wurden die Thesen von *Chandler* teilweise bestätigt, gleichzeitig aber auch die Erkenntnisse zutage gefördert, dass die Struktur auch Einfluss nimmt auf die Strategie (strategy follows structure).

Aus der Vielzahl von Beziehungen zwischen der Strategie und der Organisationsstruktur sollen vier Zusammenhänge herausgegriffen werden, denen in der Praxis ein beachtliches Gewicht und gleichzeitig besondere Aktualität zukommt (vgl. Abb. 13-4). Ausgehend von einem Ein-Produkt-Unternehmen untersuchen wir die strukturellen Auswirkungen von Wachstumsstrategien, insbesondere der Diversifikationsstrategie, der Kooperationsstrategie und der Internationalisierungsstrategie (vgl. dazu auch *Schertler* [Unternehmensorganisation] 210 ff).

Strategie		**Struktur**
• Einproduktstrategie	→	• Funktionale Organisation
• Diversifikationsstrategie	→	• Divisionale Organisation
• Kooperationsstrategie	→	• Unternehmensübergreifende Kooperationsmodelle
• Internationalisierungsstrategie	→	• Internationale Organisation

Abb. 13-4: Zusammenhang von Strategie und Struktur

(1) Einproduktstrategie und Funktionale Organisation

Als Ein-Produkt-Unternehmen kann eine Unternehmung dann gekennzeichnet werden, wenn ein sehr hoher Anteil des Umsatzes (ca. 95%) auf eine einzige Produktgruppe entfällt. Da in diesem Fall quasi nur ein Objekt vorliegt, bietet sich eine Spezialisierung nach den unterschiedlichen Funktionen, die an diesem Objekt durchzuführen sind, natürlicherweise an. Die Funktionale Organisation knüpft bei der organisatorischen Gestaltung am Realgüterprozess an. Dies begünstig ein „reibungsloses" Funktionieren der einzelnen Bestandteile der Wertschöpfung. Damit verbunden wiederum ist eine Begünstigung einer Politik der Kostensenkung und/oder der Qualitätssteigerung durch Spezialisierungseffekte wie Lerneffekte und Fixkostendegressionseffekte. Werden die Koordinationsanforderungen komplexer – wie dies bei einer Mehrproduktstrategie bzw. Diversifikationsstrategie der Fall ist -, machen sich die Nachteile der Funktionalen Organisation bemerkbar.

(2) Diversifikationsstrategie und Divisionale Organisation

Eine Diversifikationsstrategie liegt dann vor, wenn ein Unternehmen neue Geschäftsfelder erschließt. Es entsteht ein Unternehmen, das auf mehreren Märkten aktiv ist. Bereits *Chandler* hat aufgrund seiner empirischen Untersuchungen die Erkenntnis gewonnen, dass der Diversifikationsstrategie die divisionalisierte Organisation folgt. Es gibt viele Argumente, die für eine strukturelle Unterstützung der Diversifikation durch eine Divisionale Organisation sprechen: Mit der Schaffung überschaubarer objektorientierter Einheiten wird die Marktnähe und damit die Wettbewerbsfähigkeit gesteigert. Mit der Möglichkeit der Schaffung von Profit Centern wird die Transparenz des Erfolges einer Sparte erhöht und damit das Kostenbewusstsein gestärkt. Die Unternehmensleitung wird von unüberschaubaren Koordinationserfordernissen entlastet. Die genannten Vorteile einer Divisionalen Organisation werden verstärkt durch eine rechtliche Verselbständigung der Sparten in Form der Holding-Organisation (vgl. S. 332 ff.).

(3) Kooperationsstrategie und unternehmensübergreifende Kooperationsmodelle

Kooperationsstrategien stellen eine Alternative zur Akquisitionsstrategie dar. Sie zielen auf eine Zusammenarbeit mit anderen Unternehmen auf einem bestimmten Betätigungsfeld ab, um auf diese Weise Synergieeffekte für beide Partner zu erreichen. Dabei können horizontale und vertikale Kooperationen zustandekommen.

Als Organisationsstruktur für die horizontale Kooperation bieten sich u.a. das Joint Venture und die strategische Allianz an. Vertikale Kooperationen lassen sich in vertikalen Netzwerken organisieren. Bei Netzwerken sind die Grenzen des Unternehmens nur noch schwer feststellbar. Die bisherige Umwelt wird Teil des zu organisierenden Systems. Ein Beispiel für vertikale Netzwerke stellen die Zulieferer-Hersteller-Netzwerke in der Automobilindustrie dar. Hier wird der Beschaffungsmarkt durch Integration der Zulieferer Systembestandteil.

(4) Internationalisierungsstrategie und internationale Organisation

Internationalisierungsstrategien sind dadurch gekennzeichnet, dass Märkte über die eigenen Landesgrenzen hinaus geschaffen werden. Damit verbunden ist die Konfrontation mit neuen Umweltbedingungen, insbesondere in Form von Marktverhältnissen, der Landeskultur und der politisch-rechtlichen Situation. Diesen Bedingungen kann durch unterschiedliche Modelle der Aufbauorganisation Rechnung getragen werden. *Perlitz* ([Management] 617 ff.) unterscheidet je nach Integrationsgrad des Auslandsgeschäfts in die nationale Organisationsstruktur zwei grundsätzliche Formen der Gestaltung:

- Differenzierte Strukturen, bei denen Inlands- und Auslandsaktivitäten getrennt sind und
- integrierte Strukturen, bei denen Inlands- und Auslandsgeschäft gemeinsam organisiert sind.

(a) **Differenzierte Strukturen:** Bei schwach ausgeprägter Internationalisierung bietet sich als primäre organisatorische Maßnahme die Einrichtung einer Exportabteilung an. Bei zunehmenden Auslandsaktivitäten kommt es i.d.R. zur Gründung einer internationalen Division, welche als selbständige Hauptsparte im Stammhaus das Auslandsgeschäft steuert und kontrolliert (vgl. Abb. 13-5). Inlands- und Auslandsgeschäft werden also deutlich getrennt.

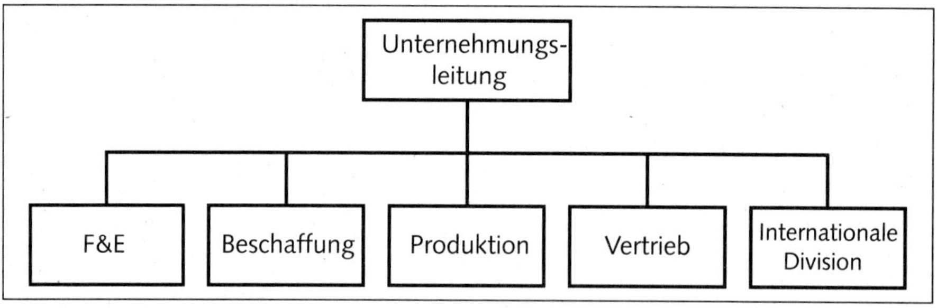

Abb. 13-5: Internationale Division
(Quelle: *Perlitz* [Management] 618)

(b) **Integrierte Strukturen:** Es handelt sich um Formen der Aufbauorganisation, bei denen keine Trennung in einen Inlands- und einen Auslandsbereich vorgenommen wird. Es werden vielmehr Segmente gebildet, deren Leiter sowohl für das inländische als auch das ausländische Geschäft zuständig sind. Solche Strukturen verkörpern ein globales Unternehmenskonzept. Die Segmente auf der zweiten Hierarchieebene können sowohl nach Funktionen als auch nach Produkten und Regionen gebildet werden.

aa) Bei einer **integrierten Funktionalstruktur** gehören etwa zum Funktionssegment „Produktion" verschiedene in- und ausländische Werke, zum Funktionssegment „Vertrieb" in- und ausländische Vertriebsniederlassungen (vgl. Abb. 13-6). Diese Organisationsform eignet sich vor allem für Ein-Produkt-Unternehmen.

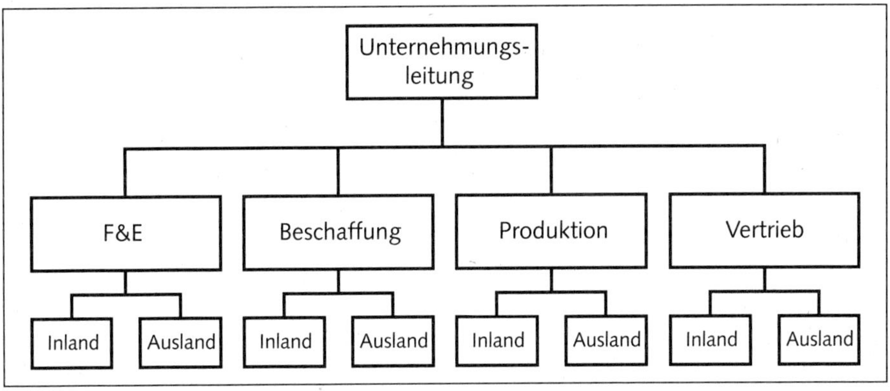

Abb. 13-6: Integrierte Funktionalstruktur
(Quelle: *Perlitz* [Management] 619)

bb) Bei der **integrierten Produktstruktur** werden alle in- und ausländischen Aktivitäten in die Verantwortung der jeweiligen Spartenleiter gestellt (vgl. Abb. 13-7). So können weltweit einheitliche Produktstrategien entwickelt werden. Diese Organisationsform ist vor allem für stark diversifizierte Unternehmen geeignet, weil den Besonderheiten der verschiedenen Produkte Rechnung getragen wird. Die Besonderheiten einzelner regionaler Märkte lassen sich allerdings nicht berücksichtigen. Schwierigkeiten ergeben sich auch, wenn die Auslandsgesellschaften selbst Mehrspartenorganisationen sind. Die einheitliche

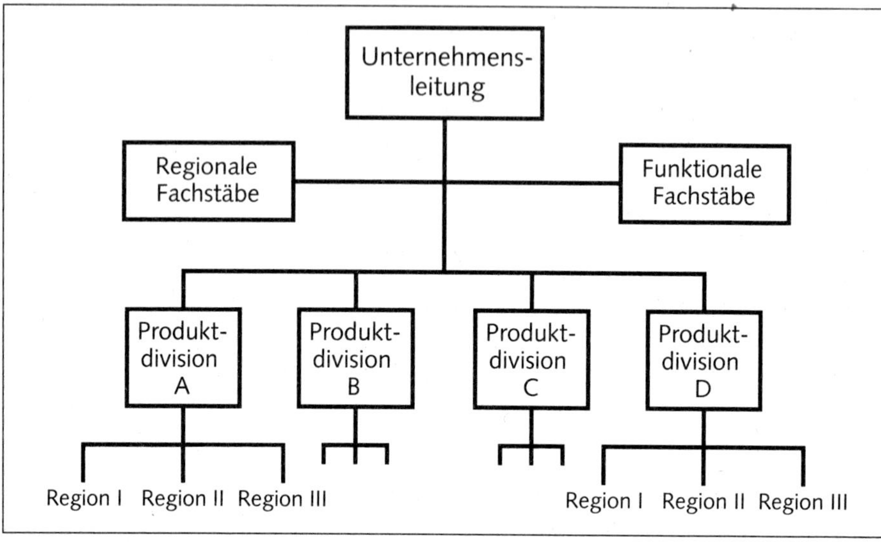

Abb. 13-7: Integrierte Produktstruktur
(in Anlehnung an *Perlitz* [Management] 620)

Leitung dieser Auslandsgesellschaften fällt schwer, wenn die einzelnen Auslandssparten getrennt an die Heimatsparten berichten müssen.

cc) Schließlich können auch einzelne **Regionen** die Segmente auf der zweiten Hierachieebene bilden (vgl. Abb. 13-8). Die Führungskräfte der regionalen Divisionen sind innerhalb einer bestimmten Region für das gesamte Leistungsprogramm verantwortlich. Landesspezifische Besonderheiten können so besonders gut beachtet werden. Dafür entstehen Probleme bei der Koordination der unterschiedlichen Produkte, weshalb sich dieser Organisationstyp vor allem für Unternehmen mit einem homogenen und standardisierten Leistungsprogramm eignet.

3.3 Technologie

Die Technologie, also die Gesamtheit des Wissens eines Unternehmens über Verfahren und Techniken bei der Produktion (Fertigungstechnologie) und der Informationsverarbeitung (Informationstechnologie), setzt entscheidende Bedingungen für die Organisation. Der Vollzug einer Unternehmensaufgabe geschieht im Wechselspiel zwischen Arbeitseinsatz und Sachmitteleinsatz. Die Arbeitsteilung zwischen Mensch und Maschine wird aber entscheidend beein-

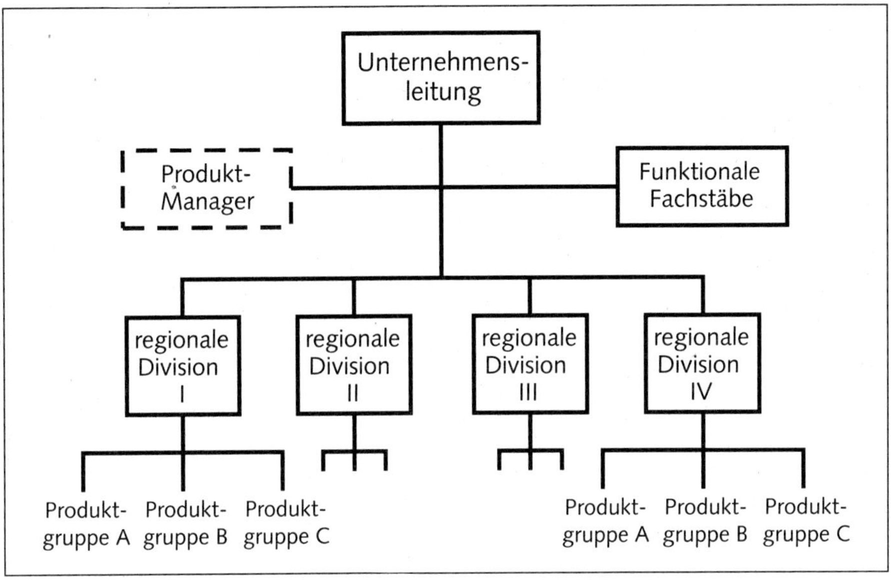

Abb. 13-8: Integrierte Regionalstruktur
(in Anlehnung an *Perlitz* [Management] 621)

flusst durch die Technik und zwar zunächst in quantitativer Hinsicht. Das heißt der manuelle Arbeitseinsatz wird immer mehr durch den technischen Fortschritt zurückgedrängt. Außerdem legen neuere technologische Entwicklungen eine Neuordnung der Arbeitsorganisation nahe. Es entstehen moderne Organisationstypen der Fertigung wie etwa die Inselfertigung.

3.3.1 Fertigungstechnologie

Den Einfluss der Fertigungstechnologie auf die Struktur des Produktionsprozesses hat bereits zu Beginn des 20. Jahrhunderts *Taylor* untersucht. Seine Empfehlungen auf den Grundlagen eines „Scientific Management" für die Organisationsgestaltung bestanden in einer starken Arbeitsteilung, einer Trennung von Hand- und Kopfarbeit sowie in der Einführung des Mehrliniensystems. Allerdings dominierte in der damaligen Arbeitswelt noch die Handarbeit und die „Technologie" bestand vor allem darin, diese Handarbeit so effizient und mechanisch wie möglich auszuführen.

Eine sehr bekannte Studie zum Zusammenhang zwischen der Fertigungstechnologie und der Organisationsstruktur wurde von *Joan Woodward* ([Organization]) erstmals 1958 vorgelegt. Sie untersuchte u.a. die Relationen zwischen der Komplexität der Fertigung und der Leitungsspanne. Drei Hauptklassen der Fertigungstechnologie (mit zunehmender Komplexität) wurden unterschieden: Die Einzel- und Kleinserienfertigung, die Großserien- und Massenfertigung und die Prozessfertigung. Auf der Basis empirischer Studien ergab sich die Hypothese: Die Leitungsspanne nimmt mit der technischen Komplexität zunächst zu und ab einem bestimmten Schwellenwert wieder ab. Für den Spezialisierungsgrad gilt das gleiche. Zusammenfassend kann behauptet werden, dass sich vor allem bei der Großserien- und Massenfertigung ein mechanistisch-bürokratischer Organisationstyp entwickelt, während sowohl bei der Einzel- als auch bei der Prozessfertigung eher organische Strukturen zu finden sind. Die wachsende Bedeutung der organischen Strukturen kann somit auch auf die tendenziell abnehmende Relevanz der Massenfertigung zurückgeführt werden.

Kieser/Kubicek ([Organisation] 307 ff.) haben sich ausführlich mit den Beziehungen zwischen der Fertigungstechnologie i.S. der Fertigungsverfahren (Werkstattfertigung, Fließfertigung, automatisierte Fertigung) und einzelnen Strukturmerkmalen beschäftigt, wesentliche Forschungsergebnisse zusammengetragen und eigene Überlegungen angestellt. Besonders die moderne, **computergestützte Fertigungstechnologie**, zusammengefasst unter dem Begriff CIM (Computer Integrated Manufacturing), hat nach ihrer Meinung ganz neue Möglichkeiten der **Arbeitsorganisation** eröffnet. Numerisch gesteuerte Maschinen bilden den Kern von Bearbeitungszentren, flexiblen Fertigungszellen und flexiblen Fertigungssystemen, die zusammen mit führerlosen Transportsystemen und Industrierobotern zu einer sehr weitgehend automatisierten Fertigung führen, in welcher der Konflikt zwischen Produktivität und Flexibilität entschärft ist.

Diese Entwicklungen in der Technologie führen allerdings keineswegs deterministisch zu bestimmten Formen der Arbeitsorganisation. Es ist sowohl eine besonders hochgradige Zentralisierung und Spezialisierung denkbar als auch die weit gehende Integration von steuernden, planenden, kontrollierenden und ausführenden Tätigkeiten in teilautonomen Gruppen (Fertigungsinseln). Welche der Alternativen gewählt wird, hängt u.a. von der „Gestaltungsphilosophie" der Verantwortlichen ab. Bei einer technozentrischen Einstellung werden Menschen als Residuen einer fortschreitenden Automatisierung und potenzieller Störfaktor angesehen, deren Einfluss so weit wie möglich zu reduzieren ist. Tayloristisches Denken wird mit anderen Mitteln fortgesetzt. Ein anthropozentrisches Gestaltungskonzept sieht dagegen in den neuen technischen Möglichkeiten die Chance, humane, sinnvolle und motivierende Arbeitsplätze zu schaffen.

3.3.2 Informationstechnologie

Das ausgehende 20. Jahrhundert wird nach einer bekannten soziologischen Untersuchung von *Daniel Bell* als „nachindustriell" gekennzeichnet ([Gesellschaft]). Wesentliche Kennzeichen der nachindustriellen Gesellschaft sind die Dominanz der Dienstleistungswirtschaft über die Fertigungswirtschaft und die große Bedeutung der **„intelligenten Technologien"**, in erster Linie der Informations- und Kommunikationstechnologie (IuK-Technologie). Sie hat in den vergangenen Jahren eine ausgeprägte Dynamik erlebt und nicht nur die Fertigung, sondern vor allem auch den Büro- und Verwaltungsbereich der Unternehmen stark beeinflusst. Während in den sechziger Jahren die Institution „Rechenzentrum" Rahmenbedingungen für eine zentralistisch und hierarchisch ausgerichtete Organisation setzte, eröffnen sich völlig neue Möglichkeiten der organisatorischen Gestaltung durch die Entwicklung von PC, Mobilfunk und Fax im Hardwarebereich sowie von Kommunikationssoftware für Datentransfer, E-Mail und Fax im Softwarebereich sowie durch die Bereitstellung von Diensten (z.B. Internet).

Folgende **Trends** lassen sich ausmachen:

1. Die Verbesserung der IuK-Technologie erlaubt die räumliche **Dezentralisierung** der Arbeitsplätze bis hin zur Telearbeit. Mit ihr findet eine vertikale Disaggregation des Wertschöpfungsprozesses statt, die den Einbau des Marktmechanismusses zulässt.

2. Die Abkehr vom informationstechnologisch bedingten Herrschaftswissen hin zur generellen Verfügbarkeit von Informationen („Dezentralisierung von Intelligenz") begünstigt Entwicklungen zur **Aufgabenintegration**. Die Spezialisierung als Grundaufgabe der Organisation verliert dadurch immer mehr an Bedeutung.

3. Die modernen Techniken der Datenspeicherung in Verbindung mit der generellen Verfügbarkeit von Informationen trägt zu einer **Auflösung starrer Arbeitsabläufe** bei. Informationen können in den elektronischen Medien gespeichert und vom Kommunikationspartner jederzeit nach seinem Bedarf abgerufen werden. Neuere Data Warehouse-Konzepte führen alle Daten unter einem gemeinsamen systemtechnischen Dach zusammen und erlauben es

im Prinzip, an jedem Ort zu jeder Zeit die vorhandenen Informationen über verschiedene Aggregationsstufen hinweg anwenderspezifisch abzurufen. Die räumliche Flexibilität wird damit ergänzt durch eine zeitliche Flexibilität.

Diese Trends wurden in den letzten Jahren begünstigt durch die beträchtliche Senkung der Transaktionskosten. Diese wurde u.a. gefördert durch den Preisverfall bei Computerprozessoren und Speichermedien in Verbindung mit einer beträchtlichen Leistungssteigerung in Form der Miniaturisierung und der Integration von PC, Telefon und Fernsehen.

Eine extreme Form eines informationstechnologisch bedingten Organisationsmodells stellt die sog. **virtuelle Organisation** dar. Dieses Konzept ist auf S. 385 f. dargestellt. Es macht deutlich, dass die neueren Entwicklungen der Informationstechnologie die Globalisierung der Märkte forcieren, die Voraussetzungen für die Konzentration auf die Kernkompetenzen schaffen und die Frage nach den Grenzen des Unternehmens neu aufwerfen.

Abschließend ist festzustellen, dass die neueren Entwicklungen sowohl in der Fertigungstechnologie wie auch in der Informationstechnologie nicht nur zur Entwicklung neuer Organisationsmodelle beigetragen, sondern das Verhältnis zwischen Technik und Organisation neu bestimmt haben: Im Gegensatz zur früheren Auffassung vom „technologischen Imperativ", wonach die Technik (deterministisch) Bedingungen für die Organisation setzt, ist man heute der Meinung, dass die Technologie organisatorische Handlungsspielräume schafft.

3.4 Organisationskultur

Die Kultur als situativer Faktor, welcher Einfluss auf die Gestaltung der Struktur nimmt, wurde in der Organisationsliteratur zunächst als externer Faktor verstanden. Bei einem Vergleich von japanischen und amerikanischen Unternehmen wurde festgestellt, dass die jeweilige Landeskultur mit ihrer unterschiedlichen Gewichtung von Gemeinschaft, Anpassung, Harmonie, Vertrauen und Kooperation zu unterschiedlichen Organisationsformen geführt hatte. Die Organisationsformen vom Typ J (Japan) und Typ A (Amerika) galten als „Antwort" auf die jeweils geltende kulturelle Umweltsituation (vgl. *Ouchi* [Theory]).

Vor allem von der amerikanischen Beraterliteratur (z.B. *Deal/Kennedy* [Cultures]) wurde der Kulturbegriff dann auf die Mikroebene der Unternehmung übertragen. Fortan ging es nicht mehr um die Landeskultur, sondern um die

Organisations- oder Unternehmenskultur als Subkultur (bspw. die Kultur von IBM) und ihren Einfluss auf die Struktur und das Verhalten der Mitarbeiter in einem bestimmten Unternehmen. In diesem Sinne wird die Organisationskultur folgendermaßen definiert:

Organisationskultur ist die Gesamtheit von im Laufe der Zeit in einer Organisation entstandenen und akzeptierten Werten und Normen, die über bestimmte Wahrnehmungs-, Denk- und Verhaltensmuster das Entscheiden und Handeln der Mitglieder der Organisation prägen.

Die Organisationskultur wurde zunehmend als unabhängig von der Landeskultur und als mehr oder weniger gestaltbares Managementsubsystem begriffen. Ist die Kultur eine interne Variable neben anderen (Strategie, Struktur, Systeme), muss auch sie im Rahmen des **Intra-System-Fits** mit diesen anderen Variablen abgestimmt werden. Wie kann nun der Zusammenhang von Kultur und Struktur verstanden werden?

Zum situativen Ansatz passt zunächst die Vorstellung, dass die (vorhandene) Kultur die Struktur beeinflusst: Die **Struktur folgt der Kultur**. Man kann bspw. davon ausgehen, dass die Vorstellungen der Organisatoren über das Verhalten der Menschen (Menschenbild) ihre Strukturierungsmaßnahmen prägen. Ist die Kultur von großem Misstrauen gegenüber den Mitarbeitern bestimmt, gelten die Mitarbeiter als faul, opportunistisch und dumm, dann wird die „passende" Struktur durch ausgeprägte Spezialisierung, Zentralisierung und Formalisierung geprägt sein, weil die Organisation vor allem als Komplexitätsreduktions-, Kontroll- und Disziplinierungsinstrument verstanden wird. Geht man dagegen von einem Menschenbild aus, welches Kooperationswille, Arbeitsinteresse und Unternehmenszielorientierung bei den Mitarbeitern voraussetzt, folgen Organisationsstrukturen, die weit weniger auf strikte Arbeitsteilung und enge Reglementierung setzen und mehr Dezentralisation und Teamarbeit zulassen. Eine starke unternehmenszielkonforme Kultur schafft Spielraum für ein hohes Maß an autonomer Selbstorganisation. Dass es nicht zu einem Misfit zwischen Kultur und Struktur kommt, hängt natürlich davon ab, inwieweit die Organisatoren die herrschende Kultur richtig einschätzen. Bei ihrer Einschätzung sind sie wiederum von den gesellschaftlichen Trends beeinflusst.

Der Zusammenhang zwischen Struktur und Kultur kann auch in der Weise interpretiert werden, dass die **Kultur der (vorhandenen) Struktur folgt**. Bestimmte Strukturen verlangen bestimmte Denk- und Verhaltensmuster und erzeugen diese im Laufe der Zeit. Eine starke Spezialisierung und Reglementierung führt bspw. oft zu der Einstellung, sich für nichts zuständig zu fühlen, es sei denn, der eigene Aufgabenbereich sei unmittelbar betroffen. Wie man aus der kritischen Auseinandersetzung mit der Bürokratie als Strukturform weiß, wird in hoch formalisierten Organisationen die strikte Einhaltung der Regeln leicht zum Selbstzweck. Eine funktionale Struktur fördert eher eine Binnenorientierung der Mitarbeiter, d.h. eine Ausrichtung an der Funktion und weniger an den Bedürfnissen des Marktes. Eine Matrixorganisation fordert und fördert eine „Konfliktkultur".

Dass Organisationsstruktur und -kultur abstimmungsbedürftig sind, wird immer dann besonders deutlich, wenn sich die beiden Subsysteme konfliktär zueinander verhalten. Solche **Konflikte** treten vor allem dann auf, wenn das gewachsene Gleichgewicht zwischen Struktur und Kultur durch eine größere Reorganisation gestört wird. Die neue Struktur wird möglicherweise über lange Zeit vom System nicht akzeptiert und die vorhandenen Interaktions- und Interpretationstendenzen werden einfach beibehalten. Es kommt zu einer ausgeprägten informalen Struktur. Ein solches Beharrungsvermögen der Kultur lässt sich zurzeit bspw. bei den ehemals öffentlichen Organisationen beobachten, die sich zu profit- und wettbewerbsorientierten privaten Unternehmen wandeln sollen. Die Probleme der Abstimmung von Struktur und Kultur treten weiterhin bei internationalen Unternehmenszusammenschlüssen deutlich zutage.

Schwierig ist die Herstellung des „Fit" zwischen Struktur und Kultur in erster Linie deshalb, weil sich die Kultur nicht ohne weiteres **instrumentalisieren** lässt. Zwar kann man versuchen, den Mitarbeitern über ein Unternehmensleitbild und entsprechende konkrete Richtlinien einen Orientierungs- und Interpretationsrahmen vorzugeben und auch bestimmte Riten, Zeremonien und Sprachregelungen bewusst einführen. Was zutiefst kulturell verankert ist, lässt sich aber nicht von heute auf morgen ändern. Ein solches Problembewusstsein sollte vor allem auch im Hinblick auf die Neuausrichtung der Organisationsmodelle vorhanden sein. Kulturell fest verankert ist bspw. das Verständnis von Karriere als „Aufstieg nach oben" auf die höheren Positionen der Hierarchie. Eine Verflachung der Hierarchie hat daher zunächst sicher die kontraproduktive Folge eines besonders starken Machtkampfes zwischen den Organisationsmitgliedern um die wenigen verbliebenen Führungspositionen. Damit die Struktur die gewünschten Verhaltenswirkungen entfaltet, muss daher auf die Kultur in der

Weise eingewirkt werden, dass sich ein anderes Karriereverständnis entwickelt. Vgl. auch die Ausführungen zum interpretativen Ansatz und zum Selbstorganisationsansatz S. 162 ff. und S. 175 ff.

Fragen zur Wiederholung

1. Was besagt die „Fit-Hypothese"? (1)
2. Wie haben sich die Marktbedingungen in den letzten Jahren entwickelt und welche Anforderungen ergeben sich daraus für die Organisation? (2.1)
3. Welche Auswirkung auf die Organisationsstruktur hat die Orientierung am Shareholder Value? (3.1.2)
4. Welche besonderen Kontextfaktoren haben Nonprofit-Organisationen zu beachten? (3.1.3)
5. Wie ist es zu erklären, dass auf eine Diversifikationsstrategie häufig die Divisionalisierung folgt? (3.2)
6. Beschreiben Sie die drei Typen globaler Strukturen. (3.2)
7. Welche Trends in der Strukturierung hat die zunehmende Bedeutung der Informationstechnologie ausgelöst? (3.3.2)
8. Inwiefern kann man sowohl behaupten, dass die Struktur der Kultur folgt, als auch, dass die Kultur der Struktur folgt? (3.4)

Fragen zur Vertiefung

1. Wir haben vereinfachend die Zusammenhänge zwischen je einer externen bzw. internen Bedingung und der Organisation betrachtet und die Abhängigkeiten zwischen den Situationsfaktoren weitgehend vernachlässigt. Überlegen Sie, wie die externen und internen Bedingungen sich wechselseitig beeinflussen.
2. In Zukunft wird die Grenze zwischen selbständiger und abhängiger Arbeit fließend. Das bedeutet auch, dass die Grenzen der Unternehmung unschärfer werden. Überlegen Sie, welche Vorteile und Risiken das mit sich bringt für die Arbeitnehmer und die Unternehmung.
3. Die Corporate Governance Debatte der letzten Jahre hatte vor allem die Stärkung der Position der Eigentümer zum Thema. Überlegen Sie, auf welche Ursachen diese Entwicklung zurückgeführt werden könnte.
4. Es wird behauptet, die moderne Fertigungstechnologie habe den Konflikt zwischen Produktivität und Flexibilität entschärft. Überlegen Sie, wie diese Aussage begründet werden kann.
5. Internationale Kooperationen und Fusionen gelten als besonders konfliktträchtig, weil auch unterschiedliche Landeskulturen aufeinander stoßen. Welche Konflikte sind bei einer Kooperation zwischen einem deutschen und cinem amerikanischen Unternehmen zu erwarten?

Literaturempfehlungen

Kieser, A., Kubicek, H.: Organisation, 3. A., Berlin, New York 1992.

Schertler, W.: Unternehmensorganisation, 7. A., München, Wien 1998.

Kapitel 14

Formen des Wandels

1 Überblick

Organisationaler Wandel ist in den letzten Jahren zu einem wichtigen Thema in der Organisationsforschung geworden. Viele Unternehmen haben Restrukturierungsprogramme gestartet mit dem Zweck, sich zu merklich besseren Wettbewerbern zu wandeln. Einige der Erneuerungsprojekte waren sehr erfolgreich, andere dagegen komplette Fehlschläge und die meisten lagen irgendwo dazwischen. Die Probleme, mit denen z.Z. die Unternehmen der sog. New Economy zu kämpfen haben, liefern reichlich Anschauungsmaterial für die Schwierigkeiten, die ein Übergang von einer ad hoc-Organisation (in der Innovationsphase) zu einer traditionellen Organisationsstruktur (für die Implementierungsphase) mit sich bringt.

Eine der daraus zu ziehenden Lehren ist, dass eine fundamentale Transformation ein schwieriger und fehleranfälliger Prozess ist. In ihm spielen sich geplante und ungeplante Entwicklungen ab. Er kann außerdem nur gelingen, wenn die Struktur zu den Kontextbedingungen passt. Organisationaler Wandel meint demnach mehr als die geplante Restrukturierung. Welche anderen Formen des Wandels unterschieden werden können und wie ein „Management des Wandels" mit ihnen umgehen kann, soll uns im Folgenden beschäftigen. Dabei unterscheiden wir zwei Formen des Wandels:

- Geplanter Wandel und
- ungeplanter Wandel.

1.1 Geplanter Wandel

Folgende Formen des geplanten Wandels werden unterschieden:

- Reorganisation,
- Organisationsentwicklung,
- Change Management

1.1.1 Reorganisation

Wie zu Beginn des Buches ausgeführt wurde, dominiert in der Betriebswirtschaftslehre die instrumentelle Sichtweise der Organisation. Die Organisation i.S. der Ordnung, die ein Unternehmen hat, soll zur Zielerreichung der Unternehmung beitragen. Sie soll „effektiv" bzw. „effizient" sein.

Die Aufgabe einer effektiven Organisationsgestaltung stellt sich zum einen bei der Neugründung einer Unternehmung. Zum anderen stellt sich aber auch bei bereits bestehenden Unternehmen immer wieder die Aufgabe, die Strukturen und Abläufe neu zu ordnen, um Effektivitätsverluste aufzufangen bzw. die Effektivität zu steigern. Dabei geht man davon aus, dass ein Organisator (Manager, Stabsmitarbeiter, externer Berater) planvoll und zielgerichtet eine „bessere" und „passendere" Struktur entwirft und implementiert, d.h. eine „Reorganisation" durchführt.

Unter **Reorganisation** versteht man die bewusste und geplante, i.d.R. tief greifende und umfassende Änderung der Aufbau- und Ablauforganisation mit dem Ziel der Effektivitätssteigerung.

Idealtypisch kann man die Reorganisation als rationalen Entscheidungsprozess oder synoptischen Planungsprozess modellieren: Aus der Diskrepanz zwischen den angestrebten Zielen (Soll) und dem bisher Erreichten (Ist) ergibt sich eine exakt definierte **Problemlücke**. Es werden dann viele und innovative Alternativen (Strukturmodelle) erwogen, um diese Problemlücke zu schließen. Den einzelnen Alternativen werden Wirkungen zugeordnet, die beste Alternative wird schließlich ausgewählt und verwirklicht. Eine solche Vorgehensweise entspricht den Vorstellungen des entscheidungslogischen Ansatzes (vgl. S. 104 ff.). Die Organisation wird also planmäßig und sprunghaft geändert.

Da es sich bei der so modellierten Reorganisation um eine neuartige, zielgerichtete, zeitlich begrenzte und komplexe Aufgabe handelt, kann sie als **Projekt** angesehen und abgewickelt werden. Es wird eine eigene Projektorganisation geschaffen, die Projektphasen werden systematisch durchlaufen und die Entscheidungsträger mit Planungstechniken unterstützt. Diese Vorstellung wird in Abschnitt 2 vertieft.

Ein solches **Vorgehensmodell** ist allerdings nur ein normativer **Leitfaden**. In der Praxis muss man sowohl mit der begrenzten Rationalität als auch mit den Eigeninteressen der Beteiligten rechnen. Beides führt dazu, dass die Planungsprozesse eher inkremental als synoptisch ablaufen. **Inkrementale Planung** bedeutet, dass man lediglich auf drängende Probleme reagiert, nur sehr wenige und kaum wirklich innovative Alternativen in Betracht zieht, die Wirkung der Alternativen nur grob abschätzt und sich mit befriedigenden Lösungen begnügt. Die Interessen der Beteiligten werden in Aushandlungsprozessen permanent gegeneinander abgewogen. Auf diese Art und Weise wird keine radikale und optimale, aber eine durchsetzbare Lösung gefunden. Der Wandel erfolgt nicht in Sprüngen, sondern in kleinen Schritten.

Von manchen Forschern wird die inkrementale Vorgehensweise speziell im Zusammenhang mit dem organisationalen Wandel sogar für besser gehalten als die synoptische Vorgehensweise. Widerstände werden so von Anfang an erkannt und die Informationsverarbeitungskapazität der Organisatoren wird nicht überschätzt (vgl. *Gerstner* [Bewältigung] 108f., 121 ff.). Ein ständiger Wandel in kleinen Schritten erspart der Unternehmung radikale, krisenhafte Änderungssprünge. Allerdings kann man nicht ohne weiteres voraussetzen, dass sich die vielen kleinen Änderungen zu einem tief greifenden Wandel in die richtige Richtung akkumulieren. Bisher gelingt es offensichtlich nur sehr wenigen Unternehmen, einen kontinuierlichen inkrementalen organisationalen Wandel planvoll zu erzeugen (vgl. *Kieser/Hegele* [Kommunikation] 24).

1.1.2 Organisationsentwicklung

Zur Ordnung, die eine Unternehmung hat, gehört neben der Struktur auch die Kultur. Auch von der Kultur geht eine Verhaltensnormierung der Organisationsmitglieder aus. In einer Unternehmung gelten bestimmte Denkweisen, Werte und Umgangsformen als „normal“ und prägen die Verhaltenserwartungen. Eine Verständigung zwischen den Organisationsmitgliedern gelingt nur, wenn ihre „mentalen Modelle“ ausreichend kongruent sind (vgl. auch die Ausführungen zum interpretativen Ansatz in Kap. 5). Dies lässt es wünschenswert erscheinen, auch auf die Kultur gezielt einzuwirken. Steht nicht die Gestaltung der Struktur im Vordergrund, sondern die Beeinflussung des Sozialsystems „Unternehmung“, spricht man statt von „Reorganisation“ von „Organisationsentwicklung“.

Organisationsentwicklung ist ein langfristiger Prozess zur Verbesserung der Problemlösungs- und Erneuerungsfähigkeit einer Organisation, vor allem durch eine Veränderung der Organisationskultur.

Auch die Organisationsentwicklung stellt eine Form geplanten Wandels dar. Es gibt Vorstellungen über einen geregelten Ablauf (Phasenschema) und anzuwendende Methoden (vgl. *Thom* [Organisationsentwicklung] 1481 ff.). Organisationsentwicklung hat aber nicht so deutlich den Charakter eines Projektes wie die Reorganisation. Die Zielvorstellungen sind oft unscharf, mögliche Ergebnisse zeigen sich erst im Verlaufe des Prozesses, ein genaues Prozessende lässt sich nur schwer definieren. Die Erfolge hängen stark von der Mitwirkung der Betroffenen ab. Sie werden daher bewusst als Akteure und nicht nur als Betroffene des Veränderungsprozesses gesehen. Organisationsberater übernehmen daher i.d.R. nur eine moderierende Funktion.

1.1.3 Change Management

Nach der Fit-Hypothese des situativen Ansatzes müssen Reorganisation und Organisationsentwicklung aufeinander abgestimmt werden. Eine Reorganisation hin zu mehr Teamorganisation erfordert bspw. auch eine Teamentwicklung (vgl. *French/Bell* [Organisationsentwicklung] 142 ff.). Zugleich ziehen Organisationsentwicklungsprozesse oft auch einen Restrukturierungsbedarf nach sich. Struktur und Kultur müssen zueinander passen. Plakativ wird dies oft so ausgedrückt, dass sich ein Wandel auch „in den Köpfen“ vollziehen müsse.

Einen noch umfassenderen abgestimmten Wandel von Strategie, Ressourcen, Kompetenzen, Kultur und Struktur fordert das Konzept des „Change Management“ (vgl. *Reiß* [Change] 7 ff.).

Change Management ist ein umfassendes Konzept eines permanenten unternehmerischen Wandels.

Nach diesem Konzept ist der unternehmerische Wandel nicht mehr als „Sondervorgang“ und „notwendiges Übel“ zu behandeln, sondern als **zentraler Erfolgsfaktor** und „tägliches Brot“ der Führungskräfte: Das einzig Beständige ist der Wandel. Die Unternehmung muss eine – so *Kirsch* ([Unternehmenspolitik] 257) – fortschrittsfähige Organisation sein.

In Abb. 14-1 ist das Wachstumskrisenmodell von *Greiner* dargestellt. *Greiner* geht davon aus, dass Organisationen mit steigendem Alter und zunehmender Größe typische Krisen durchlaufen. Diese Krisen beruhen auf dem Fehlen einer formalen Organisation in der ersten Phase (Pionierphase), einer Konzentration der Führungsfunktion beim Unternehmensgründer (Autonomiekrise) in der zweiten Phase, einer mangelhaften Kontrolle der Geschäftsaktivitäten in der dritten Phase (Kontrollkrise) und schließlich einer zunehmenden Bürokratisierung in der vierten, der Reifephase.

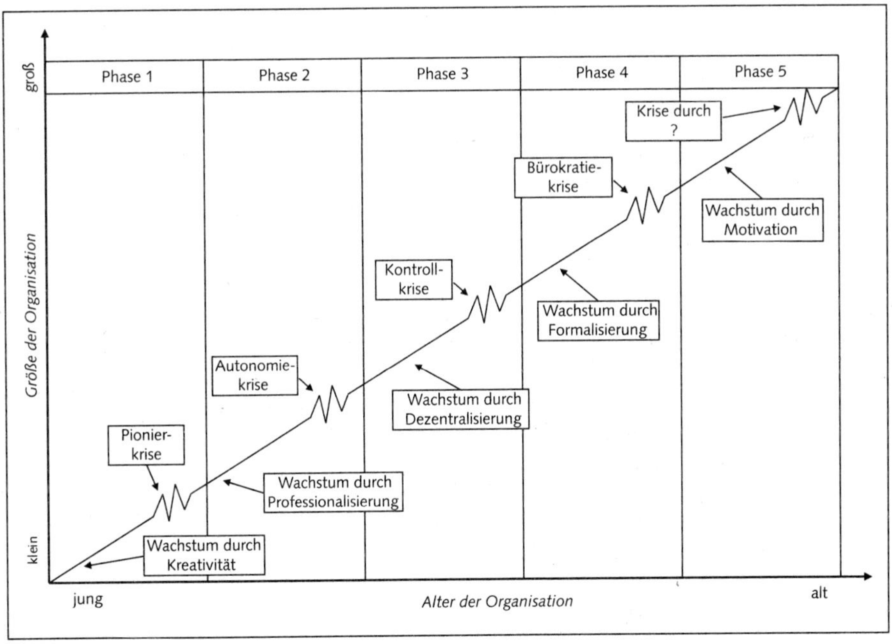

Abb. 14-1: Wachstumskrisenmodell von *Greiner* ([Evolution] 42) modifiziert durch *Schreyögg* ([Organisation] 514).

1.2 Ungeplanter Wandel

Organisationen verändern sich nicht nur im Rahmen tief greifender, zielgerichteter und fremdorganisierter Wandlungsprojekte. Sie sind nie statisch, sondern entwickeln und verändern sich kontinuierlich. Solche ungeplant ablaufenden Prozesse werden im Rahmen des evolutionstheoretischen Ansatzes und des Selbstorganisationsansatzes thematisiert (vgl. Kapitel 5). Um diese Prozesse zu beschreiben, kann man auf verschiedene Referenzmodelle zurückgreifen. Evolutionsmodelle und Lernmodelle sind die am häufigsten benutzten Ansätze, um den ungeplanten Wandel in Organisationen zu beschreiben (vgl. *Göbel* [Selbstorganisation] 114 ff.).

Evolutionsmodelle gibt es in unterschiedlichen Spielarten (vgl. *Probst/Naujoks* [Evolutionstheorien]). Ein großer Teil der Managementliteratur versucht, Unternehmensentwicklung durch das Heranziehen des Lebenszykluskonzeptes zu verstehen und zu erklären (Evolutionsmodelle im weiteren Sinne). Es werden idealtypische, regelmäßig auftauchende Entwicklungsphasen unterschieden sowie besondere, kritische Situationen identifiziert. Man geht davon aus, dass die Unternehmen mit zunehmender Größe und fortschreitendem Alter quasi deterministisch bestimmte Veränderungen durchmachen. Aus der Großzahl der Modelle, die in den letzten Jahrzehnten entstanden sind, können beispielhaft genannt werden: Wachstumskrisenmodelle (*Greiner, Albach, Argenti*), Strukturänderungsmodell (*Mintzberg*), Verhaltensänderungsmodell (*Miller/Friesen*).

Die Evolutionsmodelle im engeren Sinne knüpfen dagegen am biologischen Prozessmuster an. Evolution vollzieht sich im Dreischritt von Variation, Selektion und Retention. Diese Evolutionsmodelle sind in der Tendenz voluntaristischer als die Lebenszyklusmodelle, d.h. es werden eher steuernde Eingriffe für möglich gehalten. Außerdem geht es bei ihnen eher um die Entwicklung **in** einer Unternehmung und weniger um die Entwicklung **der** Unternehmung insgesamt. Im ersten Schritt ist es notwendig, dass die bisherigen Strukturen, Abläufe und Handlungsnormen **variiert** werden. Das geschieht bspw. dadurch, dass neue Mitarbeiter in die Unternehmung eintreten, Kooperationen verabredet, neue Kundengruppen bedient werden usw. Quasi unbemerkt kommen so neue Ideen in die Unternehmung, die entweder abgestoßen (**selektiert**) werden oder sich bewähren und beibehalten werden (**Retention**).

Auch **Lernprozesse** können in drei Schritten dargestellt werden. Der erste Schritt besteht im Versuch. Im zweiten Schritt wird der Versuch bewertet und entweder als Irrtum verworfen oder – bei positiver Erfahrung – im dritten Schritt der organisatorischen Wissensbasis hinzugefügt. Lernprozesse können mehr oder weniger bewusst ablaufen und daher auch mehr oder weniger Nähe zu den Evolutionsprozessen aufweisen.

Die Evolutions- und Lernprozesse werden heute im Allgemeinen positiv bewertet. Sie können den geplanten Wandel aber aus zwei **Gründen** nicht ersetzen:

- **Organisationen** sind „von selbst" häufig **träge** und **konservativ**. Das Bedürfnis nach Identität, Kontinuität und Sicherheit ist groß. „Das haben wir schon immer so gemacht" ist ein Satz, mit dem man sich in vielen Unternehmen gegen Neuerungen wehrt. Es ist eher unwahrscheinlich, dass sich wirklich innovative Strukturen, Handlungsnormen und Denkweisen ganz ungeplant einstellen.
- Was „von selbst" im Unternehmen wächst und erlernt wird, muss durchaus nicht wünschenswert sein. Auch gute Variationen können z.B. durch mikropolitische Manöver „selektiert" werden. Und in vielen Unternehmen lernen die Mitarbeiter als Erstes die **„heimlichen Spielregeln"**, die sich als kontraproduktiv im Hinblick auf das Unternehmensziel erweisen (vgl. *Scott-Morgan* [Spielregeln]).

Diese Überlegungen haben dazu geführt, dass heute vielfach hybride Formen des Wandels propagiert werden, die Elemente des geplanten und des ungeplanten Wandels kombinieren. Unter Etiketten wie „Organisation der Selbstorganisation", „gelenkte Evolution" und „Verbesserung der Lernfähigkeit" haben sich Ansätze herausgebildet, die die ungeplanten Prozesse im Dienste der Unternehmung kanalisieren und kultivieren wollen (vgl. auch *Reiß* [Change] 15). Sollen etwa „lernfreundliche Strukturen" (*Probst* [Lernen] 311 ff.) etabliert werden, dann ist dazu eine gezielte Reorganisation erforderlich. Wie sich organisationales Lernen in den veränderten Rahmenbedingungen im Detail entwickelt, kann dann freilich nicht mehr organisiert werden.

Im Folgenden wird die Reorganisation schwerpunktmäßig i.S. einer **zielgerichteten, methodischen Restrukturierung** behandelt.

2 Management des geplanten Wandels

2.1 Effektivitätssteigerung als übergeordnetes Reorganisationsziel

Das Ziel einer Reorganisation besteht immer darin, eine bessere, effektivere Organisation zu etablieren. Wie bereits dargelegt (vgl. S. 14), ist eine Präzisierung dieses Ziels nicht einfach.

Wie in der betriebswirtschaftlichen Organisationslehre üblich, wollen wir vom sog. **zielorientierten Ansatz** ausgehen, nach welchem der Eigentümer der Unternehmung bzw. die dominante Koalition die obersten Unternehmensziele festlegt. Vereinfachend lässt sich dann feststellen, dass eine Organisationsstruktur dann effektiver ist als eine andere, wenn sie mehr zur Erreichung der **Formalziele** (Gewinn, Rentabilität, Unternehmenswert) der Unternehmung beiträgt. Die Formalzielorientierung ist für *Bleicher* ([Paradigmenwechsel]) Kennzeichen eines veralteten Managementparadigmas, welchem er u.a. das Menschenbild des homo oeconomicus, eine hierarchisch gegliederte, hochspezialisierte, stabile Struktur, ein von Machbarkeit und Herrschaft geprägtes Führungsverständnis und Interessenmonismus zuordnet. Ein solches Managementverständnis muss sich aber nicht automatisch aus einer Formalzielorientierung ergeben. Gewinnorientierung bedeutet nicht zwangsläufig eine kurzfristige Ausbeutungsstrategie, eine Vernachlässigung aller Stakeholderinteressen und „Hire-and-fire-Praktiken" gegenüber den Mitarbeitern (vgl. *Bleicher* [Paradigmenwechsel] 129). Wir vertreten vielmehr die Meinung, dass sich die Berücksichtigung der Interessen von Kunden und Mitarbeitern, flexible, wenig hierarchische und prozessorientierte Strukturen, die Pflege einer Vertrauenskultur und langfristige Entwicklungsstrategien sehr gut mit dem zielorientierten Ansatz verbinden lassen. Dieses Verständnis kommt auch in den Zielkriterien zum Ausdruck, die in einem Ziel-Mittel-Verhältnis zum Oberziel stehen und konkret dem Subsystem „Organisation" zugeordnet werden können. Wie bereits (auf S. 15 ff.) dargestellt wurde, zeichnet sich eine effektive Organisation durch folgende **Merkmale** aus:

- Überschaubare Komplexität,
- hohe Qualität der Entscheidungen,
- effiziente Ressourcennutzung,
- positive Synergieeffekte,
- motivierte und zufriedene Mitarbeiter,
- niedriges Konfliktpotenzial,

- gelungene Koordination,
- gute Informationsversorgung,
- Innovations- und Lernfähigkeit,
- Flexibilität und
- Markt- bzw. Kundennähe.

Die Bewertung eines Organisationsmodells bleibt schwierig, auch wenn man unterhalb des allgemeinen Ziels „Effektivitätssteigerung" besser messbare Kriterien gefunden hat. Die genannten Unterziele widersprechen sich teilweise, die Folgen einzelner Strukturierungsmaßnahmen sind keineswegs sicher vorhersagbar und die Wichtigkeit einzelner Subziele ändert sich mit der Veränderung der Situation, in welcher sich eine Unternehmung befindet. Diese Unsicherheit in der Bewertung alternativer Strukturmodelle trägt vermutlich mit dazu bei, dass ein geplanter organisationaler Wandel häufig erst dann in Angriff genommen wird, wenn das Unternehmen in eine Krise gerät.

2.2 Auslöser für Reorganisationen

Eine Reorganisation ist i.d.R. eine Reaktion auf einen wachsenden **Problemdruck** von außen oder von innen. Veränderungen der externen und internen Bedingungen der Organisation, wie wir sie im vorausgehenden Kapitel dargestellt haben, führen dazu, dass die Organisationsstruktur nicht mehr „passt". Wichtige **situative Bedingungen**, die Änderungsdruck erzeugen, sind:

- **Strategieänderungen**, insbesondere Änderungen des Produktionsprogramms und zunehmende Internationalisierung (structure follows strategy).
- Verstärkung des **Wettbewerbs** durch den Markteintritt neuer Konkurrenten bspw. aus Osteuropa oder China, durch die Deregulierung von Märkten und eine hohe Marktsättigung in vielen Bereichen.
- Strategie- und Strukturänderungen bei **Konkurrenten**, etwa Unternehmenszusammenschlüsse oder Vorstoß in neue Märkte.
- Verändertes **Nachfrageverhalten**, z.B. Nachfrage nach individuell differenzierten Produkten, verstärktes Qualitätsbewusstsein, erhöhte Serviceansprüche, schnelle Modewechsel.
- **Gesellschaftliche Veränderungen**, wie ein zunehmendes ökologisches Bewusstsein, steigendes Bildungsniveau, Abwendung von traditionellen Werten wie Autoritätshörigkeit, Entstehung neuer Arbeitsmodelle.

- Entstehung neuer **Technologien** (Fertigungs- und Informationstechnologien), die sich in neuen Produkten und Produktionsverfahren sowie völlig veränderten Informations- und Kommunikationsmöglichkeiten niederschlagen.
- Verändertes Verhalten der **Kapitalgeber**, insbesondere große Flexibilität im Anlageverhalten bei der Suche nach der weltweit höchsten Rendite.
- **Neue Eigentümer**, insbesondere als Folge der Privatisierung ehemals öffentlicher Unternehmen, aber auch im Rahmen von Unternehmenszusammenschlüssen oder der Generationenfolge.
- **Wachstum**, z.B. Entwicklung eines mittelständischen Unternehmens zum Großunternehmen.
- Schlechte **Ertragslage** sowie bestimmte Einzelprobleme: Unzufriedenheit der Mitarbeiter, die sich in Konflikten, hohen Absentismus- und Fluktuationsraten äußert, Qualitätsprobleme, Lieferschwierigkeiten etc.
- **Übergang** eines Unternehmens von der Innovationsphase in die Implementierungsphase (z.B. Anwendung einer Erfindung).
- Streben nach engerer **Zusammenarbeit** mit Konkurrenten, Lieferanten und Kunden.

Die Überzeugung, dass eine Reorganisation nötig ist, kann schließlich auch durch **Organisationsmoden** ausgelöst werden. Von der Beraterliteratur werden radikale Änderungen oft als unausweichlich dargestellt, um das Unternehmen auf Erfolgskurs zu halten. Eine Mode hat aber auch nur dann Chancen auf Durchsetzung, wenn sie tatsächlich vorhandene Schwächen und drohende Gefahren anspricht (vgl. *Kieser/Hegele* [Kommunikation] 24 ff.).

2.3 Organisation der Reorganisation

2.3.1 Modelle der Projektorganisation

Im Folgenden wird vorausgesetzt, dass eine Unternehmung einen tief greifenden strukturellen Wandel plant, um bestimmte Probleme zu lösen (Reorganisation). Sie steht damit vor einer neuartigen, komplexen Aufgabe, die in einem begrenzten Zeitraum erfolgreich abgewickelt werden soll und die mit erheblichen Risiken behaftet ist. Die Aufgabe „Reorganisation" erfüllt damit die typischen Merkmale eines **Projektes** (vgl. *Bea/Haas* [Management] 433).

Wie bereits dargelegt (vgl. S. 345 ff.), werden für Projekte, die sich ja normalerweise außerhalb des „Alltags" der Unternehmung abspielen, eigene Sekundärstrukturen geschaffen. Drei **Grundformen der Projektorganisation** werden unterschieden: Die Stabs-Projektorganisation, die Matrix-Projektorganisation und die Reine Projektorganisation. Diese drei Formen unterscheiden sich im Wesentlichen im Hinblick auf die drei Kriterien der Ressourcenautonomie, der Verselbständigung gegenüber der Primärorganisation und der projektinternen Strukturierung (vgl. *Grün* [Projektorganisation] 2107).

Bei der **Stabs-Projektorganisation** sind die Ressourcenautonomie und die Verselbständigung gegenüber der Primärorganisation schwach ausgeprägt. Ein Mitarbeiter (z.B. in Stabsposition) wird mit der (nebenamtlichen) Koordination der projektbeteiligten Stellen beauftragt. Er hat keine Entscheidungs- und Weisungskompetenzen gegenüber den Projektmitarbeitern, die in ihren Stellen verbleiben. Zu einer projektinternen Struktur kommt es nicht.

In der **Matrix-Projektorganisation** wird die Verfügungsgewalt über die Ressourcen geteilt. Das Projekt gewinnt einen höheren Grad an Selbständigkeit, denn der Projektleiter hat gegenüber den beteiligten Mitarbeitern aus den verschiedenen Fachabteilungen der Primärorganisation gewisse Weisungsrechte. Er kann die notwendigen Leistungen fordern und Termine setzen, muss sich aber mit den Leitern der Fachabteilungen auseinander setzen.

Wird die Projektaufgabe einer eigens auf Zeit geschaffenen Organisationseinheit übertragen, die gänzlich aus der Primärorganisation herausgelöst wird, spricht man von **Reiner Projektorganisation**. Der Projektleiter verfügt wie die Linieninstanz über eigene personelle und sachliche Ressourcen, die dem Zugriff der Primärorganisation entzogen sind. Bei großen Projekten ist eine interne Strukturierung des Projektteams angebracht.

Je umfassender das Reorganisationsprojekt ist, desto stärker wird die Tendenz sein, **externe Organisationsberater** in die Projektorganisation einzubinden. Grob lassen sich zwei Gruppen solcher Berater unterscheiden: Primär auf die Gestaltung von Strukturen und Abläufen spezialisierte Berater und verhaltenswissenschaftlich orientierte Berater, die sich vor allem um die sozialen Prozesse sowie die Werte und Einstellungen der Mitarbeiter kümmern. Das Hinzuziehen eines externen Beraters kann vorteilhaft sein, weil er über besondere Methodenkenntnisse verfügt und Erfahrungen in unterschiedlichen Reorganisationsprojekten sammeln konnte. Da er in die Organisation nicht selbst eingebunden ist, kann er sich auch offener und „objektiver" zu Schwachstellen äußern und innovative Lösungen entwickeln. Er eignet sich daher häufig besonders gut als **„Change Agent"** (Veränderungshelfer).

2.3.2 Überblick über die Projektphasen

Für den Ablauf eines Projektes wird ein Vorgehen in bestimmten Phasen empfohlen. In den vielen unterschiedlichen Phasenmodellen kann eine gemeinsame Grundstruktur entdeckt werden, nämlich die drei Phasen Planung, Realisation und Nutzung.

Die Projektplanungsphase wird weiter unterteilt in die drei Teilphasen Vorstudie, Hauptstudie und Detailstudien. Die Realisation umfasst die Teilphasen Systembau und -einführung. In der Nutzungsphase wird das neue System genutzt und dabei bewertet und eventuell geändert. Die dritte Phase kann daher auch als „Kontrollphase" bezeichnet werden (vgl. Abb. 14-2).

Projektplanung Vorstudie Hauptstudie (Detailstudien)	Konzeption der Organisationsstruktur
Projektrealisation Systembau Systemeinführung	Implementierung der Organisationsstruktur
Projektkontrolle Systemnutzung Systemänderung	Überwachung der Organisationsentwicklung

Abb. 14-2: Projektphasen der Reorganisation

2.3.3 Die Planungsphase

Innerhalb der Planungsphase sind wiederum verschiedene Teilschritte zu vollziehen. Sowohl in der Vorstudie als auch in der Hauptstudie treten – mit unterschiedlichem Detaillierungsgrad – die Aufgaben der Zielbildung, Problemanalyse, Alternativensuche, Bewertung und Entscheidung auf. Zu diesen Aufgaben im Einzelnen:

(1) Zielbildung/Problemanalyse

Reorganisationen werden häufig durch akute Probleme ausgelöst. Zunächst ist wahrscheinlich nur klar, dass bestimmte Unternehmensziele nicht im gewünschten Ausmaß erreicht werden, dass es etwa Qualitätsprobleme, Lieferschwierigkeiten, hohe Lagermengen, lange Durchlaufzeiten gibt. Fördert eine Problemanalyse zutage, dass die Organisationsstruktur die Probleme (mit-)verursacht, bietet sich eine Reorganisation als Lösung an. Es ist dann genauer zu analysieren, wo die Schwachstellen der Ist-Struktur liegen (Schwachstellenanalyse). Außerdem sollten die Ziele des Reorganisationsprojektes präzisiert werden. Es ist auch im Hinblick auf die spätere Realisationsphase wichtig, dass die Beweggründe für die Reorganisation und das angestrebte Ziel klar sind.

(2) Alternativensuche

In dieser Phase sollten alternative organisatorische Lösungen gesucht werden, die eine bessere Zielerreichung versprechen. Es besteht die Tendenz, neue Lösungen in der Nähe der alten Lösungen zu suchen. Damit auch wirklich innovative Alternativen gefunden werden, können sog. Kreativitätstechniken eingesetzt werden wie Brainstorming, Synektik oder morphologische Methode (vgl. *Probst* [Organisation] 350 ff.). Auch die Organisationsmoden haben in der Phase der Alternativensuche eine positive Funktion, weil sie auf neue Konzepte aufmerksam machen.

Eine grobe Vorabbewertung lässt einige Alternativen von vorne herein ausscheiden. Bei viel versprechenden Ideen können Detailstudien zusätzliche Informationen bringen.

(3) Alternativenbewertung und -auswahl

Die Bewertung von Organisationsmodellen ist schwierig. Wirkungen lassen sich meist nicht präzise prognostizieren und die meisten Lösungen haben sowohl Vor- als auch Nachteile. Auf die Erfahrungen anderer Unternehmen kann auch nur bedingt rekurriert werden, da die situativen Bedingungen variieren. Ein brauchbares Instrument, um die Bewertung zu strukturieren und transparent zu machen, ist die Nutzwertanalyse. Das fundamentale Problem der Quantifizierung von Zielerträgen für die Organisationsalternativen kann die Nutzwertanalyse zwar auch nicht vermeiden. Zumindest aber wird die Bewertung – um die man ja nicht herumkommt – nachvollziehbar und damit weniger manipulationsanfällig. Externe Organisationsberater können in dieser Phase eine wichtige Rolle spielen, um die Bewertung zu objektivieren und eine einseitige Interessendurchsetzung zu verhindern.

2.3.4 Die Realisationsphase

Die Art und Weise, wie man den Veränderungsprozess angeht, kann sehr verschieden sein. Häufig werden grob **zwei Veränderungsstrategien** unterschieden:

(1) **Machtstrategie** (vgl. *Kirsch/Esser/Gabele* [Reorganisation] 247 ff.)

Unter weitgehender Geheimhaltung und unter Ausschluss der unmittelbar Betroffenen wird von der Führungsspitze, evtl. unter Hinzuziehung externer Berater, ein neues Organisationskonzept entworfen. Das neue Konzept wird dann von oben verordnet. Die vor vollendete Tatsachen gestellten Organisationsmitglieder werden sich dann – so hofft man – wohl oder übel mit der Reorganisation abfinden und sich anpassen. Ein harter schneller Schnitt soll vor allem verhindern, dass der Reorganisationsprozess in langwierigen Diskussionen versandet und schließlich alles beim Alten bleibt. Geringe Partizipationsmöglichkeiten lassen weniger Raum für Beeinflussungsaktivitäten und senken die Beeinflussungskosten (vgl. *Picot/Dietl/Franck* [Organisation] 395).

Eine Machtstrategie kann gelingen, wenn die Führungskräfte nachträglich sehr viel Überzeugungsarbeit leisten und auch ihren Einfluss einsetzen, um die Organisationsmitglieder „auf Kurs" zu bringen. Die Strategie ist aber riskant. Sie kann zu einem Solidarisierungseffekt unter den Mitarbeitern führen, die dann jede aktive Unterstützung verweigern oder sogar explizit Widerstand gegen die Änderung leisten. Selbst wenn sie sich schließlich resignativ den neuen Bedingungen fügen, sind sie nicht wirklich motiviert, aktiv ihr Bestes zu geben, um der neuen Struktur zum Erfolg zu verhelfen. Geschriebene und gelebte Struktur klaffen möglicherweise für lange Zeit auseinander.

(2) **Partizipationsstrategie** (vgl. *Rosenstiel* [Grundlagen] 198 ff.)

Sozial- und verhaltenswissenschaftlich fundierte Veränderungsstrategien gehen von ganz anderen Empfehlungen aus. Organisationen lassen sich nur dann nachhaltig verändern, so ihr Credo, wenn die **Betroffenen zu Beteiligten** gemacht werden, d.h. wenn sie partizipativ am Veränderungsprozess teilnehmen. Die Partizipation beginnt bereits in der Projektplanungsphase. Die Betroffenen stellen selbst die Schwächen des Ist-Zustandes fest, entwerfen ein Soll-Konzept und einen Aktionsplan. Umsetzungsprobleme und persönliche Widerstände kommen schon in der Planungsphase zum Vorschein und werden diskutiert.

Als **Vorteile** sind zu erwarten, dass die Betroffenen ihr Wissen in den Wandlungsprozess einbringen, dass Interessengegensätze zur Sprache kommen und gelöst werden und dass die Beteiligten eher motiviert sind, von ihnen selbst entworfene Pläne auch nachhaltig zu verfolgen. Bei der Partizipationsstrategie können Strukturentwicklung sowie individuelle und Gruppenentwicklung integriert werden. Gegen die Partizipationsstrategie könnte angeführt werden, dass die Mitarbeiter weder über die nötige Zeit noch das nötige Wissen verfügen, dass die Entscheidungssituation zu komplex wird, wenn viele beteiligt sind und dass der Veränderungsprozess in langwierigen Diskussionen schließlich versandet. Um solche Probleme zu reduzieren, können sog. „Promotoren" engagiert werden. Ein **„Fachpromotor"** verfügt als Spezialist über das nötige Fachwissen für die Organisationsveränderung. Der **„Machtpromotor"** hat eine starke Stellung im Unternehmen und setzt seine Macht ein, um den Veränderungsprozess zu puschen. Ein typisches Promotorengespann besteht aus einem externen Berater als Fachpromotor und einer Führungskraft der obersten Hierarchieebene als Machtpromotor (zum Promotorenmodell vgl. *Witte* [Organisation]).

In Theorie und Praxis hat sich in letzter Zeit die Sichtweise durchgesetzt, dass die Partizipationsstrategie effizienter ist als die Machtstrategie (vgl. *Kieser/Hegele* [Kommunikation] 218 ff.). Viele Reorganisationsprojekte zielen ja gerade darauf hin, den Mitarbeitern mehr Autonomie einzuräumen, Verantwortung und Entscheidungskompetenz nach unten zu verlagern. Eine solche neue Struktur von oben durchdrücken zu wollen, wäre ein Widerspruch in sich.

Die partizipative Veränderungsstrategie schlägt sich auch in der Projektorganisation nieder. Wenn ein Projektteam gebildet wird, dann sollten auch die betroffenen Mitarbeiter in diesem Team vertreten sein. Sie können nicht nur ihr Sachwissen einbringen, sondern auch die Kollegen mit den Veränderungen vertraut machen, Informationen über die Akzeptanz und mögliche Probleme sammeln und zurückmelden. Sie wirken als „Multiplikatoren" des Wandels (vgl. *Probst* [Organisation] 234).

2.3.5 Die Kontrollphase

Nach dem Phasenkonzept der Planung schließt sich an die Realisationsphase die Kontrollphase (Nutzung/Änderung) an. Bei der Reorganisation ist allerdings schwer zu sagen, wann die neue Struktur endgültig eingeführt und die Realisationsphase abgeschlossen ist. Gerade bei einem organisationalen Wandel ist die Grenze zwischen Einführung und Nutzung der neuen Struktur sehr unscharf. Es gibt immer eine Phase des Ausprobierens und Lernens, in welcher sich Realisations- und Kontrollphase überschneiden. Während der probeweisen Nutzung stellen sich evtl. Schwächen des neuen Konzeptes heraus, die eine erneute Planung und partielle Änderungen erforderlich machen. Insofern findet schon während der Realisation eine parallele Kontrolle statt, ob man auf dem richtigen Weg ist.

Idealerweise steht am Ende des Projektes die **Wirkungskontrolle**. Erst wenn die gewünschte Effektivitätssteigerung erreicht ist, kann das Projekt „Reorganisation" als erfolgreich abgeschlossen gelten. Eine solche Wirkungskontrolle ist aber gar nicht so einfach. Waren die Reorganisationsziele nicht operational festgelegt, ist auch nicht genau zu beurteilen, ob sie erreicht wurden. Insbesondere bei qualitativen Zielen (bspw. Verbesserung der Kommunikation zwischen den Bereichen) zeigt sich dieses Problem. Unklar ist auch, wann die Erfolgskontrolle durchzuführen ist. Viele Reorganisationsprojekte dauern viel länger als geplant. Bis eine Reorganisation voll greift und die Veränderung in Struktur und Kultur fest verankert ist, können bis zu fünf Jahre vergehen (vgl. *Streich* [Veränderungsprozessmanagement] 253). Zu Beginn kann es sogar zu einer Konfusionsphase und zu Verschlechterungen der Zielerträge kommen. Möglicherweise wird eine Reorganisation deshalb bei einer zu frühen Wirkungskontrolle zum Flop erklärt und rückgängig gemacht, obwohl sie langfristig effektivitätssteigernd wirken würde. Umgekehrt können sich aber auch anfängliche Leistungsverbesserungen als instabil erweisen. Wenn die Anfangseuphorie abebbt, treten die alten Probleme wieder auf. Schließlich lässt sich die Wirkung einer Reorganisation nicht ohne weiteres isolieren. Es ist daher nicht selten zu beobachten, dass eine Reorganisation zum „Sündenbock" für eine Verschlechterung der Geschäftsentwicklung erklärt wird, obwohl diese evtl. einer ganz anderen Ursache zuzurechnen ist, etwa einer Verschlechterung der konjunkturellen Situation oder einer Qualitätsminderung der Produkte.

Im besten Fall mündet die Reorganisation in einen neuen Stabilitätszustand auf deutlich höherem Effektivitätsniveau. Während das Projekt „Reorganisation" damit als beendet gelten kann, darf die aufmerksame Beobachtung der Organisation im Grunde nie aufhören. Aufgrund interner und externer Veränderungen kann auch die neue Struktur wieder reformbedürftig werden. Es wird behauptet, dass lange Stabilitätsphasen heute eher die Ausnahme als die Regel darstellen (vgl. *Reiß* [Change] 6).

2.4 Hindernisse beim geplanten Wandel

2.4.1 Überblick

Viele Reorganisationsprojekte scheitern oder erweisen sich zumindest als viel schwieriger und langwieriger als geplant. Es wird in diesem Zusammenhang kritisiert, die Organisationen seien träge oder verkrustet und die Organisationsmitglieder unwillig und unflexibel. Tatsächlich steht dem geplanten Wandel häufig ein **„organisatorischer Konservatismus"** (*Kieser/Hegele* [Kommunikation] 121 ff.) im Weg, in welchem sich ein Bedürfnis nach Stabilität und Kontinuität äußert. Jede Veränderung muss mit Widerstand rechnen. Die **Ursachen** für den Konservatismus sind vielfältig (vgl. Abb. 14-3).

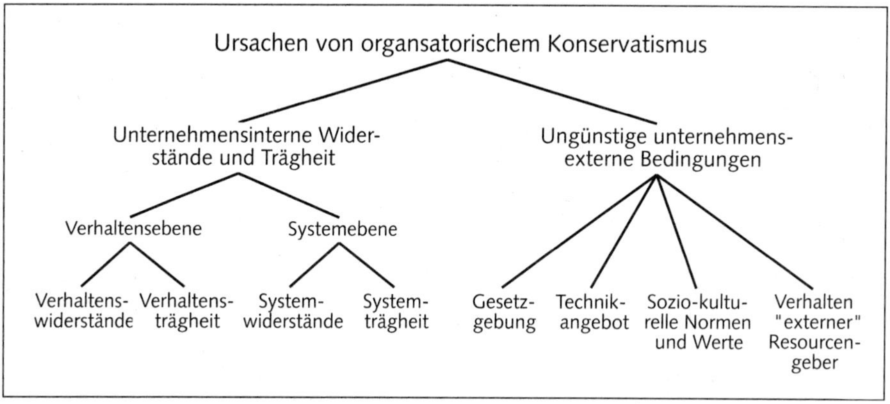

Abb. 14-3: Ursachen des organisatorischen Konservatismus
(Quelle: *Kieser/Hegele* [Kommunikation] 123)

Sie können in externen Bedingungen liegen, aber auch unternehmensinternen Ursprungs sein. Im Unternehmen kann das Verhalten von Individuen und Gruppen Wandel behindern. Es gibt aber auch Wandlungsbarrieren, die sich nicht auf das Verhalten Einzelner, sondern nur auf das „Systemverhalten" zurückführen lassen. Mitarbeiter und Systeme können Widerstand leisten, was Ausdruck fehlender Anpassungsbereitschaft ist. Sie können aber auch „träge" sein, womit fehlendes Anpassungsvermögen gemeint ist. Die wichtigsten Wandlungsbarrieren sollen nun erläutert werden.

2.4.2 Unternehmensinterne Widerstände

Verhaltenswiderstände sind die am häufigsten genannten Wandlungshindernisse. Jede Reorganisation löst bei den Betroffenen Ängste aus. Sie sollen sich von bekannten Kollegen trennen, Routinen und Gewohnheiten aufgeben, ihr Status ist bedroht, ihre Kenntnisse und Fähigkeiten werden obsolet, sie müssen im schlimmsten Fall mit Arbeitsplatzverlust rechnen. Je radikaler der Umbau, desto weniger wissen die Mitarbeiter, was sie erwartet und ob sie den neuen Anforderungen gewachsen sind.

Angst erzeugt Widerstand, der sich in vielerlei Formen äußert: Der Krankenstand wird höher, die Leistung sinkt, nicht genau definierte und zugeordnete Aufgaben werden ignoriert, auf Fehler wird bewusst nicht hingewiesen, das Verhalten gegenüber den Kollegen ist aggressiv und unkooperativ, es gibt keine Bereitschaft für Sonderleistungen (vgl. *Schmidt* [Widerstände] 89 f.). Besonders gravierend kann der Widerstand werden, wenn sich Gruppen oder Abteilungen geschlossen gegen die geplanten Änderungen wehren. Widerstand kann aber auch positiv gewertet werden, wenn er zu einer kritischen Reflexion einzelner Reorganisationsmaßnahmen anregt.

Als Wandlungsbarriere erweist sich auch die eher unbewusste **Trägheit** vieler Menschen. Sie halten an alten Denkmustern und Gewohnheiten fest, weil sie die Geborgenheit des Vertrauten schätzen. Von Vertretern der Systemtheorie wird thematisiert, dass nicht nur Individuen, sondern auch Systeme nach Stabilität und Kontinuität streben und Wandel „abwehren" (vgl. *Willke* [Systemtheorie] 189 ff.). Die Organisation soll ja gerade auch dazu beitragen, dass sich im Unternehmen stabile Verhaltenserwartungen bilden, dass jeder möglichst „systemkonform" denkt und handelt und damit dem System eine erkennbare Identität verleiht. Zu dieser Identität gehört, dass das Unternehmen bestimmte Dinge leisten kann, andere aber auch nicht. Es verfügt über bestimmte Technologien und ein bestimmtes Know how, bedient bestimmte Märkte, hat bestimmte Strategien, Strukturen und Systeme, eine bestimmte Kultur usw.

Jede radikale Änderung stellt zunächst eine **Störung des einmal erreichten Gleichgewichts** zwischen den Systemelementen dar und wird daher nach Möglichkeit vom System absorbiert. Diese organisationale Trägheit, wie sie auch vom evolutionstheoretischen Ansatz beschrieben wird (vgl. Kapitel 5), hat durchaus Sinn. Sowohl für die Systemmitglieder als auch für die Umwelt ist es absolut wünschenswert, dass die Unternehmung berechenbar und verlässlich ist. In dem Moment aber, wo ein System geändert werden soll, kann sich diese positiv zu wertende Stabilität und Verlässlichkeit als unerwünschte Starrheit und Rigidität entpuppen. Fatalerweise erweisen sich häufig gerade die sehr erfolgreichen und gut funktionierenden Systeme als besonders änderungsresistent. Starke Kulturen, optimierte Abläufe und perfekt abgestimmte Subsysteme sind insofern auch nicht uneingeschränkt positiv zu wertende Merkmale einer Organisation, als sich der Erfolg von gestern als größtes Hindernis für den Erfolg von morgen erweisen kann (vgl. *Kieser/Hegele* [Kommunikation] 126 ff.). Success breeds failure.

2.4.3 Unternehmensexterne Widerstände

Ungünstige unternehmensexterne Bedingungen können organisatorischen Wandel ebenso behindern (vgl. *Kieser/Hegele* [Kommunikation] 131 ff.). Einer flexibleren Gestaltung der Arbeitsbedingungen und der Entgeltsysteme stehen etwa **arbeitsrechtliche Regelungen** entgegen.

Aber auch **gesellschaftliche Normen**, Werte und Einstellungen können Änderungen verzögern. Kulturell stark verfestigt ist z.B. die Rollenverteilung zwischen Mann und Frau bei der Kinderbetreuung. Nur sehr wenige Männer nehmen bisher die Chance wahr, Erziehungsurlaub zu nehmen oder dauerhaft halbtags zu arbeiten, um Berufs- und Familienpflichten zu vereinbaren. Halbtagsarbeit gilt traditionell als minderwertig, womit z.B. das Job-sharing unattraktiv wird. Tief verankert ist in unserer Kultur auch der Individualismus, wodurch den Gruppenkonzepten mit Misstrauen begegnet wird. Schließlich ist ein Karriereverständnis die Norm, nach welchem Karriere immer einen „Aufstieg nach oben" bedeutet, welcher sich in Titeln und Statussymbolen nach außen demonstrieren lässt. Die heute vielfach propagierte Verflachung der Hierarchie muss gegen dieses tradierte Karriereverständnis ankämpfen.

Externe Ressourcengeber fördern den Konservatismus, weil sie nicht sehr experimentierfreudig sind. Große Reorganisationen werden eher als Krisensymptom denn als Chance gewertet, was zur Zurückhaltung der Ressourcengeber (speziell der Banken) führt. Schließlich orientieren sich auch die Anbieter von Technologien eher am vorhandenen Bedarf in bestehenden Strukturen als an einem potenziell entstehenden Bedarf in neuen Strukturen. Das bereits Bestehende hat so immer einen Vorteil gegenüber dem Neuen, welches sich zunächst legitimieren muss. Und das fällt bei Reorganisationen besonders schwer, weil sich die positiven Effekte nicht exakt prognostizieren lassen.

2.5 Kritik am Modell des geplanten Wandels

Traditionell geht die Organisationslehre von der gezielten Machbarkeit der Organisationsstruktur aus. Organisationaler Wandel wird in erster Linie als ein planerisches Problem angesehen, welches man systematisch lösen kann. An diesem Wandelverständnis wird zunehmend Kritik geübt (vgl. *Schreyögg* [Organisation] 548 ff.). Im Einzelnen wird als problematisch betrachtet:

- Das Verständnis von Wandel als Sonderfall und Ausnahme,
- als in sich abgeschlossene Episode mit wohldefiniertem Anfang und Ende,
- als von außen durch Experten
- und direkt zu steuernder Prozess.

Dem Planungsmodell wird entgegen gehalten:

- Wandel sei der Normalfall,
- Organisationsentwicklung könne nicht als abgeschlossenes Projekt begriffen werden,
- der Wandel vollziehe sich endogen, im System selbst
- und sei höchstens indirekt zu beeinflussen, aber nicht direkt zu steuern.

Mit dem anderen Verständnis von Wandel wird aber nicht der Anspruch aufgegeben, zielgerichtet auf die Organisationsstruktur einwirken zu können. Dies wird im Folgenden vertieft.

3 Management des ungeplanten Wandels

In den letzten Jahren ist das Bewusstsein gewachsen, dass die gezielte Gestaltbarkeit komplexer dynamischer sozialer Systeme begrenzt ist. Traditionell ist die Wirtschaft geprägt von einem „mechanistischen" Weltbild, in welchem der Manager als Planer, Macher, Entscheider und Lenker begriffen wird, der das Unternehmen im Griff hat. Ein ganz anderes Verständnis vom Management entwickeln dagegen die Vertreter eines **„systemisch-evolutionären Managements"** (*Königswieser/Lutz* [Management]). Sie betonen die Bedeutung der ungeplanten, selbstorganisierenden Prozesse im Unternehmen. Die Führungskraft soll nach diesem Verständnis Impulse setzen, gedeihen lassen, kultivieren, was von selbst wächst. Da aber von „Management" die Rede ist, kann damit nicht gemeint sein, nichts zu tun. Die Führungskraft soll weiterhin zielorientiert auf die Unternehmung einwirken, allerdings weniger durch präzise Direktiven und umfassende Regelwerke als vielmehr durch eine Gestaltung von Rahmenbedingungen, die dann „von selbst" die gewünschte Ordnung erzeugen.

Beim Selbstorganisationsansatz (vgl. S. 175 ff.) ist die Idee einer „**Organisation der Selbstorganisation**" bereits angesprochen worden. Autogene Selbstorganisation, also das was sich im Unternehmen „von selbst" entwickelt, soll in erwünschter Weise kanalisiert werden. Welche Möglichkeiten man sieht, auf die autogene Selbstorganisation einzuwirken, hängt vor allem davon ab, wie die selbstorganisierenden Prozesse rekonstruiert werden. Entsteht Wandel „evolutionär", dann ist zu fragen, in welchem Umfang Variationen bisheriger Normen zugelassen werden, auf welche Weise eine Selektion der Normen stattfindet und wie die selektierten Normen bewahrt werden (Lenkung der Evolution). Liegen dem ungeplanten Wandel Lernprozesse zugrunde, muss über eine Änderung des Lernkontextes nachgedacht werden.

3.1 Gelenkte Evolution

Probst ([Selbst-Organisation] 113 ff.) betont in seinen Empfehlungen zum Management im selbstorganisierenden System vor allem die Erhöhung der potenziellen **Varietät** des Systems: Erhalte und schaffe Möglichkeiten, lasse Ambiguität, Unbestimmtheit und Unsicherheit zu, erlaube Fluktuationen, experimentiere, schaffe neue Perspektiven, lauten seine Maximen. Damit werde die notwendige Mannigfaltigkeit als Rohstoff für die Evolution erzeugt. In Lebenszyklusmodellen der Organisation wird häufig unterstellt, dass die Organisationen von selbst im Laufe der Zeit träger und bürokratischer werden, dass sie also immer weniger Variationen zulassen und Neuerungen abstoßen. Eine Aufgabe des Managements kann also darin gesehen werden, diesen von selbst ablaufenden Erstarrungstendenzen hin zu immer größerer Systemträgheit entgegen zu wirken.

Nun ist aber die Fülle der Variationen nur der erste Schritt in der evolutorischen Entwicklung. Mit dem zweiten Schritt vollzieht sich die Selektion „unpassender" Varianten. Die hier wirksamen **Selektionsmechanismen** sind bei der betriebswirtschaftlichen Anwendung des Evolutionsmodells eigens zu reflektieren. Gegenstand einer unternehmensinternen Selektion können betriebliche Subeinheiten, einzelne Mitarbeiter, aber auch deren Verhaltensweisen, Ideen und Normen sein. Unpassende Normen können zur Selektion des Mitarbeiters mit den falschen Normen führen, d.h. zu seinem Ausscheiden aus der Unternehmung. Die Vertreter passender Normen verbleiben dagegen im Unternehmen und erlangen umso eher die Herrschaft über andere, je besser ihre Handlungs- und Denkweisen in das bestehende System passen. Dass mit den Mitarbeitern auch bestimmte Normen systematisch bevorzugt und andere selektiert werden, kann unbewusst bleiben. Die Mitarbeiter können aber auch ihrerseits die Normen selektieren, welche sie als „unpassend" erleben. Sie passen sich der Umwelt an, um nicht selektiert, d.h. entlassen, zu werden. Es ist wichtig, über diese Selektionsmechanismen nachzudenken, weil nur die Varianten im Unternehmen überleben, die in die Unternehmung passen. Es kann daher passieren, dass neue Ideen, Verfahrensweisen und auch neue Mitarbeiter im Unternehmen scheitern und damit ein geplanter Wandlungsprozess versandet. Andererseits kann sich die Unternehmung von selbst und unbemerkt in eine bestimmte (unerwünschte) Richtung weiterentwickeln. Eine „richtige" Selektion gelingt im Unternehmen nicht naturwüchsig. Im sozialen Kontext hat der Mensch eine Verantwortung dafür, welche der Varianten eine „Überlebenschance" hat.

Auch die **Retention**, also die Bewahrung erfolgreicher Varianten, muss im Unternehmen gemanagt werden. Die Einarbeitung neuer Mitarbeiter, Aufbewahrung von Akten und Dokumenten, interne Schulung und Weiterbildung, Schaffung systemspezifischer Sprachen, Denkweisen und Überzeugungen zählt *Dyllick* ([Instabilität] 320) zu den Übertragungs- und Bewahrungsmechanismen sozialer Systeme. Erst mit der Bewahrung des Bewahrten ist Fortschritt möglich und auch diese Retention ist der Handlungsverantwortung der Menschen im Unternehmen anheim gestellt.

Evolution im sozialen Kontext stellt sich somit als **zu lenkende Evolution** dar. Varianten werden gezielt erzeugt, Selektion wird rational reflektiert, das Bewahrenswerte wird bewusst weitergegeben. Der Evolutionsprozess changiert im sozialen Kontext zum Lernprozess. Aus der Variation wird der Versuch, aus der Selektion der Irrtum, aus der Retention das Erfahrungswissen.

3.2 Gestaltung des Lernkontextes

In jedem Unternehmen finden ständig Lernprozesse statt und zwar nicht nur explizit durch die Ausbildung und Weiterbildung der Mitarbeiter, sondern auch unbemerkt. Im Unternehmen bildet sich eine Wissensbasis, in welcher Fakten, Regeln, Standards, Routinen, Theorien und Rezepte abgelegt sind, die das Verhalten der Organisationsmitglieder steuern. **Lernen** und **Wandel** können in zweifacher Weise **verknüpft** werden:

- Das bisher Erlernte kann Wandel behindern. Wandel ist nur möglich, wenn bisheriges Wissen, geltende Routinen und Standards in Frage gestellt und **„verlernt"** werden.
- Organisatorischer Wandel kann nur gelingen, wenn auch die Wissensbasis in gewünschter Weise angepasst werden kann, d.h. wenn das Richtige **neu gelernt** wird.

Eine **Gestaltung des Lernkontextes** zielt demnach auf zwei Wirkungen:

(1) Der **Hang zum Konservatismus** sollte erkannt und bekämpft werden. Neues Wissen kann der Unternehmung von außen zugeführt werden, etwa durch die Imitation anderer Organisationen, durch die Einstellung von Spezialisten und den Kauf von Know how, durch die Kooperation mit Konkurrenten, Lieferanten und Kunden. Im Unternehmen sollte eine Kultur herrschen, die Experimente und auch Fehler erlaubt, den Informationsaustausch zwischen den Mitarbeitern fördert und Vertrauen in die Mitarbeiter setzt. Als strukturelle Maßnahmen können bspw. die Zusammenarbeit in crossfunktionalen Teams und job rotation dazu führen, gewohnte Abläufe und Denkweisen in Frage zu stellen.

(2) Will man erreichen, dass das „Richtige" gelernt wird, dann ist vor allem zu fragen, was die Unternehmung bisher (unbewusst) **„lehrt"**. Damit gewinnt man zugleich Anhaltspunkte für eine Gestaltung des Lernkontextes. Wenn sich passendes „Wissen" (Regeln, Routinen, Theorien etc.) im Unternehmen einstellen soll, dann muss die Befolgung der erwünschten Normen für die Mitarbeiter vorteilhaft werden. In vielen Unternehmen wird zwar in den Unternehmensrichtlinien ein Katalog solcher Verhaltensregeln aufgestellt, tatsächlich honoriert wird aber ein ganz anderes Verhalten. Solange das Anreiz- und Motivationssystem und das Vorbild der Führungskräfte nicht zur offiziellen Handlungstheorie der Unternehmung passen, wird sich immer wieder von selbst ein unerwünschtes Verhalten entwickeln.

Fragen zur Wiederholung

1. Was versteht man unter einer Reorganisation? (1.1.1)
2. Was versteht man unter Organisationsentwicklung? (1.1.2)
3. Anhand welcher Referenzmodelle kann der ungeplante Wandel beschrieben werden? (1.2)
4. Nennen Sie die wichtigsten Auslöser für Reorganisationen. (2.2)
5. Welche Aufgaben fallen in der Projektplanungsphase an? (2.3.3)
6. Unterscheiden Sie die Macht- und die Partizipationsstrategie im Veränderungsprozess. (2.3.4)
7. Was macht die Wirkungskontrolle bei Reorganisationsprojekten so schwierig? (2.3.5)
8. Beschreiben Sie die unternehmensinternen Wandlungshindernisse. (2.4.2)
9. Wie kann man die Evolution eines Systems lenken? (3)

Fragen zur Vertiefung

1. Im Hinblick auf den organisationalen Wandel wird gesagt, dass schlechte Geschäftsergebnisse Segen und Fluch zugleich seien. Was steckt hinter dieser These?
2. In einigen Unternehmen wird die Reorganisation als Stabsaufgabe angesehen. Was ist daran problematisch?
3. Jede wirkliche Transformation braucht viel Zeit. Was kann man tun, um auf diesem langen Weg zu kontrollieren, ob man Fortschritte erzielt?
4. Die Mitarbeiter lernen im Unternehmen häufig „heimliche Spielregeln", die sich als kontraproduktiv im Hinblick auf das Unternehmensziel erweisen. Überlegen Sie Beispiele für solche Spielregeln. Kann man die Spielregeln ändern?

Literaturempfehlungen

Cummings, T.G., Worley, C.G.: Organizational development and change, 6. A., St. Paul 1997.

Krüger, W.: Organisation der Unternehmung, 3. A., Stuttgart, Berlin, Köln 1994.

Probst, G. J. B.: Organisation, Strukturen, Lenkungsinstrumente, Entwicklungsperspektiven, Landsberg/Lech 1992.

Schreyögg, G.: Organisation, 3. A., Wiesbaden 1999.

Zusammenfassung und Ausblick

Organisation im tätigkeitsorientierten Sinne ist eine **Managementaufgabe**, welche die Gestaltung, Lenkung und Entwicklung sozialer Systeme – hier insbesondere Unternehmen – umfasst. Durch Organisation sollen die Grenzen der Unternehmung bestimmt, Macht verteilt und gesichert, die Organisationsmitglieder diszipliniert und motiviert, Selbstorganisation kanalisiert, Aufgaben verteilt und koordiniert und die Entwicklungsfähigkeit des Systems gesichert werden. Die durch Organisation entstehende Aufbau- und Ablaufstruktur soll zum **strategischen Erfolgsfaktor** werden, d.h. zum effektiven **Instrument** der Sicherung und Verbesserung der Wettbewerbsfähigkeit der Unternehmung in einem zunehmend anspruchsvollen und dynamischen Markt. Sie soll bspw. den Effektivitätskriterien der effizienten Ressourcennutzung, der Flexibilität und der Marktnähe genügen. Dabei ist zu beachten, dass die Organisation als **Institution** nicht nur aus den „Spielregeln" besteht, sondern aus realen Menschen mit je eigenen Interessen, Interpretationen und Fähigkeiten. Darauf hat eine effektive Strukturgestaltung ebenso zu achten, wie auf die Eigendynamik komplexer, sozialer Systeme. (Kap. 1,2 und 3)

Idealerweise baut die Gestaltung auf gesicherten organisationstheoretischen Erkenntnissen auf. Ein Organisationsgestalter weiß, wie Ordnung in sozialen Systemen entsteht und welche Verhaltenswirkungen Strukturierungsmaßnahmen hervorrufen. Da die Theorie das Fundament für die Gestaltung liefern soll, wurden die **organisationstheoretischen Ansätze** ausführlich dargestellt. Dabei wurde klar, dass keiner der Ansätze für sich in Anspruch nehmen kann, der einzig richtige zu sein, dass vielmehr **alle Ansätze** für bestimmte Gestaltungsfragen nützlich sind. (Kap. 4, 5 und 6)

Dieser Zusammenhang von Theorie und Gestaltung wurde im dritten Teil des Buches wieder aufgegriffen, wobei allerdings die Fragen der praktischen Gestaltung in den Vordergrund traten. Es wurde dargestellt, was **Organisieren als Tätigkeit** genau bedeutet (Kap. 7), welche **Organisationseinheiten** sich aus dieser Tätigkeit ergeben (Kap. 8) und wie die Organisationseinheiten zur **Aufbauorganisation** zusammengefügt werden können (Kap. 9). Während die Aufbauorganisation die (relativ) stabile Struktur repräsentiert, beschäftigt sich die **Ablauforganisation** mit den konkreten (Arbeits-)Prozessen, die in dieser Struktur in Raum und Zeit ablaufen. Diese Prozesse sind ebenfalls zu organisieren, sodass jedes Organisationsmitglied weiß, wer, wann und wo was zu tun hat. Traditionell folgt die Ablauforganisation der Aufbauorganisation und ist dann als „Arbeitsorganisation" zu verstehen. Die Abläufe im Unternehmen können aber auch zur Basis der Aufbauorganisation gemacht werden. Dies ist der Grundgedanke einer Ablauforganisation, die als „Prozessorganisation" verstanden wird und in den letzten Jahren zunehmend an Bedeutung gewonnen hat (Kap. 10).

Die aufgezeigten Organisationsmöglichkeiten wurden von der Praxis in konkrete Organisationsmodelle umgesetzt. Obwohl letztlich jede Unternehmung ihre spezifische Organisation hat, können nach den Merkmalen Spezialisierung, Delegation und Koordination vereinfachend bestimmte Grundtypen unterschieden werden, die als **„traditionelle" Organisationsmodelle** bezeichnet wurden (Kap. 11). Diese Grundmodelle haben nach wie vor ihre Gültigkeit. In den Einzelheiten der Organisationsgestaltung hat sich allerdings in den letzten Jahren eine deutliche **Neuausrichtung** ergeben. Die in Raum und Zeit ablaufenden Prozesse werden schon bei der Aufbauorganisation beachtet, Gruppenarbeit gewinnt an Bedeutung, den Organisationsmitgliedern wird mehr Autonomie zugestanden, die Unternehmen kooperieren stärker mit Konkurrenten und Lieferanten und die Lernprozesse sollen gelenkt und forciert werden (Kap. 12).

Wenn heute andere Strukturen für effektiv gehalten werden als früher, dann bedeutet das für die Unternehmung einen Bedarf an **organisationalem Wandel.** Der Wandlungsbedarf der Organisation ergibt sich aus ihrem instrumentalen Charakter. Soll die Struktur ein strategischer Erfolgsfaktor sein, muss sie nach der Fit-Hypothese des strategischen Managements mit den **externen und internen Bedingungen** abgestimmt werden. Jeder gravierende Wandel in diesen Bedingungen erzeugt auch einen Bedarf an Strukturwandel, so wie auch jeder größere strukturelle Wandel die Anpassung anderer Managementsubsysteme erforderlich macht (Kap. 13). Idealtypisch kann der organisationale Wandel als Reorganisationsprojekt planvoll abgewickelt werden. Es gibt allerdings auch andere **Formen des Wandels**, insbesondere ungeplante Prozesse, die den gezielten Wandel behindern können. Soweit dies möglich ist, sollen auch die ungeplanten Prozesse in gewünschter Weise kanalisiert werden (Kap. 14).

Wie die Ausführungen in diesem Buch gezeigt haben, ist „Organisation" ein Thema, welches in Theorie und Praxis ständig in der Entwicklung ist. Wie diese Entwicklung in der Zukunft weitergehen wird, kann nur vermutet werden. Für die **Organisationsforschung** lassen sich folgende **Trends** feststellen:

- Die Organisationsforschung sucht erneut die Nähe zu den Naturwissenschaften. In den älteren Ansätzen war es allerdings die Physik, auf die Bezug genommen wurde, während es heute vor allem die **Biologie** ist. „Evolution" und „Autopoiese" von Systemen sind solche aus der Biologie entliehene Vorstellungen.
- Die Verbindung zur **Soziologie** wird verstärkt. *Ortmann/Sydow/Türk* untertiteln ihre Bestandsaufnahme der Theorien der Organisation von 1997 ([Theorien]) bspw. mit „Die Rückkehr der Gesellschaft". Die Theorie der Strukturierung des Soziologen *Anthony Giddens* und die Systemtheorie des Soziologen *Niklas Luhmann* wurden in den vergangenen Jahren verstärkt von der betriebswirtschaftlichen Organisationsforschung berücksichtigt. Auch die Überlegungen des Soziologen *Max Weber* zur Legitimation von Herrschaft erleben im sog. Institutionalismus eine gewisse Renaissance.
- Die **subjektivistische Erkenntnistheorie** gewinnt gegenüber der objektivistischen an Boden. Es wird zunehmend akzeptiert, dass die Wirklichkeit zumindest teilweise von den Individuen konstruiert wird. Diese Erkenntnis gilt nicht nur für die Organisationsmitglieder und ihre Interpretationen, sondern auch für die Organisationsforscher, die die Organisationswirklichkeit immer unter einem bestimmten Blickwinkel wahrnehmen.
- Besonders die „Neue Institutionenökonomik" will die betriebswirtschaftliche Organisationsforschung wieder stärker als (rein) **ökonomische Disziplin** etablieren. Die rationale Wahl einer Organisationsform erfolgt nach Entscheidungskriterien wie „Minimierung der Transaktionskosten" oder „Minimierung der Agency Costs". Darin kann eine Abwendung von einer eher soziologisch orientierten Forschung gesehen werden. Andererseits wird neuerdings auch erkannt, dass die Institutionenökonomik durchaus aufnahmefähig ist für soziologische Überlegungen und davon profitieren kann.

Was die Gestaltung der **Organisationsmodelle in der Praxis** betrifft, zeichnen sich die folgenden **Entwicklungen** ab:

- Die **Grenzziehung** zwischen Unternehmen und Umwelt wird immer **unschärfer.** Die Beziehungen zwischen einer Unternehmenssparte und ihren wichtigsten Lieferanten sind möglicherweise enger und vertrauensvoller als die der Unternehmenssparten untereinander. Konkurrenten arbeiten auf ausgewählten Gebieten eng zusammen. Aus festen Mitarbeitern werden freie Mitarbeiter, deren Leistung man bei Bedarf einkauft. Im Extremfall wird die Unternehmung zum permanent veränderlichen, virtuellen Netzwerk auf Zeit. Ob diese Kombination der institutionellen Arrangements „Markt“ und „Hierarchie“ auf die Dauer gelingt, muss die Erfahrung zeigen.

- Die Unternehmen experimentieren mit **neuen Formen der Arbeitsorganisation** wie Prozessorganisation, Teamorganisation und Selbstorganisation. Die Erfahrungen sind uneinheitlich. Es werden deutliche Verbesserungen der Effektivität beobachtet, aber auch von Fehlschlägen wird berichtet. Ob die Fehlschläge auf Schwächen der Modelle zurückzuführen sind oder ob der Prozess des Wandels nicht gelungen ist, kann nur die Organisationsforschung erweisen.
- Die Aktivitäten der Unternehmen beschränken sich häufig nicht mehr auf den einheimischen Markt. Die Entwicklung Europas zu einem einheitlichen Wirtschaftsraum hat grenzüberschreitende Unternehmenszusammenschlüsse gefördert, die entsprechend organisiert werden müssen. Die **Organisation internationaler Konzerne** unter Beachtung von supranationalem Recht wird in Zukunft ein wichtiges Thema.
- Die vielen Reorganisationsprojekte der letzten Jahren haben in der Praxis auch die Erkenntnis reifen lassen, dass ein Strukturwandel alles andere als einfach ist. Das hat mehr Offenheit für **systemisch-evolutionäre Konzepte des Gestaltens** erzeugt.

Literaturverzeichnis

Albert, H.: [Modell-Platonismus], in: *H. Albert* und *F. Kassenberg* (Hrsg.): Sozialwissenschaft und Gesellschaftsgestaltung, Berlin 1963, S. 45–76.

Alchian, A. A.: Some Economics of [Property], Santa Monica, CA., 1961.

Alchian, A. A., Demsetz, H.: Production, Information Costs, and Economic [Organization], in: American Economic Review, 62. Jg. (1972), S. 777–795.

Aldrich, H. E.: [Organizations] and Environments, Englewood Cliffs, N. J., 1979.

Aldrich, H. E., Auster, A. A.: Even Dwarfs started small: [Liabilities] of Age and Size and their strategic Implications, in: *Aldrich, H. E.* (Hrsg.): Population Perspectives on Organizations, Uppsala 1986, S. 29–60.

Aldrich, H. E., Staber, U., Zimmer, C., Beggs, J. J.: [Minimalism] and Organizational Mortality: Patterns of Disbanding Among U. S. Trade Associations, 1900–1983, in: *Sing, J. V.* (Hrsg.): Organizational Evolution, New Directions, Newbury Park, u.a. 1990, S. 21–52.

Alioth, A.: [Selbststeuerungskonzepte], in: *Kieser, A., Reber, G., Wunderer, R.* (Hrsg.): Handwörterbuch der Führung, 2. A., Stuttgart 1995, Sp. 1894–1902.

Antoni, C. H. (Hrsg.): [Gruppenarbeit] in Unternehmen. Konzepte, Erfahrungen, Perspektiven, Weinheim 1994.

Argyris, C.: [Integrating] the individual and the organization, New York 1964.

Argyris, C.: On Organizational [Learning], Cambridge, Mass., Oxford 1994.

Argyris, C., Schön, D.A.: Organizational Learning: A Theory of Action Perspective, Reading (Mass.) 1978.

Arrow, K. J.: The Economics of [Agency], in: *Pratt, J. W., Zeckhauser, R. J.* (Hrsg.): Principals and Agents: The Structure of Business, Boston 1985, S. 37–51.

Bahrdt, H. P.: [Schlüsselbegriffe] der Soziologie, 7. A., München 1997.

Barnard, C. J.: The functions of the executive, Cambridge (Mass.) 1938, dt.: Die Führung großer Organisationen, Essen 1970.

Bassen, A.: [Dezentralisation] und Koordination von Entscheidungen in der Holding, Wiesbaden 1998.

Bea, F. X.: Wissensmanagement, in: Wirtschaftswissenschaftliches Studium, 29. Jg. (2000), S. 362–367.

Bea, F. X., Schnaitmann, H.: Begriff und Struktur betriebswirtschaftlicher [Prozesse], in: Wirtschaftswissenschaftliches Studium, 24. Jg. (1995), S. 278–282.

Bea, F. X., Haas, J.: Strategisches [Management], 3. A., Stuttgart 2001.

Beck, U.: [Risikogesellschaft], Frankfurt/M. 1986.

Beisel, R.: [Synergetik] und Organisationsentwicklung. Eine Synthese auf der Basis einer Fallstudie aus der Automobilindustrie, München, Mering 1994.

Bell, D.: Die nachindustrielle [Gesellschaft], Frankfurt/M., New York 1985.

Berger, P., Luckmann, T.: Die gesellschaftliche [Konstruktion] der Wirklichkeit, Eine Theorie der Wissenssoziologie, 16. A., Frankfurt 1999.

Beuermann, G.: [Zentralisation] und Dezentralisation, in: *Frese, E.* (Hrsg.): Handwörterbuch der Organisation, 3. A., Stuttgart 1992, Sp. 2611–2625.

Blau, P. M., Schoenherr, F.: The [Structure] of Organizations, New York 1971.

Bleicher, K.: [Organisation], Strategien, Strukturen, Kulturen, 2. A., Wiesbaden 1991.

Bleicher, K.: [Konzernorganisation], in: *Frese, E.* (Hrsg.): Handwörterbuch der Organisation, 3. A., Stuttgart 1992, Sp. 1151–1164.

Bleicher, K.: [Paradigmenwechsel] im Management? In: *Königswieser, R., Lutz, C.* (Hrsg.): Das systemisch evolutionäre Management, 2. A., Wien 1992, S. 122–134.

Breid, V.: [Aussagefähigkeit] agencytheoretischer Ansätze im Hinblick auf die Verhaltenssteuerung von Entscheidungsträgern, in: Zeitschrift für betriebswirtschaftliche Forschung, 47. Jg. (1995), S. 821–854.

Breilmann, U.: [Dimensionen] der Organisationsstruktur, in: Zeitschrift Führung und Organisation, 64. Jg. (1995), S. 159–164.

Bühner, R.: [Management-Holding], Unternehmensstruktur der Zukunft, Landsberg/Lech 1992.

Bühner, R.: [Spartenorganisation], in: *Frese, E.* (Hrsg.): Handwörterbuch der Organisation, 3. A., Stuttgart 1992, Sp. 2274–2287.

Bühner, R.: Betriebswirtschaftliche [Organisationslehre], 9. A., München, Wien 1999.

Bünting, H. F.: Organisatorische [Effektivität] von Unternehmungen, Ein zielorientierter Ansatz, Wiesbaden 1995.

Burns, T., Stalker, G. M.: The Management of [Innovation], London 1961.

Burrell, G., Morgan, G.: Sociological [Paradigms] and Organisational Analysis, London 1979.

Carroll, G. R., Hannan, M. T.: [Density] Delay in the Evolution of Organizational Populations: A Model and Five Empirical Tests, in: *Singh, J. V.* (Hrsg.): Organizational Evolution, New Directions, Newbury Park 1990, S. 103–128.

Carroll, G. R.: A Sociological View on Why [Firms] Differ, in: *Rumelt, R., Schendel, D., Teece, D.* (Hrsg.): Fundamental Issues in Strategy. A Research Agenda, Boston 1994, S. 271–290.

Chandler, A. D.: [Strategy] and Structure; Chapters in the History of the American Industrial Enterprise, Cambridge (Mass.), London 1962.

Child, J.: Organizations: A [Choice] for Man, in: *Child, J.* (Hrsg.): Man and Organization, London 1973, S. 234–257.

Chmielewicz, K.: [Theoriebildung] in der Betriebswirtschaftslehre, in: Handwörterbuch der Wirtschaftswissenschaften, hrsg. v. *Albers, W.* u.a., Band 9, Stuttgart, Tübingen 1982, S. 446–469.

Coase, R. H.: The [Nature] of the Firm, in: Economica, November 1937, S. 386–405.

Crozier, M., Friedberg, E.: Macht und Organisation. Die Zwänge kollektiven Handelns (Übersetzung aus dem Französischen), Königstein/Taunus 1979.

Cummings, T.G., Worley, C.G.: Organizational development and change, 6. A., St. Paul 1997.

Cyert, R. M., March, J. G.: A Behavioral [Theory] of the Firm, Englewood Cliffs, N. J., 1963.

Cyert, R. M., March, J. G.: Eine verhaltenswissenschaftliche [Theorie] der Unternehmung, 2. A., Stuttgart 1995.

Davidow, W., Malone, M.: The [Virtual] Corporation, Structuring and Revitalizing the Corporation for the 21st Century, New York 1992.

De Geus, A. P.: Planning as [Learning], in: Harvard Business Review, 66. Jg. (1988), Nr. 2, S. 70–74.

Deal, T. E., Kennedy, A. A.: Corporate [Cultures], The Rites and Rituales of Corporate Life, Reading, MA, u.a. 1982.

Demsetz, H.: Towards a Theory of [Property] Rights, in: American Economic Review, Papers and Proceedings, 57. Jg. (1967), S. 347–359.

Dilger, A., Frick, B., Speckbacher, G.: [Mitbestimmung] als zentrale Frage der Corporate Governance, Diskussionspapier 2/99 der Rechts- und Staatswissenschaftlichen Fakultät der Universität Greifswald, April 1999.

Dyllik, T.: Gesellschaftliche [Instabilität] und Unternehmensführung, Stuttgart, Bern 1982.

Ebers, M. (Hrsg.): The formation of inter-organizational networks, Oxford 1997.

Ebers, M., Gotsch, W.: Institutionenökonomische [Theorien] der Organisation, in: *Kieser, A.* (Hrsg.): Organisationstheorien, 3. A., Stuttgart, Berlin, Köln 1999, S. 199–251.

Emery, F. E., Thorsrud, E.: Industrielle [Demokratie], Bern 1982.

Ewert, R.: [Controlling], Interessenkonflikte und asymmetrische Information, in: Betriebswirtschaftliche Forschung und Praxis, 44. Jg. (1992), S. 276–301.

Fama, E.: [Agency] Problems and the Theory of the Firm, in: Journal of Political Economy, 88, 1980, S. 288–307.

Fama, E., Jensen, M.: [Separation] of Ownership and Control, in: Journal of Law and Economics, 26, 1983, S. 301–325.

Fayol, H.: [Administration] industrielle et générale, Paris 1918.

Fischer, G., Risch, S.: [Kultur-Revolution], in: Manager Magazin, 25. Jg. (1995), Nr. 6, S. 147-167.

Foerster, H. v.: [Prinzipien] der Selbstorganisation im sozialen und betriebswirtschaftlichen Bereich, in: *Schmidt, S. J.* (Hrsg.): H. v. Foerster, Wissen und Gewissen, 2. A., Frankfurt/M. 1994, S. 233–268.

Foerster, H. v.: Über selbst-organisierende [Systeme] und ihre Umwelten, in: *Schmidt, S. J.* (Hrsg.): H. v. Foerster: Wissen und Gewissen, 2. A., Frankfurt/M. 1994, S. 211–232.

Foy, N.: [Empowering] People at Work, Aldershot, Brookfield 1994.

Freeman, J.: [Ecological] Analysis of Semiconductor Firm Mortality, in: *Singh, J. V.* (Hrsg.): Organizational Evolution, New Directions, Newbury Park 1990, S. 53–77.

French, W. L., Bell jr., C. H.: [Organisationsentwicklung], 4. A., Bern, Stuttgart, Wien 1994.

Frese, E.: Organisationstheorie: Historische Entwicklung – Ansätze – Perspektiven, 2. A., Wiesbaden 1992.

Frese, E.: [Grundlagen] der Organisation, Konzept – Prinzipien – Strukturen, 8. A., Wiesbaden 2000.

Frese, E., Werder, A. v.: [Zentralbereiche] – Organisatorische Formen und Effizienzbeurteilung, in: *Frese, E., Werder, A. v., Maly, W.*: Zentralbereiche, Stuttgart 1993, S. 1–50.

Frese, E., Werder, A. v.: [Organisation] als strategischer Wettbewerbsfaktor – Organisationstheoretische Analyse gegenwärtiger Umstrukturierungen, in: *Frese, E., Maly, W.* (Hrsg.): Organisationsstrategien zur Sicherung der Wettbewerbsfähigkeit, Lösungen deutscher Unternehmungen, Düsseldorf 1994, Zeitschrift für betriebswirtschaftliche Forschung, Sonderheft 33, S. 1–27.

Frey, B. S.: [Leistung] durch Leistungslohn? Grenzen marktlicher Anreizsysteme für das Managerverhalten, in: *Frese, E., Hax, H.* (Hrsg.): Das Unternehmen im Spannungsfeld von Planung und Markt, ZfbF Sonderheft 44/00, Frankfurt/M. 2000, S. 67-95.

Furubotn, E. G., Pejovich, S. (Hrsg.): The [Economics] of Property Rights, Cambridge, MA., 1974.

Gaitanides, M.: [Prozessorganisation], München 1983.

Gaitanides, M.: [Ablauforganisation], in: *Frese, E.* (Hrsg.): Handwörterbuch der Organisation, 3. A., Stuttgart 1992, Sp. 1 -18.

Garrecht, M.: [Entstehung] von Virtuellen Unternehmen, in: *Nolte, H.* (Hrsg.): Aspekte ressourcenorientierter Unternehmensführung, München, Mering 1998, S. 103–130.

GDI – Gottlieb Duttweiler Institut (Hrsg.): [Arbeit], Beispiele für ihre Humanisierung, Erfahrungen, Berichte, Analysen, Olten, Freiburg im Br. 1983.

Gerstner, T. S.: Die [Bewältigung] organisatorischer Übergänge, Vom Management zum Mastering, Wiesbaden 1995.

Gerum, E.: [Unternehmensordnung], in: *Bea, F. X., Dichtl, E., Schweitzer, M.* (Hrsg.): Allgemeine Betriebswirtschaftslehre, Bd. 1: Grundfragen, 8. A., Stuttgart 2000, S. 220–301.

Gerum, E., Schäfer, J., Schober, H.: [Empowerment] – viel Lärm um nichts? In: Wirtschaftswissenschaftliches Studium, 25. Jg. (1996), S. 498–502.

Göbel, E.: [Organisationstheorie], in: Das Wirtschaftsstudium, 21. Jg. (1992), S. 177–122.

Göbel, E.: [Bedeutung] des Prozessmanagement für das organisationale Lernen, in: Wirtschaftswissenschaftliches Studium, 25. Jg. (1996), S. 554–558.

Göbel, E.: Theorie und Gestaltung der [Selbstorganisation], Berlin 1998.

Grabatin, G.: [Effizienz] von Organisationen, Berlin, New York 1981.

Greiner L.E.: [Evolution] and Revolution as Organizations Grow, in: HBR, Vol. 50 (1972), H. 4, S. 37-46.

Grochla, E.: [Organisationstheorie], in: *Grochla, E.* (Hrsg.): Handwörterbuch der Organisation, 2. A., Stuttgart 1980, Sp. 1795–1814.

Grochla, E.: [Grundlagen] der organisatorischen Gestaltung, Stuttgart 1982.

Grün, O.: [Informale Erscheinungen] in der Betriebsorganisation, Berlin 1966.

Grün, O.: [Projektorganisation], in: *Frese, E.* (Hrsg.): Handwörterbuch der Organisation, 3. A., Stuttgart 1992, Sp. 2102–2116.

Gukenbiehl, H. L.: [Institution] und Organisation, in: *Korte, H., Schäfers, B.* (Hrsg): Einführung in die Hauptbegriffe der Soziologie, 5. A., Opladen 2000, S. 141-157.

Gukenbiehl, H. L.: [Soziologie] als Wissenschaft. Warum Begriffe lernen?, in: *Korte, H., Schäfers, B.* (Hrsg): Einführung in die Hauptbegriffe der Soziologie, 5. A., Opladen 2000, S. 11-23.

Hahn, D.: PuK, 6. A., Wiesbaden 2001.

Haken, H.: [Erfolgsgeheimnisse] der Natur, Synergetik: Die Lehre vom Zusammenwirken, 3. A., Stuttgart 1983.

Hall, R. H.: Die dimensionale Natur bürokratischer [Strukturen], in: *Mayntz, R.* (Hrsg.): Bürokratische Organisation, Köln, Berlin 1971, S. 69–81.

Hallwachs, U.: [Fertigungsinseln] und -segmente als dezentrale Strukturkonzepte der Produktion, in: *Corsten, H.* (Hrsg.): Handbuch Produktionsmanagement, Wiesbaden 1994, S. 351–368.

Hammer, M., Champy, J.: [Business] Reengineering, Die Radikalkur für das Unternehmen, Frankfurt/M., New York 1994.

Hannan, M. T., Freeman, J.: The [Population] Ecology of Organizations, in: American Journal of Sociology, Vol. 82 (1977), S. 929–964.

Hannan, M. T., Freeman, J.: Structural [Inertia] and Organizational Change, in: American Sociological Review, Vol. 49 (1984), April, S. 149–164.

Hannan, M. T., Freeman, J.: Organizational [Ecology], Cambridge, London 1989.

Hartmann-Wendels, T.: [Agency] Theorie, in: *Frese, E.* (Hrsg.): Handwörterbuch der Organisation, 3. A., Stuttgart 1992, Sp. 72–79.

Hax, H.: Die Koordination von [Entscheidungen], Köln 1965.

Hax, H.: [Optimierung] von Organisationsstrukturen, in: *Grochla, E.* (Hrsg.): Handwörterbuch der Organisation, Stuttgart 1969, Sp. 1083–1089.

Hayek, F. A. v.: Freiburger [Studien], Tübingen 1969.

Hayek, F. A. v.: [Recht], Gesetzgebung und Freiheit, Band 1: Regeln und Ordnung, München 1980.

Hedberg, B.: How [Organizations] Learn and Unlearn, in: *Nystrom, P. C., Starbuck. W.* (Hrsg.): Handbook of Organizational Design, London 1981, S. 3–27.

Hedberg, B., Nystrom, P., Starbuck, W.: [Camping] on Seesaws: Prescription for a self-designing Organization, in: Administrative Science Quarterly, 21. Jg. (1976), March, S. 41–65.

Hesch, G.: Das [Menschenbild] neuer Organisationsformen, Wiesbaden 1997.

Hickson, D. J., Mc Millan, C. J. (Hrsg.): Organization and Nation: The [Aston Programme IV], Westmead 1981.

Imai, U.: [Kaizen] – Der Schlüssel zum Erfolg der Japaner im Wettbewerb, 12. A., Berlin, Frankfurt/M. 1994.

Irle, M.: Soziale [Systeme], Eine kritische Analyse der Theorie von formalen und informalen Organisationen, Göttingen 1963.

Itami, H.: [Mobilizing] Invisible Assets, Cambridge (Mass.), London 1987.

Jensen, M. C., Meckling, W. H.: [Theory] of the Firm: Managerial Behavior, Agency Costs and Ownership Structure, in: Journal of Financial Economics, 3, 1976, S. 305–360.

Jost, P.-J.: Strategisches [Konfliktmanagement] in Organisationen, Eine spieltheoretische Einführung, 2. A., Wiesbaden 1999.

Kaplan, R. S., Norton, D. P.: Balanced [Scorecard], Strategien erfolgreich umsetzen, Stuttgart 1997.

Kast, F. E., Rosenzweig, J. E. (Hrsg.): [Organization], Contingency Views of Organization and Management, Chicago 1973.

Katzenbach, J. R., Smith, D. K.: [Teams] – Der Schlüssel zur Hochleistungsorganisation, Wien 1993.

Kieser, A.: [Moden] & Mythen des Organisierens, in: Die Betriebswirtschaft, 56. Jg. (1996), S. 21–39.

Kieser, A. (Hrsg): Organisationstheorien, 3. A., Stuttgart u.a. 1999.

Kieser, A.: Der Situative [Ansatz], in: *Kieser, A.* (Hrsg.): Organisationstheorien, 3. A., Stuttgart, Berlin, Köln, 1999, S. 169–198.

Kieser, A.: [Human Relations]-Bewegung und Organisationspsychologie, in: *Kieser, A.* (Hrsg.): Organisationstheorien, 3. A., Stuttgart, Berlin, Köln 1999, S. 101–131.

Kieser, A.: [Kritik] der Organisation oder Organisation der Kritik? Wissenschaftstheoretische Bemerkungen zum kritischen Umgang mit Organisationstheorien, in: *Kieser, A.* (Hrsg.): Organisationstheorien, 3. A., Stuttgart, Berlin, Köln 1999, S. 1–37.

Kieser, A., Kubicek, H.: [Organisation], 3. A., Berlin, New York 1992.

Kieser, A., Hegele, C.: [Kommunikation] im organisatorischen Wandel, Stuttgart 1998.

Kieser, A., Woywode, M.: Evolutionstheoretische [Ansätze], in: *Kieser, A.* (Hrsg.): Organisationstheorien, 3. A., Stuttgart, Berlin, Köln 1999, S. 253–285.

Kirsch, W.: [Unternehmenspolitik] und strategische Unternehmensführung, München 1990.

Kirsch, W.: Kommunikatives [Handeln], Autopoiese, Rationalität, Sondierungen zu einer evolutionären Führungslehre, München 1992.

Kirsch, W., Esser, W.-M., Gabele, E.: [Reorganisation], München 1978.

Kirsch, W., Knyphausen, D. zu: [Unternehmungen] als „autopoietische" Systeme? in: *Staehle, W. H., Sydow, J.* (Hrsg.): Managementforschung 1, Berlin, New York 1991, S. 75–101.

Klages, H.: [Indikatoren] des Wertewandels, in: *Rosenstiel, L. v., Einsiedler, H. E., Streich, R. K.* (Hrsg.): Wertewandel: Herausforderungen für die Unternehmenspolitik in den 90er Jahren, Stuttgart 1993, S. 1–15.

Klimecki, R. G., Gmür, M.: [Personalmanagement], 2. A., Stuttgart 2001.

Königswieser, R., Lutz, C. (Hrsg.): Das systemisch evolutionäre [Management], 2. A., Wien 1992.

Kosiol, E.: Grundlagen und Methoden der [Organisationsforschung], Berlin 1959.

Kosiol, E.: [Organisation] der Unternehmung, Wiesbaden 1962, 2. A. 1976.

Kosiol, E.: Die Unternehmung als wirtschaftliches [Aktionszentrum], 2. A., Wiesbaden 1976.

Kötzle, A.: Die Identifikation strategisch gefährlicher Geschäftseinheiten, Berlin 1993.

Kretschmann, J.: Die [Diffusion] des Kritischen Rationalismus in der Betriebswirtschaftslehre, Stuttgart 1990.

Krohn, W., Küppers, G.: Die [Selbstorganisation] der Wissenschaft, Frankfurt/M. 1989.

Krüger, W.: Aufgabenanalyse und -synthese, in: *Frese, E.* (Hrsg.): Handwörterbuch der Organisation, 3. A., Stuttgart 1992, Sp. 221- 236.

Krüger, W.: [Organisation] der Unternehmung, 3. A., Stuttgart, Berlin, Köln 1994.

Krüger, W.: Organisation, in: *Bea, F. X., Dichtl, E., Schweitzer, M.* (Hrsg.): Allgemeine Betriebswirtschaftslehre, Bd. 2: Führung, 8. A., Stuttgart 2001, S. 127–216.

Kumar, B. J.: Joint [Venture], Organisation des, in: *Frese, E.* (Hrsg.): Handwörterbuch der Organisation, 3. A., Stuttgart 1992, Sp. 1077–1086.

Küpper, H.-U., Helber, S.: [Ablauforganisation] in Produktion und Logistik, 2. A., Stuttgart, New York 1995.

Laux, H.: Risiko, Anreiz und Kontrolle – [Principal]-Agent-Konzept, Einführung und Verbindung mit dem Delegationswert-Konzept, Heidelberg 1990.

Laux, H., Liermann, F.: [Grundlagen] der Organisation. Die Steuerung von Entscheidungen als Grundproblem der Betriebswirtschaftslehre, 4. A., Berlin, Heidelberg, New York, Tokyo 1997.

Lawrence, P. R., Lorsch, J. W.: Organization and [Environment]: Managing Differentiation and Integration, Boston 1967.

Lazear, E. P., Rosen, S.: [Rank] Order Tournaments as Optimal Labor Contracts, in: Journal of Political Economy, Vol. 89 (1981), October, S. 841–864.

Lazear, E. P.: [Performance] Pay and Productivity, in: The American Economic Review, Vol. 90 (2000), No. 5, S. 1346–1361.

Lehmann, H.: [Organisationslehre], betriebswirtschaftliche, in: *Frese, E.* (Hrsg.): Handwörterbuch der Organisation, 3. A., Stuttgart 1992, Sp. 1537–1554.

Leumann, P.: Die [Matrix-Organisation], Unternehmensführung in einer mehrdimensionalen Struktur, 2. A., Bern, Stuttgart 1980.

Likert, R.: Neue [Ansätze] der Unternehmensführung, Bern, Stuttgart 1972.

Lipp, W.: [Autopoiesis] biologisch, Autopoiesis soziologisch, in: Kölner Zeitschrift für Soziologie und Sozialpsychologie, 39. Jg. (1987), S. 452–470.

Litwak, E.: Drei alternative [Bürokratiemodelle], in: *Mayntz, R.* (Hrsg.): Bürokratische Organisation, 2. A., Köln, Berlin 1971, S. 117–126.

Luhmann, N.: [Autopoiesis], Handlung und kommunikative Verständigung, in: Zeitschrift für Soziologie, 11. Jg. (1982), Heft 4, S. 366–379.

Luhmann, N.: Funktionen und Folgen formaler Organisation, 4. A., Berlin 1995.

Mag, W.: [Ausschüsse], in: *Frese, E.* (Hrsg.): Handwörterbuch der Organisation, 3. A., Stuttgart 1992, Sp. 252–262.

Malik, F.: Zwei Arten von Managementtheorien: Konstruktion und [Evolution], in: *Siegwart, H., Probst, G. J. B.* (Hrsg.): Mitarbeiterführung und gesellschaftlicher Wandel, Bern 1983, S. 153–184.

March, J. G.: Eine Chronik der Überlegungen über [Entscheidungsprozesse] in Organisationen, in: *March, J. G.* (Hrsg.): Entscheidung und Organisation, Wiesbaden 1990, S. 1–23.

March, J. G.: Die Technologie der [Torheit], in: *March, J. G.* (Hrsg.): Entscheidung und Organisation, Wiesbaden 1990, S. 281–295.

March, J.G.: A primer on decision making: How decisions happen, New York 1994.

March, J.G., Simon, H.A.: Organizations, New York, London 1958.

Marschak, J.: Elements for a [Theory] of Teams, in: Management Science, 1. Jg. (1955), S. 127–137.

Matthiesen, K. H.: [Kritik] des Menschenbildes in der Betriebswirtschaftslehre, Bern, Stuttgart, Wien 1995.

Maturana, H. R., Varela, F. J.: Der Baum der [Erkenntnis], Bern und München 1987.

Mayo, E.: The Human Problems of an Industrial Civilization, New York 1933.

McGregor, D.: The [Human] Side of Enterprise, New York 1960. (deutsch: Der Mensch im Unternehmen, Düsseldorf, Wien 1970).

Mc Kelvey, B.: Organizational [Systematics], Taxonomy, Evolution, Classification, Berkeley u. a. 1982.

Mc Kelvey, B., Aldrich, H. E.: [Populations]: Natural Selection, and Applied Organizational Science, in: Administrative Science Quarterly, Vol. 28 (1983), S. 101–128.

Meffert, H.: [Kundenmanagement], Organisation des, in: *Frese, E.* (Hrsg.): Handwörterbuch der Organisation, 3. A., Stuttgart 1992, Sp. 1215–1228.

Meyer, W.: Die [Methodologie] des Kritischen Rationalismus, in: *Raffée, H., Abel, B.* (Hrsg.): Wissenschaftstheoretische Grundfragen der Wirtschaftswissenschaften, München 1979, S. 28–43.

Miles, R. E., Snow, C. C.: Causes of [Failure] in Network Organization, in: California Management Review, Vol. 34 (1992), Nr. 4, S. 53–72.

Milgrom, P., Roberts, J.: Economics, [Organization] and Management, Englewood Cliffs, NJ, 1992.

Mintzberg, H.: The [Structuring] of Organizations, Englewood Cliffs, NJ, 1979.

Mintzberg, H.: [Power] in and around Organizations, Englewood Cliffs, NJ, 1983.

Mintzberg, H.: The [Effective] Organization, Forces and Forms, in: Sloan Management Review, Winter 1991, S. 54–67.

Mintzberg, H.: Die Mintzberg-[Struktur], Organisationen effektiver gestalten, Landsberg/Lech 1992.

Morgan, G.: [Images] of Organization, Beverly Hills, Newbury Park, London, New Delhi 1986.

Müller, U. R.: Schlanke [Führungsorganisation], 2. A., Planegg 1996.

Müller-Böling, D.: [Organisationsforschung], Methodik der empirischen, in: *Frese, E.* (Hrsg.): Handwörterbuch der Organisation, 3. A., Stuttgart 1992, Sp. 1491–1505.

Müller-Stewens, G., Bretz, H.: [Stimulierung] unternehmerischer Tugenden durch New Venture Management, in: *Schanz, G.* (Hrsg.): Handbuch Anreizsysteme in Wirtschaft und Verwaltung, Stuttgart 1991, S. 548–566.

Nelson, R. R., Winter, S. G.: An Evolutionary [Theory] of Economic Change, Cambridge (Mass.), London 1982.

Nelson, R. R.: Why Do [Firms] Differ, and How Does It Matter? in: *Rumelt, R., Schendel, D., Teece, D.* (Hrsg.): Fundamental Issues in Strategy, A Research Agenda, Boston 1994, S. 247–269.

Neuberger, O.: [Führen] und geführt werden, 5. A., Stuttgart 1995.

Neus, W.: [Verrechnungspreise] – Rekonstruktion des Marktes innerhalb der Unternehmung? in: Die Betriebswirtschaft, 57. Jg. (1997), S. 38–47.

Neus, W.: [Einführung] in die Betriebswirtschaftslehre aus institutionenökonomischer Sicht, 2. A., Tübingen 2001.

Nordsieck, F.: [Grundlagen] der Organisationslehre, Stuttgart 1934.

Nordsieck, F.: Rationalisierung der [Betriebsorganisation], 2. A. v. [Grundlagen], Stuttgart 1955.

North, D. C.: [Institutionen], institutioneller Wandel und Wirtschaftsleistung, Tübingen 1992.

Oechsler, W. A.: [Personal] und Arbeit, 6. A., München, Wien 1997.

Ortmann, G., Sydow, J., Türk, K. (Hrsg.): [Theorien] der Organisation, Die Rückkehr der Gesellschaft, Opladen 1997.

Osterloh, M., Frost, J.: Der schwere Weg von der Organisationstheorie zum Organisationsdesign. Sammelrezension, in: Die Betriebswirtschaft, 60. Jg. (2000), S. 485–511.

Ouchi, W. G.: Markets, Bureaucracies, and [Clans], in: Administrative Science Quarterly, Vol. 25 (1980), S. 129–141.

Ouchi, W. G.: [Theory] Z, How American Business can meet the Japanese Challenge, Reading (Mass.) 1981.

Paslack, R., Knost, P.: Zur [Geschichte] der Selbstorganisationsforschung, Bielefeld 1990.

Perlitz, M.: Internationales [Management], 4. A., Stuttgart 2000.

Pesch, A.: [Empowerment], in: Das Wirtschaftsstudium, 23. Jg. (1994), S. 508.

Peters, G.: [Ablauforganisation] und Informationstechnologie im Büro, Konzeptionelle Überlegungen und empirisch-explorative Studie, Köln 1988.

Peters, T., Waterman, R. H.: In Search of [Excellence], New York u. a. 1982.

Peters, T.: Jenseits der [Hierarchien], Düsseldorf u. a. 1993.

Pfeiffer, W., Weiß, E.: [Lean] Management, 2. A., Berlin 1994.

Picot, A. (Hrsg.): Corporate [Governance], Unternehmensüberwachung auf dem Prüfstand, Stuttgart 1995.

Picot, A., Reichwald, R.: [Bürokommunikation], Leitsätze für den Anwender, München 1984.

Picot, A., Dietl, H., Franck, E.: [Organisation], Eine ökonomische Perspektive, 2. A., Stuttgart 1999.

Picot, A., Reichwald, R., Wigand, R. T.: Die grenzenlose [Unternehmung], 4. A., Wiesbaden 2001.

Popper, K. R.: Objektive [Erkenntnis]. Ein evolutionärer Entwurf, Hamburg 1984.

Porter, M. E.: [Wettbewerbsvorteile], Spitzenleistungen erreichen und behaupten, Frankfurt/M. 1989.

Pratt, J. W., Zeckhauser, R. J. (Hrsg.): Principals and Agents: The Structure of Business, Boston 1985.

Pratt, J. W., Zeckhauser, R. J.: [Principals] and Agents: An Overview, in: *Pratt, J. W., Zeckhauser, R. J.* (Hrsg.): Principals and Agents: The Structure of Business, Boston 1985, S. 1–35.

Preston, A.: Improvising [order], in: *Mangham, I. L.* (Hrsg.): Organization Analysis and Development, A Social Construction of Organizational Behaviour, Chichester 1987, S. 81–102.

Probst, G. J. B., Naujoks, H.: Führungstheorien – [Evolutionstheorien] der Führung, in: *Kieser, A., Reber, G., Wunderer, R.* (Hrsg.): Handwörterbuch der Führung, 2. A., Stuttgart 1995, Sp. 915–926.

Probst, G. J. B.: [Selbst-Organisation], Ordnungsprozesse in sozialen Systemen aus ganzheitlicher Sicht, Berlin, Hamburg 1987.

Probst, G. J. B.: [Organisation], Strukturen, Lenkungsinstrumente, Entwicklungsperspektiven, Landsberg/Lech 1992.

Probst, G. J. B.: [Selbstorganisation], in: *Frese, E.* (Hrsg.): Handwörterbuch der Organisation, 3. A., Stuttgart 1992, Sp. 2255–2269.

Probst, G. J. B.: Organisationales [Lernen] und die Bewältigung von Wandel, in: *Gomez, P., Hahn, D., Müller-Stewens, G., Wunderer, R.* (Hrsg.): Unternehmerischer Wandel, Konzepte zur organisatorischen Erneuerung, Wiesbaden 1994, S. 295–320.

Probst, G., Raub, S., Rombardt, K.: [Wissen] managen, Wie Unternehmen ihre wertvollste Ressource optimal nutzen, 3. A., Frankfurt/M., Wiesbaden 1999.

Pugh, D. S., Hickson, D. J.: Eine dimensionale Analyse bürokratischer [Strukturen], in: *Mayntz, R.* (Hrsg.): Bürokratische Organisation, Köln, Berlin 1971, S. 82–93.

Pugh, D. S., Hickson, D. J.: Organizational Structure in its Context, The [Aston Programme I], Westmead 1976.

Pugh, D. S., Hinings, C. R. (Hrsg.): Organizational Structure, Extensions and Replications, The [Aston Programme II], Westmead 1976.

Pugh, D. S., Payne, R. L. (Hrsg.): Organizational Behaviour in Its Context, The [Aston Programme III], Westmead 1977.

Pugh, D.S., Hickson, D.J.: Writers on Organization, 5. A., Thousand Oaks 1996.

Rappaport, A.: [Shareholder] Value, 2. A., Stuttgart 1999.

Rasche, C.: Wettbewerbsvorteile durch [Kernkompetenzen], Ein ressourcenorientierter Ansatz, Wiesbaden 1995.

Raub, S., Büchel, B.: Organisationales [Lernen] und Unternehmensstrategie – „core capabilities" als Ziel und Resultat organisationalen Lernens, in: Zeitschrift Führung und Organisation, 65. Jg. (1996), S. 26–31.

Rechkemmer, K.: Topmanagement-Informationssysteme, Stuttgart 1999.

Reiß, M.: [Spezialisierung], in: *Frese, E.* (Hrsg.): Handwörterbuch der Organisation, 3. A., Stuttgart 1992, Sp. 2287–2297.

Reiß, M. [Change] Management als Herausforderung, in: *Reiß, M., Rosenstiel, L. v., Lanz, A.* (Hrsg.): Change Management. Programme, Projekte und Prozesse, Stuttgart 1997, S. 5–29.

Richter, R.: Neue [Institutionenökonomik], Ideen und Möglichkeiten, in: Zeitschrift für Wirtschafts- und Sozialwissenschaften, Jahrestagung 1996, Berlin 1996, S. 323–355.

Richter, R., Furubotn, E.: Neue [Institutionenökonomik]. Eine Einführung und kritische Würdigung, 2. A., Tübingen 1999.

Risch, S., Sommer, C.: [Wo] bitte geht´s nach oben? In: Manager Magazin, 26. Jg. (1996), Nr. 11, S. 302–316.

Roethlisberger, F. J., Dickson, W. J.: [Management] and the Worker, 14. A., Cambridge 1966 (1. A. 1939).

Rosenstiel, L. v.: Verhaltenswissenschaftliche [Grundlagen] von Veränderungsprozessen, in: *Reich, M., Rosenstiel, L. v., Lanz, A.* (Hrsg.): Change Management. Programme, Projekte und Prozesse, Stuttgart 1997, S. 191–212.

Ross, S.: The Economic Theory of [Agency]: The Principal's Problem, in: American Economic Review, Papers and Proceedings, 63. Jg. (1973), S. 134–139.

Rößl, D.: [Selbstverpflichtung] als alternative Koordinationsform von komplexen Austauschbeziehungen, in: Zeitschrift für betriebswirtschaftliche Forschung, 48. Jg. (1996), S. 311–334.

Rudolph, B., Schäfer, K.: Elemente exotischer [Optionen] in der Ausgestaltung neuer Aktienoptionsprogramme für Führungskräfte, in: *Frese, E., Hax, H.* (Hrsg.): Das Unternehmen im Spannungsfeld von Planung und Markt, ZfbF Sonderheft 44/00, Frankfurt/M. 2000, S. 39–65.

Sadowski, D.: Währt ehrlich am längsten? [Personalpolitik] zwischen Arbeitsrecht und Unternehmenskultur, in: *Budäus, D., Gerum, E., Zimmermann, G.* (Hrsg.): Betriebswirtschaftslehre und Theorie der Verfügungsrechte, Wiesbaden 1988, S. 219–238.

Schanz, G.: [Organisation], in: *Frese, E.* (Hrsg.): Handwörterbuch der Organisation, 3. A., Stuttgart 1992, Sp. 1459–1471.

Schanz, G.: [Organisationsgestaltung], Management von Arbeitsteilung und Koordination, 2. A., München 1994.

Scheffler, E. (Hrsg.): Corporate [Governance], Wiesbaden 1995.

Schein, E. H.: [Organisationspsychologie], Wiesbaden 1980.

Schein, E. H.: Organizational [Culture] and Leadership, A Dynamic View, San Francisco, London 1985.

Schertler, W.: [Unternehmensorganisation], 7. A., München, Wien 1998.

Scheurer, S.: Bausteine einer Theorie der strategischen Steuerung von Unternehmen, Berlin 1997.

Schmidt, G.: [Methode] und Techniken der Organisation, 11. A., Gießen 1997.

Schmidt, R. H., Maßmann, J.: Drei [Mißverständnisse] zum Thema „Shareholder Value“, Working Paper No. 31, Series: Finance & Accounting, Februar 1999, Johann Wolfgang Goethe-Universität, Fachbereich Wirtschaftswissenschaften, Frankfurt am Main.

Schmidt, M.: [Widerstände] bei organisatorischem Wandel, Mechanismen bei Veränderungsprozessen in Unternehmensorganisationen, Frankfurt/M. u. a. 1996.

Schneider, U. (Hrsg.): Wissensmanagement. Die Aktivierung des intellektuellen Kapitals, Frankfurt/M. 1996.

Scholz, C.: [Effektivität] und Effizienz, organisatorische, in: *Frese, E.* (Hrsg.): Handwörterbuch der Organisation, 3. A., Stuttgart 1992, Sp. 533–552.

Scholz, C.: [Matrix-Organisation], in: *Frese, E.* (Hrsg.): Handwörterbuch der Organisation, 3. A., Stuttgart 1992, Sp. 1302–1315.

Scholz, C.: Strategische [Organisation], 2. A., Landsberg/Lech 2000.

Schreyögg, G.: [Umwelt], Technologie und Organisationsstruktur: Eine Analyse des kontingenztheoretischen Ansatzes, Bern, Stuttgart 1978.

Schreyögg, G.: Kann und darf man [Unternehmenskulturen] ändern?

In: *Dülfer, E.* (Hrsg.): Organisationskultur, Phänomen – Philosophie – Technologie, Stuttgart 1988, S. 155–168.

Schreyögg, G.: [Organisation], Grundlagen moderner Organisationsgestaltung, 3. A., Wiesbaden 1999.

Schulte-Zurhausen, M.: [Organisation], 2. A., München 1999.

Schulze, G.: Die [Erlebnisgesellschaft], 8. A., Frankfurt/M., New York 2000.

Schweitzer, M.: [Ablauforganisation], in: *Grochla, E., Wittmann, W.* (Hrsg.): Handwörterbuch der Betriebswirtschaft, Bd. 1, 4. A., Stuttgart 1974, Sp. 1–8.

Schweitzer, M.: [Profit-Center], in: *Frese, E.* (Hrsg.): Handwörterbuch der Organisation, 3. A., Stuttgart 1992, Sp. 2078–2089.

Schweitzer, M.: Industrielle [Fertigungswirtschaft], in: *Schweitzer, M.* (Hrsg.): Industriebetriebslehre: Das Wirtschaften in Industrieunternehmungen, 2. A., München 1994, S. 573–746.

Scott-Morgan, P.: Die heimlichen [Spielregeln], Die Macht der ungeschriebenen Gesetze im Unternehmen, Frankfurt/M., New York 1994.

Seiffert, H.: Einführung in die [Wissenschaftstheorie 1], 12. A., München 1996.

Seiffert, H.: Einführung in die [Wissenschaftstheorie 2], 10. A., München 1996.

Senge, P.: The Fifth [Discipline], The Art & Practice of the Learning Organization, London 1993.

Servatius, H. G.: [Reengineering]-Programme umsetzen, Stuttgart 1994.

Simon, H. A.: Administrative [Behavior], A Study of Decision-Making Processes in Administrative Organizations, 3. A., New York 1976 (erstmals 1945).

Simon, H. A.: [Entscheidungsverhalten] in Organisationen, Eine Untersuchung von Entscheidungsprozessen in Management und Verwaltung, Landsberg am Lech 1981.

Sjurts, I.: Kontrolle ist gut, ist [Vertrauen] besser? In: Die Betriebswirtschaft, 58. Jg. (1998), S. 283–298.

Sprenger, R. K.: Das Prinzip [Selbstverantwortung], 10. A., Frankfurt/M., New York 1999.

Steinle, C.: [Delegation], in: *Frese, E.* (Hrsg.): Handwörterbuch der Organisation, 3. A., Stuttgart 1992, Sp. 500–513.

Steinmann, H., Hennemann, C.: Die lernende [Organisation] – eine Antwort auf die Herausforderungen der Managementpraxis? In: *Wieselhuber & Partner* (Hrsg.): Handbuch Lernende Organisation, Wiesbaden 1997, S. 33–44.

Streich, R. K.: [Veränderungsprozessmanagement], in: *Reiß, M., Rosenstiel, L. v., Lanz, A.* (Hrsg.): Change Management, Programme, Projekte und Prozesse, Stuttgart 1997, S. 237–254.

Striening, H.-D.: [Prozessmanagement] im indirekten Bereich, in: Controlling, Jg. (1989), Heft 6, S. 324–331.

Sydow, J.: Der soziotechnische Ansatz der Arbeits- und [Organisationsgestaltung], Darstellung, Kritik, Weiterentwicklung, Frankfurt/M., New York 1985.

Sydow, J.: Strategische [Netzwerke], Evolution und Organisation, Wiesbaden 1993.

Szyperski, N., Winand, U.: [Duale Organisation], Ein Konzept zur organisatorischen Integration der strategischen Geschäftsfeldplanung, in: Zeitschrift für betriebswirtschaftliche Forschung – Kontaktstudium, 31. Jg. (1979), Heft 10/11, S. 195–205.

Taylor, F. W.: Die [Betriebsleitung] insbesondere der Werkstätten, deutsche Bearbeitung der Schrift „Shop management“ von *A. Wallichs*, 3. A., Berlin 1920.

Taylor, F. W.: Die [Grundsätze] der wissenschaftlichen Betriebsführung, Reprint der A. von 1913, neu herausgegeben und eingeleitet von *W. Bungard* und *W. Volpert*, Weinheim 1995.

Thom, N.: [Stelle], Stellenbildung und -besetzung, in: *Frese, E.* (Hrsg.): Handwörterbuch der Organisation, 3. A., Stuttgart 1992, Sp. 2321–2333.

Thom, N.: [Organisationsentwicklung], in: *Frese, E.* (Hrsg.): Handwörterbuch der Organisation, 3. A., Stuttgart 1992, Sp. 1477–1491.

Trist, E. L., Bamforth, K. W.: Some social and psychological [consequences] of the longwall method of coal getting, in: Human-Relations, 4, 1951, S. 3–38.

Türk, K.: Neuere [Entwicklungen] in der Organisationsforschung, Ein Trend-Report, Stuttgart 1989.

Ulrich, H.: Betriebswirtschaftliche Organisationslehre, Bern 1949.

Urwick, L., Brech, E. F.: The Making of [Scientific] Management, Vol. 1, Bristol 1994 (Reprint der Ausgabe von 1957).

Wächter, H.: [Mitbestimmung], München 1983.

Wahren, H.-K. E.: Gruppen- und [Teamarbeit] in Unternehmen, Berlin, New York 1994.

Walter-Busch, E.: Organisationstheorien von Weber bis Weick, Amsterdam 1996.

Warnecke, H.-J.: [Revolution] der Unternehmenskultur: das fraktale Unternehmen, 2. A., Berlin 1993.

Weber, M.: [Wirtschaft] und Gesellschaft. Grundriss der verstehenden Soziologie, 5., revidierte A. besorgt von *Johannes Winckelmann*, Studienausgabe, Tübingen 1980.

Weick, K. E.: Der [Prozess] des Organisierens, 2. A., Frankfurt/M. 1998.

Weinert, A. B.: [Organisationspsychologie], 4. A., Weinheim 1998.

von Werder, A.: [Recht] und Organisation. In: *Frese, E.* (Hrsg.): Handwörterbuch der Organisation, 3. A., Stuttgart 1992, Sp. 2168-2184.

Whitehead, N.: The Industrial Worker, London 1938.

Wiegand, M.: Prozesse organisationalen Lernens, Wiesbaden 1996.

Wieselhuber & Partner (Hrsg.): [Handbuch] Lernende Organisation, Wiesbaden 1997.

Wild, J.: [Methodenprobleme] in der Betriebswirtschaftslehre, in: *Grochla, E.* und *Wittmann, W.*: Handwörterbuch der Betriebswirtschaft, Band 2, 4. A., Stuttgart 1975, Sp. 2654–2678.

Wild, J.: [Theorienbildung] betriebswirtschaftliche, in: *Grochla, E.* und *Wittmann, W.*: Handwörterbuch der Betriebswirtschaft, Band 3, 4. A., Stuttgart 1976, Sp. 3889–3910.

Williamson, O. E.: [Markets] and Hierarchies: Analysis and Antitrust Implications, A Study in the Economics of Internal Organization, New York 1983 (Studienausgabe).

Williamson, O. E.: Die ökonomischen [Institutionen] des Kapitalismus: Unternehmen, Märkte, Kooperationen, Tübingen 1990.

Willke, H.: [Systemtheorie], 4. A., Stuttgart, Jena 1993.

Willke, H.: Systemisches [Wissensmananagement], Stuttgart 1998.

Wiltinger, K.: Der Einfluss von Umfeldcharakteristika auf die Delegation von [Preiskompetenz] an den Außendienst, in: Zeitschrift für betriebswirtschaftliche Forschung, 48. Jg. (1996), S. 983–998.

Winter, S. G.: [Survival], Selection, and Inheritance in Evolutionary Theories of Organization, in: *Singh, J. V.* (Hrsg.): Organizational Evolution, New Directions, Newbury Park u.a. 1990, S. 269–297.

Wiswede, G.: [Gruppen] und Gruppenstrukturen, in: *Frese, E.* (Hrsg.): Handwörterbuch der Organisation, 3. A., Stuttgart 1992, Sp. 735–754.

Witte, E.: [Organisation] für Innovationsentscheidungen, Göttingen 1973.

Witte, E.: [Effizienz] der Führung, in: *Kieser, A., Reber, G., Wunderer, R.* (Hrsg.): Handwörterbuch der Führung, 2. A., Stuttgart 1995, Sp. 263–276.

Wittel, A.: [Belegschaftskultur] im Schatten der Firmenideologie, Eine ethnographische Fallstudie, Berlin 1996.

Wittlage, H.: Moderne Organisationskonzeptionen, Grundlagen und Gestaltungsprozess, Braunschweig, Wiesbaden 1998.

Wollnik, M.: [Organisation] in der Praxis, Untersuchungen zur Messbarkeit betrieblicher Organisationsmerkmale, Trier, Köln 1984.

Wollnik, M.: Das [Verhältnis] von Organisationsstruktur und Organisationskultur, in: *Dülfer, E.* (Hrsg.): Organisationskultur, Phänomen – Philosophie – Technologie, Stuttgart 1988, S. 49–76.

Wollnik, M.: [Organisationstheorie], interpretative, in: *Frese, E.*: Handwörterbuch der Organisation, 3. A., Stuttgart 1992, Sp. 1778–1797.

Wollnik, M.: Interpretative [Ansätze] in der Organisationstheorie, in: *Kieser, A.* (Hrsg.): Organisationstheorien, 2. A., Stuttgart, Berlin, Köln 1993, S. 277–295.

Woodward, J.: Industrial [Organization]: Theory and Practice, London 1965.

Zahn, E., Schmid, U.: [Produktionswirtschaft], Stuttgart 1996.

Zäpfel, G.: [Entwicklungsstand] und -tendenzen von PPS-Systemen, in: *Corsten, H.* (Hrsg.): Handbuch Produktionsmanagement, Wiesbaden 1994, S. 719–745.

Stichwortverzeichnis